G. G. Gervinus

Shakespeare

G. G. Gervinus

Shakespeare

ISBN/EAN: 9783742808127

Hergestellt in Europa, USA, Kanada, Australien, Japan

Cover: Foto ©Andreas Hilbeck / pixelio.de

Manufactured and distributed by brebook publishing software (www.brebook.com)

G. G. Gervinus

Shakespeare

Shakespeare.

Von

G. G. Gervinus.

Vierte verbesserte Auflage.

Mit ergänzenden Anmerkungen versehen
von
Rudolph Genée.

Zweiter Band.

Leipzig,
Verlag von Wilhelm Engelmann.
1872.

— Subjects, on which I should find it difficult, not to say too much, though certain after all, that I should still leave the better part unsaid, and the gleaning for others richer than my own harvest.

Coleridge.

Inhalt.

	Seite
Dritte Periode der dramatischen Dichtung Shakespeare's	1
Maaß für Maaß	14
Othello	40
Hamlet	95
Macbeth	130
König Lear	174
Cymbeline	215
Troilus und Cressida	259
Julius Cäsar	283
Antonius und Cleopatra	312
Coriolanus	342
Timon von Athen	372
Der Sturm	395
Das Wintermährchen	413
Heinrich VIII.	433
Shakspeare	448
Sein Schöpfertum	449
Seine angebliche Regellosigkeit	460
Sein Kunstideal	488
Sein Zeitalter	510
Der sittliche Geist in seinen Werken	521
Die dramatischen Gattungen	532
Die Grundzüge seiner sittlichen Anschauung	550
Anmerkungen	567

Dritte Periode der dramatischen Dichtung Shakespeare's.

Wir haben unseren Dichter während der ersten und zweiten Periode seiner dichterischen Laufbahn wenigstens in einzelnen Zügen aus seinem Leben kennen lernen können; aus der zweiten waren uns einige köstliche Urkunden gegeben, die uns in die Geschichte seiner Seele einen Blick werfen ließen. Aus der dritten Epoche seines Lebens wissen wir fast nichts. Wir erfahren von Zeit zu Zeit noch einiges von seinen finanziellen Geschäften und Verhältnissen, von Käufen und Veräußerungen, die ihn fortwährend als einen Mann von Wohlstand und Vermögen zeigen. Das bedeutendste öffentliche Ereigniß, das in diese letzte Zeit seines Lebens fiel, war der Tod Elisabeth's, die Thronbesteigung Jakob's I. und die Vereinigung der drei Reiche. Shakespeare feierte diese Veränderung in seinem Macbeth (um 1605), wo außer der seinen Einflechtung der Stuarts und der patriotischen Begrüßung des ersten Königs, der „doppelte Reichsapfel und dreifache Scepter trug", in dem köstlich entgegenkommenden Stoffe selbst schon eine schmeichelhafte Beziehung für die schottische Dynastie gelegen war. Mit Recht vergleicht Schlegel die geistreiche und zugleich künstlerisch selbständige Art, wie hier das Drama zum Gelegenheitsgedichte gemacht ist, mit Sophokles' Preis von Athen und Aeschylus' Verherrlichung des Areopags in den Eumeniden. Shakespeare besingt in Macbeth eine uralte Verpflichtung Schottlands gegen England, das damals den schottischen Thron von dem Tyrannen befreite und den rechtmäßigen König zugleich mit milderen, menschlichen Sitten zurückbrachte; und diese alte Schuld trug Schottland jetzt ab, indem es seinen König auf den leeren Thron der Tudors gab, der den Frieden, den Elisabeth pflanzte, erhielt und Kunstliebe und Gelehrsamkeit mit sich brachte. Shakespeare selbst soll ein (erhaltenes) Epigramm verfaßt haben, das Jakob um seiner Kenntnisse willen preist; so wie nach einer anderen Sage der König, der die Stücke unsres Dichters nach mehr als Einem Zeugnisse zu sehen liebte, ihm einmal einen eigenhändigen freundlichen Brief geschrieben hätte. In jedem Falle setzte sich Shakespeare's ehrenvolle Stellung und Schätzung unter diesem Könige fort. Man hat aus einiger Kenntniß der Oertlichkeiten im Macbeth geschlossen, er habe persönlich Schottland besucht. Eine Abtheilung seiner Truppe war in der That unter Lorenz Fletcher, wahrscheinlich einem älteren Bruder des Dichters, in Schottland von 1599—1601 ununterbrochen gewesen, doch schrieb gerade damals Shakespeare so thätig für seine Londoner Bühne, daß seine Mitanwesenheit in Schottland wenig wahrscheinlich ist. Jakob nahm die Shakespeare'sche Gesellschaft gleich bei seiner Ankunft in London in Sold und Schutz und nannte sie die „königlichen Diener"; das Patent verzeichnet neun Spieler, unter denen Fletcher an der Spitze steht und Shakespeare die zweite, Burbadge die dritte Stelle einnimmt. Die Urkunde erneuert der Gesellschaft ihre frühere Freiheit, im ganzen Reiche zu spielen, und sichert ihnen Schutz vor jeder Beschädigung und alle die Rücksichten zu, die Leuten von ihrem Rang und Stande früher zu Theil geworden.

Wir haben gesehen, wie Shakespeare am Schlusse des 16. Jahrhunderts in einer unbegreiflichen Thätigkeit geschäftig, von einer übermüthigen Schafflust erfaßt war. Die Freudigkeit, die Sicherheit, die Fruchtbarkeit, mit der wir ihn am Schlusse der zweiten Periode arbeiten sahen, setzte sich in die ersten Jahre der dritten herüber fort oder steigerte sich noch. In den sechs Jahren von 1595—1603 schrieb Shakespeare durchschnittlich wenigstens zwei Stücke im Jahre. Späterhin werden seine Arbeiten spärlicher; auf die Jahre 1601—1612 fällt durchschnittlich nur noch Ein Stück, und schon dieß widerspricht der Notiz des Pfarrers Ward, es habe Shakespeare in seinen älteren Tagen, da er in Stratford lebte, der Bühne jährlich zwei Stücke geliefert. Vielmehr ist es sehr wahrscheinlich, daß der Dichter von dem Jahre 1612 an, wo er seinen beständigen Aufenthalt in Stratford nahm, sich nicht nur seiner äußerlichen Verbindungen mit der Bühne zu entledigen suchte, sondern auch seine dichterisch-dramatische Laufbahn beschloß.

Ueberblickt man Shakespeare's Dramen der dritten Periode vergleichend mit denen der zweiten, so ist, wie wir schon angedeutet haben, der auffallendste Unterschied der, daß seit dem neuen Jahrhundert das Trauerspiel und das ernste tragödienartige Schauspiel außerordentlich vorherrscht. Vor 1600 stehen, wenn wir die sieben Stücke der ersten Periode bei Seite lassen, wohl zwölf Lustspiele und heitere Schauspiele gegen nur vier eigentliche Tragödien; nach der letztbesprochenen Gruppe von Lustspielen (um 1599—1601) folgen nun aber acht Tragödien des schwersten Inhalts und eigentlich keine Komödie mehr. Denn die Schauspiele (Cymbeline, Maaß für Maaß, der Sturm, das Wintermährchen) haben mehr oder minder alle eine tragische Färbung und selbst in Troilus und Cressida läßt der arbeitende Ernst und Tiefsinn des Dichters nicht zu einem scherzhaft heiteren Eindrucke gelangen; die munteren Humoristen, die neckischen Frauenrollen, die schlanken und flacheren Gestalten seiner Mantel- und Degenkomödie hören seit dieser Zeit ganz auf. Haben wir den Dichter in den Stücken der zweiten Periode mit jenen Erwägungen der Gegensätze des äußeren Scheines und des inneren Wesens, des wirklichen und des conventionellen Werthes der Dinge beschäftigt gefunden, eines Themas das einer sehr mannichfaltigen dichterischen Versinnlichung fähig war, so scheint in einer großen

Reihe der Erzeugnisse der letzten Periode ein anderes Gedankensystem von einem durchgehend ernsten, elegischen, tragischen Charakter die Vorherrschaft zu haben; es tritt in ihren Stoffen ein neues sittliches Verhältniß in den Vorgrund, das unter verschiedenen Modificationen immer und immer wiederkehrt und des Dichters Nachdenken und Betrachtung mit demselben Interesse zu fesseln scheint, wie der vorschlagende Gegenstand in den Werken der mittleren Periode. Die unnatürliche Lösung natürlicher Bande, Unterdrückung, Falschheit, Verrath und Undank gegen Wohlthäter, Freunde, Familienglieder gelehrt, welchen die heiligsten Pflichten gerade geweiht sein sollten, dieß ist der neue, der tragische Vorwurf, der jetzt den Dichter in den verschiedensten Werken dieses Zeitabschnitts am gewaltigsten und tiefsten bewegt. So ist im Julius Cäsar Brutus' Abfall als eine That der Untreue und Undankbarkeit an einem Freunde dargestellt, die der Geist des Ermordeten nachträgt bis zur Vergeltung. In Heinrich VIII. sprechen Wolsey's selbstsüchtige Plane im Rücken seines königlichen Förderers eine ähnliche dankvergessene Treulosigkeit aus. Gesteigert kehrt dasselbe Verhältniß in Macbeth's Verrath an seinem Wohlthäter Duncan wieder. Und wie in regelmäßiger Vergrößerung reiht sich diesem Undank und dieser Untreue an Freunden, Fürsten, Wohlthätern und Verwandten der unnatürlichste Grad dieser Laster im Lear an, in dem ruchlosen Abfall der Kinder von dem Vater, in der Empörung des eignen Blutes im Schooß der Familie; die schönen Gegenbilder der unerschütterlichen Treue im Kinde, im Unterthanen, im Diener, im Gatten finden wir dann im Lear und Cymbeline aufgestellt. Im Troilus ist die Treulosigkeit der Cressida, die Bundbrüchigkeit der griechischen Helden das ähnliche Thema. Im Antonius ist der treulose Bruch alter und neugeknüpfter politischer, freundschaftlicher und ehelicher Bande zu Gunsten der sündhaften Treue gegen eine Buhlerin als die Katastrophe in des Helden Schicksalen dargestellt. Entfernter ordnet sich auch Coriolan's Abfall vom Vaterlande diesem allgemeinen Gegenstande unter; ganz enge aber reiht sich ihm in Timon der schmachvolle Undank und die treulose Abwendung seiner falschen Freunde. Im „Sturm" die Usurpation des Bruders gegen den Bruder an.

Ob die auffallende Vielbeschäftigung des Dichters mit diesem Verhältnisse der verletzten Anhänglichkeit, der vergessenen Verpflichtung, der bewiesenen Unerkenntlichkeit, des Bruchs der Blutbande aus irgend welchen persönlichen Erfahrungen zu erklären sei, aus traurigen Erfahrungen, die zugleich erklärten, warum er mehr auf diesen Schattenbildern, als auf den entgegengesetzten Lichtbildern der Treue verweilte, das wissen wir selber nicht; was überhaupt in Shakespeare's Leben seiner Hinwendung auf das Tragische etwa entsprochen haben möchte, das läßt sich, wenn man pragmatisch auf äußere Thatsachen, auf muthmaaßliche Gründe und Ursachen zu einer ernsteren oder düsteren Stimmung in ihm zurückgehen sollte, nicht einmal errathen. Wir haben aus seinen Sonnetten gehört, daß ihn auf dem Höhepunkt der Freundschaft mit seinem Liebling irgend ein feindliches Geschick betraf, das ihn in Trübsinn und Schwermuth warf. Dieß Unglück weiß man auf nichts zu beziehen, es sei denn auf den Tod seines Sohnes Hamlet im Jahre 1596. Ein schwerer Schlag für sein Herz war unstreitig auch die Empörung des Grafen Essex im Jahre 1601, in den Southampton verwickelt war; so wie die Verschwörung von 1603, die den Priestern Watson und Clarke das Leben kostete. Das Haupt des Essex fiel im Februar 1601; Southampton blieb während der Regierung Elisabeth's in Haft; 1603 fiel der ruhmvolle Raleigh in langjährigen Kerker, der gewiß in Shakespeare's Achtung sehr hoch war, wenn nicht in näherer Beziehung zu ihm stand. Es wäre möglich genug, daß Julius Cäsar gleich 1601 oder 1602 nicht ohne Beziehung auf jene verschworenen Freunde und unabhängigen Geister geschrieben wäre. Hat man doch aus den Prologen zu Heinrich V. gesehen, welch eine theilnehmende Freude Shakespeare an Essex äußerte, und noch spät in Macbeth, hat Stevens vermuthet, habe er bei dem Bericht von dem Tode des Thans von Cawdor das Benehmen des Grafen bei seiner Hinrichtung im Auge gehabt. Aber auf dergleichen äußere Beziehungen ist überhaupt nicht viel Werth zu legen; auch scheinen jene Unfälle nicht hinreichend, einen so bedeutsamen Umschlag der Lebensstimmung hervorzurufen, der in Shakespeare's Werken nach dem Jahre 1600 zu beobachten ist. Viel wesentlicher zur Erklärung dieser Veränderung mochten jene inneren Erfahrungen des Dichters gewesen sein, unter denen er sich schon früher seinem Freunde gegenüber in einer Umschaffung seines Wesens gereinigt und geläutert bekannte. Die Stunde schien auch an ihn gekommen zu sein, wie er es so oft an seinen Humoristen darstellte, wo er dem leichtfertigen Gebrauche der Welt entsagte; das Alter trat an ihn heran, die erweiterte Kenntniß der Geschichte und die zunehmende lebendige Erfahrung, die keinen Menschen von einiger Tiefe des Charakters und der Bildung mit den Jahren heiterer, leichtfertiger und oberflächlicher stimmt. Nimmt man die Zerfallenheit mit seinem Stande hinzu und den Eindruck, den ihm die Ausartung der Bühnendichtung machen mochte, die Rohheit des Zeitalters, die ihm in so vielen Zügen zuwider war, die launenvolle und nicht selten blutige Willkür des Regiments, so hat man der Motive genug, die den Dichter bewegen konnten, in den Schacht der menschlichen Natur noch tiefer hinabzusteigen, die Geschichte weiter als er bisher gethan zurückzurollen, die Leidenschaft in noch größerer Stärke aufzusuchen in den Ueberlieferungen der Vergangenheit, die Stirne in nachdenklichere Furchen zu ziehen über der noch tiefsinnigeren Betrachtung der Welt und der Menschheit. Auffallend bleibt es übrigens, daß gerade das Stück, dessen Held den Namen des gestorbenen Sohnes Shakespeare's führt, wie ein Gefäß für die elegische Stimmung des Dichters angesehen werden kann. Hamlet ist das einzige Stück dieser späteren Zeit, in dem man einen unmittelbaren pathologischen Antheil des Dichters vermuthen könnte; man möchte finden, er habe den Helden wie eine Rückseite des Prinzen Heinrich behandelt und in Beiden zusammen die verschiedenen Hauptseiten der

eigenen Natur in größerem Reichthume entwickelt, als es in Einem möglich gewesen wäre. In Einem der Sonnette findet sich der melancholische Grundzug in Hamlet's Charakter so vorgebildet, daß man gerne glauben mag, der Plan dieses Gedichtes habe Shakspearen schon seit jenen Jahren vorgestanden, wo ihm „die Geschicke seiner Thaten zu kreuzen begannen". Man erinnere sich aus dem berühmten Monologe Hamlet's der Motive, die ihn aus der Beobachtung des Weltlaufs die Gedanken an Selbstmord schöpfen lassen, jener Verstimmung über die Geißel und den Spott der Zeiten, das Unrecht der Unterdrücker, die Qual verschmähter Liebe, den Verzug des Rechts, die Anmaaßung des Amtes, die Niedertretung des Verdienstes, und man wird das sehr ähnliche Selbstgespräch in dem 66. Sonnette lesen, das der Dichter wie alle übrigen an seinen Freund gerichtet hat.* Aber wenn nun der Leser auch die Wechselbeziehung zwischen diesem persönlichen Gedichte und jenem Drama für erwiesen nähme, hüte er sich dann ja, von hier aus auf eine hypochondre Stimmung zu schließen, die Shakespeare in seinen späteren Jahren überkommen, in der er die Welt und ihren Lauf aus schwarzer Brille angesehen, die ihm die finstern und grausigen Gemälde seiner späteren Tragödien als etwas, das seiner sonstigen Natur

---

* Sonnett 66.

Nach Rast des Todes schrei' ich voll Verlangen,
müde, zu sehn die trübste Treu verschworen,
und dürft'ges Nichts mit heiterm Schmuck behangen,
und das Verdienst zum Bettelstab geboren,

Und goldne Ehren schmählich falsch vergeben,
und jungfräuliche Tugend roh geschändet,
und ganz entwerthet alles rechte Streben,
und Kraft an lahmes Regiment verschwendet.

Und Kunst im Zungenzaum der Obrigkeit,
und Geist mit alberner Censur behaftet,
einfache Treu mißnamt Einfältigkeit,
und Gut von Bös gefangen und verhaftet.

Müde von all dem wär' Tod mir lieb,
nur daß mein Freund dann einsam hinterblieb.

fernab gelegen, eingegeben hätte. Wir sprechen diese Warnung aus, weil uns auch hier unsere Romantiker auf eine falsche Fährte zu verleiten suchten. Wilhelm Schlegel hat den Hamlet ein Gedankentrauerspiel genannt, das durch anhaltendes und **nie befriedigtes** Nachsinnen über die menschlichen Schicksale, über die düstere Verworrenheit der Weltbegebenheiten eingegeben wäre. Das griff dann Friedrich Schlegel in seiner Literaturgeschichte auf und spann es weiter aus: er fand in Shakespeare ein tief schmerzliches, herbtragisches Wesen, ein abgesondertes, verschlossenes, einsames Gemüth — in dem Dichter, den eben diese Romantiker nicht genug um seinen Witz und seine Lustigkeit bewundern konnten! in dem Manne, der auf dem großen Markte des Lebens der Kenner und Mäkler aller Geschäfte und jeder Art des Verkehrs war! Diese Kritiker trugen ihre eigene Verworrenheit und Blasirtheit in die kräftige Natur hinüber, deren Maaß in der That ihnen nicht gegeben war. Shakespeare hat in Hamlet selbst diese matte Versenkung in unbefriedigte Stimmungen, dieses Zunahespähen in die trübe Seite der Welt in so objectiver Schärfe gezeichnet und steht in so hellem und klarem Lichte über dieser Art von Verworrenheit, daß eben dieß Stück als ein Sieg angesehen werden müßte, in dem er das, was von dieser Ader in ihm war, überwunden hätte. Wenn ihn solch eine trübselige, elegisch-düstere Stimmung dauernd beherrschte, so hätte er unmöglich dem Hamlet zur Seite jene fröhlichsten seiner Lustspiele, und mitten im Ernst der Tragödien fortwährend die heitersten Scenen voll ungetrübten Humors schreiben können. Was er auch in den spätern Trauerspielen, im Macbeth und Lear, herbes und grausames schilderte, bilde sich Niemand ein, daß der Dichter das weniger gewußt und empfunden habe, als wir es empfinden; es war seine **Absicht**, das Harte und Gewaltige darzustellen, und sein Zartgefühl mitten in diesen Stücken liegt immer der Herbheit, die der Stoff verlangte, dicht zur Seite. Wer Shakespeare in dieser letzten Zeit seines Lebens schwermüthig versunken glaubt und mit Wohlgefallen auf den düstern Bildern jener Tragödien verweilen sieht, den wollen wir nur auf den Cymbeline aufmerksam machen, wo der Dichter die Verworrenheit der Weltbegebenheiten, ihre scheinbaren Widersprüche, Mißklänge und Unbilden recht eigentlich zur Aufgabe und zum Gegenstande genommen hat und wo er sie in eine Harmonie auflöst, die in diesem Gemüthe jede flache Unbefriedigung, jeden schwachen Beifall, jede innere Zerrissenheit gänzlich ausschließt und undenkbar macht.

Die Stücke der zweiten Periode Shakespeare's drehten sich vorzugsweise um Liebe, Freundschaft, Vaterland, und alle die heiligsten Regungen, die einen Jüngling zumeist zu beschäftigen pflegen; zu dem überherrschenden Gedanken in allen diesen Stücken glaubten wir den Schlüssel in der eigenen Natur, der Geschichte und den Verhältnissen des Dichters zu finden. Die Werke der dritten Perioden breiten sich den Gegenständen und Interessen nach weiter aus nach dem wachsenden Gesichtskreise des reifen Mannes, sie gehen schärfer in noch tiefere Probleme des Lebens forschend und auflösend ein. Sie scheiden sich in mehrere Gruppen auseinander, wo wir Trauerspiel, Historie, romantisches Schauspiel in noch reinerer, gesonderterer Gestalt unterscheiden können als vorher; und es ist eigen, daß in diesen Gruppen die verschiedenen dramatischen Gattungen zugleich mit verschiedenen Zeiten und Oertlichkeiten, in denen sie spielen, zusammenfallen. Diese auffallende und einladende Gruppirung bestimmt uns, von der genauern Zeitfolge der Stücke in unserer fernerem Besprechung abzugehen. Wir machen, wie wir bereits angedeutet haben, mit Maaß für Maaß den Uebergang aus der letztbesprochenen Lustspielgruppe. Ihr liegen chronologisch allen Anzeichen nach die Tragödien von Othello, Cäsar und Hamlet am nächsten (1600—2); wir schieben Cäsar zurück zu den andern römischen Stücken und rücken an Hamlet das Gegenstück dazu, den Macbeth (1605), heran, und an diesen Lear (1605) und Cymbeline (1609), die wir in einem ähnlichen Verhältnisse zueinander sehen. In vier von diesen Stücken stehen wir in der Heroen- und Mythenwelt des gallisch-germanischen

Alterthums, wo Shakspeare nach den gewaltigeren Leidenschaften für eine großartigere Tragödie suchte, als sie die neueren civilisirten Zeiten darzubieten pflegen; von dieser Seite reiht sich ihnen Othello von selber an. Wir bahnen uns dann von diesen Werken aus, wo der Genius des Dichters auf seinem Gipfel ist, durch Troilus und Cressida (1608—9) den Uebergang zu den drei römischen Historien (Antonius 1607, Coriolan 1610), in denen diese Gattung gleichfalls, wegen der minderen Abhängigkeit von vaterländischem Stoffe und wegen der reineren Quelle, aus der sie geschöpft sind, zu reinerer Gestalt ausgebildet ist. Ihnen fügen wir Timon (1610) an, um die Darstellungen aus der alten Welt vollständig nebeneinander zu stellen. Aus dieser geschichtlichen Welt springen wir dann in dem Wintermährchen und dem Sturme (1611) noch einmal in die phantastische Welt der Wunder im großen Gegensatze zurück, so daß wir in dieser dritten Periode demselben Zuge wieder begegnen, den wir schon in der ersten beobachteten, daß Shakspeare wie in einer instinctiven Nöthigung nach den verschiedenartigsten Stoffen, Zeiten und Gattungen zugleich griff, wie um sich in keine einseitige Richtung oder Stimmung fest zu bannen.

In sämmtlichen Werken dieser Periode ist Shakspeare dem nationalen, sächsischen Volkscharakter treu geblieben, nachdem er einmal den italienischen Kunstgeschmack abgelegt hatte. In Was ihr wollt sprach sich am ausdrücklichsten die Freude aus an dem alten schlichten Volksliede und dem tiefen Eindrucke, den diese einfältige Kunst vor dem gesuchten Stile jener Modepoesie voraus hat. Die Proben der italienischen Lyrik hören nun ganz auf, die Anspielungen auf die Lieder und die Spruchweisheit des Volkes werden häufiger, die Unnatur der Concepte tritt zurück, und wo ferner noch der Vortrag an Schwulst streift, wird man fast immer die Absichtlichkeit der Charakteristik gewahren. Das Gedrungene und Gewaltsame der Sprechart wird sich durch die sprechenden Gestalten eines Othello oder Coriolan erklären; der Tiefsinn wird nicht mehr, wie so oft in jenen

Concepten, an flache Gedanken verschwendet, er wird von dem jedesmaligen Gegenstande geboten sein. Was die Aeußerlichkeiten der poetischen Rede angeht, so wird der Reim immer mehr auf gehobene Stellen, auf Sentenzen und Schlußverse beschränkt; der Bau der Jamben wird freier und regelloser; in jener productiven Zeit an der Scheide der Jahrhunderte herrscht die Prosa außerordentlich vor. Sei es in diesem leichteren Vortrage, sei es in den erhabensten pathetischen Stellen, sei es in der Spruchweisheit, wie sie in jener kostbaren Fülle im Hamlet und Troilus niedergelegt ist, überall ist Shakespeare, in Gegenständen, Ideen und Formen in dieser Periode noch weit vorangeschritten; wie denn in ihr fast alle die großartigen Werke beisammen liegen, nach denen man immer zuerst greift, wenn von Shakespeare die Rede ist. Die englische Sprache ward unter seinen Händen neu gestaltet, wie die unsere unter Luther's, und mit Stolz äußerte Meres von ihm: Wie Stolo gesagt, die Musen würden, wenn sie Lateinisch sprechen sollten, mit Plautus' Zunge reden, so sage er, sie würden in Shakespeare's feingefeilter Rede sprechen, wenn sie Englisch sprechen wollten.

Und diese „feingefeilte Rede" war diesem Dichter so natürlich gegeben, daß er in der That die Feile nie gebraucht haben soll. Die Herausgeber seiner Werke sagten es mit Bewunderung und Ben Jonson mit Tadel, daß man in seinen Handschriften kaum einen Strich gefunden habe. Ben Jonson, dem bei all der Verehrung unseres Dichters, zu der er sich in seinen discoveries bekennt, der Blick in das Innere Shakespeare's doch verschlossen war, wünschte, er hätte tausende von Strichen gemacht und hätte den Gebrauch von seinem Witze ebenso in seiner Gewalt gehabt wie den Witz selbst; er fand auf ihn anwendbar, was August von Haterius sagte: sufflaminandus erat; damit ihm nicht hier und da Lächerlichkeiten entwischt wären, wie in dem Verse (den wir in unserem Texte anders lesen):

Caesar did never wrong, but with just cause.

Wie das Urtheil jetzt über Shakespeare läuft, so sieht nun Niemand mehr, daß der Gebrauch von seinem Witze irgend schlimmer gewesen wäre als sein Witz selbst. Fehlte er wenig im Einzelnen, in der Zeile, (worauf in der That bei befreundeten Schauspielern, in Werken, die nur für Aufführung geschrieben waren, wenig ankam,) so wissen wir wohl, daß er im Ganzen sehr wesentliche Verbesserungen, ja völlige Umarbeitungen mit seinen Stücken vorgenommen hat. Der Hemmschuh aber, den Ben Jonson Shakespeare anlegen wollte, hätte Shakespeare wohl zu Ben Jonson gemacht. Auf diese Gefahr hin nehmen wir den Mann lieber mit allen seinen Fehlern, wenn man sie uns zeigen will! Denn jenen citirten Vers, wenn er auch einmal so geschrieben stand, mag ein Pedant für Unsinn halten, gewiß wird es sein Cäsarischer Staats- oder Kriegsmann thun. Wo so üppiger Wuchs ist, ist übrigens der Auswuchs nicht blos verzeihlich, nicht blos unvermeidlich, er gehört zu dem Manne und seinem Wesen und kann die Liebe zu der wunderbaren Naturschöpfung nie beeinträchtigen. Das wird jeder Leser erproben, der sich den weisen Rath gesagt sein ließ, den Shakespeare's Freunde in der Vorrede zu seinen Werken (1623) niedergelegt haben: „Lies ihn also, und wieder, und wieder; und wenn du ihn dann nicht liebst, gewiß, so bist du in einer augenscheinlichen Gefahr — ihn nicht zu verstehen!"

Shakespeare starb im Jahre 1616, am 23. April. Es scheint, er war längere Zeit krank gewesen und hatte deßhalb sein Testament gemacht. Das Gerücht, das Pfarrer Ward in sein Tagebuch aufzeichnete, Shakespeare habe bei einem Besuche seiner Freunde Ben Jonson und Drayton zu stark gezecht und sei aus diesem Anlasse an einem Fieber gestorben, ist daher nicht sehr glaubwürdig; schon daß die Ueberlieferung der Sage von Greene's Tode so ähnlich ist, macht es verdächtig. Die Verheiratung seiner beiden Töchter hatte der Dichter erlebt; schon mit 45 Jahren war er Großvater geworden; seine Familie ließ er wohlversorgt zurück.

Nach seinem Tode ward ihm in Stratford (schon vor 1623

seine Büste zum Denkmal gesetzt, von der die Meinung der Sachverständigen ist, daß das Gesicht nach einer Todtenmaske gearbeitet sei. Die befreundeten Herausgeber seiner Werke zogen es vor, 1623 ein anderes Bild von dem Dichter diesem Buche beizugeben, das schmäler, geistreicher, nicht so aufgeschwemmt ist wie die Büste. Die Zeitgenossen nennen Shakespeare einen schönen, wohlgestalteten Mann, und damit stimmt die hohe Stirn und das große, klare, ruhige Auge dieses Bildes wohl zusammen. Ben Jonson rühmte die Aehnlichkeit desselben; es hat zu tausend verschönerten Copien Anlaß gegeben. Denn an sich ist es eine sehr unvollkommene Zeichnung, aus der man eben nur das entnehmen kann, daß dieser geistig normale Mensch auch körperlich sehr regelmäßig gebildet war, was in der Zeichnung wiederzugeben, ohne leblos und fad zu werden, bekanntlich immer das schwerste ist.

Wir folgen dem Dichter jetzt durch die Reihe der Arbeiten seiner späteren Lebenszeit und suchen dann am Schlusse, indem wir auf die Ergebnisse unserer Betrachtungen zurückblicken, seine dichterischen, sittlichen und intellectuellen Eigenschaften noch einmal zusammenzufassen zu einem Gesammtbilde, das uns die inneren Züge dieses großen Geistes möglichst sprechend vergegenwärtigen soll.

Maaß für Maaß.

Die tiefsinnige Ader, welche die Werke aus Shakespeare's letzter Periode so auffallend kennzeichnet, schlägt gleich in dem hart an die letztbesprochenen Lustspiele angereihten Drama, Maaß für Maaß, in ihren vollsten Pulsen. Es ist 1604 aufgeführt worden; man vermuthet es nicht viel früher geschrieben. Die Grundlage bildet eine italienische Novelle in Giraldi Cinthio's Hekatomithi (8. 5.), die in Whetstone's heptameron of civil discourses 1582 übersetzt ist. Der harte und unwohlthuende Inhalt dieser Erzählung ist in der Kürze dieser. Des Kaisers Statthalter in Insprud, Juriste mit Namen, der in der Abwesenheit des Fürsten mit der Rechtspflege betraut ist, verurtheilt einen Jüngling wegen des Vergehens, das in Maaß für Maaß Claudio zur Last fällt, zum Tode; er verführt durch das doppelte Versprechen der Ehe und der Freigabe ihres Bruders die fürbittende Schwester (Erlila) zu demselben Vergehen, wegen dessen er den Bruder verurtheilt hatte, und läßt dann diesen dennoch hinrichten und der Schwester die Leiche in's Haus schicken. Der Kaiser verurtheilt den Statthalter Erlila zu heirathen, um dann enthauptet zu werden. Auf ihre Fürbitte wird ihm das Leben geschenkt und sie behält ihn zum Gatten.

Derselbe Whetstone, der diese Novelle übersetzte, hatte schon vorher (1578) ein zehnactiges Stück über diesen Gegenstand, Promes und Kassandra, drucken lassen, das nie aufgeführt worden ist. Schon Er fühlte das Bedürfniß, den abstoßenden Inhalt der Erzählung zu mildern. Da das Stück durch seinen guten Ausgang ein Lustspiel werden mußte, so versetzte er die ernste Handlung mit burlesken Zwischenscenen, die den Sinn derselben carikiren, und so dem peinlichen Eindrucke ein Gegengewicht zu halten suchen. Der sündige Bruder wird, wie bei Shakespeare, nicht hingerichtet; der Kerkermeister läßt ihn frei und bringt der Schwester dafür den Kopf eines Gestorbenen als den ihres Bruders. Im Uebrigen ist der Verlauf so wie in der Novelle.

Shakespeare seinerseits hat dann in Maaß für Maaß, indem er Whetstone's Spur verfolgte, die Fabel noch mehr gereinigt und gemildert. Der Kopf des Gestorbenen wird bei ihm nicht der Schwester gebracht, sondern, in einem natürlicheren und weniger grausamen Zwecke, dem Richter. Der Fall der Schwester wird durch die Einführung und Unterschiebung der frühern Verlobten des Angelo vermieden, und so der Theil der Geschichte verändert, der schon darum der widerlichste ist, weil die Vermählung mit dem Mörder ihres Bruders, oder mit dem, der an ihm den Gerichtsmord wenigstens zu vollziehen befahl, etwas ungemein Herabwürdigendes für das Weib hat.

Auch so aber wird dem Stücke in dem Gefühle der meisten heutigen Leser nicht alles Abstoßende in seinem Inhalte genommen sein. Wir mögen es dem Dichter nicht verzeihen, daß er die harten Stoffe der italienischen Novellistik hier, in Ende gut Alles gut und in Cymbeline auf die Bühne gebracht hat und daß er uns zumuthet, mit dem empfindlicheren Auge im ausgeführten Bilde das zu sehen, was die Erzählung an dem stumpferen Ohre weniger eindringlich vorübergleiten läßt. Maaß für Maaß wird zwar in dem sittsamen England aufgeführt und selbst ohne Kürzung und Reinigung aufgeführt, und die Erfahrung kann so gemacht werden, daß grade die Darstellung auch wieder vieles mildert, was uns in dem Stücke anstoßig erscheint. Gleichwohl hat es vor den meisten englischen Beurtheilern, den Hunter, Knight u. A. keine Gnade gefunden; sogar ein Bewunderer wie Coleridge nannte dieß Stück das peinlichste oder vielmehr das einzige peinliche Werk unter Shakespeare's Dramen. Die komischen und tragischen Theile fand er gleich nahe an das Verabscheuungswürdige grenzend, die einen widerlich, die andern schrecklich; die Begnadigung und Verheirathung Angelo's nannte er entwürdigend für den weiblichen Charakter und der Forderung der strengen, aufgebrachten Gerechtigkeit nicht gemäß; denn Grausamkeit mit Lust und schandbarer Niederträchtigkeit vereinigt können nicht vergeben werden, weil wir sie nicht innerlich bereut denken können. — Diese Ausstellungen werden unwidersprechlich sein, sobald wir uns aus dem inneren Gange der Handlung und der Natur der Handelnden überzeugen müssen, daß in der That eine aufrichtige Reue bei Angelo undenkbar ist, und wenn wir annehmen, daß die „strenge, aufgebrachte Gerechtigkeit" die einzig wahre Gerechtigkeit, die in diesem Falle wohl angewandte Gerechtigkeit ist. Hierzu ist nöthig, daß wir, wie immer, auf die Motive der Handlungen zurückgehen und den psychologischen Zusammenhang derselben aufdecken.

Eine Novelle, aus Shakespeare's Stück geschöpft, mit allen Zügen seiner Charakteristik und seiner Darstellung der Verhältnisse ausgestattet und neben die ursprüngliche Quelle oder neben eine Auflösung des Stückes von Whetstone gestellt, würde am einfachsten und schlagendsten den wunderbaren Abstand von Dichtung und Dichtung fühlbar machen, der unseren Poeten so einzig und abgesondert hinstellt. Welch ein Reichthum von Erwägungen tritt uns aus Shakespeare entgegen, sobald wir den Bedingungen nachfragen, aus denen er die vorliegenden Thatsachen erwachsen läßt! Welch eine Tiefe der Charaktere, die hier handeln und die uns schon eine Aufmerksamkeit abzwingen, ehe wir sie in jene peinlichen Verwickelungen verflochten sehen! Welch eine Kühnheit, die edelsten Gestalten in

eben diese gehäſſigen Verwickelungen zu bringen, gerade als ob es
gälte, die Schwierigkeiten, die inneren Widerſprüche der Handlung
noch zu häufen! Und dann, welch ein umſichtiger Aufbau von Ver-
hältniſſen, die uns von vornherein beruhigen über die unheimlichen
Vorgänge und uns ahnen laſſen, daß ſie nicht zu allzuſchlimmem
Ende führen werden!

Wie meiſterlich iſt gleich der Boden der öffentlichen Verhältniſſe
bereitet, auf dem der Dichter dieſe Sitten, dieſe Charaktere, dieſe
Vorfälle heimiſch gemacht hat! Die Scene iſt nach Wien gelegt.
Hier „dampft und ſiedet bis zum Ueberſchäumen" eine Verderbniß der
Sitten, die in der Geſellſchaft allen Anſtand untergraben hat. Wir
werfen in die Gefängniſſe und in die Freudenhäuſer einen Blick, der
uns den Umfang und die Frechheit der herrſchenden Zügelloſigkeit
beurtheilen läßt; wir ſehen auf der Straße die lockeren Geſellen, die
von der Freiheit vollen Gebrauch machen, mit der die üble Sitte am
Geſetze vorbeiſchlüpfen darf. Die Unzucht iſt ein allgemeines Laſter
geworden. Aller Gedanke ſcheint nur mit Händeln und Sitten dieſer
Art ausgefüllt. Wer ſich dem üblen Rufe nie bloßgeſtellt hat, wie
Angelo, wird nicht für einen ganzen und heilen Mann angeſehen;
der Herzog, der nie mit Weibern in Verkehr geſtanden, entgeht der
giftigen Zunge des leichtſinnigen Verleumders Lucio nicht; ſelbſt in
dem Kloſter, in das ſich der Herzog verbirgt, glaubt der Bruder
Thomas im Anfange, es treibe ihn irgend ein galantes Abenteuer
an dieſen Ort des Geheimniſſes. Die beſtehenden Einſchränkungen
ſind niedergeworfen, der Richter wird von der herrſchenden Zügelloſigkeit an der Naſe gezogen, das Geſetz iſt, wie dem Kinde eine
nie gebrauchte Ruthe, mehr ein Spott als ein Schreckniß. Es gibt
ein ſtrenges altes Statut, das die Todesſtrafe auf Unzucht ſetzt.
Es iſt als zu hart ſeit 14 Jahren, wie der nachher davon be-
troffene Claudio übertreibend ſagt ſeit 19 Jahren, bei Seite geſetzt
worden und in Vergeſſenheit gerathen. Es war eine Vogelſcheuche,
ſagt Angelo davon, die durch Unbeweglichkeit und Gewohnheit

für die Raubvögel mehr eine Zufluchtsstätte als ein Schrecken geworden war.

Der dieß Gesetz so hatte einschlummern lassen, der regierende Herzog, that es aus Herzensgüte und angeborener Milde. Er selbst glaubt sich das Zeugniß geben zu dürfen, daß er sogar dem Neidischen ein Soldat, ein Gelehrter und Staatsmann scheinen müsse. Er hat die erhabene sittliche Ansicht, daß der Herrscher und Richter so heilig als streng sein müsse, ein Muster für Alle, Tugend wie er geht und Güte wie er steht; der gilt ihm für einen Tyrannen, der Andere straft um Fehler, denen er selbst verfallen ist. Sein ganzes Naturell ist das eines Mannes von Mäßigung, von Sanftmuth und Gelassenheit, sein ganzes Streben das eines besonnenen Weisen. Er liebt das Volk, aber er mag seinen lauten Beifall und Zudrang nicht, er hält den nicht für einen Mann von reifem Urtheil der es thut. Er hat einen Zug zur Einsamkeit und spielt die Rolle des Mönchs vielleicht noch besser als die des Staatsmanns; sein ernstes Bemühen war stets sich selbst zu kennen; aber auch die Menschen zu kennen und die Werkzeuge seines Regiments zu prüfen, ist ihm eine Art Bedürfniß. Diese umsichtige Weisheit, welche die Dinge nicht schroff und aus Einerlei Gesichtspunkt sieht, verräth sich auch in seinem Verhalten zu jenen Sitten oder Unsitten des Wiener Volkes, die allmählig zu einer Höhe gewachsen sind, zu welcher der Fürst nicht mehr still sitzen darf. Er selbst ist nicht sinnlicher Natur, aber er beurtheilt nicht wie Angelo die welche es sind mit unbilliger Härte und Strenge. In diesem milden Sinne hat er jene strengen Gesetze einschlafen lassen, aber er hat dadurch dem Laster freien Lauf gegeben; diese Früchte seiner Güte schrecken ihn auf zur Abhülfe. Aber selbst indem er nun zur Strenge greift, läßt er dieselbe doppelseitige Erwägung walten, die ihm überall eigen ist: er bedenkt, daß es tyrannisch und hart wäre, wollte er selbst, der erst durch seine Lässigkeit der Sünde gleichsam einen Freipaß gab, plötzlich zur Strenge überspringen. Er entfernt sich daher und trägt einem

Statthalter auf, diesen Uebergang von der bisherigen laxen Rechtspflege zu der neuen Einschärfung der alten, stumpf gewordenen,
strengen Gesetze zu machen.

Zu diesem Posten wählt er, in einer wohlerwogenen und durch-
gohrenen Absicht, nicht den Mann, der dafür zunächst in Frage kommen sollte, den Escalus, der ihm, dem Herzoge, an weiser Mäßigung und gerechtem Geiste gleich, an Rang am nächsten, mit allen
Eigenschaften eines großen Staats- und Rechtskundigen ausgestattet
ist, sondern den jüngeren Angelo, den seine strengen Sitten und
seine feste Enthaltsamkeit gerade zum Zweck der Rückführung jener
schärferen Zuchtgesetze zu empfehlen scheinen. Diesen Mann umgibt
ein Heiligenschein und ein unantastbarer Ruf von Unbescholtenheit
und reinem Wandel. In der seltenen Erscheinung eines vereinzelten
Stoikers mitten in einer sybaritischen Stadt sieht man ihn nur in
ernster, würdiger Haltung, mit gesetztem Gesicht und überlegtem
Worte, als ob er jede Thorheit scheuchte sich vor ihm zu verkriechen.
Der Herzog nennt ihn streng und scharf; er gestehe kaum, daß sein
Blut fließe und daß sein Hunger mehr nach Brod als nach Speisen
stehe. Den leichtfertigen Wüstlingen gilt er für einen schneeblütigen
Gelehrten, der zum Gewinn der Seele mit Fasten und Studien den
materiellen Stachel der Sinne in sich abgestumpft hat. Er selbst
darf sich im schweigenden Rath seiner Seele gestehen, daß Wollust
ihn nie angewandelt und daß er über der Menschen Verliebtheit
stets gelächelt habe wie über eine verächtliche und undenkbare Sache.
Er steht nicht an, als ihm Escalus später bei seiner Strenge gegen
die Sittenlosen die Möglichkeit einer ähnlichen Vergehung von seiner
Seite zu bedenken gibt, Strafe und Tadel auf sich herabzubeschwören
mit der stolzen Antwort: es sei ein Anderes in Versuchung zu
kommen, und der Versuchung zu erliegen. Daß diese Tugend und
Enthaltsamkeit bei so viel Jugend gezwungen und überspannt ist,
beweist schon die ängstliche Sorgfalt, mit der Angelo auf den
äußeren Schein mehr hält, als auf das innere Wesen. Er ist

stets auf der Hut vor dem Neide, er hat den reizbarsten Ehrgeiz, den Ruf des Untadelhaften keinen Augenblick zu verlieren. Diesen Ehrgeiz, diesen Stolz auf seine Tugend wagt er sogar allein und im Selbstgespräche kaum sich selber zu gestehen. Dieser Ehrgeiz hängt mit seinem ehrsüchtigen Streben nach äußerem Rang und Würden, und dieses mit jenem innig zusammen. Er hat sich tief versenkt in die Studien des Staats und des Rechts, er hat über diesen ernsten Beschäftigungen in der That das Blut und die Leidenschaft in sich zurückgedrängt, er hat sich gleichmäßig strenge und unbeugsame Grundsätze ausgebildet für sein sittliches Leben und Verhalten, für die Wissenschaft des Rechts und für die Praxis des Staatsmannes und Richters, um sich mit allen diesen Eigenschaften zugleich auf dem Wege der Ehre voranzubringen und zu empfehlen.

Diesem unnatürlich gespannten Bestreben sieht nun der seelenkundige Herzog in dem brauchbaren, versprechenden, von der Natur reich begabten jungen Manne zu. Er scheint aber seinem äußeren politischen, wie seinem inneren sittlichen Ehrgeize zu mistrauen und die Gelegenheit ist ihm willkommen, ihn von beiden Seiten zugleich auf die Probe zu stellen. Der forschende und beobachtende Fürst hat ihn belauscht, wie er in einem wenig bekannt gewordenen umschleierten Verhältnisse sich benommen hatte, und diese Erfahrung scheint ihn zweifelhaft gemacht zu haben, ob der talentvolle Mann nicht auf dem Wege sei, in seinen ehrgeizigen Bestrebungen ein blutloser Ascet, ein herzloser Jurist und ein egoistischer Diplomat zu werden; ob nicht der gleißnerische Schein des Tugendhaften mehr in ihm wiege als die wirkliche, noch ungeprüfte Tugend. Der Herzog hat erfahren, daß dieser Angelo mit einer Mariane verlobt war, der Schwester eines edlen und berühmten Seehelden Friedrich. Dieser Bruder verunglückte vor dem schon bestimmten Trauungstage mit seinem Schiffe und mit dem Heiratsgute der Schwester, und der Bräutigam war grausam und hartherzig genug, sie, die ihn nun weder mit ihrem Vermögen noch mit ihrer Verwandtschaft weiter fördern konnte, zu verlassen, ja, um seiner Handlungsweise eine gute Farbe zu leihen, Entdeckungen über ihre verletzte Ehre vorzugeben. Auch in diesem Zuge ist das stolze Emporstreben nach Rang, Besitz und Ansehen und das Prunken mit einer höchst empfindlichen Sittlichkeit zugleich erkennbar; der Dichter hat ihn weise vorausgeschickt, wie in Viel Lärmen um Nichts Claudio's erste Täuschung seiner späteren, um den Charakter bestimmter auszuzeichnen. Der Herzog will nun Angelo, indem er ihm die Stelle des Statthalters überträgt, in der doppelten Absicht prüfen, wie er in dem gegebenen großen Spielraum sich bewegen, zu welchen Schritten ihn seine Sittenstrenge bestimmen und welchen Einfluß seine neue Macht über seinen Charakter üben werde. Der Herzog selbst gibt eine Reise vor, beobachtet aber in Mönchsgewand versteckt in nächster Nähe alle Ereignisse. Die Art, wie wir den umsichtigen Mann nun über jeden Vorfall wachen und gleichsam Vorsehung spielen sehen, macht, daß uns die Vorgänge die sich nun entwickeln, beruhigter treffen; das Peinliche und Harte in ihnen wird dadurch völlig gemildert; es befindet sich in dem Schauspiele selbst ein überlegener Maschinist und Zuschauer, vor dem uns die Handlung wie ein Schauspiel im Schauspiele zu verlaufen scheint; wir sind um einen schlimmen Ausgang der schlimmen Händel auf diese Weise ganz unbesorgt. Von dieser ganzen Einkleidung und dem Zartsinn, der sie eingab, ist in der Novelle und in Whetstone's Stück keine Spur zu finden.

Nun beginnt denn der Amtslauf des jungen, eifrigen Staatsmannes. Er zieht die drakonischen Zuchtgesetze aus dem Staube hervor; das Recht soll nicht länger eine verspottete Vogelscheuche bleiben; es soll nicht ferner ausnahmslose Gnade herrschen, sondern ausnahmslose Gerechtigkeit. Der starre Jurist ist es zufrieden, daß die Welt zu Grunde gehe, wenn nur das Recht seinen Lauf hat; er dünkt sich unmenschlich, wenn er in der Handhabung der Gerechtigkeit auf Abrechnungen absieht, weil bei nachsichtloser Strenge das Gesetz propheziengleich die Sünde vor der Geburt erstickt, oder der erzeugten den Keim der Entwickelung ausbricht. Sein moralischer Unwille und das überhobene Gefühl seiner eigenen Reinheit wirken zu seinem Auftreten mit, und auch das Gefühl seiner neuen Würde; es gefällt ihm, die ihm übertragene „Riesenmacht" wie ein Riese zu brauchen. Claudio und Lucio sehen Beide auch jetzt jene zwei Neigungen seiner Seele bei der neuen Rolle die er spielt in Thätigkeit, seinen Tugendstolz, die Sucht, sich einen Namen zu machen, und sein Wohlgefallen an dem neuen Glanze seiner Herrlichkeit. Der junge Statthalter läßt nun alle lüberlichen Häuser in den Vorstädten niederreißen; die Gefängnisse füllen sich mit widrigen Verbrechern aller Art; auch einen jungen Edlen sehen wir wegen eines vereinzelten Vergehens nach dem Kerker führen, öffentlich, zum Scandale der Stadt; an ihm soll ein Beispiel statuirt werden das in die Augen fällt. Ob die Zwecke der Abschreckung gerade in Bezug auf das Laster, um das es sich handelt, durch diese Strenge erreicht werden, das freilich scheinen die nächsten Folgen die wir vor uns sehen sehr zweifelhaft zu machen. Die Kenner dieser Sünde und die Kenner der Menschen unter hoch und niedrig, die Lucios und die Pompejus, geben uns die wenig tröstliche Aussicht, auszurotten werde die zu groß angewachsene Familie dieses Lasters nicht sein, wenn man nicht auch Essen und Trinken abschaffen wolle; wenn man um seinetwillen alle Köpfe wolle fallen lassen, so werde es bald an Köpfen fehlen. Und doch zeigt sich dieß noch nicht als die nächste Schwierigkeit. Mit der Niederreißung jener Wohnstätten des Lasters findet man das Laster keineswegs vertilgt, das Gewerbe wandert nur aus und ändert nur den Platz. Die Gewohnheitssünder lassen sich durch keine Vermahnung und Drohung schrecken. Dabei greifen die Werkzeuge der Gerechtigkeit fehl: der wackere Ellbogen, aus dem Geschlechte der Dogberrys, greift einen armen Schelm an, der nach den Andeutungen des Clowns gar nicht fähig wäre zu sündigen, dieweil es in Ellbogen's Hause schlimmer bestellt und seine eigene Frau offenkundig ganz anders schuldig ist als der verhaftete „Schaum". Dieß ist denn nach Shakespeare's Weise die burleske Parodie der Gerechtigkeitspflege des Angelo, der zuletzt der Sünde mehr bloß ist, als irgend einer seiner Delinquenten. Die aber bei diesem Systeme ganz frei ausgehen, das sind gerade die Verstocktesten und Abgefeimtesten, die das Gesetz am ersten treffen sollte. Ein Lucio, der ehrlose Verleumder und Lügner, dessen stehende Sünde es ist, „mit Mädchen den Kibitz zu spielen", der seine Helfershelfer wie seine Opfer kalt in's Unglück bringt, sich selbst aber mit falschen Eiden loszumachen kein Bedenken trägt, er der Unverbesserliche gerade ist dem Gesetze unerreichbar, er spottet seiner Strenge, er geht ohne Verantwortung aus, während ein geringer Fehltritt seinen Freund Claudio auf den Richtblock bringen soll.

Claudio war mit einer genauen Freundin seiner vortrefflichen Schwester Isabella verlobt; sie ward in heimlicher Verbindung sein Weib; die äußere Förmlichkeit der Ehe ward aufgeschoben, weil eine Mitgift für Juliette in den Koffern ihrer Verwandten ruhte, die erst für die Heirat der Beiden gewonnen werden sollten. Juliette ist ein Geschöpf, die schon durch Isabellens Freundschaft ehrbar erscheint, wir sehen sie nur vorübergehend in ihrer Hast, gefaßt und reuig in innerster Seele. Claudio selbst wird als ein verläßiger Mann von Wort bezeichnet, um so viel weniger war bei dem gegenseitigen Fehltritt irgend eine schlimme Absicht. Er fehlte, weil er augenblicklichen Eindrücken in lebhafter und sanguinischer Natur ganz anders als ein Angelo hingegeben ist. Der Dichter zeichnet uns die erregliche, leicht bestimmte Natur des Mannes sehr deutlich dort, wo er ihn von des Herzogs Vorstellungen von den Uebeln des Lebens und dem Trost des Todes erst ganz erfüllt, gleich hernach aber von seinen eignen Vorstellungen über das Grausige des Todes und das Paradisische selbst des elendesten Lebens wieder ganz umgeworfen darstellt. So lernen wir ihn nachher auch kennen, als er den Preis, um den Isabella sein Leben erkaufen soll, in der ersten Anwandlung des Ehrgefühls weit wegwirft und gleich darauf, da er sich die Schrecken des Todes vormalt, diesen Preis gerne bezahlen sähe. Er sündigte wie im Traum, sagt selbst der Kerkermeister bedauernd von Claudio; alle Secten und jedes Alter sind dieser Schwäche verfallen, und Er soll um ihretwillen einer erbarmungslosen Rechtsfatzung zum Opfer fallen, soll sterben durch jenen Angelo, der sich gegen Maria eines viel schlimmern moralischen Fehlers schuldig gemacht hatte aus dem ganz ähnlichen Motive! Denn was war doch schuldvoller, jene Vorwegnahme des Eherechts von Seiten des treuen Claudio, oder der Treuebruch Angelo's und seine Auflösung eines festgeschlossenen Verlöbnisses? Mahnte die Aehnlichkeit des Verhältnisses nicht den gestrengen Richter an seine eigene Schuld? Es wird ihm diese Erinnerung zum Ueberflusse von Escalus, von Isabella, von dem Kerkermeister nahe genug gelegt. Aber er denkt nur an den Buchstaben der Schuld und des Gesetzes und fühlt sich gegen alle Vorstellung und Verwelsungen an seinem eigenen Busen in seiner Unverwundbarkeit sicher. Er ahnt nicht, wie schnell in ihm selbst dieser Tugendstolz zu Schanden werden sollte.

Claudio läßt seine Schwester Isabella auffordern, da seine Appellation den Herzog nicht erreichen kann, bei Angelo für sein Leben zu bitten. Er weiß daß ihre Jugend und Schönheit ihn rühren wird, er weiß daß sie glückliche geistige Gaben besitzt, daß sie der Ueberredung fähig ist, „wenn sie mit Geist und Rede spielen will". Er kann auch von ihr wissen, daß sie Menschen klug und scharf durchschaut; sie beweist es wenigstens nachher an ihm selbst. Sie kennt ihn wohl, als sie ihm Angelo's Anträge ausrichten soll; sie fürchtet von ihm ehe sie ihn spricht; als er ihr seine Versicherungen gibt glaubt sie ihm; und dann entspricht er zuerst in seiner anfänglichen Festigkeit ihrem Glauben, aber noch mehr in seiner Verzagung ihrer richtigen ersten Furcht. Diese Menschenkenntniß nun, so viel Geist und Schönheit, so viel Gaben zur Welt und ihrem Gebrauche ist Isabella im Begriff in das Kloster zu tragen. Sie besitzt wie der Herzog in wohlabgewogenem Verhältnisse die doppelseitige Natur.

die Welt je nach den Umständen besitzen und entbehren zu können. Sie hat bereits ihr Novitiat begonnen; die Klosterregel ist ihr bekannt; sie ist ihr eher zu wenig als zu sehr beschränkend. Dem gemeinen Lucio, dem ein Angelo und seine Tugend, der Herzog und sein Rang, der Mönch und sein Stand nicht zu heilig ist, um sie durch seine Verleumdungen zu entweihen, ist Isabella allein fähig durch den Eindruck ihres Wesens Scheu einzuflößen; er sieht sie bereits dem Himmel eingebürgert, geheiligt durch ihre Entsagung wie einem unsterblichen Geist, zu dem man wahr und aufrichtig wie zu einer Heiligen sprechen muß. Da sie ihres Bruders Vergebung erfährt, ist sie streng genug, gegen das Gesetz und seinen Vollzug keine Einwendung zu haben; nicht ist sie so überheroisch in ihrer Tugend, daß sie nicht die menschliche Regung fühlte, ihres Bruders Leben gerne zu retten; sie sieht einen strafenswerthen Fehler in seinem Falle, aber sie sieht keinen Fehler darin, ihn zu vergeben; sie geht sogar vor dem Richter so weit, den Fehler Claudio's mehr als ihre Ansicht ist herabzuschätzen. Stark wie sie ist, scheut sie nicht den Schein der Schwäche auf sich und ihr ganzes Geschlecht zu nehmen, der große Gegensatz hierin gegen Angelo, der mit dem Schein der Stärke und Sittenstrenge fällt. Da ihre Tugend auf die Probe gesetzt wird, zeigt sie sich in Wahrheit als den Helden für den sie vorher Angelo gehalten hatte; und wie mitleidig sie vorher für Claudio empfunden hatte, sobald er sein Leben um ihre Schande will und ihrer zweimalige Erinnerung an ihren ehrenhaften gestorbenen Vater nicht achtet, verwirft sie ihn ausgebracht, denn sie hält nun sein Vergehn nicht für zufällig sondern für ein Gewerbe. Wie sehr diese Strenge und dieser Heroismus ascetisch und nonnenhaft, dem Tugendstolze und dem ehrwürdigen Scheine Angelo's ähnlich dünken mag, doch ist sie auch hierin Angelo's Gegenbild, von aller falschen Anstellerei so fern, daß sie auf des Mönch-Herzogs Vorstellung, wie Tugend kühn sei und nicht scheue, um eines wahrhaft tugendlichen Zweckes willen den Schein des Lasters auf sich zu nehmen, in seinen abenteuerlichen

Plan unbedenklich eingeht, durch einen frommen Betrug ihrem Bruder Rettung und der verlassenen Marianne ihren treulosen Verlobten wieder zu schaffen. Das Mitleid um ihren Bruder hilft ihr nicht über die Sünde, wohl aber über den Schein der Sünde hinweg; Gefühl und Weiblichkeit entwickelt sich gerade bei einer Handlung, zu der eine männliche Verleugnung weiblichen Zartgefühls zu gehören scheint. Ganz derselbe Fall ist nachher noch einmal in ihr zu beobachten, als sie von Marianne gebeten wird, für das Leben Angelo's zu flehen, den sie noch für den Tödter ihres Bruders hält. Es kann die Stärke eines männlichen Stoikers dazu zu gehören scheinen, daß sie sich jetzt auch noch bei des Bruders Tod beruhigt, denn sein Recht geworden sei; aber gewisser gehört die ganze weibliche Sanftmuth und Erbarmung und die Entfernung von jedem Gefühl des Nachtragens und der Rache dazu, daß sie in demselben Athemzuge für Angelo's Leben bittet. Die Mischung von Mitleid und Charakterstärke, von eigener Reinheit und Rücksicht auf anderer Schwäche, von Zärtlichkeit und Festigkeit, von weiblicher Schüchternheit ja selbst Mißtrauen in sich selbst und dem sichersten Tacte des Handelns, von Bescheidenheit und Befähigung, von Bescheidung und von geistiger und sittlicher Kraftentfaltung, durchzieht den ganzen Charakter dieses Weibes. Sie steht in der Mitte der allgemeinen Verderbniß über alle Niederungen des Lasters schlank emporgehoben in einer fleckenlosen Reinheit des Gemüths, ein Wesen, dessen Gedanken schon halb der Erde entrückt, dessen Sinne den Berührungen gemeiner Leidenschaft entnommen waren.

Wie sehr solch ein Wesen vielleicht durch die fast übermenschliche Größe seiner Tugend gerade an Sympathie in uns einbüßt, so ist es doch, wenn man die Dichtung ein wenig symbolisch verstehen will, vortrefflich und völlig in des Dichters Plan gewesen, daß er gerade solch einen Engel zu dem Versucher der Tugend Angelo's haben wollte. Beider Charaktere und die Folgen ihrer Begegnung erläutern sich erst aus der aufmerksamen Wägung jedes Wortes bei diesen

Zusammentreffen. Isabella erscheint, begleitet von Lucio, vor dem Statthalter und es kämpft noch in ihr die natürliche Abneigung der keuschesten Seele, für eine Sünde zu sprechen die sie am meisten verabscheut, mit dem Mitleid für ihren Bruder; ihre Bitte nimmt daher die bezeichnende Wendung, daß sie um Verurtheilung der Sünde und Begnadigung des Sünders anhält. Sie ist im Streit des Wollens und Nichtwollens, sie ist daher nicht in der Laune der Ueberredung, sie kann in dieser Stimmung nicht „Geist und Rede spielen lassen wollen"; sie erkennt daher auf die erste amtsmäßige und lakonische Weigerung die Gerechtigkeit des zwar strengen Gesetzes an, sie giebt das Leben ihres Bruders auf und geht. Schon dieser Zug, diese seltsame Art ein Gesuch zu betreiben, muß dem gesetzten und ernsten Richter auffallen und Achtung einflößen. Sie nimmt die abgebrochene Bitte auf Lucio's vorwurfsvolle Rüge ihrer Kälte noch einmal auf. Die Gerechtigkeit des Gesetzes anerkennend sieht sie nichts, was der Gnade im Wege sei. Sie verficht dieß mit dem Verstande, sie legt ihm dieß an's Herz mit dem Gefühle, die mädchenhafte Schüchternheit legt sich ab, sie findet mit den Regungen des Mitleids zugleich ihre natürliche Beredsamkeit wieder, und ihr schönes Herz legt sich mehr und mehr offen. Bei dem ersten Anschlag dieses rührenden Tones aus der Seele des großen und strengen Weibes fühlt sich Angelo bewegt, und wie in einer ersten Ahnung der Macht, die dieses Wesen über ihn gewinnen könnte, bittet er sie wegzugehen. Sie faßt ihn stärker, sie mahnt ihn an die ewige Gerechtigkeit, die für die ganze verfallene Menschheit Gnade und Versöhnung gefunden habe. Er will in ihren Augen nicht als ein Barbar erscheinen und läßt sich herab, ihr die menschlich mitleidvolle Seite in seiner strengen Handhabung der Gerechtigkeit in mehr Worten als er sonst liebt auseinanderzusetzen. Er schließt mit einem erneuten Abschlag und mit der Bitte, daß sie sich zufrieden stelle. Die allgemeinen Gründe, mit denen sie Amtsgewissen und Gemüth bei ihm zu erschüttern strebte, sind nun erschöpft; das natürlichste Geschick heißt sie jetzt die Angriffsweise Andern: sie spricht zu seiner Person; und da ihn seine letzten Worte als einen Mann von sinnvoll geistiger Natur gezeigt haben, ruft sie unwillkürlich auch in sich die letzten Waffen ihres Geistes zu Hülfe. „So müßt Ihr denn der Erste sein, sagt sie, der diesen Spruch fällt und Er der Erste der darunter leidet! O! es ist herrlich, eines Riesen Stärke zu haben, aber tyrannisch, sie wie ein Riese zu gebrauchen!" Aus diesem letzten Tone geht sie bis zu sarkastischer Bitterkeit in ihrem Gemälde der kleinen Großen, die, wenn sie Jupiter's Donner besäßen, ihr kurzlebiges Dasein zu nichts als Donnern verbrauchen würden; indem sie die kurze kleine Macht des Menschen gegen Gott setzt, kann sie ihn mittelbar zugleich an seine vorübergehende Bestallung erinnern, in der er um so mehr Ursache hat, sein „gläsern Element" in Anwendung seiner Machtvollkommenheit zu bedenken. Wie bricht aber der tiefsinnige Schluß dieses Ausfalls allem Beleidigenden und Anreizenden, das darin liegen konnte, die Spitze ab! Der stolze Mensch, sagt sie, spielt wie ein zorniger Affe solche phantastische Streiche vor dem Himmel, daß die Engel weinen, die, gelaunt wie wir, sich alle sterblich lachen würden! Wie schön charakterisirt dieß diese Halbheilige, daß sie die Engel über unsere menschliche Ueberhebung weinend glaubt, daß sie, wenn sie ihnen unsere menschliche spottsüchtige Natur in Gedanken leiht, als die Folge sieht, daß sie sich sterblich lachen würden, weil diese Gemüthsart in ihren Augen keinen Theil am Himmel hat. Isabella gönnt dem schweigenden betroffenen Angelo Zeit, über den Tiefsinn ihrer Rede und die tiefen Züge ihres Charakters nachzudenken, indem sie nun in der Stimmung ist, ihrer Beredsamkeit vollen Lauf zu lassen. Sie überrascht und beschäftigt ihn mit stets neuen treffenden Angriffen auf sein Allerinnerstes. Der bloße Blick auf diesen Mann hat ihrem menschenkennenden Instincte sein Wesen verrathen; sie mußte ihn in einem Nu das absehen, was der Herzog und die Claudio und Lucio aus längerer Beobachtung von ihm glauben, wie hoch erfüllt er sei von seiner machtvollen Stellung und von seiner unbescholtenen

Tugend. Sie hat ihn daher zuerst an den rechten Gebrauch seiner Macht gemahnt und mahnt ihn jetzt an den seiner Tugend; sie schmeichelt dabei (ohne es zu wollen, da sie auch nach ihrer ganz späten Aeußerung an seine Tugend in voller Ueberzeugung glaubt,) dem besten Theile in ihm und macht dadurch noch mehr gut, was ihre Bitterkeit über die Ueberhebung der Großen unter den Menschen verdorben haben konnte. Sie legt ihm an's Herz, wir dürften nicht unseren Bruder nach uns, Er nicht den ihren nach sich selber wägen. Sie spielt nur hin auf diese Stärke seiner Tugend; um aber auch nicht den Schein des Schmeichelns zu haben, lenkt sie ihre Rede auf die äußere Macht und Größe zurück: die Hoheit, wenn sie auch wie andere irrt, hat doch eine Art von Arznei in sich selbst, die das Laster verschließt, übermalt, den Schaden unbemerklich macht. Sie will sagen: jene Nothwendigkeit der Behauptung äußerer Würde, die dem Mächtigen auferlegt ist, zwingt ihn seine Fehler und sündigen Neigungen mehr zu beherrschen und wo sie sich nicht unterdrücken lassen mit dem Firnisse des guten Scheins zu überdecken; sie mahnt ihn also, wenn er auch nur tief in seinem Herzen die Anlage zu solch einer Schuld gewahre und das menschlich Natürliche in jener Schwäche erkenne, dann seinen Gedanken gegen ihres Bruders Leben zu fassen. Sie greift ihn also auch noch von der Seite seines Tugendstolzes, und was dabei von Scheinheiligkeit und Heuchelei war, tief in die Geheimnisse seines Busens, was Wunder, daß die ganzen bisherigen stillen Vorgänge in seinem Innern sich zuletzt nur in dem Ausdruck des tiefen Erstaunens Luft machen: „Sie spricht, und es ist solcher Sinn, daß mein Sinn mit ihm brütet!" Er empfängt die fruchtbaren Räthsel, die sie spricht, in einem begreifenden, entgegenkommenden Geiste, da jedes Wort wie aus dem innersten System seiner eigenen Grundsätze, seiner Gedanken, seiner ganzen Natur entnommen ist. Noch immer ist er bis jetzt seiner selbst Herr; er grüßt sie noch einmal zum Abschied. Da, auf eine einfache nochmalige Bitte, entschlüpft ihm das verhängnißvolle Wort: kommt morgen wieder! Der Weg der Versuchung ist mit diesen wenigen Silben betreten. Fast ginge ihn der stolze Mann noch einmal glücklich zurück! Hört, sagt sie, wie ich euch bestechen will! Wie, mich bestechen? fragt er, und Lucio fürchtet sogleich, daß dieß Eine Wort ihr Gesuch vereiteln würde. Aber sie gibt der Sache eine neue Wendung, die den wankenden Mann von Neuem bezaubern muß: Ja, erwiedert sie, mit Geschenken die der Himmel mit euch theilen soll, mit Gebeten frommer Seelen, enthaltsamer Jungfrauen, die vom Zeitlichen gereinigt sind.

Er gesteht es nun, wo wir allein mit ihm sind, daß er auf dem Wege zur Versuchung ist, wo Gebete seine Wünsche kreuzen. So finden wir ihn auch später wieder, daß seine eigenen Gebete und Gedanken auseinandergehen: der Himmel hat seine leeren Worte, seine Einbildungskraft ankert auf Isabella. Es rächt sich plötzlich der unterdrückte Sinn an dem unnatürlichen Zwange, und alles was den Mann bisher ehrgeizig und stolz gemacht hat, seine Studien sind ihm werth und langweilig und seine tugendliche Würde wiegt ihm kaum wie eine Feder schwer. Ihm, der nie der Versuchung leichter Dirnen im mindesten ausgesetzt war, er erliegt der gefährlichen Versuchung der Bescheidenheit; der böse Feind ködert den Heiligen mit einer Heiligen und treibt ihn, aus Liebe zur Tugend zu sündigen. Isabella selber, nachdem sie die ganze Reihe von Angelo's Betirrungen übersehen und darunter zu leiden gehabt hatte, gibt ihm das Zeugniß, daß sie glauben müsse, es habe pflichtvolle Rechtschaffenheit seine Handlungen geleitet, bis er sie gesehen habe. Und daß diese ganze Erscheinung, so viel Geist, Schönheit und Tugend in wunderbarer Vereinigung, des Mannes Phantasie ergriff, sich plötzlich aller seiner Sinne bemächtigte, ihn zu dem Bekenntnisse zwingt, daß auch sein Blut Blut wie anderer Menschen ist, daß sie seine staatsmännische Gelassenheit, seinen richterlichen Ernst, seine ascetische Gemüthsruhe mit Einemmale über den Haufen wirft, wer würde dieß nicht begreifen? Warum aber ist sein erster Gedanke nicht an eine ehrbare und erlaubte Liebe? Warum weilt sein Gedanke sogleich auf dem für ihn so vorwurfsvollen Bilde, in dem er sich fragt: da wir so vielen wüsten Boden haben, sollen wir die Tempel niederreißen, den Frevel dort zu bauen? Hielt er sie, was nach seiner Kunde möglich war, für eine schon geweihte Nonne, so waren seine Anschläge um so frevelhafter. Aber auch ohne dieses mußte ihm sein Verhältniß zu Marianne im Sinne liegen, er mußte ihre Einsprache gegen ihre Ehe fürchten; er scheut diese Veröffentlichung dieser geheim gehaltenen Geschichte und verliert sich mehr und mehr in den Taumel seiner Begierden, die ihn verführen von Macht und Gelegenheit einen Vortheil zu ziehen, der ihm die Aussicht ließ, außer vor der Einen, deren Schätzung ihm freilich die von aller übrigen Welt hätte aufwiegen sollen, den Schein seiner Tadellosigkeit aufrecht halten zu können. Sein früheres herzloses Brechnen gegen Marianne wird so die Quelle einer zweiten größeren Schmach; die Natur, die dort wirkte, wirkt aus jenem Verhältnisse auch in dieß neue herüber. Da ihn Isabella zur bestimmten Stunde wieder besucht, überläßt er sich wie fatalistisch den Eindrücken, die er von ihr hinnehmen wird; er ist getheilt in sich mit seinem Gesuch, wie sie es mit dem ihren war, als sie das erstemal zu ihm kam. Noch einmal geht sie schnell besiegt auf seinen abschlägigen Bescheid hinweg. Er hält sie zurück. Er möchte noch jetzt gern der Versuchung ausweichen, aber Isabella ist gefährlich für ihn; sie ist geistreich, er kann zu ihr reden ohne die stumpfe Deutlichkeit, vor der er noch jetzt erröthen würde. Unglücklicherweise kommt sie ihm mit einem Satze halb entgegen, den er so mißverstehen konnte, als sähe sie Vergehen wie das ihres Bruders für nicht so sträflich an. Auf seine erste verfängliche Frage versteht sie ihn schnell, aber sie ist in der Ueberzeugung, daß er sie nur prüfen wolle. Sie weicht ihm in zweideutigen Antworten aus, die ihn zweifeln lassen, ob Schlauheit, ob Unschuld aus ihr spricht; das geistreiche Spiel ihrer ersten Unterhaltung beginnt wieder auf einem gefährlicheren Boden; ihre Mißverständnisse locken ihn fort und fort.

zwar Räthsel, aber immer klarere Räthsel zu reden. Da sie noch einmal etwas Allgemeines über die Gebrechlichkeit des weiblichen Geschlechts sagt, was wie eine Nachgiebigkeit klingen kann, erst nun tritt er kühn und deutlich hervor; derselbe Mund, der das Todesurtheil über die Sünde sprach, fordert zu einer schmählicheren Begehung derselben Sünde auf. Sie glaubt es noch nicht fest; erst da er schwört, bricht ihr ganzer Abscheu gegen ihn aus. Er prallt ab an dem kalten Juristen, an dem herzlos Umsichtigen, der jeden Fall voraus erwogen hat und im besten Zuge ist, sich zum förmlichen Bösewichte zu verhärten. Auf denselben Schutz, den sein guter Ruf ihm gewährt, baut er seine Kühnheit; er weiß, sie wird in ihrer zarten Verschämtheit nicht wagen ihn anzuklagen, da sie sich selber mehr schaden wird als ihm; „sein Falsch wird ihr Wahr besiegen". Die tyrannische Ader, die in diesem Manne der eisigen Consequenz schlummerte, erwacht, sobald er gereizt ist und die Maske einmal abgeworfen hat; er peinigt sie nun sogar mit der Drohung, den Tod ihres Bruders zu erschweren. Wie er nun zum Ziele gekommen zu sein glaubt und die eine Unthat begangen hat, zieht es ihn auf der schiefen Bahn der Verbrechen weiter; und immer mehr wird der tiefe Schatten sichtbar, den das Licht dieses glänzendbegabten Mannes wirft, und die böse Anlage die in seinem Innern bisher verborgen lag. Er überlegt sich, in welche Verlegenheiten ihn die Freigebung Claudio's bringen muß, dessen Tod Er, der Unerbittliche, von der öffentlichen Gerichtsbühne herab feierlich verkündigt hatte. Seine Begnadigung, von ihm unerwartet, müßte eine Anklage Isabellens, wenn sie sie dennoch wagen sollte, im öffentlichen Glauben unterstützen. Was ihn aber ausdrücklich bestimmt, die Hinrichtung an ihm gegen sein Versprechen vollziehen zu lassen, ist die Furcht, daß der zügellose Jüngling für sein so erkauftes schimpfliches Leben Rache suchen und die Rücksicht nicht nehmen werde, die er der Scham und der Ueberlegung Isabellens zutraut.

Sobald Angelo bei diesem Aeußersten angekommen ist, faßt ihn

die Reue an; er erkennt mit Schrecken, wohin er wider seinen Willen
in's Unheil gerissen ward, nachdem er seine Tugend einmal verloren
hatte; er steht gelähmt und unfähig zu allen Dingen; der Aufruf des
Herzogs, der seine Rückkehr verkündet und zu öffentlicher Anklage
gegen etwaige Ungerechtigkeiten auffordert, schlägt sein Herz mit Gewissensangst. Wie gern möchte er glauben, daß der Herzog wahnwitzig geworden sei! In welche schreckliche Folter muß es ihn spannen, da er diese verschämte Isabella auf offener Straße die furchtbare Anklage laut erheben hört auf die Schändlichkeit ohne Namen,
in dem Manne, dessen Tugend ohne Gleichen schien! Wie muß ihn
Pein und Verzweiflung fassen, als er die Stimme der verlassenen
Mariane hört und ihren Schleier fallen sieht! Wie steht er zuletzt
am Pranger im Angesichte aller Welt, der bisher für einen Heiligen
gegolten hat! Wie vernichtet muß er weggehen, eine Formalität
mit Mariane gezwungen zu vollziehen, worauf sein Vermögen an
die Verlassene fallen und er selbst für Claudio's Hinrichtung sterben
soll. Eine Last von Unehre und Schmach wälzt sich her über ihn,
dem an Ehre und Würde, an dem Kleid und Schein der Würde und
Ehre wenigstens Alles gelegen war, und dem nun dieß verhüllende
Kleid so gewaltsam herabgerissen wird, daß Körper und Wesen seiner
Ehre mit zerfleischt werden. Wie tief gesunken steht der, der bisher
in der Meinung am höchsten gestanden hat, nun in der Schätzung
der Besten, des Herzogs und des Escalus! so daß ihm gern zu
glauben ist, wenn er zu dem Letzteren sagt, ihm durchdringe so tiefe
Reue sein Herz, daß er den Tod viel lieber als Gnade empfange.
Denn wie sollte einem Verbrecher dieses Charakters der Tod nicht
mehr Wohlthat gewesen sein als diese Beschämung? Aber er soll
zum Leben und zur Erhebung von seinem Falle aufgehoben werden.
Der Dichter hat in diesem Charakter eine neue Variation zu seinem
Lieblingsthema vom Scheine entworfen. Die Aufgabe in Angelo
ist ein würdiges Seitenstück von Arbeit für den Schauspieler, der die
große Heuchelei darstellte, die aus der systematischen Selbstsucht eines

Bösewichts wie Richard entspringt, und die rücksichtslose Verachtung alles Scheines, die in der Abwesenheit jeder Selbstsucht in dem Prinzen Heinrich ihren Grund hat; die Forderung ist hier, einen Menschen darzustellen, der für große, kühne, gefahrvolle Entwürfe einer strebenden Selbstsucht zu klein gebaut, für schwächliche Verirrungen einer Selbstliebe zu edel angelegt ist, der zwischen beiden negativ schwankt, der nach der Ehre geizt, in seinem staatsmännischen Berufe ein großer Meister und in seinem sittlichen Leben ein Heiliger zu sein, der aber in der Stunde der Prüfung dort kleinmeisterlich und tyrannisch, hier scheinheilig und bösartig gefunden wird. Die Aufgabe verlangt, daß der Schauspieler die geistige Begabung und den guten Kern dieses Charakters mitten in seinem Falle nicht gänzlich fallen, den ursprünglichen Adel dieser Natur auch durch alle maaßlosen Verirrungen noch durchschlenen und die sichere Aussicht auf eine gründliche Umkehr und Reue geöffnet läßt. Oder wäre eine aufrichtige Reue in Angelo in der That nicht denkbar, wie Coleridge meinte? Allein mit dem Scheine ist es nach dieser That für diesen Mann gänzlich vorbei! Die Augen der Prüfer werden ihn nicht mehr loslassen, er wird Niemanden mehr täuschen! Er hat hinfort nur Aussicht, ein großer Verbrecher zu werden oder sich zu ächtgefärbter Tugend und Ehre zu erheben. Die am meisten Klage über ihn zu führen hat, Isabella, bittet für ihn und scheint auf den guten Kern in ihm zu vertrauen. Die den nächsten Antheil an ihm zu nehmen hat, Mariane, will ihn mit allen seinen Fehlern behalten und führt für ihn an, daß die Männer aus Fehlern gebildet sind, und daß die die besten werden, die einmal ein wenig schlecht waren. Sie spricht in dem Sinne des Fürsten in Whetstone's Stücke, der zuletzt zu dem gereizten Richter sagt: Wenn du weise bist, so kann dein Fall dich steigen machen; da das verlorene Schaf wieder gefunden war, wurde vor Freude ein Fest bereitet.

Aber die „strenge indignirte Gerechtigkeit", die Coleridge verlangte, war nicht an Angelo gehandhabt! Hatte er doch selbst so feierlich die ganze Schärfe des Gesetzes gegen sich herausgefordert und sich selber das Urtheil gesprochen! Hatte er doch ein viel strengeres Gericht verdient als Claudio, an dem er einen Gerichtsmord verübt zu haben schuldig war, wenn sein eigenes größeres Verbrechen frei ausgehen durfte! Hatte doch eine neue moralische Schmach, ein gebrochenes Versprechen, und ein formales Amtsvergehen, ein Befehl zur Hinrichtung in ungewöhnlicher Stunde, seine Unthat vergrößert! Durfte doch an den, dem mehr gegeben war, noch dazu mehr gefordert werden! Auch schien des Herzogs eigener Sinn und Spruch ihn unerbittlich zu verdammen. Erklärte er sich doch selbst für einen Tyrannen schon dann, wenn er plötzlich strafen wollte, was er früher nachgesehen hatte, wie müßte er auf Angelo sehen, der das mit Tod strafte, was er selber schlimmeres gethan? Und auch war ja dieser strenge Verdammungsspruch aus des Herzogs Munde feierlich gefällt: „Ein Angelo für Claudio, Tod für Tod! Eile bezahlt mit Eile und Weile mit Weile! Gleiches mit Gleichem! Maaß für Maaß". Diese gleiche Vergeltung ist immer der poetische Ausdruck einer „strengen aufgebrachten Gerechtigkeit" gewesen, und ihr Spruch schien hier unerbittlich gefallen. Allein abgesehen von aller Poesie, wäre Angelo's Verurtheilung selbst nicht einmal nach juristischer Satzung der strengen Gerechtigkeit gemäß. Das Doppelverbrechen Angelo's, Isabellens Schmach und Claudio's Tod, war ja nicht ausgeführt worden. Das strengste Gesetz hätte über Angelo nur die höchste Strafe des Versuches erkannt. Auch ist es dem Herzoge mit seiner Vergeltung nicht Ernst; es ist nur eine der spannenden Prüfungen, die er sich freut wie über Claudio und Isabella, so jetzt über Angelo zu verhängen. Er sagt ja ausdrücklich, Angelo solle auf demselben Blocke sterben, auf dem Claudio gestorben sei, der durch ihn selbst und seine Veranstaltung noch lebte. Und wie sollte der Herzog den Todesspruch an Angelo vollziehen, der ihn mit der Erneuerung jenes strengen Zuchtgesetzes, mit der Uebertragung der schlüpfrigen hohen Stelle ausdrücklich auf diesen Boden der Versuchung und Prüfung geführt hatte? Wie mußte er beschämt vor seiner Isabella stehen, die so rechtssinnig war, Absicht und Gedanken nicht bestraft wissen zu wollen; die so mild und gut war, noch als sie Claudio gestorben glaubte, zu Angelo's Gunsten selbst die Versuchung in Anschlag zu bringen, die in ihrer bloßen Erscheinung gelegen war! Wenn sie so eine Schuld auf sich nehmen wollte wegen der Gelegenheit, die sie darbot, ohne es zu wollen, mußte nicht der Herzog sich ernsthaft anschuldigen wegen einer Versuchung, die er wissentlich und wollend veranlaßt hatte? Und wie sollte Er diesen harten Strafakt vollziehen, der den Zigeuner Bernardin, einen Halbmenschen, einen Caliban, einen stumpfsinnig verstockten Uebelthäter dem Tode zu überantworten schauderte! dem nicht die „strenge aufgebrachte Gerechtigkeit", sondern die Gnade und Milde am Herzen lag? der von dem Fürsten, der das Schwert des Himmels trägt, verlangte, er solle Andern nicht mehr und weniger Strafe zutheilen, als was er nach Wägung seiner eigenen Gebrechen, nach der Rücksicht auf die menschliche Schwäche, verantworten könne?

Und dieß in der That ist nicht nur der Sinn des Herzogs, sondern unseres ganzen Stückes, in dem der Herzog gleichsam den Choragen macht, daß nicht die eifrige Gerechtigkeit die wahre Gerechtigkeit sei, sondern eben jene umsichtige Billigkeit, die weder die Gnade noch den strengen Buchstaben des Gesetzes ausnahmsloses walten, die die Strafe nicht Maaß für Maaß, sondern mit Maaß zumessen läßt. Weder die laxe Milde, die der Herzog hatte walten lassen und die er selber verwirft, noch das überscharfe Gebiß, das Angelo anlegte, soll für das rechte Verfahren gelten; die Lässigkeit, die der Sünde Erlaubniß gibt, und das Abschreckungssystem, das die Sünder mit der Sünde vertilgt, trifft die gleiche Verwerfung. Dieß Stück in seinem auffallend praktischen Charakter ist wie zu einer Vertheidigung des Besserungssystemes geworden, des einzigen Strafsystems, für das sich eines Dichters sittliche Anschauung der Welt füglich erklären konnte. Die Abschreckung liebt der Herzog in Spannungen, in Drohungen, in den Foltern der Einbildung anzuwenden, in der wirklichen Straffällung läßt er, wo es nur irgend möglich ist, die Gnade walten, die der sittlichen Aenderung Raum läßt. Er wie Escalus trachtet den Sündern von Gewohnheit und Gewerbe mehr nach als den zufällig Gefallenen, den Kupplern und Verführern mehr als den Verführten; sie lassen Vermahnung auch bei diesen Sträflicheren der Strafe dreifach vorausgehen; und die poetische Strafe, die dieß Handwerk in Pompejus trifft, ist nicht Wegräumung der Person, sondern die Belegung des Gewerbes mit der Unehrlichkeit und dem Abscheu, der auf dem Henkeramte ruht. Selbst an dem blöden Bernardin verzagt der Herzog nicht; ihm fehlt Belehrung, ist sein erster Gedanke bei dem Bilde, das man von ihm entwirft; und obgleich in seiner eigenen Ansicht dieser Mörder dem Tode mit Recht verfallen ist, versucht er zuletzt auch an ihm noch die Wirkung der Unterweisung. Darum liegt so sehr in dem Stücke der Nachdruck auf der Gnade, die zwischen dem strengen Rechte und dem Verbrechen vermittelt, und darum kehrt sich der Dichter so deutlich gegen allen Absolutismus des Gesetzes und den Wortverstand seines Buchstabens. Indem er in Claudio's Munde das Wort Gottes (Röm. 9, 15.) citirt: „Welchem ich gnädig bin, dem bin ich gnädig", sieht er mit Bitterkeit auf die menschliche Gerechtigkeit, die sich auf diesen unfehlbaren Standpunkt des Richters stellt, dessen Willkür sogar uns gerecht sein muß. Von Mensch zu Mensch aber, würde der Dichter meinen, sollte allerdings jedes Gericht auf die Beweggründe der Fehlenden möglichst Rücksicht nehmen, und müsse allerdings, um in den Worten des Apostels fortzufahren, „an Jemands Wollen oder Laufen etwas liegen". So hat auch bei uns die Dichtung zur Zeit ihrer Wiedergeburt in Goethe's Jugendjahren einen sehr ähnlichen praktischen Widerstand geleistet gegen die unmenschliche und erbarmungslose Bestrafung solcher Fehltritte, in denen die menschlichen Triebe mitwirken, deren Stärke und Verhältniß zu unserer Bildung und unserer Fähigkeit geistiger Gegenwirkung wir uns nicht selbst gegeben haben. Die deutschen Dichtungen des vorigen Jahrhunderts, die gegen die Praxis der Todesstrafe für Kindermord alle Gefühle der Menschlichkeit in Bewegung sezten, sind diesem Stücke sehr genau zu vergleichen, das in sehr ähnlichem Verhältnisse zu gleich barbarischen englischen Gesetzen stand; wie denn Chalmers auf die Erneuerung eines Statuts im Jahr 1604 aufmerksam machte, in welchem Tod über alle Personen verhängt wurde, die heirateten, während ihre früheren Gatten oder Gattinnen noch am Leben waren.

Indem unser Stück aber zunächst in der Ausübung der Gerechtigkeit das Maaß empfiehlt, stellt es sich zugleich auf einen weit allgemeineren Boden und dehnt diese Lehre auf alle menschlichen Verhältnisse aus, so daß es gleichsam den Kern jener so oft von Shakespeare geäußerten Ansicht von der weisen Mitte in allen Dingen darstellt. Es ruft ganz allgemein von allem Extreme, auch von dem des Guten zurück, weil in jedem Extreme eine Ueberspannung liegt, die sich mit dem Umschlage in's Gegentheil rächt. Es war eine gute Sache um des Herzogs Milde, aber sie schlug zum Schaden des Gemeinwohls aus und streute eine Saat von Lastern. Es war eine gute Sache um Angelo's Strenge, aber sie verfehlte überall durch Uebertreibung ihre Zwecke, und wie bei Ellbogen, so konnte auch in Bezug auf ihn die Frage gestellt werden: Was ist hier das schlimmere, die Gerechtigkeit oder die Sünde? Es war eine gute Sache um Angelo's ernste Staatsstudien, aber die Unterdrückung der Sinne, die sie begleitete, rächte sich durch die Durchbrechung der natürlichen Dämme. Es war eine gute Sache um seine erhabene Tugend, aber da er sich in ihr überhob, kam er „durch Tugend zu Fall". Wenn es zwar schön gefunden wird, des Riesen Kraft zu besitzen, so wird gewarnt, sie wie ein Riese zu brauchen. Von jeder Zügellosigkeit wird abgemahnt, weil sie in Zwang sich verkehren müsse; „wie Ueberladung die Mutter vieles Fastens ist, so schlägt jede Freiheit durch übermäßigen Gebrauch in Einschränkung um". Wie diese Lehre von dem schädlichen Uebermaaße aller und selbst guter Dinge in den Thatsachen niedergelegt ist, so ist sie es auch in den Bildern und Gleichnissen dieses spruchreichen Gedichtes. So wird der Zudrang zu dem Kranken, der eine Hülfe bringen will, zum Schaden; so wird der Zudrang um einen geliebten Fürsten, der Beifall sein soll, eine Last. Und eben so liegt diese Lehre in den Charakteren und in der Gegensätzlichkeit ihrer Nebeneinanderstellung. Der Eine Angelo, mit der unnatürlich gespannten Uebertreibung seiner Natur, wiegt allein eine Reihe von Gegensätzen auf; mit seiner Strenge die Milde des Herzogs, mit seiner Enthaltsamkeit den Leichtsinn des Claudio, mit seiner Herzlosigkeit die weichherzige Schwäche seiner treuen Mariane, mit seinem ängstlichen Festhalten an dem guten Scheine die Gleichgültigkeit Lucio's gegen den schlechtesten Ruf. Zwischen diesen Extremen steht Isabella allein, ein Gepräge einer g a n z e n Menschennatur, die es anschaulich macht, daß gerade alles Extrem nur Hälfte und Bruchstück, daß Maaß und die weise Mitte nicht Schwäche und Schlaffheit ist, daß sie vielmehr den wahren sittlichen Schwerpunkt im Menschen bildet, der ihn vor allen Schwankungen und Irrungen sicher stellt und gerade zu der höchsten Kraft befähigt, die an den Menschen gefordert werden kann.

Othello.

Aus derselben Novellensammlung von Giraldi Cinthio (hecatommithi III, 7.), aus welcher Shakespeare den Stoff zu Maaß für Maaß entlehnte, nahm er auch den zum Othello; er las sie wahrscheinlich im italienischen Originale, denn eine englische Uebersetzung aus seiner Zeit ist nicht bekannt.

Die Erzählung von dem Mohr von Venedig brachte Shakespeare etwas mehr entgegen, als die von Juriste für sein Maaß für Maaß, doch ist auch hier an Motiv und Charakteristik alles arm und leer. Disdemona (so ist hier ihr verhängnißvoller Name geschrieben) entbrennt für den Mohren um seiner Tugenden willen und vermählt sich ihm wider den Willen der Familie. Der Fähnbrich untergräbt das Glück des Paares, weil er Disdemona liebt und sie in den Lieutnant des Mohren verliebt glaubt. Die Umstände, die die Eifersucht des Mohren zu reizen dienen, die Entsetzung des Lieutnants, Disdemona's Fürbitten für ihn, das verlorne Taschentuch u. s. w. finden sich in der Erzählung vor, aber alle in viel einfacherer Gestalt, und ohne daß der Fähnbrich so sehr wie bei Shakespeare als der Urheber dieser günstigen Gelegenheiten erscheint, die seinen Zwecken dienen müssen. Die Figur des Rodrigo fehlt in der Novelle ganz. Auf den Mohren ist darin ein Schatten geworfen, am meisten in dem unerquicklichen Ausgange. Er läßt hier sein Weib auf eine höchst rohe Weise durch den Fähndrich ermordet, sucht dann sorgfältig die Ursache ihres Todes zu verstecken und leugnet auf der Folter seine Schuld, worauf er verbannt und später von den Verwandten der Disdemona ermordet wird. Man sieht aus diesem Einen Vergleichungspunkte, welche Kluft auch hier die Novelle von dem Drama scheidet.

Im Othello, über dessen Entstehung eine feste Zeitbestimmung nicht vorliegt außer in der Notiz einer Aufführung von 1604, stellen wir neben Maaß für Maaß ein Stück, das, nur von anderer Seite, den meisten Lesern einen ähnlich peinlichen Eindruck zu machen pflegt wie dieses. Beide Stücke verlangen die etwas stärkeren Nerven der Zeit, in der sie entstanden. Beide stoßen uns durch den bloßen Stoff, das letztere noch mehr durch die schneidende Wahrheit seiner Entwicklung ab. Beide Stücke belegen es vor vielen andern Werken Shakspeare's, daß unserem Dichter das Interesse an der Sittlichkeit und an der psychologischen Wahrheit allezeit höher stand, als das Interesse an der äußeren ästhetischen Schönheit, vollends aber als die Rücksicht auf eine allzugroße Weiche des Gefühls. In Maaß für Maaß glättete und milderte er mit dem größten Feingefühle an der unzarten Situation, die den Knoten der Fabel bildet; aber so weit wäre er nicht gegangen, den ganzen, von sittlicher Seite so fruchtbaren Inhalt fallen zu lassen. Im Othello bereitete er mit wunderbarem psychologischen Blick einen großartigen tragischen Boden für die Leidenschaft der Eifersucht, die sonst mehr Theil an des Menschen kleiner Eigenliebe und mehr Anlage zur komischen Behandlung hat; aber eben dadurch verscherzte er sich die Möglichkeit, zarte Gefühle zu schonen und die Gemüther mäßiger zu erschüttern. Er suchte mit seinem Sinne für psychologische Wahrheit den Grund einer Leidenschaft von solcher Stärke, wie sie der Ausgang jener Geschichte vom Mohren von Venedig bedingte, und er nahm den gefundenen hin mit allen nothwendigen Folgen. Er ließ die Fluth dieses aufgewühlten Meeres steigen nach der Gewalt des Sturmes, unbekümmert um die feineren Naturen, die in diesem Orcane nicht aufrecht zu stehen vermögen. Auch Ulrici, der sonst immer gegen mäkelnde Urtheile und Vorurtheile auf der Seite unseres Dichters steht, nannte das Herbe in dem Untergange des Schönen hier überwiegend über das Tröstreiche und Erhebende; der Schluß bringe nicht, wie in Romeo und Julie, eine wohlthuende Auflösung. Allein dieß liegt wohl unvermeidlich in dem Gegenstande an sich. Romeo und Julie fallen durch sich selber im Uebermaaße der schönsten Leidenschaft, die uns selbst in ihrem Quaten süß erscheint; hier fällt das unschuldige Weib durch den Gatten unter der schrecklichsten Gewalt der bittersten und feindseligsten Leidenschaft, die jene süßeste gerade zerstört. Dieß war wohl nur zu umgehen, wenn der Dichter den ganzen Gegenstand wollte fallen lassen, was gewiß noch viel bedauerlicher wäre, als wenn er um jener unschönen Situation willen Maaß für Maaß nicht geschrieben hätte. Die Frage wäre daher nur, ob der Dichter Alles gethan hat, was er thun konnte, um in der einmal ergriffenen Aufgabe das unnöthig Grausame zu vermeiden und die nothwendige Härte zu mildern. Daß er dieß gethan, muß selbst Ulrici so geschienen haben. Denn er fand, daß bei der Zusammenfassung des Ganzen, bei resultirender Betrachtung, sich die Versöhnung allerdings ergebe, die er vorher vermißte. Dieß verschiedene Ergebniß einer verschiedenen Betrachtung wird aber schwerlich die Folge eines inneren Zwiespalts in dem Gedichte sein können, sonst würde eben die vollständige Zusammenfassung des Ganzen darauf hinleiten, während sie uns gerade überzeugt, daß hier zwar die Leidenschaft in vollen Accorden und mit dem Aufgebote aller Kraft, und unter erschütternden Wirkungen spielt, daß aber ein eigentlicher Mißklang in ihrem Spiele wirklich nicht zu bezeichnen ist. Der Fehler müßte also an uns liegen. Die verständige Betrachtung wäre bei uns nicht im Einklange mit unserem sittlichen oder ästhetischen Gefühle, es müßte der Verstand bei dem letzten Rückblicke oder das Gefühl bei dem ersten Eindrucke irre gegangen sein.

Wirklich werden wir bei der genaueren Prüfung des Stückes und unserer selbst entdecken, daß wir uns bei dem Ausgangs- und Endpunkte des Dramas in dem Systeme unserer sittlichen Begriffe mit dem Dichter in Widerstreit finden. Der Sinn und die Seele der Novelle vom Mohren von Venedig ist bei Giraldi Cinthio in folgenden platten Worten der Desdemona niedergelegt: „Ich fürchte, sagt sie, daß ich jungen Mädchen noch zur Warnung dienen muß, sich nicht wider den Willen ihrer Eltern zu verheiraten, und daß eine Italienerin sich nicht mit einem Manne verbinden sollte, den Natur, Himmel und Lebensweise ihr völlig entfremdet". Diese prosaischen Wahrheiten springen auch aus Shakespeare's Trauerspiel, verklärt in glänzender Poesie und gegründet auf die tiefsten Lebenserfahrungen, entgegen. Wir aber in unserer Zeit haben für die erstere dieser Wahrheiten nicht den lebendigen Sinn, wir schlagen die Auflehnung Othello's und Desdemona's gegen das Recht der Familie nicht so hoch an, wie es der Dichter und seine Zeit that. Ueberlassen wir uns nun dieser uns natürlichen Betrachtungsweise, so finden wir nicht die Schuld, die den Leidenden ihre Leiden verdient und wir straucheln an ihrer harten Buße; versetzen wir uns mit dem Verstande, was bei unserer Art von Bildung nicht schwer wird, auf den Standpunkt des Dichters, so finden wir seine Lösung der Aufgabe folgerichtig, gerecht und unerläßlich. Ob in der Schätzung dieses Ausgangspunktes wir Recht haben oder der Dichter, wer will es entscheiden! da sich die sittlichen Begriffe in den Beziehungen, wo sie sich mit den gesellschaftlichen berühren und verflechten, mit der Natur der Gesellschaft nothwendig verändern. Uns kommt es, wenn wir dem Dichter und seinen Werken gerecht werden wollen, vor allem darauf an, daß wir s e i n e n Standpunkt aufsuchen und uns ganz auf ihn versetzen. Nächstdem aber wird uns doch auch zu empfehlen sein, in unserem Vertrauen auf unsere persönlichen und zeitlichen Begriffe, Sitten, Gewöhnungen und Anschauungen einem solchen Manne gegenüber nicht allzuweit zu gehen und uns darin nicht allzu sicher zu fühlen. Denn war Einer von Zeitvorurtheilen frei, so war Er es. Haben wir ihn doch in dem Stücke, das wir vor diesem besprachen, auf einem so menschlichen Standpunkte gesehen, wie ihn unsere deutsche Dichtung erst zwei Jahrhunderte später gefunden hat! Werden wir ihn doch in dem Stücke, das wir nach diesem besprechen, der ganzen Empfindsamkeit und Gemüthsweise den Anstoß geben sehen, die zwei Jahrhunderte nach ihm erst in der Poesie und in der Gefühlsstimmung der germanischen Nationen zeit- und volksthümlich ward! Diese Stücke sind zu Einer Zeit geschrieben; stellen wir uns nicht auf Eine Linie mit Voltaire zurück, wenn wir den Dichter im Othello als einen pedantischen Sittenprediger finden wollen, der in Maaß für Maaß von so freiem Geiste und im Hamlet so mild und menschlich erscheint? Es wird sich daher darum handeln, daß wir bei Prüfung der inneren Wahrheit dieses dichterischen Gemäldes nicht blos unsere sittlich-socialen Theorien oder Gefühle, sondern vor Allem die Erfahrung zu Rathe ziehen. Leicht möchte sich dann ergeben, daß die Erfahrungen selbst heutzutage mit unseren heutigen Theorien in einem vielfachen Widerstreite liegen. Wer irgend Gelegenheit gehabt hat, in der größeren Gesellschaft häufigere Erfahrungen aus Familien- und Ehegeschichten zu ziehen, der wird finden, daß nicht leicht ein anderes Stück von Shakspeare so reiche und schlagende Anwendung auf wirkliche, oft wiederkehrende, innere und äußere Lebensverhältnisse darbietet wie dieses, auf Verhältnisse und Erfahrungen, nach welchen die tragischen Stoffe, die durch elterliche und Familientyrannei in den Schicksalen der Kinder bereitet werden, vielfach aufgewogen sind durch solche, die in der Willkür der Kinder ihre Quelle haben. Mit wie großem Fuge wir uns der Freiheit der ehelichen Wahl und der Rechte des Kindes annehmen, doch ist die Gegenforderung, die Shakespeare im Wintermährchen macht, die billigste und die menschlichste, die gestellt werden kann: daß der Vater bei dieser Wahl wenigstens gehört werde. So selbständig die neu sich gründende Familie entstehen soll, doch wird die gemeine Erfahrung überall nachweisen, daß sein Heil dabei ist, wenn sie von den älteren Familien, aus denen sie entsteht, gewaltsam losgerissen wird. Menschen, die in irgend einer Willkür und Eigenmacht den Frieden einer Familie brechen, wird ihre eigene Natur wenig befähigen, in ihrer eigenen Familie den Frieden zu erhalten. Die erste Ueberschreitung wird zu einer folgenden geneigt und geschickt machen; der geübte Trug wird leicht auch Den mißtrauisch machen, dem zu Liebe er geübt war; die Leidenschaft, die einmal den Weg der Besonnenheit verließ, wird nicht leicht den Glauben an Selbstbeherrschung und Kraft der Tugend erregen. Und wo Zweifel dieser Art erst in den Gemüthern angepflanzt sind, da ist Unglück und Zerwürfniß die nothwendige bittere Frucht. Auf diese schweren Erfahrungen gerichtet, hat der Dichter im Lear und im Cymbeline, im Othello und im Wintermährchen von verschiedener Seite her solche Familienzerwürfnisse geschildert, und er hat sich ihnen gegenüber, nicht in einer vorübergehenden Laune, sondern aus weisem Grundsatze zu der ernsten Sittenstrenge erhoben, zu der er sich hier im Othello so nachdrucksvoll bekennt. Und es wird sich daher fragen, ob diese erhabene Sittlichkeit damals oder heute, oder zu irgend einer Zeit zu streng heißen könne, und ob nicht vielmehr in uns die Rarheit der Sitten und Schlaffheit der Gefühle zu groß ist, die uns für diese Sittenstrenge unfähig und darum für das im Othello aufgestellte tragische Beispiel unempfänglich und gegen seine furchtbare Warnung allzu empfindlich macht? Es wird sich fragen, ob uns diese sittliche Energie, die wir verschmähen, nicht vielmehr zu empfehlen sei, und ob sie uns aus einer unverdächtigeren Quelle empfohlen werden könne, als von diesem so heiteren, so humanen Manne, wie wir Shakespeare gerade in allen seinen Stücken aus dieser Zeit haben kennen lernen? Es wird sich fragen, ob die schwächlichere Ansicht der Sterne'schen Zeit mehr Werth habe, die über Hamlet's empfindsame Seele weinte, oder die kräftigere, die seine schwachmüthige Unentschlossenheit verwirft? Und wenn es zu allen Zeiten

Menschen geben wird, die diese und verwandte Fragen verschieden beantworten, wenn diese Fragen immer und ewig ungelöste Zweifel bleiben werden, so wird das Eine mit um so größerer Gewißheit aus eben diesen Fragen und über eben diesen Zweifeln feststehen: daß dem Dichter, der mit so unbefangenem Sinne und ungetheilter Neigung diese doppelten, so schwer versöhnbaren Seiten der Milde und der Strenge, der Zucht und der Freiheit in sich verband, eine Seelen- und Geistesgröße eigen gewesen sein muß, vor der es gut ist sich zu demüthigen, an der es rathsam ist sich aufzubauen, in deren richtiger Erkenntniß für jeden denkenden Menschen der reichste Gewinn zu erbeuten ist.

Wir wollen uns daher bemühen, mit der möglichsten Treue die leitenden Gesichtspunkte dieses Trauerspiels herauszuheben, um des Dichters eigentliche Meinung, unvermischt mit unserem Glauben und Meinen, aufzufinden. Diese Arbeit ist bei diesem Stücke leichter als bei vielen anderen. Der Sinn desselben ist einfach und kaum zu verfehlen, weil die Fabel nicht zusammengesetzt ist, weil sich die Eine Handlung um Eine Leidenschaft von riesiger Größe dreht, deren ganze Geschichte, deren Entstehen aus dem Nichts, deren Anwachs bis zur Sprengung des Gefäßes, wir in ihrem ganzen Verlaufe verfolgen. Dazu kommt, daß sich um dieses, wie um alle Trauerspiele Shakespeare's, von jeher ein viel größeres Interesse geregt hat. Die alten Herausgeber der Shakespeare'schen Werke, von Johnson an, übertreffen solch einem Stücke gegenüber in ihren Anmerkungen, in Auffassung einzelner Scenen, in Beurtheilung ganzer Charaktere, sich selbst; und spätere Kritiker haben mit Schärfe und Eindringlichkeit auch die ganze Structur dieses und ähnlicher Lieblingsstücke auseinandergesetzt.

Die Aufgabe lag dem Dichter vor, die Leidenschaft der Eifersucht in der Steigerung darzustellen, in welcher der Liebende fähig gedacht werden kann, den Gegenstand seiner Liebe zu vernichten. Zu einer solchen That denken wir uns vorzugsweise einen Menschen von lodernder Sinnlichkeit, von heißem Blute, von der heftigsten Reizbarkeit befähigt, und auch ihn nur in dem Taumel des Rausches, in dem überraschenden Reiz der Gelegenheit, in der fieberhaften Spannung eines Wuthanfalls. Aber eine solche That würde nie ein Gegenstand für die Kunst sein; ein solcher Mensch, der im Zustande der Unzurechnungsfähigkeit handelt, würde uns nie eine Theilnahme für sein tragisches Schicksal abgewinnen können. Wäre es aber denkbar, daß eine solche That jemals von einem Manne von gesetztem Charakter und fester Gemüthsart verübt würde, der uns schon vor der That mit mächtigem Interesse an sich fesselte? In dem diese Leidenschaft, eine der niedersten, die den Menschen bewegen, so geadelt erschiene, daß er auch trotz und nach solch einer That noch unsere Theilnahme beschäftigte, ja unser Mitleid erregte? Es sollte nicht möglich erscheinen! Und doch hat der Dichter im Othello diese That durch einen so beschaffenen Menschen verüben lassen. Oder, was näher zutreffen wird: er hat sie verüben lassen durch einen Menschen, der beiderlei Eigenschaften miteinander vereinigt, Kaltblütigkeit mit heißem Blute, Besinnungslosigkeit mit Besonnenheit, die Züge, die den Mord möglich machen, und die es möglich machen, den Mörder zu bewundern und zu beklagen. Wie der Dichter in diesen Widerspruch Wahrheit bringen werde, das war der Punkt, wo es sich zumeist um seine Kunst und Menschenkenntniß handelte. Diese Aufgabe aber hat er so gelöst, daß das Stück schon darum dem höchsten, was er überhaupt geschaffen hat, zur Seite steht.

Entwerfen wir uns daher vor Allem das Bild des Mohren aus seiner Vergangenheit, ehe wir ihn in die Handlung unseres Stückes eintreten sehen.

Othello ist nach Abstamm, nach Farbe, nach Sitte und Naturanlage in dem Staate, denn wir ihn dienen sehen, ein Fremdling, obgleich er Christ und Venetianer geworden ist. Der Makel seiner Herkunft wird durch seine Hautfarbe immer in frischer Erinnerung gehalten, und weder seine Thaten noch sein Abstamm aus königlichem

Geschlechte können ihn in den Vorurtheilen der Menschen vertilgen. Die Eigenthümlichkeit der Naturanlage seines mauritanischen Stammes, das heftige Temperament, die Gewalt des Blutes, die Macht einer tropischen Phantasie, konnte sich nicht ganz in ihm verwischen, wie sehr auch die Selbstbeherrschung des vielgeprüften, durch Thaten und Leiden gestählten Mannes dagegen arbeitete. Ihm entging in seinem Leben das, was die Ueppigkeit und ursprüngliche Stärke der Leidenschaften am sichersten in uns bricht: die stille, frühe, ununterbrochene, allmächtige Einwirkung der Bildung und der conventionellen Sitten, welche die wilde Naturkraft unserer Triebe dadurch mildert, daß sie dieselbe von Anfang an abschleift und erschlafft. Was in dieser Hinsicht in Othello seine Geburt und Herkunft begonnen hatte, setzten seine Schicksale, Erziehung, Beruf und Leben in ihm fort. Vom siebenten Jahre an wuchs er im Kriegszelte auf und blieb der friedlichen Welt, der bürgerlichen Menschheit, den Zuständen des Marktes und des Hauses, den Künsten, der Bildung, dem Genusse, der behaglichen Ruhe fern und entfremdet. Er wurde ein „voller Soldat", dem das Kriegsbett welcher als ein dreimal geschwungenes Flaumbett schien. In seinen Reden sind seine Bilder und Gleichnisse alle vom Kriege, von der See oder Jagd hergenommen. Wenn er, in Cypern landend, eben dem Aufruhr der Elemente entgangen ist, da öffnet sich ihm das Herz und löst sich seine Zunge, gegen seine Gewohnheit wird er da gesprächig, weich und liebreich; in Thaten und Gefahren findet er den Quell heiterer Raschheit. Dort ist sein Geist, seine Umsicht, seine Seelenstärke, seine kaltblütige Festigkeit, die edelsten Gaben und Erwerbnisse seiner Natur sind auf ihrer Spitze, wo ihn Gefahren dreifach umgeben: es ist ein Bild voll Größe, das Jago von seiner unerschütterlichen Gemüthsruhe entwirft, die ihn nicht verließ, als die Kanonen seine Schlachtreihen in die Luft sprengten und den eigenen Bruder ihm von der Seite rissen. Diesem Hange zu Thaten und Unternehmungen, dieser Freude an kühnen und gefahrdrohenden Wagnissen hat er im Drange einer

Heldennatur nachgegeben, indem er abenteuernd weite Land- und Seereisen zu die Fernen der Erde, zu ihren Wundern und Schrecknissen unternahm. Da war er in wüste Steppen und zu himmelhohen Bergen gekommen; er hatte oft dem Tode in's Auge gesehen, war gefangen gewesen, in die Sklaverei verkauft und wieder befreit worden; er hatte Kannibalen und Menschenfresser, und Menschen gesehen, denen der Kopf unter der Schulter wuchs. So erzählte er der Desdemona, als er zum Fabeln am wenigsten gestimmt war; er berichtet vor dem Senate von Venedig von dieser Erzählung, als die genaueste Wahrheit seine Pflicht und sein Interesse war; die strengste Wahrhaftigkeit lag ohnehin in seiner Natur und in seinen Grundsätzen. Er muß also die Wunder ferner Welttheile wirklich zu sehen geglaubt haben; seine südliche Phantasie war mit ihm und seiner Beobachtungsgabe gewandert; oder er erzählte nur von Hörensagen*; Leichtgläubigkeit und Aberglauben verrathen auf alle Fälle hier seinen Abstamm und die Macht seiner Phantasie; und dieß sind Züge, die man sich lebhaft im Gedächtniß halten muß, um nachher das unglaubliche, das verhängnißvolle Spiel eben dieser Eigenschaften in ihm zu begreifen. Tief wurzelt der Glaube an geheimnißvolle Mächte in dieser üppigen Einbildungskraft, die dem Jäger, dem Seemann, dem Reiseabenteurer so natürlich zu sein pflegt. Die Zauberkraft, die er dem Taschentuche, seinem Brautgeschenke an Desdemona, leiht, ist nicht etwa bloß vorgegeben, um vor ihr die Bedeutung und den Werth desselben zu vergrößern; sie nimmt dieß ganz so auf, daß sie an seinem Glauben an solche wunderbare Kräfte nicht zweifelt; und auch an anderen Stellen findet sich's, daß er gläubig von der Vorbedeutung des Raben über einem verpesteten

---

* So wie Sir Walther Ralrigh in der Beschreibung seiner Reise nach Guiana 1595 von den Kannibalen, Amazonen, und dem kopflosen Volk der Ewaipanoma, an die Shakespeare, den Commentatoren zufolge, bei der Stelle des Othello's Reiseruntern gedacht haben soll; obgleich er eben so wohl den Raubervolle vor sich gehabt haben könnte.

Haufe und den Einflüssen des Mondes auf den Geist der Menschen spricht. Mit dieser Vorgeschichte nun war Othello in den Dienst des Venetianischen Staates getreten. Er hatte sich so da eingebürgert, daß er die allgemeine Staatsehre patriotisch auf seine eigene Ehre nahm: das zeigte er, als er in Aleppo, mitten in Feindes Land, den Türken niederstach, der über Venedig schmähte und einen Venetianer schlug. Er hat durch seine Kriegsthaten sich dem Staate unentbehrlich gemacht; dem Senate ist er sein Ein und Alles; das Volk und die öffentliche Meinung, „die höchste Meisterin des Erfolges", steht auf seiner Seite. Nur unter dem Adel und den gebildeten Ständen hat er offenbar Neider und Feinde; die die Vorrechte haben, haben auch immer die Vorurtheile. Wir hören ja, in welchem Tone die Jago und Rodrigo über den „schwarzen Teufel" und das „Dickmaul" sprechen; wir hören wie giftig ihm Jago unter der Maske der besten Meinung in's Gesicht sagt, welche Vorurtheile in Venedig über seine Farbe und seinen Abstamm verbreitet seien; wir sehen vor Augen, in welchem Abstand ihn der Brabantio von sich sah, in dessen Hause er zwar ein befreundeter Gast war. In den Augen dieser Leute war er nicht der verdiente vaterländische Krieger, sondern nur der vagabundische, fahrende, fremde Barbar; der Finger des Spottes lag auf ihm, und dafür war er empfindlich. Daß er Rücksichtslosigkeit und Verachtung gegen seine Hasser setzte, lag in seiner stolzen Natur; man hört, daß er mächtige Fürbitter für Jago abweist; man sieht, daß er dem Stolz der Senatorsmütze (Brabantio) den Stolz seines königlichen Abstamms entgegensetzt; wenn er den mächtigen und einflußreichen Schwiegervater im Augenblicke der engsten Verbindung so behandelt wie er thut, wie mochte er im Falle von Reibungen Entferntere behandeln! Es ruhte auf ihm, wie auf den Angehörigen des Judenvolkes, der Flecken der Unebenbürtigkeit und das Schicksal der Ausstoßung; je mehr ihn seine Verdienste bevorrechteten, desto empfindlicher, kann man sich denken, mußten ihm die einzelnen Reste dieser Vorurtheile sein. Ehe er aber zu diesem allgemeinen Ansehen kam, sein ganzes Leben hindurch, mußte sich Groll und Verbitterung über diese Paria-Lage in ihm festgesetzt haben. Das Gefühl der Zurücksetzung drückte auf ihm; Zerfallenheit mit der Welt, Zwiespalt mit den Menschen wühlte verborgen in seinem Innern; dieß gab ihm den ernsten Ausdruck, das schweigsame, in sich versunkene Wesen, das leicht über Gedanken und Vorstellungen tief hinbrütete; es gab ihm die Neigung, die in schroffen Naturen so gewöhnlich ist, sich an weiche und nachgiebige Menschen hinzugeben, an den Ehrlichkeit heuchelnden Jago, an den geschmeidigen Cassio, vollends an die sanftmüthige Desdemona. Es war eine Zeit, wo dieß Gefühl der Verstoßenheit eine innere Zerrüttung in ihm hervorrief, die er mit einem seiner kernig ausdrucksvollen Gleichnisse das Chaos nennt, und auf die er mit Schaudern zurückblickt. Er hatte das heiße Maurenblut in sich abgefühlt, aber freilich nicht ablassen können. Er hatte das brausende Temperament in der Schule der Verhältnisse unterdrücken gelernt, aber diese Kämpfe, denkt man sich, waren ihm sauer geworden und vielmals fruchtlos gewesen. Brach unter irgend einem gerechten und schweren Anlasse der Damm der Selbstbeherrschung durch, dann war das „Aeußerste der Zerrüttung" sein Loos, störrische Verstocktheit ergriff ihn, und der Ausbruch furchtbarer Gemüthsbewegungen verrieth die ursprüngliche Uebermacht dieser Natur, schlug seinen Geist mit Verwirrung und überwältigte sogar seinen Körper mit Krämpfen und Ohnmacht.

Das Maaß aber, in welchem Othello in Selbstüberwindung Herr über sich geworden war, der Grad des Selbstbesitzes und der Bemeisterung der Leidenschaft, den er sich eigen gemacht, dieß ist es erst, was uns noch mehr an ihn fesselt als seine Thaten und sein kriegerisches Talent. Das Kriegshandwerk hatte ihm Ruhe, Festigkeit, strenge Zucht und Sicherheit des Willens und der Vorsätze verliehen, diese Eigenschaften trugen sich auf seine innerste Natur über und wirkten auf seinen Verkehr mit den Menschen. Er konnte seine Sitten nach einem langen Kriegsleben nicht mehr nach der süßlichen

Mode des höfischen Umgangs civilisiren, aber er disciplinirte sie wie ein Soldat. Er hatte Zorn und Eifer in sich mit Grundsätzen gekühlt. Wie wir ihn kennen lernen, macht er Jedem den Eindruck einer Meisterschaft über sich selbst, auf die sicher zu bauen ist; er gilt in Aller Augen für einen Mann von großem Herzen, für einen schwer Erregbaren, den keine Leidenschaft bestimmt, dessen feste Tugend kein Zufall und Geschick erschüttert. Auf dem Grunde dieser inneren Ruhe treten dann die schönen Eigenschaften seines Gemüthes um so ungetrübter hervor. Von großer geistiger Beweglichkeit war der in dem Weltlauf unbewanderte Kriegsmann nicht; er war wenig gesegnet mit wohlgesetzten Worten; mit den Künsten der Schule wie mit denen der List und Schlauheit war er nicht bekannt, daher lenkbar, leichtgläubig, und der Heuchelei preisgegeben, die er nicht durchschaute. Mit diesen seinen geistigen Mängeln stehen seine Gemüthsvorzüge in der engsten Verbindung. Sein Vertrauen war ohne Grenzen, wo es einmal Boden faßte; sich zu verstellen war ihm schwer, ja unmöglich; alle Prahlerei und Ueberhebung war ihm fremd; die Offenheit, die Arglosigkeit, die Beständigkeit dieser treusten Seele, seine vollkommene Güte, seine durchaus edle Natur war selbst von seinen Feinden anerkannt. Mit jener strengen Selbstzucht, mit dem gelassenen Wesen, das sie ihm eintrug, mit diesem Edelmuthe vereinte sich noch das männlichste Ehrgefühl. Er hatte sich die Ehre, die andere erben, trotz aller Mißgunst und Ungunst der Verhältnisse erworben; und er hielt auf sie mit der Eifersucht und der Sorgfalt, mit welcher der Besitzer über dem Reichthum wacht, dessen Erwerbung ihm schwer geworden war. Mühsam hatte sich so Othello zu dem Gleichgewicht des Wesens gehoben, das auf dem ächten und gerechten Selbstgefühle ruht, zu dem ihn äußere und innere Verdienste hatten gelangen lassen. Allein auch auf diesem höchsten Punkte seiner Selbstbefriedigung verlieren wir nicht ganz den Eindruck, als ob dieses Selbstgefühl nicht unerschütterlich feststände, als ob jenes Gleichgewicht nur schwanke in beweglicher Wage, in deren

Einer Schale sich die Anerkennung, die er findet, mit dem inneren Zerwürfniß, das aus dem Gefühle seiner Unebenbürtigkeit entspringt, in der anderen Schale schaukle. Der kleinste Anstoß auf der einen und der anderen Seite, möchte man fürchten, könnte dieß Gleichgewicht stören, wenn nicht gänzlich zerrütten.

Gerade in dem Zeitpunkte aber, mit dem wir in das Stück eintreten, wird dem Mohren das unerwarteste Glück beschert, das dieses Gleichgewicht für immer schein festzustellen zu müssen: das vollkommenste Weib von Venedig wird ihm zu Theil. Der Dichter hat in der Schilderung dieses Weibes ein Charakterbild von außerordentlicher Wahrheit und Lebendigkeit entworfen, dessen Verständniß uns zunächst muß angelegen sein. Shakespeare hat Desdemona Alles geliehen, was dem Mohren diesen Besitz kostbar und unschätzbar machen mußte. Er hat sie ausgestattet mit einer Schönheit, „die selbst dem ausschweifendsten Gerüchte Wort hält". Othello lernt sie kennen als geschäftige Hausfrau, als eine geschickte Stickerin, als eine Sängerin, deren Stimme „eines Bären Wildheit zähmen könnte", die auch für den Mohren Reiz hatte, der sonst Musik nicht liebt. Ihren freundschaftlichen Diensteifer, ihre Güte und Dankbarkeit beobachten wir in ihrem Verhältnisse zu Cassio. Ihr Vater Brabantio sagt von ihr aus, daß sie still und in sich verschlossen ist, so sittsam, daß sie bei jeder Bewegung ihrer Seele erröthet. Wesentliche Züge ihres Charakters hat der Dichter dort (II, 1.) angedeutet, wo Jago, von Desdemona aufgefordert, das Bild einer wahrhaft verdienstvollen Frau entwirft, um es nachher in seiner Weise mit einem herabziehenden Schlusse zu entstellen; in dieser Zeichnung nimmt er offenbar ihre eigenen Eigenschaften zum Vorbilde. Denn es paßt auf sie, daß sie schön ist ohne stolz zu sein: dieß letztere beweiset sie in ihrer Wahl. Es paßt auf sie, daß sie still und nicht vorlaut ist, und doch zu reden versteht: sie bewährt das letztere vor dem Senate. Man wird von dem bescheidenen Mädchen glauben, was Jago weiter als Kennzeichen weiblichen Verdienstes anführt: daß sie einfach gekleidet giebt, so begütert sie ist; man weiß von ihr, daß sie nicht auf die Werber sah, die ihr folgten; man kann es beobachten, daß sie vieles denkt ohne es auszusprechen, und daß sie auf dem Punkte, ihrer Wünsche Meisterin zu werden, ihnen entsagen oder sie vertagen kann. Und in den tragischsten Momenten ihres Lebens sehen wir später, wie fern von aller Rache sie ist, da sie ihren Verläumder segnet und im Tode ihren Mörder zu retten sucht durch eine Unwahrheit, die den Himmel verdient. Noch Einen ironischen Zug führt Jago dem Bilde seiner „verdienstvollen Frau" hinzu, der unter so vielen sittlichen Vorzügen wie ein geistiger Mangel aussieht: er leiht ihr nicht mehr Weisheit, als dazu gehört, einen offenbaren Vortheil nicht für einen Nachtheil, einen Leckerbissen nicht für einen Speiserest hinzugeben. So besitzt auch allerdings Desdemona den behenden Witz der Beatricen und Rosalinden nicht, der mit Silbenstechern und Sophisten, wie Jago und der Narr sind, siegreiche Gefechte bestehen könnte. In ihrem eingezogenen Leben ist ihr das Höchste zu Theil geworden, was die Unberührtheit von der Welt und ihren eiteln Hängen mittheilen kann; die glücklichste Freiheit von jedem Vorurtheile in Bezug auf Rang und Stand, die reinste menschliche Entwickelung aller Eigenschaften des Gemüthes; aber große Umsicht, rasche Gewandtheit und Beweglichkeit des Geistes, Scharfblick und Menschenkenntniß werden in dieser Schule nicht erworben. Dem Mohren gilt sie für klug und erfindungsreich, aber sie ist es nicht weiter, als zu einer kleinen weiblichen Verstellung und Verleugnung nöthig ist, die mit der Arglosigkeit eines guten Gewissens besteht; einer ernsten Unaufrichtigkeit wäre sie nicht fähig; ja selbst die kluge und unschuldige Ausrede stirbt ihr auf der Lippe, wenn irgend eine Härte der Beschuldigung sie verschüchtert hat. Eine scharf vorspringende geistige Begabung würde auch den Mohren mehr abgestoßen als gereizt haben; seine eigene schlichte Natur hätte sich in ihrer Nähe nicht heimlich gefühlt. Diese ächte Männlichkeit wird nur von der ächtesten Weiblichkeit angezogen, und diese wieder würde Othello mehr der sinnigen als der geistvollen Frauennatur eigen finden. Den Glanz aller geistigen Vorzüge würde er tauschen um den Einen Grundzug, der Desdemona eigen ist, den höchsten Reiz des weiblichen Wesens, den Jago nicht nennt, weil er ihn nicht kennt oder nicht daran glaubt: ihre Bescheidung, ihre harmlose Unbefangenheit, ihre Sittsamkeit und Unschuld. Kein Anhauch eines unreinen Gedankens hat je den Spiegel dieser Seele getrübt; die bloße Benennung der Sünde scheut sie in den Mund zu nehmen; ihr Name ist hell und „klar wie das Antlitz Diana's". Die Unverfälschtheit ihres Gemüths und ihres Geistes culminirt (und dieß ist die Spitze ihres Wesens) in einer vollkommenen Arglosigkeit, die für diese arge Welt zu groß in ihr gewachsen ist. Diese Arglosigkeit ist die Quelle aller ihrer edlen Eigenschaften, aber auch die Ursache ihrer Anschwärzung und Verdächtigung; in ihr und durch sie steigert sie Fehler zu erhabenen Tugenden, trägt aber auch ihre Tugend in wenig vorsichtiger Haltung; gerade das Uebermaaß des schuldlosesten Bewußtseins macht sie lässig und achtlos gegen den Schein; sie hat des Gesetzes nie bedurft und weiß von keiner Sünde; sie könnte fehlen gegen viele Vorschriften der conventionellen Sitte, aber ihr Herz wäre rein von Makel, weil ihr eine Verletzung des ewigen Sittengesetzes unmöglich wäre; sie hat kein Arg gegen andere Menschen und ahnt nicht, daß man von ihr arg denken könnte; so erwirbt sie sich in dieser Unbefangenheit ihr Glück und veranlaßt durch sie ihr Unglück.

Nicht jede Frau thäte ihrem Glücke die Schritte entgegen, die sie thut; nur die bewußteste Absichtlichkeit und Verschlagenheit wäre dazu fähig, oder die bewußtlose und naive Arglosigkeit, die bis zu dem Grade eben der Unbefangenheit in Desdemona geht. Sie hatte bruchstückweise die Erzählung von Othello's Leben gehört. Der Zauber, den eine thatkräftige Mannesnatur auf ein gesundes Frauengemüth übt, hat sie ergriffen, und die Regung, die der Dulder Odysseus in Nausikaa weckt, taucht in ihr auf. Sie hatte die „lockigen Lieblinge" von Venedig, die um sie warben, verschmäht; der innere

Antheil, den sie an dem großen Krieger nahm, lenkte ihr Auge auf ihn, der ihr an Schönheit, an Sitte und Jahren so ungleich war. Sie hatte mit der natürlichen Abneigung gegen ein so fremdartiges Wesen zu kämpfen und fürchtete seine Blicke, ehe sie sie lieben lernte: ein erfahrenes Weib, der die mütterliche Anleitung und Erziehung nicht wie ihr entgangen wäre, hätte auf diese erste Stimme der Seele gehört, sie aber nicht. Die großen Eigenschaften von Othello's Heldennatur gewannen es über sie, die von wenig sinnlicher Natur war. Sie „suchte sein Gesicht in seinem Geiste", ihre Liebe war nicht die Frucht einer flüchtigen Wallung des Blutes, sondern der langsam gereisten Bewunderung seiner Tapferkeit und seiner männlichen Kraft; sie gab sich ihm hin mit der Entschlossenheit eines gänzlich vertrauenden weiblichen Gemüths, nahm arglos und achtlos den Spott der Welt auf sich und ließ die Posaune des Gerüchtes über sich ergehen. Diese mächtigen Bewegungen ihrer Seele zu verbergen, verstand sie nicht; es ist richtiger zu sagen: es fiel ihr nicht ein, sich darum zu bestreben. Othello ergriff eine biegsame Stunde, ihr seine Schicksale im Zusammenhange zu erzählen. Das Mitleid, das auch nach Olivia's Erfahrung ein erster Schritt zur Liebe ist, trat zu ihrer Bewunderung hinzu. „Sie gab ihm eine Welt voll Seufzer"; und sie schwur, (noch in der Erinnerung war es dem Mohren seltsam und wunderbar rührend) sie wünschte seine Erzählung nicht gehört zu haben. Die Vorstellung von der Last von Schwierigkeiten, die sich ihrer Liebe entgegenstellten und von der Qual, die ihr die Verödung ihrer stillen Wünsche bereiten würde, entlockte ihr diesen Seufzer, den sie eben so wenig zurückzuhalten vermochte. Sie ging noch weiter; sie wünschte als solch ein Mann geboren zu sein und sagte Othello, wenn je ein Freund von ihm sie lieben sollte, so möge er ihn lehren ihr seine Geschichte zu erzählen, das würde sie gewinnen. Mit diesem Winke trug sich ihm das Mädchen selber an, das in seiner eigenen Schätzung werth war, eines Kaisers Seite zu schmücken. Vielleicht war bei ihm nicht weniger als soviel Entgegenkommen solch eines Wesens nötdig, wenn er sich irgend einem Weibe nähern sollte, denn er war zum Dienste der Ehre und der Frauen wenig versucht. Die auf Thaten gestellte Natur des Kriegsmannes ist nach allgemeiner Erfahrung selten sinnlich; bei ihm kommt hinzu, daß sein fahrendes Leben den Sinn für häusliche Ruhe nie hat in ihm aufkommen lassen. Ohne auf Desdemona zu stoßen, sagt er selber, würde er nie seinen ledigen unbehausten Stand aufgegeben haben. Seine Jahre haben die erste Glut der Leidenschaft längst in ihm getilgt. An dem Abend, da Desdemona ihm folgte, wird er in den Senat gerufen: Ein Wort will er noch mit ihr sprechen ehe er geht, und es ist nur Ein Wort. In derselben Nacht soll er, seiner Liebe nicht froh, getrennt von Desdemona, nach Cypern abreisen, und bei Beiden keine Silbe des Sträubens. In der Brautnacht auf Cypern werden sie durch Tumult aufgeschreckt und der disciplinarische Hauptmann ist in aller Eile und Umsicht auf seinem Posten. Auch hatte er dem Senate feierlich betheuert, daß die Anwesenheit seines Weibes nicht sein ernstes Geschäft beeinträchtigen, sein Vergnügen nicht seinem Berufe schaden werde: vielmehr, wenn je die leichte Tändelei der Liebe in träger Ueppigkeit die Werkzeuge seines Geistes und seiner Thatkraft fesseln würde, dann sollten Weiber seinen Helm zum Kessel machen und jedes unwürdige Mißgeschick sich wider ihn und seinen Ruhm erheben. Seine Liebe ist nicht jene Liebe im Müßiggange, welche die Protens und Romeo zu weiblichem Verliegen führt, sondern den Anforderungen des Lebensberufes gegenüber „streift er, wie es in Troilus und Cressida heißt, Amor's lieblich Umarmen von seinem Nacken, und wie Thautropfen von des Löwen Mähnen schüttelt er ihn in das luftige Nichts". So wünscht ihn Desdemona; darum will sie mit ihm in Krieg und See, um sich die Thaten nicht rauben zu lassen, um derentwillen sie ihn liebt. Und darin liegt wieder, was ihn seinerseits so innig an sie fesseln, was ihn so beglücken, was die Nacht des alten Chaos in ihm so zerstreuen mußte! Welche Ehre ihm Senat und Volk von Venedig auch erwiesen hatten, es war doch nur geschehen weil sie den Vortheil davon hatten, es war geschehen, gleichsam trotz seiner Person und dem Vorurtheil, das auf ihr lastete. Aber Desdemona zuerst und allein liebte seine Persönlichkeit gerade als den Quell seiner Thaten; und diese Liebe kam ihm von einem solchen Wesen, daß sie ihm den Haß und den Neid der Welt aufwiegen konnte. Mit dieser Liebe fiel der Sonnenblick in sein Leben, der jeden früheren Mißklang auflöste in vollkommene Harmonie. Was Wunder, daß sie nachher „den Gott über ihm spielte" und ihn zu allem gewinnen konnte was sie wollte? daß er sie nicht hingeben wollte für eine Welt, die der Himmel aus Einem vollkommenen Chrysolith gebildet und ihm zum Tausche böte? Sie ist fortan der Ort, wo er die Schätze seines Herzens niederlegen, wo er leben muß oder sonst kein Leben haben kann; sie ist der Quell (dieß Alles sind seine eigenen Worte), aus dem sein Strom entspringen oder sonst versiegen muß.

So viel that Desdemona in ihrer Arglosigkeit für den Mann ihrer Bewunderung und ihrer Wahl; aber sie that noch mehr für ihn und dieses Mehr war zu viel und führte über die trügliche Grenze zwischen Glück und Unglück hinaus. Sie verbindet sich mit ihm ohne der Familie Wissen und Wollen, und willigt in eine Entführung aus dem väterlichen Hause. Die freie Einwilligung des Vaters mußte Beiden undenkbar geschienen haben; der Stolz Othello's, der sich zu beugen und zu bitten sträubte, das Mißtrauen seiner finsteren Natur (ein Erbtheil der alten Zerfallenheit), seine Rücksichtslosigkeit, die Ueberzeugung, daß seine Dienste die Klagen des Vaters überwiegen würden, das Gefühl seiner Unentbehrlichkeit wirkte von seiner Seite mit zu dem Schritte, den sie ihm zu gefallen thut schon in dem Gehorsam des angetrauten Weibes. So läuft Othello in den Port seines Glückes ein mit einem feindlichen Angriff und in die wunderbare Auflösung der alten Qual seines Inneren wirft er selber einen neuen Mißklang hinein. Wohl ist Brabantio ein Mann, der dem Mohren gegenüber mit verletzendem Stolz auf sein Venetianisches

Blut gehalten haben würde. Er hätte schwer in diese Verbindung gewilligt, die ihm widernatürlich geschienen hätte; er sagt es selbst, daß er dem Mohren seine Tochter geweigert haben würde; wenn er ein zweites Kind besäße, hätte er es nach dieser Erfahrung mit dem ersten zur Beobachtung seiner Kindespflicht gezwungen. Die Neigung ist in ihm, auf sein Vaterrecht und seine Hausehre selbst mit tyrannischer Härte zu halten; der Schritt Desdemona's schien ihm eine Empörung und Verrätherei des Blutes; abergläubisch, wie er auch sonst ist, ist er im bittersten Ernste überzeugt, daß gottloser Zauber seinem Kinde das Herz berückt haben müsse, zu lieben wo sie schaudern sollte. Er hatte dem werbenden Rodrigo schnöde die Thüre gewiesen, dem Entführer Othello versucht er die Tochter mit Waffengewalt zu entreißen; mitten in die wichtigsten und dringendsten Staatsgeschäfte wirft er seine Klage hinein, denn sein Schmerz verschlingt in ihm die öffentliche Sorge. Was bei allem dem der Weg der Wahrheit über diesen strengen und eigensinnigen Mann vermocht hätte, wer konnte dieß vorauswissen? Das Unwahrscheinliche wird so häufig wahr gemacht; das hätten Othello und Desdemona an Brabantio erfahren können, wenn sie den geraden Weg gegangen wären, statt daß es nun Brabantio an ihnen erfahren muß. Er hatte die schlichte Erzählung von Othello's natürlichen Zaubern gehört, womit er Desdemona bestochen, selbst um ihn zu werben; der Vater verschwört sich, wenn sich dieß aus Desdemona's Munde nur halb als Wahrheit bestätigen würde, nichts weiter gegen den Mohren zu unternehmen. Dieß hätte er auch sagen können, als seine Tochter noch nicht von ihm abgefallen war; und er konnte ihr, wenn nicht seinen guten Willen, doch seinen Segen mit in ihr neues Haus geben! Und wie gut war es doch der Frau des Soldaten, den sein Beruf in der Welt umtrieb, unterweilen eine Zufluchtstätte im Hause des Vaters zu haben! wie gut der Frau des Mohren, seiner fremden Naturart gegenüber einen Rückhalt in der Familie zu besitzen! wie gut wäre es gewesen, wenn sie gleich bei der verhängnißvollen Ausfahrt nach Cypern unter dem Dache des Vaters hätte verweilen können, das jetzt Beide so schnöde von sich weisen! Sobald Desdemona des Mohren Erzählung bestätigt hat, wendet sich Brabantio in herbem Gram mit Herz und Mund von dem „Kleinod", von seinem einzigen Kinde ab. „Gott sei mit Dir! ich bin fertig!" Mit diesen Worten treibt er zu den Staatsgeschäften, und ertödtet Schmerz und Zorn in dem zerquetschten Herzen. Bitterkeit sah er im ersten Momente für den Rest seines Lebens voraus; der Ehebund ward ihm tödtlich und der Kummer zerschnitt in kurzem den Faden seines alten Lebens. Aus seinem Zorne und unwillkürlichen Fluche keimt das kleine unscheinbare Sprößchen, das in die mächtige Wurzel der Rache anwächst, die den Bau der Liebe und des Lebens von Othello und Desdemona sprengt. Scheidend hatte der Vater den Mohren gewarnt, wachsam zu sein: sie habe den Vater betrogen und könne auch ihn! Das war der erste Stachel in seine Seele gesenkt, dessen Spitze er jetzt nicht fühlte, da er sein Leben auf ihre Treue setzte. Aber die bedeutungsvollen Zeichen der Geschicke und die Ahnungen der Seele ließen den Segen des Besitzes in Beiden nicht einen Augenblick gedeihen. Sie werden am Abend ihres ersten Zusammenseins, sie werden in der Brautnacht aufgestört, sie werden auf der Fahrt nach Cypern getrennt und ihre stürmische Fahrt ist wie ein Symbol der Schicksale die ihrer harren. Mit ihr wieder vereinigt steht Othello an der Schwelle des höchsten Glückes, aber über seiner Seele liegt es wie eine ungläubige Ahnung. Die Freude hemmt seine Stimme, die Fülle seines Herzens entlädt sich in heftigen Küssen. „Müßte ich jetzt sterben, sagt er, nun wäre es höchste Seligkeit! denn ich fürchte, meine Seele hat ihr Begehr nun so vollkommen, daß mir die dunkeln Geschicke eine Freude wie diese nicht wiederbringen". Es ist Romeo's Ahnung beim Eingang in das Haus des Capulet. Den Mohren umstricken sofort die Netze des Jago, die dieser aus den Tugenden beider Gatten zu ihrem Verderben flicht. Sie hätten nicht gehaftet, wenn nicht jener Fluch des Brabantio seine natürlichen Zauberkräfte übte.

Wir müssen demnächst dieses schreckliche Werkzeug kennen lernen, dessen sich das Schicksal bedient, das Glück dieses Ehebundes zu stören.

Der Charakter Jago's ist von dem Dichter durchgehend in einem großen innerlichen Gegensatze zu Othello gehalten worden. Unter den vielen gegensätzlichen Verbindungen, in die der Dichter seine Hauptfiguren immer nach Anleitung der Grundgedanken, die ihn beschäftigen, zu einander gesetzt hat, ist diese wohl eine der tiefsinnigsten und merkwürdigsten. Die wesentlich unterschiedenen Begriffe der Mißgunst, des Neides und der Eifersucht vereinigen sich unter dem allgemeinen Kennzeichen, daß sie eine Mißstimmung bezeichnen über das Gute, das Andere besitzen. Unter diesen allgemeinen Begriff können die Charaktere von Othello und Jago gleichmäßig untergeordnet werden, so weit sie auch in den Modificationen auseinandergehen. In Othello ist diese Mißstimmung ursprünglich gegründet auf jenes dunkle Gefühl der Zurücksetzung, die ihm seine Herkunft zuzieht. Er kam trotz seiner rühmlichen Thaten nicht zu dem Genuß der Ehren die Anderen ohne ein Verdienst von ihrer Seite zugefallen waren. Ohne diesen Anderen ihre Vortheile zu mißgönnen, darf er, im Gefühle seiner Vorzüge wohl mißstimmt sein über seinen Ausschluß von denselben. Auf diesem Boden wurzelt seine Liebe zu Desdemona, weil sie dieses Vorurtheil der Welt nicht zu theilen schien, und auf ihm wurzelt seine Eifersucht, weil er glauben muß, daß auch sie ihn getäuscht und mißbraucht habe. Begründete Eifersucht ist eine gerechtfertigte Mißgunst; denn der Besitz des Weibes ist ein Gut, das zu theilen Andere keinen Anspruch haben. Bei Othello vollends wird sie noch weit gerechtfertigter, weil sie bei ihm zu ihrer ganzen nachhaltigen Stärke noch gesteigert wird mehr durch das Gefühl der verletzten Ehre und des betrogenen Vertrauens, als durch die Empfindung der verlorenen Liebe und Treue; über seine Ehre aber ist der Mensch sein alleiniger Richter. In Jago dagegen erscheint eine ähnliche Naturanlage zu vollkommen verschiedener Gestaltung und Aeußerung entwickelt.

Dieses verwundbare Ehrgefühl zuerst, diese Eifersucht auf makellose Ehre der Person und des Hauses, besitzt er nicht. Guter Name und Ruf ist ihm gleichgültig; so schön er vor dem Mohren, in dessen Sinn eingehend, davon zu reden weiß, so erklärt er sich doch vor Cassio ganz im entgegengesetzten und in seinem eigenen Sinne, daß er den Verlust des guten Namens geringer anschlägt als irgend einen materiellen Schaden. Wer ein reizbares Ehrgefühl haben soll, muß Menschen kennen die er achtet, denn nur solche können unsere Ehre verletzen. Solche kennt Jago nicht. Seinem eingestehten Egoismus erscheinen nur diejenigen Menschen als Bursche von „einiger Seele", die ihren Vortheil suchen, gleichviel mit wie viel Schaden des Andern, die sich selbst zu fördern wissen, gleichviel mit welchen Mitteln. Einen der sich „auf rechte Selbstliebe versteht", hat er noch nirgends gefunden. Er selbst will ein sprechendes Beispiel dieses seines Menschenideales werden. Gegen alle übrigen erfüllt ihn tiefe Verachtung. Er nennt sich selber vor Desdemona tadelsüchtig von Natur, und er beweist sogleich seine Stärke in dieser Eigenschaft, indem er die verschiedenen Gattungen der Frauen charakterisirt, der schlechtesten den Preis gibt, die aber, die er als wirklich verdienstvoll anerkennen müßte, für ein Wesen untergeordneter Art erklärt, gut genug Kinder zu stillen und den Haushalt zu führen. Er glaubt nicht an achtbare Menschen, weil er nicht an Tugend glaubt; sie ist ihm eine „Feige". Der Verstand allein ist ihm das Maaß der Dinge, wie er ihm die wirkende Kraft aller unserer Handlungen ist. Der Einfältige, der Gimpel, wie Rodrigo, ist ihm nur eine Maschine, die er gebraucht nach seinem Vortheile. Der Leichtgläubige und Ehrliche, wie Othello, ist ihm ein „Thor" und ein „Esel", den er lenkt nach seinem Bedürfnisse. Der Sittliche und Gewissenhafte, wie Cassio, ist ihm ein „zu arger Moralist", ein weichlicher Schwächling, dem er nach seiner Bosheit mitspielt. Der tadellos Reine, wie Desdemona, ist ihm ein unbedeutendes Geschöpf, und was mehr ist, die natürliche Zielscheibe seiner Verleumdungssucht, da er eben an tadellose Reinheit nicht glaubt und noch weniger glauben mag.

Ist ihm so die Eifersucht der Ehre, die Othello zuletzt zu einem großartigen Mörder macht, gänzlich fremd, so ist es ihm auch die Eifersucht der Liebe. Dazu fehlt ihm alles und jedes Gefühl. Schwarz in seinem Innern, wie Schlegel ihn nannte, ist er durch und durch nur kalte, fühllose Berechnung; in jeder einzelnen seiner Handlungen kommt diese dauernde Steinhärte seines Herzens, zu der Othello nur durch Gram und Wuth unnatürlich gesteigert wird, zu Tage; mehr noch vielleicht und schauerlicher, wo er nicht unmittelbar handelt. Bei der Ohnmacht des Othello steht er in eisiger Kälte, und die unglückliche Desdemona, die ihm nichts zu Leide gethan, sieht er in mitleidloser Stumpfheit seiner Bosheit zum Opfer fallen. Indem er nachsinnt über die Mittel sich zu rächen, schmiedet er Anfangs doppelte Pläne. Darunter ist auch der, daß er selber, wie es in der Novelle seine Absicht ist, Desdemona dem Mohren untreu machen will. Aber lieben könnte Er, der nur Selbstliebe kennt, in der That und im Ernste selbst dieses reizende Wesen nicht; wie er selber sagt, nicht einmal „aus Lüsternheit". Sondern er würde sich diese Liebe nur in den Zwecken seiner Rache eingeredet haben, wie er sich denn auch eine Eifersucht einredet. Er hatte vom Gerüchte gehört, der Mohr sei seinem eigenen Weibe gefährlich geworden. Er selbst weiß wohl, daß das falsch ist, aber „er will es für gewiß nehmen"; er will mit dem Mohren wett werden; er versenkt sich in diesen Gedanken so, daß es „wie Gift an seinem Inneren nagt"; dennoch ist auch diese Eifersucht, im grellen Gegensatze gegen Othello's, nur gekünstelt, nur ein Mittel zu andern Zwecken, nur ein Wetzstein zu seiner Rache gegen den Mohren. Denn seine Frau hat von dieser Eifersucht früher wenig und jetzt nichts zu leiden, eben weil er gegen sie keinen anderweitigen Grund der Rachsucht hat wie gegen Othello.

Fremd ist Jago also die Eifersucht der Ehre und der Liebe, dagegen ist er ganz ausgefüllt von einer derberen Spielart dieser Lei-

tenschaft, von Rangeifersucht, von Stellenehrgeiz, von eigentlichem
Neid und Mißgunst. Von dieser Abart verräth Othello nur vielleicht, nur möglicherweise etwas bei dem Anlasse von Cassio's Beförderung. In diesem Gegensatze tritt der ganze Unterschied von
Othello's gemüthvoller und Jago's kaltverständiger Natur zu Tage.
Zugleich ist dieß der Punkt, wo diese Charaktere feindlich aufeinander-
stoßen und wo Othello gegen Jago ein Versehen begeht, durch das
er selbst die Eingriffe dieses gefährlichen Feindes in sein Schicksal
verschuldet. Er hat diese Rangeifersucht in Jago erweckt und diesen
dadurch zur Rachgierde gespornt; und es ist ein Zug der Vergeltung
darin, daß Jago ihn dafür mit der Eifersucht der Liebe und Ehre
erfüllt, die ihn zu eben so schrecklicher Rachsucht treibt. Daß Jago
ein tapferer Soldat ist, bezeugt ihm ein Jeder. Der Mohr hat unter
Christen und Helden die Proben seiner Fähigkeit gesehen; Jago hatte
erwartet, dafür die Lieutenantstelle bei ihm zu erhalten; nach dem
alten Brauche des Stufenganges, und wenn nicht Gunst und Neigung entscheiden sollte, gehörte sie ihm; auch sein Verdienst sprach
sie ihm in seiner eigenen Schätzung zu: „Ich kenne meinen Preis,
sagt er, und weiß, daß ich keine geringere Stelle verdiene". Auch
gegen ihn aber läßt Othello ohne weiteres Arg eine unverdiente Rücksichtslosigkeit walten. Er zieht ihm den Cassio vor, der als Aus-
länder (Florentiner) und als jüngerer Kamerad schon Jago's Mißgunst doppelt reizen darf, und dem, wie wir ihn sonst kennen lernen,
wohl nicht zu viel von seinem Nebenbuhler geschieht, wenn er ihn
gegen sich mehr einem theoretischen Soldaten nach dem Buche nennt,
der von des Krieges praktischer Uebung nichts versteht. Das Gefühl
der Zurücksetzung empört Jago gegen Othello und reizt in ihm seine
teuflische Feindschaft auf. Othello hätte das, woran er selber so viel
litt, einem Anderen zuzufügen sich dreifach bedenken sollen; er hätte
es nicht diesem zufügen sollen, der sich in schweigender Gekränktheit geruhig zusammenzunehmen nicht verstand, der, einmal gereizt,
alle seine Gedanken mit Racheplanen ausfüllte und dessen Geist an

Hülfsmitteln unerschöpflich war. Dazu besaß Jago alle die Gaben, die dem Mohren auch nur zu denken unmöglich war. Denn so offen und ehrlich, so einfach, schlecht und recht Othello ist, so mit allen Künsten der Verstellung ausgerüstet ist Jago. So harmlos vertrauend, so weltunkundig Othello, so sehr ist Jago ein Menschenkenner, der Jeden nach seiner Art und Alles nach Zeit und Verhältniß mit Geschick und Schmiegsamkeit zu behandeln weiß. Und so geduldig, gutmüthig und edel Othello ist, so thätig, boshaft ist Jago, so braucht sein angefachter Haß der Entleerung und der That. Er war gegen Cassio von Othello zurückgesetzt worden, er fühlt sich aber, und von der Seite seiner geistigen Fähigkeiten nur mit zu viel Recht, nicht für Cassio's Stelle blos berufen zu sein: da der Mohr sie ihm weigert, drängt es ihn, ihm in einer furchtbaren Deutlichkeit zu beweisen, um wie viel er ihn selber übersieht.

Wenn Jago's Handlungen ganz auf dieß verletzte Selbstgefühl, als auf ihren letzten Grund, zurückgeführt werden könnten, so würde der Charakter um vieles entschuldbarer erscheinen. Allein seine Misgunst hatte einen noch weit tieferen Grund, der dem Manne erst jenen schreckenden Zug der Bosheit leiht, der Othello nach seinem Pferdeinge spähen macht. Es ist in der That nicht allein der Neid, der eines Anderen Besitz und Ehren begehrt, es ist nicht allein die Misgunst, die sich für würdiger des Glückes als Andre glaubt, was diesen Charakter innerlichst gestaltet, es ist vielmehr der Gipfel dieser Leidenschaften, die Scheelsucht, die bewegende Kraft desselben, die Mißstimmung über Anderer Vollkommenheit, der Widerwille an dem Guten an sich. Dieser Abgrund seiner Lasterhaftigkeit offenbart sich in seinem Verhältnisse zu Desdemona. An Rodrigo, an Cassio, an Othello hat ein Mann wie Jago nur äußere Güter zu beneiden, keinen inneren Vorzug. An Desdemona, die ihm keine Stelle und keinen Rang verschließt, ist sein Blick auf ihre inneren Vollkommenheiten nothwendig hingeleitet. Wären ihm diese gleichgültig, es wäre zu unnatürlich, daß er diese Schuldlose und Waffenlose gerade

in das ärgste Elend stürze. Allein sie sind ihm nichts weniger als
das. Wie käme es sonst, daß er gerade sie und ihre Tugend herab-
zusetzen nicht müde wird? An Othello hat er jeden Augenblick eine
gute Eigenschaft mit Bereitwilligkeit anzuerkennen, wenn er sie dann
auch zu einer Geistesschwäche verzerrt; aber an Desdemona wird es
ihm überhaupt schwerer, eine solche anzuerkennen, oder wenn er es
thut, so ist seine Bosheit noch viel geschäftiger, das spiegelreine Bild
ihres Wesens zu besudeln. Der Zweck dieser unwillkürlichen Ausbrüche seiner Verkleinerungssucht scheint überall der zu sein, sich den
Glauben an ihre Tugend und Güte auszureden. Es ist gleichgültig
für die Beurtheilung dieses Grundzuges in diesem Charakter, ob er
alles das, was er zu Desdemona's Nachtheil sich vorsagt, glaubt
oder nicht; es ist ihm unbewußt ein Bedürfniß, das Gute herabzuwürdigen, ja zu vernichten. Gerade weil sie ihm keinen Anlaß des
Hasses und der Schmähung bietet, sucht er die Handhabe seiner
Tadel- und Scheelsucht zu erfinden. Sein ganzer Plan auf die Erregung von Othello's Eifersucht fußt auf der Ueberredung, die er
mehr und mehr zur Ueberzeugung in sich zu steigern sucht, daß Desdemona nicht besser sei als Andere auch; daß sie, eine „superkluge"
Venetianerin, wie er sie bei Rodrigo nennt, auch mit der wenigen
Klugheit, die er in Wahrheit in ihr weiß, die Kunst zu trügen so gut
verstehen müsse wie Jede; daß sie ihr Mißverhältniß zu Othello erkennen und, jung und ein Weib wie sie ist, nach Abwechslung suchen,
den schmuckern Cassio dem Mohren vorziehen müsse; daß die Natur,
was Er Natur nennt, die Sinnlichkeit und der Leichtsinn, in ihr wirken werden wie in Andern. Wenn er an ihre Tugend in Wahrheit
glauben könnte, wie könnte er je glauben, daß der Mohr, so einfältig
er auch wäre, an dieser Tugend verzweifeln würde! Wo er aber
vorübergehend die Anwandlung hat, an ihre Tugend zu glauben, da
ist er um so eifriger begierig, sie zum Laster umzuwandeln und aus
ihrer Güte selbst das Netz zu stricken, das sie und Alle verderben soll.
Nichts, sagt Baco, versöhnt den Neid mit der Tugend, als der Tod.

So gibt er nun ein Beispiel zu der alten traurigen Lehre, daß dem klugen und gewissenlosen Thätigen, der die Mittel nicht wägt, die Welt zur Beute fällt. Seine Ueberlegenheit, was Geist, Rührigkeit, Gewandtheit angeht, ist jedem Betrachter dieses Charakters immer zuerst in die Augen gesprungen; er ist ein Musterbild jener gefährlich begabten Menschen, deren Köpfe scharf und erfindsam geworden sind unter der Verhärtung ihrer Herzen. Man hat ganz recht gesagt, daß diese Beweglichkeit seines Geistes und diese Kraft seines Willens unser Interesse an Jago immer lebendig hält, ohne gleichwohl unsern Abscheu vor ihm abzustumpfen; der Widerwille, den seine Zwecke einflößen, so drückte Schlegel umgekehrt dasselbe aus, werde dadurch erträglich, daß die Aufmerksamkeit des Zuschauers auf seine Mittel abgelenkt würde, die dem Verstande unendliche Beschäftigung bieten. Auf der Spitze seines Genies sieht man diesen Mann in der ersten Scene des fünften Actes, die das grellere Nachbild der Nacht ist, in der er Cassio trunken macht. Er überlegt sich's, wie er sich der beiden lästigen Fliegen, Rodrigo und Cassio, mit Einem Schlage entledigen könne; er hetzt den Einen gegen den Andern; er sieht Rodrigo fallen; hört mit raschem Ohr, daß Cassio stichfest gekleidet ist; er versetzt ihm darum eine Wunde am Beine; gleich darauf ist er im Nachtkleide wieder da und ersticht den nur verwundeten Rodrigo, da er schnell überschlägt, er werde ruhig Alles gestehen; er überzeugt sich dann, ob Cassio ihn erkannte, da er ihn verwundete; er sucht schließlich noch den Verdacht der blutigen Thaten auf Bianca zu schieben. Auf diesen Eigenschaften, die hier thätig sind, wonach Jago nie verblüfft, [nie verlegen, vor nichts zurückscheuend, bei jedem veränderten Verhältnisse rasch entschlossen ist, sein Ziel fest im Auge hat, seine Mittel richtig ergreift, die Menschen und die Quellen ihrer Handlungen tief und sicher durchschaut, die Umstände weit vorsehend erzeugt, die dann wiederum seinen Planen dienen müssen, haben alle Beurtheiler immer mit dem gleichen Nachdrucke verweilt. Besonders der Novelle gegenüber hat man immer, und nicht mit Unrecht, großes Gewicht darauf gelegt, daß der Dichter Alles, was dort mehr Zufall ist, durch die Anstiftungen Jago's geschehen läßt. Die Bosheit des Charakters und seine dämonische Ueberlegenheit wird dadurch noch ungemein gesteigert; und es ist darum gezweifelt worden, ob dieser Charakter natürlich sei, ob sich in ihm irgend die Spur von einer noch so schwachen Mischung eines guten Elementes mit dem bösen verrathe. Der Dichter selbst legt dem Leser diesen Gedanken in den Mund dort, wo Emilie ahnt, ein Erzverleumder habe den Othello, um sich ein Amt zu fischen, berückt, und wo Jago selbst erwidert: „solch einen Menschen gibt es nicht; es ist unmöglich!" Allein Shakspeare hatte in Richard III. in seiner eigenen vaterländischen Geschichte das Bild eines Charakters gefunden, der wohl in der Wirklichkeit unnatürlichere Thaten gethan, als Jago in der Dichtung. Die Möglichkeit einer solchen Menschengestalt durfte er demnach wohl annehmen! Aber seinen Richard selbst hatte der Dichter doch, wie wir fanden, mit Einem schwachen Faden wenigstens an die gute Seite der menschlichen Natur anzuknüpfen versucht, mit seinem Aberglauben und den unwillkürlichen Zuckungen seines Gewissens. Nicht einmal solch ein Weniges hat er Jago gelassen. So sollte es scheinen. Vielleicht aber läßt sich bei näherem Nachsehen doch auch noch in ihm eine solche kleine Stelle entdecken, wo auch Er mit diesem Gewissen verwachsen ist, das er eine Schwachheit, oder wie Richard eine Erfindung nennen würde. Man muß vor Allem, wenn man die Geschicklichkeit in Jago's Maschinerie bewundert, nicht so weit gehen zu glauben, daß er nach seiner bloßen Willkür die Geschicke der Menschen, auf die er es abgesehen hat, bestimme und bereite; der Dichter würde, wenn er dieß so geordnet hätte, den ersten und höchsten Zweck der tragischen Dichtung verloren haben, die immer anschaulich machen soll, wie der Mensch selber der Urheber seines Schicksals ist. Man wird vielmehr beim Verfolge der Handlung überall gewahr werden, wie vieles die Geschicke den Planen Jago's entgegenbringen, wie viel das wirkliche, wenn auch

dunkle Schuldbewußtsein der von ihm Verfolgten ihm half, eine
erdichtete Schuld glaubhaft zu machen. Die Pläne Jago's sind von
Anfang an keineswegs so festgestellt, daß er Zwecke und Mittel in
Einer Richtung nur consequent zu verfolgen hätte. In dem Monologe am Schlusse des ersten Actes schwebt ihm der Gedanke, den er
nachher ausführt, dunkel vor. Dazwischen kreuzen ihm andere Pro-
jecte, wie seine Anschläge auf Desdemona, diesen ersten Plan. In
einem späteren Monologe (II, 1.) gesteht er diese Unklarheit seiner
Entwürfe selber ein; sie sind nur ein „Traum, der noch nicht Wirklichkeit und Folge hat". Der Witz und Verstand, durch den wir
wirken, das weiß er, erfordert günstige Gelegenheit, und diese will
er daher in seinen Anschlägen walten lassen. Dabei bildet sich in
ihm mehr und mehr die Absicht und der Wunsch aus, die Umstände
selbst diesen Absichten entgegenarbeiten zu lassen, und er hat eine
lebhafte Freude daran, wenn die Natur der Menschen ihnen ent-
gegenkommt, wenn er dem Geschicke gleichsam nur die Hand zu führen
braucht. Dieses wunderbare Ineinandergreifen und die gegenseitigen
Förderungen des Unheils durch seine Rachsucht, durch den Zufall
und durch die Natur der Handelnden selber, gibt Jago erst die treffliche Stellung, in der er überall als der Scherge des Schicksals erscheint. Und hier eben webt sich auch sehr fein und vortrefflich der
Zug ein, der eine Spur von Gewissen und einen kleinen Rest von
Scheu doch auch in diesem Menschen übrig zeigt. Ueberall verräth er
eine unwillkürliche Neigung, sich einzureden, daß er rechtfertigende
Gründe für seine Rache habe und daß seine Verleumdungen durch
wirkliche Sünden wahr gemacht würden. Ueberall verräth er den
Hang, seine Unthaten durch unverfängliche Rathschläge einzuleiten
und den Ausgang auf das Ungeschick der unmittelbaren Thäter zu
schieben. Ueberall sucht er sich hinter Wahrheiten zu bergen, wenn
er Lug und Trug im Herzen hat. Er möchte gern sein Gewissen
selbst betrügen und möglichst schuldlos seine Schuld begehen, mit der
er den Schein und das Wesen der Schuld auf die Unschuldigen wirft.

Daher nimmt er es als erwiesen, daß er Ursache zur Eifersucht gegen Othello habe; daher "glaubt er gern", daß Cassio Desdemona und Desdemona Cassio liebe; daher meint er sogar, für seine Frau auch von Cassio fürchten zu müssen; daher findet er es so natürlich, daß Desdemona Othello betrügt. Daher ferner trägt er den Schein der Wahrheit und Ehrlichkeit so zur Schau, als gälte es, selbst einen geheimen Richter zu täuschen. Darum warnt er den Othello vor der Eifersucht so wohlmeinend, darum so wahrhaft vor seiner Tadelsucht und Schwarzsichtigkeit; und mit diesem Zuge ist auch die sarkastische Frechheit in jener Wahrheit verwandt, die er, als er Cassio den Rath gibt, Desdemona um Fürbitte für ihn anzugehen, ihm zum Schlusse sagt: er wette Alles, "daß dieser Bruch ihrer Liebe dann stärker werden würde, als er zuvor war!!" Es zählt ferner hierhin, daß Jago mit so teuflischem Geschicke den thörichten Rodrigo immer zum Schild und zur Waffe seiner eigenen Anschläge und Thaten mißbraucht. Diese Eigenschaft in Jago, von der wir sprechen, ist gerade nicht der Hauptschlüssel zu seinem Charakter, aber es ist in der That ein Nachschlüssel, der in einer anderen Art ganz nahe zu derselben Lösung führt, die wir oben versuchten. Daher hat wohl Jeder dunkel gefühlt, daß in dem Monologe gegen das Ende des zweiten Actes ein Hauptaufschluß der Natur dieses Bösewichtes zu suchen ist: wo Jago in einer Art enthusiastischer Selbstzufriedenheit über seine "Theologie der Hölle" fragt, wer ihn nun einen Schurken nennen wolle? da er dem Freunde Cassio in der That den aufrichtigsten Rath gegeben habe, der ihn, den Rathgeber, nimmer zu seinem Ziele geführt haben würde, wenn nicht Cassio und der Mohr und Desdemona das Ihrige mit gethan hätten, sich selbst zu verderben.

Nachdem wir so zuerst in der Natur Othello's und Desdemona's die Fäden bezeichnet haben, mit denen sie ihr eigenes Schicksal spinnen, und nun vorbereitet sind, die Umgarnungen dieser Spinne, des Jago, besser in dieß doppelte Netz hineinarbeiten zu sehen, werden wir jetzt die Entstehung von Othello's Eifersucht, ihre Gestalt und

Art und ihre Wirkungen leichter begreifen. Wir lassen dabei überall den Dichter selber das Wort führen und suchen das Verdienst der Auslegung nur in der Stellung der Thatsachen, in der Zusammenrückung der zerstreuten Charakterzüge, in der stärkeren Betonung der Hauptpunkte, auf welche der Leser und Schauspieler jenen Nachdruck, jenes stärkere Licht zu werfen hat, das dem lebendigen Gemälde die vollere Wirksamkeit und Wahrheit gibt. Fünf wesentliche Factoren sind es, die in die Erzeugung dieser furchtbaren Leidenschaft in Othello Einfluß haben, und die wir nach der Reihe betrachten müssen, immer Einer schwerer wiegend und wirksamer als der Andere: die vollendete Verstellungskunst Jago's, der Charakter Cassio's, die reizbare Natur Othello's und sein ganzes Verhältniß zur menschlichen Gesellschaft, vor Allem die fluchbelastete Entstehungsgeschichte seines Ehebundes und die Charakteranlage Desdemona's, die in der Entwickelungsgeschichte dieser Ehe so verhängnißvoll fortwirkt, als sie in ihrem Ursprunge begonnen hatte.

Daß ein so arger Mensch, im Besitze solcher geistiger Mittel, wie Jago, einen so wenig umschauenden, gegen Trug und List unbewaffneten Mann wie Othello mit Leichtigkeit berücken werde, ist an sich selber klar. Seine verwegene Sicherheit in seinem Racheplane gegen den Mohren sowie gegen die gleich arglosen Cassio und Desdemona ist so groß, daß er in jedem Momente, wo er ihren Frieden untergräbt, zu gleicher Zeit als ihr bester Freund und ihr sorglichster Berather erscheint. Gleich im Anfange des Stückes finden wir Jago als den Störer der ersten Stunde, die das neue Ehepaar unter sich verlebt; er wirbt sich in Rodrigo ein dauerndes Werkzeug seiner Rache. Zu gleicher Zeit aber stellt er sich Othello als ein wachsamer und entschlossener Freund zur Seite. Er versichert ihn, wie schwer es ihm geworden sei, den stolzen Brabantio nicht bei den Rippen zu packen und als dieser kommt, um Waffengewalt gegen Othello zu versuchen, so drängt er sich rasch hervor, mit Rodrigo anzubinden, als sei er der Eifrigste, seine Person für des Feldherrn

Glück und Sicherheit einzusetzen. Der Mohr schätzte den braven Soldaten immer in ihm; jetzt schiebt sich ihm Jago auch mit diesem persönlichen Antheile nahe, wofür Othello so vielen empfänglichen Sinn hat. Sogleich lohnt ihn das Vertrauen, daß ihm Othello das Geleite seiner Frau übergibt. Die Scene geht nach Cypern über. Der nächste Zweck Jago's ist darauf gestellt, Cassio einen Schlag zu versetzen. Er verwickelt ihn in die unzeitige Rauferei, die ihn dem Zorne des Generals bloßstellt; er selbst aber erscheint in seinem Berichte als der ehrliche Soldat und zugleich als der schonende Freund des Lieutnants. Er bringt diesen jetzt aus seiner Stelle, er bringt bald darauf die Stelle an sich; weit entfernt aber, daß diese Erfolge ihn zufrieden stellen sollten, sind sie ihm nur eben so viele Antriebe, dem Laufe seiner Rache immer weitere Ziele zu stecken. Den Augenblick, wo Cassio von seinem Falle zerschmettert ist, benutzt er, an diesen Erfolg den Versuch anzuknüpfen, ihn und Desdemona dem Mohren verdächtig zu machen. Er heißt ihn Desdemona um eine Fürbitte für ihn zu ersuchen. Er weiß, daß Cassio das arglos thun kann und wird, er weiß, daß Desdemona in der gleichen Arglosigkeit ihr Gesuch für Cassio anbringen wird; in der Zwischenzeit geht er, den Mohren unversehen zu ihrer Zusammenkunft zu bringen und ihm mit Einem wie entschlüpften Ausrufe den ersten Argwohn in das Herz zu senken. Auf das Geschick, womit dieser erste Grund zu Othello's Eifersucht gelegt ward, kam Alles an; sobald der Boden für sie bereitet ist, so zieht sich diese Leidenschaft nachher aus sich selber groß und schafft sich ihre eigene Nahrung. Darum spielen hier gleich im Anfange seine heuchlerischen Künste in der größten Meisterschaft. Daß am Schlusse der Unterredung Othello von ihm sagt, dieß sei ein Mensch von ungemeiner Ehrlichkeit und Welterfahrung, dieß ist der beredteste Lobspruch auf sein schlaues Geschick der Verstellung, oder auf die Zeichnung dieser Heuchelei aus den Händen des Dichters. Mit welcher Offenheit klagt sich Jago selber der Schwarzsüchtigkeit an und warnt den Eifersüchtigen vor sich und seiner Tadelsucht! Wie

Othello.

entschuldigend und gutmeinend hebt er hervor, daß ja auch der Beste einmal einen Fehltritt begehe! Wie abschreckend malt er die Qualen des Liebenden aus, der zweifeln muß! Wie eindringlich warnt er vor dem grünäugigen Scheusal, der Eifersucht, dieweil Othello schon an der noch köderlosen Angel sich verbissen hat! Wie zart empfiehlt er ihm die Schonung seines guten Namens, womit er freilich die Saite berührt, die für den Mohren den grellsten Mißklang gab. Mit dieser Hülle der erprobtesten Ehrlichkeit einmal umgeben, hat Jago weiterhin leichtes und gewonnenes Spiel. Er verstrickt den Mohren in einen unseligen doppelten Wahn: Alle Zweifel der Welt überfallen ihn an der Treue und Ehrlichkeit Desdemona's, kein Zweifel taucht in ihm auf gegen die Verstellung dieses Bösewichts. Die lichte und finstere Seite von Othello's Natur, seine Arglosigkeit und sein Argwohn, gehen im ersten Momente, der bei ihm der entscheidende ist, entschieden fehl. Das Wesen Desdemona's überwältigt ihn wohl noch stellenweise mit dem Eindrucke ihrer ganzen Unschuld, aber die einzelnen Scheinbeweise ihrer Schuld wiegen ihm schwerer. Ihre Ehrlichkeit beruht stille und unthätig in sich selber, die Ehrlichkeit Jago's aber drängt sich ihm fortwährend in neuen Beweisen und Diensten thätig entgegen. Er erkennt in diesem Anfangs die kleinen Zeichen und Eigenheiten der Falschheit, aber er gibt ihnen von vornherein eine andere Bedeutung. Das ganze Wesen des heimtückischen Mannes nach seiner Wahrheit im Großen und Vollen auf sich wirken zu lassen, das versteht Othello nicht. So kurzsichtig hat ihn die eigene Biederkeit seiner Natur gegen Schurken und Schurkenstreiche gemacht, daß ihn selbst jener Spießgeselle des Jago, der armselige Rodrigo, an Scharfblick übertrifft. Er ist von einer eben so verblendeten Leidenschaft gefesselt, wie der Mohr, er ist von einer sinnlichen Liebe zu Desdemona gepeitscht, und Jago unterhält diese Leidenschaft in ihm eben so künstlich wie die in Othello, und betrügt beide Leichtgläubige auf ähnliche Weise. Selbst dieser schwache Kopf aber hat doch wenigstens Anfälle von Argwohn gegen den falschen Fähndrich, die ihm die Furcht vor dem Verluste seines Geldes eingibt; in Othello aber, den ein so unendlich viel größerer Verlust bedroht, den dieser Verlust schon in der bloßen Vorstellung so zerrüttet, bringt diese Bekümmerniß nicht den Schatten eines Verdachtes gegen den Verdächtiger seiner Gattin auf; ja selbst nach seiner schrecklichen That, selbst nach der ersten Erschütterung seiner Ueberzeugung von der Untreue Desdemona's, berührt ein Zweifel an Jago's Ehrlichkeit nicht seine Seele.

So sicher hatte der rachsüchtige Heuchler sich dieses Herzens bemächtigt, in dem Zwecke es mit unheilbarer Eifersucht zu füllen. Er durfte hoffen, gerade nach diesem Plane den Bau seiner Rache auf's kühnste auszuführen, da er in den Personen und in den Verhältnissen das günstigste Material dazu vorfand. Desdemona in Verdacht mit Cassio zu bringen, dazu bot sich gerade die Persönlichkeit des Letzteren auffallend entgegen. Er hatte den Vermittler zwischen ihr und Othello gemacht, und wie treu und verschwiegen er dieses Geheimniß in sich bewahrt, das beweist er (I, 1.) im Gespräche mit Jago, wo er sich der ganzen Heiratsgeschichte unkundig stellt. Mit beiden war er so vertraut geworden, daß er sich im Verkehr mit Desdemona jede anständige Vertraulichkeit erlauben durfte. Sie war so offenherzig gegen ihn gewesen, daß sie oft geringschätzig von dem Mohren gegen ihn sprach, wogegen er dann diesen in Schutz nahm; und das wußte Othello. In äußerer Sitte, Gestalt und Erscheinung kann kein stärkerer Gegensatz gedacht werden, als der des Cassio zu dem Mohren. Schön von Bau und Gesicht, jung, glatt und gewandt, wie Jago sagt fast zu einem schönen Weibe verdammt, mit allen Gaben und Künsten der eleganten Welt ausgestattet, besitzt er Alles worin sich der Mohr am schwächsten weiß; er ist ein natürliches Ziel der Frauenhulde, und in diesem Punkte eben so verführerisch wie verführbar. Konnte dem Mohren von dieser Seite erst das Mißtrauen in seine eigenen Gaben geschärft werden, so gab sich's von selbst, seinen Verdacht auf diesen schmucken Stellvertreter zu lenken. Selbst so lange er an Desdemona's Tugend noch glaubte, konnte es ihm am ehesten vereinbar mit ihr scheinen, daß sie einer Schwäche gerade für diesen Cassio nachgegeben habe. Denn einen so pflichtgetreuen, dem Generale so innigst ergebenen Mann wie diesen gab es weiter nicht; keinen der so ängstlich auf seinen guten Namen, keinen der jüngferlicher auf gute Sitten hielt. Die männischen Laster wie der Trunk waren ihm fremd und abscheulich, der Name „Trunkenbold" aus Othello's Munde ihm so arg, wie Desdemona das Schlupfwort auf ihre weibliche Ehre, das sie nicht in den Mund nehmen konnte. Aber alle diese Tugenden waren fast zu verfeinert, als daß sie ein Vertrauen auf ihre Festigkeit hätten geben sollen; Jago hatte also recht, daß er Cassio als einen Mann ansah, der für den Argwohn geschaffen sei. Daß seine Gutartigkeit unterweilen in Zanksucht übergliit, weiß alle Welt; daß seine Abneigung gegen den Wein durch die Gelegenheit überwunden werden und dann sogar sein Diensteifer in Pflichtvergessenheit umschlagen könne, muß Othello erfahren. Fehlt noch etwas, ihn zu einer Person in Jago's Tragödie tauglich zu machen, so ist es die ähnliche Arglosigkeit in ihm, wie in Desdemona und Othello, das ähnliche Vertrauen in Jago's Ehrlichkeit und Freundschaft, an der auch Er bis zu Ende nicht zweifelt.

Die Verstellungskunst Jago's, und Cassio's verführerische Gaben würden gleichwohl den Mohren nicht bis zu der maaßlosen Verirrung seines Argwohns berückt haben; wenn nicht seine ganzen frühern Lebensverhältnisse und die Art seiner Verbindung mit Desdemona das Spiel des Ersteren erleichtert hätten. Othello weiß die nichtigen Beweggründe, die Andere zur Eifersucht treiben, von sich ferne. Er ist zu grundlosem Argwohn an sich unfähig wie zu grundlosem Zorne. Es wird ihn nicht kümmern, wenn Andere seiner Frau Schönheit und Vorzüge preisen, noch wenn sie ihn bei ihr herabsetzen werden. Sein Selbstgefühl ist noch wach: „sie hatte Augen, sagt er, als sie mich wählte". Aber dieses Selbstgefühl war gerade von dieser Seite so leicht in ihm zu erschüttern. Denn sobald ihn Jago nur erinnern an die Künste der Venetianerinnen, „nicht Unterlassen, sondern Geheimhalten", an den venetianischen Trug, den auch Desdemona an ihrem Vater geübt, an die Verstellung mit der sie ihm die Augen geschlossen, nun ist die feurige Vorstellungskraft des raich empfindenden Mannes auf die Stelle gelenkt, wo die entzündbare Materie nicht mehr ausgehen kann. Jago braucht bei dem Mohren die eigenen Worte Brabantio's, die er anwesend gehört hatte: „Sie hat den Vater betrogen, da sie euch zum Gatten nahm! Als sie vor eurem Blicke zu zittern schien, so liebte sie ihn". „Ja, sagt der getroffene Mohr, das hat sie gethan!" Der Ausdruck, der in diese Worte zu legen ist, kann nicht bedeutsam genug sein; Ira Aldridge beschämte an Stellen wie diese die civilisirtesten Spieler. Der Fluch des Vaters entlädt sich in jenen Worten auf Othello's Seele; das Licht seines Glaubens an Desdemona ist mit ihnen ausgelöscht. Von jetzt verliert er sich einsilbig und grübelnd in den Gedanken, ob sie in ihrer Wahl nicht doch von der Natur abgeirrt sei, und im Verfolge dieses Weges geht er und sie verloren. Hier faßt ihn auch Jago sogleich mit dem vollen Geschick seiner Bosheit, wohl wissend, daß dies „der Punkt" sei, den es anzubauen gelte. Unter dem Scheine dreister und unvorsichtiger Offenheit hält er ihm die Unnatur ihres Mißverhältnisses mit allem Nachdrucke vor, und gibt ihm zu bedenken, ob nicht lüsterne Neigungen und unnatürliche Gedanken bei Desdemona mitgespielt hätten, ob sie ihn nicht bei besserem Urtheile mit ihren Landsleuten bereuend vergleichen werde. Das wühlt in dem Mohren weiter. Weil seine Jahre abwärts gehen, darum nicht so sehr — aber weil ihm die süßen Gaben des Umgangs fehlen, weil er schwarz ist — wie möglich, daß daran auch ihr Geschmack und ihr Vorurtheil strauchelte! Wie scheint auf einmal, von diesem Gesichtspunkte aus, sein Weib den natürlichsten Zweifeln ausgesetzt! Noch streiten sich Selbstgefühl und Gekränktheit in ihm, aber seine Phantasie weilt schon auf der Einen schrecklichen Vorstellung: „Ich bin betrogen und mißbraucht!" Sein erster Entschluß ist Haß und Verstoßung. In

Argwohn sich zu quälen, liegt nicht in seiner Natur, er will zweifelnd nicht lieben und liebend nicht zweifeln; muß er zweifeln, so will er sehen und prüfen, und nach dem Erfolge mit Liebe oder Eifersucht ein Ende machen. Dieß ist zunächst für Jago eine Aufmunterung, für Scheinbeweise zu sorgen.

Gleich nachdem Jago (III, 1.) den ersten Samen des Argwohns in Othello's Brust gelegt hatte, war Desdemona auf seine Bitte weggegangen. An dieser Stelle, wo er in das Labyrinth der Eifersucht eintreten sollte, stand vor Othello's beweglicher Phantasie noch der volle Eindruck seiner glücklichen Gegenwart zugleich mit dem Eindruck der schrecklichen Zukunft, die seiner warten würde, wenn er je Ursache haben sollte, jenem Glücke zu entsagen: und diese Eindrücke entluden sich in den wenigen ungeheuchelten Worten, voll gemischter Seligkeit und bitterer Ahnung, die als der Anfang der Katastrophe, als der Kern von Othello's Leidenschaft und der Leitstern für die Entwicklung derselben gelten müssen:

> Holdselig Ding! (excellent wretch!) Verdammniß meiner Seele,
> lieb' ich dich nicht! und wenn ich dich nicht liebe,
> dann lebt das Chaos wieder!

Noch ist ihm also nicht einmal ein Zweifel genannt worden, und schon steht vor seiner geschäftigen Einbildungskraft das ganze Bild seines möglichen Elendes, das er nach seiner Weise in ein einziges Wort zusammenpreßt. Nachher scheint Desdemona's bloße Erscheinung noch einmal seine Zweifel zu bemeistern, und er geht mit ihr weg. Aber gleich hernach, wenn er wiederkehrt, ist er, ohne neuen Anlaß, nun schon ganz, von der Vorstellung überwältigt, daß das endlose Glück, das ihm dieses Weib bereitet hatte, nur eine Täuschung war und daß sie falsch gegen ihn sei. Wie ist es aber möglich, daß dieser Mann, der in Schlacht und Gefahr so kaltblütig ist und der nachher in so besonnener Ruhe den schrecklichen Strafact an Desdemona vollführt, jetzt von einer bloßen Vorstellung möglicher Dinge so verblendet wird, sie für wirkliche zu nehmen? daß seine ganze

Mannheit von einer Einbildung erschüttert, von einem Wahne umgeworfen wird? Ist es nicht unnatürlich, daß so ohne allen faßbaren Grund Othello plötzlich so ganz zerrüttet erscheint, daß er ein schmerzlich Lebewohl seinem ruhigen Geiste, seiner Zufriedenheit, seiner Berufsfreude (dem Kriege) sagt, daß er sein Tagewerk gethan fleht, daß er in Wuth und schrecklicher Aufregung den Störer seines Friedens faßt und ihn um Beweise angeht, da es schon kaum eines Beweises mehr für ihn bedarf? Aber man bedenke doch, daß alle falsche Eifersucht auf bloßer Vorstellung beruht! daß dieser Wahn, weil er ein Unkraut ist, schon auf dem magersten Boden und in dem kümmerlichsten Raume wuchert, während ihm hier ein so verhängnißvoll fruchtbarer Grund bereitet war, wo Lage und Verhältnisse dem Argwohn eine ungemeine Gewalt und Tiefe gaben und dem Scharfblick des Zweifels eine Fernsicht öffnen mußten, über der das Nächste fast nothwendig übersehen ward! Man bedenke, daß gerade in dem ersten Ueberfall der argwöhnischen Vorstellung die größte zerrüttende Kraft lag, mit der sie in dem Mohren gleich dann allen Entschluß und alle Fähigkeit der Prüfung zerstörte. Man bedenke endlich und vor Allem, was in der bloßen Vermuthung von Desdemona's Untreue gerade für diesen Othello nach dem ganzen Vorgang seines Lebens und Schicksals furchtbar Aufregendes gelegen war. War sie wirklich falsch und untreu gegen ihn, so war sie nicht von ihm abgefallen in der Aufwallung einer Leidenschaft, sondern ihre Falschheit war vorbedacht und die Ehe mit ihm ein feingesponnener Betrug! Seine edle Natur, seine kindliche Offenheit war auf die schnödeste Weise, wie ihm Jago nicht einzuschärfen vergißt, mißbraucht, mit seiner männlichen Geradheit und Unbefangenheit war in stiller Umsicht ein schändliches Spiel getrieben worden! All das Mitleid und die Theilnahme, die sie ihm gezeigt, war nur die Verstellung der verschmitztesten Buhlerin! Alle die Liebe, die er in ihr gefunden zu haben glaubte, war nur ein Blendwerk, und der ganze Himmel, den sie ihm geöffnet hatte, eine höllische Täuschung! Der

Glaube an jede Tugend und an alle Menschheit war in ihm erschüttert, und dieses reinste Gefäß war ein „Sumpf für aller Kröten Begehren und Brüten!" Und dieser ungeheure Fall hätte ihn getroffen, der sich mit so saurer Anstrengung zu Größe und Ehre hinaufgearbeitet hatte, der im Gesichte der neugierigen und bewundernden Welt stand, dem zuletzt noch diese beneidete und wonnige Befriedigung, der Besitz dieses Weibes, geworden war! Dieser Fall hätte ihn von der mühsam erklommenen Höhe so mit Einem Schlage herabgestürzt in die Tiefe einer unermeßlichen Schmach, die ihn zum Spotte der Zeit machen mußte! Und es wäre ihm diese Demüthigung, diese Enttäuschung, diese Zerquetschung seines Herzens zugefügt worden von dem Geschöpfe, das er für den werthvollsten Besitz gehalten hatte, den die Welt in sich einschloß! Und diese Vorstellung, die seine innere und äußere Zerstörung mit sich trug, lag doch der Wahrscheinlichkeit so nahe! Der sie in ihm aufrief, sprach so ehrlich und so sorglich! die da angeklagt war, hatte Eine Unregelmäßigkeit begangen, warum auch nicht die andere? Jene gegen ihren Vater der sie zeugte, warum nicht diese gegen den Gatten, der ihr fremd und schwarz war? Hatte doch der, der mit angeklagt war, der tugendhafte Cassio, so eben auch gegen jede Erwartung Othello's Vertrauen getäuscht! Und der, den all dieser Trug traf, war Er, der Mohr, auf dem der alte Fluch der Verstoßung schon immer gelastet hatte! Dieß Alles, dieser ganze Umfang jener Einen Vorstellung, wird von Othello nicht wie wir hier thun, geäußert und umschrieben, allein es liegt auch weder in der Natur seiner grübelnden Schweigsamkeit, noch in der Natur seiner augenblicklichen Wuthausbrüche, einen inneren Zustand sich und Anderen auslegen zu können. Er hat eine scharfbezeichnende Benennung für den schrecklichen Zustand seines Inneren, der nun aus alter Zeit zurück in ihm kehrt, aber zergliedern könnte er ihn nicht. Daß aber dieß in der That der zerrüttende Inhalt seiner inneren Vorgänge und Vorstellungen war, dieß liegt in der Natur der Sache und zeigt sich sofort in den Wirkungen; der

Spieler muß es in dem Ausdruck des ganzen plötzlich geänderten Wesens niederlegen.

Othello hat sich recht gekannt, wenn er sagte, er könne sich nicht lange in Ungewißheit und Zweifeln quälen; das heftige Blut, die Gewalt seiner Einbildungskraft reibt ihn auf; er dringt bei Jago auf Beweise; es ist, als ob er schon nach der Bestätigung von Desdemona's Falschheit wie nach einer Beruhigung strebte; gewiß würde es jetzt schon vieler sicherer Thatsachen bedürfen, ihn von ihrer Unschuld zu überzeugen, während Ein Scheinbeweis seinen Glauben an ihre Schuld bestärken wird. In der vortrefflichen Schilderung der Eifersucht des Schwachen, die Gottfried von Straßburg in seinem Tristan entworfen hat, charakterisirt es die sinnliche Schwäche umgekehrt, daß König Mark vor der Gewißheit der Untreue seiner Isolde die Augen zudrückt, daß er den Zweifel sich gern abgewinnen läßt, daß er sich selbst mit dem Vertrauen auf ihre Unschuld täuscht; die Sünderin ist zu schön, als daß er sie hassen könne, und aus Lust übersieht er Leid und Schmach. Die Eifersucht des Starken unterscheidet sich gerade hierin, daß sich aller Schmerz, den sie erregt, auf den Verlust der Ehre, und nicht des Genusses beziehe, und daß er dadurch seine Tiefe empfängt. Wilhelm Schlegel freilich schien die Stärke der Leidenschaft in Othello gerade nur aus seiner stärkeren Sinnlichkeit herzuleiten. Der Traum des Cassio, den Jago dem Othello erzählt, vergiftet, dieß müssen wir zugeben, seine Phantasie mit den sinnlichen Bildern, die ihn hinfort nicht mehr loslassen. Schlegel, von diesen Stellen verleitet, nannte seine Eifersucht von der sinnlichen Art, die in den heißen Himmelstrichen die unwürdige Bewachung der Frauen hervorgebracht habe. Aber so ist sie in der That in dem älteren Manne, in dem von dieser Seite nicht mehr so erregbaren Othello nicht. Die Vorstellung, daß er die reizende Schönheit seines Weibes mit anderen theilen solle, die Vorstellung, wie groß diese Schönheit sei, die er dann zu vernichten beschließt, taucht begreiflicherweise auch unter Anderem in ihm auf: dort, wo er sie schlafend vor seiner schrecklichen That noch in ihrem ganzen Reize vor sich sieht; dort, wo ihn bei Jago die Erinnerung an diesen Reiz ergreift und ihm die jammernden Worte: „Und doch wie Schade!" erpreßt. Aber dann ist er gerade mild und weich und man sieht, daß der Gedanke an die Entbehrung dieser Reize und Genüsse ihn weder zu seiner Rache antreibt noch davon abhält. Sondern was in jenen von Jago aufgestachelten Vorstellungen von Desdemona's Vertraulichkeiten mit Cassio ihn so furchtbar erregt, ist wieder nur der niederschmetternde Gedanke an das schamlose Spiel, das dieser Tugendspiegel mit ihm getrieben haben müßte, an die Schande und Unehre, die sie auf ihn lud. Aus diesem Sinne lese man den späteren Ausbruch seines Grimms vor Desdemona selbst, und die Stellen wo sich ihm das Bild des getäuschten Ehemannes darstellt, und man wird unwidersprechlich finden, daß hier der Zorn eines Ehrenhelden über seine schmählich mißbrauchte Ehre spricht, nicht die Eifersucht eines Sclaven der Sinnlichkeit. Wir wollen nicht sagen, daß jene Vorstellungen nicht auch an sich die lebhafte Phantasie des Mohren ergriffen; sie überfallen ihn bei den ersten Anregungen mit der Gewalt, wie es seiner starken Naturelle überhaupt gemäß erscheint; er fällt später darüber in seine Krämpfe. Nur aber seine Eifersucht, wie sie sich gerade bei ihm artet, bestimmen und charakterisiren sie nicht und treiben sie auch nicht auf ihre Höhe. Gleich in der Scene (III, 3.) bei der wir stehen, helfen diese Vorstellungen die reizbare Stimmung zu bereiten, aber der erste, und der gleich entscheidende Ausbruch erfolgt erst dann, als Jago erwähnt, daß er das Taschentuch, das erste Geschenk Othello's an Desdemona, in Cassio's Händen gesehen, erst dann, als Othello nun glaubt einen sicheren Beweis zu haben. Noch hat Jago selbst nur gezweifelt, ob das Tuch, das er gesehen, wirklich und in Wahrheit gerade jenes oder auch nur überhaupt ein Tuch Desdemona's gewesen sei, und schon bläst der rasende Mann seine Liebe zum Himmel, ruft die schwarze Rache aus ihrer hohlen Zelle und schwört, mit aller schuldigen Ehrfurcht vor einem heiligen

Gelübde, gleichsam mit überlegter Wuth, daß seine blutigen Gedanken in ihrer Fluth zur Rache nie rückwärts ebben sollen zu sanfter Liebe. Auch an anderen Orten bewährt Othello, daß er der Wallungen des Blutes Meister geworden ist und daß ihn Zorn und Eifer erst übermannt, wo er Grund und Gewißheit hat. Nicht die lodernde Sinnlichkeit aber wirkt in diesem Falle mit, ihn in die voreilige Ueberzeugung von Desdemona's Untreue zu stürzen, sondern Aberglaube und böses Gewissen. An dem Tuche und seiner treuen Bewahrung hing nach der Weissagung das Glück seiner Ehe; die Weggabe des theuer anempfohlenen Schatzes war ihm ein sicherer Beweis, daß dieß Verhältniß gebrochen war; der Leichtsinn in der Behandlung des Pfandes mußte dem Mohren wieder den gleichen Leichtsinn in's Gedächtniß rufen, den Desdemona bei der Verbindung mit ihm gegen ihren Vater verschuldet hatte.

Es ist wahr, in dem Momente seines ersten Wuthausbruches fehlt Othello noch der strenge Beweis, daß das Tuch und die Treue von Desdemona verschenkt sei. Er geht aber, sich bei ihr diesen Beweis zu holen. Ihr Benehmen kann nur dienen, ihm ihre Schuld zu bestätigen. Wenn in Jago's Heuchelei, in Cassio's verdächtigenden Eigenschaften, in Othello's eigener Reizbarkeit, in der Vorgeschichte des ehelichen Paares schon zu viele Kräfte zusammenwirkten, um die Eifersucht selbst eines noch gesetzteren Mannes, selbst in noch furchtbarerer Stärke hervorzurufen, so tritt in Desdemona's Charakter noch einer der mächtigsten Factoren hinzu. Der Spalt in beiden Naturen ist unverkennbar, aber leider von Desdemona gerade nicht erkannt, für ihre Natur auch schwer zu erkennen. Sie glaubt ihn unzugänglich für die Eifersucht, sie traut diese Schwäche seiner männlichen Kraft nicht zu; auch hat sie recht; in ihrer gemeinen Art wäre diese Leidenschaft nicht in ihm zu finden so wenig wie in Desdemona. In der Frauennatur ist es gar zu oft die Art der Liebe, daß sie sich und den Geliebten mit kleinen Eifersüchteleien quält, um die Freude der Versöhnung und des gestillten Zweifels zu haben, um das Feuer der Liebe mit solchem kleinen Brennstoffe wach zu erhalten. Aber auf solche Tändeleien war die erste Liebe Othello's und Desdemona's nicht gestellt; und was diese so in seiner schwächsten Gestalt in sich und ihm nicht kannte, wie sollte sie es in ihm in seiner schrecklichsten Ausartung ahnen? Und doch, wenn jetzt noch Etwas im Stande sein sollte, Beide zu retten, so wäre es nur die Schlauheit und geistvolle Gewandtheit in Desdemona gewesen, die seinen Zustand durchschaut und eben so schonend als sicher zu heilen verstanden, die den schon geblendeten Mohren durch wohlthätiges Blendwerk zur Wahrheit zurückgeführt hätte. Die List einer Isolde, die Klugheit einer Rathgeberin wie Brangäne, mit Desdemona's Unschuld verbunden, das war es, was den bösen Geist in Othello wieder beschworen hätte. Aber wie weit liegt diese Art von geistiger Stärke, die die Natur dem schwachen Weibe oft gegeben hat, gerade von diesem schuldlos reinen Weibe ab! Ihre Unbefangenheit weiß nichts von den schützenden Künsten der Vorsicht; sie springt sorglos in jedem Augenblicke in Unbedachtheit über, und dieß hilft zu ihrem Verderben. Othello, indem er seinem Argwohn auf den Grund zu kommen sucht, steht in einer tiefinnerlichen Bewegung vor seinem Weibe und fragt nach dem Geschenke, dessen verhängnißvolle Bedeutsamkeit er ihr mit einem furchtbaren Ernste auseinandersetzt; sie ist betroffen über den Verlust des Tuches, aber sie ahnt nichts von dem Grund, noch von der Tiefe seiner Bewegung. Die Arme hatte das Tuch in einem Liebesdienste für den Mohren fallen lassen; Sorglichkeit und Sorglosigkeit hatten sich in diesem kleinen Ereignisse gerade so innig die Hand gereicht, wie Liebe zu Othello und Lieblosigkeit gegen ihren Vater in dem großen Ereignisse ihrer Vermählung. Beidemale, und immer wieder, wirkt ihre volle Natur in ihr, ihre Arglosigkeit, die die Folge des besten Bewußtseins ist. Sie weiß in diesem Versehen keine Schuld, sie ist mitten in ihrer Bestürzung unbekümmert, sie fühlt das Bedrohende in Othello's auffahrenden Worten, aber sie hat ihn nie so gesehen und weiß den fremdgearteten Mann nicht zu behandeln; seinem wühlenden maurischen Ingrimme gegenüber spielt unseligerweise ihr leichteres venetianisches Naturell; sie kann dies schwere Gespräch leichtfertig herüberspielen auf ihr Gesuch für Cassio und muß so Oel auf's Feuer gießen. Sie thut in Unschuld im Kleinen, was sie Othello im Großen gethan zu haben scheinen kann: daß sie oberflächlich mit dem Glück und Unglück eines Mannes, der sich fühlen durfte, ihr Spiel treibe zu Gunsten eines unbedeutenden Dritten; die Eine Scene kann ihm ihr ganzes Verhältniß abzuspiegeln scheinen. Sobald Jago hört, daß Othello im Zorn von seinem Weibe weggegangen ist, eilt er triumphirend ihm nach; die einzige Gefahr für seine Ränke ist die Wirkung des ganzen unschuldvollen Wesens der Desdemona auf den Mohren; er hört, daß es nicht mildernd, sondern aufreizend gewirkt hat, ein ungeheurer Schritt vorwärts. Er findet ihn auf, und ruhiger (IV, 1.), als er sich vorstellte; er meint die vorigen Künste noch einmal versuchen, ihn noch einmal an das Tuch erinnern, ihm noch einmal das empörende Bild ihrer Untreue recht sinnlich vormalen zu müssen, da merkt er an der Ohnmacht, in die Othello fällt, daß sein Gift bereits mehr gewirkt hat, als er dachte. Er wird nun dreister und wagt, ihm den Cassio als einen triumphirenden Liebhaber zu zeigen. Othello will schlau den Geduldigen spielen, aber der Lauscher verräth die Ungeduld die in ihm kocht, und die ihn nur die schadenfrohe Miene Cassio's sehen, auf seine Worte aber nicht mehr deutlich hören läßt. Später, wenn er die Depeschen Lodovico's liest, zeigt er, daß er sehr gut lauschen kann, wenn er gerade will; jetzt in dem inneren Gewühle seiner Zweifel hört er Alles nur halb, und deshalb mit eingenommenem Urtheile. Was Bianca über das Tuch sagte, hätte, wenn er noch hörte, ihn stutzig machen können; er sieht aber in dem bloßen Anblick des Tuches die Bestätigung seines Argwohns; sie zu prüfen und der Sache auf den Grund zu kommen, fällt ihm nicht ein. Diese Offenkundigkeit seiner Schande, diese Gleichstellung seines Weibes mit den niedrigsten Dirnen der Straße zerstört des Mohren Fassung vollends. Das Gefühl des unendlichen Verlustes ergreift ihn wehmüthig mitten in dem Grimme seines Rachegefühls. Aber es weicht auch eben so schnell wieder, als er dann in Anwesenheit Lodovko's glauben muß, es treibe Desdemona ihr Spiel mit ihm so frech, daß sie sich vor Aller Augen und Ohren dazu zu bekennen nicht scheue. Dieß übermannt den einst so kaltblütigen Beherrscher seiner selbst bis zu der Selbstvergessenheit, daß er sein Weib in Anwesenheit des venetianischen Abgeordneten schlägt; denn wohl konnte es ihm jetzt so scheinen, daß das treulose Paar heißer als Ziegen und Affen, das heißt, ärger als sie selbst Jago früher schildern wollte, sein müßte; er eilt, sich dieser Worte Jago's erinnernd, mit diesen Worten davon. Auch was in dieser Scene vorgeht, hätte in andren Stimmungen den Othello bedächtig und stutzig machen müssen. Dem disciplinarischen Krieger mußte Cassio, Gouverneur von Cypern geworden, jetzt eine unantastbare Person sein; Desdemona's Freude über Cassio's Beförderung hätte ihn statt zu reizen, vielmehr trösten müssen, denn wie hätte sie sich, in einem traulichen Verhältnisse mit ihm, über die Trennung von ihm freuen sollen! Aber der bedächtigste Leser prüfe sich selbst nur, ob Er, beim bloßen ruhigen Lesen, diese Erwägungen anzustellen nicht vergessen wird! wie sollte sie Othello anstellen, der dem unseligsten Truge zur Beute gefallen war!

Der Spieler des Othello wird nicht übersehen, daß in den bisherigen Scenen seine Gutartigkeit und seine chaotische Stimmung, die höhere und niedere Begabung, in die dieser Mann, das zweiseitige Product einer starken Natur und einer grundsätzlichen Charakterbildung, getheilt war, abwechselnd zur Erscheinung kommen. Die Wuth, der Grimm, die Erbitterung und Verzweiflung sind vorherrschend, so lange er im Zweifel ist und die Vorstellung seiner Schmach erst nach und nach in ihm vollständig wird; sobald er sich diesem Punkte genähert hat, tritt die Ruhe des kalten Entschlusses, aber mit ihr auch das Gefühl seines Verlustes und eines unendlichen Schmerzes mehr hervor. So weit war er in der letzten Scene schon in der Ruhe seines Entschlusses gekommen, daß er, die Stimme des

Rechtes sogar in sich unterdrückend, Desdemona nicht einmal zur Rede stellen wollte, damit sie durch ihre Liebenswürdigkeit seine Rache nicht entwaffne. Doch treibt es ihn noch, Emilien zu fragen. Auch ihre Reden (IV, 2.) müßten ihn nachdenklich und mistrauisch machen; sie warnt ihn vor den Zuflüsterungen eines Verleumders, das Weib des Jago! Aber er hält sie für eine schlaue Kupplerin, und ihr frommes Knieen und Beten scheint er fast für einen Beweis ihrer Mitschuld zu nehmen. Jago hat seiner Zeit nicht vergessen, dem Othello einen Stich auf seine Leichtgläubigkeit zu geben, er hat sie sich und seinen Eingebungen dadurch gesichert, gegen die schuldig Geglaubten hat er des Mohren Mistrauen dadurch geschärft. Als Desdemona kommt, vergißt Othello sein Vorhaben, sie nicht zur Rede zu stellen, aber das andere scheint er desto ausdrücklicher festhalten zu wollen, sich nicht von ihrem holden Wesen übermannen und sein furchtbares Gericht umstoßen zu lassen. Und dennoch, dieses Wesen übt sogleich einen Zauber über ihn aus, und der Mann, der weinen nicht gelernt hat, bricht in Thränen aus und heißt sie schnell dreimal hinweggehen, als fürchte er schon, ihre Anmuth werde diese Weichheit und Milde großziehen und sein Rachegelübde in ihm tilgen. Und nun folgt die schöne Stelle auf die im Spiele nicht genug rührende Gewalt gelegt werden kann, die Stelle, wo Othello unvergleichlich mehr unglücklich als irgendwo sonst hart und barbarisch erscheint, wo er noch einmal nach seiner Art in wenigen aber mit Sinn übersüllten Worten seinen Charakter und seine Lage im ganzen Umfange bezeichnet: zu welchen Leiden, zu welcher größten Prüfung er sich gestählt gefühlt; welch maasloses Glück sie ihm bescheert hatte; in welch einen Zustand aller Schmach sie ihn jetzt zurückgeworfen, wo selbst der Engel der Geduld sich verfinstern würde! Sie weckt die Vorstellung von der Sünde, deren er sie schuldig glaubt, in ihm auf; er weist auf ihr in seinen derbsten Bildern, aber er wird nicht dadurch aus seiner weichen Stimmung ausgescheucht. Da plötzlich bricht seine Wuth über ihrer unschuldigen Frage: „Welch unbewußten Fehl hab ich begangen?" von neuem aus. Das englische Zeitwort (to commit) wurde in einem besonderen Sinne vom Begehen des Ehebruchs gebraucht, die süßsame Frau weiß das nicht und reizt noch einmal, nach dem verhängnißvollen Zuge ihrer Natur, gerade durch ihre Unschuld den Gatten, sie für die schamloseste Ueberführte zu halten. In diesen Scenen des Zusammenstoßes Othello's mit Desdemona, und in allen, wo sich die Letztere mit Emilien und Anderen zusammenfindet, blickt man in einer vortrefflichen Weise auf die unseligen Wirkungen der verschiedenartigen Natur und Abstammung des Ehepaars hindurch, und wie sich auch von dieser Seite die Verlassung des väterlichen Hauses und die unberathene und schutzlose Hingebung an den Fremden an Desdemona rächt. Der Mohr, einmal argwöhnisch gemacht, sieht in ihr nur noch die heuchlerische Venetianerin; sie, immer arglos, ahnt nicht was in ihm vorgeht, und selbst, nachdem sie aufmerksam auf seine Eifersucht gemacht ist, weiß sie ihr nicht zu begegnen. Sie selbst beargwohnt Niemand und begreift nicht, daß sie beargwohnt wird. Ein Kind an Unschuld ist sie ein Kind für's Schelten; man dürfte ihr von dieser Art Strafe nicht mehr auflegen als einem Kinde; jetzt, so ganz über Gebühr mißhandelt und angefahren, verstockt sich einen Augenblick ihre Natur; sie kann nicht weinen; sie könnte noch weniger mit Othello weiter verkehren, ihn fragen, seinem Unwillen auf den Grund gehen; erst als sie Emilie mit ihren Worten und Gefühlen unterstützt, machen sich ihre Thränen, ihre Empfindungen, ihre Betheuerungen Luft. Wie sie hernach allein ist und sich von Emilien auskleiden läßt, spricht ihre innerste Seele ahnungsvoll zu ihr über ihre Lage, als sie das rührende Lied ihrer Barbara singt und eine Verfügung für ihren Todesfall macht; aber ihr denkender Geist empfängt diese tiefen Eindrücke, die auf ihrem Gemüthe liegen, nicht; sie würde sonst umsichtiger das Verhältniß zu ihrem Gatten erwogen, seinen qualvollen Zustand durchschaut, seinen Schmerz mehr als seine Muthausbrüche empfunden, den Tiefbekümmerten nicht der schlaflosen Nacht ohne eine Zurede hingegeben und sich selbst nicht so wenig bekümmert zur Ruhe gelegt haben. Mitten in der köstlichen Scene (IV, 3.), wo sich die schöne Natur Desdemona's so reich entfaltet, kann man auf eine Kluft durchsehen, die diese Gatten, wenn sie nicht jetzt sie auf einmal für immer trennte, für Zeiten immer wieder trennen würde. Beider Seelen schließen sich in dem Augenblicke, wo ihr Verhältniß die erste Prüfung erfährt, innerlich vor einander zu, statt sich zu öffnen; der Mohr will sie nicht zur Rede stellen, selbst in der Stunde ihres Todes will er ihren Eiden nicht glauben, und vor ihrem Leugnen verhärtet sich sein Herz; ihr auch, obgleich sie selbst seinen Zorn und Trotz noch reizend finden will, versagt das Wort wie dem verletzten Kinde; und selbst den Tod vor Augen, findet sie, da sie von Cassio's Ermordung hört, kein betheuerndes Wort der Unschuld weiter, sondern sie klagt sich in der Verwirrung noch einmal durch Rede und Benehmen selber an und fällt wie ein verscheuchtes Wild dem Tode zu, dem sie entfliehen möchte.

Zu dem Morde selber schreitet Othello in der Ruhe des Richters; das Gefühl des Menschen und des Gatten, die Reizbarkeit des in seiner Ehre und Liebe Verletzten sind darum nicht in ihm erstorben. Um diese seine That aus seinem Sinne zu beurtheilen, muß man sich lebhaft seiner strengen Dienstübung und unbestochenen Disciplin erinnern, die man ihn früher gegen Cassio hat ausüben sehen. Es ist dieß wesentlich ein Vorspiel der Haupthandlung gewesen, das uns in einem weniger aufregenden Falle ruhigere Blicke in das Innere dieses seltenen Charakters werfen ließ. Keine Ueberzeugung von Cassio's geregeltem Leben, keine Vertraulichkeit des persönlichen Verhältnisses zu ihm konnte ihn damals bewegen, in einer so ernsten Sache den Günstling zu schonen, wo er auch den eigenen Bruder nicht geschont haben würde. Er stellte an Cassio ein Beispiel auf, nicht aus Zorn, denn sein Eifer erwacht erst bei der Einsicht der begründeten Schuld seines Lieutnants, sondern aus Klugheit und politischem Pflichtgefühle. Hierin liegt ganz dieselbe Handlungsweise

in einem Falle, der mit Liebe und Eifersucht nichts zu thun hat, wie
er sie jetzt Desdemona gegenüber befolgt. Auch hier übermannt ihn
der Zorn immer vorzugsweise erst an den Stellen, wo er Beweise
oder Geständnisse ihrer Schuld zu erhalten glaubt; auch hier straft
er nicht im Eifer, sondern aus Ehrgefühl. Es ist nicht Leidenschaft,
(mit diesen Worten tritt er an Desdemona's Lager) sondern die
Sache ist's, die ihn treibt. Die Erwägung, ob es die nie gut zu
machende That auch nach der Vollführung bereuen könnte, hält ihn
daher nicht auf. Ihre Schönheit, ihr Reiz zwingt ihm noch einmal
Thränen ab, aber sie können seinen Entschluß nicht erweichen. Der
Zauber ihres Kusses überredet fast die Gerechtigkeit ihr Schwert zu
brechen, aber sie bleibt fest. Es spricht eine höhere Strafgerechtigkeit
aus seinen „grausamen Thränen"; er würde sie, einmal todt, auch
selbst ein zweitesmal tödten, und seiner Liebe soll der Mord nicht
schaden, der sie von ihrer Sünde heilen soll; sein Schmerz ist wie
der des Himmels, strafend wo er liebt. Darum weil er sie liebend
strafen wollte, konnte auch sein erster Gedanke, sie hassend zu verstoßen, nicht in ihm hasten; er will dieß geliebte Wesen nicht der
Verachtung der Welt preisgeben und der Sünde überlassen, sondern sie Beidem gerade, der Schmach und der Sünde, durch seine
mehr strafende als rächende That entziehen. Daher empört er sich
auch im letzten Augenblicke noch einmal, als sie ihren Fehler, der in
seiner Ueberzeugung feststeht, ablaugnet; er möchte als ihr letzter
Richter reinigend und versöhnt strafen, ihr Ablaugnen reizt ihn, das
Mord zu nennen was er als ein Opfer meinte. Auch hier preßt er
nach seiner Weise in Ein Wort eine Unendlichkeit von inneren Vor-
gängen zusammen, für die er keine einzelnen Bezeichnungen hat. Er
sieht sich als den strafenden Richter ihrer Schmach und als den Arzt
seiner Ehre an; er vollbringt diese That nach seinem letzten Zeugnisse
nicht aus Haß, sondern nur aus Ehre. Da er fehl gegangen war,
straft er dann mit derselben erhabenen Kälte und Ruhe, und mit
derselben Sühnacte sich selbst, und darum hat es eine so innerliche

Bedeutung, daß er bei seinem Selbstmorde noch am Schluße an den Dolchstich erinnert, mit dem er jenen Türken in Aleppo niedergestreckt: dort hatte er die Staatsehre von Venedig so reizbar empfunden, wie jetzt seine eigene Hausehre; und dort konnte ihn, diese Ehre zu retten, die Gefahr seines Lebens so wenig abhalten, wie hier die Vernichtung seines köstlichsten Besitzes. Darum ist er auch weit entfernt, nach Desdemona's Tod seine That zu bereuen oder zu verbergen. Er erträgt nicht, daß sie sterbend die That über sich nimmt, er bekennt sich laut zu der Handlung, zu der ihn nur gerechte Ursache getrieben hat. Darum ist er auch schwer zu überzeugen, daß er fehl gegangen war; Desdemona's Engelslüge im Tode, Emilia's Anklagen ihres eigenen Mannes beirren ihn nicht, weil er kein böses Gewissen hatte; Reue und Rache kehren sich auch jetzt erst gegen ihn selber, nachdem er den Beweis gegen sich so sicher hatte, wie er ihn vorher gegen Desdemona gehabt zu haben glaubte.

Von dem Momente an, wo Emilie die That Othello's aus seinem Munde erfährt, entlädt uns der Dichter auf eine wunderbare Weise aller der quälenden Gefühle, die die Reifung der Katastrophe in uns geweckt hatte. Emilie ist ein Weib von derberer Textur, gutmüthig wie ihr Geschlecht, aber von mehr Galle als Andere ihres Geschlechtes, leichtsinnig in Dingen, die ihr leicht scheinen, ernst und energisch, wo große Anforderungen an sie treten; in Worten nachlässig gegen ihren Ruf und ihre Tugend, wie sie es in Thaten nicht sein würde. Fahrlässig hat sie auf ihres Gatten Wunsch das Tuch der Desdemona weggenommen, sie meinte zu einem gleichgültigen Zwecke. Gedankenlos und leicht hatte sie weder für Rückgabe noch für Aufklärung gesorgt, selbst als sie erfuhr, daß das Tuch, dessen Bedeutung sie kennt, den Zwiespalt zwischen Othello und Desdemona veranlaßt hatte; sie merkt in weiblicher Art achtlos wenig auf das, was um sie vorgeht, und wird so in ähnlicher und schlimmerer Arglosigkeit, als die der Desdemona ist, das eigentliche Werkzeug des unseligen Schicksals ihrer Herrin. Noch als sie nur erst weiß, daß Othello sein Weib getödtet, leiht sie unseren gepreßten Gefühlen die erleichternden Worte, indem sie laut anklagend gegen den Mohren für ihre Unschuld zeugt. Und da sie Jago als den Verleumder ihrer Treue nennen hört, nun zeugt sie schonungslos gegen die Bosheit des Gatten für die Reinheit der Gebieterin und sucht dem schwerbegreifenden Mohren das Licht zu zünden, indem sie fortfährt, uns unsere eigenen Empfindungen von der Seele zu nehmen und aus ihrem vollen Herzen ihnen vollen Ausdruck zu geben. Wie sie dann vollends die volle Schuld Jago's aus der Geschichte des Tuches und eben daraus ihre Mitschuld erkennt, nun steigt ihre aufopfernde Treue für ihre Herrin und ihre wachsende Empörung bis zur Erhabenheit; nun wird ihr Zeugniß gegen ihren Gatten, im Angesicht des drohenden Todes, ein Seltenstück zu Othello's strenger Gerechtigkeitsübung, und ihr Tod und Schwanengesang von der Unbeflecktheit Desdemona's eine sühnende Buße auf ihrem Grabe, die kaum durch des Mohren ruhig große Vergeltung an sich selber übertroffen wird. Das Auflösende und Versöhnende in diesen letzten Scenen pflegt auch in dem Leser, der vorher am erschüttertsten war, Ruhe und Befriedigung wieder zu werden. Bei einer richtigen Ausführung wird ohnehin die peinvolle Aufregung in dem dritten und vierten Acte weit mehr gemildert als in der Lectüre. Es wirkt hier mit, was oben als der Grund angegeben worden ist, warum wir den Charakter des Jago ertragen: die geistige Spannung auf alle die Hebel, die hier in Bewegung sind, zerstreut uns mehr, und dann läßt der rasche Fortgang des Stückes nicht so willkürlich auf den einzelnen Bewegungen der Seele verweilen. Dieser mildere Eindruck wird noch sehr gehoben werden, wenn der Spieler des Othello den Charakter so auffaßt, wie Burbadge nach einem früher angeführten Winke gethan hat: daß die tief schmerzliche Bekümmerniß des rathlos in's Unglück Zurückgefallenen überall über die Wildheit und die Wuth des Eifersüchtigen vorherrscht. In der deutschen Uebersetzung bekennt der Mohr am Schlusse, daß er schwer zu erregen sei, aber einmal erregt „unendlich raste". Ein einziger solcher Ausdruck kann diese Rolle und mit ihr die Wirkung des ganzen Stückes völlig verrücken. Im englischen Originale bekennt sich Othello nur zu einer maaßlosen Zerrüttung und er bezeichnet damit nichts anderes, als jenes wiedergekehrte „Chaos", den Druck eines entsetzlichen inneren Unglücks. Gelangt der Zuschauer durch eine entsprechende Darstellung zu wenigstens so viel Mitleid mit dem Mohren als zu Empörung gegen ihn, so wird er den Tod der Desdemona mehr mit Rührung als mit Erbitterung tragen, und der Sühnungstod Othello's wird ihn versöhnen. Oder wäre und bliebe trotz aller unserer Auslegungen der Untergang Beider allzugrausam, weil ihr Ausgang so viel weniger versöhnend ist, als der von Romeo und Julie? Allein es läßt sich nicht für die Beiden anführen, was für Romeo und Julie, daß sie ihre heimliche Ehe im heftigen Rausche der vollsten Jugend, und in der Unzurechenfähigkeit der Leidenschaft geknüpft; sie gingen mit kühlerem Blute und besonnenerem Sinn in ihre Verbindung ein. Es läßt sich ferner nicht für sie anführen, daß ihr eigenmächtiger Bund, wie der zwischen Romeo und Julie, mitten unter bedrohenden Schicksalen, unter der Erbitterung der streitenden Familien, bei der Zerrüttung der häuslichen Verhältnisse geschlossen war, daß er ein einziger Ausweg für Beide, von einem heiligen Mann begünstigt, eine Aussicht auf den Frieden zwischen den zwistigen Häusern war. Hier im Gegentheil war der Friede einer Familie gestört und das Glück und das Leben eines Vaters vernichtet. Trug schon dort der heimliche Bund seine bitteren Früchte, ward dort der wilden Freude ein wildes Ende, so mußte wohl auch hier nach des dämonischen Jago's Worten der gewaltsame Anfang zu gewaltsamer Trennung führen. Nicht allein Othello meinte, sondern auch der Dichter meinte den Tod der Desdemona als ein Opfer und den des Othello als eine Sühne, die den Manen des im Gram gestorbenen Vaters gebracht werde. Die Kunde von dessen Tode erreichte Desdemona nicht mehr. „Ein Glück, daß er gestorben ist", sagt der Oheim, der die Nachricht bringt, sonst würde ihn das Schicksal seines Kindes in Verzweiflung stürzen. Aber dieser Satz gilt auch umgekehrt. Wenn es Desdemona erlebt hätte, so würde nicht der Tod ihres Vaters, aber doch die Ursache seines Todes ihr leicht eine so furchtbare und enttäuschende Erfahrung gewesen sein, wie das verlorene Vertrauen Othello's. Denn wie sie von diesem keine Ahnung hatte, so auch nicht von der Wirkung, die ihr eigenmächtiger Schritt bei ihrem Vater gemacht hatte. Einerlei Natur und Eigenschaft wirkte in ihr, als sie dem Leben ihres Vaters den gefährlichen Stoß, und als sie dem Argwohn ihres Gatten den Anlaß gab. Dieselbe Unschuld ihres Herzens, dieselbe Arglosigkeit, dieselbe Unfähigkeit, für irgend Jemand irgend einen Harm zu meinen, ließ in ihr dort vor dem öffentlichen Senate keine Anwandlung von Blödigkeit aufkommen und gab ihr hier die verfänglichen Fürbitten für Cassio in den Mund. Sie meinte in beiden Fällen recht und gut zu thun, und aus der Reinheit ihres Bewußtseins selbst entsprangen ihre misdeutbaren Handlungen. Sie fällt wie Othello, wie Romeo und Julie, einer eigenen Natur zum Opfer, nicht der Satzung irgend eines willkürlichen und ungerechten Moralgesetzes; einer Natur, die in der Stärke jener Unmittelbarkeit und Ursprünglichkeit, die uns in allem Geschaffenen anspricht, über die Schranken der gesellschaftlichen Sitte hinübergreift, die Schuld und Unschuld in einer wunderbaren Verschmelzung einigt, die den Tod wie eine Strafe auf sich zieht und den Tod wie einen Triumph übersteht, die uns theilt zwischen Bewunderung und Bedauern. Es scheint, hier sei allen Forderungen der Tragödie ein vollkommenes Genüge geleistet. Es scheint auch, es bestehe diese Ausführung mit jeder freiesten sittlichen Ansicht. Denn der Dichter hat mit diesem Ausgange nicht enghertzig über jede ungleiche Heirat, über jede heimliche Verbindung einmal für allemal den Stab gebrochen, so wenig wie in Romeo über alle leidenschaftliche Liebe. In solcher Einseitigkeit hat Shakespeare nie und nirgends über sittliche Probleme gedacht. Er hätte sonst nicht in Ende gut Alles gut eine ungleiche Heirat durch so viele

Schwierigkeiten zum besten Ziele geführt; er hätte sonst nicht im Cymbeline eine heimliche Verbindung zum Guten ausschlagen lassen und im Kaufmann von Venedig Kindesraub und eigenmächtige Ehe gebilligt. Nicht der Buchstabe eines Gesetzes, sondern die Verhältnisse und die Natur der Menschen sind in des Dichters weiser Ansicht der Quell, aus dem Gut und Bös und Glück wie Unglück entspringt. Sie geben auch die Richtschnur an die Hand, nach der Beides bemessen werden muß. Je nach Verhältniß und Natur der Menschen, wird so oft das Böse eine Quelle des Guten, und das Gute eine Quelle des Bösen, das scheinbare Glück ein Unglück, und das Unglück ein Glück. Und dieß ist in diesem Stücke mit bewußter Absicht beobachtet und ausgeführt, wo die edle Desdemona aus Unschuld und Güte in Sünde fällt und in sündiger Lüge die schönste That der Vergebung übt.

Hamlet.

Die Sage von Hamlet ist ursprünglich im Saxo Grammaticus in einer ungelenken Gestalt erzählt; nach ihm ist sie etwas geschmeidiger in Bellefourst's Novellen (1564) und aus diesen in einer englischen Bearbeitung (history of Hamblett), deren ältest bekannter Druck von 1608 ist, behandelt. Horvendill ist nach dieser Mythe von seinem Bruder Fengo getödtet worden, der sich in den Besitz seiner Herrschaft und seines Weibes Geruthe gesetzt hat. Hamlet's erkünstelter Blödsinn ist der Mittelpunkt der Sage, und seine zweideutigen, sinnvoll unsinnigen Räthsel waren für den scandinavischen Geschmack der Hauptreiz der Erzählung, die mit Hamlet's glücklicher Rache und seiner Erhebung zum Könige ausgeht. Die Scene, in der Hamlet seine Mutter auf den Weg der Tugend zurückbringen will und wo er bei dieser Gelegenheit einen Lauscher ermordet, und dann die Falle, die er mit Runenstäben den Gesandten nach Britannien legt, sind die einzigen Züge, die Shakespeare auf seine eigene und abweichende Auffassung und Behandlung der Sage leiten konnten. Die Figuren des Laertes und der Ophelia fehlen in der Sage; nur ganz unverbunden mit der Haupthandlung erscheint in ihr eine Jungfrau, die mit Hamlet erzogen und befreundet war und deren letzte Gunst er erobert, sie beschwören, dieß im tiefsten Schweigen vor aller Welt geheim zu halten. Dürftig, roh, unhandlich wie dieser

Eine Zug. ist die ganze Sage. Zu seinem Stücke Shakspeare's gibt es eine nachweisbare Quelle von so barbarischer Ungestalt, und aus ihr gerade hat er dies Schauspiel gebildet, an das man, wo des Dichters Name genannt wird, immer am ersten denkt, das die widersprechendsten Seiten seiner Kunst und seines Geistes zu vereinigen scheint; das an Originalität jedes andere seiner Dramen übertrifft und doch so volksthümlich, von aller Künstelei so entfernt ist; ein Naturell von unmittelbarstem Leben und dabei eine Fundgrube der tiefsinnigsten Weisheit; ein Stück, das für Shakspeare's Charakter und Wesen neben Heinrich IV. vielleicht von der sprechendsten Belehrung ist; ein Werk von einer prophetischen Anlage, von einer divinatorischen, der Zeit vorgreifenden Geistesbildung, die erst nach zwei bis drei Jahrhunderten recht lebendig und begriffen worden ist; ein Gedicht, das in unser neueres deutsches Leben mit einer Innerlichkeit der Wirkung eingegriffen und sich verwachsen hat, wie, wenn wir den einzigen Faust ausnehmen, kein anderes Gedicht selbst unserer eigenen Zeit und Nation sich rühmen könnte.

Es gab besondere historische und literarische Verhältnisse in Shakspeare's Tagen, die dem Dichter diesen rohen Sagenstoff in ungewöhnlicher Weise beleben mochten und seinem Geiste zur Betrachtung nahe rücken mußten. Die Ereignisse die in Schottland 1567 bei der Ermordung Lord Darnley's und der Vermählung seiner Witwe (Maria Stuart) mit Lord Bothwell Statt hatten, boten in der nächsten Vergangenheit und Nähe ein lebenvolles Seitenstück zu der Handlung im Hamlet dar, auf das neuerlich Karl Silberschlag aufmerksam machte. Sodann gab es ein älteres Drama von Hamlet, das schon zwischen jener ersten Quelle und Shakspeare's Stück vermittelt hat. In der Zeit der 80er Jahre des 16. Jahrhunderts, wo das Thema der Rache in einer ganzen Reihe von Tragödien wetteifernd behandelt wurde, war auch dieser Gegenstand nicht übersehen worden. Nach einem früher angeführten Briefe von Th. Nash, der dem Menaphon von Robert Greene vorgesetzt ist, gab es schon 1589, vielleicht schon 1587, ein Drama über Hamlet; im Jahre 1594 ward ein Stück dieses Titels in dem Theater von Newington-Butts gegeben; es war wohl jener ältere Hamlet. Einzelne Engländer glauben schon dieses alte Stück aus Shakespeare's jugendlicher Hand hervorgegangen. Und es ist sicher, daß der Dichter sich, wie mit Romeo und Julie, so auch mit diesem Gegenstande schon auf einem frühen Stadium seiner dramatischen Laufbahn beschäftigt hat. Die Gestalt, in der wir das Stück heute im wesentlichen nach einer „fast um's Doppelte erweiterten" Quartausgabe von 1604 lesen, hat es um 1601—2 erhalten; schon die vielfachen darin enthaltenen Anspielungen auf Julius Cäsar machen glauben, daß diese letzte Bearbeitung gleichzeitig mit der römischen Historie dieses Titels falle. Nicht gleich im ersten Wurfe aber stand das Stück fertig in dieser Gestalt. Wir besitzen eine Quartausgabe von 1603*, die zwar von Collier, Dyce und Mommsen nur für einen mangelhaften und unrechtmäßigen Druck des vollendeten Stückes gehalten wird, nach der unstreitig richtigeren Ansicht von Knight, Delius, Staunton dagegen einen ursprünglicheren Entwurf des Dichters (in zwar verstümmelter Form) enthält, dessen Vergleichung mit der reiferen Bearbeitung, ganz wie die der beiden Romeos, den fortschreitenden Geist des Dichters vorzugsweise in dem Punkte ausweist, der uns und unserer Auffassungsweise wohl der interessanteste ist: in der klareren Ausbildung seines Stückes nach der zu Grunde liegenden Idee. Daß die Ausgabe von 1603 nicht blos eine piratische Copie des vollendeten Werkes ist, geht schon aus den verschiedenen Namen hervor, die hier Polonius und sein Diener führen, Corambis und Montano. Weit mehr aber spricht ihre innere Beschaffenheit dafür, daß Shakespeare's Stück im Anfange zwar alle thatsächlichen Verhältnisse des Hamlet, den wir nun lesen, einschloß, aber nicht in der genauen Ausführung des inneren Sinnes. Eine Reihe von Stellen fehlen

---

* Wiedergedruckt bei Gust. Fleischer. Leipzig 1825.

Gervinus, Shakespeare. II.

dort, die der Dichter zur deutlicheren Charakteristik seines Helden, seiner Natur und seiner Handlungsweise erst später eingeschoben hat. Der bedeutsame Gegensatz von Horatio's Charakter gegen Hamlet's, der diesem vor dem Schauspiele von Gonzago's Mord in den Mund gelegt ist, ist nicht in jenem älteren Texte. Alle die spruchreichen Hindeutungen auf die Meinung des Stückes in den Reden Gonzago's fehlen. Der kurze Monolog (III, 2.) ist nicht dort enthalten, in dem die leidenschaftliche Erregung Hamlet's motivirt ist, die seine Rolle bei seiner Mutter und die Tödtung des Polonius erklären muß. Alle die fein eingestreuten Gegensätze in dem Gebetmonologe des Königs (III, 3.) mangeln dort, die überall auf das Verständniß des Stückes näher hinleiten. Die ganze Scene, wo Hamlet auf Fortinbras' Truppen stößt, und der ganze Monolog, der den bequemsten Schlüssel für die Meinung des Werkes bieten, ist nicht da. Wären dieß alles blos zufällige Auslassungen eines diebischen Nachschreibers, so müßte dieser in einer Art Methode überhört haben. Es ist aber viel wahrscheinlicher, daß der Dichter dem großen Räthsel seines Dramas, das so lange Zeit ein Buch mit sieben Siegeln war und das bei seinem ersten Erscheinen für Viele nicht in geringerem Grade ein Mysterium gewesen sein wird, einige aufhellende Winke in der indirecten Ueberarbeitung zugefügt hat, die wir nun vor uns haben.

Nachdem dieß Räthsel von Goethe in seinem Wilhelm Meister gelöst worden ist, begreift Niemand mehr, daß es je eines war, und man ist kaum mehr gelaunt, etwas zu seiner Erklärung zu sagen. Kein Werk von Shakspeare ist eigentlich in seiner Absicht deutlicher als dieses, obwohl keines, wenn wir von den Sonnetten absehen, so lange und so vielfach misverstanden worden ist. Wir haben das erquickliche Urtheil von Voltaire früher ausführlich angeführt. So wußte auch Malone nichts aus dem Stücke zu machen; er fand, der verstellte Wahnsinn führe nicht zum Zwecke; Andere, wie Akenside, behaupteten, der Dichter habe Hamlet wirklichen Wahnsinn beilegen wollen; es ist bekannt, daß auch Tieck ähnliche alle Neuerungen wieter versucht hat. Johnson fand für Hamlet's Scheinwahnsinn keine hinreichende Ursache; er nannte Hamlet mehr ein Werkzeug als ein frei handelndes Wesen; er mache keine Anstalt zur Bestrafung des überführten Königs, und dieser falle zuletzt durch ein Ereigniß, das von dem racheverpflichteten Sohne nicht hervorgerufen sei. Alles aber, was in den Ausstellungen Voltaire's auf Planlosigkeit hinwies, verfiel plötzlich in sich, als Goethe die strenge Folgerichtigkeit dieses Stückes darlegte; Alles, was in den Vorwürfen Johnson's und Malone's tadelndes zu liegen schien, ward auf einmal zu eben so vielen Lobsprüchen verwandelt, als man nachwies, es sei eben die Absicht des Dichters gewesen, den Helden als einen Mann darzustellen, den der Anstoß einer schwierigen Aufgabe aus dem Schwerpunkte seiner Natur gebracht; ihn, nach jenem tiefsinnigen Bilde des Horatio, auf die gefährliche Höhe einer klippenvollen That zu führen, deren Stelle ihn schwindlig macht; wie Goethe es ausdrückte: eine Seele zu zeichnen, auf die eine That gelegt sei, der sie sich nicht gewachsen fühlt.

Daß dieß wirklich die Absicht des Dichters war, ist aus den thatsächlichen Verhältnissen an sich klar, es ist aber auch durch ausdrückliche und häufige Hinweisungen auf das Verständniß derselben so überklar gemacht, wie dieß selbst in Romeo, oder in welch anderem Stücke es sei, nicht geschehen ist. Wir stellen Beides, die factische Lage und die Selbsterklärungen der Tragödie, noch einmal übersichtlich zusammen.

Es ist ein heldenmäßiger König von Dänemark, ein Mann ohne Gleichen, von göttlicher Gestalt und Majestät, ermordet worden von seinem Bruder, der des Gestorbenen Sohn von der Nachfolge verdrängte und seine Gattin schon zu seiner Lebzeit durch Einschmeichlung und Geschenke verführt hat. Ehrgeiz, Herrschsucht und Lust hatten ihn zu der unnatürlichen That getrieben; er verstand, „mit demüthigem Antlitz und frommer Handlung den Teufel in sich so zu überzuckern", daß die Königin, nun sein Weib, von dem Morde nichts ahnt. Keine äußere Gestalt empfiehlt den aufgedunsenen Claudius, den Hamlet's Schimpfnamen (Frosch, Kater, Pfau u. s. w.) als einen wollüstigen, eitlen Schwächling, seine Tagesgeschäfte als Spieler und Schlemmer bezeichnen; keine innere Eigenschaft den gleißnerischen, „lächelnden Schurken", es müßte denn jene durchdringende Scharfsicht des Verstandes zugleich und des bösen Gewissens sein, die ihn achtsam auf jede Gefahr und Bedrohniß lauschen, jedes Ereigniß, jedes Wort, jeden Seufzer ausdeuten, die willenlosesten Werkzeuge und Spione mit geschicktem Griffe um sich versammeln läßt. Es steigt nun der Geist des gefallenen Helden aus dem Grabe und beschwört den Sohn, wenn er Natur in sich habe, seinen Mord nicht ungerächt zu lassen, nicht in thatloser Gleichgültigkeit bei seiner Ausrottung zu sitzen, wie sein sinnschweres Bild lautet: nicht einem so unnatürlichen Verbrechen gegenüber stumpf zu sein, wie das fette Unkraut, das träge am Strande der Lethe wurzelt. Ein Diener des Schicksals, in den Qualen des Fegefeuers wandernd, legt Hamlet diese ungeheure Mahnung an's Herz; die Rache ist in dem Begriffe des Zeitalters eine Pflicht, die auch ungemahnt zu erfüllen war; auch hatte Hamlet in der That mehr eine Strafe als eine Rache zu vollziehen, denn er war der rechtlos verdrängte Erbe des Thrones und der Richter im Lande. Zu diesen mächtigen äußeren und inneren Antrieben und Gründen zur Rache, zu der besten Sache kommt die Bereitheit der Mittel ermunternd hinzu. Der gestorbene Vater ist bei Allen im lebendigsten und höchsten Andenken (jeder Narr weiß, nach des Todtengräbers Rede, Jahr und Datum, wann er den alten Norweg im Zweikampfe schlug!); gegen den neuen König ist das Volk schwierig schon bei Polonius' Tode und ist bereit, sich in Laertes einen neuen Herrscher zu setzen. Er also ist kein zu fürchtender Gegner, es sei denn aus dem Einen Grunde, weil er selber fürchtet und vorsichtig ist. Der junge Hamlet aber hat die Gunst des Volkes voraus, das selbst seine Fehler zu Vorzügen macht; ja an der eigenen Mutter, die ihm in fast schwärueritischer Liebe zugethan ist, fände er im Nothfall einen Verbündeten eher als ihr neuer Gatte. Diese äußeren Mittel, die in den Verhältnissen liegen, wachsen noch durch die persönlichen Mittel, die Hamlet hinzubringt, der in Ophelia's Augen ein Hofmann, ein Gelehrter und Soldat ist, dessen Begabung in der Handhabung geistiger und körperlicher Waffen wir beobachten können, der in dem Alter von 30 Jahren steht, wo die physische und geistige Kraft am üppigsten und am gleichsten gewogen ist. In der Sache, den Motiven, den Mitteln und der Macht fehlt zuletzt nichts als der gute Wille, um die Vollbringung der aufgelegten Rachethat völlig zu sichern. Auch ihn hat Hamlet. Er schwört beim Himmel dem Geiste seines theuren Vaters zu, seinen Befehl zu seinem Stichworte zu machen, aus seinem Gedächtnisse alles Andere auszutilgen, zur Rache zu fliegen wie auf Flügeln der Gedanken.

Allein schon bei diesem ersten Selbstgespräche fällt es auf, daß der scheinbar so heftig Entschlossene sogleich seinem Herzen zurufen muß zu halten, seinen Sehnen nicht plötzlich zu altern, sondern ihn aufrecht zu tragen, und daß er in tiefster Bewegung ein schweres Weh seufzt, daß die Welt aus den Fugen, und Er berufen sei, sie einzurichten! Es ist seltsam, daß er den Freunden, denen sein Vater erschienen ist, sein Geheimniß nicht gleich setzt, nur dem Einen Horatio es später erst mittheilt; daß er auf das weitaussehende Mittel für ein so nahelegendes Geschäft fällt, sich wie Brutus wahnwitzig zu stellen, wo doch keine mächtige Tyrannei zu stürzen war; daß er sich vor dem Verdacht und Argwohn derer verschanzt, die ihn zu fürchten hatten, und daß er eben dadurch Beobachter und Aufpasser auf sich anzieht und den König mißtraulicher macht, den schon des Stiefsohnes schwermüthige Trauer beunruhigt hatte. In dieser Rolle nun des Geistzerrütteten sehen wir Hamlet den Hof in Aufruhr bringen, den Lauschern Räthsel stellen, seine Geliebte quälen, seine Aufgabe vergessen. Zwei Monate vergehen, und er denkt nicht an sein Stichwort, bis ein declamirender Schauspieler (II, 2.) durch die sprechende

Darstellung einer fingirten Leidenschaft ihn an seine Rolle mahnen muß; dann fällt er sich selbst mit selbstverdientem Unmuth in heftigen Schimpfworten an, nennt sich Hans den Träumer, einen stumpfen, fühllosen Schurken, einen Feigen, der jede Kränkung trägt, der die Leber der Taube und keine Galle in sich hat. Auch jetzt aber treibt ihn dieser verdiente Selbsttadel nicht zum Handeln; die Wirkung des Schauspielers auf sein Inneres führt ihn vielmehr auf den Gedanken, des Königs Gewissen erst noch durch ein Schauspiel zu prüfen. Der Zögerer ist durch die Zeit schon dahin gekommen, zu zweifeln, ob nicht der Geist seines Vaters, den er seinen Freunden damals mit so stolzem Nachdruck einen „ehrlichen Geist" genannt hatte, der Teufel gewesen sein möchte, der mächtig sei in Leuten von solcher Schwäche und Schwermuth wie Er.

Das Schauspiel wird aufgeführt. Der Dichter hat es zunächst benutzt, früher als die Ansprache an das Gewissen des Königs erfolgt, es zu dem Gewissen Hamlet's selber sprechen zu lassen, und zugleich den Zuschauer auf den Sinn seines Werkes hinzuleiten. Kaum hat Hamlet in der Rede der Schauspielkönigin einen Wermuth für seine Mutter gefunden, so erhält er selbst einen bitteren Trank von Gonzago, der ja in der Rolle seines Vaters spielt, in dem die Stimme des Geistes gleichsam wieder zu ihm spricht: „Was wir beschlossen haben, das brechen wir oft. Der Vorsatz ist nur der Sklave des Gedächtnisses, von heftiger Geburt und von geringer Dauer, so wie die unreife Frucht am Baume festhängt und, wenn sie reif ist, ungeschüttelt abfällt. Denn es ist sehr natürlich, daß wir vergessen uns selbst zu zahlen, was wir uns selber schuldig sind. Was wir uns in der Leidenschaft vorsetzen, der Vorsatz verliert sich mit der Leidenschaft. Die Heftigkeit von Freude oder Gram zerstört ihre eigene Wirksamkeit in sich selbst".

Die Prüfung durch das Schauspiel glückt. Vorsichtig hat Hamlet den König durch Horatio beobachten lassen, um selber müßig zu scheinen. Beide sind nun von der Schuld des Mörders überzeugt.

Der Dichter zeigt uns diesen jetzt allein und im Versuch zu beten und zu büßen (III, 3.). Fast jeder Satz seines Selbstgespräches duldet eine vergleichende Beziehung auf die innere Lage Hamlet's, in dem das Verhältniß zu seiner Rachepflicht ähnlich ist, wie in Claudius das zu seiner Bußpflicht. Der gleißende Mörder steht zwischen seiner That und seiner Buße so schwankend, wie Hamlet zwischen der That und der Rache. Der König hat den Willen zu beten, wie Hamlet den zu strafen; aber der Drang ihrer Natur steht nicht nach ihrer Aufgabe; die allzugroße Schuld hemmt den großen Wunsch des Betenden, die allzugroße Gewissenhaftigkeit macht die Leidenschaft des Rächers, wenn sie eben fluthet, wieder ebben. So gilt es von Beiden, was Claudius sagt, daß sie, zu doppeltem Geschäfte verpflichtet, zögernd stehen wo sie zuerst beginnen sollen, und beide vernachlässigen. Der König weiß, daß der Himmel reich ist an Gnade, er aber findet den Weg nicht dahin, sowie Hamlet vom Himmel der Weg zur Strafe vorgeschrieben ist, den sein weiches Gemüth nicht betreten mag. Wozu dient Gnade, fragt Claudius, wozu dient Strafe, könnte Hamlet fragen, als um der Sünde unter das Auge zu treten? Die doppelte Kraft des Gebetes ist, der Sünde vorzubauen und die vollbrachte zu sühnen; und ähnlich könnte Hamlet gleich darauf, da ihm Claudius nach dem Leben stellt, sich sagen, die doppelte Kraft der Vergeltung gehe dahin, das vollendete Verbrechen zu strafen und seiner Wiederholung vorzubeugen. Der König versucht das Bußgebet, das ihm am Herzen liegt, aber er findet die werkthätige Buße nicht in sich, die vor Allem den Besitz der Krone und des Weibes dahingeben müßte; so versucht auch Hamlet die Rache, aber in ihm wirkt die Gewissenhaftigkeit, was in dem Könige die Verstocktheit des Herzens, daß er bei dem besten Willen zum Werke nicht kommt. Die Reue kann Alles, sagt sich Claudius, aber was kann sie, wenn man nicht bereuen kann? So ist in Hamlet der Rache aller Spielraum gegeben, aber es fehlt an dem Rächer. Des Königs Seele, auf der Leimruthe des Lasters gefangen, strebt frei zu werden und verstrickt sich mehr und mehr; gerade so schlägt die Erreglichkeit in Hamlet die Flügel, aber um so fester verfängt er sich in seiner Zögerung.

Gerade im Momente, wo der König diese Betrachtungen anstellt, steht Hamlet neben ihm, und die beste Gelegenheit zur Vollziehung seiner Rache ist ihm gegeben. Auch ist eben jetzt, Nachts zur Geisterzeit, seine Stimmung gereizt genug, die That zu vollbringen. Aber stets unentschlossen, findet er eine neue vorliegeholte Ursache zur Verschiebung. Weil er gerade betet, will er den Mörder nicht zum Himmel schicken, der seinen Vater in der Blüte seiner Sünden getödtet hat; er verzettelt die bequeme Gelegenheit, um eine schrecklichere, effectvollere abzuwarten; er geht davon und der verschonte Betende steht auf, um uns zu sagen, daß er — nicht habe beten können! Indessen dauert in dieser Nachtzeit, nach den Aufregungen des Spiels und bei dem neuen theatralischen Vorhaben, seiner Mutter Gewissen durch eine Rede voll schneidender Dolche aufzuschrecken, die erhöhte Stimmung in Hamlet fort, und erhitzt im ersten Eifer dieser Unterredung, da er den lauschenden König zu hören glaubt, meint er ihn durch die Tapete zu erstechen und trifft den Vater seiner Geliebten! Der so gewissenhaft einen Mord zu rächen sich bedenkt, wird nun selber unbedacht zum Mörder. Diese Irrung sieht Hamlet selbst nicht allein eine Strafe für Polonius, sondern auch für sich selber an. Noch eine feinere Strafe für ihn ist die Wiedererscheinung des Geistes. Er muß ihn von der Verfolgung seiner Mutter, die er ihm untersagt hatte, abmahnen, er muß ihn wiederholt anmahnen zu der Verfolgung des Mörders, die er ihm so hoch und theuer befohlen hatte. Der im Gewissen getroffene Sohn weiß sogleich, daß die Erscheinung kommt, um ihn zu spornen, der „in Zeit und Leidenschaft verfallen" ist, der in Schlaffheit und Hitze, will dies sagen, in Zögerung und Uebertreizung wechselt und so die Schärfe seines Vorsatzes hat abstumpfen lassen.

Der Fehlgriff seiner Rache allein müßte Hamlet am dringendsten auffordern, endlich Ernst zu machen; er verfällt aber in noch auffallendere Zögerung. Er stößt auf den jungen Fortinbras, der das Gegenbild des rüstigen Thatkräftigen gegen Hamlet ist. Er hatte an Dänemark eine alte Waffenschmach seines Vaters, nicht etwa einen Verwandtenmord, zu rächen; er erhob die Waffen gegen den Willen seines Oheims, und als ihm dieß gewehrt wird, sucht sein jugendlicher Thateneifer einen Ausweg in einem polnischen Kriege um ein Stückchen Land, das nicht der Rede werth ist. Hamlet selbst muß anerkennen, daß es ein göttlicher Ehrgeiz ist, der den feurigen Krieger schwellt, obwohl er findet, daß er sich im Gegenstande vergreift, und um „eine Eierschale" sich regt, da Er bei den gewaltigsten Anlässen, mit Willen, Macht und Mitteln ausgestattet, unthätig bleibt. Er sieht auch diese Erscheinung als einen neuen Anlaß an, seine stumpfe Rache zu schleifen; er selber findet, daß Beispiele, massig wie der Erdball, ihm auffordernd begegnen. Er fällt sich mit neuen Vorwürfen an: „ein Mann, dessen ganzes Dasein nur Schlaf und Essen ausmacht, sei nur ein Thier, nichts weiter; der uns mit so vieler Begabung, vor- und rückwärts zu spähen, ausgestattet, habe uns Kraft und Verstand nicht gegeben, sie ungebraucht faulen zu lassen". Er selber droht seinen Gedanken Verachtung, wenn sie hinfort nicht nach Blute trachten. Und doch ist er eben schon auf dem Wege, sich ruhig nach England hinüber schaffen zu lassen, fern ab vom Ziele seiner Rache. Es ist nur ein Zufall, der nicht in Hamlet's Händen lag, daß er (durch einen Angriff von Seeräubern) schnell wieder nach Dänemark zurückkommt.

Auch jetzt thut er nichts für seine Zwecke, nachdem er sogar erfahren, daß der König ihm selbst nach dem Leben steht. Aber da nun jeden Augenblick aus England die Nachricht kommen kann, daß an seiner Statt die Abgesandten hingerichtet sind, da diese Nachricht zu entscheidenden Erörterungen zwischen ihm und dem Könige führen muß, nun drängt ihn diese Nöthigung sund die Furcht vor des Königs Nachstellungen gewaltsam zum Ende, und nun ist seine Schwäche am erkenntlichsten, nun ist ihm übel zu Muthe, nun wird ihm matt um's Herz. Und so überrilt ihn selber die Nachstellung seines Oheims noch früher als dieser seine Rache, und es scheint, als ob weder die richterliche Strafpflicht noch selbst der Stand der Nothwehr ihn je zu dem rächenden Stoße gebracht haben würden, wenn es nicht zuletzt die Empörung des Todtwunden gethan hätte über den Giftmischer, dessen Anschlägen nun auch noch unversehens das Leben der Königin erliegt, deren Seele er zuvor getödtet hatte.

So in sich selber klar, wird die Haupthandlung des Stückes und die Handlungsweise des Helden noch klarer durch den ungemein sprechenden Gegensatz, in den Shakespeare den Laertes zu Hamlet gesetzt hat, und in dessen Geschichte und Benehmen Hamlet selbst das Gegenstück seiner Sache entdeckt. Vielleicht nirgends sonst ist die Absichtlichkeit des Dichters in den Zügen seiner Charakteristik so hervortretend und auffallend wie hier. Hamlet hat den Polonius erstochen. Sein Sohn Laertes, etwas von einem Modehelden, ein Fechter, ein Ehrenritter, aus französischer Schule, von Temperament so cholerisch wie Hamlet melancholisch ist, ein Mann, weit nicht mit den glänzenden Gaben des Gemüthes und Geistes ausgestattet wie Hamlet, fliegt aus dem fernen Paris nach Dänemark, den Mord seines Vaters zu rächen. Von den Lehren seines Vaters scheint vor Allem die Eine in ihm gehaftet zu haben, daß er sich vor Händeln hüten solle, aber wenn er einen habe, ihn so zu führen, daß sich seine Gegner vor ihm hüten müssen. Der Eine Gedanke seiner Rache füllt ihn ganz aus, und jeder Nerv in ihm ist zur Thätigkeit gespannt, noch ehe er den Mörder mit Sicherheit kennt. Der König hat die Leiche des Polonius heimlich beerdigen lassen und dadurch den Verdacht auf sich geleitet. Stellung und Macht des muthmaßlichen Thäters beirren den Rächer Laertes nicht. Ein bloßes Gerücht, Flüsterer und Verleumder sind seine Quelle, nicht ein ehrwürdiger Geist, der aus der Erde gestiegen ist. Er hat nicht die Macht und die Mittel, die Hamlet hat, aber er will „mit den wenigen, die er hat, haushalten, daß sie weit reichen sollen". Er ist nicht der rechtmäßige Erbe des Thrones, nicht im Auge und in der Gunst des Volkes, nicht ein Prinz vom Hause, aber Er, der Unterthan, regt einen Aufruhr an, der riesengroß blickt und den König auf seinem Throne erschüttert. Vor Claudius' Antlitz gedrungen, verflucht er den Tropfen Blutes, der in ihm ruhig sei, weil er seine Eltern und ihn als einen unnatürlichen Sohn beschimpfen würde. Er verdammt seine Lebenspflicht zur Hölle, Gewissen und Vergebung zum tiefsten Grunde, er trotzt der Verdammniß, während Hamlet am Sonnenklaren zweifelnd grübelt. Er will dem Mörder seines Vaters in der Kirche den Hals abschneiden, (und der König selber billigt dieß, weil „Mord durch seinen Platz geschützt werden sollte",) während Hamlet in frommen Scrupeln an eben diesem Könige, da er betete, vorüberging. Laertes geht soweit, seinen Degen zu vergiften, um in dem Zweikampfe mit Hamlet sicher zum Ziele zu kommen. Er befleckt hierin seine ritterliche Ehre, obgleich er sonst seine Rache ganz wie eine Ehrensache behandelt, die für Hamlet eine schwere Gewissenssache ist. Aber mitten in dieser, bis zur Gewissenlosigkeit gehenden Leidenschaft ist er streng auf den Einen Gegenstand seiner Rache beschränkt, während unter Hamlet's zögernden Schritten der schuldlose Polonius fällt, Ophelia wahnsinnig wird, Rosenkranz und Güldenstern zum Opfer fallen, er selbst und seine Mutter erliegen. Der König brauchte Laertes (IV, 3.) nicht jene Mahnungen zuzusprechen, die mehr für Hamlet berechnet waren: daß, was man thun will, man thun solle, wann man will, weil der Wille wechselt und so viele Zögerungen und Schmähungen erleidet, als es Zungen, Hände und Zufälle gibt. Aber er brauchte ihn eben so wenig vor den Uebergriffen seiner Rache auf Unschuldige zu warnen; der Mann der gerechten Leidenschaft übertrifft an Mäßigung den klügelnden Rachekünstler, und Weisheit spricht aus dem rasenden Sieger, den Uebermuth und Erfolg verblenden durften. Er will die Freunde seines Vaters in die Arme nehmen und wie der Pelican sie ätzen mit seinem Blute. Nur den Mörder seines Vaters will er treffen, nur dieß Eine Ziel hat er vor Augen, und er formulirt es im ersten Augenblick, als er vor Claudius tritt, in die knappe und scharfe Frage nach seinem Vater; in diesem Einen Bestreben aber soll ihm „der Wille der Welt" nicht Einhalt thun!

Und all das für welchen Vater! Von dem Vater des Hamlet hören wir jene so oft angeführten stolzen Worte, das glänzendste Epitaph eines großen Menschen:

> Es war ein Mann! nehmt ihn für Alles in Allem!
> Nie werd' ich wieder seines Gleichen sehen.

Und dagegen dieser Polonius! Die scharfe Absicht dieser Gegensätzlichkeit müssen Die nie gewittert haben, die diesen Charakter in ein günstiges Licht zu stellen suchten, ein Versuch, der nicht der Widerlegung werth ist. Wenn sich Polonius' üble und lächerliche Seiten mit seinen guten nur halbwegs decken ließen, wie würde Hamlet den Schauspielern, da er sie ihm, dem Vater seiner Geliebten, überläßt, anempfehlen, sich nicht über ihn lustig zu machen? Wie würde er der Tochter in's Angesicht sagen, ihr Vater sei ein Thor? Wie würde er ihn sonst einen langweiligen, alten Narren nennen? Wie vollends über seiner Leiche sagen, er sei all sein Leben ein thörichter, plauderhafter Schelm gewesen: Wir sehen ihn nicht eigentliche Schelmstreiche begehen, aber wohl sehen wir ihn in einer Dienstpflicht und Geschäftigkeit, die nicht allzuehrlich ist; für krumme Wege, für Seitenangriffe, für Belauschungen hat er eine stets rüstige Vorliebe, der er zuletzt erliegt; er bekümmert sich um Alles und beschnüffelt seines Sohnes Thun und Treiben bis nach Paris hin, nicht so sehr um die Tugend als um das äußere Benehmen seiner Kinder besorgt, denen er beiden nicht traut. Alles wittert der Mann aus, der sich anheischig macht, die Wahrheit aus dem Mittelpunkt der Erde herauszucombiniren, wenn er Anzeichen hat; aber die Vorgänge bei dem Tode des alten Hamlet und der Verheiratung seiner Wittwe hat er nicht geahnt, oder wenn er es that, so würde er wie ein ächter Hofmann weder Gefühl noch Meinung darüber haben. Solche Umgetung ist es gerade, die ein solcher König, wie dieser Claudius, um sich gebraucht;' über seine Staatssachen fragt er ihn nicht, über die Dinge des Hauses hört er ihn begierig, nimmt die abgeschmackte Beweisamkeit gern in Kauf und hält ihm seine Meinungssicherheit zu Gute. Zu hohem Alter gelangt, fehlt es dem geschulten Hofmanne nicht an Erlebnissen und Beobachtungen, die er sorgsam gesammelt hat und redselig von sich gibt; der Dünkel der Hoheit spricht aus ihm, die zu Ehren gekommen ist und die in gleicher Selbstgefälligkeit dem Sohn gute Lehren, dem Diener Menschenkenntniß, dem Könige Rath mittheilt. Er hält sich in Allerweltsschlauheit für einen Mann von Weisheit und großer Umsicht, und baut mit Zuversicht auf die Unfehlbarkeit seines Kopfes. Man kennt die Unverschämtheit der selbstgefälligen Rechthaber, die den Ereignissen, wenn sie ihre Prophezeihungen eben Lügen strafen, in's Gesicht sagen, sie hätten Alles so vorausgesehen, wie es gekommen ist; man kennt jene Thoren mit gutem Gedächtnisse für weise Sprüche; und jene Redner, die klüger sprechen als sie sind, bis sie unversehens von ihrer Thorheit und Unwissenheit mehr verrathen als sie möchten. Solch einer ist Polonius. Es kostet ihn nichts, die Lüge der Selbstbespiegelung zu sagen, er habe Hamlet's Liebe zu Ophelia bemerkt, ehe ihm davon gesagt wurde. Er durchsieht dann ganz genau den Stufengang von Hamlet's Verrücktheit, der völlig bei seinen Sinnen ist. Er will Alles wissen und Alles kennen und Alles gewesen sein: ein geschickter Schauspieler, wobei man auf ähnliche Gedanken fällt, wie sie Hamlet darüber äußert; ein Wahnsinniger aus Liebe wie Hamlet, wovon man so viel glauben mag, daß er ein alter Sünder sei. Mit Allem sucht er sich gut zu stehen, denn wie rechthaberisch er sei, so spricht er doch auch gern nach dem Munde, und wenn sich die Leute lustig über ihn machen, so stellt er sich, sagt Goethe, als merke er nicht; man möchte glauben, daß er es meist wirklich nicht merkt. Auf diese Weise kommt er mit Allen zurecht, nur mit Hamlet nicht; der tieferen Natur gegenüber, die ganz über seinem Bereich liegt, ist er rathlos; da kommt immer der Pinsel zu Tage, obgleich er den Prinzen für närrisch hält. Und so vermag auch Hamlet eben so wenig in ihn sich zu finden. Er haßt zu gründlich alle die schale Flachheit und Unwahrheit in diesem Charakter, als daß er seinen Widerwillen selbst nur da verbergen möchte, wo es die gewöhnlichste Rücksicht von dem Anbeter der Ophelia verlangt hätte, sei es gegen die Tochter des Vaters, oder gegen den Vater der Tochter selbst. Und dieß ist der Mann, dessen Tod zu rächen Laertes beide Welten in die Schanze schlägt, während Hamlet den Heros vergißt, der aus dem Grabe zu seiner Ermahnung stieg.

So steht denn der Aufbau dieses Stücks in vollkommener Einheit und in bestem Zusammenhange vor uns; alle Handlungen zielen auf Einen Mittelpunkt ab, die entferntesten Figuren treten nahe und in wesentliche Beziehung zu dem Hauptinhalte. Der wahrheitliebende, sittenstrenge Held steht in einer Umgebung, die in Heuchelei, Verstellung und Unwahrheit auf lauter krummen Wegen wandelt; seinem vernünftigen, gewissenhaften, allerwägenden Wesen ist das gewissenlose Thun aller Anderen, das herzlose oder gedankenlose Richterwägen der Handlungen und ihrer Folgen in einem massigen Gegensatze entgegengestellt: der König und die Königin, Polonius und Ophelia, selbst alle die Nebenfiguren (bis auf Horatio, der nur beobachtet und nicht handelt,) Fortinbras, Rosenkranz und Güldenstern, selbst Oerik fallen mehr oder minder unter diesen Gesichtspunkt; und die Linie, auf die dabei das ausdrückliche Gegenbild Hamlet's, Laertes, gerückt ist, zeichnet sich durch ihre besondere Schärfe und Feinheit aus, der im Ziele seiner Aufgabe streng gewissenhaft ist wie Hamlet nicht, gewissenlos aber in seinen Mitteln, was vortrefflich dazu dient, den Nebenhelden nicht zu groß in unserem Interesse aufschießen zu lassen. Wie vortrefflich nun aber diese ganze Handlung und ihr innerer Zusammenhang angelegt und ausgeführt ist, so fühlt man doch bei keinem Stücke mehr als bei diesem, was wir früher bei dem Kaufmann von Venedig angeführt haben: daß bei Shakspeare die Handlung immer das Abgeleitete, das Spätere, das Gewordene ist und daß der wahre Einheitspunkt seiner Werke immer nach dem Quell der Handlungen, zu den handelnden Menschen selber und zu den verborgenen Gründen führt, aus denen ihre Handlungen emporsteigen. An der negativen Handlung dieses Stückes, an dem Ausweichen vor der That, an dem Mangel an äußeren Ereignissen und innerer Energie des Wirkens und der wirkenden Kräfte könnten wir an sich wenig Antheil nehmen. Gleichwohl nehmen wir den höchsten Antheil an diesem Hamlet; Beweis genug, daß das eigentliche Interesse in diesem Charakter liegt. Haben wir ihn ganz durchschaut, dann dürfen wir erst glauben, der Handlung auf den Grund gekommen zu sein. Und nicht allein dieß; wir glauben dann zugleich an diesem Quell der Handlung zu einer ungleich reicheren und ergiebigeren Erkenntniß gelangt zu sein; wir können uns diesen vielseitig begabten Menschen dann auch in anderen Richtungen, verschieden und doch immer als den gleichen denken; wir lernen die Handlung als einen bloßen Abfluß, als bloß Einen Abfluß eines tiefen Ursprungs ansehen, aus dem auch der Strom ähnlicher oder anderer Handlungen abgeleitet werden könnte; wir sehen die aus der Fabel hergeleitete Lehre dann nur für ein Beispiel an, das auf einen allgemeinen Satz, auf eine höhere, umfassendere Wahrheit zurückführt. Es kommt uns also darauf an, zu erforschen, welche Charakterform dieß ist, aus welchen Elementen sie entstand, welche Beschäftigungen und Eigenthümlichkeiten dieser Natur es bedingen, daß sie so unentschlossen und thatunfähig ist.

Seine Mutter schildert Hamlet seinem Aeußerlichen nach als fett und von knappem Athem, und so gab ihn Burbadge, nicht in der gewöhnlichen Liebhaberelegang, in der wir ihn, wohl seit Garrick schon, zu sehen gewohnt sind, was gegen die höhere Auffassung dieses Charakters noch mehr verstößt, als wenn man uns den lächelnden Bösewicht Claudius herkömmlich im Aussehen eines finsteren rothbärtigen Tyrannen darstellt. Mit jener Andeutung seiner Mutter übereinstimmend sagt Hamlet selbst, sein Oheim sei seinem Vater nicht ähnlicher, als Er dem Hercules. Es mangelt ihm demnach, bemerkte Goethe, die sinnliche Stärke des Helden, man darf viel einfacher sagen, einer praktischen und handelnden Natur. Sein Temperament ist ruhig, still, phlegmatisch, ohne Galle; seine Mutter vergleicht in sprechendem Bilde seine geduldige Ruhe mit der der Turteltaube, die über ihrem Jungenpaare sitzt. Im höchsten Affecte gegen Laertes sagt Hamlet von sich selbst, daß er nicht leidenschaftlich und rasch sei, doch sei etwas Gefährliches in ihm, das der Gegner klüglicher scheuen werde. Dieß Gefährliche ist seine Reizbarkeit und Erreglichkeit, die in einer lodernden Phantasie wurzelt, und die dieser schwer beweglichen Natur den Stachel zu ihrer Vertheidigung, die Waffe zum Angriffe gibt, aber nur für den äußersten Nothfall. Denn in eben dieser Phantasie wurzelt auch Hamlet's Furchtsamkeit, seine ängstliche Sorglichkeit und Schwäche; dieß ist ein psychologischer Zirkel, der aber in der menschlichen Natur nur zu begründen ist. Aus dieser einen Quelle stammt bei ganzen Völkern, diese Bemerkung hat schon Montesquieu gemacht, bei den alten Iberern und Indern dieselbe Mischung der Friedlichkeit mit überspannter Energie im gereizten Zustande; die Zartheit des Organismus, die sie den Tod fürchten macht, macht sie tausend Dinge noch mehr fürchten als den Tod, dieselbe Reizbarkeit macht sie alle Gefahren fliehen und im Zwangsfalle ihnen tretzen. So ist es in Hamlet. In seiner geschäftigen Einbildungskraft malt er sich eine Lage nach ihren besorglichen und fernsten Folgen aus; er sieht sich von Gefahren und Nachstellungen umgeben und baut ihnen mit weitläufigen Anstalten vor. Er glaubt Geister und sieht sie daher, unterschieden hierin von seinem rationellen Freunde Horatio, der kaum glaubt, nachdem er gesehen hat, der „das Ding", den Geist des Hamlet, in's Angesicht ein Blendwerk nennt und es mit der Hellebarde zu kreuzen versucht, der auch von der Sage des christlichen Aberglaubens nach seinen Worten nur „einen Theil", und nach seinem Tone nichts glaubt. Als der gleich dem Hamlet erscheint, als ihn sein Schicksal ruft, da, in dieser Aufregung des Entsetzens, fürchtet er nicht den Tod und jede Ader ist in ihm so stark, wie des Nemeischen Löwen Sehnen; dann aber ist er auch, nach Horatio's Ausdruck, „verzweifelt durch Einbildung". Nach dem Schauspiele, wieder zur Geisterzeit, da ihn die Hitze der Einbildungskraft ergreift, ist er aufgelegt Blut zu trinken und so bittere Dinge zu thun, vor denen der Tag schaudern würde; dann scheint ihm, es könne Nero's Seele in ihn eingehen; dann ist er geneigt, die Schnelle seiner Rache zu überschätzen, und wie ihn in der gespannten Stimmung die Gelegenheit überfällt und keinen Raum für Betrachtungen und Bedenken läßt, zeigt er sich fähig zu der That, von der ihn, im Zustande seiner Ruhe, Besonnenheit und Zweifel zurückhalten. Auch kühlt sich diese Hitze nicht plötzlich mit der Erkenntniß seiner irre gegangenen Rache ab; er quält seine Mutter in der Heftigkeit seiner Aufwallung mehr, als ihm der Vater gestattete er sagt bittere Worte über der Leiche des Polonius, und später erst weint er über ihr; die Taubenruhe kehrt dann trauernd in ihn zurück. So, als er von Ophelia's Tode überrascht des Laertes prahlsüchtige Klagen in ihrem Grabe anhört, hebt sich ein Sturm von Leidenschaft in ihm und läßt sich in thurmhohen Gegenprahlereien wider ihn aus. In diesem Uebermaaße der Erregtheit bricht Hamlet Vorsätzen und Thaten die Spitze ab, die er in der gewöhnlichen Langsamkeit seiner Natur verschleifend abstumpft; er spielt wechselnd die Variationen zu zwei verschiedenen, bereits angeführten Lehren des Stücks: daß die Vorsätze, die in Leidenschaft gefaßt sind, mit der Leidenschaft sich verlieren, und daß der menschliche Wille wechselt und unter Einwirkungen aller Art Zögerungen und Schwächungen erleidet. Diese Schwankungen seiner Natur, diese wechselnde Trägheit und Leidenschaftlichkeit, Schlaffheit und Ueberspannung kennt Hamlet in sich mit allen den Qualen, den Mängeln und Folgen, die ihnen anhängen; nichts ist daher natürlicher, als daß seine Seele, sobald sie Menschen auszuscheiden lernte, den edlen Horatio „für sich belegte", an dessen gegensäßlichem Charakter sie sich anlehnte und erbaute. Horatio ist zwar eben so wenig ein thatkräftiger Charakter, wie Hamlet; ein solcher, wie Fortinbras, würde auch diesem zur Freundschaft viel zu weit abliegen; aber Horatio ist ein Mann von vollkommener Gelassenheit des Gemüths, Leiden zu ertragen und die Stöße des Schicksals mit Gleichmuth aufzunehmen geschult, ein Held der Duldung, einer der Gesegneten, an denen Hamlet mit Neid hinausblicken durfte, in denen Blut und Urtheil so wohl gemischt sind, daß sie nicht die willenlosen Instrumente des Glückes, noch die widerstandslosen Sclaven ihrer Leidenschaft sind.

Dieselbe Elasticität in Hamlet's Natur, die ihn so von Phlegma zu Hitze, und von Heftigkeit zu Abspannung führt, zeigt sich auch in dem Gegensatze seiner üblen und guten Laune, seines Spleens und seines Humors, und in dem Schauspiele des sanguinischen mit dem melancholischen Theile in seinem Temperamente. Der Dichter hat hart neben die satirisch-witzigen Züge, die im Hamlet auf eine heitere und sehr Natur hindurchblicken lassen, die elegisch-sentimentalen gelegt, die ihn einer tiefen Schwermuth verfallen zeigen; beide spielen in seinen Stimmungen zusammen, weniger im Wechsel, als in einer Verschmelzung, deren Frucht jene bittern Sarkasmen sind, die den stehenden Ausdruck seiner Redeweise bilden. Zur Ausbildung jener heiteren Seite seines Wesens würde Hamlet im Glücke gekommen sein; seine melancholische Anlage hätte dann nur einen sinnig-elegischen Charakter erhalten; er würde Kirchhöfe und einsame Orte vielleicht immer besucht, und weichen Stimmungen und Rührungen gerne nachgehangen haben, aber dieser Hang würde sich nicht zu jener Melancholie, die bis zum Verzagen geht, verdichtet haben. Das, was ihn vorwiegend in diesen äußersten Trübsinn wirft, sind erst die neuen Schicksale, von denen er, als wir ihn kennen lernen, erreicht wird, die ihn plötzlich verarmen, die ihn (nach Goethe) des zuverlässigsten Bildes, das er sich von seinen Eltern gemacht, berauben, die sein Gemüth aus den gewohnten Angeln heben und Gram,

Trauer, Verstimmung, schwere Ahnungen und, da sich diese erfüllen, eine fassungslose Zerrüttung auf ihn hinwälzen. Aus dem unbefestigten Herzen, mit dem er das Unglück trägt, schließt man gerade, daß dies ein Mensch sei, der mehr zum Glück geschaffen war, dessen vorzüglicher Theil im Glück ein geistreicher Leicht- und Frohsinn gewesen wäre; dies scheint ihm so angeboren wie anerzogen. Er stellt sich ganz als einer jener spitzen und witzigen Redner nach dem Zeitgeschmacke dar, geschickter eine Rolle im Lustspiel als in der Tragödie, zu spielen; denn der Scharfsinn, der seiner verstellten tragischen Tollheit gezwungen dient, würde in helleren Verhältnissen der komischen Tollheit unwillkürlich dienen. Schon als Kind hing er an dem Munde des Narren Yorick; Satiren zu lesen, sehen wir ihn jetzt noch mitten in seiner Bekümmerniß beschäftigt; mit Menschen jedes Standes nach ihrer Art Ellbogen zu stechen, ist ihm geläufig; der humoristische Scherz, das Witz- und Wortspiel ist ihm zur Gewohnheit und anderen Natur geworden; mitten in seiner gedrückten Lage gefällt er sich in seinem schwarzen Kleide und seiner gebeugten Haltung nicht besser, als in den Quertreibereien aus seiner angenommenen Verrücktheit. Eben darum, weil sie ihm Gewohnheit sind, mischen sich seine Scherz- und Redespiele unwillkürlich selbst in die aufgeregten tragischen Stimmungen, und der Schauspieler hat sich vor Nichts so sehr zu hüten, als auf sie Gewicht zu legen und lachen machen, oder mit Heiterkeit und Schwermuth grell abwechseln zu wollen. Er würde zwar die Heiterkeit des Parterres für sich haben, aber den Schwermuth der Verständigen erregen, die keinen ordnungslosen Tanz unharmonischer Stimmung mögen, die vielmehr das wohlstimmende Gemälde des Dichters unzerrissen wiedergegeben sehen wollen. Die humoristischen und sarkastischen Bilder, Vergleichungen und Wendungen entfallen Hamlet mitten in seinen Aufregungen in unbewußter Geläufigkeit. Die Sonderbarkeiten dieser Ausdrucksweise dürfen in der Schwurscene den durchgehenden Schauder nicht stören, in der Kirchhofscene den Ton der ergriffensten elegischen Stimmung nicht einen Augenblick verändern! In den tiefsten Gram um seines Vaters Tod und seiner Mutter Leichtsinn mengen sich die Bitterkeiten, die das Herz zusammenpressen müssen, obgleich dieselben Worte in anderen Verhältnissen vergnügtes Lachen erregen würden. Wie man aus Richard's II. Gram und Unglück auf seinen lustigen Verkehr zur Zeit des Glücks zurückschließen lernt, so auch bei Hamlet. Auf Beide paßt Gonzago's Wort, das, wo die Freude am höchsten jubelt, der Gram auch am tiefsten wehklagt. Die Schärfe seines Witzes wie seines Kummers ist daher bei Hamlet vielfach der gleichmäßige Ausdruck des Einen tiefsinnigen Hanges in seinem Geiste, der aus üblen Schicksalen die trübste Seite herausgrübelt, wie er aus gewöhnlichen Verhältnissen heitere Gegensätze zu scharfsinnigen Witzspielen herausgreifen würde. In Hinsicht dieser zweiseitigen Anlage und Natur, ja auch in wesentlichen anderen Beziehungen, mag man Hamlet als ein Kehrbild zu dem Prinzen Heinrich ansehen. Auch diesem ist der Zug der Schwermuth und der Melancholie nicht fremd; er tritt bei der Krankheit und dem Tode seines Vaters deutlich genug in seiner Natur hervor. Seine Schicksale aber und seine Neigungen nähren diesen Hang nicht auf; er geht seinen heiteren Gang durch's Leben bis die ernste Größe seines Berufes ihm nahe tritt; dann findet sich der gefaßte Gleichmuth in ihm, und die gleichgewogenen Eigenschaften der vielseitigsten Natur, die der erhabenen Lebensaufgabe ihren Mann stellen. So ist umgekehrt die fröhliche Anlage auch Hamlet nicht fremd; man könnte denken, daß die gleiche Gesellschaft und die gleichen Verhältnisse den der Convenienz ähnlich entgegengesetzten Mann in die ähnliche Ausgelassenheit getrieben hätten. Aber er würde ein solches heiteres Glück doch wesentlich anders getragen haben. Philosophie, Grundsätze, Studium, ein blöderes, mehr in sich gezogenes Wesen hätten ihm jenen lärmenden Verkehr des Prinzen bald lästig gemacht; er hätte sich dessen Jugendsünden in seiner stillen und weiblichen Weise nicht so hingegeben; dafür erreichte er aber auch dessen männliche Tugenden nicht.

Nach der uns nun geläufigen Auffassung dürfen wir Hamlet auf erhöhter Stufe, wie den Prinzen Heinrich, für einen von Shakespeare's Humoristen halten, an die die schweren Anforderungen des ernsten Lebens plötzlich herantreten. Eine ganz neue Bereicherung dieser Gruppe tritt ein. Zu den Anderen, die sich in solcher Lage tüchtig und gereift erwiesen, oder die noch zu zeitigen waren, zu dem Prinzen Heinrich, der in diesem Falle alle Erwartungen übertraf, kommt nun diese Gestalt Hamlet's hinzu, der hinter den königlichen Hoffnungen, zu denen er berechtigt, zurückbleibt, den die Aufgabe, die ihm zu Theil wird, nicht gerüstet findet, der ihr in einem tragischen Untergange erliegt.

Dem entsprechend, wie wir Hamlet nach seiner äußeren Erscheinung, nach Temperament und Naturanlage sehen, hat ihn der Dichter auch ausgestattet in Bezug auf die Bildung seines Gemüthes und seiner Sitte. Der Oheim selbst bezeichnet den gutgearteten Mann als eine süße, liebe Natur; alle sanfte Tugenden, alle zarte und weiche Gefühle sind ihm geliehen. Seine kindliche Pietät ist darunter die, die uns am ersten und stärksten entgegentritt. Die Verehrung, mit der er auf seinen todten Vater zurückblickt, ist ohne Grenzen; die Trauer, die er um ihn trägt, zeugt von der größten Innigkeit und Innerlichkeit des Gemüthes; die Qual, die ihm seiner Mutter Leichtsinn macht, empfindet er schon bis zur Erschütterung seiner ganzen sittlichen Natur; die Gewißheit von dem Verbrechen seines Oheims erdrückt ihn vollends. Wohl hängt die Schwere dieses Grames auch mit dem angeborenen Zuge nach Empfindsamkeit zusammen, den wir Hamlet eigen fanden: es ist ihm eine Art Wonne, auf finsteren Vorstellungen zu weilen und in Gedanken des Selbstmords oder der Verwesung zu schweigen. Doch legt die Erschütterung des sittlichen Glaubens in Hamlet ein Wesentliches der Bürde seines Kummers zu; und wohl darf er den schweren Unmuth Tugend nennen, der sich in jener Scene Luft macht, wo er in einer ethischen Invective von höchster Kraft die sündige Mutter zu Buße und Beichte antreibt. In großen Zügen sehen wir ihn überall angelegt als eine eben so tiefe wie seine sittliche Natur. Er geht von der täglichen Heerstraße des gedankenlosen Hinlebens in erlernten Gewohnheiten und Verhältnissen weit ab, wie ein Mann, der nach Grundsätzen lebt. Der Königssohn ist aller Convenienz und ihrem Zwange abgesagt; sein Umgang sind Schauspieler, er ist der Freund des armen Horatio und der Geliebte Ophelieus, die weit unter seinem Stande ist. Der Zug nach einfachen, natürlichen Verhältnissen, der sich hierin ausspricht, liegt auch der Abneigung zu Grunde, die ihn gegen alle Unwahrheit, Heuchelei, Fälschung und Schminke in Sitten und Geschlechtern erfüllt. Dort auf dem Kirchhofe spricht er seinen innerlichen Widerwillen gegen die Malerkünste der Frauen, gegen die Politiker, die den lieben Gott hintergehen wollen, gegen Juristen und Hofleute aus; gegen die Art von „Wasserfliegen" wie Polonius und Osril, die Diminutive der Natur, wie sie im Troilus heißen, kehrt sich seine ganze innerliche Empörung oder witzige Betrachtung. Die oft bewunderte Scene, in der er den jungen Osril persiflirt, den Mann des glatten Firnisses oberflächlicher Bildung, der, in Laertes' Mordplan eingeweiht, den Hamlet zu der verderblichen Fechtübung fordert mit denselben Umständen der Höflichkeit, die er, nach dessen Worten, schon mit der Brust seiner Amme machte, ist daher zugleich eine für Hamlet's Charakter sprechende Scene. Sie stellt ihn innerlichst diesem Schwarm von Leuten gegenüber „für die das schlackige Zeitalter schwärmt", die den Ton des Tages und die äußere Sitte des Umgangs besitzen ohne den Kern einer wahren Bildung, die sich eine Art von schäumendem Vorrath angelegt haben, mitzureden durch alle noch so gesiebten und raffinirten Zwengänge hindurch, bis ein Punkt ernsterer Prüfung kommt, wo ihr Witz ausgeht und wo die Blasen zerplatzen! Wie Hamlet hier gegen die Verbildung des Zeitalters gelehrt erscheint, so ist er es auch gegen dessen rohe Unbildung. Er mag von den Rauf- und Trinksitten des Geschlechtes nichts wissen, die Schlemmerei seines Oheims, die Händelsucht eines

Fortinbras liegt weit von seiner Natur ab. So theilt ihn daher auch in der Aufgabe, die ihm auferlegt ist, ein innerer Zwiespalt in sich selbst: der Streit eines höheren Gesetzes mit dem Naturgesetz der Rache, der feineren sittlichen Gefühle mit dem Instincte des Blutes. Seine Unentschlossenheit ruht keineswegs ausschließlich auf Schwäche, sondern wesentlich mit auf Gewissenhaftigkeit und Tugend; und eben diese äußerst geschickte Verbindung macht aus Hamlet einen so eminent tragischen Charakter. Seinen Zweifel an der Sicherheit der Thatsache und an der Rechtmäßigkeit der Rache, die Sanftheit seiner Seele, die sich unbewußt gegen die Mittel der Rache sträubt, der Hang seines Geistes, die Natur und Folgen seiner That zu überdenken und dadurch seine handelnden Kräfte zu lähmen, alle diese „Scrupel zu genauer Erwägung des Ausganges" nennt er selber im Eifer des Selbstadels zu drei Viertheilen Feigheit, und nur zu Einem Viertel Weisheit; der Dichter hat aber die Mischung so vortrefflich abgewogen, daß wir, gegen Hamlet's eigene Parteilichkeit wider sich selbst, der Weisheit zum mindesten die Hälfte zuschreiben werden. Wie dem Romeo ein Ueberschuß an Gefühl und Liebesrausch Besinnung und Gedanken nimmt und so seiner wilden Freude selber ein wildes Ende bereitet, so raubt dem Hamlet ein Ueberschuß an Gewissenhaftigkeit, an Sanftmuth, an trauerndem Grame seine Thatkraft; „die Güte, vollblütig geworden, stirbt hier in ihrem eigenen Zuviel"; hier und dort zerstört „die Heftigkeit von Gram und Freude ihre eigene Wirksamkeit".

Verfeinert an Sitte, reich ausgestattet an Gemüth, ist Hamlet auch an intellectueller Begabung und Bildung vorragend, von beschaulichem Geiste, von tiefen inneren Erfahrungen und Beobachtungen, nach Ophelia's Worte „von edlem und höchst überlegenem Verstande; beobachtet von allen Beobachtern". Von dieser Seite ist Hamlet's Charakter die Schilderung eines genialen Kopfes; die Monologe dieses „Fürsten der speculativen Philosophen" sind Meisterstücke des Nachdenkens, in denen Shakespeare auf den tiefsten Grund seiner spruchreichen Weisheit gegangen ist; und die labyrinthischen Minengänge seiner grübelnden Gedanken spotten des Tiefsinns scandinavischer Räthsel. Er ist ein eigentlicher Gelehrter: er führt Gedenkbücher mit sich; Anführungen aus seiner Lectüre sind ihm geläufig; er ist in vorgerückten Jahren noch auf der Universität gewesen und sehnt sich dahin zurück; nicht wie Laertes in Paris, sondern in Wittenberg, das für die protestantischen Herzen in England den erhabensten Klang hatte; sein königlicher Ehrgeiz treibt ihn zu ebenbürtiger Gesellschaft; sein Umgang ist der gelehrte Horatio, sein Schulfreund und Studiengenosse. Wir lernen Hamlet kennen als einen Freund und Kenner des Schauspiels, als Dichter und Spieler. Er hat die Schauspieler schon früher gesehen und näheren Umgang mit ihnen gehabt, er schreibt ihnen eine Stelle in das aufzuführende Stück, er declamirt ihnen vor, er unterrichtet sie. Sein Preis des im antik senecaischen Stile gehaltenen Bruchstücks von Pyrrhus ist vollkommen ernst gemeint; er unterscheidet ihn von den Polonius, denen ein Jig besser gefällt; er wie seine Schauspiellehren charakterisiren ihn gerade als den Mann des gebildeten Geistes und Geschmacks, als jenen Kenner, dessen alleinige Schätzung mehr werth ist, als die des ganzen übrigen Theaters. Daher ist es denn so natürlich, daß er auf den Gedanken fällt, den König durch ein Schauspiel zu prüfen; er sucht gleichsam eine geistreiche Rache; und sie auszuführen unter dem pathetischen Apparat der Anwesenheit seiner gefolterten Mutter, hätte offenbar eine Art von theatralischem Reiz für ihn. Wie die Prüfung des Königs durch das Schauspiel gelungen ist, ist es äußerst charakteristisch, daß ihn nicht die schreckliche Gewißheit des Verbrechens zuerst beschäftigt, sondern die Zufriedenheit mit seinem Schauspieler- oder Dichtergeschick; nicht der Erfolg, sondern seine Kunst, die den Erfolg bewirkt hat. Sollte mir dieß nicht, sind seine ersten Worte, einen Platz in einer Schauspielergesellschaft und einen ganzen Gewinntheil zusichern? Diese Aeußerung, noch mehr als die Aufführung, könnte ihn allerdings dazu zu befähigen scheinen.

Eben aus dieser Neigung Hamlet's ist es auch so sehr im Charakter, daß er den seltsamen Umweg nimmt, sich verrückt zu stellen, und daß er dieß so natürlich wie sinnig durchzuführen versteht. Es ist ihm gegeben, sich künstlich und künstlerisch zu verstellen und hinter der Maske geschickt seiner selber Herr zu bleiben, wie abgeneigt er der Verstellung im Leben ist. Gleich nach der Entfernung des Geistes empfängt er, noch durchbebt von der Erscheinung, die suchenden Freunde mit einem Fallenruf, wie in fröhlichster Stimmung, und weiß seine erste Bewegung wie sein letztes Geheimniß zu bergen. Sich in der Lage des Schauspielers zu sehen oder zu denken und überhaupt dem Worte obzuliegen, ist in ihm ein natürlicher Zug, der aus seiner geistigen Existenz und Beschäftigung folgt. Seiner Mutter durch einen Act von Sittenpredigt und eindringender Beredsamkeit das Gewissen aufzustürmen, Dolche zu „reden" statt sie am rechten Orte zu brauchen, dazu giebt er mit einer Art freudiger Vorbereitung während er die Rachethat versäumt und verfehlt, die denselben Zweck von selber mit erreicht hätte; als Laertes in den bombastischen Erguß seines brüderlichen Schmerzes ausbricht, ist dieß für ihn wie eine förmliche Aufforderung zu einem exclamatorischen Wettkampfe. Diesen Fehler kennt Hamlet an sich, er kennt ihn als ein Hinderniß seiner thätigen Bewegung und rügt ihn an sich selber mit derselben Heftigkeit, mit der er gegen die Gewissenhaftigkeit seiner Feigheit oder die Feigheit seines Gewissens eiferte und fällt im selben Augenblicke in ihn zurück. Der Monolog (II, 2.) nach der ersten Begegnung mit den Schauspielern ist in dieser Hinsicht sprechend bis zur Ueberdeutlichkeit. Nachdem er sich dort mit allen ehrenrührigen Schimpfnamen angefallen hat, um seine stagnirende Leidenschaft in Fluß zu bringen, nennt er sich unfruchtbar in seiner Sache, weil er nichts — thun könne, erwartet man; aber er sagt nur: weil er nichts sagen könne; denn zunächst würde er sich gefallen, wie der Schauspieler eine Scene zu spielen, die Ohren der Hörer zu betäuben, die Schuldigen toll zu machen, wie er bei seiner Mutter thut. Dann folgt eine neue Flut von Vorwürfen; er wendet zunächst die betäubenden Ausfälle seiner Redegabe an sich selbst, er ertappt sich über diesem Worthelbenthum und kehrt nun neue Schmähworte an sich: „Welch ein Esel bin ich! das ist ein Heldenstück! daß ich, gespornt zur Rache von Himmel und Hölle, mein Herz mit Worten muß entladen und mich auf's Fluchen legen wie eine Küchenmagd!" Er wirft ein Pfui zurück auf diese Verirrung, und ermannt sich zum Werke! Dran, ruft er — meine Hände? So sollte man denken. Aber mein Kopf! sind seine Worte. Und nun klügelt er das Schauspiel aus, das erst ein neues Vorspiel seiner Rache werden soll! So überherrscht der Geist diesen Mann des inneren Lebens überall bewußt und unbewußt, im Drange der Natur und der Gewöhnung; der Gedanke ist ihm das Maaß der Dinge geworden. Shakespeare leiht ihm einen philosophischen Grundsatz, der eine höchst charakteristische Modification von des Dichters eigener Lebensweisheit enthält. Daß Tugend und Laster, gute und schlimme Handlungen nicht durch sich selber, sondern immer erst durch Verhältnisse, Zwecke, Charakteranlage der Menschen ihre wahre Bedeutung erhalten, daß nicht das Was, sondern das Wie den Werth und Unwerth der Handlung entscheidet, ist ein Satz Shakespeare'scher Lebenserfahrung, der zu oft und zu nachdrucksvoll in Wort und Beispiel wiederkehrt, als daß der Dichter nicht jedesmal das Wort gewogen haben sollte, das er in diesem Sinne niederschrieb. Dieser Satz verändert sich in Hamlet's Munde dahin: „An sich ist nichts weder gut noch böse. Das Denken macht es erst dazu".

In diesem Satze liegt der Ursprung aller der Zweifel, die Hamlet zunächst über seine Rachepflicht theilen, die ihn vor jeder schweren Anforderung zum Handeln zagen und zaudern machen. Diese Sache ist an sich nicht ausgemacht eine gute oder schlimme Handlung für Hamlet: die Verhältnisse machen sie aber nach Shakespeare's Darstellung zu einer Pflicht für den rechtmäßigen König und Richter im Lande, zu einem gerechten Strafact gegen eine offenbare Schuld, zu einer leichteren Aufgabe und besseren Sache als die des Laertes.

Aber das Denken macht eben diese Pflicht und That für Hamlet voller Zweifel und Schwierigkeit. Die „zu genaue Erwägung des Ausgangs" regt zuerst die moralischen Bedenken auf, nicht gewissenlos und voreilig zu sein, und dann die Klugheit und Umsicht, in Ausführung des Werkes sicher und vorsichtig zu gehen. Die phlegmatische Natur des Mannes bewirkt, daß in Beiden, in Gewissenhaftigkeit und Vorsicht, zu viel, für die That und Aufgabe nichts geschieht. Seine geistige Schärfe durchschaut dann dieß Gebrechen seiner Natur und erkennt die tauglichere Anlage in Laertes und Fortinbras halb mit Neid, halb mit Achtung an; seine richtige Erkenntniß dessen, was dem Menschen Muth und Achtung verleiht, bewirkt, daß er seine Mängel bis zur leidenschaftlichen Aufregung heftig sich selber vorwirft; er steigert sich dann zu einer fliegenden Hitze, in der er die hemmenden Bedenken von sich abwirft, aber er hat den sichern Tact des Handelns einmal verloren und im endlichen Augenblicke der That geht er irre. Denn so wenig wie die zögernde Bedachtsamkeit, so wenig macht die flüchtige Reizbarkeit den Mann der Thaten, sondern ernste Beharrlichkeit und Ausdauer, weil eine legend umfassende und folgenreiche Handlung nicht im Fluge, sondern nur in der Zeit zu vollführen ist. Nachdem er in so folgenschwerer Weise in dem Mord des Polonius fehlgegangen ist, nun grübelt sich Hamlet in eine Art Fatalistik, die ihn vollends erschlafft. Er bildet sich die Ueberzeugung aus, daß alle Ueberlegung nichts hilft, daß unsere tiefsten Anschläge fehl gehen, daß wir unsere Zwecke nur in's Rohe entwerfen können, daß die Vorsehung sie lenkt wie sie will. Diese Ansicht hat sich sein Gedanke gebildet und er kann sie bequem dazu nützen, sich aller selbständigen Thätigkeit völlig zu entleben. Er erinnert sich nicht, daß es nicht ein roher, sondern ein allzukünstlicher und ausgespitzter Entwurf seiner Rache war, der ihm gescheitert ist; er läßt seinen Beruf immer lässiger fallen. Von dieser seiner Unfähigkeit zum Handeln ist Hamlet durch Selbstkenntniß und Erfahrung überführt; vor Beiden schon ist er durch das dunkle und instinctive

Gefühl dieser Eigenheit seines Wesens zu Boden gedrückt. Ehe der Racheruf an ihn ergangen ist und nachdem es geschehen ist, lastet das Leben wie eine unerträgliche Bürde auf ihm, und es treibt ihn in seinen Gedanken mehrfach bis an die Grenze des Selbstmords. Aus Furcht vor einem möglichen Verbrechen, einem ungerechtfertigten Rachemord, denkt er an das gewisse Verbrechen des Selbstmords, „auf das der Ewige sein Verbot gesetzt hat". Aber auch von dieser That, die er begehen möchte, um der geforderten That zu entgehen, treibt ihn dieselbe Erwägung des Ausganges zurück; er ist nicht starkgläubig genug, weder das Gewissen zu überspringen, das den Selbstmord untersagt, noch die Bedenken, was nach dem Tode folgen werde. Wäre er des ewigen Schlafes sicher, dieß wäre ihm ein Ziel auf's innigste zu wünschen! Aber wenn er an die möglichen Träume denkt, an ein Leben, in dem er wieder zu Thaten gerufen werden sollte, dann steht er schwankend zwischen beiden Welten, nicht zum Leben und nicht zum Sterben geschickt. Einerlei seine Erwägung und Gewissen treibt ihn von hier nach dort und von dort wieder hierhin zurück. So ist allerdings in jenem berühmten Monologe (Sein oder Nichtsein), wie es jeder Leser ahnt und fühlt, dieser Charakter auf seiner Spitze und der Sinn des Stückes im Mittelpunkte seiner Erläuterung in jedem Satze, nach dem die moralischen und intellectuellen Bedenken, Gewissen und Gedanken, die Hemmketten der Thatkraft sind:

> So macht Gewissen Feige aus uns Allen,
> Und so wird des Entschlusses ächte Farbe
> Von des Gedankens Blässe überkränkelt,
> Und Unternehmungen voll Kern und Größe,
> Durch diese Rücksicht aus der Bahn gelenkt,
> Verlieren so der Handlung Namen.

Shakespeare's ganze Lebensweisheit predigt das thätige Ergreifen des Lebens; und es war ihm tief bewußt, daß die einseitige Pflege von Kopf und Gemüth die wirkende Kraft des Menschen lähmen muß. Schneidende Sprüche im Troilus sagen es in höhnenden Worten: daß das Vernünfteln bei den Anforderungen zur That nicht besser als Schlafen ist; daß Mannheit und Ehre mit Vernunftgründen gemästet Hasenherz gewinnen; daß Vernunft und Rücksicht die Lebern bleich und die Lebenskraft voll machen. Hier im Hamlet hat sich der Dichter ausdrücklich die glänzende Aufgabe gestellt, die ungeheuere Kluft zu schildern, die zwischen Pflichtgefühl und Erfüllung, zwischen Wollen und Thun, zwischen Einsicht und Entschluß, zwischen Entschluß und That gelegen ist. Er ist beschäftigt, das Verhältniß zu entwickeln einer schönen Seele zu einem großen Charakter, der gefühlig-geistigen zu der praktischen Natur, der intellectuellen Stärke zu der handelnden Kraft. Er zeigt uns, wie unter der einseitigen Bildung des Geistes die wirkende Seite unserer Natur gelähmt und gebunden wird; wie die feinste Cultur des Gemüthes ohne Frucht für die Thatkraft ist, wenn die Bildung des Willens versäumt wird; wie die Beschäftigung mit der inneren Welt von der äußeren entfremdet und ablenkt, den Schatten Wesen gibt und einen Nebel über das Wirkliche breitet; wie die Hand, die die geringere Beschäftigung hat, zärteres Gefühl besitzt, wie aber auch umgekehrt das zärtere Gefühl nothwendig die Hand verweichlicht; wie der Uebergang von den schönsten Grundsätzen zum wirklichen Handeln schwer befunden wird; wie der besten Anlage ohne die gleichmäßige Bildung der geistigen, gemüthlichen und thätigen Kräfte die volle Geltung und der letzte Abschluß fehlt; wie ohne diese Durchdringung aller Seiten des menschlichen Wesens der edelste Geist (um einen Ausdruck der Ophelia zu gebrauchen) zerrüttet ist, eine verstimmte Glocke, wenn auch der schönst entworfene Guß. So schön entworfen hat Shakespeare seinen Hamlet. Er hat ihn mit allen großen Gaben des Gemüthes und Geistes ausgestattet; hält man sich an diese Seiten des Charakters, so wird man bestrickt von seinen liebenswürdigen Eigenschaften und kann glauben, der Dichter verherrliche dieses innere Leben des Menschen vor dem äußeren thatsinnigen; denn er hat die Figuren von dieser entgegengesetzten Färtung, wie Laertes und Fortinbras, gegen Hamlet sehr in den Hintergrund gestellt. Wenn man sich nach den Schattenseiten seines Helden nicht umsähe, wenn man seinen tragischen Ausgang nicht in Erwägung zöge, wenn man sich nicht jener großen Gestalten der Heinrich und Percy erinnerte, könnte man sich in diesem Glauben befestigen; so aber wird man nur inne, daß der Dichter die Eine Seite der menschlichen Natur zu ehren weiß wie die andere; man sieht ihn, an einem neuen und größeren Beispiele, wieder in jener wunderbaren, parteilosen, vielseitigen Gleichbetheiligung an Allem, was in den Menschen gelegt ist. Er rückt Hamlet auf die Höhe genialen Geistes und sittlichen Strebens hinauf, ohne für den Fehler oder Mangel der Anlage und Bildung blind zu sein, die seinem Werthe und seinen Tugenden so großen Eintrag thun. Das Wohlgefallen, mit dem er sichtbar auf diesem Charakter weilt, wird dann um so wohlthuender, weil es in dem Dichter das Herablassen eines Ueberlegenen fühlbar macht, nicht die Sympathie eines Gleichen. Denn in seinem Auge gibt allerdings jene in Hamlet mangelnde Eigenschaft gerade dem Menschen erst seinen vollen Werth. Wie er jene Percy und Heinrich, erfüllt von der Ueberzeugung, daß nur das thätige Leben das eigentliche Leben ist, mit jener freudigen Vorliebe geschildert hat, so ist auch dieses Gedicht von Hamlet nur ein Preis und eine Verherrlichung der handelnden Natur, aus dem Bilde des Gegentheils. In seiner geistigen, phantasiereichen und gemüthvollen Natur mehr zum Fühlen als zum Handeln, mehr zum Denken als zum Thun, mehr zum Künstler und Gelehrten als zum Helden, zum Kriegs- und Staatsmanne geboren, hat Hamlet in der Ueberlegenheit seines Kopfes den richtigen Lebensgrundsatz gefunden, den höchsten den Shakespeare vielleicht überhaupt ausgesprochen, und nur für hohe Menschen ausgesprochen hat, jenen früher schon angeführten Satz:

Wahrhaft groß sein heißt:
Nicht ohne großen Gegenstand sich regen,
Doch eines Strohhalms Breite selbst verfechten,
Wenn Ehre auf dem Spiel ist.

Aber Hamlet kann diesen Grundsatz nur sagen, ein Meister der Einsicht; nicht ausführen, wie jener Heinrich, der Meister des Lebens und Handelns, gethan hat. Er hat die Anregungen „des Blutes und der Vernunft" für eine große Aufgabe, bei ihm sieht Ehre nicht nur, sondern selbst Recht, Gesetz, seine eigene Sicherheit und sein Leben auf dem Spiele, aber die selbstgeschaffenen Zweifel der Vernunft haben den Antrieb des Blutes, der Geist hat den Instinct, den ächten Quell des sicheren Handelns, in ihm gestört. Ihm entgeht der Ehrgeiz und das spornende Selbstgefühl, das jenen Waffenhelden als die Haupttriebfeder ihrer Thaten verliehen ist. Er schuldigt sich vor Ophelia zwar der Fehler des Stolzes, der Rachsucht, des Ehrgeizes an, aber er besitzt keinen von allen dreien. Vielmehr kommt aus seiner innersten Natur der Seufzer, mit dem er zu Rosenkranz und Güldenstern, als sie ihrerseits Ehrgeiz in ihm vermutheten, die Worte sagt: Er könne in eine Nußschale eingesperrt sein und sich der König eines großen Raumes dünken. Er ist, sieht man, wie von der Natur eines Hercules, so auch von der eines Alexander weit abgelegen, denn es in dem Raume einer Welt zu enge ward. Ihn reizt weder die Beraubung seiner Thronnachfolge zu königlichem Ehrgeize, noch die Kriegslust eines Fortinbras zu jener ruhmsüchtigen Nebenbuhlerei, die die Percy und Heinrich zu Heldennaturen machte; höchstens wird der kleine Neid und die Eifersucht gegen Laertes' Fechtertalent in ihm rege. Es ist in Hamlet ein socialer Charakter der neuern Zeit gleichsam gezeichnet, der aus der Heroensitte des Naturzeitalters herausstrebt, in das ihn das Schicksal gestellt hat, wo Alles auf die physische Kraft und auf den Trieb des Handelns ankommt, den ihm die Natur versagt hat. Alle die blutigen, unnatürlichen Vorgänge, die wir vor uns sehen, Ehebruch, Vergiftung und Blutrache, und die Kriegsthaten, auf die wir zurückblicken, der Zweikampf des alten Hamlet mit Norweg, die Eisschlacht mit den beschlitteten Polaken, Alles versetzt uns in eine solche rohe und wilde Zeit, aus der Hamlet mit seiner ganzen Natur heraustritt, der er zum Opfer fällt, weil er ihr an Gewöhnung, Charakter und Bildung entfremdet ist, und als ein Markstein einer sich ändernden Civilisation in eine Welt von feineren Gefühlen hinüberreicht. Ein zärteres Nervengewebe ist ihm zu Theil geworden als jenen Naturen seiner Umgebung; ein Wissen und eine Denkkraft ist ihm verliehen, die sich mit der Muskelkraft der alten Heroenzeit nicht verträgt; eine Gefühligkeit und Gemüthsfeinheit ist sein Erbtheil, die er auf die späteren Jahrhunderte nach des Dichters Lebzeit erst wieder vererbte. Unsere moderne Empfindsamkeit ist in Hamlet gleichsam um zwei Jahrhunderte von dem Dichter anticipirt. Die Worte: Ach, armer Yorick! die Hamlet auf dem Kirchhofe in verbissenen Thränen, voll überschwenglicher Ergriffenheit seiner Seele ausspricht, sind wie der fruchtbare Quell jener sanften und weichen Stimmungen geworden, die im vorigen Jahrhunderte in England und Deutschland epidemisch waren. Sterne schrieb, von ihnen angeregt, seine Yorick's) empfindsame Reisen, und dieß Buch wirkte wie die Oeffnung einer Schleuse, die den ganzen Strom der Empfindsamkeit losließ, der die germanischen Lande damals wie eine Sündflut übergoß.

In dieser Anticipation liegt auf Seiten des Dichters eine wahrhafte Größe; es ist kein Zweifel, daß in diese Tiefe der Empfindung, wie auf die Höhe der Einsicht, die er seinem Hamlet lieh, ihm nur sehr wenige unter seinen Zeitgenossen zu folgen vermochten. Der Ruhm seiner Zeit voraus zu sein, wird in den meisten Fällen nur ein zweideutiger Ruhm sein. Man soll seiner Zeit angehören und das Werk, das ihr vorliegt, nach seinen Kräften zu fördern helfen. Das Vorauseilen vor der Zeit aber ist nur zu oft die Unfähigkeit idealistischer Schwärmer, das Wirkliche zu ertragen. Nur wenn ein Mann so wie Shakespeare, zuerst seiner Zeit und ihrer Bildung und Aufgabe in jeder wesentlichen Richtung ganz und voll gehört und dann zum Ueberflusse die Denk- und Gefühlsweise kommender Geschlechter in einem starken Geiste vorausnimmt, nur dann huldigt man dieser vorgerückten Stellung als dem Wahrzeichen einer wirklichen großen Ueberlegenheit. Wollte man dagegen diesen Satz auf unser Stück anwenden, wollte man Hamlet im Verhältnisse zu seiner Zeit in einer solchen vorgeschobenen Stelle sehen, so würde sich die Ansicht sogleich verändern. Wir zeigten, daß man ihn als solch einen Vorausgeeilten betrachten kann, der sich den rohen aber kräftigen Sitten eines heroischen Zeitalters entrückt, und wir werden bei Macbeth sehen, daß dieser Gesichtspunkt auch Shakespeare selber nicht fremd war. Er aber stellt sich uns dar nicht als ein solcher, der den Sitten und Forderungen der Zeit Genüge geleistet hätte, sondern als einer, der hinter ihren nächsten Anforderungen zurückbleibt, trotz der Befähigung, entfernteren und größeren zu genügen. Er erscheint uns als der Idealist, der der realen Welt nicht gewachsen ist, der, von ihr abgestoßen, nicht allein über ihre Mängel und Gebrechen elegisch trauert, sondern sich auch daran verbittert und verekelt bis zur Benachtheiligung seines so edel angelegten Charakters. Ist Hamlet von Seiten seiner Empfindsamkeit eine Anticipation der weichen Geschlechter des vorigen Jahrhunderts, so ist er von Seiten dieser Verbitterung ein Vorbild unserer deutschen Geschlechter dieser Tage. Und dieß ist es, was den Hamlet unter allen Stücken Shakespeare's seit nun fast hundert Jahren zu dem bekanntesten und besprochensten unter uns gemacht hat: daß die Gemüthszustände, die hier geschildert werden, für uns am sprechendsten und lebendigsten sind. Wir fühlen und sehen uns hier selbst, und wir haben lange, in unsere eigenen Mängel verliebt, nur die Lichtseiten dieses Charakters gesehen, bis neuerdings auch seine Schatten in unser Auge fielen. Wir blicken in den Spiegel unserer Gegenwart, als ob dieß Werk in diesen Tagen erst geschrieben wäre; der Dichter übt wie ein Lebender für uns und an uns noch ganz dasselbe Geschäft, das er für seine eigene Zeit sich vorgesetzt hatte. So tief und wahr ist die Beobachtung der Natur durch diesen Dichter, so groß ist die Aehnlichkeit der Natur und ihrer Wirkungen im Einzelnen und im Ganzen, daß man die Vergleichung eines Volkes und eines Individuums zweier ganz verschiedenen Zeiten, die wir hier nur andeuten, ohne Zwang viel weiter treiben könnte, als wir der Kürze halber uns erlauben dürfen.

Das Bild, das wir Deutsche in diesem Spiegel vor uns sehen, ist zum Erschrecken ähnlich. Nicht ich allein habe dieß ausgesprochen; bemerkt und empfunden haben es Tausende. Einer unserer neueren politischen Dichter hat ein Gedicht mit den Worten begonnen: Hamlet ist Deutschland. Und dieser Ausspruch ist in der That kein geistreiches Spiel mit Worten oder verworrenen Vorstellungen. Denn ganz so wie Hamlet sind wir bis zu dieser letzten Zeit hin zwischen einer hart an uns rückenden Aufgabe rein praktischer Natur und einer herkömmlichen Entwöhnung von Thun und Handeln gestellt gewesen. Ganz so waren wir in der Beschäftigung des Geistes und in der Bildung des Gemüthes tief versenkt gewesen bis zur Vergessenheit der äußeren Welt; ganz so lag uns Wittenberg und seine Vermächtnisse mehr am Herzen als Polenkämpfe um Ehre und Macht; ganz so füllte uns das Leben und Weben im Gedichte und Schauspiele aus, und auf dem Theater die Aufgabe der Zeit zu spielen, uns an Worten und an einem Wortheldenthum zu freuen, gefiel uns mehr, als eine gelassene und gesetzte Vorbereitung für den Ernst der Zeiten. Waren nicht in jenen ernsten Tagen unserer politischen Erhebung aus dem französischen Joche die Geister unserer Väter mahnend heraufgestiegen und erfreuten sich unserer raschen Entschlossenheit? Aber bald ließen wir den Eifer sinken und auf vorübergehende kleine Anfälle der Leidenschaft ließen wir die Flügel in Taubengeduld ermattet hängen. Beispiele, mastig wie der Erdball, gingen auch an uns auffordernd und spornend vorüber, aber wir ließen sie unbeachtet. Ganz so wie Hamlet verloren wir die Freude an unserer Existenz und flüchteten aus dem realen Leben in das Reich der Ideale; wir schadeten dem sicheren Tacte des instinctiven Lebens durch allzuviele Geistesübung und Reflexion und der gewissen Erkenntniß des Wirklichen durch Grillen und Phantasien. Ganz so verbitterten wir uns skeptisch an Welt und Leben und Menschheit und wühlten uns in Menschenhaß, mit so viel Anlage des Menschen Werth zu achten, und in einen passiven Weltschmerz, mit so viel Beruf die Welt thätig zu bedauern. Fühlten wir uns nicht Alle in den Selbstgesprächen unserer Literatur stolz in den Errungenschaften unseres Geistes, und fanden „den Menschen so Gott gleich, so erhaben, so groß", ohne gleichwohl, wie Hamlet, Gefallen daran zu haben? Erblicken alle die Träger des Weltschmerzes und die Europamüden nicht ihr schlagendes Abbild in dem Manne, der der Zeiten Spott und Geißel, den Druck der Mächtigen, die Mißhandlungen der Stolzen, den Aufschub des Rechts, den Uebermuth der Aemter, die Fußtritte, die das Verdienst von dem Unwerthe hinnimmt, mit so ungeduldigem Herzen ertrug? Sind ihre Verbitterungen etwas anderes als nur ein Echo der kranken Schwermuth, in der Hamlet die Welt für ein Gefängniß, die Erde für einen ungejäteten Garten, für ein wüstes Vorgebirge, Luft und Firmament für verpesteten Dunst, die Zeit für seist und engbrüstig, und Alles in ihr für langweilig, flach, flau und nutzlos ansah und ein Pfui des innerlichsten Widerwillens darüber ausspie? Und wie? Indem wir unsere Seelen so mit der Verekelung an der Welt verdarben, vergaßen wir nicht ganz, wie Hamlet, das Nächste über dem Entferntesten? Wir meinten, jeder Einzelne, den Schmerz des ganzen Alls ertragen und sein Heiland und Retter werden zu müssen, ohne je an uns Einzelne selber zu denken. Jeder rief mit Hamlet sein Weh darüber, daß die Welt aus den Fugen sei, und Jeder meinte sich berufen, sie einzurichten! Es ist dem Stumpfen schwer fühlbar zu machen, obgleich sich's für den Kundigen von selber fühlt, wie in diesem Satze der Grundverderb für Hamlet lag wie für uns! Denn so bilden auch wir uns ein, unsere Aufgabe in Literatur und Politik sei in einer weiten Ferne und in einem unbekannten Ganzen und Großen gelegen, und darüber versäumen und verlernen wir zu thun, was unser Theil und unsere nächste Aufgabe ist. Dieser Hamlet hatte einen nahen und leichten Beruf zu erfüllen, das war eine kleine Welt einzurichten; war es ihm dennoch zu schwer, so galt es, zunächst sein eigenes Ich in die Fugen zu bringen und sein eigener Reformator zu werden. Das sah er nicht. Und in diesem Falle sind die tausend Reformatoren bei uns. Sie dehnen den Verdruß an kleinen Erfahrungen, wie Hamlet, auf die ganze Menschheit aus, und einen engen Beruf zum weltlichen; der ungeheuerste Egoismus, eine Frucht, die das blos geistige Leben so leicht einträgt, läßt sie Alles auf sich selber beziehen, als ob jeder Einzelne der Vertreter der Welt wäre, und läßt sie gleichwohl keiner Anforderung genügen. Wenn diese Schwäche ihrer selber inne wird, dann kehrt sich Selbstverachtung auch gegen sie, und Hamlet höhnt sich selbst, daß solche Kerle wie Er zwischen Himmel und Erde kriechen müßten. Auch diesen Zug haben die Repräsentanten unseres deutschen Lebens in Literatur und Politik nicht selten verrathen; sie stehen im hellsten Lichte der Selbsterkenntniß, wie Hamlet thut, ohne daß dieß den geringsten Einfluß auf eine Aenderung wirkte. Was die Aehnlichkeit unseres öffentlichen Charakters mit Hamlet auf die Spitze treibt: wie ideal und edel Alles, was wir in Worten und Wesen kundgethan haben, uns bisher kleidete, an einem ersten Punkte des Ueberganges von Grundsätzen zu Thaten erschien unsere Volksnatur plötzlich verkehrt und angefressen. Der Augenblick des Handelns überfiel uns unversehen; dann übernahmen wir uns in der leidenschaftlichen Hitze und verfehlten das Ziel, das wir nicht weise ermessen hatten. Und dabei trat dann plötzlich die unerfreuliche Veränderung des Nationalcharakters zu Tage. Was wir zur Zeit jener ersten großen Erhebung zu äußerer und innerer Freiheit noch als bieder, treu, offen, wahrhaft und gutartig gekannt hatten, das ging in dem Zeitpunkte eines späteren Aufschwungs auf verborgenen Wegen, treulos, eidbrüchig, aller Ehre baar und aller Güte verlustig. Da die Helden der Worte endlich zum Wirken und Handeln berufen wurden, zu dem sie sich so lange vermessen hatten, da brach die Vergiftung des Inneren in eitern Eiter aus, und Grausamkeit, Rachsucht, Blutgier und Meuchelmord befleckten den deutschen Namen, wo Niemand mitten im Flore der

Geistesbildung und der häuslichen Sitte diese grelle Verwilderung in uns geahnt hatte.

So wird auch in Hamlet, um auf ihn von dem letzten Punkte dieser Abschweifung zurückzukommen, sobald er sich zu seinem handelnden Berufe in der Weise eines Unberufenen erhebt, die schöne Charakteranlage verkehrt und verletzt, und am Ende sehen wir vor uns einen Menschen, der seine besten Eigenschaften selber zerstückt hat. Der die Leiden der Menschheit in so gefühlvoller Seele trug, wird gegen die, die seinem Herzen am nächsten stehen, in Selbstsucht hart und grausam. Der von aller Verstellung, Falschheit und Hinterlist ein so gereizter Widersacher ist, begibt sich doch selbst, da er den geraden Weg der That nicht gehen kann, auf die krummen Wege arglistiger Umstellung und täuschender Verstellung. Der so gewissenhaft seine Aufgabe erwog, schlägt aus Gewissenhaftigkeit selbst oder aus Saumseligkeit in's Gewissenlose um und verkehrt seine Milde in Härte. Da, wo er seinen Oheim im Gebete liegend findet und nicht tödten will, um den Gesühnten nicht zum Himmel zu schicken, wo er, nach seinem Hange, das Nächste zu versäumen um das Fernste zu bedenken, zu seiner eigenen Rache nicht fähig noch Gottes Rache gleichsam an sich nehmen will, überläßt er sich da nicht, um eine Entschuldigung seiner Thatlosigkeit zu haben, einer Verfeinerung der Bosheit und Grausamkeit, die er sonst nicht einmal im Gedanken ertragen haben würde? Hier war er noch in Erregung und Hitze, wie er bei Polonius' Tode in der Irrung der Leidenschaft war, bald aber sehen wir ihn mit kaltem Vorbedachte Unschuldige hinopfern, ihn, der den Schuldigen zu treffen so überbedachtsam war. Er wird durch Rosenkranz und Güldenstern nach England gebracht. Sie tragen einen Urlaubsbrief für ihn, aber sie wissen es nicht. Der offene, gerade Hamlet öffnet diesen Brief, schreibt mit verstellter Schrift (eine Kunst, die er in seiner Jugend eingeübt hatte) ihren Namen an die Stelle des seinigen, und so fallen diese seine Jugendfreunde, an denen er, nach seiner Mutter Aussage, mehr hing als an allem Anderen, in die Grube, die für Hamlet, aber nicht durch sie gegraben war. Sie „gehen drauf", fragt ihn sein Horatio in vorwurfsvoller Befremdung. Aber er setzt sich leichtsinnig über seine Gewissensregung hinweg; das Minengraben und Fallenlegen sagt seiner Natur mehr zu als die gerade offne That; sein immer anschlägiger Kopf hatte hier allein zu handeln; die Gegenmine zu legen ist ihm wie ein geistreicher Einfall leicht; er freut sich unbedacht und schadenfroh dieser Künste, lobt sich, wie rasch ihm dieser Gedanke kam und wie schnell er ausgeführt war, und sophistisch sieht er Gottes Hülfe in dem glücklichen Gelingen. Er, der die vielen deutlichen Fingerzeige nicht sehen wollte, die ihn zu seiner Rachepflicht wiesen! So kommt er denn zuletzt an Heimtücke und Hinterlist selbst auf den Standpunkt, den sein Oheim einnimmt, dessen Unthaten zu rächen er berufen war.

Noch vorwurfsvoller erscheint uns Hamlet in dem Verhältnisse zu seiner Geliebten. Goethe sagt von Hamlet's Gefühl für Ophelia, es sei ohne hervorstechende Leidenschaft. Der Dichter hat ihn wenigstens in solchen Tagen, wo die Leidenschaft irgend stark hervorträte, nicht gezeigt. Da, wo er seine Liebe gegen die von vierzig tausend Brüdern in die Wage wirft, redet Uebertreibung aus ihm, die seinen Maaßstab giebt. Außer dieser Stelle hat ihm Shakespeare nur noch einmal unmittelbar Gelegenheit gegeben, in wenigen, bei Seite gesprochenen Worten den Ton seiner Empfindung für Ophelia anzuschlagen, in den Worten, die seiner Unterredung mit ihr vorausgehen: „Nymphe, schließ in dein Gebet all meine Sünden ein"; (Worte, die wir von berühmten Schauspielern sonderbarerweise in dem Tone einer neckischen oder närrischen Anrede haben sprechen hören;) dagegen hat in eben dieser Unterredung der Schauspieler Raum genug, mittelbar die Natur von Hamlet's Gefühlen für Ophelia anzudeuten. Wenn der Spieler hier nicht die Leidenschaft in „Fetzen zerreißen" will, so wird er in dieser Scene den Zuhörer zu schwerer und tiefer Wehmuth, zu eben der Stimmung bringen, die das Gespräch in Ophelia zurückläßt; es ist der Abschied eines unglücklichen Herzens von einem Verhältnisse, das vom Schicksal zerstört wird, es ist der erste Rath eines selbstsüchtigen Liebenden, der die Geliebte in's Kloster schickt, da er sie einem Andern nicht gönnt und die Wege seiner Zukunft in hoffnungslosem Dunkel liegen sieht. Was hier, was in seiner Behandlung von Ophelia's Vater, in seiner Mißachtung ihres Bruders, in seiner Kälte und Gleichgültigkeit bei Polonius', ja selbst bei ihrem eigenen Tode Herzloses und Rücksichtsloses gelegen scheinen mag, es verträgt sich dieß Alles wohl mit einer selbst hervorstechenden Leidenschaft in diesem wunderbar gearteten Manne. Seine Mutter sah dieß Verhältniß trotz der Unebenbürtigkeit beider Liebenden für ernsthaft an; seine Schwüre an Ophelia nimmt man in Hamlet wohl nicht für anfängliche Täuschung? Dieser Sohn liebte seinen Vater mit begeisterter Verehrung, ohne ihm etwas zu Liebe thun zu können, und seine Mutter eben so, ohne des Vaters Mahnung einzuhalten, die schwache und bethörte Frau nicht zu quälen. So konnte er auch Ophelia aus warmem Herzen lieben, ohne daß das scheinbar Widersprechendste dieser Natur widerspräche, der kalte Egoismus, in dem er sie erst mit seiner Verrücktheit quält, dann sich von ihr scheidet und sie nach dem unseligen Morde ihres Vaters theilnahmlos, in der Fühllosigkeit seines eigenen Elendes der Verzweiflung und dem Wahnsinne überläßt. Zu diesen Charakterzügen muß man in den Herzensgeschichten genialer Menschen die Seitenstücke suchen, wo man in unbefestigten Seelen dieser Mischung von höchster empfindsamer Gefühligkeit und kalter Hartherzigkeit nicht selten begegnen wird. Eben aus diesen Zügen muß man auch den Ton von Hamlet's Verkehr mit Ophelia erklären. Sie hat seinem ersten Anlaufe ihr Herz in Unerfahrenheit und Arglosigkeit gegeben, sie ist mit ihrem Umgange freigebig gegen ihn gewesen, daß die witternden Nachbarn die Familie und die Familie sie selber verwarnt; seine Unterhaltung mit ihr ist schlüpfrig, wie nicht Romeo, nicht Bassanio, nicht einmal Proteus zu ihren Geliebten reden. Dieß hat ihre Einbildungskraft mit sinnlichen Bildern angesteckt und ihr bei dieser stillen Bescheidenheit liebevolle Begierden eingehaucht; dieß kommt in ihren Liedern, die sie im Wahnsinne singt, und in den bedeutungsvollen Blumen, die sie vertheilt, so deutlich zu Tage, wie etwas seiner Natur nach so Verborgenes überhaupt sich aushüllen kann und darf. Weiter als so weit würden wir mit Goethe's Auffassung dieses Charakters nicht zu gehen wagen. Viel weniger mit jenen anderen Ansichten, die zu der rohen Sage im Saxo Grammaticus rückkehrten und Ophelia für eine gefallene Unschuld wollten angesehen wissen. Dem feinfühligen Shakspeare sieht es nicht ähnlich, daß er über der Leiche einer solchen Gefallenen gegen den Priester, der ihr die geweihte Erde weigern wollte, das erhabene Lob von dem Bruder würde sprechen lassen: Sie wird ein dienender Engel sein, während du heulend liegst! Es sieht dem Dichter nicht ähnlich, daß er über ihrem Grabe ausdrücklich sagen würde: aus ihrem unbefleckten Blute sollten Veilchen sprießen. Es wäre dieß eine frivole Verhöhnung der Unschuld an feierlichster Stelle.

Der Dichter hat uns Ophelia in ihrem harmlosen Wesen, ehe ihr die tragischen Erlebnisse das Herz verwunden und zerfleischen, kaum vorgeführt; soweit er uns darauf zurückblicken läßt, erscheint sie völlig selbstlos, ergeben, weich bis zu Unselbständigkeit und Willenlosigkeit; sie läßt sich in ihrem Verhältnisse zu Hamlet von Vater und Bruder nachgiebig lenken; sie leiht sich (dieß hat Vischer in seinen Betrachtungen über Hamlet mit Recht hervorgehoben) zu den Schlingen dar, die man ihrem Alles witternden Geliebten stellt, der sich von Allen verlassen und verrathen sieht; sie gibt ihm, da sie ihn schon in seiner Zerrüttung gesehen hat, seine Geschenke zurück, was auf diesen reizbaren Menschen in dieser Lage wie ein Scheidaxt wirkt. So weit ist sie nicht ohne alle Schuld an dem Schicksale das sie trifft, wiewohl es in dem Plane des Stückes gelegen ist, daß ihr Fall wie der eines schuldlosen Opfers das Gewissen Hamlet's schlagen soll. Von Polonius sagt es sich Hamlet ausdrücklich selbst, daß sein, des Unschuldigen Tod ihm zur Strafe sei, der den Schuldigen leben ließ; eine viel größere Strafe für ihn ist der Ausgang Ophelia's, der Gr. der Geliebte, den Vater ermordet und ihr so jedes Band das sie an der Welt hält zerrissen hat. Auf diesen Tod beziehen sich ihre Lieder unaufhörlich zurück; ihr wirklicher Wahnsinn straft den verstellten des Hamlet, der ihrem Geiste die erste Erschütterung gab. Nicht anders fallen auch Rosenkranz und Güldenstern dem zerstörten Wesen Hamlet's zum Opfer. Wenn die poetische Gerechtigkeit in diesen Verhängnissen allzu schneidend erscheint, so geschieht es nur, um die strafende Gerechtigkeit desto härter auf Hamlet selber zurückfallen zu lassen. Der Dichter hat den furchtbaren Satz des kalten egoistischen Leichtsinns Hamlet ausdrücklich in den Mund gelegt, der diese blutigen Schreckensfolgen von seiner Blutscheu in das rechte Licht setzen soll; ein Satz, der auch bei dem Ausgange des Paris in Romeo und Julie seine Anwendung finden mag. „Es ist gefährlich, sagt er bei dem Tode seiner Freunde, wenn die niederen Naturen zwischen die Ausfälle und die wildentbrannten Waffen mächtiger Gegner gerathen!" In dieser Weise pflegt die geniale Größe im Menschen mit der untergeordneten Creatur zu spielen, die sie sich auf dieser Bühne nur zu dienenden Nebenrollen beigegeben sieht. So kommt es denn, daß die Gewissenhaftigkeit, die Vorsicht und Erwägung, die Hamlet von dem Morde, von der gerechten Bestrafung eines Einzigen abhielt, zuletzt die Schuldigen und Schuldlosen in Einem gemeinsamen Falle begräbt; seine eigene Unentschlossenheit, die Rachewuth des Laertes, die Giftmischerei seines Oheims, die sorglose Schwäche seiner Mutter, die Dienstwilligkeit seiner Freunde, die unschädliche Thorheit des Polonius, die Unschuld der hingegebenen Geliebten, Alles mit Allem, Tugend und verzeihliche Fehler und unsühnbare Todsünden erleiden Einerlei Untergang, so daß fast Niemand von Lebenden zurück auf der Bühne bleibt. Man hat das für eine barbarische, blutige, eines rohen Zeitalters würdige Art von Tragödie erklärt, die so das ganze Personal zuletzt von der Bühne hinweggeräumt. Das Ziel des Dichters ist dieß aber gewesen, das nutzlose Blutbad zur Charakterisirung wie zur Bestrafung des Helden zu gebrauchen, der das nöthige Blut zu vergießen den Muth nicht hatte. Shakespeare selbst hat das mit klarer Bewußtheit gesagt. Der König fragt den Laertes, ob es in seiner Rache geschrieben sei, daß er Alles zusammen, Freund und Feind, Schuldige und Unschuldige, Gewinner und Verlierer darnieder werfen wolle? Der Meister der Rache, der wenig Gewissenhafte, begnügt sich mit der Strafe des Einen Schuldigen. Aber der gewissenvolle Hamlet bringt es dahin, daß Er, so wie es der König bezeichnete, mit seiner ungeschickten Racheübung wirklich Alle zugleich verdirbt. Mit einem einzigen bezeichnenden Worte, das freilich in der deutschen Uebersetzung verloren geht, deutet der Dichter seine tiefe Absicht am Schlusse, und die Rückbeziehung auf jene Frage an Laertes augenfällig an. Ueber dem Haufen der Todten sagt Fortinbras: „dieß erschlagene Wild klagt über havock"; ein Wort, das in der Jagdsprache dasjenige Wild bedeutet, das nach Zahl und Art nutzlos, von ungeübten Jägern getödtet ist; — wie hier von dem ungeschickten Rächer. So ist denn auch dieser blutige Ausgang nicht die Folge eines ästhetischen Fehlers von Seiten des Dichters, sondern eines moralischen Fehlers seines Hamlet, eine Folge auf die der Sinn des ganzen Stückes und die Anlage dieses Charakters von Anfang an hinarbeitete.

Macbeth.

Den Stoff des Macbeth hat Shakespeare aus Holinshed genommen, der ihn seinerseits aus Bellenden's schottischer Uebersetzung der lateinischen Chronik von Hector Boethius (1541) entlehnt hatte. Ganz im Gegensatze von der rohen Quelle des Hamlet lag unserem Tragöden hier ein vortrefflich abgerundeter Gegenstand vor, dessen theatralische Natur schon Buchanan erkannt hatte. Hier ist in dem Stoffe Alles gegeben gewesen und es bedurfte nur der psychologischen Ausbildung. Macbeth, des schwachen Königs Duncan Vetter, von Natur zu Grausamkeit geneigt, ist der Geschichtslage nach mit Banco der Erhalter des Throns gegen die inneren Rebellen und die äußeren Feinde, wie bei Shakespeare. Die Hexen weissagen beiden Feldherren wie bei ihm; Macbeth's hochmüthiges und stolzes Weib reizt ihn zu dem Königsmorde, dessen Verdacht auf die fliehenden Söhne fällt. (Bei den einzelnen Zügen der Ermordung ist Shakespeare kann auf ein früheres Blatt der schottischen Geschichte zurückgegangen, auf den Mord des Königs Duffe durch Donwald.) Neid und Mistrauen gegen Banco, der Anfangs, wie es auch bei Shakespeare schwach angedeutet ist, sein Vertrauter war, bestimmen ihn zu dessen Wegräumung, bei der sein Sohn Fleanze entkommt. Der Anwachs von Macbeth's Argwohn, Tyrannei und Blutdurst, sein Mistrauen gegen Macduff, dessen Flucht, die Ermordung seiner Familie, die weiteren täuschenden Orakel der Heren, die Befreiung Schottlands. Alles ist dem Dichter in so einfachem und verständigem Zusammenhange überliefert, daß er die ganze Anlage, ja selbst ausgeführte Züge, wie das Gespräch zwischen Macduff und Malcolm, geradehin aufnehmen konnte.

Dieß Trauerspiel ist immer unter Shakespeare's Werken mit ausgezeichneter Vorliebe betrachtet und beurtheilt worden; unser Schiller hat es bearbeitet, Schlegel hat in begeisterten Worten darüber gesprochen, Drake hat es das größte Werk des Genius unseres Dichters, das erhabenste und wirkungsvollste Drama genannt, das die Welt je sah. Aus dem nicht germanischen Auslande hat es sich vor andern Stücken Shakespeare's empfohlen, sei es durch die gefühlte oder begriffene Aehnlichkeit mit der antiken Tragödie, sei es durch die einheitliche Anlage und den einfachen Gang der Entwickelung, sei es durch die durchsichtige Charakteristik, in welche der Dichter dießmal weniger Räthsel gestreut hat; am meisten wohl durch den Reiz der Schilderei und des poetischen Colorits. Wenn mit Hamlet vielleicht kein Stück Shakespeare's an philosophischem Tiefblick in die Natur und den Werth der verschiedenen wirkenden Kräfte im Menschen zu vergleichen ist, mit Heinrich IV. keines an frischer Freude an dem breiten thätigen Weltleben, mit Othello keines an tiefsinniger Anlage und umsichtiger Begründung der Charaktere, mit Lear keines an Gewalt der aufeinanderstoßenden Leidenschaften, mit Cymbeline keines an Bedeutsamkeit der sittlichen Grundsätze, so wird Macbeth einzig hervorragend dastehen durch den Glanz der poetischen Darstellung und Malerei und die lebendige Vergegenwärtigung von Personen, Zeiten und Orten. Mit kraftvollen Zügen fand schon Schlegel die rüstige Heldenzeit des Nordens geschildert, das Geschlecht des eisernen Zeitalters, dessen Tugend die Tapferkeit ist. Wie wächst hier Alles groß in gewaltige Gestalten und bewegt sich von Natur auf heroischem Kothurn! Wie anders hebt sich dieser tyrannische Macbeth neben den Heldenfiguren der Macduff, Banco und

Eduard empor, als jener Krüppel Richard III. unter einem verkrüppelten Geschlechte! Deutlich sind wir in die schottischen Hochlande versetzt, wo Alles von Aberglauben, voll von den sinnlichen Eingriffen einer übersinnlichen Welt, voll von Vorbedeutungen des moralischen Lebens durch Anzeichen im Reiche der leblosen Natur und der Thiere erscheint; wo dem angemessen die Menschen von erreglicher Phantasie und leichtem Glauben sind; wo sie in dem starken Ausdruck, der hochpoetischen Sprache und den ungewöhnlichen Bildern sprechen, die uns noch heute bei den Volksrednern gallischer Stämme auffallen. Mit dieser Meisterschaft der allgemeinen Darstellung von Zeit und Ort wetteifern die Bilder der einzelnen Verhältnisse und Lagen. Mit Recht hat schon Reynolds seine Schilderung von der friedlichen Einkehr der Schwalbe in Macbeth's Wohnung als ein prachtvolles Bild der Ruhe gerühmt, das auf das lebhafte Gemälde der Schlacht zum Gegensatze folgt. Mit größerem Rechte hat man immer die Gewalt in der Darstellung des Grausigen gepriesen in jenem Nachtwandeln der Lady Macbeth, in der Bankscene, in der unheimlichen Schöpfung der Schicksalsschwestern. Noch weit über all dieß geht die sprechende Wahrheit der Scenen bei der Ermordung Duncan's, die selbst bei der mangelhaftesten Aufführung von erschütternder Wirkung ist. Das schreckbare Geflüster, in dessen entsetzlichem Halbdunkel die Gatten ihr himmelschreiendes Vorhaben verhandeln und vollbringen; die herzzerreißende Schilderung des Seelenzustandes Macbeth's bei der That selbst; der unheimliche halb wache Zustand der geopferten Diener, von denen der Eine von dem abendlichen Feste fortträumt, der Andere im gelähmten Bewußtsein eine Ahnung des furchtbaren Geschehenden empfindet; endlich die äußern Schrecknisse der Nacht im vorbedeutenden Gegensatz zu dem Taumel der Lustbarkeit über den betrieften Gräbern: Alles dieß ist in so unmittelbarer Natur mit so wenigen Kunstmitteln zu so tiefer Wirkung geschaffen, daß in der Dichtung aller Zeiten das Vergleichbare schwerlich gefunden wird.

Für die Zeitbestimmung des Macbeth weiß man mit Sicherheit nur, daß er 1610 im Globe aufgeführt wurde; das Tagebuch des Dr. Forman erwähnt ausführlich einer Darstellung am 20. April dieses Jahres. Man vermuthet aber mit großer Wahrscheinlichkeit, daß das Stück früher geschrieben war. Die Anspielung (IV, 1.) auf die Vereinigung der drei Reiche von England, Schottland und Irland („Einige sehe ich, die doppelte Reichsäpfel und dreifache Scepter führen") hatte nur eine Pointe, wenn sie bald nach dem Ereignisse gemacht war; Jakob I. wurde aber am 10. October 1604 als König von Großbritannien und Irland proclamirt. Macbeth wird demnach wohl um 1605 entstanden sein, wie reihen ihn aber unmittelbar an Hamlet an, weil er, wie schon Coleridge bemerkt, in einem durchgehenden Gegensatze zu diesem Stücke geschrieben ist.

Hamlet ist eine ganz eigenthümliche Bereicherung des tragischen Stoffes, dessen die antike Tragödie nicht fähig gewesen wäre. Das Stück behandelt das Thema des Orestes. Ein Gatte und Vater wird von dem Buhlen seiner wollüstigen Gemahlin ermordet, dem Sohne liegt die Racherpflicht ob. Sogleich aber wird die größere christliche Milde in dem Zuge erkennbar, daß der Mutter (in der ältesten Ausgabe von 1603 viel ausdrücklicher als in unserem Texte) keine Mitschuld und kein Mitwissen an dem Morde geliehen wird, und daß der Geist des Ermordeten ausdrücklich dem Sohne aufliegt, nichts gegen seine Mutter zu unternehmen. Auch abgesehn hiervon tritt in allen anderen Zügen die größere Härte der alten Mythe hervor. Orestes schult sich zu seiner Rache seine ganze Jugendzeit hindurch, die Schwester treibt ihn mit derselben Beharrlichkeit des Vorsatzes an, die Aufgabe ist nicht blos der strafende Mord eines Mörders und Thronräubers, sondern einer Mutter, der Rächer hat nur dies Eine Ziel und kein Bedenken, das Gewissen kommt erst nach der That. Hier aber regt es sich in dem empfindlichen christlichen Gemüth vorher und verweichlicht den Entschluß und die Thatkraft; der Dichter hat im Hamlet ausdrücklich das gut katholische Christenihm der handelnden Figuren hervorgehoben und Legenden, Gebete, Zegefeuer und religiöse Scrupel mehr betont, als ihm sonst eigen ist. Das Alterthum schildert als tragische Charaktere vorzugsweise solche, die mit dem göttlichen Gebote und Recht durch eine Ueberkühnheit und Ueberkraft, durch eine Ueberhebung des menschlichen Willens und der menschlichen Freiheit in verderblichem Zusammenstoß kommen; im Hamlet aber ist eine Ueberschwäche tragisch geschildert, die vom Schicksale für ihre Zögerungen feindlich heimgesucht wird. Dagegen im Macbeth ist dieß umgekehrt. Er ist das grade Gegenstück zu Hamlet und ein tragischer Charakter im vollen Sinne des Alterthums, der sich zu einer übermenschlichen Kraft, zu einem männischen Trotze anspannt, indem er das Schicksal selbst verwegen in die Schranken gegen sich ruft. Zu der richtigen Mitte, die der Prinz Heinrich darstellt, den Bildung, Geist, Jugendlichkeit und Frömmigkeit nicht von Thaten zurückhält und Ehrgeiz, Macht, Glück und Gelegenheit nicht verführt, sich zu Uebermuth und Ungerechtigkeit zu wenden, sind Hamlet und Macbeth nach entgegengesetzten Seiten Extreme, die in ihrem eigenen Zuviel zu Grunde gehen. In beiden schlägt, wie es im Macbeth heißt, eine gute und tugendhafte Natur in einer großen Aufgabe um, aber in ganz verschiedener Weise: die tragische Reaction ist beidemale gleich schrecklich, obgleich die gelähmte Action des Einen zu der krampfhaften des Anderen gradaus im Gegensatze steht. Der äußere Charakter der beiden Stücke ist dieser inneren Grundverschiedenheit vollkommen angemessen. Der langsame Gang der Handlung im Hamlet bildet einen strengen Abstich gegen den raschen Zug der Entwicklung im Macbeth, das Halbdunkel dort gegen das scharfe Licht und die saftigen Farben hier, die schleichenden Fieber der Leidenschaften dort gegen die heftige Bewegung in diesem Stücke, wo die Leidenschaften wie in Lear bis an die Grenze der Natur, und der stärksten menschlichen Natur, getrieben sind. Der Charakter des unsicher schwankenden, zaudernden Hamlet verleiht der Handlung in jenem Stücke das Bild eines stehenden, stockenden

Wassers, das nur stellenweise von Strudeln belebt ist, während in diesem ein mächtiger, gefahrvoll abstürzender Strom daher braust, in dem der kühnste Schwimmer die Kraft und Meisterschaft verliert.

Schon im Hamlet glaubten wir eine Absichtlichkeit darin zu erkennen, daß der Dichter eine gleichsam zweiseitige Zeit, eine Wendung der Cultur und Bildung in dem Verhältniß seines Helden zu seiner Umgebung zu bezeichnen schien; ein Mann der Civilisation stand mitten in einem Heldenzeitalter von rohen Sitten und physischer Kraftübung. Hier steht umgekehrt, und dieß scheint uns die Absichtlichkeit dieser Gegensätze zu beweisen, ein Mann von der alten Strebkraft der Heroengeschlechter an einer ähnlichen Scheide, wo die Zeit und die Umgebung zu milderen christlichen Sitten vorstrebt, während Macbeth — nicht gerade von Natur aus der wildern Vergangenheit angehört, aber durch seine That und ihre Folgen in sie zurückfällt, wie es Hamlet auferlegt schien, durch seine Rachenübung das Herkommen der alten Zeit aufrecht zu erhalten. Der Blick, der in dem Stück hinübergeworfen wird auf den heiligen Eduard von England und die göttliche Heilkraft seiner Hände, der gegensätzliche Charakter, in dem der fromme englische Siward, der ächte Vertreter seines heiligen Königs, der seinen gefallenen Sohn mit Ergebenheit in die Schaar der Gotteskrieger eingehen sieht, zu dem heidnisch wilden Macbeth gehalten ist, die Herstellung von Schottlands ächten Herrschern durch die Engländer, die nach der Chronik zuerst Leckerei, Luxus und feinere Sitten nach Schottland gebracht haben, all dieß zeigt eine neue sanftere Zeit im Anzuge. Macbeth ist ihr und ihren Verweichlichungen nicht hold. Er nennt diese englischen Befreier verächtlich Epikureer. Wie ihm Banco's Geist erscheint, wo er schon im Zuge seiner Bluthaten ist, ruft er deutlich nach der alten Zeit und Sitte zurück: „Ehemals, in alten Zeiten, ist auch Blut vergossen worden, ehe menschliches Gesetz den friedlichen Staat reinigte, und auch nachher sind schreckliche Morde vollbracht worden; da waren Zeiten, wo der Mann starb, wenn das Gehirn heraus war, und damit gut; jetzt aber stehen die Gewerken auf — es erschüttern solche Thaten jetzt die Gewissen, die sonst nicht so zartfühlend waren.

Was die Naturen Hamlet's und Macbeth's von Grund aus einander entgegensetzt, das ist jene sinnliche Stärke des Helden, die Goethe in jenem mangelnd fand, die Macbeth in vollem Maaße besitzt. Wie er im Anfang des Stückes erscheint, ist er in Aller Augen ein bewunderter Feldherr, der während der Schlacht in natürlicher Heiterkeit alle Eigenschaften eines vollendeten Soldaten entfaltet, ein Liebling der Tapferkeit, Bellona's Bräutigam. Als ein Mann der ausschließlichen That entbehrt er die geistige Bildung, die Hamlet's Stolz wäre. Nicht daß er wie Percy dagegen eiferte und sich dawider sträubte; sie ist gar nicht an ihn gekommen, es ist nirgends von etwas der Art nur die Rede, nicht einmal im Gegensatze zu seiner näheren Umgebung; höchstens zeigt sich die Abneigung Macbeth's gegen alle verfeinerte Cultur in seiner eben angedeuteten Verachtung gegen die epikurelischen Engländer. Mit dieser einfachen Soldatennatur hängt es zusammen, daß er von aller Schauspielerei und Verstellung, jener Eigenschaft, die bei Hamlet ein Ausfluß seiner Geistesbildung war, nicht eine Spur besitzt. Auch wo ihm diese Eigenschaft zu seinen eifrigst verfolgten Zwecken höchst förderlich, gegen Gefahren schutzreich wäre, versteht er nicht sie sich anzueignen, trotz seinem guten Willen, trotz dem guten Beispiele seines Weibes und ihren Lehren und eindringlichen Ermahnungen. Bei dem ersten Spruche der Schicksalsschwestern verräth er seine Bewegung an Banco; er bringt seiner Gattin ein beschäftigtes Gesicht entgegen, das sie ihn sogleich mit einem trügerischen zu vertauschen heißt; er entfernt sich in schweren Gedanken von der Tafel, als der König zu Gast bei ihm ist; Garrick spielte ihn so, daß er den einmal erregten Aufruhr seiner Seele gleich vor Duncan nicht meistern, am wenigsten bei der Ernennung des Herzogs von Cumberland bergen konnte. Was Macbeth ferner dem Hamlet scharf entgegenstellt und mit seiner thatbedürftigen Natur innig zusammenhängt, ist sein Ehrgeiz. Es spricht sich dieser, gleich als er durch die Nordischen Parzen neu aufgeregt ist, in dem Briefe an seine Gattin, an den „süßen Gefährten seiner Größe", aus; Macbeth's ganzes Verhältniß zu ihr läßt auf lange genährte ehrsüchtige Entwürfe zurückschließen, denn sein aufstrebender Ehrgeiz hat sich, noch mehr als ihm selber, seinem Weibe in die Seele genistet. Um eines großen Zweckes, um eines sichern Gewinnes willen für dieses Leben, würde Macbeth, dieß ist der kühnste Ausdruck dieser Leidenschaft in ihm, das künftige Leben in die Schanze schlagen, das den Hamlet mit Furcht und Zweifeln erfüllte. Und nachdem dieser Ehrgeiz einmal durch alle zusammentreffenden Antriebe von Glück und Gelegenheit in eine mächtige Bewegung gesetzt ist, sehen wir Macbeth, den Vasallen, den Thron seines Königs und Wohlthäters unrechtmäßig und blutig in Besitz nehmen, während Hamlet der Erbberechtigte, den ihm gebührenden Thron rechtmäßig und durch eine gesetzliche That einzunehmen weder Muth noch Trieb in sich fühlt.

So strafbar übrigens und so ungestüm, wie wir diese Leidenschaft sich in Macbeth entwickeln sehen, ist sie nicht von allem Anfang an in ihn gelegt; es bedarf der gewaltigsten Versuchungen, um sie in diesen raschen Fluß zu bringen. So lange sein Ehrgeiz noch unversucht in ihm schlummert, blicken wir auf eine bessere Naturart in Macbeth zurück, die ihn auch in seinem äußersten Verfalle nicht ganz unter sich selber stellen, nicht ganz seine Würde verloren gehen läßt. Ehe der verderbliche Entschluß zum Königsmorde in ihm gereift ist, ist das Gute und Böse in ihm in gleicher Wage gewogen. Da er nur erst von der Versuchung in seinem eigenen Innern angegangen ist, schwankt er zwischen dem Zuwarten, ob sich der Weg der Ehren von selbst vor ihm öffnen werde, und dem Gedanken, ob er den gesperrten Weg erzwingen solle; ehe die gute Natur in der Einen Schale von dem Drucke seines Weibes auf den Ehrgeiz in der Anderen emporgeschnellt wird, bezeichnet die Charakteristik Macbeth's in dem Munde eben dieser seiner Gattin das Innestehen der Wagtunge in seinem Wesen auf eine feine, vortreffliche Weise. Macbeth erscheint uns dort am Scheidewege ganz so in eine Doppelnatur getheilt, wie Hamlet in seinen ersten Selbstgesprächen, wo er zwischen den kräftigen Entschlüssen und der niederhaltenden Kraft seines Phlegmas gespalten ist. Er möchte groß sein, sagt Lady Macbeth, er ist nicht ohne Ehrgeiz; doch ohne die Schlechtigkeit, die ihn begleiten sollte; was er höchlich wünschte, wünschte er auch heilig; er möchte nicht gern falsch spielen, aber doch unrechtmäßig gewinnen; er möchte das haben, was ihm zuruft: „So mußt du thun, wenn du haben willst!" und das, was er mehr zu thun fürchtet, als daß er es ungethan wünschte! Sie nennt ihn zu voll von der Milch der Menschlichkeit, als daß er den nächsten Weg gehen sollte. Dieß ist eine Bezeichnung, die ihn in seinem stillen und ungestörten Wesen der Gemüthsanlage des Hamlet nähert, die sogar auf Hamlet wörtlich passen würde. Der Dichter deutet uns an, daß er eine feine Gemüthsbildung im Menschen nicht mit der Thatkraft an sich unverträglich findet. Er leiht Macbeth ursprünglich die zarten Gefühle des Hamlet; sie äußern sich bei ihm in den mächtigen Regungen seines Gewissens. Diese Stimme ist bei ihm nicht weniger laut, ja vielleicht lauter als in Hamlet, nur daß sie bei dem in Thaten fortgerissenen und beschäftigten Manne nicht den bequemen Raum sich auszubreiten behält, wie bei diesem. Das Gewissen hat in Macbeth nicht blos, wie in Hamlet bei dessen Unthätigkeit, zu bedenken und zu bezweifeln, sondern es hat zu thun; es hat vor der That mit seinem Ehrgeiz zu ringen; es regt dann, liegend in seiner Niederlage, gleich bei der That die Reue zu schrecklichen Foltern in ihm auf, und den Mann, der sonst den Namen Gottes nicht im Munde führt, der sich in seinem Gespräche mit den Mördern sehr nahe wie ein Religionsspötter äußert und sich über das Jenseits so leicht wegsetzt, faßt im religiösen Schmerze eine jammernde Wehmuth, die selbst sein hartes Weib durchschüttert, darüber an, daß er zu dem Segen der Wächter Duncan's nicht Amen sagen konnte. Weiterhin unterliegt

dann diese machtvolle Stimme seines Gewissens seinem Trotze, erstickt unter einem gewaltigen Männerwillen, aber regsam und wider-
strebend noch bis zum letzten Augenblicke. Ist Macbeth in diesem
Punkte in der ursprünglichen Gemüthsanlage nicht unähnlich mit
Hamlet, so ist er ihm noch näher in der Erreglichkeit seiner Phantasie. Wurzelt aber in Hamlet's Gewissenhaftigkeit seine Unentschlossenheit und in seiner Einbildungskraft seine Zaghaftigkeit, so
soll dagegen in Macbeth anschaulich werden, wie eine angeborene
männliche Kraft und Strebsamkeit, wie über die stärksten Regungen
des Gewissens, so auch über die mächtigsten Einwirkungen der Phantasie Gebieter und Meister wird. Denn wie wir die Sprache des
Gewissens in Macbeth vielleicht lauter als in Hamlet nannten,
so ist ohne Zweifel die lähmende Kraft seiner Einbildung stärker in
ihm, als in jenem. Aengstliche Vorstellungen treffen in ihm auf eine
leicht schreckbare Natur. Er sagt es selbst, daß in gewöhnlichen Verhältnissen schon seine Phantasie der Furcht und Aufregung Raum
gab. Ein nächtliches Geschrei schon konnte machen, daß es ihn kalt
überlief und eine unheimliche Erzählung machte sein Haar sich sträuben. Sein Weib kannte diese seine Eigenheit und wußte, wie sie die
Thätigkeit und die Entschlüsse zu entkräften geeignet sei; sie warnt
ihn daher beständig, nicht allein zu sein, nicht sich in Gedanken zu
vergrübeln; „denkst du so gehirnkrank über solche Dinge, sagt sie
ihm, so schwächst du deine edle Kraft". Gleichwohl liegt in eben
dieser Eigenschaft, die in dem energischen Manne energisch und schon
dadurch anders geartet ist und anders wirkt als in Hamlet, sogar ein
Stachel zur That für Macbeth. Gegenwärtige Schrecknisse sind diesem Manne des Thuns nicht so arg als furchtbare Einbildungen;
dort in der Schlacht war er in „natürlicher Heiterkeit", bösen Vorstellungen gegenüber wird er schwach. Die bloße Einbildung des
Mordes macht gleich Anfangs sein Herz an seine Rippen schlagen,
und schüttelt den vorher unbefleckten Menschen in ihm so heftig, daß
jede Thätigkeit erstickt wird in Vorstellungen des Künftigen und das

„Nichts für ihn iſt, als was nicht iſt". So daß, ganz ungleich Hamlet, der in den Erſcheinungen des Geiſtes und in dem gefolterten Zuſtande ſeiner Ahnungen und Einbildungen unruhdtig ſchwelgt, Macbeth den Eindruck macht, als ſtürze er ſich zur That, um der Pein der inneren Kämpfe und Schreckbilder nur los zu werden. Auf dem Wege zum Morde ſtellt ſich ſeiner geſpannten Phantaſie das Luftbild eines Dolches dar, auf dem er Blutflecken entſtehen ſieht; ſein Auge iſt hier „der Narr der übrigen Sinne", wie gleich hernach das Ohr, als er die Stimme zu hören glaubt, die von ihm ausrief: er morde den Schlaf! Aber dieſe Einbildung hält ihn nicht von dem Morde der Diener ab, und jene erſtere Erſcheinung nicht von dem Morde des Königs. Der Gegenſatz iſt auch hier, daß ſeine Phantaſie nicht verweilt in Zweifeln und Selbſtgeſprächen, ſondern ſchaffend iſt, daß ſie ihm in der lebhaften Vorſtellung der That die Werkzeuge vorſpiegelt, während dem Hamlet der geſehene und gehörte Mahner, der Geiſt ſeines Vaters, in der Erinnerung wieder verſchwindet wie ein Blendwerk. Daß ſie Geiſter ſehen, iſt bei Hamlet wie bei Macbeth das ſtärkſte Kennzeichen der Gewalt ihrer einbildſamen Kräfte. Wir werden es unſeren Leſern, die wir uns mehr und mehr in den Geiſt unſeres Dichters eingewöhnt denken, kaum noch zu ſagen brauchen, daß ſeine Geiſterwelt nichts bedeutet, als die ſichtbare Verkörperung der Vorſpiegelungen einer lebhaften Phantaſie, und daß ihre Erſcheinung nur bei ſolchen Menſchen Statt hat, in denen dieſe reizbare Einbildungskraft vorhanden iſt*. Die nüchterne Gertrude ſieht nicht den Geiſt des Hamlet, die kalte, verſtändige Lady Macbeth nicht den des Banco, der trockene, ironiſche Lenor und ſeine Gefährten weder dieſen noch die Hexen; dem Banco, der von ehrgeizigen Vorſtellungen nicht frei aber auch nicht bemeiſtert iſt, erſcheinen die Hexen, aber ſie reden nicht zu ihm ohne befragt zu ſein.

---

* Darum bedachte ſich Shakeſpeare nicht, im Hamlet die ſcheinbare Inconſequenz zu begehen, daß er den Mann, dem der Geiſt erſchienen iſt, ſagen läßt, es kehre aus der jenſeitigen Welt kein Wanderer zurück.

In den Hexen hat Shakespeare den Volksglauben an böse Genien und feindliche Verfolger der Menschen zu einer ähnlichen aber finstreren Wesenschöpfung benutzt, wie in dem Sommernachtstraum den Elfenglauben. Die Schöpfung ist weniger anziehend und ausgeführt, aber nicht weniger meisterhaft. Der Dichter läßt diese Wesen im Texte des Stückes selbst nur schimpfweise Hexen benennen; sie selber geben sich den Namen der Schicksalsschwestern (weird sisters); mit der Bezeichnung übersetzte man die Parzen; auch mahnen diese Schwestern wohl an die nordischen Nornen oder Valkyrien. Sie erscheinen wild und verwittert in Aussehen und Kleidung, gemein in ihrer Rede, unedle Halbgeschöpfe, häßlich wie das Böse, und wie dieses alt und keines Geschlechtes. Von höheren Meistern sind sie geleitet, ihre Thätigkeit ist ganz von der Freude am Bösen bestimmt, von menschlichen Sympathien sind sie völlig entblößt. Was unser Schiller aus ihnen gemacht hat, zerstört völlig die weiseste Absicht des Dichters, und nichts von dem, was Schlegel gegen diese Travestie gesagt hat, ist zu hart. Die Kehrseite der alten Eumeniden, sind diese Schicksalsschwestern nicht die Rächer nach der That, sondern die Versucher vor derselben, die Kuppler der Sünde. Es ist ihnen aber keineswegs eine bestimmende, mechanische Macht über die Menschen gegeben; und sehr mit Unrecht meinte Lamb, sie erzeugten Thaten von Blut und begannen die bösen Antriebe der Seele. So sagt auch Schlegel, Macbeth erliege einer tief angelegten höllischen Versuchung und übernatürlichen Antrieben; dieß gibt aber durchaus eine der Meinung Shakespeare's entgegengesetzte Vorstellung, wenn darunter mehr verstanden werden soll, als daß die aufstrebenden und ehrgeizigen Triebe in Macbeth selber von übernatürlicher, von mehr als gewöhnlicher Stärke sind. Der Dichter hat diesen Geschöpfen die Macht gegeben, die Menschen zu versuchen, zu verloden, mit zweideutigen Orakeln, mit Trug und Täuschung zu bestricken und selbst, wie der Satan im Buche Hiob, mit Noth und Trübsal, mit Stürmen und Krankheiten zu prüfen; aber fatalistisch dem menschlichen Willen Gewalt anzuthun, haben sie keine Befugniß. Ihre Versprechungen, ihre Wahrsagungen lassen der Handlungsweise völlig freien Raum, ihre Geschäfte sind: „Thaten ohne Namen". Sie sind die bloße Verkörperung der inneren Versuchung; sie kommen im Gewitter und verschwinden in Luft, wie selbsthafte Triebe, die aus dem Blute aufsteigend die Blasen des Ehrgeizes und der Sünde in der Seele aufwerfen; sie sind die Schicksalsschwestern nur in dem Sinne, in dem wir unser Schicksal selber im eigenen Busen tragen. Macbeth hat mit keiner äußeren Gewalt zu ringen, indem er ihnen begegnet, sondern nur mit seiner eigenen Natur; sie versinnlichen die böse Seite seines Wesens, die man nicht in seinem Gesichte liest; er fällt nicht auf die Plane seines königlichen Ehrgeizes, weil ihm diese Anlockung von außen nahe tritt, sondern diese Versuchung wacht in ihm versinnlicht auf, weil jene Plane lang her in ihm schlummerten. In ihm selbst sind diese bösen Mächte, die ihm das Blendwerk seiner Strebsucht vorspiegeln. Sie treten ihn an, als er auf der höchsten Stufe seines Glückes, seiner Gunst und Tapferkeit steht. Die besiegte Rebellion stellt ihn über den schwachen Duncan, der sich selbst nicht zu helfen weiß; die erlangte Würde eines Than von Cawdor gibt seiner Macht zu und legt es ihm nahe zu überdenken, wie viel glücklicher Er die Verrätherrolle gespielt haben würde, als der von ihm Besiegte der vorher diese Würde trug; dann kommt die Gelegenheit von Duncan's Besuch hinzu und die Einwirkung seines Weibes. Dieß sind natürliche Antriebe von solchem Gewicht, daß sie zusammengefaßt wohl die übernatürliche Macht bilden, die der Dichter poetisch nach der Geschichtsage verkörpert hat. So fühlt sich Macbeth's Genius neben Banco gedrückt, wie Anton's neben Cäsar; der Neid und die Eifersucht gegen ihn, den Mitbesieger der Rebellion, liegt also natürlich in ihm, die dann die Prophezeihung zu Gunsten von Banco's Nachkommenschaft nur in ihm schürt. Auch dieß ist Thatsache nicht Prophezeihung — Er hat keine Kinder. Sein Selbstgefühl sagte ihm (die Hexen brauchten es ihm nicht zu sagen), daß er keinen Menschgeborenen zu fürchten habe, wenn es nicht dieser Macduff wäre, an dem er scheu vorübergeht, noch ehe ihn jene Dämonen vor ihm gewarnt haben. Sie rufen nur immer in ihm die schlafenden Gedanken seiner Seele zum Wachen; wie sie von dem bewaffneten Haupte sagen: „sie kennen seine Gedanken". Wie dort Macduff's Tod, so liegt bei ihrem ersten Erscheinen schon Duncan's Mord in seiner Seele; indem sie ihm den Weg zum Throne offen legen, so „harren sie" nur hier auf seinem Ehrgeize, wie dort auf seiner ahnungsvollen Furcht vor Macduff. Daher denn machen diese Prophetinnen Macbeth durch ihr erstes Erscheinen nicht anders, als er, nach der Schilderung seiner Frau, schon ist. Wie im Hamlet der Geist seines Vaters, oder, was dasselbe ist, die innere Ahnung, die in dem Sohne mehr und mehr zur greifbaren Gewißheit wird, einen trägen Willen aufrüttelt, so versuchen im Macbeth die Hexen, oder die Vorspiegelungen seines Ehrgeizes einen allezeit thatbereiten Willen und einen bis dahin reinen Charakter. Er steht nach ihrer Versuchung noch ganz an demselben Scheidewege, an dem seine Gattin den sich selbst Ueberlassenen schon sah. Er schwankt, ob er diese Erscheinung, die Banco sogleich geneigt ist für ein Werkzeug der Hölle zu halten, gut oder bös nennen soll; der Gedanke an Mord sträubt schon sein Haar, doch bedenkt er sich auch, daß, wenn der Zufall ihn zum König machen will, er es thun kann ohne sein Zuthun, wie er ihn zum Than von Cawdor gemacht hat. Er spricht sich im Anfange gegen Banco dahin aus, daß sie ihre Herzen über diese Erscheinung frei gegeneinander aussprechen wollten; das war ein Schritt und ein Mittel, um rein zu bleiben.

Aber diesem guten Vorsatze blieb nur Banco treu, nicht Macbeth. Jener ist diesem als ein complementärer Charakter gegenübergestellt, und dieser Gegensatz entwickelt sich sogleich in dem Verhältnisse Beider zu der Versuchung der Hexen. Banco hat den ähnlichen Heldenmuth, die gleichen Verdienste und Ansprüche Macbeth's: es ist natürlich, daß sich in ihm dieselben Gedanken des Ehrgeizes regen wie bei diesem. Aber sie steigen bei ihm in einer gelasseneren, der schönsten Bescheidung fähigen Natur auf und haben darum nicht die Macht über ihn wie über Macbeth. Wo dieser von dem Könige Gunst, Auszeichnung, Besuch, Titel und Macht zur Belohnung erhält, dankt dem Banco nur eine Umarmung, ein Druck an's Herz. Und der Bescheidene antwortet darauf: Wenn ich da wachse, so ist die Erndte euer! Auch die Frucht dieser kleinen Anerkennung gibt er noch dem Könige dahin. Und dann rühmt er dem Könige noch Macbeth's Eigenschaften im Stillen, hinter des bevorzugten Nebenbuhlers Rücken, während dieser ihn von Anfang an beneidet um die Prophezeihung, die seine Nachkommen so, wie ihn persönlich, begünstigte. So edel, wie sich Banco in diesem Zuge erweist, so gesetzt und seiner Sinne Meister bewährte er sich schon vorher eben dieser Prophezeihung gegenüber. Er zweifelt gleich Anfangs, ob ihn nicht sein Gesicht betrogen, ob dieß nicht von den eitlen Blasen seien, die nach der Sage die Erde und das Wasser aufwerfe, während Macbeth sogleich verzückt steht und gläubig ihren Worten lauscht. Dieser hätte ihnen nicht zugerufen wie Banco: er fürchte nicht ihren Haß und bitte nicht um ihre Gunst. Macbeth hat für die Warnung Banco's schon kein Ohr mehr, daß dieß Werkzeuge der Finsterniß sein möchten, die ihnen Wahrheiten sagten um sie zu verlocken, die sie mit ehrbarem Tand zu gewinnen suchten um sie in die bodenlosesten Folgen zu reißen. Ist Banco von so viel ruhigerem Blute als Macbeth, so ist er darum nicht blutlos. Er hat Versuchungen zu bekämpfen wie dieser, aber er besteht sie mit mehr innerer Kraft der Beherrschung. Er hat verlockende Träume, die ihn quälen; er schreckt sie mit Gebeten, daß sie nicht wieder kommen möchten; er thut mehr als beten, er bekämpft den Schlaf, um ihnen zu entgehen. Wachend ist sein Geist Meister über die versuchenden Gedanken, während im Schlafe die Natur dem Blute den Zoll bringt, diesen Träumen nachzuhängen. In seiner Unruhe begegnet er Macbeth. Der Schuldlose gesteht seine Träume, der Schuldige leugnet, daß er weiter an die Schicksalsschwestern denke; der zuerst selbst den freien

Austausch der Gedanken gewünscht hatte, weicht ihm jetzt aus. Die Mitwissenschaft Banco's ist Macbeth lästig, der Gewissenlose fühlt sich von der Nähe des Gewissenhaften, der Böse von dem Guten, der Neidische von dem Erfolgreichen gedrückt. Banco konnte sein guter Engel sein; da er der Unterredung mit ihm aus dem Wege geht, fällt er dem bösen Genius, seinem Weibe anheim. Banco hatte die Versuchung der kriegerischen Größe und Auszeichnung mit ihm getheilt; die der Machtvergrößerung war an ihm vorübergegangen; auch die der Gelegenheit ward ihm gespart, so wie endlich die mächtigste von allen, der Einfluß eines ehrsüchtigen Weibes.

Die Gelegenheit, die sich zunächst dem Macbeth darbot, war der Art, daß auch sie ihn noch in der Schwebe und Schwankung erhielt, obgleich sie in beide Wagschalen schwere Gewichte hinzulegte. Der König übernachtet in seiner Wohnung. Er kehrt gastlich vertrauend und voll sorgloser Freude da ein, wo die wandernde Schwalbe eine ungestörte Herberge fand. Er ist ein tugendhafter König, im Volke heilig und werth gehalten, er ist sein nächster Verwandter und Vetter, sein Fürst, sein Lobredner, sein Wohlthäter, der ihm eben die Würde des Thans von Cawdor gegeben, die Würde des gefallenen Rebellen, der an dem guten Regenten mit heuchelndem Truge zum Verräther geworden war; seine Gnade, verspricht Duncan dem Macbeth, soll sich noch fortsetzen gegen ihn; er bekennt sich ihm so verpflichtet, daß ihm mehr gebühre, als „Mehr als Alles bezahlen könne"; er beschenkt noch an dem heiteren Besuchsabend sein Weib und seine Dienerschaft in königlicher Freigebigkeit! Aber unglücklicherweise hatte er vor Macbeth's Augen seinen Sohn zum Thronerben erklärt, das regt den Gedanken in diesem stärker auf, den Schicksalsgang abzukürzen, seinem blutigen Vorsatze den Sporn in die Seiten zu drücken, um über dieß Hinderniß wegzusetzen, ohne Bedacht, daß bei diesem Sprunge der Fall am nächsten lag. Schon ist er so weit, daß er sich bereit zu der entsetzlichen That erklärt, wenn nur eine Bürgschaft für den Erfolg wäre. Aber in diesen Dingen, weiß er, herrscht eine unbestochene Gerechtigkeit, die schon hier dem Uebelthäter den Kelch an den Mund setzt, den er mischte. Erwägungen aller Art setzen sich seinem Verbrechen so entgegen, wie alle Anlässe den Hamlet zu seiner That spornten. Dennoch kämpft sein Ehrgeiz nur noch einen kaum gleichen Kampf mit dem Gewissen und will jenem Hamlet'schen „genauern Bedenken des Ausganges". Da entscheidet ihn der Zuspruch seines Weibes zum Bösen. Und dieß geschieht wesentlich nur durch die Anregung jener Thatkraft und den ehrgeizigen Antrieb des Anspruchs auf den Ruhm und den Namen der Männlichkeit, ein Ehrgeiz, den bei Hamlet alle jene übermächtigen Beispiele und Mahnungen nicht in Bewegung zu setzen vermochten.

Macbeth's Weib ist von Shakespeare nach einem Winke in der Chronik von Hollinshed über die Gattin jenes Donwald angelegt, die diesen zu dem Morde des Königs Duffe anstiftete. Sie stellt sich auf den ersten Anblick dar als eine Klytämnestra an Stolz, Grausamkeit, Unerschrockenheit und Gewissenlosigkeit, als ein mächtiges Weib, das noch mehr Furcht als Haß in uns weckt, von furchtbarer Sicherheit im Wollen, von dreifach gestählter Entschlossenheit. Sie ist ganz das Gegenbild von ihres Gatten übersichtigem und phantasievollem Wesen, kalt von Verstand und ruhig von Blut. Keine übernatürliche Versuchung tritt ihr nahe, sondern nur die nüchterne in dem Briefe ihres Mannes; keine Vorstellung schreckhafter Folgen, keine Mahnstimme eines Gewissens erschreckt sie wie Macbeth v o r der That; während derselben bleibt sie umsichtig, überlegt, zur Verstellung geschickt; nach ihr wäre sie fähig, das Geschehene bald zu vergessen. Sie fühlt, daß solche Thaten wie Macbeth zu begrübeln sie toll machen würde, sie mahnt daher davon ab und ist gelassen genug, dieser Einsicht ihrerseits Folge leisten zu können. Eine Willenskraft von ungemeiner instinctiver Festigkeit macht sie in einer seltenen Weise zur Herrin über sich selbst; sie darf sich fühlen, durch Verstellung, Vorsicht und Schlauheit die gefahrvolle That, um die es sich handelt, begehen und verbergen zu können; sie wirft weit den bloßen Gedanken weg, daß sie ihr fehlschlagen könne; sie führt auch in der That ihre Rolle so durch, daß kein Verdacht auf sie fällt. Nur im ersten Momente, da ihr Duncan's Ankunft gemeldet wird, da sie in der dargebotenen Gelegenheit ein gutes Verhängniß findet, in der Freude ihres Herzens, verräth sie in dem Ausrufe: Du bist verrückt, so zu sagen! etwas von dem, was in ihr vorgeht, und hinfort nicht wieder. Dieser Eigenschaften sich bewußt, die sie zu solch einem Werke befähigen, treibt sie den unentschlossenen Mann zu der Schreckensthat an: sie drängt ihn, seinen unbefestigten Vorsatz auf den festen Haltpunkt zu schrauben; der Gatte gefällt ihr nur in dem Momente, wo er den ersten Gedanken faßte, da er sich die Gelegenheit selbst schaffen wollte, die sich nun von selber darbietet; sie stürmt in ihn, das, was ein Geschenk des Schicksals sein konnte, als einen Raub an sich zu reißen; und die natürliche Beredsamkeit und Ueberzeugungskraft des guten Muthes, des Entschlusses und der inneren Einigkeit erdrückt den wortkargen, schwankenden und gedankenvollen Mann. In dieser Beredsamkeit kann uns Lady Macbeth als ein eingefleischter Teufel erscheinen, abgethan von jedem Reste der Weiblichkeit und Menschlichkeit. Hätte sie geschworen wie Er, sagt sie zu Macbeth, so würde sie ihrem lächelnden Säuglinge das Gehirn ausschmettern, obgleich sie aus Erfahrung wisse, wie zärtlich die Liebe der stillenden Mutter ist. Dennoch läßt sich schon hier, auf der unnatürlichsten Spitze ihrer Leidenschaft und ihrer Grausamkeit, herausfinden, daß der Dichter diesem Weibe doch die „Milch der Menschlichkeit" nicht ganz entziehen wollte. Zu jener anfänglichen Spannung ihres Wesens, zu der Verleugnung ihres Geschlechtes thut sie schon ihrer Natur einen förmlichen Zwang an. Sie ruft zu diesem Werke ihrer Entweibung die höllischen Geister auf, ein Zug, der ihrem ganzen Wesen sonst fremd ist. Diese sollen sie randvoll von Grausamkeit machen und der Reue den Zugang zu ihrem Blute verstopfen, daß nicht die Stacheln der Natur ihren Vorsatz erschüttern.

Sie vermißt sich nun, da sie ihren Gatten kennt, die männliche Rolle, zu der sie ihre Natur festzuschrauben sucht, durchzuführen und die Mordthat selbst zu verüben; Macbeth solle, sagt sie ihm, nur ein heiteres Gesicht annehmen und das Uebrige ihr überlassen; sie macht den Plan und spricht dabei von sich und ihm, die an dem Werke Theil haben sollen; sie berauscht die Wächter und legt ihre Dolche zurecht; sie hat das Reizmittel, das sie brauchte diese Wächter trunken zu machen, nöthig gefunden, um sich Kühnheit und Feuer zu geben; sie wollte dann den Stoß selber führen, — da, an dem Halt» punkte selbst, schraubt sich die überspannte Natur in ihr ab; jene weggeflüchteten Stacheln der Natur treffen sie, da sie den schlafenden König ihrem Vater ähnlich findet, und das Weib muß den Mann zu dem Geschäfte vortreten lassen, das mehr als einen Mann ver» langt. So wird sie nachher auch von dem rührenden Jammerlaut seiner Reue erschüttert, obgleich sie jene Geister beschworen hatte, der Reue keinen Zugang zu ihrem Blute zu geben. Da aber die Gefahr der Entdeckung sie aufschreckt, findet sie schnell ihre Ruhe, ihre Vor» sicht, ihre Unerschrockenheit wieder und kann mit Vorwurf auf den Mann des schwankenden Vorsatzes herabblicken. Sie hat von An» fang an mehr die Sicherheit des Zuschauers in dem Spiele, sie ver» liert sie im Momente, da sie selbst die Züge führen will, sie findet sie wieder, sobald sie an ihre Stelle zurückgetreten ist. Sie hat aber die Hand mit im Spiele gehabt, gleichsam noch ehe es angelegt war. Die Träume des Ehrgeizes waren von diesem Paare schon frühe ge» träumt; die unbestimmten Träume, da Versuchung und Gelegenheit kommt, reifen in ihrer Seele schneller als in ihm zu wirklichen Ent» würfen. Die Kühnheit zu diesen Entwürfen und die Festigkeit der Entschlüsse zu ihrer Ausführung findet sie in dem endlosen Vertrauen auf diesen starken Mann, dem sie Alles zutraut, dem in ihrer Ansicht alle Größe gebührt, an dessen Herrlichkeit sie sich freut und stützt. Dieß ist ihre eigentliche Natur und Geschichte, und es ist zugleich das, was mit ihr so weit versöhnen muß, daß sie unseres Mitleids nicht völlig verlustig gehen darf. Fast jeder Betrachter hat in diesem Charakter eine bessere Seite geahnt, wenigen ist es geglückt, sie auf der rechten Stelle zu suchen und sie zugleich in der richtigen Grenze zu sehen. Ihr Gatte war bis dahin nur ein Kind des Glückes und der Ehre, sie weiß sich sicher in ihm und ihn sicher und gedeihend in Allem. Sie ist weit mehr als er selbst erfüllt von dem, was er sein könnte und sollte; sie weiß ihn am würdigsten zu herrschen, und will seinem Verdienste die Krone reichen; seine mannhafte Natur ist ihr Stolz und ihre Erhebung; wo Er nur gefährliche Folgen sieht, ist sie in ihrer Einbildung auf ihn des glücklichen Erfolges gewiß; sie „fühlt die Zukunft schon voraus", aber in zweifelloser Hoffnung und ungetrübtem Glanze. Darin ist sie weit mehr eine abhängige Gattin als ein selbstständiges, männliches Weib, daß sie den goldenen Reif mehr für ihn will als für sich, daß ihr ganzer Ehrgeiz um ihn ist und aus seiner Seele, daß von ihr und einer Erhöhung um ihretwillen nirgends bei ihr die Rede ist. Sie lebt nur in ihm und in seiner Größe; wie triumphirend empfängt sie ihn mit dem „Heil", das ihrem Stolze auf ihn so schmeichelt, — der einst König sein wird! Ein Verhältniß der Achtung, ja der tiefen Verehrung blickt aus dieser Ehe mehr als das einer gemüthvollen Verwachsung. Der Dichter hat dieß nicht unerklärt gelassen. Sie hat Kinder gehabt, aber keine behalten; dieß kann einen Stachel mehr in Macbeth gestellt haben zu seinem Neide gegen Banco; die natürlichste Folge aber dieser Lage ist, daß die Gatten mehr auseinander und zu der Befriedigung in sich selber angewiesen sind. Unsere Romantiker haben die Lady Macbeth zur Tugendheldin gemacht, und Goethe spottete mit Recht über die alberne Art, mit der sie sie zur liebenden Gattin und Hausfrau gestempelt hätten. Dennoch darf das Verhältniß unter Beiden schon nach allem Gesagten als innig, es darf nach der Art ihres Verkehres selbst als zärtlich gedacht werden. Die Liebkosungsworte, die Macbeth für sie hat (dearest chuck u. a.), sind nicht der Art, wie man sie junonischen Frauen und Klytämnesten gibt; die Frau, die in den Zwecken des Antriebes zum Handeln und der Sicherstellung in Gefahr so viel schmähende und stachelvolle Worte für Macbeth hat, hat am Schluße der Bankelscene, unter vier Augen, nicht Ein Wort des Tadels und Vorwurfs gegen ihn. Wenn aber in diesen Zügen noch nicht klar sein sollte, daß ihre Weiblichkeit nicht ausgetilgt, nur unterdrückt war, so wird dieß an dem Ausgange der Dinge um so unwiderfprechlicher werden. Als die That vollbracht ist, steht sie zunächst still, wo Macbeth nun erst anfängt seine verwegeneren Schritte zu gehen. Als sich aber in Folge des Gethauen keine der goldenen Erwartungen erfüllt, die sie daran geknüpft hatte, als statt glücklicher Größe Zerrüttung des Landes und ihres Gemahls erfolgte, sinken ihre Kräfte plötzlich erschlafft zusammen. An ihn angelehnt, hätte sie den Regungen des Gewissens, der Natur, der schreckenden Einbildungskraft lange und immer widerstanden, aber an ihm irre geworden, wird sie es an sich selbst; sie hatte, wie Epheu angerankt, ihr frisches Grün um die Aeste des königlichen Baumes geschlungen, da der Stamm schwankt, fällt sie zu Boden; in dem Feuer dieses Grames und dieser getäuschten Erwartung schmilzt ihr eisernes Herz. Man hat bedauert, daß der Uebergang aus ihrer männischen Stärke in ihre weibliche Schwäche nicht von dem Dichter ausführlich geschildert worden sei. Es ist dieß kein allmähliger Uebergang, sondern ein plötzlicher Rückfall. Sie steigerte in ihm den Mann über seine Natur, so hatte sie in sich das Weib zu einer heroischen Kraft gesteigert; er begann wie ein ächter Mann, in den Grenzen des erlaubten männlichen Ehrgeizes, und dann überhebt er sich erst zu der „Sicherheit", zu dem eigensinnigen Trotze, der ihn verdirbt; sie dagegen beginnt überhoben, schon außer die Sphäre ihres Geschlechtes gerückt, und sinkt dann mit Einem Male auf das Maaß des Weibes wieder herab. In dem Manne war die Kühnheit des Lasters, versetzt mit dem hartnäckigen Stolze des Kräftigsten seines Geschlechtes, stark genug, jenseits der ersten Unthat erst recht zu wachsen und den sich versagenden Erfolg ertrotzen zu wollen; bei ihr schwindet diese Kühnheit zu Nichts, sobald sich der Erfolg versagt hat. Nun steht sie, die einst so kühn Vortretende, während sein Laub langsam und unter Stürmen vergilbt, in einsamer Rückgezogenheit ganz plötzlich entblättert. Aus tiefster Selbstkenntniß war ihr jener Rath an Macbeth gedrungen, nicht allein zu sein; wie sie von seinen Anschlägen geschieden, von seiner Person getrennt ist, da geschieht ihr, was Malcolm sagt: Gram, wo er nicht spricht, lispelt dem überladenen Herzen zu und heißt es brechen. Noch jetzt zeigt sich ihr Charakter und die Stärke ihres Willens, ihre Widerstandskraft im Leiden wie vorher ihre Thatkraft im Wirken. Am Tage bleibt sie Meisterin ihrer Bewegung, aber in der Nacht „plaudert die befleckte Seele ihr Geheimniß den tauben Kissen". Nach des Dichters poetischer Physiologie und Psychologie rächt sich ihr unnatürlich zurückgedrängtes Gewissen und Verstellungskraft im Schlafe, und die Nachtwandlerin führt gleichsam alle die verhehlten schuldigen Scenen selbstverrätherisch auf. Sie dachte einst, mit ein wenig Wasser die Zeugnisse jener That hinwegzuwaschen, aber jetzt hat sie, in den Qualen ihres verstockten Herzens, unter angstvollen Seufzern zu klagen, daß Geruch und Farbe des Blutes nicht vergehen will. Ihr Leben endet mit Selbstmord.

Diese Frau also, die durch ihr Hingeben und Aufgehen in Macbeth dem Gatten viel gefährlicher ist, als sie es durch ein selbstständiges, männisches Wesen sein könnte, geht ihn, um seinen verderblichen Entschluß zu entscheiden, mit dem Mittel an, das sie für das wirksamste hält; sie regt, sagten wir, seine Thatkraft an, sie ruft seinem Ehrgeiz auf und faßt ihn bei seiner Mannhaftigkeit. Daß sie ihm Mangel an Liebe vorwirft, das bewegt ihn nicht; daß sie ihm mit aller Sicherheit einen sichern Erfolg verspricht, das macht ihn eher schwanken; daß sie ihn mit seiner Manneswürde stachelt, das wirft ihn um. Fürchtest du, sagt sie ihm, derselbe in That und Muth zu sein, der du im Wunsche warst? Wolltest du haben, was du für die Zierde des Lebens hieltest, und dachtest du als ein Mann

in deiner eigenen Achtung zu leben, indem du Ich wag's nicht
warten läßt auf Ich möchte, wie die arme Katze im Sprichwort,
die gern fischen aber nicht sich die Füße netzen wollte? Noch antwortet er ihr hier aus dem ehrenvollen Standpunkte, den er bis dahin immer eingenommen hatte, aus dem edlen Lebensgrundsatze,
der mit jenem Wahlspruche Hamlet's im Sinne wohl zusammenstimmt, auf dem er hätte beharren sollen: Ich thue Alles, was ein
Mann thun kann; wer mehr thut der ist keiner! Es war also,
sagt sie ihm, indem sie ihn sarkastisch von diesem Standpunkte herabzieht, ein Thier, kein Mann, der aus dir sprach, als du das Unternehmen mir eröffnetest? Und indem sie ihn über jenen Standpunkt hinaufschraubt, fügt sie zu: Als du es auszuführen wagtest,
da warst du ein Mann; und wärst du mehr als du warst, so
würdest du um so viel mehr ein Mann sein. Das war der
Sporn, der ihn, wie er es von seinem Ehrgeize sagt, in beide Seiten
traf und ihn sich überstürzen und über des Mannes und des Menschen Sphären hinausgehen machte. Immer und immer wieder
rührt sein Weib diese Saite in ihm an, und statt Eines Tones gibt
er ihr einen vollen Accord zurück. Ja, nachdem das erste Grauen
während und nach dem Königsmorde überwunden ist, bedarf es nur
noch bei jener Erscheinung des Geistes Banco's ihrer Aufrufe; gleich
nach dem Morde schon überbietet er ihre Anschläge. Noch in seinen
Erschütterungen nach der That schilt sie ihn unstät von Vorsatz und
nennt es Kinderaugen, die sich vor dem gemalten Teufel, vor Schlafenden oder Todten fürchten; ihre Hände seien blutig wie seine, aber
sie würde sich schämen, ein so weißes Herz zu haben wie Er. Gleich
darauf handelt er schon ohne sie; er tödtet die Diener, auf die der
Mord geschoben werden sollte, woran sie nicht gedacht hatte; sie
glaubt mit den hingelegten Dolchen Alles gethan, aber da Er die
Männer und ihr Entsetzen sieht, wird sein gefahrblickendes Auge
heller und er hat einen neuen sichernden Mord bereit, wo sie nur eine
Ohnmacht. Er geht weiter; der Fluch der bösen That erfüllt sich,

daß sie fortzeugend neues Böse gebären muß; „die schlimm begonnenen Dinge will er stark machen durch Schlimmes". Er fürchtete die bösen Folgen, aber nun schafft er sie selbst. Mißtrauen erfüllt ihn gegen den Mitwisser jener Weissagungen; auch argwöhnt Banco auf ihn, aber er verschließt seinen Argwohn in sich; was aber Macbeth noch mehr gegen ihn reizt, ist sein Neid auf die Nachfolge, die Banco's Geschlechte zugesagt war. Der Erfolg des Verbrechens schien nicht gesichert, wenn die Prophezeihung bestände; der Ehrgeiz war nicht gesättigt, so lang diese Mißgunst zurückblieb. Hier erhebt sich Macbeth schon zu jener übermännlichen Stärke, die dem Schicksale sich kühn entgegenwirft. Glaubte er den Sprüchen der Nornen, wie er denn Ursache hatte, so mußte er auch dem Spruche glauben, der Banco begünstigte. Er denkt aber nun schon vom Geschicke sein Glück zu ertrotzen und Banco's zu zerstören. Schon ruft er in feierlichen Worten (III, 1.) das Schicksal in die Schranken, mit ihm bis auf's Aeußerste zu kämpfen. Er stiftet die Mörder des Banco und seines Sohnes an. Es ist sehr bezeichnend, daß er bei diesem Geschäft die Bestimmungsmittel gebraucht, die auf ihn am schärfsten gewirkt hatten: er ruft in den Mördern ihre Mannheit auf. Seinem Weibe spart er schon jetzt das Verbrechen der Mitwissenschaft von Banco's Tode; auch sie hat darauf gedacht, aber er hat schon gehandelt, und ohne sie. Das Entkommen des Fleance sollte ihn noch einmal an die Unfehlbarkeit der Schicksalssprüche mahnen. Aber jetzt tröstet er sich schon damit, dieser hätte doch keine Zähne für die Gegenwart. Die Furcht also vor Banco und das böse Gewissen dem Mitwisser gegenüber hatte zu dessen Tode mitgewirkt. Diese Furcht und dieß Gewissen sollen noch einmal seine zusammengeraffte Mannheit erschüttern, als ihm der Geist des Banco erscheint. Dieß reißt seine Natur aus ihren Fugen, sein Weib beschwichtigt die Gesellschaft, beschönigt und entschuldigt in der alten Geistesgegenwart seine Anfälle und läßt ihn seine Schwäche mit dem alten empfindlichen Vorwurf fühlen: bist du ein Mann? Ja, sagt er, und ein kühner, der das wagt anzuschauen, wovor der Teufel blaß wird! Sie fährt fort in ihren bittern Sarkasmen gegen seine Entmannung: dieses Auffahren möchte wohl ziemen bei einem Weibermährchen am Winterfeuer. Da geht er im Troße so weit, dem eben verschwundenen Banco zuzutrinken, und noch einmal macht die Erscheinung seine starken Nerven erbeben. Er darf sich rühmen: Was Einer wagt, wag' ich! und doch ist seine Mannheit vor diesem Anblick dahin. Es sind die letzten Krämpfe seines Gewissens und seiner schreckhaften Vorstellungen. Noch vor nicht lange blickte er unter den Anfällen der Reue wie neidisch auf Duncan's sicheren Schlaf nach des Lebens Fieberanfällen schmerzlich zurück, jetzt sieht er sich so tief im Blute, daß es ihm einerlei scheint, ob er sich vor- oder rückwärts wende. Bisher scheute er Banco's Argwohn und Nachstellung, jetzt späht er durch Spione alle Häuser aus, verfolgt die Verdächtigen, bedroht die entflohenen Prinzen, fordert den zurückhaltenden Macduff vor und läßt seine Familie erwürgen. Bisher hatten sich die Gewissensqualen in dem Manne, der den Schlaf gemordet hatte, auch darin geäußert, daß er den eigenen Schlaf gemordet hatte, daß er dieses Labsals der Natur entbehrte und von Träumen gequält war, jetzt will er bei allen seinen grausen Vorhaben troß dem Donner ruhig schlafen. Einst war seine lebhafte Phantasie von einem bloßen Schrei zur Nachtzeit aufgeregt, jetzt hat er sich mit Schreknissen gesättigt und den Sinn der Furcht fast verloren. Ehemals ging er über seine Thaten mit sich zu Rathe, und Bedenken und Beredungen gingen voraus und mitten durch; jetzt hat er Dinge im Kopfe, die gethan sein wollen ehe überdacht; er findet sich noch jung und unreif in Thaten, so lange er es nicht dahin gebracht, daß dem Vorsaß die That unmittelbar folge, daß der Erstling des Herzens auch der Erstling der Hand sei, daß jedes Wortgeprahl als eitle Rarrheit aufgegeben werde, daß Gedacht Gethan sein einziger Wahlspruch sei. Zu diesem Aeußersten der Thatsucht hatte ihn die Flucht Macduff's gebracht. Er ahnte Böses von ihm, er verschob seinen Tod, er hörte von den Schicksalsschwestern daß wirklich in ihm die Gefahr für ihn liege; von nun an will er seine That mehr durch Aufschub verlieren. In dieser höchsten Ueberspannung seiner Natur wird er durch die Schicksalsschwestern gefestigt, die jetzt unter der Anleitung ihrer Meisterin auf ihn wirken. Sie sehen es ab darauf, diese Verstocktheit in der Sünde, diese Abgeschlossenheit auf die menschliche Kraft, diese Nichtachtung jedes göttlichen Gesetzes in ihm zu pflegen: das, was jene Zeiten mit einem Begriffe, der unserer Sprache nachher verloren ging, Sicherheit nannten. Diese Verleugnung des religiösen Abhängigkeitsgefühls, diese Abwesenheit des gewissenhaften Zweifels, dieses überhobene Vertrauen auf das menschliche Vermögen nennen die Schicksalsschwestern ausdrücklich den Feind, der den Menschen am tödtlichsten ist. Ihre zweideutigen Orakel festigen ihn in dieser Sicherheit, ihre Absicht geht dahin, daß er sein Schicksal beschleunigen, dem Tode trotzen und seine Hoffnungen über alle Mäßigung, Gnade und Furcht hinaussetzen solle. Wie er dann die letzten Täuschungen des Teufels erfährt und sein tragisches Ende nahen sieht, jetzt sieht man, ganz wie sonst den Reizmitteln seines Weibes gegenüber, den Männertrotz sich in ihm heben bis an's Ende. Da diese Enttäuschung seine „Sicherheit" erst erschüttert hat mit Zweifeln, jetzt ringt sich auch die Furcht wieder gegen seine Mannheit empor; aber er ringt sie jedesmal nieder, zaghaft im Gewissen, tapfer im Willen. Wie der Birnamwald naht, zieht er einen Augenblick seine Entschlossenheit ein, aber dann hebt er sich zur Vertheidigung mit jener Tollheit, die die Besserdenkenden tapfere Wuth in ihm nennen. Wie Macduff ihm sagt, daß er aus seiner Mutter Leibe geschnitten sei, giebt er seiner Furcht nach: Ich will nicht mit dir fechten. Aber ein Spott in Macduff's Worten, wie einst in seines Weibes, und sogleich ist der Held wieder da, um als Held zu sterben. Groß wie jener Hagen in den Nibelungen, nöthigt er steigend in grausen Thaten noch immer Achtung ab; das Gepräge des angeborenen Heroenthums ist in ihm sichtbar bis zuletzt, so daß die Größe seiner männlichen Kraft und die

Macht seines Entschlusses fast die Größe der Schuld in ihm auf-
wiegt und deckt.

Den Macbeth aus einer edlen Anlage und guten Natur unter
den Versuchungen des Ehrgeizes und des Männerstolzes auf diesen
Punkt der Sicherheit zu führen, ist die Tendenz dieses Stückes. Auf
diesem Punkte erscheint Macbeth in dem vollendeten Gegensatze gegen
Hamlet. Der grundehrliche Geist seines Vaters hatte diesen zu einer
gerechten That gefordert, ein Geist, aus dem Fegefeuer zurückgekehrt,
hatte aus dem menschlichen Gefühle heraus die Menschennatur in
ihm aufgerufen; den Macbeth versuchen dagegen die trügerischen
Mächte des Bösen, Wesen die von allen menschlichen Mitgefühlen
entblößt sind, in zweideutigen Räthseln zu einer ungerechten und
höchst unnatürlichen That. Natur und Vernunft spornen den Hamlet
an, den Macbeth halten sie zurück. Hamlet zum Thun genöthigt,
wartet zögernd, ob sich ein Erfolg von selber einstelle, Macbeth im
Gegentheile, der auf Erwartung gewiesen ist, reißt den Erfolg vor-
weg an sich. Die Gelegenheit begünstigt Beide, der Eine versäumt
sie, der Andere ergreift sie, beide gleich gewissenlos. Den Einen
stacheln alle Ereignisse, er selber fällt sich mit den Vorwürfen der
Feigheit an und nennt sich Memme, Schurke und Esel, dennoch bleibt
er unter sich und seinem Vermögen, den Macbeth aber reißt die Ansprache seines Weibes an seine Mannhaftigkeit über sich selber hinaus. Der Eine sinkt, einmal in Unthätigkeit verfallen, matt und
matter zusammen, der Andere im Zuge der Thaten hebt sich trotzig
und trotziger empor. Abgelegt schon auf die Wege des Blutes bleibt
Hamlet schlaff und herzensschwach, wo Macbeth übermüthig in offenen Kampf mit den höheren Mächten tritt, krankhaft der Eine in
seiner Thatenflucht, der Andere, wie wir es nannten, in seiner
Thatensucht. Zuletzt auf jener feinsten Spitze angelangt, steht Hamlet's Zweifelsucht, seiner Gewissensangst und seiner moralischen Unsicherheit jene gottlose und ruchlose „Sicherheit" des Macbeth entgegen, in der er, seiner ersten Gutherzigkeit völlig entfremdet, ganz

eingeteufelt erscheint. Von da an gibt es zwischen Beiden keine Vergleichspunkte weiter. In diesem Stadium seiner Laufbahn hat man Macbeth vielmehr oft und ausführlich mit Richard III. verglichen. Aus dieser Vergleichung des Macbeth, wie er in seinem Ausgange ist, mit einem ganz anderen Extreme springt dieselbe Gestalt hervor, wie aus der Zusammenstellung des Macbeth, wie er in seinen Anfängen ist, mit Hamlet. Beide, Macbeth und Richard, sind durch hochstrebenden Ehrgeiz in den Weg der Verbrechen gerathen, wie Beide mit gleichen Worten sagen: in Blut so tief gewatet, daß Eine Sünde die andere nach sich reißt. Aber Richard, von Natur zu Bösem geschaffen, thut es in eigener Anstiftung, in kalter Ueberlegung, durch eine Verschwörung gegen alle seine Umgebung, Macbeth, von Natur mild und edel, wird dazu getrieben durch die Anstiftung eines geliebten Weibes, durch eine Verschwörung aller gleißenden Versuchungen und goldenen Gelegenheiten gegen ihn. Beide sind Verräther, Usurpatoren, Tyrannen, aber Richard ist es geworden durch Verstellung, Heuchelei und Politik, Macbeth ist nichts als ein Soldat; durch einen tieferen Heuchler fällt jener, durch einen edleren Helden dieser. Beide sind von Mitwissern ihrer Schuld umgeben, aber Richard in seiner Menschenverachtung ist gleichgültig gegen Buckingham, den kleinlichen Nebenbuhler aus einem kleinen Geschlechte, dagegen Macbeth hat von dieser Menschenverachtung nichts in sich, er erkennt den höheren Genius und die gleiche Kraft in Banco und Macduff in unwillkürlicher Ehrfurcht an. Beide ersticken das Gewissen in sich mit der Gewalt des Willens, Richard aber ist fähig, mitten im blutigen Erfolge vergnügt und heiterer Laune zu sein, Macbeth ist nicht einen Augenblick seines Glückes froh; „Alles was in ihm ist, heißt es von ihm, verdammt sich selbst, daß es dort ist". Im inneren Jammer blickt er zuletzt auf alle seine gefallenen Hoffnungen zurück, auf die Entbehrung Alles dessen, was das Alter zu begleiten pflegt, auf den Mangel an Freunden und Ehre; diese Entbehrung wäre Richard völlig gleichgültig gewesen. Beide sind den Regungen der Furcht und des Gewissens in den Augenblicken der letzten Entscheidung gleichmäßig ausgesetzt; sie schlagen die Unglücksboten, sie widersprechen sich in Zerstreuung und verwirren sich in der Hast, aber Richard ist dabei in der Haltung eines Bösewichts, der Ausflucht sucht vor dem Richter, Macbeth wie ein Krieger, der gegen gefeite Waffen mit dem Trotz der Ehre kämpft. Beide sind gleich in jener ruchlosen Sicherheit und in der tapfern Wuth, zu der sie sich in verzweifelter Sache ermannen; Steevens bemerkte sehr schön, daß es eine Lieblingsmoral bei Shakespeare ist, daß Verbrechen und böses Gewissen den Tapferen kleinmüthig mache: Beide machen hierin eine Ausnahme und es wächst mit ihrer Schuld ihre Unerschrockenheit und ihr kriegerischer Trotz. Doch erscheint Macbeth in der Aufnahme seines letzten Kampfes, bei der Sicherheit des üblen Ausgangs, furchtloser gefaßt.

Was die poetische Gerechtigkeit in den Schicksalen des Duncan, Banco, Macduff angeht, so liegt in dem Wesen aller dieser ein Gegensatz zu Macbeth's, der aus jener Stellung sein Licht empfängt, die Shakespeare dem Hastings gegen Richard III. über angewiesen hat. Wie in Macbeth die Uebertraft, der Trotz gegen Menschen und Götter, die Sicherheit (im religiösen Wortverstande) vor rächenden überirdischen Mächten, und im gemeinen Begriffe die Sicherstellung vor allen gefahrbringenden Rivalen, die nach jedem erlaubten und unerlaubten Mittel greift, gezeigt und zu Fall gebracht wird, so in jenen Anderen die Weichheit und Nachgiebigkeit, die Ueberschwäche, die Unvorsicht, die sich auch mit erlaubten Mitteln vor Gefahren zu schützen versäumt, die Sicherheit der Leichtgläubigkeit und der Passivität: das Rechte liegt in der Mitte, in Macduff, nachdem ihn Erfahrungen spät geschult haben, und früher in dem gelehrigeren Malcolm. Der König Duncan heißt schon in den Geschichtbüchern ein Mann von größerer Schwäche, als einem Könige geziemte; der Verrath war unter ihm gemein; er war kein Krieger ihn zu unterdrücken, kein Physiognom ihn in den Gesichtern zu lesen; eben hat er an dem freundschaftlichen Than von Cawdor die leidige Erfahrung gemacht, und sogleich erhebt er Macbeth, dessen Ehrgeiz er hätschelt, während er den bescheidenen Banco liegen läßt, zu eben dieser Würde und büßt an dem neuen verwandschaftlichen Cawdor grausam den neuen Fehler. Die ähnliche Unvorsichtigkeit stürzt den Banco. Er war in das Geheimniß der Schicksalsschwestern eingeweiht; zu Offenheit gegen Macbeth verpflichtet, hat er Gelegenheit von dessen Verstocktheit und Heimlichkeit sich zu überzeugen; er muthmaßt und argwöhnt Macbeth's That; gleichwohl thut er nichts gegen ihn und nichts für sich; nur in einer anderen Weise als die zaghaften Bilder der Furcht, der Arzt, Seyton, Rosse und der spähende Ironiker Lenor, unterdrückt er seine Gedanken und macht sich blind mit sehenden Augen; er fällt, unthätig in einer gefährlichen Nachbarschaft. Macduff ist nicht ganz so sehr dieses Fehlers schuldig; er straft sich daher nicht an ihm persönlich, sondern durch das Schicksal seiner Familie, das ihn wieder zu dem Märtyrerhelden macht, dem Macbeth erliegt. Macduff heißt in dem Stücke edel, weise, einsichtig, die Gelegenheit am besten kennend. So erweist er sich. Er ist im Anfang in Ehrlichkeit geneigt zu glauben, daß die Wächter Duncan's den Mord des Königs vollbracht; daß Macbeth sie ersticht, das macht ihn stutzig, er birgt aber tief seinen beweislosen Verdacht. Er geht aber nicht zur Krönung, er weigert sich Macbeth zu sehen, Vorsicht lehrt ihn endlich zu fliehen. So weit in Allem umsichtig, versäumt er seine Familie mitzuflüchten; und die Frau von ihres Mannes, von Rosse's Beispiel und eines Dritten Mahnung vergebens gewarnt, verfällt derselben Unvorsicht. Der Schlag, der nun sein Haus und in seinem Hause ihn trifft, rüttelt dann diesen Mann auf zu der Kraft, die sich mit Macbeth zu messen unternimmt. In seiner ruhenden Natur ist Macduff was einst Macbeth war: eine Mischung von Milde und Kraft; und mehr als Macbeth, weil er ohne jede Beimischung von Ehrgeiz ist. Da Donalbain weit vom Schusse geflohen ist und Malcolm sich vor Macduff aller Unthaten anklagt, wandelt

ihn nicht ein Schatten des Ehrgeizes an, an des Usurpators Stelle
sich selbst zu schwingen; er sagt Schottland und jeder Hoffnung Lebewohl. So edel, so unbescholten, so mild, würde man glauben, müsse
Macduff zum siegreichen Gegner über Macbeth der Stachel des
scharfen Ehrgeizes fehlen, um vor jener gereizten Ueberstärke Stand
zu halten; der Dichter entzieht ihm daher durch die schreckliche Aus-
tilgung seiner Familie das Menschgeborene, die Milch der Menschlichkeit, und macht ihn dadurch erst geschickt zum Sieger über Macbeth. Dieß ist in jener Scene zwischen Macduff und Malkolm in
einer wunderwürdigen Weise mit ein Paar Strichen gezeichnet. Wie
er die Schreckenskunde hört, zieht er schweigend den Hut in die
Stirne und birgt seinen Gram. Meine Kinder auch? Mein Weib
auch? sind seine einzigen Worte und das Rückstürzende der Vorwurf: Und ich mußte weg sein! Malkolm heißt ihn Trost in seiner
Rache suchen. Er hat kein Ohr dafür. „Er hat keine Kinder!" diese
Worte Macduff's konnte Tieck auf Malkolm beziehen wollen!* Und
Malone, Horn, Simrod, die sie zwar auf Macbeth bezogen, wollten
den Ausdruck des Unmuths darin suchen, daß er, Macduff, sich darum
nicht genügend an ihm rächen könne! Der ganze Adel dieses Charakters und die ganze reine Gegensätzlichkeit desselben gegen Macbeth
ginge mit dieser Auffassung geradenweg verloren. Dieß ist eins der
schönsten Beispiele, zu zeigen, wie der tüchtige Schauspieler immer
der beßere Dolmetscher Shakespeare's sein wird, als der gelehrte

---

* Sonderbarer Weise führt Tieck das Einzige, was er für seine Auslegung
sagen konnte, nicht an. Macbeth hat nach den Worten der Lady Kinder gehabt.
Daraus folgt nun nicht, daß er Kinder habe, sondern eben nur daß er sie gehabt
hat. Dann aber gerade hätte Macbeth erfahren, wie der Verlust von Kindern
schmerzt, wofür ihm die Worte Macduff's das Gefühl abstreiten wollen. Ueber-
sah dieß Shakespeare, wie Goethe meinte, unbekümmert, weil ihm an dieser Stelle
der Eine und an der anderen der andere charakteristische Zug von Vortheil war?
Aber man kann eben so wohl sagen: Macduff übersah es in der Größe seines
Schmerzes, und er wollte dem Vater, der nicht lebende Kinder und gegenwärtige
Besorgnisse um sie hatte, nicht das weiche Vaterherz zugestehen, das er selber
besaß.

Commentator. Die namhaften Spieler des Macduff zu Garrick's Zeit, die Wilks und Ryan, wußten gar nicht anders, als daß diese Worte in dem tiefsten Gefühl des väterlichen Grams gesprochen werden müßten, aus dem sich Macduff erst nach und nach zu Fassung und Rachegefühl erhebt. Nichts kann deutlicher sein als dies. Kämpf' es nieder wie ein Mann, sagt ihm Malcolm. „So werd' ich thun; doch muß ich's auch fühlen wie ein Mann! Ich kann jetzt nur daran denken, daß die Dinge waren, die mir am theuersten waren!" Dann erst fehlt er noch einmal den Vorwurf auf sich, daß sie um seinetwillen, des sündigen, getroffen wurden! Nun mahnt ihn Malcolm noch einmal, eben dieß zum Wetzstein seiner Rache zu machen. Und noch jetzt fühlt sich Macduff nur getheilt zwischen Vatergefühl und Rachegefühl: er könnte das Weib spielen mit seinen Augen und prahlend auffahren mit seiner Zunge. Und nun endlich fällt er erst in den Ton der Rachbegierde, die sich nach der That sehnt mit jener Ungeduld des Macbeth, die sich mit Worten und Verschiebungen nicht aufhalten will.

Den bedachten Sicheren, die wir genannt haben, gegenüber ist Malcolm gestellt. Auf eine merkwürdige Weise bei sich der Dialog zwischen ihm und Macduff dem Dichter und seinem Plane in der Chronik schon entgegen, wo er seinem wesentlichen Inhalte nach schon vollständig vorliegt. Malcolm war gleich Anfangs argwöhnend entstohen. Macbeth umstellte und verlockte ihn, dieß hat ihn eben so vorsichtig und umschauend gemacht, wie sein Vater arglos vertrauend war. „Bescheidene Weisheit hält ihn seitdem von überleichtgläubiger Hast zurück". Er waffnet sich selbst mit Argwohn gegen Macduff. Er mißtraut schon der anscheinenden Gefühllosigkeit, mit der Macduff sein Weib verlassen hatte. Er gesteht ihm seinen Argwohn offen. Laß ihn nicht, sagt er ihm, deine Unehre, sondern meine Sicherheit sein. Er geht so weit, sich und seinen Charakter, um Macduff zu prüfen, tief herabzuwürdigen. Man kann daran Anstoß nehmen, als an etwas Unnatürlichem. In dem verwaisten, oft versuchten und betrogenen, jugendlichen Manne mag es aber in der Stimmung der Verbitterung und des Mißtrauens wohl gelegen sein, so weit in Verstellung zu gehen, gerade dem gegenüber, dem man noch gerne trauen möchte und auf den man die letzte Hoffnung setzt. In jedem Fall liegt so ein noch größerer Nachdruck auf dem bezwecken Gegensatze dieses Charakters. Seine Kriegführung gegen Macbeth ist in demselben Geiste, vorsichtig, zögernd; das Abhauen der Zweige im Birnamwald ist bezeichnend für ihn; und wie die Orakelsprüche im Wintermährchen, so sind auch diese hier sehr fein in den Verhältnissen und Charakteren selber motivirt.

Macbeth ist von jeher ein Prüfungsstück für jede beste Bühne gewesen. Möchte man sich denn nur vor jeder Verstümmelung und Verbesserung in Acht nehmen. Dieß Stück hängt am einheitlichsten und strengsten in sich zusammen und duldet keine Auslassung. Schiller hat die Scene der Ermordung von Macduff's Familie weggelassen. Es liegt in dem vorhin Gesagten, warum dieß unstatthaft ist. Ein Beispiel der Gräuel, die Macbeth verübte, mußte vorgeführt werden; der schwere Anlaß, der in Macduff's Seele den Rachentrieb senkte, wird nur begriffen, wenn das Auge gesehen hat. Schon Coleridge hat über den Vorwurf der unnöthigen Grausamkeit sich für Shakespeare erhoben: „Mit Weglassung des Titus, der nicht ächt ist, und der Scene der Blendung Gloster's (wo doch auch nur das horazische ne palam coquat verletzt ist) antworte ich kühn: Nicht schuldig". Shakespeare hat auch hier Alles gethan, was die nothwendige Härte mildern konnte. Ueber den Tod des Knaben haben wir früher eine Bemerkung gemacht. Für die Mutter, die Macduff für einen Verräther am König Macbeth hält, flößt er uns wenige Sympathie ein; ihr Tod ist hinter die Scene verlegt. So wie diese Scene des Grausens, so ist man eben so entschieden, die komische Figur des Pförtners wegzustreichen. Hier hat man Coleridge und Collier für sich, die den Monolog desselben für die unbefugte Einschiebung eines Schauspielers halten. Es möchte sein. Doch wäre sie jedenfalls nicht so ungeschickt; es ist eine unheimliche Jovialität, die sich gegensätzlich sehr wohl in die Umstände fügt, daß der trunkene Schließer, der vom Abend und von Duncan's Geschenken her in dem Zustande der Lustbarkeit geblieben ist, diesen Ort als einen Höllenschlund in seinen Reden allegorisirt, in denen jede Anspielung eine Beziehung duldet. Garrick hat übrigens noch schlimmere Auslassungen verschuldet, als die in der herkömmlichen Weglassung dieser Scenen gelegen wären, und noch ungeschicktere Einschaltungen. Dennoch hat er das Stück erst wieder kenntlich gemacht. Vor ihm hatte es Davenant zu einer Art Oper verunstaltet, mit höchst lächerlicher Ausstaffirung der Hexen und den fremdartigsten Zusätzen. Garrick mußte, um seiner Herstellung des Stückes und seiner neuen abweichenden Auffassung des Charakters Eingang zu schaffen, sich selbst in einer launigen Schrift angreifen, um den Angriffen Anderer den Stachel zu nehmen. Sein Spiel hat sich ohne Zweifel traditionell vererbt, wie das seines Hamlet, das wir nach Lichtenberg's Darstellung einigermaßen mit dem jetzt üblichen vergleichen können. Wenn er, auch außerhalb des Theaters, den Monolog sprach, wo sich der Dolch seiner Phantasie vorspiegelt, war er hinreißend durch seinen brennenden Blick, seine Mimik und ausdrucksvolle Sprache. Seit seiner Zeit blieb die Rolle ein Augenmerk aller bedeutenden Künstler, der Kemble, Kean, Macready; der erstere schrieb eine eigene Schrift zur Erläuterung dieses Charakters. Neben Garrick spielte Mrs. Pritchard die Lady. Auch ihre Auffassung dieser Rolle scheint maaßgebend geblieben zu sein. Sie stellte ein furchtbares Gemälde der Unerschrockenheit des Frevelsinnes dar, der Hartnäckigkeit, der reuelosen Unempfindlichkeit. Ihr Spiel in der Bankettscene wird als eine der vollkommensten Leistungen gerühmt, und eben so die Nachtwandelscene, wo ihr Spiel wie die plötzliche Erleuchtung eines Blitzes war, der die Schrecknisse der Dunkelheit nur deutlicher wahrnehmen läßt. Seit 1785 spielte in London Mrs. Siddons diese Rolle und auch sie war die Bewunderung Aller, die sie sahen. Sie gab sie wie eine Gestalt der antiken

Tragödie, einfach, statuengleich, in marmorner Haltung, und in gewaltiger Energie. Der Beschreibung nach war ihr Spiel bei jenen Worten, wo sie sich vermißt ihrem lächelnden Kinde das Gehirn zu zerschmettern, krampfig übertrieben und verzerrt. Sonderbar, daß dieselbe Frau, die über diese Rolle einige Bemerkungen niedergeschrieben hat, in ihrer Theorie anderen Sinnes schien, als in ihrer Praxis. Sie ahnte den unterdrückten weiblichen Funken in diesem Charakter und ging so weit, sogar weibliche Liebenswürdigkeit und eine blonde Schönheit in ihr zu vermuthen. Darin war sie offenbar der richtigen Fährte näher, als in ihrem Spiele. Sie mochte aber die Rolle für dankbarer halten, wenn sie dieselbe so ausführte wie sie that. Diese Weise, aus einer gegebenen Rolle etwas Willkürliches zu machen, ist aber ein Kunststück, das höchstens bei Rollen angewandt wäre, aus denen der Dichter selber nichts zu machen wußte. Bei Shakespeare ist es immer eine Stümperei. Er hat dem Schauspieler nichts zu thun gelassen, als ihn zu begreifen, aber er hat ihm überall hinreichend zu thun gegeben, wenn er ihn wirklich begreifen wollte.

König Lear.

König Lear kann nicht vor 1603 entstanden sein, weil in diesem Jahre ein Buch von Harsnet, discovery of popish impostors, erschien, aus dem Shakespeare nachweislich die verschiedenen Teufelsnamen entlehnt hat, die Edgar in seinem vorgegebenen Wahnsinne erwähnt. Man weiß ferner, daß Lear am 26. December 1606 im Globe aufgeführt wurde; zwischen beiden Daten muß er geschrieben sein; wie man sieht, so gleichzeitig bei Macbeth, daß unser Uebergang zu diesem Stücke schon chronologisch gerechtfertigt ist. Nicht lange nach jener Aufführung erschienen drei Ausgaben in Quart in Einem Jahre 1608, gewiß ein Beweis von der Beliebtheit dieses Stücks, das gleichmäßig die feinen Kenner und Besucher der Shakespeare'schen Bühne und jenes Publicum, das sich an Titus und Tamerlan freute, ansprechen mußte.

Die Mythe vom König Leir und seinen Töchtern ist von Gottfried von Monmouth erzählt, der den Tod dieses Fürsten um 800 vor Christi Geburt legt. Aus ihm ist sie in Holinshed übergegangen. Schon vor Shakespeare war diese Sage dramatisch behandelt worden; in Steevens' six old plays etc. ist das 1594 zuerst erschienene, aber etwas früher entstandene Stück (the true chronicle history of King Leir and his three daughters) wieder abgedruckt. Daß Shakespeare von diesem ungelenken und rohen Schauspiele Gebrauch gemacht habe, verrath sich nur an ganz wenigen Punkten. Der alte König legt hier seinen Töchtern die Frage über den Grad der kindlichen Liebe in der Absicht vor, an der jüngsten einen väterlichen Betrug zu üben, sie bei der erwarteten Liebesbetheuerung nämlich zu fassen, um ihr gegen ihre Neigung einem britischen König zum Gatten zu geben. Getäuscht in seiner Erwartung, beraubt er sie ihres Erbes und sie wird das Weib des Königs von Frankreich, der als Pilger verkleidet nach England kommt und sie zufällig trifft. Den schwachen, alten König stößt nun zuerst Goneril aus dem Hause, dann stiften beide Töchter einen Mörder an, der ihn und seinen treuen Perillus (Kent bei Shakespeare) ermorden soll; sie bitten gegenseitig Einer für des Anderen Leben und der Mörder verschont beide. Sie fliehen nach Frankreich; sie treffen als Schiffer verkleidet auf den König und Cordelia, die als Landleute verstellt einen Ausflug an's Meer gemacht haben; dann wird Lear siegreich zurückgeführt und seine Töchter und ihre Gatten vertrieben. Man sieht schon aus den romantischen Zügen, die hier eingewebt sind, daß das Stück viel milder ist, als Shakespeare's; es spielt im christlichen Zeitalter; die Beschwerden Goneril's über den alten, schwachmüthigen und schuldlosen Vater sind hier: daß er sie nie ungescholten lasse, wenn sie sich ein neumodisch Kleid bestelle oder ein Bankett anrichte; er geht weinend von ihr und kommt den Finger in den Augen zu Regan, die ihn knieend und schmeichelnd empfängt, während sie im Herzen seinen Mord beräth. — Muß es nicht auffallen, daß unser Dichter zur Zeit des schon ausgebildeteren Bühnengeschmacks diese Geschichte von kindlicher Undankbarkeit in einem viel furchtbareren Gemälde entwickelte, als es der ältere Dichter in den roheren Tagen des englischen Theaters that?

Shakespeare hat den graustigen Inhalt dieser Tragödie schon durch die bloße Erweiterung des ursprünglichen Stoffes gesteigert. Er hat der Sage von Lear die Episode von Gloster hinzugefügt, die aus Sidney's Arcadia (II, 10.) entlehnt ist; der Zerfall einer zweiten

Familie, die Nachstellungen eines unnatürlichen Sohnes gegen Vater und Bruder, eines aufgehetzten Vaters gegen einen unschuldigen Sohn kommen zu dem Unrecht, das Lear seinem Einen Kinde thut, von seinen Anderen leidet, hinzu. Diese, durch innere Gleichartigkeit dem Hauptinhalte nach verwandte Episode hat dann Shakespeare mit diesem auf's geistreichste verkettet und verschlungen, die doppelte Handlung wie in eine einzige verwoben und verschmolzen; aber auch dieß nicht, ohne des harten und blutigen Stoffes noch mehr hinzuzufügen. Indem er den Bastardsohn Gloster's in der schrecklichen Schwestern Dienst und Liebe gibt, veranlaßt dieß den Anschlag der Goneril auf das Leben ihres Gatten und die Vergiftung ihrer Schwester, es veranlaßt die Hinrichtung Cordelia's und ihres Vaters letzten Ausgang. Diese drei- und vierfachen Familienzerwürfnisse ruhen dann wieder auf der breiteren Unterlage staatlicher Verwickelungen. Das getheilte Reich des alten Lear streben die ungearteten Töchter in heimlichen Anschlägen wieder zu vereinigen, während es zugleich durch Frankreich von außen bedroht ist; aus dem geheimen Einverständnisse der englischen Großen mit Cordelia leitet sich zunächst Gloster's grausame Blendung und als Rückschlag davon der Tod des Cornwall her. Ist dieß Stück so schon durch die Fülle von wilden, unnatürlichen Thaten blutiger als irgend ein anderes von Shakespeare's Trauerspielen, so ist es durch die Art und Weise, durch Form und Erscheinung des Schrecklichen noch abstoßender. Die Blendung Gloster's, das Austreten seiner Augen auf der Bühne, nannte selbst Coleridge, der standhafte Vertheidiger Shakespeare's, eine Scene, in welcher das Tragische bis auf die äußerste Grenze und das ne plus ultra des Dramatischen getrieben sei. Der Cordelia Todesart nicht nur, sondern auch ihr Tod ist nutzlos grausam gefunden worden. Eine englische Ballade über den Gegenstand, die wahrscheinlich erst nach unserem Stück entstand, läßt Cordelia den edleren Tod in der Schlacht sterben. Zur Zeit der Restauration hätte man das Stück aber selbst in dieser tragischen Katastrophe nicht mehr ertragen. Die

Tate und Colman überarbeiteten es, und in diesen und anderen Bühnenveränderungen ward Edgar in Liebe zu Cordelia gebracht und dem Trauerspiele der befriedigende Ausgang eines Schauspiels gegeben. Johnson und Andere gaben ihre Billigung, und auch in Garrick's Zeit ist König Lear immer in dieser versöhnenden Gestalt gegeben und die Tödtung des bestellten Henkers der Cordelia, die Vereitelung seiner Absicht durch den alten Lear, mit dem größten Beifalle belohnt worden.

Daß ein Stück dieser Art von Shakespeare geschrieben ward und zu seinen Tagen so entschiedenen Beifall fand, wäre dieß nicht ein entscheidender Beweis für die Barbarei jenes Zeitalters? und dafür, daß Shakespeare der Ansteckung dieser Zeit, wie hoch wir ihn erheben, doch nicht ganz entgangen sei? zum wenigsten dafür, daß er dem rohen Geschmacke dieser Zeit allzubereitwillig gefröhnt habe? Wir glauben keins von den dreien. Daß jene Zeit reich an mannichfaltiger Bildung war, dafür zeugt eine große Literatur; daß diese Bildung von vielfachen Resten der Rohheit noch durchbrochen war, ist unleugbar aus dem ganzen Zustande der Gesittung und einzelnen, nicht kleinen Zweigen selbst jener Literatur. Dennoch nennt man eine Zeit mit Unrecht barbarisch, in der der Einzelne zu so vollständiger Durchbildung gelangen kann, wie wir sie eben in Shakespeare bewundern. Daß die Nerven damals gesünder und stärker waren, die öffentliche Stimmung, die geschichtlichen Erlebnisse tragischer, die Schätzung des Blutes und des Menschenlebens geringer, dieß beeinträchtigte noch nicht die Bildung, es begünstigte aber entschieden die tragische Poesie. Die Tragödie hat eine natürliche oder eine ausnahmsweise Blüte überall nur in dem Verhältnisse gehabt, wie die öffentlichen Dinge dafür stimmten; eine friedlich behagliche, in Ruhe stagnirende Zeit wird niemals große Tragödien erzeugen. War aber Shakespeare, als er den Lear schrieb, nicht der verhältnismäßigen Verwilderung dieses kräftigen Zeitalters zeitweise wenigstens verfallen? So wenig wie der Feinstfühlende unter uns, der uns die

Beweise des höchsten Zartsinnes, der weichsten Sanftmuth, des Schmelzes elegischer Empfindungen so gegeben hätte, wie Shakespeare im Romeo, im Hamlet, im Cymbeline gethan hat, so wenig wie dieser Feinstfühlende und Feinstgebildete unter uns, wenn er es unternähme und verstände, den wilderen Zeitmomenten der Gegenwart ihr Bild aus dem Spiegel älterer Geschichte poetisch zu entwerfen. Wenn aber Shakespeare im Lear das Tragische, wie Coleridge sagte, bis an die äußerste Grenze trieb, huldigte er nicht wenigstens dem rohen Geschmacke des rohesten Theiles der Gesellschaft zu sehr, als daß er der Würde seiner Kunst nicht etwas dadurch vergeben hätte? Wenn er der Kunst und ihrer Würde etwas vergeben haben sollte, dann allerdings hätte er den Vorwurf verdient, dem rohen Geschmacke der Massen unbillig gefröhnt zu haben. Aber sahen wir nicht Shakespeare auch im Lustspiele die burlesken Caricaturen der gemeinen Volkspossen aufnehmen und sie durch die geistreichen Beziehungen adeln, unter denen er sie zu den feineren Gestaltungen seiner Komödie emporhob? Und könnte dieser Dichter nicht so auch eine Wendung gesucht haben, die Schrecknisse der rohen Tragödie im Marlowe'schen Geschmack in einem höheren Kunst- und Sittenzwecke zu gebrauchen, die Wildheit und Grausamkeit der an die äußerste Grenze gesteigerten Leidenschaft zum eigentlichen Ziele und Zwecke eines Kunstwerkes zu machen? Mußte ein Geist von dieser Größe nicht empfinden, daß der stärkste dichterische Genius, um sich auszubreiten, den nöthigen Raum nur gerade in der Darstellung der stärksten Leidenschaften hat? daß es seinen guten Grund hat, warum die antike Tragödie ihre Stoffe aus der Urzeit der Heroengeschlechter nahm, wo sie den größer gebauten Naturen gewaltigere Kräfte verleihen durfte? Auch scheint es in der That ja anerkannt, daß Shakespeare gerade in der Schilderung dieser entfesselten Menschheit im Macbeth, im Hamlet, aber besonders im Lear, die höchste Höhe seiner Kunst erklommen habe! Wie oft ist nicht Lear das größte und erhabenste seiner sämmtlichen Dramen genannt worden!

Wie staunte Schlegel den „beinah übermenschlichen Schwung des Genius" in diesem Werke an, „wo der Geist sich eben so sehr in Betrachtung aller Höhen und Tiefen desselben verliere, wie der erste Eindruck das Gefühl überwältige!" Diese und ähnliche Geständnisse der Bewunderung sind gemacht worden, zum Theil ohne Beanstandung des herben Inhaltes, zum Theil trotz demselben; es wäre aber noch eine Frage, ob sie nicht auch verdient sind gerade wegen des kolossalen Inhaltes, der auch in dem Schrecklichen und Herben der Ereignisse über die natürliche Größe hinauswächst, und wegen der ganz außerordentlichen Entwickelung desselben.

Das Trauerspiel hat in seiner Tendenz zu allen Zeiten einen Gegensatz gegen das Epos gebildet. Das epische Gedicht pflegt die Großthaten von Menschen zu schildern, die mit wohlthätigen Plänen und Zwecken der Vorsehung im Einklange stehen und die Werkzeuge des Schicksals, die Günstlinge der Götter sind. Die Tragödie dagegen zeigt den Menschen überall mit dem Schicksale zerfallen; stolze, überhobene, überstarke Naturen lehnen sich gegen die Schranken der göttlichen und menschlichen Gesetze auf und waffnen dadurch die Strafe der Götter. Was wir hier Schicksal nennen, ist aber nicht eine blinde äußere Macht, welcher der Mensch als ein willenloses Spielzeug zum Opfer fiele; das Schicksal ist bei Shakespeare nichts anderes als des Menschen eigene Natur. So haben wir es in Othello, in Hamlet und Macbeth gefunden. Die eigenen Leidenschaften dieser Menschen spannen das Gewebe ihrer Geschicke. Je höher diese Leidenschaften getrieben waren, desto fesselnder wurde die Theilnahme an ihnen; je kühner die Uebertretungen waren zu denen sie verleiteten, desto größeren Aufschwung nahmen die Handlungen, desto verwickelter wurden die Verirrungen, desto greller die Schrecknisse in den Ereignissen, desto tragischer die Katastrophe; je edler auf der anderen Seite die ursprüngliche Naturanlage eben dieser Leidenschaften war, desto ergreifender ward der Eindruck der Abirrungen und desto ernster unser Mitleid. Von der Größe, der Gewalt, dem

Umfange, der Tiefe der geschilderten Leidenschaft, steht man, hing überall die Tiefe der Wirkung des darstellenden Kunstwerkes ab; sollte aber diese Wirkung dem dargestellten Gegenstande in tiefer Weise entsprechen, so setzte dieß auf alle Fälle den eben so entsprechenden Aufschwung des dichterischen Genius, das Aufgebot der ganzen Gewalt seines Darstellungsvermögens, der ganzen Tiefe seines Gemüthes, des vollen Umfanges seines Geistes voraus. Es ist daher nichts natürlicher, als daß wir unsern Dichter an der Schilderung jener furchtbaren Prüfungen, Verblendungen und Ausschweifungen einer so edlen Natur wie Macbeth und an allen ähnlichen Darstellungen fortwährend wachsen sahen. Im Lear scheint dieß Wachsthum noch immer im Steigen, in dem Maaße, als die Aufgabe ausgedehnter und breiter ist. Im Hamlet und Macbeth, im Othello und Timon dreht sich Alles um einen einzigen Hauptcharakter. Im Lear und im Cymbeline nimmt sich Shakespeare einen viel weiteren Stoff. Wenn es sich in jenen Tragödien wesentlich um eine einzelne Leidenschaft und ihre Entwicklung handelte, so sind im Lear und Cymbeline gleichsam ganze Zeiten und Geschlechter dargestellt. Man ruht hier nicht vorzugsweise auf einzelnen Figuren; dieß ist selbst im Lear nicht eigentlich der Fall, im Cymbeline aber noch viel weniger. Doppelte, ja noch mehrfache Handlungen sind zusammengestellt; gleich wichtige und fesselnde Charaktere bewegen sich in größerer Anzahl nebeneinander; das Thatsächliche gewinnt dadurch ungemein an Reichthum, Ausdehnung und gedrängter Fülle; und man darf nur im Einzelnen die Unternehmungen eines Kent und Oswald ausheben, um zu finden, wie vieles Thatsächliche hier selbst in den untergeordneten Sphären in sehr zusammenhängender Ordnung fast versteckt liegt, was man über der Fülle des Stoffes auf den ersten Anlauf leicht ganz übersieht. Dadurch sind diese beiden Stücke thatenreicher geworden, als alle anderen, und dem epischen Charakter noch näher gerückt, als selbst die historischen; und sie stehen daher dem antiken Drama noch mehr entgegen, als Shakespeare's übrige Werke. Es liegt in eben dieser Ausbreitung des Thatsächlichen die Ursache, warum diese Stücke weniger als andere an Sentenzen reich sind, die den Sinn aufschließen, warum hier die Handlungen selbst das Wesentliche zur Erklärung sprechen müssen, warum die genaue Beobachtung des Thatsächlichen hier eben so wichtig ist als die der psychologischen Ausarbeitung der Charaktere.

Brachte man aber, in welch einem feinen und allmähligen Stufengange Shakespeare zuerst zu jenen starken, hochtragischen Charakteren von ungewöhnlichen Leidenschaften kam und von den einzelnen Gestalten dieser Art auf ihre massenhaftere Darstellung in den beiden Stücken, mit denen wir uns zunächst beschäftigen. Sehen wir zuerst auf die frühere Reihe der Trauerspiele unseres Dichters zurück, so hatte er in der vollkommensten seiner früheren Tragödien, in Romeo, eine schöne und heftige, aber keine männlich große Leidenschaft zum Gegenstande; sein Richard II. war ein Schwächling; Richard III. nur in Gemeinheit außerordentlich; König Johann eine wenig selbständige Natur. Sah sich der Dichter in der Gesellschaft und in der Geschichte nach Charakteren um, die ihm die fruchtbare Naturkraft entgegenbrächten, aus der in üppigem Wachsthume die gesteigerte, dämonische, vollblütige Leidenschaft aufschießen könnte, nach der ihn für seine höheren tragischen Entwürfe verlangte, so traf er sie so wenig in der civilisirten Gegenwart, wie in der Geschichte der nächsten Vergangenheit. Wo nicht große Kriege uns aus dem Gleise unserer friedlichen Existenz herausreißen, erleben wir die tragische Ausartung der Leidenschaft nur in Ausnahmsfällen in den rohen Schichten der Gesellschaft; diese Fälle spielt man höchstens in den Gerichtshöfen nach; sie haben etwas Widriges für uns; und das Gezwungene und Unnatürliche in Kunstwerken, die eine solche Wildheit in die Zahmheit unserer Zustände verlegen, ist bei unseres Schillers Räubern von Allen dunkel oder deutlich empfunden worden. Im Othello bot sich Shakespeare ein solcher Ausnahmsfall auffallend entgegen; er zeigte uns diesen Mann eines wilden Schlages mitten in den gebildeten

Geschlechtern Europa's; allein auch da scheint die Meisten eben die Zerstörung, die diese zwar so gezähmte Wildheit in der civilen Gesellschaft anrichtet, mehr zu beleidigen, als die verfeinerte Grausamkeit des Angehörigen dieser Gesellschaft, des Jago. Dagegen im Cäsar gerieth Shakespeare schon in eine weit günstigere Zeit und Welt für tragische Entwürfe. Ein Heldenroll in entfernterer Vergangenheit, eine zwar gebildete aber durchaus kriegerische Zeit, von Bürgerkriegen und Staatsumwälzungen bewegt, dieß war von dem Boden, den unser Dichter suchte, und deßhalb kehrte er später noch zweimal auf diesen Grund zurück. Noch aber waren auch diese Zeiten zu gebildet, um die Leidenschaft in ihrer ganzen Naturkraft, in ihrem ungezügelten und ungezähmten Zustande in sie verlegen zu dürfen. Im Hamlet und Macbeth that Shakespeare erst den Meistergriff in die Helden- und Mythenzeit der gallischen und germanischen Urbevölkerung zurück. So hatten die Alten ihre tragischen Fabeln jenseits aller Civilisation, in den vortrojanischen Sagen, gesucht, und der grausige Stoff der Geschichte jener Häuser des Karus und Tantalus war die Quelle, aus der die antike Tragödie ihre köstlichste Nahrung zog. In solche Zeiten versetzt, lassen wir uns im geschichtlichen Tacte diese Heroenfiguren, diese kolossal gehobene Menschheit, diese strebenden Naturen, diese Halbgötter und Titanen gefallen; wir finden den üppigen Wuchs der Triebe und Leidenschaften natürlich in diesen Geschlechtern; wir werden von dem Maaße der Grausamkeit nicht so berührt, weil wir uns unwillkürlich zu der größeren Kraft gehoben fühlen, die dort der Leiden und Lasten auch mehr ertrug. Wir werden auch nicht etwa durch die Ansicht geirrt und abgestoßen, als ob diese Art von Menschheit an sich eine Mythe und Fabel, der menschlichen Natur, wie wir sie kennen, allzu abgelegen sei, um jemals Wirklichkeit besessen zu haben; wir wissen aus der beglaubigten Geschichte der burgundischen und merowingischen Königshäuser, daß solche Zeiten und solche Menschen waren, daß Familiengräuel, wie wir sie im Lear lesen, Jahrhunderte selbst christlicher Geschlechter ausgefüllt haben, daß die tantalischen Frevel der alten Tragödie nicht nothwendig und ihrer Natur nach Mythen und Fabeln sind. In solche Zeiten also hat uns Shakspeare in den traglichsten seiner Tragödien hingeführt, und in nichts vielleicht hat sich die instinctive Größe und Sicherheit seines Genius mehr geoffenbart, als in diesem geschicktesten und kühnsten seiner Griffe. Im Macbeth und Hamlet zeigten wir, wie er uns erst an die Grenze jener Zeitalter brachte, als gälte es ihm, ein kunstsinniges und verfeinertes Publikum an diese härtere Kost erst zu gewöhnen. Er gab uns in Hamlet einen Mann, der solch einer rauhen Zeit entwuchs, und im Macbeth einen Anderen, der sich gegen die anrückende Belehrung und Milderung eines solchen Zeitalters sträubte und in den Sitten desselben beharrte. Im Lear setzt uns der Dichter mitten in eine solche Zeit hinein und zeigt uns ein ganzes Geschlecht von jener barbarischen Kraft der Leidenschaften in Handlung und Bewegung, in dem fast ausnahmsweise die Widerstandskraft der Vernunft und des Gewissens über die Regung des Blutes machtlos oder erstorben ist. Dasselbe heidnische Geschlecht hat er dann auch noch im Cymbeline, aber schon in einer vorgerückteren Periode, dargestellt; dort hat er uns im großen Gegensatze zu Lear die seltenen Menschen vorgeführt, in denen die heroische Fassungskraft und sittliche Energie dieselbe Uebermacht offenbart, die zur Besiegung der überstarken Leidenschaften nöthig ist, die solchen Zeiten eigenthümlich sind. Es war also Absicht, im Lear einen solchen wuchernden Schuß der Leidenschaft abzubilden. Nicht zufällig steht in diesem Stücke gerade die Barbarei des Herzogs von Cornwall, man wird uns das zweite Beispiel in anderen Dramen des Dichters nicht aufschlagen. Die maaßlose Grobheit und Heftigkeit des Kent hat er nicht gleichgültig jedem derben Gesellen aus jeder anderen Zeit geliehen. Die kindliche Undankbarkeit in den verhärteten Herzen der Töchter Lear's, den unnatürlichen Bruch der natürlichsten Bande der Familie hat er nicht stumpfsinnig in jedes beliebige Geschlecht verlegt. Die ruchlosen Gwilder ohne jede Spur von Gewissen hat er nicht dem größten Theile des Personales anderer Stücke gegeben wie hier, ja die verworrensten einzelnen Figuren seiner grellsten Trauerspiele, die Richard und Jago, hat er von diesem Stachel nicht völlig entblößt.

„Die Menschen sind, wie die Zeit ist, sagt Edmund in unserem Stücke; zartfühlend zu sein, ziemt nicht dem Schwerte". Und so, war des Dichters Meinung, auch nicht einem eisernen Zeitalter, wo die Triebe zu ungebändigter Stärke, die Laster zu einer gigantischen Größe emporwachsen. Daß wir uns in einem solchen Zeitalter in diesem Stücke bewegen, sollte der Zuschauer, da wir die Mittel dazu einmal besitzen, bei der Darstellung gleich durch die ersten sinnlichen Eindrücke auf der Bühne gewahr werden. Tieck hat von diesem Stücke gesagt, das Costüm sei gleichgültig; man kann nichts verkehrteres sagen. Wenn im Lear auf der Bühne Häuser im Perücken- stile, glänzender Hausrath und die Eleganz des spanischen Ritter- costümes angewandt werden, so ist jede Täuschung bereits gestört. Wogegen drückende Gemächer von roher Architektur, wilde Gegen- den und öde Prospekte, gedrungene hunnische Derbheit und Rohheit in Figuren und Tracht, mit etwas hineinspielendem orientalischem Prunk sogleich unserem Auge einen Gesammteindruck des Schau- platzes gewähren würden, der uns auf die Natur der hier handeln- den Menschheit vorbereitete. Shakspeare, in dessen Zeit die Bühne diese Vortheile noch nicht kannte, hat es selber doch nöthig gefunden, die Natur der Zeiten gleich in den Anfängen des Stückes, ausdrück- lich, von den handelnden Personen selbst, in großen Umrissen, für den Zuschauer oder Leser vorbereitend entwerfen zu lassen. Edmund schildert sie seinem Bruder aus einer vorgegebenen Prophezeihung, die Tod, Hungersnoth, Auflösung aller Freundschaften, Spaltungen im Staate, Drohungen und Verwünschungen gegen König und Adel, grundloses Mißtrauen, Verbannung von Freunden, Auflösung des Heeres und Ehescheidungen verkündigt. Der alte Gloster hatte ihm dieses Thema vorher aus Erfahrungen in dem wirklichen Leben angegeben. Die Liebe fand er erkaltet, Freundschaft fällt ab, Brüder entzweien sich; in Städten Meuterei, in Ländern Zwietracht, in Palläſten Verrath, das Band zwiſchen Sohn und Vater zerriſſen. In ſeinem Hauſe iſt der Sohn gegen den Vater, der König verliert das Gleichgewicht der Natur, da iſt der Vater gegen das Kind. „Wir haben, fügt er hinzu, als das Beſte unſerer Zeit geſehen: Nachſtellungen, Herzloſigkeit, Verrätherei und alle verderblichen Zerrüttungen". Wirklich iſt dieß die Skizze der Zeit, die nun im ausgeführten Bilde an uns vorübergeführt wird, wo uns Grauſamkeit in ihrer ſchrecklichſten Geſtalt, Ränke von der teufliſchſten Natur, Undank in der grellſten Farbe, Jähzorn und Wuth ohne Zügel begegnen. Es iſt eine heidniſche Zeit, darauf iſt ein ausdrückliches Gewicht gelegt; die Natur iſt die Göttin des Lear wie des Edmund: der Zufall herrſcht oben, und unten Gewalt und Stärke. Die Beſten in dieſem Geſchlechte wiſſen von keiner inneren Kraft, keinem edlen Willen, keiner Faſſung und Beherrſchung, keinem ſittlichen Grundſatze, wodurch die Gewalt des Blutes gebrochen, der Antrieb der Leidenſchaft gehemmt, der maaßloſe Trieb gezügelt werden könnte. Alle, und gerade die Beſſeren, ſchieben fataliſtiſch die Thaten der Menſchen auf den Einfluß der Natur und der Sterne; die Verfinſterungen von Sonne und Mond bringen nach Gloſter's Meinung jene ſchrecklichen Geißeln der Menſchheit; und für den biedern Kent iſt die verſchiedene Artung von Lear's Töchtern der Beweis, daß nicht Erziehung, ja ſelbſt nicht das vererbte Blut die Gemüthsart der Menſchen bilde, ſondern die blinden Sterne. Gerade nur der Böſeſte unter Allen, der freigeiſtige Edmund, ſpottet dieſer bequemen Entſchuldigung unſerer Laſter und Leidenſchaften mit dem planetariſchen Einfluſſe, weil Er gerade eine Kraft des Willens und des Geiſtes in ſich kennt, die er aber nur zur Ruchloſigkeit anwendet. Läßt Er ſeinem Eigennutze, wie nach Grundſätzen, den Zügel ſchießen, ſo iſt dagegen die Regel dieſes Geſchlechtes, daß ſie dem dunkeln Inſtincte und dem Stoße der Neigungen folgen und dem Zuge der entfeſſelten

Leidenschaften freien Lauf lassen, ohne alle Scrupel des Geistes oder der Sittlichkeit. Es ist die Zeit, von der Macbeth sagte: wenn der Todtschlag geschehen war, so war's gut. Kein Gewissensbiß nagt hier vor oder während oder nach der That die meisten Uebelthäter an; kein ängstliches Bedenken der Folgen hält von Frevel zurück; hier ist kein Hamlet und kein Macbeth mit erregter Phantasie, mit schreckhafter Vorstellungskraft, mit den zarten Fühlfäden einer angebornen sittlichen Natur. Diese Töchter des Lear, dieser Edmund, dieser Cornwall, dieser Oswald gehen, gescheitert in ihren Anschlägen, in den Tod ohne einen Anflug von Reue. Die besseren Naturen, wie Lear und Gloster, da ihre Fehler an ihnen natürliche Strafe nehmen, fallen aus Glück in Verzweiflung, und der Eine wird dann wahnsinnig, der Andere sieht die Menschen für ein Spielwerk der Götter an. Ganz so erklärt auch Macbeth, der doch Anfangs in der Aussicht auf ein glänzendes Diesseits das Jenseits preisgeben wollte, in der Stunde seiner Verzweiflung eben dieß einst für ihn so versprechende Leben für einen wandelnden Schatten, das Mährchen eines Thoren, das nichts bedeutet. Alle menschliche Natur in einem solchen Geschlechte geht im blinden Zuge in's Aeußerste. Selbst das Gute, wo es erscheint, die Treue, die Grabheit, die Blödigkeit, die Selbstbeherrschung, Alles ist im Extreme. Es ist eine Menschheit, an die noch keinerlei Cultur herangetreten ist, die noch von keiner Religionssatzung, keinem Elterngesetze, keiner Reife der Erziehung weiß; einem Geschlechte, das dem „nackten, zweizinkigen Dinge" des Edgar, wie es roh aus der Hand der Natur entworfen wird, noch nahe steht. Was in diesem Naturzustande ein erstes Gesetz zu schreiben, eine ernste Schranke zu ziehen pflegt, das ist die Familie. Das Band des Blutes dämpft überall zuerst die Herrsch- und Habsucht, den Egoismus des Einzelnen. Aber hier zerreißt die Selbstsucht sogar diese gewaltigsten Bande der Natur. Ein heftiger Vater, im Begriffe, seinen Kindern Alles zu opfern, erntet scheinbaren und wirklichen Undank von ihnen, wendet seine Wuth und Verfolgung gegen

Pflichttreue und Wahrheit, und seine Wohlthaten an Schmeichelei und Falschheit, durch die ihn die furchtbarsten Mißhandlungen treffen. Ein sanfter Vater hat sich im Ehebruch eine Natter erzeugt, einen natürlichen Sohn, der ihn und durch ihn seinen ächtgeborenen Sohn zu vernichten strebt. Geschwister gegen Geschwister, Kinder gegen Eltern und Eltern gegen Kinder, Gatten gegen Gatten sind gegeneinander in selbstsüchtiger Verfolgung entbrannt: ein Bild der menschlichen Thierheit von einer furchtbaren Stärke. Die Zerrüttung dieser Familien ist in der Weise der Mittelpunkt in dieser Tragödie, daß man auf den ersten Blick als den leitenden Gedanken derselben die Darstellung des kindlichen Undanks ansehen möchte. Aber in der That ist die Idee dieses Werkes weit umfassender und diese Familienzerwürfnisse sind viel mehr der Körper als der Geist des Stückes. Sie geben aber der Furchtbarkeit des Stoffes hinzu; das Gleiche, von Fremden gegen Fremde verübt, hätte nicht die gleiche schreckliche Wucht. Diese so angehäuften, so in den Schoos der engsten Verwandtschaft gelegten Handlungen „stellen sich, nach Schlegel, dar wie eine große Empörung in der sittlichen Welt; das Gemälde wird riesenhaft und erregt ein Entsetzen, wie die Vorstellung, daß die Himmelskörper einmal aus ihren geordneten Bahnen treten könnten".

Sagen wir mit Recht, daß den Stoß mächtiger Leidenschaften auf die natürlichen und sittlichen Schranken der Menschheit zu schildern, die eigentliche Aufgabe der Tragödie sei, so kann man finden, daß in diesem vor uns liegenden Stück diese Aufgabe gleichsam generalisirt erscheint; daß es, wo andere Trauerspiele einzelne Leidenschaften behandeln, die Leidenschaft allgemein darstellt, so daß es, was mehr oder minder jeder tiefere Leser empfunden hat, die Tragödie κατ' ἐξοχήν heißen könnte. Es gibt kein anderes Trauerspiel, in dem fast alle und so zahlreiche handelnde Figuren wie hier gleichmäßig als eine Beute maaßloser Gemüthsbewegungen, heftiger Gefühle oder unüberwindlicher Begierden dargestellt seien, wie hier. Um sich dieß durch einen Blick zu veranschaulichen, darf man sich nur der Hauptfiguren in irgend einem sprechenden Zuge erinnern. Es gibt kein Bild einer größeren und schamloseren Begehrsucht, als diese Goneril, wie sie im Angesicht ihres Gatten der schwesterlichen Wittwe den neuen Geliebten Edmund neidisch bestreitet, es müßte denn die Begehrsucht dieses Edmund selbst sein, der, nachdem er Vater und Bruder aus ihrem Besitze gestoßen, die beiden Schwiegersöhne Lear's ihrer Herrschaft zu berauben sucht, und sich zu dem Zwecke mit beiden Schwestern heimlich verlobt! Es gibt kein Bild einer heftigeren Gemüthsart und schneller gereizten Rachewuth, als diesen Cornwall, wie er einem Manne, bei dem er eben Zuflucht gesucht hatte, die Augen austritt, es sei denn die tigerartige Lust seines Weibes Regan, mit der sie ihn zu der Unthat stachelt. Es gibt kein lebhafteres Gemälde des berechtigten Zornes, des Unwillens, der über ungerechten Thaten in Wort und Handlungen ausbricht, als diesen Kent, der dem Lear trotzt und der Schlechtigkeit des Hausmeisters gegenüber sich maaßlos in Heftigkeit verliert, es sei denn die unwillkürliche Zuckung des Grimms in jenem Diener Cornwall's, der seinen Herrn über die Blendung Gloster's ermordet. Es gibt nichts, was die Leidenschaftlichkeit des ganzen Geschlechtes so scharf bezeichnet, als die Augenblicke, wo die unnatürlichen und ausschweifenden Thaten selbst die milden und sanften Naturen zur Empörung ihres ganzen Wesens aufregen; wie da, wo der gute Gloster die geschwungene Rache auf Regan herabflucht, nachdem sie ihren Vater in den Sturm gestoßen, „wo Wölfe die Thür geöffnet hätten"; wie da, wo dem edlen Albanien die Hände zuckten, seine Goneril zu zerreißen, nachdem sie den Vater in Wahnsinn gebracht, dem selbst „der Bär Ehrfurcht bezeugen würde". Ueber all dieß Einzelne und diese einzelnen Figuren ragt aber die Gestalt des alten Lear hervor, der der Tragödie den Namen gegeben.

Der König Lear blickt in seinem höchsten Alter und in seiner äußersten Zerrüttung auf eine Zeit zurück, wo er „jeder Zoll ein König" war, wo vor seinem Schwerte die Feinde sprangen; und noch in seinem Wahnsinn brechen die Strahlen dieses königlichen und heroischen Sinnes durch. Eine herrische Gestalt trägt er im Zustand der Ruhe, eine Majestät im Antlitz, die ihn kleidet; wenn er gereizt war, „wenn sein Auge starrte, zitterte der Unterthan". Gestattete schon seine Stelle und sein Rang keinen Widerspruch, so hätte sie noch weniger sein Temperament ertragen. Er war immer excentrisch; er kannte sich, sagen seine Töchter, von jeher nur wenig, er hatte sich, will dieß sagen, nie zu fassen gelernt; „das Beste und Gesündeste in seinem Leben war immer rasch" oder jähzornig. Dieß war seine Natur; es ward seine Gewöhnung durch Macht und Größe, durch das Glück, das ihn nie verließ und ihn nie an Unglück und Elend hatte denken lassen. Die Heuchelei und Schmeichelei seiner Kinder erzieht sich solch ein Vater nur zu gewöhnlich zur eigenen Strafe; diese Schmeichelei wieder verwöhnt dann die Heftigkeit und Reizbarkeit noch mehr. Die natürliche Selbstsucht, selbst wenn sie von guter und liebender Art ist, steigert sich in solchen Naturen und entartet unter einer gezwungenen Familienabgötterei, und dieß in diesem Falle vielleicht um so mehr, je mehr ächte kindliche Liebe von Seiten der jüngsten Tochter mit der Scheinliebe der älteren Schwester zusammenwirkte. War diese Unnahbarkeit des Herrschers im Haus und im Lande, die die Wahrheit zu hören und Einrede zu dulden nie gelernt hatte, es sei denn aus dem Munde des Narren dem mit der Peitsche Maaß zu gebieten war, war diese Unwiderspechlichkeit eine Unvollkommenheit der Natur und dann durch die Gewöhnungen eines langen Lebens genährt, so ist es natürlich, daß diese Fehler durch den störrischen Eigensinn, die Schwäche und Empfindlichkeit des hohen Alters nur noch höher getrieben wurden. Denkt man sich einen solchen Mann noch ausgestattet mit der ganzen Uebermacht der Leidenschaft, die ihn nicht nur zu dem Angehörigen, sondern auch zu einem Könige in jener Hervorzeit macht in der wir stehen, so braucht man wohl nichts weiter, um sich vollständig sein Auftreten in der viel angefochtenen Eingangsscene zu erklären. Diese Scene hat

Goethe absurd genannt; ich halte sie für so wahr und natürlich, wie irgend etwas was Shakespeare geschrieben hat. Die Frage nach dem Grade der Liebe seiner Töchter war für unseren Dichter eine gegebene Thatsache, die er nach seiner Weise heilig hielt; sie in der Art, wie das alte Stück that, etwas wahrscheinlicher machen zu wollen, fand er nicht nöthig; er überließ es dem Zuschauer und seiner einbildsamen Kraft, sich aus der Sitte der Zeit oder der Natur und dem Alter des Königs diese sonderbare Einleitung zu einer Erbtheilung zu erklären. Der alte König will sich seiner Habe und Würde begeben zu Gunsten seiner Kinder; nach seinem ganzen Wesen ist dieß in ihm gerade eine That von großer Entäußerung und liebevollem Vertrauen. Er möchte einen Dank in Worten für dieses Opfer vorausnehmen; die selbstischen Beigaben seiner Liebe erzeugen in ihm den Wunsch, sich an den kindlichen Betheurungen seiner Töchter zu freuen, während, wie Coleridge sagt, die eingewurzelte Gewohnheit des Herrschens diesen Wunsch zugleich in eine bestimmte Forderung verwandelt. Da empfängt er von seinem Lieblingskinde, dem Balsam seines Alters, auf deren kindliche Pflege er vorzugsweise gerechnet hatte, in öffentlicher feierlicher Versammlung ein kaltes „Nichts" auf seine Frage, und in Beschämung und Enttäuschung entlädt sich sein „furchtbarer Jähzorn". Die ganze über sich selbst machtlose Natur eines Mannes, der über die Aufwallungen seines Blutes nie Meister zu werden gelernt hat, bricht gewaltsam zu Tage. Er übergibt sein Reich an die beiden ältern Schwestern, nach dem alten Stücke um sich den Weg zur Reue und Rückkehr in grellem Eigensinn zu versperren; er verbannt den einredenden Kent, seinen treuesten Diener; er verstößt sein Kind und wirft statt langer Liebe plötzlichen Haß auf sie; scharfsichtig im Zorn schreckt er den Werber von Burgund leicht ab, den uneigennützigen Frankreich sucht er zum Rücktritt zu bewegen; er übergibt sie ihm mit der Aussteuer seines Fluches und auf sich selber ruft er die schwere Verwünschung herab, die sich an ihm erfüllen soll: „So sei mein Grab mein Friede, wie ich hier ihres Vaters Herz von ihr wegnehme!" Den inneren Sturm, der ihn in diesem Augenblick durchtobt, charakterisirt er selber später vortrefflich in einer Weise, die ihn sprechend als den Heftigsten dieses heftigen Geschlechtes darstellt: „der kleine Fehler Cordelia's schraubte das Gerüste seiner Natur aus seiner Stelle wie eine Folter, und zog alle Liebe aus seinem Herzen und gab sie der Galle zu". Es ist ein „armseliges Urtheil", mit dem er nach der Aussage der anderen Töchter die Jüngste verstößt, aber dieß macht die Scene nicht albern. Die Art des Jähzorns ist dieß, daß er ungeheure Gemüthserschütterungen veranlaßt ohne hinlängliche Gründe. Der Dichter hat das wohl gewußt, und er hat diesem Jähzorne Lear's daher im Augenblicke den wohlbegründeten und gerechten Zorn des wackeren Kent gegenübergestellt, der dem König sein Unrecht laut in die Ohren schreit und, am Leben bedroht, ihm die schwere Warnung zuruft: „seinen Arzt nur zu tödten und den Lohn der faulen Seuche zu geben!"

Diese Seuche soll jetzt den alten Helden ergreifen: die Strafe für seine jüngste Thorheit folgt ihm auf dem Fuße, aber sie trifft ihn mit langgesparten Streichen für langgehäufte Fehler, die in dem Acte seiner Erbvertheilung nur eine gewisse Spitze erreichten. Da er sich seiner väterlichen Gewalt begeben hat, schlägt nun plötzlich die lange Unterdrückung seiner älteren Töchter unter seinem launischen Alter in die Verleugnung aller kindlicher Pietät, ihre alte Heuchelei und Falschheit in nackten Undank um. Sie hatten ihm sonst geschmeichelt wie Hunde, hatten Ja und Nein zu allen seinen Worten gesagt; zu spät sieht er ein, daß das von Anfang an „keine gute Theologie" war. Jetzt verfinstern sich die sonst freundlichen Stirnen; jetzt suchen sie ihn seines letzten Ansehens und Besitzes zu berauben, nachdem er ihnen Alles gegeben; jetzt werfen sie ihm schnöde in's Antlitz sein kindisches Alter und die Blödigkeit seiner Einsicht vor; sie kehren die Ruthe gegen den Vater, so schamlos in Worten wie ruchlos in Thaten. Beide Schwestern können auf den ersten Augenblick ohne charakteristische Unterschiede sehr gleich gezeichnet scheinen (wie ein

Holzapfel dem anderen, sagt der Narr); bei näherem Zusehen ist es überraschend, welch ein weitgehender, sehr genau durchgeführter Gegensatz zwischen Beiden besteht. Die ältere, Goneril, mit dem wölfischen Gesichte und dem finsteren Stirnband der Uebellaune, ist ein männliches Weib voll selbständiger Anschläge und Entwürfe, während Regan von weiblicherer Art, von Goneril mehr angestiftet, raffiner, abhängiger erscheint. Goneril's schrankenlos ungezügeltes Wesen, das sie zu dem ächten Kinde dieser schrecklichen Zeit macht, zeigt sich in blutigen Unternehmungen, die in ihrem eigenen Kopfe wurzeln, während Regan's böse Natur mehr darin erscheint, daß sie Anderer Grausamkeit übertreibend noch schürt, wie dort, wo Kent in den Stock geworfen und Gloster geblendet wird. Die schlimmere von Beiden ist mit einem edlen Manne (Albanien) vermählt, den sie einen moralischen Narren schilt, dessen Milde und Ruhe ihr milchige Weichheit scheint, über dessen stille Kraft und gesetzte Mannheit sie erst später Ursache findet betroffen zu sein. Die Bessere hat in Cornwall den schlimmeren Gatten erhalten, der von zornigem Temperamente ist, das kein Hinderniß und keine Einrede erträgt. Jene spielt Anfangs die Herrscherin über ihren Mann, der ihre Fernsicht anerkennt und Zerwürfnissen mit ihr ausweicht, so lange er sie nicht durchschaut; sie verfolgt ihre Zwecke für sich, hört ihn kaum an, würdigt ihn kaum einer Antwort, während Regan neben dem finsteren, mordsargen und gewaltsamen Cornwall, der in seinem Sinne unbeweglich und bestimmt genannt wird, abhängig und folgsam ist. Gleich bei dem ersten Anlasse (I, 1.) erscheint Goneril als die Anstifterin und Regan als ihr Echo. Sie gibt auch nachher das einzuhaltende Verfahren gegen den König an, sie zuerst behandelt ihn lässiger, dankt zuerst seine halbe Begleitung ab, während Regan mit mehr Scheu ihrem Vater auszuweichen sucht. Mehr aber doch, als sie ihn scheut, fürchtet sie die Schwester; sie läßt lieber den Gesandten ihres Vaters mißhandeln, als den Diener der Goneril. Ihre Schwester kennt ihre Schwäche; sie hält es nicht für sicher genug, ihr zu schreiben, sie reist zu ihr, reist ihr nach, um sie gewiß zu den gleichen Maaßregeln zu bestimmen. Regan versteht nicht, heftige und hastige Worte zu schleudern wie Goneril; sie hat nicht die stechenden Augen wie diese, ihr Blick (den Lear im Irrsinn zwar verdreht nennt) ist trostreicher, ihr Wesen sanfter und heimlicher, und Lear getraut sich scheint's selbst nicht, sie genau zu durchschauen; in dem Gericht, das er in seinem Wahnsinne über sie hält, will er daher ihr Herz anatomirt haben. Sie sagt ihrem Vater arglos ärgere Dinge als Goneril, dennoch scheut der Vater seinen Fluch auf sie zu werfen, mit dem er Goneril traf, den er gegen Goneril sogar zweifach wiederholt. Dazu steht diese in marmorner Kälte still, aber Regan wird davon durchschaudert und fürchtet es, den gleichen Fluch auf sich herabzuziehen. Erst da Goneril in Regan's Gegenwart ihre schnöde Unverschämtheit und Barbarei gegen den alten Vater ganz enthüllt, wird auch Regan keck und stößt des Königs Gefolge hinweg; ihn allein will sie behalten. Da aber Goneril will, daß der Greis die Folgen seines Eigensinns und seiner Thorheit schmecke, und Gloster'n bedeutet, trotz dem wüthenden Sturme ihn nicht zurückzuhalten, stimmt auch sie in ihrer gewohnten folgsamen Schwäche bei. Nachdem sich so die Drachenbrut ihres Vaters entledigt hat, so beginnt nun heimliche Spaltung ihrer Familien untereinander. Goneril gräbt tiefere Minen, zu denen die Mißhandlung Lear's nur das Vorspiel war. Sie will sich des ganzen Reiches bemächtigen, sie verlobt sich bei Lebzeit ihres Mannes mit Edmund, freut sich über Cornwall's Tod, vergiftet Regan, wie sie auch zu Cordelia's Tod mit Edmund den Befehl ertheilt, und stellt zuletzt ihrem Gatten nach dem Leben, den sie zu fürchten hat, seitdem er mit Schaudern ihre Missethaten erkannt hatte. Auch hier gegenüber erscheint Regan überall bescheidener und argloser; sie läßt sich erst nach Cornwall's Tode mit Edmund ein; sie gibt vertrauend dem verdächtigen Diener der Goneril Briefe an diesen mit; sie erliegt dem Gifte der Schwester, von allen Anschlägen dieser Art frei; in aller Beziehung steht sie beschränkter in ihrer Natur der Schwester gegenüber, „deren Begierden von unbegrenztem Spielraum sind."

Wie nun den Verfolgungen dieser Töchter gegenüber der Charakter Lear's sich entwickelt, dieß ist der eigentliche Mittelpunkt des Stückes, nicht nur nach dem Verlaufe der Fabel, sondern auch nach der angegebenen Auffassung derselben durch den Dichter: die ganze leidenschaftliche Natur des Mannes, der als der eigenste Vertreter dieser eigenthümlichen Zeit voransteht, legt sich hier in dem ganzen Unmaaße einer außergewöhnlichen Kraft auseinander. Das Gemälde ist in so starken Strichen gezeichnet, daß es einer Erklärung kaum bedarf; wir wollen daher unser Augenmerk nur auf die vorspringenden Züge richten, an denen sich der Mangel an Selbstherrschaft in diesem tragischen Helden, die Maaßlosigkeit seiner leidenden, die Unbändigkeit seiner thätigen Leidenschaften offenbart. Im Anfange, als Lear die erste Vernachlässigung bemerkt, gesteht er sie sich selbst nicht ein und schiebt sie auf seinen Argwohn; da sie seine Diener gleichfalls bemerken, wird er empfindlich; da sie ihm der Wohldiener Oswald unzweideutig zu merken giebt, geräth er sogleich außer sich und vergißt seine Würde so weit, ihn zu schlagen. Ohne auffallend gereizt zu werden, mag man denken, hätte sich Lear in seiner ersten Stimmung manche Zurücksetzung schweigend gefallen lassen. Wie es des Jähzorns Art ist, so ist auf die vorhergegangene Heftigkeit Stille und Ruhe gefolgt. Der Alte ist einsilbig und nachdenklich; er sieht schon die Thorheit ein, Alles an seine Töchter dahin gegeben zu haben; die Reue nagt ihn an über die Verstoßung Cordelia's und die Sehnsucht nach der Tochter, bei der er sicher gewesen wäre. Der Narr härmt sich ab um diese Verstoßung, das war der erste Stachel zur Reue, der in Lear haftete; des Narren Scherze über jene Thorheit der Selbstentblößung bestim welt mehr sein Nachdenken auf den Ernst dieser Vorwürfe, als daß ihn ihre scherzhafte Einkleidung zerstreuen sollte. Aber diese sinnigere Stimmung soll nicht lange anhalten; der schleichende Groll über seine üble Behandlung nötte sie bereits; die Empörung über den Undank seiner Kinder soll sie zerstören. Goneril tritt ihm nach der Mishandlung ihres Dieners plötzlich ohne Maske gegenüber. Gleich dieser Eine Augenblick erschüttert seine ganze physische und geistige Kraft. In dieser und in der ersten Scene, wo die ganze Gewalt von Lear's jähem und zaumlosem Eifer noch ungebrochen ist, müßte der Schauspieler alle Körperkraft anspannen, die er besitzt. Das erste Irrewerden an der Tochter und an sich, die auffallende Aufnahme ihrer Reden, das seltsame Fragen nach ihrem Namen ist schon die Ankündigung von Lear's späterem Irrsinn, wie es die Windstille unmittelbar vor dem ausbrechenden Sturm gegen Goneril ist, der nur die Scene mit Cordelia gesteigert wiederholt. Noch hat Goneril nichts gethan, als ihn um Verminderung seiner Begleitung ersucht, noch versichert ihn Albanien, daß er schuldlos sei, ja nicht ahne was ihn bewegt, und schon spricht Lear den furchtbaren Vaterfluch über seine Erstgeborene aus, der im Oedipus und was sonst die Tragödie ähnliches geschaffen seines Gleichen nicht hat, und er wiederholt ihn dann mit neuem Nachdruck, wie er ihn später vor Regan noch einmal erneuert. Seine nächste Empfindung ist die mit Wuth gemischte Scham, daß seiner Tochter Undank seine Mannheit so erschütterte daß er weinen muß, eine Erinnerung, die ihn selbst in seinem Wahnsinne noch peinigt; sein nächster Gedanke ist, die Schwester gegen die Schwester in Feindschaft entbrennen zu sehen, die Güte in seiner Natur abzulegen, mit Gewalt der Goneril ihren Erbantheil wieder zu nehmen, sich ihr in der Gestalt des Herrschers und Rächers wieder zu zeigen und, wie er später sagt, Dinge zu vollbringen, die das Schrecken der Erde sein sollen. Man sieht aus diesen maaßlosen Absichten, die aus einem ersten ungeschlichteten Anlasse gleich bis an das Aeußerste springen, wie viele Verschuldung dieser störrische Mann selbst jetzt noch häuft, wenn er auch nicht ältere Schuld an dem Benehmen der Töchter trüge: wäre ja noch ein menschlicher Funke in Goneril gewesen, so hätte er ihn durch diese vorschnelle Verwünschung ausgetreten. Er kommt vor Gloster's Schloß; er sieht seinen Boten Cajus in Banden liegen; sogleich schwillt ihm der Krampf des Grimms wieder zum Herzen. Er sucht die zweite Tochter, die ihm ausbeugt; er verlangt sie und ihren Gatten zu sehen; Gloster schützt eine Krankheit Cornwall's und dessen „feurige Gemüthsart" vor, und dieß ist eine der charakteristischsten Stellen, um Lear's Naturell zu erkennen, wo auf dieß bloße Wort hin noch einmal die Wuth in ihm kochend und schäumend ausbricht, nicht sowohl gegen die Unfolgsamkeit seiner Kinder, als weil man ein feuriges Temperament gegen ihn wagt geltend zu machen. Aber in diesem Momente scheint er auf dem Aeußersten seiner körperlichen Kräfte angekommen; die Gährungen in seinem Gemüthe sinken nun nieder, die Wuthausbrüche ermatten. Es kann scheinen, als kämpfe er sein schwellendes Herz mit Fassung und Zusammenraffung von Vernunft und Willen nieder, aber in der That versetzt ihm eben dieß geschwollene Herz vielmehr seinen Athem; seine Mannheit ist gelähmt; er kann seine Sehnen nicht stärker anspannen, er kann nur fürchten, daß sie zerreißen; daß er für Regan keinen Fluch mehr hat, hat mit seinen Grund in dieser Erschöpfung; seine zornigen Ausbrüche schlagen in die mildere Form von Sarkasmen um; er sinkt bis zur Weichheit, bis zu Bitten und Thränen herab. Hatte er vor Goneril noch so heftigem Zorn zu Gebote, daß er sich in lautem Unmuthe seiner Thränen schämte, so muß er jetzt schon die Götter um diesen „edlen Zorn" anflehen, und seine Thränen fließen, obwohl er sie verschwört. Schon bei der ersten Erfahrung mit Goneril hatte Lear die Götter um die Fassung angerufen, die er in sich nicht weiß, und um Schutz vor Wahnsinn angefleht, der in dem überbürdeten alten Manne die natürliche Folge der unnatürlichen Ueberspannung aller Kräfte sein mußte; jetzt fühlt er sich diesem gefürchteten Ziele schon näher! Ein nie genug zu bewunderndes Gemälde von schrecklicher Erhabenheit und wilder Größe rollt sich nun vor uns auf, wie der hülflose Greis, von seinen Kindern in Nacht, Gewitter und Einöde verstoßen, oder von seinem trotzigen Starrsinne hinausgetrieben, ohne Obdach irrt, mit bloßem Haupte, der letzten Habe beraubt, vom König zum Bettler geworden, aus dem Schooße des Glückes in die Entbehrungen der Noth und in die entfesselten Schauer der Natur geworfen, gegen die ihn der aufsteigende Sturm seiner inneren Zerrüttung stumpf und fühllos macht. Die Scenen, wo Lear, hart am Ausbruche des Wahnsinnes, neben dem verstellt wahnsinnigen Edgar und neben dem Narren steht, der seinem Berufe mit zerknickter Laune noch obliegt, haben ihres Gleichen nicht auf der Bühne; und weit entfernt, zu graustig, verzerrt, zu grell in Wirkung zu sein, werden sie überall einen tiefen, aber nicht quälenden Eindruck machen, wenn das stumme Spiel der Personen neben Lear richtig ist, wenn Edgar's zur Seite gesprochene Sätze gehörig betont werden, wenn des Narren letzte Worte genügend vorbereitet sind, mit welchen der Dichter wohl unstreitig das brechende Herz des treuen Dieners bezeichnen will. Des Königes Irrsinn bricht aus über der schreckhaften und unheimlichen Begegnung mit dem tollen Edgar, ein Naturzug, dessen Wahrheit man ohne Belege der Erfahrung empfindet, obwohl auch diese beigebracht werden könnten. Der Dichter hat die irre Einbildung des geistzerrütteten Königs nicht wie die des Verrückten auf einer firen Idee haften lassen. Es könnte im Anfang so scheinen, als sei dieß seine Absicht. Als Lear noch erst auf dem Wege zum Wahnsinn ist, hängt er grübelnd dem Gedanken an den Undank seiner Kinder nach; zugleich quält ihn der bittere Geschmack der Noth und Armuth, der Vorwurf, daß er der armen Nackten sonst, im Glücke, zu wenig gedacht, die, wie Er nun, solchem Sturme sein Dach und seine Bekleidung entgegenzusetzen haben. Eben über dieser Betrachtung bricht der Wahnsinn aus, da er plötzlich eben diesen Hülflosen leibhaft vor sich steht, das „Ding selbst", den nackten Menschen, auf dessen Blöße sich herabzubringen er nun seine Kleider zerreißt. Vor und nach dem Ausbruche seiner beschäftigt seine Phantasie immer der Gedanke der Rache an seinen Töchtern; der alte Starrsinn, die alte Leidenschaftlichkeit des Mannes spielt auch in diesem Zustande in ihm weiter; er wünscht eine Legion mit rothglühenden Spießen herbei, die auf die Töchter stürzen sollen; er hält Gericht über sie; er hat es mit Bogenschützen und Hellebarden, mit Soldaten, Handgeld, Parole, Herausforderungen, Kriegslisten und Gefangenschaft zu thun. Gleichwohl läßt der Dichter den Irren auch auf dieser so charakteristischen Vorstellung der Rache nicht verweilen. Wären Lear's Nachsucht Mittel und Wege geboten gewesen, so hätte die Befriedigung dieser Begierde seinen Geist in andere Bahnen geleitet; er hätte sich nach seinen Vorsätzen unsinnig gerächt und der Maaßlosigkeit seines Wesens auf diese Weise genügt; so aber, da seine thätige Leidenschaft zur leidenden abfluten muß, in dem Gefühl der Ohnmacht und der damit verknüpften Verbitterung, kehrt sich die Heftigkeit derselben nach innen und gaukelt sich wenigstens die Bilder der Rache vor. Aber seine immer gleiche leidenschaftliche Beweglichkeit läßt Lear auf diesen wohlthuenden Bildern nicht festruhen. Das Wohlgefallen an den Vorstellungen der Rache zieht sich nur wie ein rother Faden durch seine Irren Reden durch, aber er springt beständig ab, er hat helle Zwischenräume, er mischt Sinn mit Unsinn; bald verhält er sich stumpf zu der Wirklichkeit der Umgebung, bald verkehrt er sie völlig, bald leitet sie ihn an zu weitabliegenden, bald zu scharf passenden Bemerkungen. Einigemal kann es scheinen, als brauche der Dichter Lear's Irrsinn nur wie Hamlet's verstellten Wahnwitz zu allgemeinen satirischen Ausfällen: wenn er in dem gefürchteten Hund im Amte das große Bild der Autorität erkennt, wenn er den Flor der Sünde beklatscht, wenn er das Laster im Amt die eigenen Unthaten in Anderen strafen sieht, wenn er die Bestechung des Rechtes rügt und leugnet, daß es eine Sünde gäbe, da Er die Macht habe, jedes Klägers Lippen zu versiegeln! Aber dieß alles ist doch nur der sehr sprechende Ausdruck einer sittlichen Verzweiflung, die in dem Manne treffend charakteristisch ist, der, wie er körperlich vom Alter und Unfällen gebrochen, wie er an Glück, an Macht und Größe gescheitert ist, so auch in sittlicher Beziehung an der Welt irre werden mußte, in der er mehr zu dulden hatte, als er verschuldet zu haben glaubte. Der Dichter hat ihn so auf der äußersten Stufe physischer, geistiger und sittlicher Zerrüttung zuletzt noch neben Gloster gestellt, der so eben einer innerlichen Rettung aus dem ähnlichen Falle theilhaftig geworden war. Gloster's biegsames und milderes Wesen war unter der gleichen Last des Alters und des Mißgeschickes nur gebeugt worden, Lear's straffe und stramme Natur aber wie zersplittert, die, nur zu Anspannung geschickt, zuletzt selbst in der Erschlaffung, beim Versagen der Kräfte, im Irrsinne noch einen neuen Grad von Spannung erhalten sollte; bis endlich mit der Erschöpfung die Ruhe, mit der Ruhe die Heilung wiederkehrt.

In seinem Elende halten Kent und der Narr bei Lear aus; der Eine knüpft seine Verbindung mit der rettenden Cordelia an, der Andere sucht durch sein launiges Amt zuerst die Verstimmung und dann die Verwirrung der Sinne in ihm abzuhalten. Beides sind ausgezeichnete Kinder der Zeit, wie sie sich uns überallher aus dem Stücke darstellt, aber doch Kinder der Zeit; gegensätzliche Naturen in sittlicher Beziehung, gegen Edmund und die Aehnlichen gehalten, nicht reine Gegensätze in Betracht zu dem allgemeinen Charakter des dargestellten Geschlechtes. Sie besitzen eine Meisterschaft über Natur und Naturtrieb; sie beschämen in ihrer treuen Anhänglichkeit und Pietät die Töchter des alten Königs; der geächtete Kent bezwingt Unmuth und Kränkung und dient dem verstoßenen Herrscher fort; der Narr belobt ihn spottend und belohnt ihn mit der angebotenen Narrenkappe für diesen treuen Dienst bei dem gunst- und glücklosen Mann; er selbst hält ebenso bei Lear aus, führt seine Narrenrolle durch bei wehem Herzen, abgehärmt, den eigenen Gram mit Liedern und Scherzen unterdrückend. Aber selbst in dieser Herrschaft über sich selbst erscheinen Beide doch als die Angehörigen dieser Zeit; unbedacht wirken sie in den Mitteln und in ihrer Natur mehr dazu, die inneren Stiche in Lear und seine äußeren Schicksale zu steigern, als fie zu lindern oder ihnen vorzubeugen. Die Hiebe des Narren auf Lear's Thorheiten gehen gleich Anfangs über den Scherz hinaus; statt ihn zu zerstreuen, bannen sie ihn gerade auf die Gedanken, die ihn foltern; selbst in der Verstoßung, in der Sturmnacht fährt er in seiner beißenden Satire fort; und dienen die Scherze zwar dem ästhetischen Zwecke vortrefflich, den Zuschauer nicht zu peinlich und anhaltend auf den heftigen Ausbrüchen von Lear's Geisteszerrüttung haften zu laffen, so sind sie dagegen, psychologisch gedacht, als vorbauende Mittel gegen dessen Krankheit ungehörig und zweckwidrig. So ist es auch mit Kent's Grobheit. Sein gerechter Eifer gegen Lear in der Eingangsscene zeigt ihn als einen wahrhaft treuen Diener, der Widerspruchsgeist des jähzornigen Königs und sein Eigensinn wird aber nur mehr dadurch gereizt. Der Gegensatz Kent's gegen den dienstbaren Geist der Schlechtigkeit, den Hausmeister Oswald, der durch seine Grobheit und Mißhandlung zu Galle und Leidenschaft zu bringen ist, hebt seine Kraft Wahrheit und Treue in das herrlichste Licht, er beweist aber auch da freilich, daß er "mehr Mann als Witz hat", er erscheint in seinem ächten und berechtigten Zorn eben so unmäßig wie Lear in seinem unbegründeten, und hilft durch seine Heftigkeit das üble Verhältniß zwischen diesem und seinen Töchtern zu steigern. Er unterstützt den König in seinem aufgegebenen Zustande mit einer rastlosen Thätigkeit, er opfert sich auf und stirbt zuletzt aus Erschöpfung und Uebermaaß der treuen Hingebung, aber zur inneren Erhebung und Aufrichtung des greisen Königs trägt dieß alles schon durch die Verheimlichung seiner Person nichts bei. So bleibt das Geschäft der endlichen Rettung und Heilung des irren und verirrten Lear der Tochter Cordelia aufbehalten. Ehe wir aber auf diesen Punkt kommen, wollen wir einige Worte über die Gloster'sche Episode zwischen unsere Betrachtung schieben, um bei der Besprechung der Auflösung die beiden analogen Fälle zu größerer Deutlichkeit nebeneinander stellen zu können.

Das sehr gleiche Zerwürfniß in Gloster's Familie ist aus einem gerade entgegengesetzten Verhältnisse im Charakter Gloster's gegen Lear's hervorgegangen. Ein guter, milder, schwer reizbarer, von Geist und Sitten leichter Mann, schlaff und abergläubisch, hat sich Gloster sein Elend erzeugt, wie Lear erzogen. Er hat einen unächten Sohn, durch den sich das Verbrechen des Ehebruchs an ihm rächen soll; er hat dann freilich auch in Erziehung und Behandlung hinzugethan, was den Bastard aufreizen konnte. Neun Jahre lang hielt er ihn von Haus entfernt und will ihn wieder wegschicken; er schämt sich seiner und sagt das Fremden mit wenigem Zartgefühl vor Edmund's Ohren. Die geheimen Nachstellungen dieses unächten Nachgeborenen sind nun zuerst gegen den ächten Erstgeborenen, Edgar, gerichtet, fallen aber auf den Vater nieder, der sich leichtgläubig zum Werkzeuge des Bastards machen läßt. In Edmund hat Shakespeare die Grundzüge Richard's III. und Jago's wiederholt; mehr skizzirt, kann man sagen, als ob er den Charakter mehr voraussetze. Er hat ihn mit äußerer Wohlgestalt ausgestattet, die (um baconische Worte zu gebrauchen) für seine Ruchlosigkeit ist, was der Häßlichkeit ein reinliches Kleid; er lieh ihm die vorbedachte Bosheit und die Verbitterung Richard's, die bei diesem aus dem Verdrusse an seiner Mißgestalt, bei Edmund aus dem Grimme über die Geburtsvortheile und Familiensatzungen hergeleitet ist. Wie Richard, strebt Edmund (und Er zwar, ohne es zu sagen) der Aussicht nach, die sich ihm auf das Königthum bietet; er trägt das Verderben deshalb zuerst in sein eigenes Haus, dann durch seine schamlose Verlobung mit beiden Töchtern Lear's in ihre beiden Familien; dann mit Goneril's Zustimmung gegen Lear und Cordelia selbst. Mit diesem weltstrebenden Ehrgeize verbindet Edmund dann Jago's kalten Verstand und eigennützige Berechnung, seine realistische Freigeisterei, seine Gleichgültigkeit gegen jedes Mittel das ihm taugt, die Heuchelei die den Mangel an Verstellungskunst für Geistesschwäche hält, seine Durchtriebenheit und Gewandtheit die Mittel zum Zwecke je nach der Gelegenheit rasch zu verändern. Zuerst will er den Vater betölpeln durch

ein Gespräch zwischen Edgar und ihm; dann bringt ihn Edgar's
Arglosigkeit auf den Gedanken, lieber ihn ein Gespräch des Vaters
hören zu lassen; dann benutzt er Cornwall's unerwartete Ankunft,
Edgar hinwegzuschrecken. So wie in diesem Beispiele, so schreitet er
überall in der Sicherheit des Meisters vorwärts, sorglos in seiner
offenen Schurkerei und im Grunde plump in seinen feinen Ränken.
In furchtbarer Herzlosigkeit verräth er hernach seines Vaters Verbindung mit Frankreich an Cornwall, um sich des Alten zu entledigen. Er dient darauf als Späher und Krieger der britischen Sache
so, daß er selbst Albanien's Lob erzwingt. Dann aber überhebt er
sich in dieser Siegerglorie; er vermißt sich, seiner Klugheit verges-
send, in einem gottesgerichtlichen Kampfe der Wahrheit und Gerechtigkeit zu trotzen und fällt unter dem Racheschwert seines Bruders.
In dem Sterbenden wird noch ein Wohlgefühl rege, daß er doch geliebt war, und es wandelt ihn ein spätes Mitleid mit Lear und Cordelia an, aber nur auf äußere Erinnerung und gleichsam trotz seiner
Natur; er geht, wie Lear's Töchter, verstockt und reuelos in den
Tod. — Durch diesen Sohn also läßt sich der alte Gloster verführen,
den edlen Edgar seines Erbes zu berauben' wie Lear die Cordelia,
und ihm mit grausamer Hartnäckigkeit nach dem Leben zu stehen.
Dafür gibt er sich, wie Lear seinen älteren Töchtern, vertrauend an
Edmund hin und erntet den schmählichsten Verrath seines treuen Aus-
haltens bei Lear. Gloster's Blendung auf der Bühne mögen auch
wir nicht rechtfertigen; obwohl Shakespeare in dem ganz eigenthümlichen Zuge, daß er einen bloßen namenlosen und unbekannten Diener
auf der Stelle an dem Blender Rache nehmen läßt, der natürlichen
Empörung über die ruchlose That eine rasche Befriedigung gegeben
hat. Die Blendung selbst war übrigens Shakespeare's ausdrückliche
Absicht, die aber allerdings eben so gut erreicht werden konnte, wenn
die Handlung hinter die Scene gelegt ward. Er strauchelte, sagt
Gloster selbst, als er sah; und Edgar findet die Strafe der Vorsehung
darin, daß die heimliche dunkle Stelle, an der er Edmund zeugte,

ihm seine Augen kostete. Bettelarm und blind irrt nun Gloster umher wie Lear; geführt von dem verstoßnen Kinde, wie Lear zu dem verstoßenen Kinde geführt wird; in ähnlicher Verzweiflung, obwohl sie verschiedene Wege nimmt. Ganz ähnlich wie Lear besinnt er sich in seiner Noth zum erstenmale auf die Armuth und predigt die Gütertheilung, an die er im Besitze nicht dachte; laßt Götter, sagt er, den Reichen, der eure Gebote mit Füßen tritt und nicht sehen will, weil er nicht fühlt, schnell eure Macht empfinden, damit Vertheilung den Ueberfluß ausgleicht und Jeder genug habe! Ganz so, wie Lear, kommt er zu einer sittlichen Verzweiflung an der Welt, und wie dieser den Triumph des Bösen feiert, so spricht er den schrecklichen Satz aus: „Wir sind den Göttern wie Fliegen dem Knaben; sie tödten uns zum Scherze!" Schon vor seiner Blendung, als ihn nur Lear's und sein eigenes Familienleiden drückte, nannte sich Gloster schon fast wahnsinnig; später, bei Lear's Anblicke, wünscht er sich dessen Schicksal, das seine Gedanken von seinem Grame scheiden werde. Aber seine weiche und elastischere Natur läßt es dahin nicht kommen; den weniger Starrsinnigen, aber ähnlich Aufgegebenen treibt seine Verzweiflung zum Selbstmorde, wozu dem rachedürstenden Lear nicht einmal der Gedanke kommt; er will auf diese Weise den Grimm des Schicksals höhnen und sich seiner Willkür entziehen. Von diesem Schritte aber hält ihn Edgar zurück und wird für seine Verzweiflung der Seelenarzt und der rettende Schutzgeist, wie Cordelia für Lear.

Wir langen bei den glänzenden Gegensätzen an, die Shakespeare dem gewaltsamen Geschlechte, das wir kennen gelernt haben, zur Versöhnung gegenübergestellt hat und durch die er uns aus dieser barbarischen Zeit herausführt. Den Edgar, Lear's Pathen (der Dichter vergaß in dieser Bezeichnung die Heldenzeit), den Harm- und Arglosen, der so weit vom Unrecht entfernt ist, daß er auch keines argwöhnt, sehen wir von keinem heißen Blute gepeitscht, von seiner wilden Begierde getrieben, wie alle die Uebrigen; er hat seines Vaters Milde geerbt, bei einem gesetzteren Wesen und einem weit gewandteren Geiste. Vom Unglücke plötzlich überrascht, wie Lear und nachher sein Vater, im Glauben, daß dieser ihn grausam verstoßen habe, schuldlos geächtet, von der Flucht abgeschnitten und am Leben bedroht, weil alle Häfen geschlossen sind und sein Bild als Steckbrief versandt worden ist, zur Rolle des hülflosen Armen genöthigt, nimmt er, schnell gefaßt in Vorsicht Klugheit und gewandter Schickung in die Umstände, die Rolle eines der Bedlam-Bettler hinzu, die in tollem Aufzuge in England herumzureiten und sich halb irre zu stellen pflegten. Bei seinem ersten Erscheinen in diesem Zustande sagt er uns in wirren Erzählungen, wie ihn der böse Feind durch Sturm, durch Feuer, Flut und Sümpfe geführt, wie er ihm Messer unter sein Kissen, Stricke in den Kirchstuhl, Gift neben die Suppe gelegt, wie er ihn stolz gemacht habe über eine vierzöllige Brücke zu reiten; er deutet an, daß er von Selbstmordgedanken versucht war, wie nachher sein Vater. Dieser Zug, wie sein verstellter Wahnsinn, kann glauben machen, daß wir mit einem Hamlet zu thun haben, einer guten Seele, die lieber Unrecht zu tragen als zu rächen bereit ist. Aber so ist er nicht. Von dieser krankhaft sentimentalen Natur ist in dem gesunden Jünglinge nichts. Sobald er Lear's größeres Unglück gesehen hat, faßt er sich, hierin der Sohn einer neuern und besseren Zeit, männlich in sich zusammen, und ist willig, sein kleineres Leid als der stärkere Mann geduldig zu tragen. Er mahnt sich, stets vorsichtig Acht zu haben und auf den Sturm der Zeit wie ein weiser Steurer zu merken. Es erwartet ihn ein größerer Schlag; er trifft auf seinen geblendeten Vater und erhält Aufschluß über Edmund's Verrath an ihm. Auch dieß, statt ihn niederzuwerfen, ruft ihn, ganz das Gegenstück jener im Unglück schnell verzagten Alten, zu neuer Fassung und Beherrschung von Gram und Elend auf. Er hatte sich eben gesagt, daß Er auf der Spitze des Elends nur Hoffnung übrig und den beklagenswerthen Wechsel der Hochstehenden nicht zu fürchten habe, da begegnet ihm ein elenderer Mann, sein Vater, und dessen Unglück macht auch ihn noch elender als er war. Dieser Augenblick aber macht ihn aus dem leidenden Dulder zum thätigen Helfer, obwohl er sich vor Leid und Schmerz kaum zu halten weiß. Er ist für seinen Vater, was Kent, der Narr und Cordelia für Lear sind, Alles zugleich in Einer Person. Was Kent: denn er ist so sein verstellter, treuer Diener, obgleich von ihm verfolgt; was der Narr: denn er will dessen Gewerbe treiben, „beim Gram den Narren zu spielen", obwohl er feinsichtiger als der Narr weiß, daß dieß ein „schlechtes Geschäft ist, das sich selbst und Andere ärgert"; was Cordelia: denn er heilt die innere Verzweiflung seines Vaters als ein geistiger Pfleger. Er ist in dieser Zeit der starren Einseitigkeit und der schroffen Charaktere der vielgewandte, der odysseische Geist, der in solchen Heldenzeitaltern nirgends fehlen darf, zugleich Dulder und Held, tapfer und höchst umsichtig in so gefährlicher Umgebung; er wächst mit jedem Schritte. Ihn zu spielen verlangt „jeden Zoll einen Schauspieler". Er wechselt wenigstens in sechs verschiedenen Rollen. Zuerst ist er Edgar; dann der arme Toms; dann vergißt er sich in innerer Beschäftigung mit seinem Vater und fällt etwas aus der Rolle; hierauf beschreibt er die unermeßliche Tiefe eines vorgegebenen Abgrundes, als ob er selber schwindelnd davor stände; dann ist er der Strandbewohner, als sich Gloster von dem Felsen herabgestürzt glaubt; dann nach der Begegnung seines Vaters mit Lear wieder ein neuer Armer, und vor dem Hausmeister nochmals verändert ein Bauer; in den Schranken mit Edmund ein unbekannter Kämpfer; zuletzt wieder Er selbst. In diesen Verstellungen ist er schlau vorsichtig bis zum äußersten; sein Vater, als er dem armen Toms zuerst begegnet, wird dunkel durch die Gestalt an seinen Edgar erinnert, da, und jedesmal, wenn die Gefahr der Erkennung größer scheint, wird seine Verstellung stärker. Aber diese Verstellung ist darum nicht von der Furcht Hamlet's und dessen Leichterregbarkeit eingegeben; später geht Edgar von seines Vaters Leiche, von Kent's Todeskampfe, aus den heftigsten Erschütterungen hinweg in den Kampf mit Edmund und besteht ihn als

Eleger. Von solcher Selbstüberwindung in solchen Schmerzen, macht uns Edgar begreifen, daß er seinem Vater in seiner Verkleidung die höchsten Dienste erweisen konnte; körperlich erhält er, geistig rettet er ihn. Der aufgegebene Blinde will sich von steiler Höhe herabstürzen, Edgar führt ihn, „er spielt aber nur mit dem Verzweifelnden, um ihn zu heilen". Er überredet ihn, da er gesprungen zu sein glaubt, daß ihn ein Wunder erhalten, daß ihn ein böser Feind versucht habe, daß er beglückt sei, weil die reinsten Götter ihn retteten, die sich einen Ruhm machen aus dem, was den Menschen unmöglich ist. Gloster dringt dieß zum Herzen. Er will hinfort sein Elend tragen bis es selbst ruft: Genug, und stirb! Lear's Elend wird ihm kund, es beugt ihn neu zu Boden, er bittet die Götter, sein Leben zu nehmen, daß sein böser Geist ihn nicht noch einmal zu Selbstmordgedanken versuche. Wohl gebetet, Vater! sagt ihm Edgar in der neuen Rolle eines Armen, der sich selbst durch Schicksalsschläge gezähmt nennt. Der Hausmeister Goneril's erscheint und bedroht Gloster mit Tod; der Alte begrüßt sein Ende als das von den Göttern erbetene Geschenk; aber Edgar erhält ihn. Beide sind der Schlacht nahe, Lear und Cordelia werden gefangen; Gloster, noch einmal aus einer letzten Hoffnung gestürzt, will bleiben und sich dem Tode aussetzen. „Wieder in bösen Gedanken? tadelt ihn der edle Sohn; der Mensch muß dulden sein Scheiden aus der Welt, wie seine Ankunst. Reif sein ist Alles". Auch jetzt erkennt Gloster die Wahrheit in Edgar's Rede. Erst als ihm der Sohn sich zu erkennen gibt, ihm sein Schicksal erzählt und seinen Segen erbittet, da bricht sein zerspaltenes Herz im Kampfe mit Gram und Freude. Aber er stirbt lächelnd und versöhnt. Ueber seiner Leiche und über der Wiedererkennung Edgar's reißen dem edlen Kent im übermächtigen Schmerze die Stränge des Lebens, und über der Erzählung dieser rührenden Leiden ist Albanien auf dem Punkte sich aufzulösen, und es bringt noch ein Strahl der Menschlichkeit in des sterbenden Edmund Seele. Wir auch, die Leser und Zuschauer, gehen von diesem vielfachen

Jammer hinweg mit einer lächelnden und versöhnten Bewegung des Gemüthes.

Und diese Stimmung wird noch weit erhöht durch die Gestalt und das Schicksal der Cordelia. Dieß ist eine der zartesten Schöpfungen Shakespeare's, für das Verständniß schwierig, für das richtige Gefühl darum doch einfach und klar. Die Schauspielerin, die nicht völlig verlernen kann Komödie zu spielen, bleibe ja immer fern von dieser Rolle. Die Mrs. Barry, die sie in Garrick's Zeit zu unseres Lichtenberg Bewunderung spielte, war nach diesem strengen Urtheiler von einer Schönheit, die zur Klasse der heiligen gehörte, von sanfter Unschuld und Güte, so wenig satirisch als heroisch. Wenn nicht eine Spielerin von dem höchsten allseitigen Talente gegeben ist, so gehört, scheint es, eine solche Natur nothwendig dazu, um die Anspruchslosigkeit, die Unschuld und Lieblichkeit Cordelia's auf der Bühne nicht durch Theatermanieren zu verderben. Der sterbende Lear entwirft das vollständig anschauliche Bild ihrer schönen weiblichen Natur in den wenigen Worten: „Ihre Stimme war stets sanft, zärtlich und mild, ein köstlich Ding in Frauen!" Reicher an Herz als an Zunge, besitzt sie nicht die „glatte und ölige Kunst" zu sprechen, was sie nicht auszuführen denkt; was sie ernstlich will, das thut die Wortkarge ehe sie es sagt. Die Redseligkeit der Schmeichelei ihrer Schwestern hätte sie schon als Ueberfluß verschmäht; noch mehr aus Wahrheitssinn (silentium ambit veritatem. Baco.); am meisten, weil sie von dem Eigennutz und der Begehrsucht nichts in sich hat, die jene beredt macht. Weibliche Blödigkeit und Einsamkeit, ein Mangel oder eine Langsamkeit der Natur, wie es ihr künftiger Gatte nennt, kommt hinzu, ihr in der Anfangsscene die Zunge zu binden und sie das verhängnißvolle Wort sprechen zu machen, das ihr Schicksal entscheidet. Die natürliche Scheu eines solchen Wesens, vor einer großen Versammlung zu reden, die volle Wahrheit ihrer Seele, die ihr Eine Hälfte ihrer Liebe dem Gatten aufzubehalten vorschreibt, wirken zu dieser befremdenden Kürze zusammen; es wirkt vor Allem der Ekel der Verachtung und des Trotzes gegen die Schwestern mit, den sie auch weiterhin nicht unterdrücken mag. In die Milch ihrer sanften Gemüthsart ist ein Tropfen Galle aus ihres Vaters Hartnäckigkeit gemischt; mit diesem feinsten Zuge hat sie Shakspeare an die Zeit und den Charakter ihrer Familie geknüpft. Unbedachtsamkeit und eine gewisse Verstocktheit lassen sich in ihrem ersten Auftreten nicht leugnen, obwohl sie aus den schönsten Beweggründen fließen. Als ihr Vater sie in gehässiges Licht stellt und ihrer Ehre nahetritt, als der König von Frankreich, ein Menschenkenner, ihre Natur erräth, da, bei diesem warmen Thau, der auf den Trost des Vaterhasses folgt, öffnet sich ihr Herz und sie gewinnt sich eben so schnell, wie den Fluch ihres Vaters, die Liebe eines Gatten. In dem Fortgange der Geschichte beweist sie nun, wie tiefer Ernst es ihr war mit der dem Vater gelobten, schuldigen Pflicht; sie beweist auch, wie es ihr eigen ist, das, was sie thun will, zu thun ehe sie es sagt. Den Ausgang vorherfehend, knüpft sie aus Frankreich sogleich Verbindungen mit Kent an und hält Späher an den Höfen der Schwestern. Sie erfährt die schnöden Thaten, die Verstoßung ihres Vaters in den Sturm, da blickt man in das Innerste dieser schönen Seele. In solcher Nacht, sagt sie, hätte ihres Feindes Hund, und wenn er sie gebissen hätte, an ihrem Heerde gestanden, — ein Wesen, wie Shakespeare die heilig fromme Marina im Pericles geschildert hat. Als sie die Briefe bekam, die sie unterrichteten, flossen ihre Thränen; sie wollte ihren Gram beherrschen, aber er warf sie um; sie war bewegt, aber nicht in Zorn und Eifer, sondern nur in Geduld und Kummer; sie war wie Sonnenschein und Regen zugleich; ihr Lächeln auf ihren Lippen schien nichts zu wissen von den Gästen in ihren Augen; noch weniger von den Gästen, die die Briefe brachten; sie gibt sich in ihrer wahren, unbekümmerten Art ganz dem Gefühle hin, das sie beherrscht. Und so thut sie in einer selbst verhängnißvollen Weise, indem sie jetzt zur Herstellung ihres Vaters schreitet. Sie hat von da nur den Einen Gedanken, ihn zu retten; das kindliche Gefühl tritt nun in Handlungen so übermächtig hervor, als es im Anfang, wo es sich um Worte handelte, zurückgetreten schien. Dabei überkommt sie ein zweiter und größerer Unbedacht wie damals, der sie zum Märtyrer ihrer Kindesliebe macht, wie damals ihrer Wahrheitsliebe. In dieser Arglosigkeit, in dem unwillkürlichen Gehorsam gegen einen Antrieb heiliger Gefühle ist sie Desdemona ähnlich. Sie hatte damals, in der Gewißheit, das Rechte zu thun, nicht erwogen, was sie zu wenig that für einen zwar verblendeten Vater; sie erwägt jetzt nicht, was sie zu viel für ihn thut, was, anders gethan, zu anderem Ziele geführt hätte. Die ethische Gerechtigkeit ist gerade in diesem Stücke von dem Dichter selbst mit so viel Nachdruck betont worden: wo liegt die Gerechtigkeit in dem Tode Cordelia's? Wird doch Edgar eines besseren Schicksals theilhaftig, der für seinen Vater eben das ist, was Cordelia für Lear. Aber gerade dieser Unterschied in Beider Ausgang führt uns auf die Meinung des Dichters. Gerade von Seiten des weisen und umsichtigen Vorbedachtes in allen seinen Handlungen ist Edgar ein reiner Gegensatz gegen Cordelia. Seine Mittel stehen immer in wohl bedachtem Verhältnisse zu seinen Zwecken; so ist es nicht mit Cordelia's Mitteln. Sie greift England an mit einer französischen Macht, um ihren Vater herzustellen. Die ganze Verantwortung dieses Schrittes fällt auf sie. Sie hat ihren Gatten mit ungestümen Thränen bewogen, ihr sein Heer zu geben. Ihm selbst war dieser Krieg nicht so dringend; er erscheint (was Stevens und Tieck nicht begreifen wollten, obwohl die Absicht handgreiflich ist) nicht mit Cordelia in England; er geht einem anderen Staatsgeschäfte nach. Uns braucht Cordelia nicht zu sagen, daß kein aufgeschwellter Ehrgeiz ihre Waffen treibt, wir glauben es ihr; aber an die Stelle hin, wo es gesagt sein mußte, an Albanien sagt sie es nicht; sie bewegt nur der Eine Gedanke ihrer kindlichen Liebe. Als sie den Vater in Dover wiedergefunden hat, überläßt sie das Heer ihrem Marschall, das macht den Angriff noch bedenklicher, der gegen ein in sich gespaltenes und gefährdetes Reich gerichtet ist. Die feindlichen und ungleichartigen Schwäger treten gegen diese Gefahr zusammen, der edle Albanien mit dem schrecklichen Edmund. Aber auch dieser Albanien ist ganz anders umsichtig als Cordelia. Eben mit Goneril und Edmund überworfen, hat er nach dem Tode Cornwall's Aussicht zur Alleinherrschaft, wenn er Lear und Cordelia besiegt und beseitigt. Gleichwohl erklärt er den Verbündeten in's Gesicht, daß er die Sache des französischen Krieges von Lear's Sache trenne, wie Cordelia gegen Niemanden erklärt hatte. Das Geschäft des Kriegs, sagt Albanien, berührt ihn nur, in sofern Frankreich das Land anfällt, nicht in sofern es den König unterstützt; ihn will er begnadigen und die Gefangenen überhaupt nach dem Verdienst und nach seiner Sicherheit behandeln. Eine Erklärung in ähnlichem Sinne, von Cordelia an Albanien gerichtet, konnte den Krieg beschleunigen und den Ausgang verändern. Aber eben diese Erklärung versäumt Cordelia aus ihrer eigensten Natur. Ihr letzter Fehler ist wie ihr erster: was sich von selbst versteht, das mag sie nicht erst sagen; wovon ihr Herz am vollsten ist, das weiß sie am wenigsten zu äußern. So lange sie lebte und kriegte, mußte Albanien fürchten, daß sie das ganze Reich an Frankreich bringen werde; diesen Gedanken aber, oder die Möglichkeit daß ein französisches Heer auf englischem Boden siegen sollte, läßt Shakespeare's patriotischer Sinn gar nicht aufkommen. Cordelia fällt ihrem Schicksale, wie Desdemona, sie fällt ihrer eigenen Natur zum Opfer; aber die Verhältnisse, die ihren Tod begleiten, sind von viel versöhnlicherer Natur. Sie wird besiegt im Waffenkampfe, aber den feineren Sieg, auf den es ihr allein ankam, hat sie davon getragen, sie hat ihren Vater äußerlich geheilt und innerlich geheiligt. Sie war gekommen mit unbegrenztem Danke für Kent, der ihren Vater erhalten hatte, mit dem Versprechen aller ihrer Schätze für den Arzt, der ihn heilen würde: auch in diesen Zügen verräth sich die Ueberfüllung ihres Geistes mit dem Einen Gedanken an ihres Vaters Rettung, der sie jeden Nebengedanken an ihre eigene Sicherheit vergessen läßt. Als Lear von ihrer Ankunft gehört, will er sie aus tiefer Scham nicht sehen. Vor dem Schlafenden steht die Tochter, ganz ausströmend in kindlichen Gefühlen, ganz Beredsamkeit. Er erwacht und die frohe Angst übernimmt sie; sie kann auch jetzt nicht Worte finden. Der erwachte Lear spricht irre aber beziehungsvoll; er fühlt sich aus Scham vor Cordelia wie in den Foltern des Fegfeuers; da er eben seiner Sinne wieder Meister wird, zweifelt er auf's neue daran; er erkennt sie mit klarem Sinn und sinkt vor ihr auf die Knie; er ist in einer Weichheit der Stimmung bewegt, die uns in dieser Natur mit wohlthuender Milde überrascht. Ob in aller Dichtung etwas Rührenderes und für die Bühne etwas Ergreifenderes als diese Erkennung geschrieben worden ist? Lichtenberg erklärte, daß er das Andenken an diese einmal gesehene Scene nur mit seinem Leben verlieren werde. Mich dünkt, sie allein wiege all den bitteren Inhalt dieser Tragödie mehr als Einmal auf; wie denn der ganze vierte Act des Lear in aller dramatischen Dichtung seines Gleichen nicht hat. Wie dann Beide in Edmund's Gefangenschaft gerathen, erkennt Cordelia, daß sie für ihre beste Meinung das Uebelste erleiden muß; aber sie fühlt sich stark, für ihre Person jedes Mißgeschick zu übertrotzen. Sie fragt den Vater, ob sie diese Schwestern nicht sehen sollten; dieß hätte vielleicht zu ihrer Erhaltung führen können, aber Lear selbst, im überschwenglichen Glücke des Wiederbesitzers, dürstet nach der Einsamkeit des Gefängnisses, wie nach einem seligen, paradiesischen Aufenthalte. Das innere Leben tritt in dem geänderten Manne über das äußere hinweg. Zwar die alte Natur verleugnet sich nicht in ihm bis zum letzten Augenblicke. Er flucht auch jetzt noch den Töchtern, wie er nachher noch in einem Anfalle der alten Kraft den Henker Cordelia's erschlägt. Hätte er mit Cordelia gestegt und gelebt, die Rache hätte ihn wieder getrieben, sie hätte ihn unserer Theilnahme beraubt und ihn nicht zu dem Frieden gelangen lassen, zu dem ihn der Dichter führen will. Des Kindes Tod hält ihn mit Zwang in diesem Frieden und dieser Milde fest, in der er zu einem besseren Dasein hinübergehen soll. Sein Fluch war der: So sei mein Grab mein Friede, wie ich mein Herz von ihr nehme. Er erfüllt sich, da er sein Herz ihr wiedergibt. Ueber ihrer Leiche hat das Wiedersehen Kent's, der Tod seiner Töchter, der Rückfall der Herrschaft kaum mehr einen Schall für ihn, der an sein Ohr bringt; „die große Ruine" kann keine weltliche Freude mehr auferbauen. Er folgt der geschiedenen Tochter nach, zu Kent's Zufriedenheit, und wir müssen wohl sagen auch zu unserer, von den Foltern dieser zähen Welt erlöst. Aus einem geläuterten Wesen hatte er zu der gefangenen Cordelia gesagt: Auf solche Opfer streuen die Götter selber Weihrauch! Er erkannte den Märtyrer und Heiland in ihr an, den Verkünder einer besseren Zeit. So hat Shakespeare ihren Tod gemeint; fällt sie zwar zum Theil wie Desdemona in Folge ihrer Natur, so fällt sie doch auch zugleich den Fehlern der Zeit, der nächsten Angehörigen zum Opfer. Du hast eine Tochter, heißt es in dem Stücke, die die Welt von dem Fluche erlöst, den die beiden anderen Schwestern hineingebracht. Wie in dem Sinne jener Engelsgestalten in Shakespeare's Stücken, jener reinen Kinder, die dem Schicksal schuldlos verfallen, der Tod nur eine Einkehr in die eigentliche Heimat ist, so ist in dem Geiste dieses Wesens der Rettungstod für ihren Vater und die Besiegelung ihrer Kindesliebe mit ihrem Blute kein Unglück für sie. Was Kent gleich Anfangs sagte, das macht er selber wie Cordelia gleichmäßig wahr: ihr Leben ist nur ein Pfand, zu wagen gegen des Königs und Vaters Feinde; sie fürchten nicht es zu verlieren, wenn sein Heil es erheischt.

Der tragische Ausgang einer ganzen Zeit, eines blutigen Geschlechtes ist in dieser Weise im König Lear geschildert. Albanien sagte zu Goneril: Wenn die Götter nicht sichtbare Rachegeister über solche Thaten schickten, so würde die Menschheit sich zerreißen, wie die Ungeheuer der Tiefe. Die Götter rächen, wie wir sehen, diese Thaten dadurch, daß dieses Geschlecht sich selber zerfleischt. Es fällt Cornwall durch seine eigene Wuth, die Töchter Lear's durch Schwestermord und Selbstmord, Edmund durch den verfolgten Bruder, Gloster und Lear an den Folgen eigener Schuld. Wie das Letzte geschieht und Cordelia's Leiche in Lear's Armen getragen wird, fragen Kent und Edgar, im vollen Gefühle dieser entsetzlichen Gerichte des Himmels, ob dies der verheißene jüngste Tag oder ein Bild dieses Schreckniffes sei? Das ganze Geschlecht, das wir handeln sahen, liegt erschlagen umher; nur die edlen Verheißer einer neuen Zukunft, Albanien und Edgar, überleben die Zeit der Gräuel, deren die Jungen, nach dem Schlusse des Stückes, „nie so viel erleben werden". Denn die innere Heilung auch der ganzen Zeit ist vollbracht. Die Götter sind anerkannt von Gloster; und Lear, der sie in jener Sturmnacht verloren hatte, sieht sie wieder mit Wohlgefallen den Thaten seiner Tochter Weihrauch streuen; Edgar erkennt die Gerechtigkeit des Himmels vollendet an Vater und Bruder; Kent streift mit Freuden das Irdische ab; auf Edmund selbst fiel noch ein Strahl des Besseren; Cordelia geht in ihren Opfertod, das Schicksal überwindend. Aus den Vorzeiten der alten und mittleren Völker haben wir die großen epischen Mythen überliefert, die Trojanersage und die Nibelungen, die in ähnlicher Weise den Untergang wilder Geschlechter feiern, an deren Stelle die gesitteteren Nachkommen rücken; und aus solchen Zeiten tantalischer Gräuel steigen dort die Iphigenien und Penelopen als Verkünderinnen milderer Geschlechter empor, wie hier Cordelia. Mit diesen tragischen Epen der alten Zeiten kann diese epische Tragödie allein verglichen werden. Das Drama hat nicht Raum, das Ringen ganzer Stämme und Völker zu schildern, es mußte sich beschränken, die Darstellung einer ähnlichen Aufgabe an Familien zu knüpfen. Aber in diesem engeren Raume ist das ganz Aehnliche geleistet. Der Dichter rückt mit diesem Werke an die umfassendsten Bildungen der epischen Volksdichtungen, wie sie sich in langen Jahrhunderten zu gestalten pflegen, Er mit seiner einzelnen Schöpfung, ganz nahe heran; und Aristoteles, wenn er dies sähe, würde jetzt erst recht seinen Preis der Tragödie zuerkannt haben: daß sie mit kleineren Mitteln den großen Zweck des Epos erreiche. Shakespeare hatte, obwohl er um diese Zeit die homerischen Gedichte gelesen haben konnte, seinen Gedanken, mit diesen großartigen Mythen dramatisch zu wetteifern. Der große Wurf gelang ihm höchstens in dem dunkeln Triebe, solchen Leistungen der Dichtung gegenüber die Aufgabe seiner Tragödie immer höher und höher zu spannen. Daß dieß Werk diese kühne Vergleichung erlauben würde, ahnte er so wenig, wie daß sein Hamlet den Geschlechtern späterer Jahrhunderte ein Spiegelbild sein werde. Aber wenn denn der unberechenbare Instinct des Genies irgendwie und wo Großartigeres in unserem Dichter geleistet hat, als sein überschauender und mit Bewußtheit ordnender Verstand, so ist es hier. In welcher wunderbaren und durchaus unerklärlichen Tiefe aber dieser Instinct in dem größten tragischen Dichter, den größten Schöpfungen der epischen Poesie gegenüber, gewirkt hat, wird man erst inne, wenn man den Cymbeline mit Lear zusammenstellt. Es ist schon wunderbar genug, daß neben jenen größten Epen der alten Zeiten Griechenland und Deutschland übereinstimmend ein zweites, häusliches Epos von mehr versöhnendem Inhalte erhalten haben, die Odyssee zur Ilias, die Gudrun zu den Nibelungen. In beiden ist das gleiche Thema die Treue einer Gattin oder Verlobten, die nach vielen und schweren Prüfungen belohnt werden soll. Ganz den gleichen Gegenstand behandelt merkwürdigerweise auch das Lied von Imogen (der Cymbeline), das nicht allein in dieser ganz innerlichen Beziehung, sondern auch in seinem äußeren Bau als ein Seitenstück zum Lear, als die Odyssee zu dieser Ilias, erscheint. Angenommen, es sei Alles Zufall, was diese drei Gedichtpaare zu einander und untereinander in Parallele stellt, so ist es einer der tiefsinnigsten Zufälle, in dem sich die Geschichte zu spielen gefiel, und schon als solcher müßte er unser größtes Interesse erwerben.

Cymbeline.

Den Cymbeline hat man, nach Stil und Versification, immer dem Wintermährchen verglichen, dem das Stück auch der Zeit der Entstehung nach näher liegt. Dr. Forman sah das Wintermährchen im Mai 1611 und wahrscheinlich in diesem oder dem vorhergehenden Jahre auch den Cymbeline aufführen; man vereinigt sich das Jahr 1609 als die Entstehungszeit unseres vorliegenden Dramas anzunehmen. Auch wir haben gegen diese Zeitbestimmung nichts einzuwenden, da die Erwähnung der Gegenstände von Troilus und Antonius und eine Fülle von sonstigen Reminiscenzen antiker Lectüre auf die Zeit hinweist, wo der Dichter die meisten seiner Stücke alterthümlichen Inhalts schrieb. Dieß hindert uns indessen nicht, die inneren Beziehungen hervorzuheben, die dieß Stück neben Lear stellen, so wenig wie die ungefähr gleiche Zeit, die den Macbeth von Hamlet trennt, uns abhielt, diese beiden Werke nebeneinander zu reihen.

Der Inhalt des Cymbeline ist ganz wie der des Lear aus zwei verschiedenen, von weitentlegenen Quellen hergenommenen Handlungen zusammengesetzt, und diese wieder sind auf den weiteren Hintergrund einer Staats- und Kriegsaction gezogen, wie im Lear. In Bezug auf den Umfang der Handlung, den Reichthum des Thatsächlichen und den dadurch gewonnenen epischen Charakter haben wir beide Stücke daher schon oben zusammengestellt. Eben dort haben wir auch den Zeit- und Nationalcharakter beider Stücke verglichen. Auch Cymbeline spielt in der heldnischen Zeit der britischen Urbevölkerung, wie Lear. Aber wir sind hier nicht in die dunklen Jahrhunderte vor unserer Zeitrechnung zurückgeschoben, sondern in die helle Periode des Kaisers Augustus versetzt, wo schon römische Bildung veredelnd nach Britannien hinüber gewirkt hatte. Es ist nicht eine Zeit, wie die, von der Gloster sagt, ihr Bestes sei Nachstellung Herzlosigkeit und Verrätherei gewesen; sondern Leonatus rühmt in Rom seine bildsamen Landsleute: sie seien ein geordneteres Volk jetzt, als da Cäsar über ihr Ungeschick lächelte, ihren Muth jedoch finsterer Blicke werth fand; ihre Kriegszucht, nunmehr mit ihrem Muthe gepaart, zeige sie als ein Volk, das fortschritt mit der Zeit! Dort im Lear hatten wir ganz mit einem Geschlechte zu thun, in dem die naturwüchsige Leidenschaft noch keinerlei Widerstand fand, wo in der leichten Probe Eines Momentes das Glück ganzer Familien verscherzt wurde und die in Wahnsinn und Verzweiflung verirrte Natur, nur nachdem sie gebrochen war, zu einer ruhigern Fassung zurückgeführt werden konnte; hier dagegen stoßen wir gleich in den Eingangsscenen, die eine sichtliche Aehnlichkeit mit den Lear'schen, selbst in der äußeren Anordnung, haben, auf die erhabene Ruhe der Tugend, die, selbst wo sie zur gerechten Leidenschaft versucht ist, den besonnensten Widerstand leistet. Wir treffen dann durch das ganze Stück hindurch auf großartige Prüfungen und Leiden, die zwar auch die gefaßten Gemüther erschüttern aber nicht vernichten, während im Lear überall den leisesten Anstößen der Triebe und Versuchungen Wehrlosigkeit entgegenstand. Die civilisirtere Zeit kündigt sich schon an durch gleichsam civilisirtere Laster. Die Heuchelei und Falschheit, die in Lear's Töchtern und in Edmund nur untergeordnete Rollen neben ihrem blutigen Ehrgeize spielten, spielen hier die Hauptrollen. Die Tugend der Treue und Wahrheit, die dort bei Kent in ein grelles Extrem ging, ist hier versetzt mit der Klugheit eines schon geschulteren und gebildeteren Geschlechtes. Es sind hier nur Reste jenes früheren wilden Zeitalters, wie dort nur Anfänge dieses milden waren. Vom Eingang bis zum Ausgange des Stücks begegnen wir gleichmäßig dieser schwächeren Natur der Leidenschaft und der gestärkten Kraft der Besonnenheit. Gleich im Anfange steht eine Tochter, die die kindliche Pflicht verletzt hat, einem heftig zürnenden Vater, der in ihr den einzigen Trost seines Alters sucht, wie Cordelia dem Lear gegenüber. Der Fluch dieses Vaters fällt auf sie wie von Lear auf Cordelia; Verbannung trifft ihren Geliebten Leonatus, wie dort den treuen Fürsprecher der Cordelia. Der auffällige Gegensatz aber, in dem dieser Fluch gehalten ist, bezeichnet sogleich den durchgehenden Gegensatz auch der ganzen Stücke. Du solltest die Jugend mir herstellen, sagt Cymbeline der Tochter, und du machst mich Ein Jahr älter! (Wie thöricht, wenn die Ausleger diesen charakteristisch matten Ausspruch durch eine Aenderung — many a year statt a year — glauben verstärken, d. h. des Dichters Absicht vernichten zu müssen!) Und dann folgt seine Verwünschung: laßt sie jeden Tag um einen Tropfen Bluts verschmachten und dieß erfüllt sich durch ihre Trennung, ihre Prüfung und Leiden), und mag sie dann alt an dieser Thorheit (ihrer Liebe zu Posthumus) sterben! wozu die vom Fluch Getroffene sehr gern Amen sagen wird. So erfüllt sich denn auch der Fluch des Vaters hier in lauter Segen, wie er sich in Lear in lauter Grauen erfüllte. Leonatus und Imogen bestehen ihre Prüfungen und werden dafür belohnt; Cymbeline mag sein Jahr Veralterung tragen für die Freude, unerwartet die „Mutter" seiner verlorenen Kinder geworden zu sein, da Lear zu den aufgegebenen Töchtern auch die wiedergefundene verliert; wo dort die Leichen der zügellos in's Verderben Geeilten übereinander liegen, läßt sich hier auf einen Kreis besserer Menschen das Glück in allen Gestalten nieder; wo dort in dem Ausgange das Schrecknis des jüngsten Gerichts hereinzubrechen schien, schließt hier das Stück mit Entzücken, mit Frieden, mit Versöhnung, mit Tempelfeier und Festen.

Im König Lear sind zwei Handlungen in eine einzige verwebt.

deren gleichartige Natur zu einer Verbindung aufforderte und von selbst auf einen gemeinsamen Charakter hinleitete. Dieß ist ganz anders im Cymbeline. Die Theile, aus denen er zusammengesetzt ist, stehen dem thatsächlichen Inhalte nach in keinem Bezuge zu einander. Wir unterscheiden deren drei. Zu dem ersten, den Tributstreitigkeiten und dem Kriege zwischen Britannien und Rom fand Shakespeare die Winke in Hollinshed; Cymbeline, der seit dem 19. Jahre des Kaisers Augustus regiert haben soll und seine beiden Söhne Guiderius und Arviragus sind dort als geschichtliche Personen verzeichnet. Zu der zweiten Handlung, den Schicksalen dieser Söhne des Cymbeline, kennt man keine Quelle; sie wird Shakespeare's eigene sinnvolle Erfindung sein. Ein Hof- und Kriegsmann Bellarius, der bei Cymbeline unschuldig in Ungnade gefallen ist, entführt beide Prinzen aus Rache in Wald und Einsamkeit, wo wir sie aufwachsen sehen, wo der Eine nachher seinen Stiefbruder Cloten erschlägt, und Beide als Unbekannte ihrem Vater in dem römischen Kriege gute Dienste leisten. Der dritte Bestandtheil, ein scheinbar völlig abgelegener und ungleichartiger Stoff, ist aus einer Novelle von Boccaccio (II, 9.) und einer englischen Nachahmung derselben in einer Schrift Westward for Smelts, die nach Stevens in einer (seither nicht wieder gesehenen) Ausgabe von 1603 existirte, entlehnt: in einzelnen Zügen steht Shakespeare's Behandlung dieses Theils bald der italienischen, bald der englischen Erzählung näher. In dieser Novelle wettet ein Ehemann gegen einen Wüstling auf die Treue seiner Gattin, wird durch listigen Trug von ihrer Untreue überzeugt und trägt einem Diener auf, die Frau zu ermorden. Auf ihr Bitten läßt sie der Diener am Leben und gibt bei dem Herrn vor, sie getödtet zu haben; sie nimmt in männlicher Bekleidung fremde Dienste, findet später (unter verschiedenen Verhältnissen in allen drei Bearbeitungen) den Betrüger wieder und reinigt ihre verleumdete Ehre. Diese Geschichte, die auch schon in einem französischen Mirakelspiele eine frühe dramatische Behandlung erfuhr, hat nun Shakespeare an jene Theile von Cymbeline dadurch angeknüpft, daß er die verleumdete Frau zu einer Tochter Cymbeline's, ihren Gatten zu einem Pflegsohne desselben macht, mit dem sich Imogen eigenmächtig vermählt hat, obgleich sie von Vater und Stiefmutter ihrem Stiefbruder Cloten bestimmt war.

So wäre denn äußerlich eine Verbindung dieser verschiedenen Handlungen hergestellt; was aber in aller Welt für eine innere Beziehung zwischen denselben bestehen könnte, welche ideelle Einheit, die wir doch in allen Shakespeare'schen Werken behaupten, sie verknüpfen sollte, dieß läßt sich auf den ersten Blick kaum absehen. Selbst Coleridge vermißte im Cymbeline, gegen Lear gehalten, ein bestimmtes vorstechendes Object. Aber dieß fehlte vielen Shakespeare'schen Stücken, ohne daß dadurch ihr innerer Zusammenhang und ihre Einheit beeinträchtigt würde, ja es scheint, daß gerade in solchen Stücken, wie in dem Kaufmann von Venedig, der bestimmte Sinn und Gedanke, in dem sie gearbeitet sind, desto vorstechender ist. So ist es auch im Cymbeline. Man darf nur seine Theile nach ihrer innern Natur betrachten und auf die Motive zurückgehen, so wird man sogleich Figuren und Handlungen in eine feste Form zusammenschießen sehen, man wird den Gedanken erfassen, der sie zusammenhält, man wird, Gedanke und Ausführung vergleichend, zu immer helleren Aufklärungen gelangen und ein Kunstwerk erkennen, dessen Umfang sich so erweitert, dessen Hintergrund sich so vertieft, daß wir es nur mit dem allergrößten vergleichen können, was Shakspeare geschaffen hat. Sehr wenige Beurtheiler haben dieß Stück so hoch gestellt; ich weiß aber auch keinen, der ihm Gerechtigkeit gethan hätte. Auf neue und absonderliche Ansichten nirgends versessen, freue ich mich immer, wenn mein Urtheil über die einzelnen Werke unseres Dichters im Einklang mit dem ist, das die Zeit und die allgemeine Meinung fest gestellt haben. Nur in diesem Einen Falle weiche ich weit von der herkömmlichen Schätzung ab. Dieß Stück hat ganz eigentlich kein Glück gehabt, indem es zu keiner größeren

Gunst gelangte. Die Wette des Posthumus auf die Treue seiner Gattin scheint, wie die Geschichte der Helena in Ende gut Alles gut, viele Leser abgestoßen und dem Stücke entfremdet zu haben. Auf der Bühne ist es seltner gesehen worden. Die alten Commentatoren sprachen ihre Acht darüber aus. Johnson erklärte die Fiktion für thöricht, die Begebenheiten für unmöglich, die Entwickelung für albern, die Fehler des Dramas für zu augenscheinlich, als daß sie nachgewiesen werden müßten, zu groß als daß sie vergrößert werden könnten! Die Männer, die dann neuerdings unseren Dichter gegen solcherlei Urtheil in Schutz zu nehmen pflegten, gingen, auch sie, an diesem Stücke vorbei oder in seiner Beurtheilung fehl. Schlegel begnügte sich, es eine der wunderbarsten Zusammensetzungen zu nennen; Ulrici bezeichnete es „wesentlich" als eine „Intriguenkomödie", und doch auch als eine „Schicksalskomödie"; irrte aber, als er dem Sinne desselben nachtrachtete, gänzlich vom Ziele ab. Die einzelnen Schönheiten des Werkes drängten sich wohl dem denkenden Leser auf. Wer wollte auch den romantischen Glanz von Imogen's Irrfahrt abläugnen, wer den reizenden Charakter dieses Wesens nicht bewundern, wer den Reichthum an phantasievollem und gemüthlichem Stoffe übersehen, oder den moralischen Großsinn verkennen, aus dem das Stück angelegt ist? Nur der gemeinsame Ziel- und Mittelpunkt aller der einzelnen Herrlichkeiten schien sich zu verbergen und man zügelte die Bewunderung mit Rückhalten und beschränkte sie auf das Einzelne, wie man mit Hamlet that, so lange der Schlüssel dazu nicht gefunden war.

Betrachten wir also den Inhalt der beiden Haupthandlungen noch einmal nach den bewegenden Ursachen derselben, um zunächst die handelnden Figuren näher kennen zu lernen, und durch sie alsdann dem geistigen Einheitspunkte unseres Dramas näher zu rücken.

Als die Söhne Cymbeline's noch Kinder waren, lebte an seinem Hofe ein treuer, ruhmvoller Kriegsmann, Bellarius, der von dem Fürsten für die besten Dienste Gunst und Liebe geerntet hatte. Plötzsich traf den ganz Schuldlosen Cymbeline's Ungnade; Verleumdung strich ihn in der Gunst des Königs aus; zwei Schurken sagten mit falschem Eide von ihm aus, er sei mit den Römern in verrätherischem Bunde. Cymbeline verbannt ihn und raubt ihm seine Güter. Der Soldat, im Dienste der Welt erwachsen, verwand es nicht gutwillig, daß er für Treue geschlagen wurde; er nahm die unverdiente Strafe für einen Freibrief zur Rache, entführte die beiden Söhne Cymbeline's mit ihrer Amme, heiratete diese und erzog die Knaben als seine eigenen Kinder im wilden Waldgebirge, in einer einsamen Höhle. Hier läutert sich der alte Krieger, der sonst dem Himmel nicht viele fromme Schuld gezahlt hatte, zu einem Einsiedler voll Milde, und er sucht dem Vaterlande in seiner Wildniß zwei würdige Königssöhne zu erziehen. Die gemachte Erfahrung hatte ihn belehrt, daß die hohen Bogen der Königsburg übermüthig gegen Gott und Natur machen, daß in dem weltlichen Treiben der Wucherei, des Ehrgeizes, der gleißenden Ruhmsucht, in den Höhen des Lebens, in Städten und Höfen, sich Niemand rein halten kann; daß die Kunst des Hofes in der Welt, wie sie einmal ist, nicht leicht entbehrt werden kann, für das Heil der Seele gleichwohl besser ungekannt ist. Verblendet von der Verderbniß der Welt, glaubt er, dem unhaltbaren und schwachen Könige den größten Dienst zu thun, wenn er die Knaben davon frei und fern hält, zu einem frommen Naturdienste erzieht, sie an den Bildern der Natur vor den Gefahren der Welthändel warnt, wenn er ihnen die Süßigkeiten des zurückgezogenen und niederen Lebens ausmalt und den Käfer sicherer als den Adler preist. Die Knaben wachsen so in ihrer Einsamkeit in derselben Einfalt des guten Herzens auf, die in ihrer Schwester Imogen die Unnahbarkeit der guten weiblichen Natur mitten in den Gefährdungen der Hofwelt aufrecht erhalten hat, wahr, schlicht, unschuldig, Verächter des Geldes, von keinen unlauteren Gedanken und Begierden bewegt. Aber als sie reifer werden, regt sich in ihnen das männliche, das königliche Blut und drängt sie aus der Enge des Waldes nach Welt.

nach Krieg und Thaten hinaus; sie sind wie der Käfer am Faden gehalten und möchten des Adlers Vollflug fliegen; der Käfig wird ihnen zu eng, in dem sie wie der Vogel ihre Knechtschaft besingen sollen; sie fürchten das leere Alter nach thatenlosem Leben, in dem ihnen nicht gestattet sein werde, auf eine reiche Vergangenheit zurückzublicken wie Bellarius; sie jagen nur was vor ihnen ohne Widerstand flieht; den edlen Kampf mit gleichen Gegnern, in dem ihre Phantasie schwärmt, haben sie nie kennen gelernt, die Probe der Tapferkeit nie bestanden; der richtigste Lebensinstinct treibt sie hinaus nach den Prüfungen und Versuchungen des Lebens trotz ihren Gefahren, und es ist der Keim der schönsten Weisheit in ihnen, daß sie die Weisheit des Bellarius sehr am Orte für sein Alter, sehr unzeitig für ihre unbewährte Jugend finden. Als getrieben von diesem doppelseitigen Geiste der Milde und der Kraft, der Bescheidenheit und des Ehrgeizes, der liebenswürdigsten Offenheit und des verwegensten Trotzes finden wir diese zwei „holdesten Gesellen der Welt" von ihrem Pflegevater bezeichnet und in ihren Handlungen bewähren sie sich so. Sie sind sanft, sagt Bellarius, wie Zephyre, die unter dem Veilchen hinsäuseln, ohne sein süßes Haupt zu schaukeln, aber, wenn ihr königlich Blut aufbraust, wie der Sturm, der die Bergtanne beim Wipfel faßt und in das Thal beugt. So zeigen sie sich im Dienste des zierlichen Fidele weich, sorgsam, zart wie weibliche Wesen; der Eine zieht die Nägelschuhe aus um ihn im Schlafe nicht zu stören; der Andere ist über dem Todesglauben so bewegt, daß er nicht singen kann. Dann aber, als der Kriegslärm in ihre Nähe dringt, eilen sie ungestüm in den Kampf und retten mit Bellarius die verlorene Schlacht, die Drei gleich Dreitausend an Vertrauen und Muth. Auf den ersten Eindruck hin scheinen Beide im Charakter nicht unterschieden zu sein; bei näherem Zusehen ist es anders. Der Ältere, zur Nachfolge bestimmte Guiderius ist der männlichere unter Beiden. Gleich Anfangs tritt er als der glücklichere Jäger auf. Als er mit dem rohen Cloten unbekannt zusammentrifft, als ihn dieser reizt, „wie er sich selbst vom Meere nicht würde anbrüllen lassen", und ihn an seinem Leben bedroht, erschlägt er ihn ohne viele Umstände, gesteht es (beneidet von Arviragus) dem bestürzten Pflegevater, und später ohne Arg und Bedenken dem königlichen Vater selbst, obgleich gewarnt von Bellarius, daß dieß Eingeständniß Folter und Tod bringen würde. So haftig zufahrend und aufbrausend zeigt sich Guiderius auch da, wo er in den Römerkampf eilen will, selbst ohne des Vaters Segen. Im Gegensatze zu ihm erscheint Arviragus überall zärtlicher, milder, gesprächiger und in der Wahl seiner Worte blumenreicher. Guiderius ist geneigt, von ihm zu glauben, er spiele ein feierliches Klageinstrument, eitel und knabenhaft, ohne Ursache. Wie er über dem todtgeglaubten Fidele der freundlichen Sage erwähnt, daß Rothkehlchen unbegrabene Leichname mit Moos und Blumen deckten, tadelt ihn Guiderius, daß er in mädchenhaften Worten mit so Ernstem spiele.

Die Geschichte von Bellarius' Prinzenraub liegt lange vor dem Anfange unseres Stückes; sie wird im Eingange vorübergehend erwähnt, und es wird sonderbar und unglaublich gefunden, daß Königskinder so schlecht bewacht, so lässig gesucht wurden, daß keine Spur sich davon wieder fand. Wir sehen aber nun sogleich eine zweite Geschichte mit dem dritten Königsknabe vor unseren Augen vorgehen und werden dabei so genau in die Bestandtheile und Verhältnisse des Hofes versetzt, daß wir einigermaaßen begreifen, wie dieß Unbegreifliche früher geschehen konnte. Ein ganz schwacher König, gutmüthig, bei Schlaffheit leicht reizbar, aber fast unzurechnungsfähig aus Mangel an allem eigenen Willen, erscheint uns, beherrscht und eingenommen wie er einst von Verleumdern gegen Bellarius war, eben so beherrscht von einem heuchlerischen Weibe, die er kürzlich in zweiter Ehe geheirathet hatte, eben so eingenommen von ihr gegen seine Tochter Imogen und gegen seinen Pflegesohn Leonatus, zu Gunsten des Stiefsohnes Cloten, eines Geschöpfes, „zu schlecht, ihn schlecht zu nennen". Die Verblendung des Urtheiles des armen Königs wirkt jetzt wie damals. Um ihn her ist Alles gegen ihn und seine Verleiter gleichsam verschworen. Wie sich damals die Amme zu dem Raube bestechen ließ, so sind jetzt die Höflinge Alle in ihrem Herzen für Leonatus und Imogen, obgleich sie mit ihrer Zunge gegen Cloten in plumper Verachtung die groben Heuchler spielen. Die Königin verfolgt Imogen und ihren treuen Diener, sogar mit Gift, aber der Arzt, der ihr zu dienen vorgiebt, betrügt sie, um sie und ihre Mittel unschädlich zu machen. Niemand ist da, der es mit dem Könige und seiner neuen Familie ehrlich meinte, die gute Imogen aber hat Jedermanns Mitleid und Bedauern. Hätte auch sie mit ihrem Leonatus eine Flucht beschlossen, so sieht man wohl, daß alle Mittel bereit und alle Wege offen stauden, um auch sie so spurlos verschwinden zu machen, wie einst des Königs Söhne.

Die Heuchelei und die Verstellung der Hofleute, das Gewebe von Hinterreden, Verfolgungen, von listigem Ungehorsam, von falscher Treue und treuer Falschheit, in das wir in Cymbeline's Hause hineinblicken, erklärt sich, sobald man auf die Hauptcharaktere sieht, die diesen Hof in Bewegung setzen. Die Königin wird uns von den Hofleuten als ein schlauer Teufel bezeichnet, der stündlich neue Ränke schmiedet, ein Weib, das mit ihrem Kopfe Alles niederdrückt. Die weitaussehende Absichtlichkeit aller ihrer Schritte und ihre kalte Gewissenlosigkeit deckt sie uns zugleich auf, wenn wir sie vor ihrem Arzt ein lange fortgesetztes Interesse an Kräutern und ihren Eigenschaften heucheln sehen; nur um zuletzt verdachtlos bei der Bereitung von langsam wirkenden Giften anzulangen. Herrschsucht und Ehrgeiz setzen ihre Bosheit in Bewegung, die tiefste Heuchelei aber soll diese ihre Triebfedern wie deren Wirkungen verdecken. Damit täuscht sie den glücklichen Instinct der Imogen und ihres Arztes nicht, den arglosen Pisanio nur halb, den kopflosen König bis zu dem unbedingtesten Vertrauen. Sie schürt des Königs Wuth an gegen Posthumus und Imogen, sie spielt in heuchlerischer Freundlichkeit die Fürsprecherin der Verfolgten, liebend wo sie verwundet. Auch später legt sie große Zärtlichkeit gegen Imogen aus, als des Königs Zorn über ihrem Starrsinn stärker wird, aber auch dieser Zorn ist ihr Werk. Ihren rohen Sohn Cloten mit Imogen zu vermählen, um ihm den Thron und sich die Herrschaft zu schaffen, war nur ein erster Gedanke bei ihr; sie durchsieht in weiblicher Scharfsicht bald die Festigkeit des Bandes zwischen Imogen und Leonatus; sie stellt ihr daher nach dem Leben; es ist ihr lieb, von ihrer Flucht zu hören. Ihr Ein und Alles ist, zu herrschen; der eigene Sohn ist ihr dazu nur das nothwendige Werkzeug. Sie wünscht darum des Königs eigenen Tod; ja sie sinnt auf ein langsames Gift, an dem er verschmachten soll, während ihn die zärtlichste Pflege und Sorgfalt mit falschem Scheine berücken sollte bis zuletzt! Und doch stand ihr der Lebende so wenig im Wege! Sie vermochte Alles über ihn, im Hause und im Staate. Sie verleidete ihm die liebste Tochter, verbannte den Pflegesohn, an dem er eine Stütze gehabt hätte; sie darf den König kränken, und er kauft ihr ihr Unrecht ab, nur um gut Freund mit ihr zu bleiben; sie ist es, die den römischen Tribut aufkündigt, obwohl Treue und Dank dem Cymbeline, der dem Cäsar persönlich verpflichtet war, geboten ihn fortzuerlegen, und ihn darum nachher bewegen, auch trotz des Sieges ihn freiwillig wieder zu bezahlen. Der König ist trostlos, als sein Weib bei dem Ausbruche des Krieges krank ist, so sehr war sie Mann gegen ihn. Als ihm kund wird, daß sie nur die Größe, nicht ihn geliebt, daß sie seinem Leben nachgestellt, daß sie über ihres Sohnes Verschwinden, weil dieß alle ihre Laster zwecklos gemacht, dem Wahnsinne und dem Tode verfallen sei, so muß er gestehen, daß er ihr selber ihre Laster nicht geglaubt hätte außer in ihrem Tode, und mit einem Ausspruche, der ihre vollkommene Falschheit und Heuchelei ebenso charakterisirt, wie seine rührende Schwäche, sagt er: es wäre lasterhaft gewesen, ihr zu mistrauen.

Zu diesem Schreckbilde gescheidter Bosheit und Verstellung ist ihr Sohn Cloten ein Gegenstück an unverstellungsfähiger Rohheit und dummgerader Plumpheit. Eine äußere Gestalt wie der königliche

Leonatus, wenn man den Kopf hinweg denkt, ist er innerlich dessen reiner Gegensatz; gegen dieß Meisterstück von Mannesbildung ein nicht fertig gewordener Mensch; gegen den armen Pflegesohn voll natürlichem Adel des Wesens und voll von der Gelassenheit des ächten Selbstgefühls ein Prinz von der niedrigsten und gemeinsten Natur, voll von dem brutalen Hochmuthe, der selbst in dem Hochgestellten die Züge des Bauernstolzes annimmt; ein Körperkloß ohne Seele, dessen polternde und sprudelnde Sprache die Leerheit seines Kopfes und die Rohheit seines Gemüthes zugleich ausdrückt. Ein tölpelhafterer Werber um die süße Imogen war nicht wohl aufzustellen. Wie oft er Rath hält mit seinem Spiegel, wie eingenommen er von sich und seinem Range ist, wie geschickt ihn die Mutter anstiftet gefällige Ständchen zu bringen, er muß es doch selbst gestehen, daß er den Liebesprozeß nicht versteht; und wir überzeugen uns davon selbst, wenn er die treuen Frauen der Imogen so plump bestechen will, wenn er seine einstudirten Zureden bei ihr selber anbringt und die Geduld des sanftesten Geschöpfes zu Ende bringt. Zu grobköpfig zum Verleumden verunglimpft er ihren Leonatus, um ihn ihr zu verleiden, und muß dafür hören, daß sie ihn für zu niedrig hält nur dessen Knecht zu sein. Von diesem Augenblicke an treibt ihn der gekränkte Hochmuth zu blinder Rache; er geht auf Ränke aus wie seine Mutter und sucht, immer gleich ungeschickt und dünkelhaft, den Pisanio sich zu gewinnen; er will Leonatus tödten, der Imogen die äußerste Schmach anthun und sie dann verstoßen. Er weiß, daß seine Mutter Herrin über Cymbeline ist, und wagt daher Alles. Den persönlichen Zusammenstoß mit Leonatus fürchtet er nicht; er ist zu unerfahren, um eine Vorstellung von Gefahr und ein Maaß seiner und fremder Kräfte zu haben; mit dem Urtheile entgeht ihm der Sinn der Furcht. Dazu macht der Haß ihn blind, die dumme Einbildung läßt ihn tolle Prahlereien ausstoßen, die Verwöhnung macht ihn an sein Heldenthum glauben. Wenn er die Nächte durch in schlechter Gesellschaft unter Fluchen und Schwören spielte, schlug er wohl dem Mitspieler die Kugel auf den Kopf, und das trugen die Hofleute gemeinhin, ohne Genugthuung zu fordern, und wenn sie einer forderte, weigerte er sie dem Unebenbürtigen. Das gab seiner rohen Händelsucht wie seiner Einbildung Nahrung; geht doch Posthumus selber einmal seinem Degen aus dem Wege; er würde ihm mit derselben Dummdreistigkeit begegnet sein, mit der er dem viel jüngeren Guiderius begegnet, dem er erliegt. Man hat diesen Charakter obsolet genannt; ich weiß nicht, ob er nicht, stark gezeichnet wie er ist, der ewige Typus des in Nichtigkeit aufgewachsenen und zu rohem Dünkel erzogenen Mannes der Privilegien, des Adels, des Hofes sein wird. Sein Abbild muß man unter dem Junker- und Offizierstande suchen; dort wenigstens hatte es Miß Seward nach einem ihrer Briefe genau getroffen. In einem Capitaine ihrer Bekanntschaft fand sie ganz die nichtssagende Finsterheit des Gesichts, den unsicheren Gang, das Herausplatzen der Rede, die geschäftige Unbedeutenheit, die fieberlichen Anfälle von Muth, die eigensinnige Mürrischkeit, die launische Bosheit und selbst die gelegentlichen Streiflichter von Verstand unter Wolken von Thorheit. Eigenschaften, die allerdings ganz in der Anlage dieses Charakters gegeben sind.

Mitten aus dieser so beschaffenen Hofwelt, neben diesen nichtigen, bösartigen, rohen Gebietern und unter den heuchelnden Geschöpfen, die sie umgeben, heben sich nun zwei Figuren ab, auf die der ganze Glanz und Preis einer vollendeten Menschheit geworfen zu sein scheint. Nirgends, in keinem seiner Stücke, hat Shakespeare so ideelle Gestalten gleich auf der Schwelle des Einganges so nachdrucksvoll angekündigt. Der Pflegesohn Cymbeline's, Leonatus Posthumus, ist der Sohn eines Sicilius, der mit Ruhm dem Könige Tenantius, dem Vater Cymbeline's, gedient hatte. Zwei ältere Brüder des Leonatus fielen für das Vaterland, der Vater folgte ihnen nach, in Gram gestorben; die hinterlassene Wittwe gebar den Posthumus nach des Vaters Tode und starb über der Geburt. So durch die Verdienste seiner Familie mehr als Bellarius dem Throne und Hofe empfohlen, ist es Leonatus noch mehr durch seine persönliche Bedeutung. Er lohnte die Erziehung mit frühreifer Bildung und steht in frischer Jugend als Beispiel einer vollkommenen Männlichkeit da. Ohne daß wir selber noch den Handlungen des Jünglings, den thatsächlichen Beweisen seines Werthes nachspähen, hören wir aus dem Munde der Hofleute gleich am Eingange seinen fast übertriebenen Preis, und haben wenigstens den redenden Beweis von der allgemeinen Achtung, in der er steht, die selbst den Neid entwaffnet hat. Sie sagen, er gälte der Jugend als ein Muster, den Reiferen als ein Spiegel, den Alten sei er ein Kind, das Greise wie Thoren gängelte. Sie bezeichnen eine vollendete Harmonie seiner Natur, indem sie ihn ohne Gleichen nennen an innerem Werth und äußerer Schönheit. Nicht der bestochenen Imogen allein schien er das Antlitz Jupiter's, die Schenkel des Mars, die Füße des Mercur, den Arm des Hercules zu haben, auch Jachimo sagt, er säße unter Menschen wie ein herabgestiegener Gott. Derselbe Mann nennt ihn in der Stunde seiner Reue „den Besten von Allen unter den Seltensten aus der Zahl der Guten"; seine Ruhe vergleicht er der der Tugend selbst; und auch die boshafte Königin scheint die Weisheit anzuerkennen, die ihn Maaß und Geduld gelehrt. So lobt diesen Mann jede Zunge, was ihn aber am höchsten hebt, ist die Wahl der Imogen. Denn sie ist als Weib fast noch vollkommener als Er als Mann, obwohl sie ihn weit über ihre eigene Höhe schätzt. In köstlicher Bescheidenheit schiebt jedes von ihnen den Preis dem andern zu; ich tauschte, sagt Leonatus zu Imogen, mein armes Selbst gegen dich aus zu deinem so unendlichen Verluste; und sie nennt ihn vor ihrem Vater einen Mann, der jeder Frau werth sei, und sie fast um den ganzen Preis überzahle! Sie wie Er erscheinen in Aller Augen als der Phönix ihres Geschlechtes, als die Unvergleichlichen der Zeit. Wie Er mit den Götterbildern verglichen wird, so findet sie selbst der Menschenverächter Jachimo als einen himmlischen Engel, und Bellarius möchte sie beim ersten Anblicke für eine Gottheit, eine Fee oder ein irdisches Wunderbild halten; den Göttergestalten entsprechend, denen sie den Posthumus vergleicht, könnte dieser sie Hebe und Psyche zugleich nennen. Der Eindruck, den sie auf Bellarius' Söhne macht, die den scharfen äußeren Sinn des Wilden mit dem Zartgefühle und Urtheile des Gebildetsten verbinden, ist der eines Wesens voll betäubender Huld und Unschuld. Dem rohen Cloten scheint sie von allen Frauen das Beste zu besitzen, und Lucius, dem sie als Page dient, findet, daß Niemand einen Diener habe so gut, so pflichtgetreu, so fleißig und aufmerksam, so treu, geschickt und weiblich pflegsam.

Dieses seltene Paar nun hat sich ohne Wissen der Eltern Imogen's in Jupiter's Tempel vermählt; die Königstochter, in einem Abscheu ihrer ganzen Natur vor Cloten, übergab sich dem verwaisten Pflegebruder, mit dem sie den Thron von Britannien zu schmücken meinte; sie warf den Weih weg und wählte den Adler. Sie haben einen eigenmächtigen Ehebund eingegangen, wie Romeo mit Julie, wie Othello mit Desdemona. Aber welche andere Naturen thun hier diesen Schritt, unter welchen anderen Verhältnissen und mit wie anderem Verhalten! Aus den Zügen dieser Charaktere, aus den Zügen der Geschichte ihrer Liebe ahnen wir sogleich, daß hier ganz anders befestigte Seelen ein zwar gewagtes Schicksal ganz anders steuern werden, als der heftige Romeo, als der finstere Othello. Kein frischer Sturm von Leidenschaft hat den Leonatus zu Imogen, wie Romeo zu Julie, getragen; sie waren mit einander aufgewachsen, er ward ihr „Anbeter" aus Ueberzeugung und langem Umgang, es ist eine langsam gezeitigte und längst reife Liebe, die sie vereinigt; der Schritt zur Vermählung war eine Nothwehr gegen den Ehrgeiz der Stiefmutter; Imogen hat als die Thronerbin auf einen würdigen Ehegenossen zu denken; verwaiset mitten in ihrer Familie, ihrer Brüder beraubt, sucht sie mit klaren Sinnen nach einer Stütze für sich und für das Land; in Cloten's Annahme hätte sie mehr gethan als die kindliche Pflicht, und weniger als die patriotische verlangte.

Die eingegangene Ehe zu verheimlichen, fühlen Beide keinen Grund in sich; der König, in's Herz dadurch getroffen, verbannt den Gatten und bestimmt die Tochter dem Gefängniß. Keine Widersetzlichkeit, kein Entführungsgedanke, keine Verzweiflung oder kleinmüthiges Verzagen, keine Verwünschung und Ungeduld, bei Keinem von Beiden. Sie weicht des Vaters Zorn, sie heißt den neuen Gemahl von dannen ziehen, sie fügt sich darein, das stündliche Ziel erzürnter Blicke zu sein; aber ihr Trost ist sein Leben und ihre Treue; sie behält gewissenhaft dem Vater ihre heilige Kindespflicht vor, aber über ihren Bund soll sein Grimm keine Macht haben. Sollte es dem angebeteten Leonatus irgend schwerer geworden sein, seine Imogen, als einst dem Bellarius, des Königs Söhne zu entführen? Er denkt daran nicht. In der edelsten Fassung des Gemüthes nimmt er innigen aber raschen Abschied; den Abgehenden fällt der rohe Cloten an, reizt ihn und fordert ihn; er konnte ihn im gerechten Zweikampfe, im Stande der Abwehr erschlagen; er thut es nicht; er läßt nicht einmal seine Geduld von ihm verwunden und geht verächtlich, spielend an ihm vorüber. In Italien lebt er ruhig bei seinem Gastfreunde in stolzer Geduld; er thut nichts, den König zu versöhnen oder zu gewinnen; er wartet, daß auf diesen Winter Sommer folgt, denn er ist der unverbrüchlichen Treue seines Weibes für alle Zukunft sicher; er sieht sie für ein unverdientes, unschätzbares Geschenk der Götter an, und überläßt es ihnen vertrauend, ihm ihr Geschenk auch zu erhalten. In ähnlicher Stimmung bleibt auch sie zurück. Wie tief ihr Schmerz um ihre Trennung geht, sie duldet auch das Unduldbarere noch, die lästige Zudringlichkeit ihres groben Bewerbers; keine Verbitterung faßt sie an; ja das entschwundene äußere Glück ersetzt sie sich durch die innere Seligkeit des süßesten Gedankenlebens, in dem sie mit ihrem Leonat verbunden bleibt.

Wie reizvoll hat uns der Dichter in dieß Gemüths- und Phantasieleben hineinblicken lassen! Im Augenblick des Abschiedes, wo der größere Schmerz sie stumpf macht gegen ihres Vaters Zorn, antet sie in selbstvergessenem Harm auf den scheidenden Gatten; sie vergaß was sie sich ausgedacht hatte zu thun und zu sagen. Sie hatte einen Kuß zwischen zwei beschwörende Worte setzen und ihm einen Eid abnehmen wollen, daß die italischen Schönen ihre Liebe nicht beeinträchtigen sollten; sie wollte ihm sagen, zu welcher Zeit sie für ihn betend im Himmel sein würde; zu welchen Stunden er ihr in frommen Gedanken begegnen solle. Wie er weg ist, schickt sie ihm den treuen Diener nach, den Er in ähnlicher Sorglichkeit der Vereinsamten zurücklassen wollte; er soll das Letzte von ihm hören und sehen, obgleich er ihr darin nicht genug thun kann; sie rechnet ihm vor, wie viel weiter ihr sehnsüchtiger Blick ihn verfolgt haben würde. Nachdem er weg ist, ist sie nur mit ihm, „der obersten Krone ihres Grames" beschäftigt; wenn ihr Gesellschaft gemeldet wird: „wer mag das sein? Pfui!" — sie fühlt sich in ihrer Einsamkeit am glücklichsten. Wenn sein Name genannt wird, Nachrichten von ihm kommen, wechselt sie ihre Farbe in freudigem Schreck. Seine Briefe trägt sie an ihrem Herzen. Ehe sie sie öffnet, betet sie in rührend holder Freude um gute Neuigkeiten, von seiner Liebe, Gesundheit, Zufriedenheit, nur nicht Zufriedenheit mit ihrer Trennung. Betend, wie sie es ihm sagen wollte, geht sie um Mitternacht mit der Erinnerung an ihn, mit einem Kuß auf sein Armband, zu Bette; des Nachts weint sie an ihn gedenkend zwischen einem Glockenschlag und dem andern.

Imogen ist oft und mit Recht als das lieblichste und kunstloseste weibliche Wesen gefunden worden, das Shakespeare geschildert hat. Ihre Erscheinung breitet Wärme, Duft und Glanz über das ganze Drama. Wahrer und einfacher als Portia und Isabella, ist sie selbst idealer. In der harmonischsten Mischung verbindet sie äußere Anmuth mit sittlicher Schönheit, Beides mit frischer Unmittelbarkeit des Gefühls und der hellsten Klarheit des Verstandes. Sie ist die Summe und der Inbegriff der schönen Weiblichkeit, wie sie zuletzt des Dichters Ideal war. Man kann zweifeln, ob in aller Dichtung ein zweites so reizendes Geschöpf in so treuer Naturwahrheit geschildert sei. Dabei ist das Gemälde ausgeführt, wie es sonst nur der breitere Raum der erzählenden Dichtung gestattet. Imogen ist neben Hamlet der detaillirteste Charakter in Shakespeare's Dichtung; die Züge ihres Wesens sind kaum zu erschöpfen; der Dichter entschädigt mit diesem ausgemalten Bilde eines Weibes dieser naiven Art für die vielen Skizzen, die er von ähnlichen Naturen in den Dramen dieser Periode nur umrissen hat. Wenn er uns in Imogen's Schlafzimmer versetzt, so ist es so lebendig, als ob wir die Atmosphäre sinnlich empfänden. Nicht allein, daß uns ihre äußere Schönheit genannt und geschildert ist, wir sehen auch, schon in der Lectüre, die anmuthigen Bewegungen, die ihr so wohl stehen, wir werden mit allen ihren Begabungen bekannt: wie sie schön singt, wie sie würzig kocht, als ob sie Juno's Krankenwärterin wäre, wie ihr Putz sie zierlich kleidet, daß er der Neid der Götterkönigin ist. Aber über diese äußeren Eigenschaften weit hinweg gehen ihre inneren Vorzüge. Und diese uns klar zu machen, ist darum für uns ein Hauptgeschäft, weil dieses der Hauptcharakter des Stückes ist, der zu dessen Sinn auf dem Hauptwege hinleitet.

Der Grundzug dieser Natur, der sich in den wunderbar verschiedensten Lagen, in die der Dichter Imogen gebracht hat, überall und immer wieder bewährt, ist ihre geistige Frische und Gesundheit. In der ungetrübtesten Klarheit des Sinnes, in der unbefleckesten Reinheit des Gemüthes spiegelt sich jedes äußere Verhältniß unverzerrt und unverzogen in Imogen's Innerem wieder und jeder Anforderung gegenüber bewegt sie sich mit dem richtigsten Instincte einer eben so sinnigen als praktischen Natur. Reich an Gefühl wird sie doch niemals empfindsam, reich an Phantasie niemals phantastisch, voll wahrer, schmerzlich inniger Liebe nie von krankhafter Leidenschaft berührt. Der mächtigsten Bewegungen ihrer Seele ist sie Meister, die Fassung liegt neben ihren stärksten Erregungen, und hinter den Ergüssen ihrer heftigsten Gefühle die tactvollsten Handlungen, selbst

wo es kühne Entschlüsse gilt. Wir haben gesehen, wie unbekümmert
und ohne Gewissenszweifel sie den großen Schritt ihrer Vermählung
that, nachdem sie die Unvermeidlichkeit erkannt hatte. Wir haben gesehen, wie besonnen sie die Pflicht zwischen Vater und Gatten wog,
wie still gefaßt sie sich in die Nothwendigkeit der Trennung fügte.
Mit eben dieser Ruhe erträgt sie die Folgen dieser Trennung. Ausgesetzt dem Zorn des Vaters, der Falschheit der Stiefmutter, dem
Dringen des rohen Cloten, erduldet sie Alles in jener Gemüthsruhe
der glücklichen Frauennatur, die sich unangenehmer Gedanken fern zu
halten, in freundlichen Erinnerungen die drückende Gegenwart zu
vergessen weiß. Die Leute ihrer Umgebung, Pisanio, die Edlen des
Hofs beklagen ihre gequälte Lage, sie selbst klagt kaum je darüber;
erst als sie vor Cloten weggeflüchtet ist, übersieht sie, wie schwer der
Druck seiner Belagerung auf ihr gelastet hatte. Kein böses Wort
gegen Vater oder Mutter kommt über ihre Lippe, vor einem Dritten
auch kein böses Wort über sie; in ihres Vaters Seele thut es ihr
selbst weh, als die Rabenmutter gestorben ist, die ihr nach dem Leben
gestellt hatte. Sie trägt Kränkungen nicht nach, und Leid und Lasten
nicht übermäßig schwer. In dieser harmlosen Natur haften üble Eindrücke nicht allzu lange und sie plagt sich nicht mit zu vielen Bedenken; sie lebt im Zuge des beneidenswerthesten Instinctes, nicht in
der Ueberlegenheit eines männlichen Geistes wie Portia, ohne die
Blödigkeit Cordeliens, ohne den gedankenlosen Unbedacht Desdemona's, ohne Julia's leichteres Blut. Von Natur aus heiter, frohsinnig, unbefangen, zum Glück geboren, zum Tragen geschult, hat
sie nichts von einer wühlenden Leidenschaftlichkeit in sich, die ihr ein
tragisches Loos weissagen, die sie selbst geschaffenem Unheil verloben
könnte. Man sehe sie am Ende des Stückes, wo sie lange Leiden
und schwere Enttäuschungen von sich schüttelnd schnell dem glücklichsten Wohlgefühle wiedergegeben ist, wie bald sie gegen ihre Brüder
neckisch und muthwillig wird, wie ihre Augen leuchtend umgehen und
zu jedem anders sprechen: und man fühlt, daß dieß Wesen in jede

Lage geschickt, jeder Prüfung gewachsen, jedem Verhältniß sein Recht anzuthun von der Natur wunderbar ausgestattet ist.

Die Prüfungen bleiben nicht aus. Es kommt die Stunde an sie, wo der Verleumder (Jachimo) sie an ihres Posthumus Treue zweifeln macht, wo der Versucher ihre eigene Ehre angreift. Ihren Argwohn gegen Posthumus zu wecken ist nicht leicht. Bei Jachimo's ersten Andeutungen denkt sie an Krankheit; erst da er sehr deutlich wird, glaubt sie sich vergessen; dann will sie in stummen Schmerz versunken nichts weiter hören. Jachimo muthet ihr an, sich zu rächen, ohne noch zu sagen, welche Rache er meine; aber gegen Posthumus hätte Imogen keine Rache. Nicht etwa darum, daß sie in ihrem Taubensinn keine Aufwallung des Blutes anwandelte, o nein! als sie den Pisanio im Verdacht des Mordes hat, ruft sie alle Flüche auf diesen herab, die die tolle Hecuba über die Griechen schleuderte und legt die ihren hinzu; aber gegen Posthumus hätte sie keinen. Hierauf, da Jachimo seinen Racheplan angibt, findet sie sich schnell über seine Absicht und aus der Verwirrung ihrer Gedanken zugleich zurecht; ihr erstes Wort ruft den Pisanio herbei, den Jachimo in seinem Zwecke entfernt hatte; sie beginnt in dem köstlichsten Tacte und in der Entschlossenheit der Unschuld mit sichernden Handlungen, ehe sie dem erzürnten Herzen die Worte der Abwehr und Schmähung leiht. Und wieder, als Jachimo seine ernstliche Versuchung blos für eine verstellte Prüfung ausgibt, glaubt sie ihm, der ihr von Posthumus als ein Ehrenmann empfohlen ist, auf sein Eines Wort, nimmt ohne Rachgefühl den Stachel aus ihrem Herzen und findet rasch den Anstand und die Höflichkeit gegen den Gast und den Freund ihres Mannes wieder. Weltbildende Menschenkenntniß ist dem Weibe dieser Naturart nicht eigen; die Königin, die tiefe Heuchlerin, die sie täglich um sich hat, kennt Imogen, nachdem sie sie einmal durchschaut hatte, für immer; aber dem Fremden gegenüber verharrt sie in ihrer Harmlosigkeit ohne Arg. Sie nimmt das Böse über Posthumus etwas schwergläubig auf, leichtgläubig gern das Gute über ihn; sie fühlt nichts Verletzendes in der Prüfung, selbst wenn sie sie von Posthumus angelegt dächte, aber sie denkt überhaupt nicht darüber; sie glaubte ihn einen Augenblick abtrünnig, jetzt weiß sie daß er ihr treu ist, nun ist Alles gut und für sie kein Grund mehr zum Grübeln.

Wir sehen, die Versuchung ihrer Treue prallt machtlos an ihr ab; die Wälle ihrer Ehre sind ganz mühelos vertheidigt; wie ihr bis dahin der Angriff auf sie undenkbar war, so müßte er es dem Meister der Verführung hinfort selber sein. Der Dichter schildert uns aber eine fortdauernde Belagerung des vereinsamten Wesens und er zeigt uns zugleich das Palladium, das dessen Uneinnehmbarkeit verbürgt. Wir sehen sie wieder am Abend nach Jachimo's Besuche, bis Mitternacht lesend, bedacht um vier Uhr schon wieder aufzustehen. Sie las die Mythe von Philomele, bis zu der Stelle, wo sie sich dem Verführer Tereus ergibt. Diese Geschichte und die Erfahrung des Tages liegen ihr nur dunkel im Gemüthe, indem sie ihr kurzes Gebet spricht, sich dem Schutz der Götter empfiehlt und bittet, sie vor Feen und Versuchern zu bewahren. Sie schläft dann ruhig ein; ihre Phantasie ist nicht aufgeregt; ihr gesundes Blut ist nicht rasch zu sinnlichen Aufwallungen; selbst ihrem Geliebten pflegte sie oft auch erlaubte Liebkosungen mit rosiger Sittsamkeit zu wehren. Pisanio rechnet es ihr als einen Ruhm an, daß sie mehr götter- als weibergleich Stürme bestehe, die manche Tugend besiegen würden. Aber sie selbst hätte nicht den Sinn, die Abwehr dieser Stürme sich irgend als ein Verdienst auszulegen. Vollends wenn die Abwehr Cloten's damit gemeint wäre! Und doch ist es dieser, dessen „Belagerung" sie endlich aus der Ruhe ihrer passiven Vertheidigung herausreißt und zu einem förmlichen Ausfall reizt. Aber freilich nicht durch einen Versuch auf ihre Treue. Nur da er es wagt, ihr in's Angesicht ihren Posthumus mit rohen Schimpfworten zu verunglimpfen, da regt sich ihr die Galle, die ihr nicht fehlt, da verliert sie Geduld und Ruhe, vergißt der Frauenfitte und weist ihn mit herben Schmähungen erbittert zurück; denn sie wüßte auch Ruhe und Freundlichkeit nicht zu erkünsteln, wenn ihr einmal die Empörung im Herzen sitzt. Mit dieser Einen Selbstvergessenheit ruft sie nun neue und härtere Prüfungen auf sich herab. Cloten schmiedet nun Pläne gegen ihre Ehre und ihres Posthumus Leben. Eine täuschende Aussicht wird ihr gegeben, den heimgekehrten Gatten in Wales zu treffen. Nun, nach diesen Bestürmungen, nach diesem offenen Zerwürfniß mit Cloten, in überreizter Sehnsucht, vergißt sie plötzlich der Rücksicht auf die Eltern und rüstet sich ohne alles Bedenken, den Hof zu verlassen; ihre ungestümen Fragen nach dem Einen Gegenstande ihrer Gedanken drängen sich, eine wichtiger als die andere, und die letzte immer die drängendste; ihre Freude, ihr Entzücken, ihre Sorglosigkeit um die Folgen dieses begehrten Wiedersehens sind gleich groß. Wenn wir die Stärke ihrer Liebe vorher nicht aus ihrer gesetzten Ruhe erkennen konnten, so müßten wir sie jetzt aus dem Uebermaaß ihrer stürmischen Sehnsucht erkennen. Wir würden zweifeln, ob wir dasselbe stillruhige Wesen vor uns hätten, wenn nicht die Vorsicht und Bedachtsamkeit, mit der sie die heimliche Reise rüstet, uns bewiese, daß sie auch jetzt noch dieselbe Besonnene ist wie früher.

Aus der Höhe der glücklichen Hoffnung auf ein Wiedersehen mit Leonatus soll sie in die Tiefe des Jammers gestürzt werden. Sie muß erfahren, daß ihr Gatte sie für treulos hält und seinem Diener sie zu tödten befahl. Dieß zu lesen, zerschneidet ihr das Wort in der Kehle. Nicht aber bleibt sie, wie Desdemona Othello gegenüber, stumm und verstockt; bald findet sie die rührenden Klagen und Betheuerungen, die für Pisanio die Beweise ihrer Unschuld sind. Sie denkt an Jachimo's Verleumdungen zurück, sie hält sie nun für wahr. Zu denken, daß er auch sie bei Posthumus verleumdet haben könne, wie ihn bei ihr, dieß ginge weit über ihre Vorstellung von der Größe menschlicher Bosheit hinaus. Den unmenschlichen Befehl des Gatten kann sie sich nur erklären, wenn sie ihn treulos von ihr abgefallen denkt; bis zum Sterben gehorsam bietet sich das Lamm dem Schlächter willig zum Opfer dar. Da ihr Pisanio Mitleid zeigt, ihr Hoffnung gibt, daß Alles auf Mißverständniß, auf Verleumdung beruhe, richtet sich ihre gedrückte Seele schleunig wieder empor. Ihr Verstand hat nichts, den Grausamen zu rechtfertigen, ihr Gemüth wehrt ihr in dunklem Gefühle die Verzweiflung ab. Auch jetzt wandelt sie keine Regung der Rache oder des Hasses an; sie hat nur Sinn für den Gedanken ihn wiederzusehen und ihn zu retten, denn sie glaubt an seine Reue. Die gute Seele fühlt nur Mitleid mit dem Verfolger, die Gekränkte Bedauern mit dem Kränker. Sie besinnt sich, daß die Verräther in solchen Fällen schlimmer daran sind als die Verrathenen, daß Reue ihn anfassen werde, wenn er an seiner jetzigen Verführerin erst gesättigt sei; daß ihn dann die Erinnerung quälen werde an sie, die so viele fürstliche Freier abgewiesen habe um ihn, und daß er dann erkennen werde, dieß sei sein gewöhnliches Thun sondern ein seltener Zug gewesen. Der Leser wird fühlen, wie tausendkünstlerisch hier wieder der Dichter unter gegebenen Verhältnissen und Seelenlagen einen Fehler in die reizendste Tugend kleidet? wie in diesem Augenblicke, wo Imogen im Eifer mit dem lieben Sünder rechtet, in diesem Eigenlobe der köstlichste Duft liegt, weil das verletzte reinste Selbstgefühl, die gekränkte tiefste Empfindung, die verschmähte hingegebenste Liebe aus ihm spricht?

In dieser Lage der Verzweiflung ist sie immer gleich gefaßt und muthig, jedes Mittel zur Wiedervereinigung mit ihm zu ergreifen bereit, wenn es auch Gefahr, nur nicht Tod für ihre Einsamkeit ist. Sie will auf Pisanio's Rath den Gatten in Rom aufsuchen, den Hof, die Eltern, England verlassen, in Männertracht in Lucius' Dienste gehen. Der Dichter läßt sie wie seine Julia, seine Portia, Viola, Rosalinde, Jessica, Pagenkleider anlegen, ein Lieblingseffect der damaligen Bühne, zu dem die Sitte einlud daß die Frauen von Knaben gespielt wurden. In diesem Falle ist die Verkleidung von ganz besonderem Reize, weil Imogen mit dem weiblichen Kleide die weibliche Natur abzulegen ganz unfähig ist. Pisanio heißt sie Schüchternheit und Zartgefühl aufgeben, „der Frauen Begleiterinnen, ja richtiger der Frauen liebliches Selbst". In diesen Worten ist das weibliche Wesen Imogen's ganz umschrieben. Und eben dieß Wesen soll sie nun vertauschen mit Keckheit, soll zänkisch werden wie ein Wiesel, schnell in Antworten, fertig im Spotte, wie alle jene Rosalinden sind. Das unternimmt sie, aber es auszuführen vermag sie nicht. Glücklich, daß sie auf ihrer Mannesfahrt nur auf die jungfräulichen Brüder in der Höhle und auf den „heiligen" Lucius stößt, sonst hätte ihre Schüchternheit und zartes Wesen frühe ihr Geschlecht verrathen. Vergißt sie doch zuletzt, im weiten Kreise des Lagers, als sie ihren Posthumus wiedersieht, im unbewußten Drange der Gefühle ihre Männerrolle plötzlich und verräth sich ohne Besinnen.

Wie entzückend ist sie in der Höhle ihrer Brüder, da sie unerwartet auf diese „freundlichen Geschöpfe" trifft, die ihrem Wesen nach noch mehr als nach dem Blute ihre Geschwister sind! So reizende Idyllen, wie diese Scenen, sind wohl nicht wieder geschrieben worden; diese Auftritte, sagte Schlegel, könnten eine ganz erstorbene Einbildungskraft neu zur Poesie beleben. Sie kommt verirrt, entkräftet in die leere Höhle, ist, betet für die Bewohner und will für ihre Nahrung Geld zurücklassen, da wird sie überrascht von den Einsiedlern, die sie aufnehmen mit ihrer natürlichen Freude an allem menschlichen Wesen, bald sich bezaubert fühlen von dem Reiz ihrer Erscheinung, dann noch wärmeren Antheil an ihr nehmen, nachdem sie mit scharfem Sinne ihr abgemerkt, wie Gram und Geduld ihre Wurzeln in ihrem Gemüthe zusammenschlagen. Aber auch sie ihrerseits fühlt sich eben so mächtig angezogen. Unter so guten Menschen hätte sich ihr Gram bald gelindert, ja sie hätte ihren Weg zu Lucius, zu Posthumus vielleicht vergessen! Nicht daß ein weibliches Gefühl sie zu den liebenswürdigen Jungen hingezogen hätte! Der Dichter hat achtsam gesorgt, diese Vermuthung nicht in uns aufkommen zu lassen. Die Brüder in ihrem witternden Instincte fühlen bald heraus, daß dieser schöne Knabe mehr zum Weibe als zum Manne geschaffen sei; wie sie ihnen alle häuslichen Geschäfte in natürlichem

Triebe abnimmt, wie sie sie auf die Jagd treibt, rücksichtsvoll, daß ihre Gewohnheit nicht gebrochen werde, das macht, daß sie sie ihr Hausweib nennen und daß ihr Guiderius sagt, wenn sie ein Mädchen wäre, würde er stark um sie werben. Aber sie in ihrer weiblichen Sphäre kommt dem nicht entgegen. Sie hat hier plötzlich gefunden, was sie nicht auf der Welt geahnt hatte, Geschöpfe, die von Seiten ihrer unberührten Unschuld selbst ihren Posthumus übertreffen; wie natürlich, daß bei diesem Anlaße die Erinnerung an Posthumus, ohne daß sich dieß ausspräche, nicht mehr so ungetrübt in ihr bleibt, daß sie an seine Falschheit zurückdenkt, daß sie sich die Möglichkeit vorspiegelt, daß der Wunsch in ihr aufsteigt, hier mit diesen Unschuldigen ein Leben der Unschuld zu leben, wo sie für die unsichere, ja verlorene Stütze eine andere gefunden hätte! Aber dennoch, ihre Treue für Posthumus würde selbst hier nicht versucht werden! Geschlechtlich, als Imogen, ihn zu verlassen und Anderen anzugehören, dieser Gedanke rührt ihre fromme treue Seele gar auch jetzt nicht an. Verzeiht mir, in diese sinnvollen wie unschuldvollen Worte kleidet sich dieser schlummernde, auskeimende Wunsch in ihr, „verzeiht mir Götter, ich möchte mein Geschlecht verändern, ihr Genoße zu sein, da Leonatus falsch ist!"

Dieser Wunsch, unter den Bewohnern der Höhle, unbeschadet ihrer heiligen Pflicht gegen Posthumus, zu weilen, hat noch in einem anderen Zuge Imogen's seinen Grund, der mit ihrer gesunden Einfalt, mit ihrem natürlichen Bild in eine Welt voll Unnatur zusammenhängt. Sie war am Hofe, mitten unter Ränken und Schlechtigkeiten wahr, schlicht und schuldlos geblieben. Sie konnte sich so erhalten, wesentlich nur in Kraft jener weiblichen Eigenheit, gehässige Außendinge nicht auf sich wirken zu laßen. In geheimer Tiefe aber arbeitete dabei ein Trieb in ihr mit, der sie überhaupt aus dem Glanz des höheren Lebens hinwegzieht, obgleich man ihr nur dieses als den Inbegriff alles wahren Lebens gerühmt, Alles außer dem Hofe als wild bezeichnet hatte. Gleich bei der Katastrophe von Posthumus'

Verbannung wünscht sie sich eine Schäferin zu sein und ihn des Nachbarhirten Sohn; sie würde sich glücklich preisen, wenn sie mit ihren Brüdern geraubt worden wäre; elend fühlt sie sich mit ihrer Sehnsucht im Glanze der Würde, gesegnet scheinen ihr die, denen, wie niedrig sie auch seien, ihre ehrbaren Wünsche in Erfüllung gehen. Hier in der Höhle der Brüder begegnet sie nun den Geschöpfen, die ihr beweisen, daß man sie immer getäuscht, daß ihr innerer Zug sie besser geleitet habe, „daß die herrschende See Ungeheuer erzeugt, die armen dienstbaren Bäche aber süße Fische zur Nahrung geben". Hier in der Höhle besinnt sie sich daher auf den Satz, der ihre innerste Meinung ausspricht: Menschen und Menschen sollten Brüder sein, statt daß sich der Staub von dem gleichen Staube an Würde unterscheiden will! Sie hegt diese Meinung nicht allein aus angeborener Neigung zum Stillleben, wie es Frauen gemäßer ist, nicht allein aus der leidigen Erfahrung, die sie im großen Leben gemacht hat, sie hegt sie auch darum, weil sie viel lieber den Thron als ihren Posthumus lassen würde. Darum entfällt ihr hier in der Höhle der Wunsch, es möchten diese Knaben Geschwister von ihr sein; „dann wäre ihr Werth geringer und sie von mehr gleichem Ballast mit ihrem Posthumus". Wie das königliche Blut in diesen Brüdern sich mit der Macht des natürlichen Triebes aus Niedrigkeit und Einsamkeit in das Weltleben hinaufsehnt, so sehnt sich in ihr das weibliche Blut umgekehrt und eben so natürlich aus dieser erkannten Welt der Ränke hinweg zu Eingezogenheit und Stillleben.

Wir blicken also durch jenen Wunsch Imogen's, in der Höhle bleiben zu können, auf einen entfernteren Hintergrund ihres Wesens hindurch; aber den nächsten Anlaß wollen wir darüber nicht vergessen: es hatte sie der Schmerz über Posthumus' Untreue und Grausamkeit angenagt und sie überdachte sich unwillkürlich den Fall, daß sie ihn doch für immer verloren hätte. Es hält sich Gram und Geduld, wie die Brüder fanden, noch immer in ihr die Wage; sie gehört ihm noch immer an, wenn er ihr angehören will; sie entfremdet sich ihm in Gedanken, für den Fall daß er treulos bleibt; dieselbe gesunde Natur wirkt auch nach der schlimmeren und schlimmsten Erfahrung in ihr fort; ihr Herz könnte vielleicht nach der Gewißheit seiner Untreue brechen, aber am gebrochenen Herzen um seine Treulosigkeit sterben würde sie nicht; auch nicht um seinen Tod. Der Dichter zeigt sie uns, erwacht aus ihrem Scheintode über Cloten's Leiche, die sie für Posthumus' hält. Sie kehrt sich bei diesem Anblick entsetzt ab und hält sich noch für träumend. In Furcht zitternd vor der Bestätigung dessen, was ihr Auge gesehen, betet sie so abgekehrt um Erbarmen, wenn noch ein Mitleidstropfen im Himmel sei. Sie wendet sich zurück, und der Traum will nicht schwinden. Dann bricht ihr Schmerz aus, und ihr Verdacht und ihre Verwünschung fällt auf Pisanio, der ihr den gefährlichen Trank gegeben. Dennoch ist auch jetzt, nach dem äußersten was sie gesehen zu haben glaubte, ihr Schmerz gehalten, gemäßigt, wie durch etwas gepreßt; es ist der Schmerz um einen treulos gewordenen; dieser Stachel ist ihr geblieben und der Dichter hat nicht vergessen, selbst in dem Pathos dieser schrecklichsten Lage den Schmerz dieser alten Wunde durch den Schmerz der neuesten nicht ganz verwischen zu lassen. So ist Imogen denn auch jetzt gefaßt, immer in der gleichen Kräftigkeit ihrer guten Natur, des Gatten Leiche zu bestatten und zu beweinen, und sich dann einem wildfremden Schicksale ausharrend hinzugeben. Und zuletzt, da sie gefangen in die Nähe ihres Vaters gebracht wird, unter der Masse von Menschen, ist das gedrückte Gemüth der Dulderin doch erleichtert genug, sind ihre Augen, die auf Vater und Brüdern zu ruhen haben, hell und umschauend genug, unter den Gefangenen ihren Versucher Jachimo, an seiner Hand ihres Posthumus Ring zu erkennen, und dadurch die Entwicklung der seltsamen Knoten ihrer Geschicke herbeizuführen.

Diese Knoten waren zuerst geschürzt worden durch Posthumus' abenteuerliche Wette auf Imogen's Treue. Dieß ist der Punkt, der diesem Stücke die Gunst aller feinsinnigen Leser und Leserinnen ent-

309. Wie war es möglich, daß der Dichter eine so unzarte Situation zum Ausgangspunkte eines so großartigen Gedichtes machen konnte? Wie vollends war es möglich und wie besteht es mit der psychologischen Wahrheit, daß diese Wette eingegangen wird gerade auf ein Weib von so ganz lieblich zarter Natur, und von einem Manne, der uns als das Muster- und Spiegelbild seines Geschlechtes angekündigt war? Wir haben auf diese Fragen zunächst eine schon oft gegebene Antwort zu wiederholen: Shakespeare fand diese Thatsache in der Sage, die er behandelte, und er behielt sie gewissenhaft bei als ein dichterisches Symbol. Ob sie wahrscheinlich sei, oder nicht, er that Alles um sie möglich und um sie wahr zu machen. Leonatus war schon früher einmal in Frankreich gewesen und hatte dort schon einmal um seiner Imogen halber einen ähnlichen Handel gehabt. Damals war er jünger, eingebildeter, hitziger, von mehr Widerspruchsgeist als jetzt. Er pries schon damals seine Geliebte vor den französischen Frauen; sein Recht sollte nach Ritterfitte mit dem Schwert im Gottesurtheil ausgemacht werden; die Sache wurde noch gütlich beigelegt. Den Franzosen, der damals den Vermittler machte, trifft der verbannte Posthumus zufällig bei seinem Wirthe Philario in Rom wieder. Den Abend vor seiner Ankunft halten Männer mit anderen Freunden beim Gelage den sehr ähnlichen Gegenstand, einen Streit über die Vorzüge ihrer Landsmänninnen; die Rede fällt also leicht auf jenen früheren Handel zurück, den Posthumus jetzt, gewiegter geworden in seinen Ansichten, noch immer nicht für eine leichte Sache ansieht wie der Franzose. Ein Stich von Jachimo auf seine Geliebte bringt Posthumus sogleich in eine gereizte Stimmung, die er mit seiner männlichen Ruhe meistert, bis er den Charakter des Italieners mehr und mehr kennen lernt. Jachimo ist ein Hofmann von flacher Weltlichkeit, den Shakespeare in der affectirten Sprache seiner „Wasserfliegen", der Osrik und Aehnlicher reden läßt; es ist an ihm aus der Novelle mehr der Charakter eines Wüstlings aus der Zeit Borgia's als eines Römers aus der Kaiserzeit

hängen geblieben. Sein Name klingt fast wie ein Diminutivum von Jago, und so zeigt er sich in seiner Denkart von den Menschen. Für irgend eine Größe und Tugend hat er nicht Sinn noch Glauben in sich. Wenn von Posthumus die Rede ist, so hat er eine Reihe von Dingen zur Hand, um seinen guten Ruf zu erklären, nur um nicht den Einen Grund, seine wirkliche Trefflichkeit, annehmen zu müssen, für den er keine Beziehung in sich hat. Die Einzelnen zu verkleinern mit Unglimpf oder Verleumdung, die ganze Menschheit verächtlich herabzuziehen, ist nicht gerade seine Natur, aber es ist ihm zur Gewohnheit geworden; von dem weiblichen Geschlechte denkt er wie ein Freibeuter, den immer Glück begleitete. Ihn ärgert der gute Name des Posthumus und sein ungemessener Preis der Imogen an sich; noch mehr die Zuversichtlichkeit, mit der er auf ihre Tugend und ihre Treue baut. Er regt seine Wette an und setzt sie gegen diese Zuversicht mehr als gegen Imogen's Ruf: er unternähme das, vermißt er sich, gegen jede Frau in der Welt. Unglaube an Sitte und Sittlichkeit erzeugt in dem niederen Menschen diese Denkart überhaupt, und der kleinliche giftige Neid heißt ihn die Wette bieten; in Posthumus aber ist es umgekehrt die große Ueberzeugung der Tugend und der Glaube an die Menschheit, die ihn erst gelassen, dann gereizten Widerstand gegen Jachimo's Grundsätze und Anmaaßungen sehen läßt; es ist die tiefe Empörung seiner sittlichen Natur, die ihn der gebotenen Wette näher rücken macht. Reizbar in sonst keinem Dinge, ist er es gerade nur in diesem Einen Punkte; und so oder ähnlich, scheint uns, wird sich in einem kräftigen Manne, der sich in einem sittlichen Natur- und Unschuldstande erhalten hat, die Unduldsamkeit gegen das prahlerische Laster immer äußern. Dem Franzosen wäre dieß ein Strohhalm, zu dessen Verfechtung ihn nichts versuchte; aber dem Posthumus ist es eine große Ehrensache, die beleidigte Menschheit zu vertreten. Nicht daß er sich in eifriger Don Quixoterie zu dieser Ritterschaft aufwürfe; nicht daß er sich leicht aufstobernd zu dieser Wette hinzudrängte; er weicht ihr lange und absichtlich aus, obwohl er dem Jachimo nicht verhehlt, daß seine Anmaaßung nicht allein Zurückweisung, sondern auch Strafe dazu verdient. Erst da der Italiener seinen Schmutz noch ganz besonders auf den schneeweißen Schwan des Leonatus ausgießt und ihn höhnt, als müsse er doch, da er so ausweiche, Ursache zu fürchten haben, da setzt er sein Weib, auf deren Treue er ja mehr wagen durfte als dieß, in die Wette ein; sie soll zur Ehrenrettung des Geschlechtes das ihrige thun, und dann will er (darin liegt der Sinn, in dem er die Wette nimmt) zu ihrer Zurückweisung noch jene verdiente Strafe hinzufügen und mit dem Schwerte an Jachimo die schlechte Meinung und die Vermessenheit ahnden. In dieser sittlichen Empörung ist Posthumus nicht weniger derselbe seltene Mensch, wie in seinen übrigen Schritten. Seine Reizbarkeit aus so edlem Grunde hebt seine sonstige Ruhe und Besonnenheit erst recht in ihren Glanz, und diese seine überall bewährte Mäßigung wieder mahnt uns, diesen Grund zwiefach zu bedenken, der ihn ausnahmsweise bei einem so unfeinen Handel in diese Erbitterung treibt. Besinnen wir uns, daß die eben so ruhige, viel ruhigere Imogen eben so selten oder seltener, aber bei Einer, bei derselben Gelegenheit doch auch zu der ähnlichen Empfindung getrieben worden ist: als der gemeine Cloten sich über ihren Posthumus zu erheben, und diesen herabzuziehen, wie Jachimo die Imogen zu verdächtigen, unternahm. Besinnen wir uns, daß ihre Verleugnung der Frauensitte, ihr Zornausbruch, ihre Flucht in dem Weibe nicht von weniger Selbstvergessenheit zeugt, als die Wette in dem Manne. Denn daß eine Selbstvergessenheit beidemale in Beider Schritten gelegen sei, das wollen wir nicht leugnen; das wollte der Dichter, so schön und entschuldbar in beiden Fällen die Beweggründe sind, selber nicht verreden oder verbergen, da er die Uebereilung auf beiden Seiten so empfindlich bestraft.

In dieser Bestrafung wirken Beider Fehler in einander, nicht daß die Wette des Posthumus allein die ganze Reihe ihrer Prüfungen verschuldet hätte. Wäre Imogen nicht, von Cloten's Belästigung ermüdet, sogleich nach Wales auf die trügerische Einladung aufgebrochen, so hätte ihr Pisanio auf der Stelle seinen blutigen Auftrag eröffnen müssen; die Beglaubigung ihres vorgegebenen Mordes (ihr Verschwinden) hätte gefehlt, Posthumus hätte Zeit zu unterspäteter Reue erhalten. Alles hätte sich milder entwickeln können. So aber wirkt Imogen selbst zur scheinbaren Ausführung der Rache mit, die Posthumus, auf Jachimo's Bericht hin, über sie verhängte und die dann so schwer auf ihn zurückfällt. Der schlaue Italiener kommt nach Rom zurück und feiert seinen falschen Triumph über den arglosen Briten. So schlimm er ist, so muß man sich hüten, ihn schlimmer zu nehmen als so. Er hat den Unglauben an Menschen nicht angeboren, sondern eingesammelt, weil er auf tugendhafte Menschen nie traf. Der bloße Anblick Imogen's zeigt ihm, was er nie gesehen; er fühlt sogleich, daß hier ganz ungewöhnliche Waffen nöthig sein würden. Von ihr abgewiesen und beschämt, füllt ihn gegen sie nicht Haß und Bosheit, sondern Bewunderung an. Wirkte nicht der Stachel des schlechten Ehrgeizes in ihm fort, den Ruhm des Unwiderstehlichen zu behaupten, gälte es ihm nicht, sein halbes Vermögen und sein Leben zu sichern, so würde er wohl den Betrug vermieden haben, den er jetzt Posthumus spielt. Er spricht über Imogen die schreckliche Verleumbung aus, aber nicht in einer Freude, sie zu verleumden; er hüllt sich in Zweideutigkeiten, weder lügt er unnöthig, noch setzt er sie unnöthig herab. Wie er seinen Zweck, sich sicher zu stellen, erreicht hat, da wirkt die gemachte Erfahrung in ihm nach, die gesehene und geprüfte Tugend weckt sein Gewissen, die Scham seiner Schuld drückt ihn nieder und macht ihn in dem britischen Kampfe feige, das schnelle Geständniß seiner Schuld zeigt ihn zerknirscht von Reue und der Verzeihung würdig. Damals aber, als er an Posthumus seinen Siegesbericht abstattete, war dieser um so bälder überzeugt, je kühler und ruhiger Jachimo erschien. Zu zweifeln war nach den vorliegenden Beweisen nicht; der unbetheiligte Philario selbst hält Jachimo für den Sieger. Nun folgt in Posthumus der furchtbare Ausbruch der Verzweiflung, der dunkle Blick in das verlorene versprechendste Leben. Eifersucht und beleidigte Ehre schüttelt seine Mannheit bis zu fassungsloser Wuth und den rücksichtslosesten Entschlüssen der Rache. Hier erscheint er fast ganz wie Othello. Wie in diesem, so liegt in Posthumus' Wesen nichts von der flach geselligen Heiterkeit, die mit glücklichem sanguinischem Leichtsinn versetzt ist; ernst von Natur neigte er stets zu Melancholie, auch ohne Anlaß. Wie Othello hatte er an seiner Geliebten hinaufzublicken und glaubte sich verschmäht wegen seiner niederen Geburt. In Beiden ist trotz ihrer imposanten Ruhe eine leidenschaftliche Ader, auf die Jago und Jachimo rechnen. Wie Othello in dem Taschentuch, so hat Posthumus in dem Armband den Scheinbeweis in der Hand. Wie jenen fällt ihn ein Schauer von Menschenhaß und Verachtung an; wie in jenem wird seine harmonische Natur in einen chaotischen Zustand gerissen, in dem er weit mehr unglücklich als strafbar erscheint. Ganz wie Othello wühlt er sich in sinnlich häßliche Vorstellungen, ja ein widrig wollüstiges Bild hinein von dem raschen Siege des gelben Jachimo über ein Wesen, das er keusch kannte wie ungesonnten Schnee. Sein Haß fällt auf das ganze weibliche Geschlecht: Alles Schlechte im Manne scheint ihm nur vom Weibe ererbt, alle Laster und Sünden des Weibes Eigenthum. Aehnlich wie Othello weiht er die Verbrecherin zum Opfer für seine befleckte Ehre, immer in derselben Entrüstung der sittlichen Natur in ihm, die wir zuvor in ihm beobachtet haben. Wie viel milder gegen ihn ist in den ähnlichen Lagen das Weib, seine Imogen! Sie verliert nicht, als sie ihn treulos glaubt, den Glauben an das ganze männliche Geschlecht; sie sagt nur, seine Falschheit werde den Schein der Falschheit und Schlechtigkeit auf alle Männer werfen! Sie ist zur Rache gemahnt, aber von Andern, nicht von sich selber, und sie kann den Gedanken nicht fassen. Sie hat nur Mitleid, keinen Haß für ihn! und wenn auch ihr Herz etwas erkaltete, so hätte sie doch den Glauben nie ganz an ihn verloren; nie wäre sie fähig gewesen, etwas Böses gegen ihn zu ersinnen.

Dieß stellt ihn gleichwohl nicht geringer als sie. Die Verschlossenheit des Geschlechtes bedingt in dem Manne, der nichts halb sein kann und will, diese schreckliche Reaction gegen eine Erfahrung, die ihn an der Welt und an Allem irre gemacht. Sobald er seinem treuen Pisanio den Auftrag zu ihrem Tode gegeben hat, kehrt seine Besinnung wieder. Nun klagt er die Treue an, die seinen Befehl so rasch vollzog. Othello tödtete Desdemona, um sie nicht fortsündigen zu lassen; hier liegt der feinere Unterschied des menschlicheren und sanfteren Leonatus. Er verwünscht seine That, weil die Geopferte lebend Zeit zur Reue gehabt hätte! Der Glaube an ihre Tugend war also auch in ihm nur auf Augenblicke erstickt, nicht aber erstorben. Nun packt ihn die Reue fürchterlich an und treibt ihn, an sich selber Rache zu nehmen. Dieselbe Empörung, die ihn gegen Jachimo, gegen Imogen, gegen Pisanio faßte, waffnet ihn nun gegen sich selbst; und diese Strenge wider sich selber ist es gerade, die mit der sittlichen Reizbarkeit, in der er jene Welle einging und jene Strafe über Imogen verhängte, versöhnen muß. Nicht in der Maaßlosigkeit einer ersten Wuth legt er Hand an sich selbst, wie Othello, sondern in ruhiger Gelassenheit legt er sich eine großartige Buße auf. Er folgt dem römischen Heere nach Britannien, aber nicht um gegen das Vaterland zu fechten, dem er eine so gute Königin geraubt hatte, sondern um für Britannien fechtend zu sterben. Und zu sterben unbekannt, unbetrauert, in elender Bauerntracht, unberührt von jedem Triebe eines eitlen Nebenzweckes. Er will die Art der Welt beschämen und eine neue Sitte beginnen: schlecht außen, kostbar innen. Der Dichter leiht diesem Ideale eines erhabenen männlichen Charakters, auch diesem, denselben Grundzug, den er seinem Heinrich V. geliehen hatte; er gibt auch seiner Tugend, wie Heinrich's, als einem seltensten Edelstein, die einfachste Fassung ohne viel Schmuckwerk. Die Moral dieses Stückes ist die Probe zu jener; sie bestätigt des Dichters ehrfürchtige Achtung vor den Menschen, die die Verächter des Glanzes und unscheinbar edel sind. Seine großen Schlachtthaten hüllt Posthumus schweigend ein und schiebt sie neidlos auf Bellarius und seine Söhne; an seiner größten That geht er wortlos vorüber, als er den tückischen Jachimo, den Urheber seines Elendes, da er besiegt zu seinen Füßen liegt, in großartiger Selbstüberwindung leben läßt, damit auf Niemand Strafe falle als auf ihn; diese edelste That seines Lieblings hat Shakespeare schweigend in eine Bühnendirection niedergelegt! Aber sein Wunsch, zu sterben, ist ihm nicht gewährt; er mischt sich daher unter die Besiegten und folgt willig in den Kerker. Nicht zufrieden mit der Reue, der die Unthat blos leid thut, ist er auch da stets freudig zu sterben und ersieht von den Göttern das Mittel zur Buße, den Tod. Selbst nach der verheißungsvollen Vision dauert diese Eine Sehnsucht in ihm in ungeänderter Stärke. Und daß man nicht glaube, es sei diese Ruhe, diese Schonung Jachimo's, diese Selbstverfolgung nur die wenig schätzbare Wirkung einer Fühllosigkeit, die sich seiner bemächtigt habe! Als sich Jachimo schuldig bekennt, fällt ihn seine Entrüstung noch einmal so furchtbar an, daß er sich selbst und Niemand mehr kennt, die schrecklichsten Verwünschungen gegen sich und Pisanio ausstößt, ja die unerkannte Imogen im Anfalle seiner krampfhaften Wuth schlägt und noch einmal von sich stößt. Bis dann am Ende seiner Leiden die Wiedergefundene an seiner Brust liegt, wo sie wie die Frucht hängen soll bis der Baum stirbt! Daß beide durch die Wiederfindung der Brüder Imogen's des Thrones verlustig gehen, gehört zu ihrer feinsten Läuterung vor der Welt. So zeigt sich ihre Liebe völlig rein und ohne allen äußeren Nebenbezug. Ihr ist ihr Wunsch nach einem rückgezogenen Leben gewährt und sein ähnlicher Zug nach scheinloser Rechtheit besteht so die letzte Probe. O Imogen, sagt ihr Cymbeline bedauernd, durch der Brüder Wiederkehr hast du eine Krone verloren! Nein, erwidert sie, zwei Welten so gewonnen!

Bis hierher haben wir, nach unserer anfänglichen Absicht, die beiden Handlungen des Stückes und die vortretenden Figuren näher in's Auge gefaßt; aber der Stand- und Gesichtspunkt ist noch nicht angegeben, aus dem der dichterische Maler sein Bild aufgenommen hat, der Hauptschlüssel fehlt uns noch, der uns die verschiedenen Bestandtheile gleichmäßig erschlösse wie die Zugänge zu Einem Innersten, von dem aus die Anlage des ganzen Baues als eine kunstmäßig übereinstimmende leicht erkannt werden könnte.

Nach unserer Auseinandersetzung des Inhaltes wird man leicht beobachten können, daß es sich in all den verschiedenartigen Bestandtheilen desselben gleichmäßig um zwei gegensätzliche Begriffe oder sittliche Eigenschaften handelt, die nur im Deutschen nicht so scharf mit Einem Worte zu umschreiben sind wie im Englischen. Das englische true umschließt zugleich unsere Begriffe der Treue und der Wahrheit, sein Gegensatz (false) allen Lug und Trug, Unwahrheit und Treulosigkeit, Falschheit in That oder Verrath, Fälschung in Worten oder Verleumbung. In diesen Begriffen gehen sämmtliche Handlungen oder handelnde Figuren des Stückes auf; und dieß ist in der That so augenfällig, wie immerhin der leitende Gedanke in den deutlichsten Shakespeare'schen Dramen nur sein kann. Gleich im Anfange sind wir in die Welt der Falschheit, an den Hof, hineingestellt, und ihr ist nachher die idyllische Unschuld der Waldeinsamkeit entgegengesetzt. Die Staatsaction, der Hintergrund, auf dem die zwei Haupthandlungen ruhen, läßt sich auf den angegebenen Gesichtspunkt zurückführen. Zu Treue gegen Rom verpflichtet, wird Cymbeline von der falschen Gattin abtrünnig gemacht und bereut es, als er sich selber wiedergegeben ist. Der Mann, an dem schon aus Schwäche sein Falsch ist, umspinnt die Meisterin aller Trugkünste, die Königin, mit einem dichtgewobnen Netze der Falschheit und verderblichen Berückung, und droht ihn um Kinder und Land zu bringen. Den treuen Bellarius haben einst verleumderische Fälscher bei Cymbeline zum Verräther gestempelt; in Acht und Bann gethan, entzieht er, treu noch in seiner Rache, die Königssöhne dem Boden der falschen

Welt und erzieht sie zu treu wahren, aufrichtigen, selbst im Antlitze der Gefahr keiner Lüge fähigen Menschen. Die Falschheit der Königin umspinnt auch Posthumus und Imogen. Treue und Wahrheit, und die damit zusammenhängende Einfalt und Unverdorbenheit der Natur, sind die Grundzüge ihrer Charaktere. Wie empfindlich äußert sich Imogen's Wahrheitssinn dort, wo sie von Bettlern irre gewiesen ward! Und dort, wo sie Lucius einen falschen Namen ihres gestorbenen Gebieters sagt und die Bitte einer rührenden Einfalt an die Götter richtet, sie möchten die unschädliche Lüge verzeihen! Und Posthumus einerseits, als er in der fürchterlichsten Zerrüttung sich selbst anfällt und den Mörder Imogen's nennt, verbessert die Ungenauigkeit seiner Worte, gewissenhaft wahr selbst mitten in seiner Wuth: Ich lüge wie ein Schurke; ich stiftete einen größeren Schurken an, sie zu tödten! Was Beider Treue angeht, so dreht sich der Hauptinhalt des Stückes um sie und um die Verleumdung, mit der bei Jedem die Treue des Andern verdächtigt wird, und um die erhabene Ausdauer ihrer eigenen Treu: selbst gegen den treulos oder todt geglaubten Geliebten. Zwischen Beiden bewegen sich dann die Nebenfiguren, die die klaren Bezüge auch der kleineren Theile der Handlung noch klarer machen: der Cloten, der zum Lügen und Verleumden zu plump, zu den Ränken der Falschheit zu tölpelhaft ist; die Hofleute, die so derb die Hinterredner machen; der Arzt, der so wohlthätige Falschheit gegen die Giftmischerin übt; Pisanio, der als der Diener zweier Herren die Pflichten seiner Treue zwischen den beiden Zerfallenen so vorsichtig wägt.

Die Treue ist die eigentliche Cardinaltugend eines heroischen Zeitalters; dieß ist es, was in der epischen Volksdichtung der alten Zeit jene Lieder von der Treue, die Odyssee und Gudrun, in eine so natürliche Nachbarschaft zu den kriegerischen Sagen der Ilias und der Nibelungen stellte. Dieses Verhältniß ist durchaus in der Natur solcher Zeit begründet, und insofern ist die auffallende Uebereinstimmung des Themas jener Gedichte kein völliger blinder Zufall.

Wo in solch einer Zeit Alles auf den Preis der größeren Kriegsstärke und der größeren Habe, auf Ruhmsucht und Habsucht gestellt ist, wo Haus und Hof, Besitz und Existenz in steter Unsicherheit schwankt, giebt es nichts Edleres und nichts Werthvolleres, als einen treu verbündeten Freund, als einen treu verläßigen Diener, als ein treu ausharrendes Weib. Nichts steht daher unter den Charakterzügen eines solchen Zeitalters natürlicher als die sprichwörtlich gewordenen Freundschaften des griechischen Alterthums, als die Sagen von den treuen Vasallen der deutschen Heldengedichte, als die Gesänge von der Treue der Penelope und Gudrun. War es Shakespeare bewußt, oder geschah es in dem dunkeln Griffe des Genies, in einer instinctiven Fühlung der Natur heroischer Zeiten, es ist gleich merkwürdig, daß er eben dieses Verhältniß im Lear und Cymbeline mit solcher Sicherheit ergriff, als kämen diese beiden Gedichte oder ihre Quellen unmittelbar aus der Ueberlieferung solcher Zeiten herüber. Im Lear thut die treue Anhänglichkeit des alten Kent so wohl, wie in der Ilias die Freundschaft des Achill zu Patroklos. Im Cymbeline aber ist die häßliche Sage von jener Wette aus dem Mittelalter in die Heroenzeit zurückgelegt, und wenn auch die Färbung und Natur solch einer Zeit, so wenig wie die römische in den Römerstücken, mit jener geschichtskundigen Fertigkeit behandelt ist, zu der wir heutigen Tages mehr Befähigung hätten, so hat der Dichter doch, was das wesentliche war, den schlüpfrigen Novellenstoff in solche ächte und reine Naivetät umgekleidet, daß seine Imogen sich zu jenen alten Musterbildern der Frauentreue wie eine ebenbürtige Dritte einreihen darf.

Shakespeare's Lied von der Treue steht sonach auf der zeitlichen Stelle, wo die Tugend, die es preist, den höchsten Rang hat, wo sie ihren vollen Werth dadurch empfängt, daß sie sich steter Prüfungen, Versuchungen und Gefahren zu gewärtigen hat, wo sie oft in die eigene Lage gesetzt ist, sich selbst gleichsam durch ihr Gegentheil erhalten zu müssen. Indem Penelope treuherzig aushält für ihren Gemahl, muß sie falsch und trügerisch ihre Freier hinhalten; indem

Gudrun ihrem Verlobten Wort hält, muß sie ihren Dränger mit einem falschen Versprechen täuschen. Auch dieser charakteristische Zug ist in Shakespeare's Drama nicht außer Acht gelassen. Im Lear hatte er den treuwahren Kent seine Tugend bis zu einer tragischen Folgerichtigkeit hinausführen lassen. Hier im Cymbeline hat er im Pisanio ein ganz anderes Bild einer eben so instinctiven, aber ganz anders umsichtigen Treue entworfen. Schlau und treu zugleich, wie ihn die Königin nennt, wie er sich selber wünscht zu sein, vereinigt Pisanio die Klugheit der Schlange mit dem Ohnefalsch der Taube. Seine seltsame Lage ist fast durchgehends die, daß er am treuesten ist, wo er am untreuesten ist. Die Königin und Cloten möchten ihn von seiner Treue abwendig machen; er betrügt sie, und gibt sich selbst das Zeugniß, daß er um so treuer sei, auf diese Weise falsch geworden zu sein. Er soll Imogen ermorden und Posthumus beschwört ihn bei seiner Treue zu dieser That. „Bei meiner Treue? ruft er; wenn dieß treuen Dienst thun heißt, laß mich niemals dienstbar heißen!" Er erräth sogleich, daß Verleumdung die Imogen verdächtigt habe, dennoch schwankt er unschlüssig, in Kummer, in schlaflosen Nächten zwischen seinen Pflichten. Seinem Herrn treu zu gehorchen geht ihm über das Leben; doch mag er auch nicht die Unschuldige tödten. Er benutzt die Aufforderung, Imogen nach Wales zu entfernen; er hat dort, je nach den Umständen, bessere Gelegenheit, seinen grausamen Befehl zu vollziehen, und im andren Falle kann er ihr Verschwinden benutzen, seinen Herrn mit dem nur vorgegebenen Morde zu täuschen. Wer sich verstellt, sagt einer von Baco's Sprüchen, der beraubt sich eines Hauptwerkzeuges zum Handeln, der Treue; Pisanio aber erhält sich umgekehrt durch Verstellung die Treue als ein Werkzeug zum richtigen Handeln. Sobald er in Imogen's Inneres geblickt hat, ist er überzeugt, daß Verleumdung sie bei Posthumus gefälscht habe, „deren Spitze schärfer ist als das Schwert, deren Zunge mehr vergiftet als alles Nilgewürm, deren Hauch auf dem Sturmwinde fährt und alle Weltenden belügt." Er thut nun das, was

Posthumus in seiner Reue selber an ihn forderte: ein treuer Diener thut nicht jeden Dienst; nur was gerecht ist, ist Pflicht. Er täuscht also seinen Herrn, und ist wieder darin ehrlich, worin er falsch ist, nicht treu um treu zu sein; so wie der Arzt sich um so treuer nennt, je falscher er gegen die Königin ist. In der Selbstzufriedenheit und Sicherheit, mit der Pisanio diese Täuschungen ausübt, um nur da treu sein zu dürfen, wo Gerechtigkeit und höhere Pflicht es gebieten, irrt ihn nichts; er achtet die Gefahr nicht, die ihm am Hofe droht; er läßt den Abscheu der irrenden Imogen und die Verwünschungen des Posthumus schweigend über sich ergehen; ihn lohnt sein gutes Bewußtsein, das Rechte gethan zu haben.

Faßt man diese Stellung Pisanio's genau in's Auge, so erweitert sich uns der sinnvolle Inhalt unseres Stückes immer mehr: es gewinnt an universeller Bedeutung und sittlicher Tiefe mehr, als vielleicht irgend ein anderes von Shakespeare's Werken; und wenn Lear eine Darstellung aller Leidenschaft ganz im Allgemeinen heißen darf, so könnte man Cymbeline eine Darstellung des gemeinen Weltlaufes nennen, in den der Mensch mit seinen Trieben und Kräften hineingestellt ist. Es liegt so sehr in Shakespeare's Gedanken- und Erfahrungssysteme über die sittlichen Dinge, es ist ein so gewöhnlicher Satz seiner Lebensweisheit: daß die Fälle und Verhältnisse den Menschen nicht selten antreten, wo sich Tugend in Laster und Laster in Tugend verkehrt, wie hier Pisanio in seiner Treue nicht meiden kann, die falsch Handelnden und die falsch Urtheilenden mit Falschheit zu bezahlen und zurechtzuweisen, und wie er in dieser Falschheit die höchste Treue bewahrt. Die Ueberzeugung unseres Dichters ist überall gewesen, daß nicht ein äußeres Gesetz die Regel des sittlichen Handelns in schroffe, stets gültige Vorschrift fassen kann, sondern daß es überall darauf ankomme, daß ein inneres Gesetz und Gefühl uns anleite, nach Umständen und Lagen an dem Buchstaben der Pflicht ab- und zuzuthun, daß das Selbstgefühl und das Selbstbewußtsein in uns geläutert und gebildet sei, um uns in den zweifelhaftesten Verwickelungen des Augenblickes immer ein lebendiges Gesetz und ein richtiger Richter zu sein. Jenem Naturmenschen gilt eine unschädliche Heimlichkeit, eine heilsame Verstellung, eine Nothlüge, ein Nothtrug, nach der Beschaffenheit der Welt um ihn her und nach dem Zwange der Verhältnisse, nicht für eine Sünde. Mitten unter Bösen und Falschen gut, wahr und treu zu bleiben, ist nicht möglich, ohne sich selbst zu verderben; diese Erfahrung hat sich Pisanio mit schlichtem Tacte aus dem Umgange und der Kenntniß der Menschen abgezogen. Sich in der argen Welt arglos und rein zu erhalten wie ein Einsiedler, wäre nur möglich, wenn man aus der Welt ausschiede, um als ein Einsiedler zu leben. In dieser Lage hat uns der Dichter die zwei Knaben des Cymbeline gezeigt. Aber sie selber treibt der Drang der menschlichen Natur nach den Gefahren des Lebens und seinen Prüfungen hinaus; sie lieben nicht „die leidende Tugend, die Unschuld aber nicht Verdienste gewährt" (Bacc); sie schlagen in ihrem Zuge nach Thaten den elterlichen Segen in die Schanze, und die erste Berührung der Welt hätte sie auch gleich, wenn nicht eine Vorsehung günstig waltete, in die gefahrvollste Verwickelung gebracht. Der Dichter hat uns sodann vollkommnere Menschen gezeigt, die mitten im Strudel der Welt unversehrt geblieben waren. Wir haben gesehen, wie in Nähe und Ferne Imogen's und Posthumus' Sittenreinheit ohne Tadel gefunden war. Aber auch diese Vollkommensten sollen von dem Geiste der Welt verunreinigt, ihre Tugend soll versucht und verleumdet, ihre Besonnenheit erschüttert, mit ihrem äußeren Glücke auch ihr inneres zerstört werden; auch sie sollen erfahren, daß es in der Welt nicht möglich ist, sich fleckenlos rein zu behaupten. Sogar wenn in diesen Ausnahmen der Menschheit eine solche innere Kraft denkbar wäre, die sie in sich selber vor aller Versuchung zum Bösen sicher stellte, so würde die Außenwelt sie dennoch ihr bloßstellen. Der Verleumder drängt sich an Posthumus an, er fälscht ihm das worauf er sein höchstes Vertrauen hatte, er reißt ihn aus seiner guten gläubigen Natur; nur verirrt sich Posthumus in der besten Absicht, indem er eine voreilige, rücksichtslose Gerechtigkeit üben will, die, sagt er später, wenn sie gegen seine Fehler geübt worden wäre, ihn für seine Rache nicht hätte leben lassen. Von Imogen hatte man den Geliebten losgerissen, man hat ihre Geduld vergiftet, ihre Sehnsucht überspannt; sie entzieht sich durch Flucht um den Gatten zu sehen, um ihn, da sie ihn treulos glaubt, zu retten; beides entschuldbare, selbst löbliche Absichten, aber sie machen Täuschungen, Verkleidungen, Ausreden, Lügen, Gefahren der Sittsamkeit unvermeidlich; sie muß bezeichnend genug unter falschem, Treue bezeichnendem Namen (Fidele) ihre Treue bergen und bewahren. Wider dieß alles sträubt sich Imogen's makellose Natur an sich, sie findet sich aber hinein unter dem Zwang der Verhältnisse. Diese reinsten Spiegelbilder der Tugend haucht das Gift der Welt an, Argwohn und Mistrauen ergreift sie, das ihnen fremd war, die Prüfungen treten sie an, Versuchungen in ihrer schlimmsten Gestalt, mit Unglück und Verzweiflung gewaffnet, aber sie halten in ihrer Treue zu einander aus, auf die alle diese Stöße abzielen. Und das ist es, worauf es allein ankommt, was zuletzt Unglück und Bosheit überwindet: daß man von dem Weltlauf nicht den Lauf der Welt selber lerne, daß man sich von fremdem Laster nicht zum eigenem verführen lasse oder berechtigt glaube. Wenn du ausdauerst, sagt Baco, so lehrt Geschick und Glück wie ein Proteus zu seiner ersten Gestalt zurück. Die Treulosigkeit, als Rache gegen Treulosigkeit von Jachimo der Imogen empfohlen, hätte Beider Glück und Liebe für ewig zerstört; das treue Ausharren Beider trotz der geglaubten Falschheit des Anderen überwand die üble Nachrede und selbst das unheilbare Unheil, den geglaubten Tod. Und diese in so harten Prüfungen bestandene Treue hat nach dieser Trübung und Beschmutzung eine ganz andere Lauterkeit, einen ganz anderen Glanz als vorher. Denn auch diese Lehre predigen die Thatsachen unseres Stückes vernehmlich und laut: daß die geprüfte Tugend, auch wenn sie gewankt hat, einen weit höheren Werth habe, als die unerschütterte, die unversucht war. Diese Weisheit schlummert in dem Welttriebe der Knaben Cymbeline's; sie liegt tief eingegraben in der so angefochtenen Wette des Posthumus; denn so stellt nur ein Mensch den liebsten Menschen, den er hat, auf die Probe, und so wie Imogen besteht sie der Geprüfte nur, wenn es in Beider innerster Ueberzeugung liegt, daß die ächte Tugend keine Prüfung, auch nicht die empfindlichste, scheuen darf. Diese Lehre spricht auch aus der Stellung, die Shakespeare dem Cymbelin gegeben hat, dessen Name nicht gerade zufällig auf dem Titel des Dramas steht. In der Mitte aller dieser versuchenden und versuchten Kräfte steht der schwache König, ohne Selbstgefühl, das Bild eines untergeordneten Menschen, der der Spielball jedes guten oder schlechten Einflusses ist, der von jeder Prüfung, von jeder Anmuthung immer umgestoßen wird, nicht wie der Baum vom Winde gebogen und gefestigt. Er ist wie eine reine Null, die von der geringen oder hohen Ziffer ihren Werth erhält, die sich gerade vor sie schiebt; man kann ihm das Böse nicht anrechnen, zu dem ihn die angestiftet, die er für weise und gut hielt, und nicht das Gute, das er geschehen läßt wahllos und urtheilslos wie das Uebele. Faßt man wieder den Gegensatz dieses Charakters zu dem der geprüften Dulder genau in's Auge, so wird unser Stück wie zu einer dichterischen Theodicee; es rechtfertigt den in uns gelegten Trieb zum Bösen und die Kämpfe mit dem äußeren Bösen, die uns auferlegt sind, damit, daß es an jenen gegensätzlichen Beispielen versinnlicht, wie das Gute, ohne den Kampf mit dem Bösen bestanden zu haben, keinen Werth hat und daß es ohne Laster keine Tugend giebt. Der Dichter hat die Gottheit selbst herniedersteigen lassen zu den klagenden Schatten von Posthumus' Eltern und zu des schlummernden Dulders Lager, um ihnen diesen Sinn unseres Stückes selbst zu erklären, um ihnen ausdrücklich zu verkündigen, was den Posthumus schon eigene Einsicht und Andere die Erfahrung selber gelehrt hatte: daß die Götter das Böse verhängen zur Prüfung des Guten; daß „ein Fall oft das Mittel ist, glücklicher wieder aufzustehen"; daß "das Schicksal manches Boot glücklich heimbringt, dem das Steuer zerbrochen ward"; daß "Gott den liebt, den er kreuzt, um seine Gabe verschiebend zu verschönern"; daß demnach nur die geprüfte Tugend, die die Berührung mit dem Bösen erst gereist hat, der Liebe werth ist; daß die theuersten Söhne der Welt sich nicht ihren Schlägen und Stößen entziehen, sondern durch Widerstand gegen ihre Anfechtungen ihren inneren Werth erst sicher stellen sollen. Shakespeare läßt hier den Lenker der Welt persönlich in das Drama eingreifen, wie es im Epos üblich ist, wo die Handelnden im Einklang mit der Gottheit und ihren Gesetzen sind. Diesen epischen Charakter, den guten Ausgang des Epos mußte auch dieses Stück erhalten. Denn es sind Freunde und Lieblinge der Götter, die hier handeln und irren, weil sie selbst das, was sie wider die Satzungen der Sittlichkeit in ruhiger Sicherheit oder in unsicherer Leidenschaft thun, aus sittlichen Beweggründen thun oder in sittlicher Empörung; so daß das Drama mit einem tragischen Ausgange eine Anklage gegen die Weltordnung geworden wäre. Ich glaube daher nicht, daß es Shakespeare gelten lassen würde, wenn Ulrici die Göttererscheinung einen Misgriff nennt, oder daß er der Entschuldigung Tieck's bedürfe, es sei dieß ein Rest, der aus einem Jugendversuch dieses Stückes stehen geblieben sei. Vielmehr scheint mir die Einführung der Gottheit in diesem dramatisirten Epos von eben dem tiefen und merkwürdigen Instincte zu zeugen, mit dem Shakespeare in die Natur der Dichtung, ihrer Gattungen und Bedingungen eingesenkt war, von dem uns auch die Bereitung des geschichtlichen Bodens in den zwei letzten Stücken ein Beweis war. Der Dichter benutzte dann den Vortheil, den ihm diese Einführung der verkörperten Vorsehung gestattete, indem er die Geschichte an einigen Stellen durch unberechenbare Zufälle weiter rücken ließ; die eingeführte wunderbare Gewalt hebt die Wunder des Zufalls wieder auf, die Shakespeare sich sonst nirgends zu gebrauchen erlaubte. Durch diese Maschinerie der Vorsehung ist aber der freien Bewegung der Handelnden nirgends der geringste Abbruch geschehen. Und was in der Verknüpfung der äußeren Ereignisse dadurch etwa willkürlich erscheinen sollte, das ist wohl aufgewogen durch die unnachahmliche Entwickelung des wunderbar verschlungenen Knotens am Ende des Stücks. Sie hat selbst vor Johnson Gnade gefunden; sie ist so übersichtlich reich, daß der Dichter selbst sich dessen zu beloben scheint, wenn er Cymbelline sagen läßt: diese rasche Abkürzung sei so vielfältig verzweigt, daß jedes einzelne Herausgeschiedene noch voll und reich sein würde. Prüfe man dieß nur an Einer Stelle, an der, wo Imogen, auf Posthumus ruhend, ihres Auges harmlose Blitze wirft auf ihn, den Vater, die Brüder, Jeden mit Entzücken treffend, von Jedem anders erwiedert. Dieß allein schon gibt der großen dargestellten Scene Leben und Befriedigung; und gelesen läßt die Stelle einmal recht gründlich empfinden und ist ein ganzer Commentar zu der Forderung, daß Shakespeare gesehen werden müsse.

Troilus und Cressida.

In den zuletzt besprochenen Trauerspielen haben wir Shakespeare's Genius auf seiner Höhe gesehen. Wenn wir in unsern einleitenden Worten Shakespeare als Tragiker in der neueren Zeit auf die Stelle rückten, wo Homer als Epiker im Alterthum stand, so glauben wir diese höchste Anerkennung, ganz abgesehen von der geschichtlichen Stellung Shakespeare's zu der neueren dramatischen Dichtung, schon durch die Größe eben dieser Werke gerechtfertigt. Indem Shakespeare in diesen Stücken zurückzeigt auf eine Menschheit, wo die Leidenschaft noch nicht von Bildung und Verbildung abgenutzt ist, hat er der Tragödie, ihrem ideenhaltigen Charakter zum Trotz, etwas von der Naivetät und ursprünglichen Natur gegeben, die das wesentliche Eigenthum des unbewußt entspringenden Volksepos ist; indem er seine Stoffe aus allen Zeiten und Oertlichkeiten der Geschichte herholte, und jedem, so viel an ihm war, seine Natur und seinen Charakter erhielt, hat er mit jener ersteren Leistung eine zweite verbunden, die eben diesem Epos gänzlich versagt ist; indem er seine Entwürfe immer höher steigerte, weiter ausdehnte, tiefer begründete, hat er das dichterische Gefäß der Tragödie so erweitert, daß es dieser Gattung zuerst durch ihn möglich wurde, auch vor dem reichhaltigsten Gegenstande nicht zurückweichen zu dürfen, zu dessen Bezwingung man sonst den breiten Raum des Epos für unerläßlich gehalten hätte. In diesem Sinne hätte Shakespeare, wenn er geschichtlich das Verhältniß seiner neuen Tragödie zu dem alten Epos so wie wir hätte übersehen können, sich selbst neben dem Dichtervater fühlen dürfen, mit dem wir ihn vergleichend zusammen stellten.

Es wäre nun nicht unmöglich, daß Shakespeare's Selbstgefühl ihn in der That gelüstet hätte, sich in einem seiner Werke gradezu neben Homer zu stellen, und zwar indem er sich ihm entgegenstellte. Homer's Iliade wurde von 1598 ab durch Chapman übersetzt und in einzelnen Abtheilungen veröffentlicht. Wir haben dieser Arbeit schon gelegentlich rühmend gedacht. In Bezug auf treuen Anschluß an das Original konnte sie für die damalige Zeit fast dasselbe bedeuten, was für uns die Voßische Uebersetzung war. Mit ähnlicher unbedingter Liebe und Hingebung wie Voß hob Chapman damals, der allgemeinen Ansicht zuwider, den griechischen Barden hoch über alle Dichter empor, von dem er gegen den alten Satz behauptete, daß er niemals schlafe, daß er ganz harmonisch und übereinstimmend sei, daß er ein mit Tadel versetztes Lob nicht verdiene und nicht vertrage. Der Ruhm des Homer ging selbst unserm Goethe in seiner Jugend nicht ein, da er von der leichteren Lectüre Virgil's verwöhnt und eingenommen war; sollte ein solcher Preis nicht auch Shakespeare gestoßen haben, dem Chapman's Uebersetzung wohl so wenig unbekannt bleiben konnte, wie Voß unserm Goethe und Schiller? Verdrängen aber konnte der übersetzte Homer bei Shakespeare das Virgilische Ideal nicht so leicht, wie bei unsern großen Dichtern, weder durch die formellen Vorzüge, noch durch den materiellen Inhalt seiner Gedichte. Denn es war auch einem so treuen Uebersetzer wie Chapman damals nicht gegeben, die genaue Form des griechischen Epikers beizubehalten; es war jenem Zeitalter nicht gegeben, die große Einfalt der Homerischen Gedichte so empfänglich aufzunehmen wie wir; Chapman selbst glaubte dem alten Dichter zuweilen durch Einschaltung einer Phrase oder eines Conceptes nachhelfen und seine naiven Bilder hier und da mit der Absicht der Ironie vertheidigen zu müssen, die Homer fremd war. Die Natur der Dichtung, der Form der Uebertragung, der bloße Charakter der englischen Sprache gestattete Chapman nicht die siegreiche Wirksamkeit unserer Voßischen Uebersetzung; noch mehr aber war der Stoff ein Hinderniß, daß Homer damals, selbst bei einem Shakespeare, die ehrfurchtgebietende Wirkung hätte machen können, die er bei unsern deutschen Poeten machte. Unsere Sympathien werden uns, der Naturart der Völker angemessen, immer mehr zu griechischer Cultur und Kunst hinneigen als zur römischen, in England ist dieß noch, und war es damals umgekehrt. Damals lehrte man das Volk auf der Bühne den Ursprung der Briten aus trojanischem Blute; das nahm man gläubig auf, in der Zeit, wo man kritischer Zweifel nicht achtete; dem Dichter selber schmeichelte die Vorstellung von der gemeinsamen Herleitung der Briten und der Römer aus der Einen trojanischen Quelle, jener beiden Völker, deren Geschichte und Staatsbildung so viel schlagende Aehnlichkeit haben. Shakespeare selbst, wenn es auch die Form der Homerischen Gedichte über ihn hätte gewinnen können, würde ihrem Stoffe nach immer gereizt gewesen sein, Partei dagegen zu nehmen; wir haben es vielfach angegeben, wie von früh auf der Virgilische Standpunkt in der Trojanersage der seinige war und wie tief die trojanischen Sympathien in ihm eingewurzelt lagen. Dächte man sich, daß die Uebersetzung des Homer ihn zu irgend einer dichterischen, vielleicht gar nebenbuhlerischen Arbeit angeregt hätte, — und dieß wäre so natürlich gewesen, wie daß unser Goethe sich Homer gegenüber zu epischen Wagstücken angespornt fühlte, — so würde er nicht so sehr wie Goethe versucht gewesen sein, sich neben ihn, sondern eher, sich ihm gegenüber zu stellen. Und man mag wohl glauben, daß dieß in Troilus und Cressida wirklich seine Absicht war.

Dieß streng zu beweisen, ist allerdings nicht möglich. Man könnte sogar darüber streiten ob Shakespeare den Chapman überhaupt gekannt habe. Gleichwohl wird uns die Summe unserer ganzen Betrachtung jener Vermuthung sehr geneigt machen, obwohl wir vorfichtig nicht wagen wollen, sie für etwas mehr als eine Vermuthung auszugeben.

Shakespeare's Troilus ist 1609 gedruckt worden, noch ehe er aufgeführt war; dieß allein ist wohl Beweis genug, daß er nicht viel früher geschrieben ist. Ein älteres Stück über Troilus und Cressida, das von Chettle und Dekker um 1599 geschrieben war, ist verloren; wahrscheinlich hat Shakespeare dieses Werk zu seinem Lustspiele benutzt; ja Dyce vermuthet sogar, daß stellenweise, namentlich gegen das Ende hin, diese Vorarbeit geringer Dichter noch aus unseres Dichters Stücke hervorscheint. Der Gegenstand war in jenem muthwilligen Zeitalter sehr beliebt. Man weiß von drei Balladen, die im 16. Jahrhundert diesen Stoff behandelten, von denen Eine erhalten und von Hallitvell mitgetheilt worden ist. Die gemeinsame Quelle aller dieser Gedichte und Schauspiele ist Chaucer's Troilus und Cressida, ein Gedicht in siebenzeiligen Stanzen, eine der populärsten Erzählungen bis zu Elisabeth's Zeiten. Die Treue des Troilus, die Untreue der Cressida scheinen nach Chaucer's Andeutung bereits zu seiner Zeit sprichwörtlich gewesen zu sein, und der Name des Pandarus hat sogar in der englischen Sprache volle Einbürgerung für die Bezeichnung eines Kupplers gefunden. Chaucer fand die allgemeinen Umrisse seiner Geschichte in den alten Trojaromanen*; er beruft sich aber als auf seine Quelle auf ein lateinisches Original von einem Lollius; welche Bewandtniß es damit hat, weiß man nicht; desto sicherer ist, daß der Filostrato des Boccas auf seine Ausführung eingewirkt hat. Ganz in der Manier dieser italienischen Erzählung führt das Chaucer'sche Gedicht die einfache Geschichte von Troilus' Liebe durch fünf lange Gesänge hindurch, in einer Mitte von ernstem Pathos und naivem Humor, so daß man kaum zu sagen weiß, ob er seine „kleine Tragödie" im Scherz oder im Ernste meint. Troilus erscheint hier Anfangs als ein Verächter des Amor und wirst

---

* Vergleiche Dunger, die Sage vom Trojanischen Krieg. Leipzig 1869.

kann eine überschwengliche Liebe auf Cressida, die bei Chaucer eine ehrsame, tugendhafte Wittwe ist, deren Name unter dem Volk wie heilig gehalten wird; zwischen beiden macht Pandarus den Zwischenträger, geschickt, geschäftig, neckisch, sehr im Charakter des Kupplers, wiewohl das Gedicht (man zweifelt auch hier, ob im Ernst oder in Ironie) den Troilus feierlich versichern läßt, daß er des Oheims Dienste nicht anders als Güte, Mitleid, Freundschaft benenne. Wie Cressida Troja und gleich darauf Troilus verläßt, so scheint dieß für Chaucer mehr ein Thema des Schmerzes, als des Muthwillens zu sein; er sucht ihre Untreue mit ihrer Hülflosigkeit, mit der Gefahr, der Troja ausgesetzt war, zu entschuldigen; er sagt, er möge sie nicht weiter schelten, da ihr Name ohnehin so weit kund sei, daß es für ihre Schuld genug der Buße wäre.

Hätte Shakespeare diesen Stoff, wie Chaucer that, um seiner selbst willen behandeln wollen, so hatte er die Wahl, die verschwenderte Treue in Troilus tragisch zu schildern, oder die Sache in's Komische zu ziehen, sein dummtreues Vertrauen zum Mittelpunkt seines Charakters zu machen, die Cressida von vorn herein so zu zeichnen, daß er nicht wie Chaucer über ihre plötzliche Untreue, oder vielmehr über seine eigne dürftige Charakteristik, sich selbst verwundern mußte, und Beider Verhältniß auf die flache und gekünstelte Verkuppelung durch Pandarus aufzubauen. Shakespeare hat den Gegenstand in seinem Stücke von dieser komischen Seite gefaßt und hat in seiner überlegenen Weise dem Verhältnisse den Stempel einer großen Seelenkunde aufgedrückt, der ihm bei Chaucer gänzlich fehlt. Der Vermittler des Bundes steht hier, bestimmter als bei Chaucer, wie ein geübter Meister des Handwerks da. Selbst nichtig und darum für andre gern geschäftig, höflich und kriechend, albern wie ein Familienangehöriger des Polonius, neugierig, plauderhaft, in Zweideutigkeiten grübelt, an Lügen, Aufschneiden, Falschschwören gewöhnt, versteht er sich vortrefflich darauf, bald mit Lob, bald mit Eifersucht die Leidenschaft zu wecken und zu stacheln, das Feuer zu schüren auch wo es schon hell genug brannte, den Tollen toller, die Lüsterne lüsterner zu machen. Der verschmitzten Dirne thut er zu viel, ihr ist er zu laut dienstfertig, dem ungeduldigen Troilus kann er nicht genug thun. Diesem Dreiundzwanzigjährigen im ersten Flaume hat Shakspeare die phantastische Frühliebe der Pubertätszeit geliehen, in der sich die heftige Sinnlichkeit und der Schwindel der Lust unter geistiger Ueberschwenglichkeit und romantischer Thatvermessenheit verbirgt. Er idealisirt nicht nur die Schönheit seiner Auserkornen, sondern auch ihre Sitte; er will den Tod darauf herausfordern, daß in ihrem Herzen kein Makel sei, und er findet die lüderne Kokette starrköpfig keusch gegen alle Bewerbung; er idealisirt sich sogar den aufdringlichen Kuppler als einen Eigensinnigen, der erst zum Werben geworben werden müsse. Er braucht in seiner Wahl keinerlei Prüfung und Ueberlegung. Das beste Gemüth, ein ehrlicher Gradaus, nennt er sich selbst, wie er ist: bethörter als die Einfalt, ungeschickt wie ungeübte Kindheit. Von Herz und Hand gleich offen und frei, gibt er was er hat und zeigt er was er denkt. In seiner Liebe mit einer ewigen und festen Seele auszuhalten, ein Musterbild, ein Sprichwort der Treue zu sein, das ist sein Ehrgeiz; die Moral von all seinem Witz ist: treu und ehrlich; das soll sein Ruhm sein; das ist, wie er Alles zusammenfassend selber sagt, sein Laster! Diesem braven Jungen führt nun Pandarus die durchtriebene Dirne zu, die auf dem Moment zu durchschauen ein schlauer Ulysses nöthig ist. Dieser sieht ihr rasch ab, wofür der arme Troilus nie den Blick gehabt hätte: die Sprache in ihren Augen, Wangen, Lippen, in ihrem Gang, den Ausdruck ihrer Begehrlichkeit in jedem Gelenk, ihr Entgegenkommen, ihre glatte Zunge, das Buch ihrer Gedanken, das jedem aufgeschlagen ist, nur dem guten Troilus nicht. Der Dichter hat gesucht den Leser im Anfang, wie einen ehrlichen Troilus, über Cressida's Charakter irre zu machen, oder unsicher zu halten. Sie erscheint zuerst bei ihrem Oheim mit leichtem nicht unebenem Witz, aber ohne Tiefe, gewandt in Zweideutigkeiten, unfein in ihren Reden. Sie verräth uns gleich Anfangs, daß sie zu Troilus' Lobe mehr zu sagen weiß als Pandarus, daß sie aber Beide hinhält, um sie methodisch desto mehr anzuziehen, weil sie weiß, daß die Männer das Unerreichte höher schätzen als es werth ist. Da sie mit Troilus zusammenkommen, so hält sie auch jetzt in der Praxis, wie vorher in der Theorie, mit Geständnissen und Zugeständnissen zurück und tritt damit vor, abwechselnd in diesem System des buhlerischen Reizes, obgleich sie nicht als eine Buhlerin von Gewerbe, sondern nur von Natur erscheinen soll, als die Beute der ersten, wie nachher der zweiten Gelegenheit, bei der daher der Gelegenheitsmacher so leichtes Spiel hat. Sie war längst gewonnen, sagt sie Troilus, gesteht ihm aber, daß es ihr nicht leicht geworden, gewonnen zu scheinen! Sie habe zurückgehalten, obgleich sie den Weibern das Vorrecht gewünscht habe, selbst werben zu dürfen! Sie bekennt, daß sie ihn liebt, aber doch nicht so, daß sie es nicht noch meistern könnte! Und doch sei dieß eine Lüge, da ihre Gedanken wie zügellose Kinder zu eigensinnig für die Mutter geworden seien! So gaukelt sie ihn hin und her und legt in jede Gewährung einen Stachel; sie heißt ihn in einem zweideutigen Worte sie zu küssen, und verredet, so sei es nicht gemeint gewesen. Mit diesem selben Spiele hält sie später auch den Diomedes hin, verspricht, zieht zurück, gibt ihm Troilus' Schleife, nimmt sie wieder. Alles um wie ein Wetzstein zu schärfen; Diomedes verbittert sich als ein Kundiger diese Künste und Späße und kommt auch so zum Ziele. Bei Troilus sind sie angewandter, obwohl überflüssig. Bei ihm gewinnt sie es schon ganz mit ihrem verdächtigen Auffahren darüber, daß er ihre Treue beschwört; was das Zeichen eines schlechten Bewußtseins ist, gilt ihm für zarte Verletzlichkeit. Sie entzückt ihn, wenn sie ihn versichert, sich mit ihm in Einfalt messen zu wollen. Sie verschwört sich, ihm treu zu sein unablässig, aber sie thut es mit zweideutig-ominösen Worten: Zeit, Gewalt, Tod möchten ihr Aeußerstes an ihr thun, der starke Bau ihrer Liebe sei wie das Centrum der Erde, das Alles an sich ziehe! Grade mit einem so verdächtigen Ausspruche feiert Pandarus die eingeborene Treue des ganzen Geschlechts ihrer Familie: sie seien Kletten, die festhingen, wohin man sie würfe, d. h. an Einem wie an dem Anderen.

Aus dieser humoristischen Behandlung rechtfertigt sich, was wir sagten: Shakspeare hat die Liebesgeschichte von Troilus und Cressida von der komischen Seite gefaßt. Aber er hat sie darum nicht um ihrer selbst willen behandelt. Er hat sie zunächst, wie Thersites V, 4.) in dem Stücke selbst bemerkt, mit einer zweiten Handlung, mit dem stolzen Stillliegen des Achill und Ajax in Verbindung gebracht, und diese zweite Handlung hat es an Wichtigkeit, an Ausdehnung, an Nachdruck der Behandlung dermaßen über die Geschichte von Troilus gewonnen, daß diese nur als eine Episode dagegen erscheint. Jedermann wird den Prolog, der die Kriegsscene von Troja als das Argument des Stückes nennt, bezeichnender für dessen Inhalt erkennen, als den Epilog, den Pandarus spricht, der sich mit seiner Lection über die Kuppelei nur auf Troilus und Cressida zurückbezieht, und den daher Stevens für die müßige Zugabe eines Schauspielers hält. Selbst aber wenn man von diesem zweiten Theile des Stückes ganz absehen wollte, so würde man der Behandlung der Fabel von Troilus selber abmerken, daß es nicht um sie an sich selber galt. Es ist ganz auffallend, wird aber von jedem Leser zugegeben werden, daß dieses Stück durchaus keine ächte Gemüthswirkung macht. Für irgend einen Charakter Theilnahme und Wärme, für irgend eine Situation Vorliebe, für irgend ein Leiden Mitleid, für ein Gelingen Mitfreude zu empfinden, wird Niemanden so leicht bei der Lesung dieses Stückes glücken; selbst nicht in dem Verhältnisse zwischen Troilus und Cressida, das mehr als aller andere Inhalt des Stückes zu dem Herzen spricht. Das Lüsterne will nicht reizen, das Elegische will nicht rühren; der Charakter des Troilus, in andere Umgebung gebracht, würde ganz wie er ist unser Interesse nicht wenig fesseln können; und fast möchte man bedauern, daß eine so meisterlich angelegte Gestalt nicht anders, nicht in der Absicht verwendet ist, durch und für sich selbst zu interessiren; aber in dieser Verbindung ist dieß nicht möglich. Ein Abschied von Cressida, in der ächtesten Sprache der Empfindung gehalten, würde uns zur äußersten Rührung hinreißen, sobald wir ihn losgetrennt von dem übrigen Inhalte denken; hier aber wo überall im Hintergrunde eine versteckte Absicht lauert, wagt man nicht, sich dem psychischen Eindrucke hinzugeben. Man fühlt in dem ganzen Stücke eine weitere Beziehung, einen entfernteren Zweck, und dieß allein läßt eine unmittelbare Wirkung des dargestellten Gegenstandes an sich nicht aufkommen. Der Verstand ist einmal herausgefordert, dieß fernere Ziel unserer Komödie zu suchen, und die Theilnahme des Gemüths erkaltet. Wie bei Aristophanes die Handlung nicht auf Bewegung der Seele, sondern auf Einsichten des Verstandes abzielt, und die Personen demgemäß als Symbole mehr den Geist als das Herz beschäftigen, so ist es auch hier. Das Lustspiel ist zur Parodie, man zweifelt ob nicht zur Satire geworden, und es verräth insofern eine Anlage, sich über die früheren Scherzspiele des Dichters in einer ähnlichen Weise emporzuheben, wie die letzten Trauerspiele über die früheren hervorragen. Die Herausgeber des ersten Druckes (von 1609) scheinen einen solchen höheren Werth des Stückes andeuten zu wollen. In einer Anrede an den Leser, die sich nur in einigen vor der Aufführung des Stückes ausgegebenen Exemplaren befindet, sagen sie zwar von allen Lustspielen Shakespeare's ein großes Lob; vor allen aber wird gerade dieses Stück als vorragend an Witz und innerem Werthe bezeichnet. Es verdiene so viel Anstrengung, wie die beste Komödie von Terenz und Plautus. Und glaubt nur, wird prophetisch hinzugefügt, wenn der Dichter einmal nicht mehr ist und seine Komödien nicht mehr käuflich sind, so wird man sich um sie reißen und eine neue englische Inquisition aufstellen.

Der Zweck dieses dramatischen Schwankes war eine Parodie der „Krone aller Heldensagen", der trojanischen Mythe; darüber scheint jetzt Jedermann einig. Die Frage ist aber, gegen welche Ueberlieferung kehrt sich diese parodische Darstellung, gegen Homer oder gegen die mittelalterigen Travestien, die die Sage vom trojanischen Standpunkte aus behandelten? Shakespeare hatte das, was von diesen letzteren nach England gelangt war, unbestritten in der Hand: den Lydgate (history, sege and destruccyon of Troye 1513,' eine freie, gereimte Uebersetzung des bekannten Guido von Colonna, und mehr als diesen Carton's Uebersetzung des recueil des histoires de Troyes von dem Kaplan Philipps von Burgund, Racul le Fevre (1471 und später), die sehr verbreitet und noch im 18. Jahrhundert populär in England war. Aus diesen romantisirten Geschichten von Troja hat Shakespeare seine Bezeichnung der Oertlichkeiten hergenommen, die Benennung der Thore, die Uebertragung des Namens Ilium auf Priamus' Burg u. a. Dorther hat er die Personen des Margareton und des Bogenschützen oder Centauren (V, 5.); dorther das Verhältniß zwischen Achill und Polyrena, die verwandtschaftliche Beziehung zwischen Ajar und den Troern, die Bezeichnung des Calchas als eines trojischen Ueberläufers, die auch Chaucer schon hat; die Umstände von Hektor's Tod sind hier von Troilus erzählt und von Shakespeare auf Hektor nur übertragen. Die Travestie des Heroenthums der alten Welt in das Ritterthum der mittleren Zeiten lag in diesen Quellen vor, und Shakespeare nahm sie in sein Lustspiel herüber. Wegen des Anschlusses an diese Behandlungsweise war Coleridge halb geneigt zu glauben, daß Shakespeare's Hauptabsicht gewesen sei, die heidnischen Heroen in die eben so rohen, aber mehr intellectuell-tapfern Ritter der christlichen Zeit, die anmuthigen Umrisse Homer's in das Fleisch und Blut des romantischen Dramas umzubilden, ein großes Geschichtsstück in dem derberen Stile Albrecht Dürer's zu geben. Schlegel redete uns dabei die Angst aus, als ob Shakespeare einen Frevel an dem ehrwürdigen Homer habe begehen wollen; nicht die Ilias habe er vor Augen gehabt, sondern eben nur jene volksthümlichen Ritterromane vom trojanischen Kriege, die von Dares Phrygius ausgegangen sind.

Man könnte aber füglich zweifeln, ob das, was Coleridge zum

Zweck dieses Stückes machte, nicht vielmehr blos ein Mittel gewesen sei gerade zu dem Zwecke, den Schlegel in Abrede stellt, an Homer, wenn nicht einen Frevel, so doch einen Muthwillen auszuüben. Schlegel's Worte wörtlich genommen, ist es nicht wohl zu leugnen, daß Shakespeare den Homer selbst vor Augen gehabt, d. h. benutzt habe, so gut wie den Carton. Es ist auffallend, daß Shakespeare gleichmäßig allen seinen Quellen gegenüber in diesem Stücke jeden engeren Anschluß vermieden hat. In Worten und Reden findet sich kaum Eine deutliche Reminiscenz weder an Homer, noch an die Trojabücher, noch an den so bequem zugerichteten Chaucer. Nur die Berathung der Troer über die Rückgabe der Helena erinnert in den Hauptzügen an ein ähnliches „Parlament" bei Carton, und Pandarus' Redereien (IV, 2.) von weitem an eine analoge Stelle bei Chaucer. Sonst sind alle bedeutenderen Handlungen nicht streng nach einer Quelle durchgeführt; die einzelnen Züge der Fabel und der Charaktere sind zerstreut und gleichgültig, wenn nicht sehr absichtlich, bald da bald dorther entlehnt. Kann man die Einzelheiten angeben, die unser Remöde Chaucer und Carton verdankt, so kann man doch auch andere bezeichnen, die er fast oder geradezu nur aus dem ächten Homer haben konnte. Fast alle vorspringenden Handlungen der Ilias werden mit irgend einem Winke erwähnt, berührt, nachgeahmt oder vorgeführt. Gleich Anfangs der Zweikampf des Paris mit Menelaus, die Heldenschau von dem Thurme, Hektor's Abschied, die Berathung der griechischen Fürsten über die Verlängerung des Kampfes, die der Troer über die Rückgabe der Helena, die Figur des Schmähers Thersites, der Zweikampf des Hektor mit Ajax, eine Anspielung auf die Ankunft des neuen Bundesgenossen Rhesus (II, 3.) auf Aeneas' Verfolgung durch Diomedes (IV, 1.) und eben da vielleicht auch auf Diomedes' Begegnung mit Glaukus, die hier auf Aeneas übertragen wäre. Weit das Meiste von diesen Zügen findet sich in den Trojabüchern nicht vor. Die Andeutungen von den Spaltungen der Götter (III, 3.) zu Gunst und Ungunst der Menschen kann füglich nur von

Homer angeregt sein. Was in unserer Ansicht vollkommen entscheidet, ist, daß die Handlung über die Erstlinge des Streites wegspringend in der Mitte beginnt, daß der äußere Umfang des Stückes mit der Zurückhaltung Achill's anfängt und mit Hektor's Tode endigt, eine Umgrenzung, auf die Shakespeare nur die Lesung der Ilias gebracht haben konnte. In den ungefähr gleichzeitigen Stücken spricht Shakespeare im Antonius von dem siebenfachen Schilde des Ajax, den Coriolan läßt er den Speer seine Eiche nennen; dieß sind wohl unstreitig Homerische Reminiscenzen. Weit mehr aber als diese äußeren Fingerzeige spricht die Auffassung der Hauptfiguren für Shakespeare's Kenntniß des Homer. Es wäre nicht schwer nachzuweisen, daß er die Charaktere des Menelaus und Ajax sehr ähnlich genommen hat, wie sie Chapman im Homer auffaßte, während Ajax z. B. in den Trojaromanen ganz verschieden erscheint. Die Figur des Schmähers Thersites kommt bei Carton nicht vor; sie ist zwar in England schon seit 1537 durch ein rohes, burleskes Zwischenspiel dieses Namens bekannt gewesen, allein durchaus nicht als die Caricatur des Homerischen Thersites, die sie bei Shakespeare ist. Es war der Stolz Chapman's, daß er die alten Uebersetzer Homer's übertreffen wollte an genauer Unterscheidung der Charaktere, die von dem Dichter mit so verschiedenen Geistern begabt seien; dieß Bestreben schien Shakespeare ordentlich fortsetzen und überbieten zu wollen in seiner geschickten Individualisirung, mit der er den Gattungscharakteren Homer's größere Besonderheit gab und dieß bis zu der Grenze und zum Theil bis über die Grenze hinaus, von wo an die Charaktere sich zu Caricaturen verziehen. Bei diesem Geschäfte, diese Gestalten all ihres hergebrachten Adels zu entkleiden, fand sich dann Shakespeare bewogen, wie zur Entschädigung doch wieder einen großen Glanz von Poesie zu entfalten, und da sich seine Kraft hier nicht in der Entwickelung großer Charaktere und nicht in mächtigen Erschütterungen des Gemüthes bewähren konnte, so mußte sie es folgerichtig in dem Theile der Dichtung, der zum Verstande spricht, durch sentenziöse Weisheit, die hier an Fülle der Bilder, an Tiefe der Gedanken, an Reichthum bewährter Erfahrungssätze nicht ihres Gleichen in irgend einem anderen Stücke Shakspeare's hat, und einen fast erhabenen Gegensatz gegen die burleske Handlung bildet. Wollte sich Shakspeare im Ernste oder im Scherze den Trojabüchern von Carton und Lydgate mit seinem Stücke zur Seite stellen, so geschah ihnen eine ganz unverhältnißmäßige Ehre mit dieser Anstrengung, in welcher der Dichter wohl mit Homer zu ringen wagen durfte, denn er seinen Nestor und Ulyß von Einer Seite zerstörte und von der Anderen wieder aufbaute, denn er in dieser Weise gleichsam eine dichterische Ehrenerklärung gab, die für den ausgeübten Muthwillen Abbitte that.

War aber ein solcher Muthwille wirklich beabsichtigt? Hatte Shakspeare, Schlegel's obige Worte metaphorisch verstanden, den Homer, wie er ihn äußerlich als Quelle vor den Augen hatte, auch innerlich bei dem parodischen Zwecke seiner Tragikomödie im Auge? Mich dünkt, dieß sei kaum zu trennen; obgleich damit durchaus kein Frevel, und nicht einmal ein schädlicher Muthwille verübt wäre. Von Seiten der Einkleidung und Form konnte es nicht wohl Shakspeare's Absicht sein, den Homer travestiren zu wollen; das war in den alten Trojabüchern geschehen. Von Seiten des Parteistandpunktes ihn anzufrieden zu wollen, das wäre wenigstens auch nicht neu gewesen. Shakspeare hatte wesentlich mit dem Stoffe dieses großen Dichtungsthemas zu thun, und dieß führte ihn zunächst auf den Anfang und Grund der Trojanersage zurück; hier war ihre schwache Seite, von der er seine humoristische Behandlung neben sie stellen konnte. Für diesen Zweck waren eigentlich alle Bearbeitungen dieser Sage gleich, doch mußte Shakspeare fühlen, daß er sich dem Homer schon der Rechtheit der Quelle wegen am schärfsten gegenüber befand. Er faßte daher alle jene verschiedenartigen Quellen unter Einem Gesichtspunkt; er hob die Thatsachen je nach seinen Absichten aus allen zugleich aus; er nahm die travestirte Einkleidung, die ihm für seine Zwecke am besten zusagte, aus den Trojabüchern; den episodischen

Stoff, der ihm zu seiner Parodie vorzüglich diente, aus Chaucer; in der HauptHandlung und ihrer Begrenzung aber steht sein Drama dem Homerischen Epos gegenüber.

Tritt man in die Handlungen und Personen unseres Lustspiels hinein, so kann man auf den ersten Blick glauben, Shakespeare habe dem Schmäher Thersites die Rolle des Choragen gegeben, der des Stückes eigentliche Meinung aufs deutlichste ausspreche. Sein kritischer Mund vernichtet den Gegenstand in sich, indem er die Handlung und ihre Träger in den tiefsten Koth herunterzieht. Der ganze Gegenstand ein Hahnrei und eine Metze! Im Verlauf der Dinge nichts als Lumperei, Gaukelei und Schelmerei! Ein schöner Gegenstand, um Spaltungen der Völker und des eigenen Lagers zu schaffen und sich daran zu Tode zu bluten! Möge der Aussatz auf die Urheber fallen, und Krieg und Lüderlichkeit Alle verderben! Dieß ist in Kurzem die Meinung des Thersites. Alle handelnden Personen sind in seinen Augen Lecker und lüderliche Schelme! Und so ist ja auch dieser Achill faul und unthätig geworden, weil ihn die Mutter Hecuba mit ihrer Tochter köhrt; so verkuppelt der Ohm Pandarus und der Vater Calchas Nichte und Tochter; so ist, wenn man Thersites glaubt, Agamemnon ein Liebhaber von Wachteln (von leckern Dirnen) und Patroclus auf dergleichen aus wie ein Papagei auf Mandeln; so balgt sich Troilus mit dem siegreichen Diomedes um eine Cressida, und Paris mit Menelaus um Helena. In seiner Verachtung dieses Anstifters des Heerzugs spricht Thersites seine Verachtung des ganzen Handels noch viel greller und giftiger aus: jedes verächtlichste Geschöpf zu sein, die Laus eines Aussätzigen, wäre ihm nichts, aber wenn er Menelaus sein sollte, würde er gegen das Schicksal rebelliren. Nächst ihm sind ihm die Achill und Ajax am verhaßtesten, weil sie haben was seinen Neid am stärksten anreizt. Der Faction der Witzigen fühlt er sich mit seinem ätzenden Geiste näher und an Nestor und Ulyß geht er schonender vorüber; aber jene Starken, die sich um ihn streiten, um ihn zu ihrem Lustigmacher zu mißbrauchen und dann den Mißbrauch seiner Freiheit mit Prügeln zu lohnen, sind ihm tief zuwider. Er gefällt sich darin, ihrer brutalen Rohheit zu spotten; er nennt sie die Jagdhiere des schlauen Ulyß und Nestor; von so wenig Witz, daß sie nicht eine Fliege aus dem Netz der Spinne befreien könnten, ohne mit dem Schwerte drein zu schlagen; wenn Hektor ihr Gehirn ausschlüge, würde es sein wie das Aufknacken einer hohlen Nuß. Neid und Schselsucht bereiten das Gift und den Geifer in ihm, womit er Alles beschmutzt; den Teufel des Neides heißt er selber Amen sprechen zu den Verwünschungen, die er über Alle ausspricht. Die Misgunst macht ihn zu dem „Stachelschwein", das seine Spitzen gegen Jedermann kehrt; die Scheelsucht zu der „schimmeligen Hefe", die den ohnehin schimmeligen Teig so durchsäuert, die ihn auf der Stufenleiter der aus Neid gespaltenen Griechen am untersten stellt. Aber eben deswegen ist auch seine Stimme nicht die entscheidende, die uns auf des Dichters eigene Meinung führen könnte. So kann man den Handel vor Troja ansehen, wenn man sich mit Thersites auf eine Linie stellend die erste Stimme der Feigheit geben will, welche die Tapferkeit höhnt, dem Neide der das Große verkleinert, der Häßlichkeit die Allem den Glanz des Schönen abstreift, der platten Prosa die jedes idealen Beweggrundes spottet, der Grundschlechtigkeit die allen Dingen die schlechteste Seite absieht. Aus ihm spricht der sarkastische Geist des Pessimismus und der Verneinung, der das Gute, das Edle, das Schöne weder anerkennt noch kennt. Aber von diesem bösen Prinzipe, von diesem Prinzip der absoluten Gemeinheit aus hat Shakespeare sein gutmüthiges humoristisches Spiel nicht entwerfen wollen.

Die Frage über die Quelle und den Grund des troischen Kampfes hat unser Komöde in höheren Kreisen gründlicher und dichterischer als von Thersites verhandeln lassen. Daß ihm dieser Ursprung ein Hauptaugenmerk war, geht schon daraus hervor, daß er das Verhältniß des Troilus und Diomedes zu der verworfenen Cressida als eine Contrafractur des gleichen, als bekannt vorausgesetzten Verhältnisses des Paris und Menelaus zur Helena in den Vordergrund gerückt hat. Ein geraubtes Weib war die Ursache des ältesten Völkerkrieges zwischen zwei Welttheilen. Um sie stritten sich die zwei Besitzer, wie Diomedes zu Paris sagt, gleich thöricht, der Eine, der ihre Befleckung nicht achtet und mit solch einer Hölle von Arbeit sie sucht, mit dem Andern, der den Geschmack ihrer Unehre nicht achtend sie mit so großem Verluste von Gut und Freunden vertheiligt. Die Schmählichkeit der Sache empfindet der edle Hektor, wenn er in so beredten Worten das Recht der Ehe vertheidigt, und Ulysses eben so, wenn er seine Galle ausläßt über das Thema dieser Schmach, über der sie ihre Köpfe verloren um die Hörner des Menelaus zu vergolden. Aber gleichwohl hat der Handel in Hektor's wie in Ulyssens Augen auch eine andere, eine bessere, eine poetische Seite, über deren Besprechung des Dichters Dichtung selber mit Würde und Ernst sich umkleidet. In der Berathung der Troer (II, 2. sprechen Helenus und Hektor für die Rückgabe der Helena. Der Letztere bekennt sich zu der Furcht vor einem schlimmen Ausgange, nennt bescheidenen Zweifel die Leuchte des Weisen, und die zu sichere Sicherheit den Tod des Friedens; der erstere mahnt, die Gründe der Vernunft zu achten. Nur die Leichtfertigern und Betheiligten, Paris und Troilus, wollen von Vernunft nichts hören. Hektor gibt zu bedenken, daß der Gegenstand des Kampfes, Helena, des Kampfes nicht werth sei. Troilus entgegnet, die Schätzung der Welt gebe den Dingen ihren Werth; Hektor erwiedert richtiger: man müsse eine Sache nicht allein nach der Schätzung der Menschen beurtheilen, sondern auch nach ihrem innewohnenden Werthe; es sei Abgötterei, den Dienst größer zu machen als den Gott. Troilus erinnert aber an die Schönheit der Helena, an den Werth, den die Griechen auf sie setzen, an der Troer eigne Stimme, die sie unschätzbar fanden, an die Volkehre, die sich einmal mit dieser Sache vermischt habe. Und Hektor, obgleich die wahrsagende Cassandra jetzt eben seine Furcht vor dem Ausgange rechtfertigt, obgleich er selbst aus dem heiligen

Unrecht der Ehe die höchsten Gründe für Helena's Rückgabe herleitet, obgleich er sich richtig sagt, daß das Beharren im Unrecht das Unrecht erhöhe, obgleich er einsieht, daß nur Wollust und Rachsucht aus den jugendlichen oberflächlichen Fürsprechern des Krieges reden. Hektor gibt doch auf jenen Einwurf des Troilus hin die Sache der Vernunft selber preis; er erkennt es an, daß die allgemeine Ehre und Würde von Troja auf dem Spiele stehe, daß Helena ein Gegenstand des Ruhmes, ein Sporn zu großen und tapferen Thaten geworden sei. Demnach erkennt Shakespeare das ritterliche Motiv des Kampfes, die romantisch poetische Seite des Ehrenhandels vor Troja, zunächst in der troischen Partei an, ein sittliches Prinzip und Recht aber nicht. Darum nimmt das vorgeschobene Seitenstück des Paris, der brausende Troilus, sein tragikomisches Ende und Hektor fällt seiner Ruhmsucht zum Opfer. Dieser Faden zieht sich durch dessen ganzen Charakter. Zuerst treffen wir den sonst geduldigen und gefaßten Mann in ehrgeizigem Eifer, weil sein Ruhm durch Ajar eine kleine Niederlage erlitt. Er ist darum vor der Sonne schon gerüstet, schlug seine Knappen, schalt seine Andromache; ganz so finden wir ihn am Schluß des Stückes wieder. Um jene Scharte seines Ruhmes auszuwetzen, schickt er seine Aufforderung an die Griechen. Er achtet zuletzt der Wahrsagung der Cassandra, der Bitten von Weib und Vater nicht; den Tod vor Augen hält er die Ehre höher, als das Leben.

Ganz von der ähnlichen Seite sehen nun auch die weiseren griechischen Fürsten die Sache an. Ulyß urtheilt über den Gegenstand des Krieges noch schlimmer als Hektor. Gleichwohl mahnt er in dem langen und ungünstigen Kampfe auszuhalten, aus denselben Gründen des Ruhms. Die erhabensten Unternehmungen, lehrt er, bleiben hinter dem Entwurfe zurück; die Götter verzögern das Ende, um der Menschen Ausdauer zu prüfen; diese Ausdauer bewähre sich gerade nur im Mißgeschick, wo Fortuna mit gewaltiger Schaufel die Menschen von Inhalt und Schwere von der leichten Spreu aussondere. Auf ebener See segle der Kahn neben dem starkgerippten Schiffe, aber im Sturme durchschneide dieses ungefährdet die Wasserberge, die des anderen Untergang sind. Darin nun zeigt sich aber die Vorliebe des Dichters für Troja, daß er in der Beste die Berather über der ähnlichen Mahnung zu rühmlichen Thaten einmüthig zeigt, während die Griechen in Parteien getheilt sind, in denen sich der Ehrgeiz auf kleinliche Beneidung geworfen hat und von dem Hauptzwecke abgelenkt ist. Von sittlicher und rechtlicher Seite ist die Sache der Griechen nicht besser wie die der Troer, von Seiten des Ehrenpunktes ist sie schlimmer bestellt. Den Homerischen Achill, der mit einem kurzen Leben einen langen Ruhm eintauschte, hat Shakespeare vom Helden zu einem eitlen, an Stolz kraulen, verweichlichten Spötter ausarten lassen. Nicht über ein Zerwürfniß mit Agamemnon, sondern um der versprochenen Polyrena willen feiert er vom Kampfe und vom Ruhme, er hat nicht wie Hektor ein Mitgefühl mit der allgemeinen Ehre, er gibt Griechenlands Ruhm und Ehre dahin, um dieser Liebe zu folgen, er läßt sich nichts auf der Welt anfechten, als was ihn persönlich berührt; er regt sich daher erst bei Patroclus' Tode (auch diesen Zug hat Shakespeare aus Homer) und auch dann nur zu einem Siege, der mehr Schmach als Ehre bringt. Der schwache Ajar ahmt ihm in Aufgeblasenheit und Unthätigkeit nach, und zieht sich, nachdem ihm eine kleine Ehre geworden ist, in der entscheidenden Stunde zurück, wie vorher Achilles. Ulysses gibt sich alle Mühe, den Gemeinsinn, den Ehrgeiz, die Ruhmbegierde, die in Hektor und Troilus überschäumt, in jenen Beiden zu wecken. Die köstlichsten Reden des Stückes, wie die Intriguen, die die Handlung fortspinnen, beziehen sich auf diese Absicht zurück. Darauf die weisheitsvolle Rede über die gestörte Rangordnung und Zucht (I, 3,), über das Fieber des Neides, das die Spaltung und Schwäche im Lager erzeugt, die Troja's Stärke ist. Darauf der Anschlag, dem Ajar das Kampfloos gegen Hektor zuzuspielen und dadurch Achilles zu spornen. Darauf der vielfach wiederkehrende Preis der geistigen

Ueberlegenheit über die rohe körperliche Stärke. Darauf die unverschämte Schmeichelei, mit der sie den plumpen Ajar ködern und seinen dürftigen, neidischen Ehrgeiz tränken. Darauf die herrliche Lehre (III, 3.), die dem Achilles einschärft, was der Sinn von Ulysses' erster Rede war, daß nur Beharrlichkeit die Ehre glänzend erhellt. All das ist nur von wenigem Erfolge; die zwei Fausthelden haben des Ehrsinnes und der Ruhmsucht zu wenig, die Hektor und Troilus zu viel haben; diese kommen schlecht weg in der Sache und gut in der Meinung, und jene schlecht in der Meinung und gut oder ohne Schaden in der Sache. Am besten fahren auf griechischer Seite noch Nestor und Ulyß; sie besitzen doch Gemeinsinn und Politik. Doch ist auch diese mehr nur gemeine Schlauheit, die sich über der Staatskunst Geheimnisse tiefsinnig ausläßt, wo von einer bloßen Spionerie die Rede ist, die daher auch ihre Zwecke mit ihren feingespitzten Mitteln nur auf eine zweideutige Weise erreicht.

Durch diese Entziehung einer sittlichen Sache hat nun Shakespeare die Griechen und Troer, durch Entziehung gemeinsinniger Ehre vorzugsweise die Griechen im Großen und Allgemeinen, die ganze Handlung und Sage, in ein tiefes Dunkel gestellt, das durch die Blitze schöner Grundsätze und hochweiser Betrachtung, die darauf fallen, nur noch greller und schärfer wird. Auch in der Zeichnung der Charaktere und in der ganzen Haltung des Vortrags ist auf den Zweck der Entstellung hingearbeitet. In diesem Stücke sind nach Tyrwhitt der hochschwülstigen Phrasen mehr als in sechs andern; die Schmähsucht des Thersites ist so reich ausgestattet mit der Beredsamkeit des Schimpfs und Unglimpfs, die eisenfresserische Ungeduld des Ajar vor dem Zweikampf ist so voll von typhonischem Schwulste, daß dieß allein die Absicht verrathen würde, den ganzen Handel durch caricirte Darstellung herabzuziehen. Die Ausforderung Hektor's, durch Aeneas im Stile des Amadis vorgetragen, ist so bombastisch, daß der angeredete Agamemnon selber zweifelt, ob dieß Ernst oder Verhöhnung sei. Was die Charaktere betrifft, so sind auch die geschontesten, wie Hektor und Agamemnon, nicht frei von lächerlichem Scheine. Durchgehends sind alle diese erhabenen Gestalten aus dem ernsten Gange und der feierlichen Haltung herausgenöthigt, in der sie sich bei Homer tragen; sie müssen ihren Kothurn mit dem Soccus nicht überall vertauschen, aber häufig verwechseln; sie tragen ihr Alltagskleid statt des festlichen Pompes. Die komische Verzerrung dieser Gestalten ist fast nur durch das Eine Mittel erreicht, daß sie mehr als in dem alten Epos individualisirt sind; dieß allein hätte schon die Erhabenheit des Homerischen Gedichtes und seine Figuren zerstört; es ist das Besondere an die Stelle gerückt, wo man das Allgemeine erwartet oder gewöhnt war, und dieß ist überall von bekannter komischer Wirkung. Es bedarf nichts, als daß Shakspeare von Patroclus den alten Nestor nachahmen läßt, wie er hustend und räuspernd mit zitteriger Hand die Nieten am Ringkragen aus- und einschiebt, um in dem ehrwürdigen Bilde die Altersschwäche, die auch Homer nicht verredet, ungebührlich zu betonen und dadurch lächerlich zu machen. Der Dichter selbst hat sein eignes Verfahren in dem jener Spötter Patroclus und Achilles genau geschildert: sie spielen bald Agamemnon's Größe in übertriebenem Spiele, bald Nestor's Schwäche so treffend, „wie Vulcan der Venus gleicht"; alle Fähigkeit, Gabe, Natur, Gestalt, Thaten und Entwürfe der Fürsten dienen ihnen nur als Stoff zu Parodien! In diesem ähnlichen Verfahren hält sich unser Komöde auf so feiner Linie der Wahrheit, daß selbst da, wo er am meisten caricirt, doch die schlagende Aehnlichkeit mit den Homerischen Charakteren nicht zu leugnen ist und daß die Ausführung dieser Gesichtszüge sich sehr genau in die Umrisse des alten Dichters einfügt. Wir gehen nicht so weit, wie Gervinus, den Homerischen Thersites eine kalte Schulknabensluge gegen den Shakspeare'schen zu nennen, aber wahr ist, daß dieses ein Hohlspiegelbild des ächten Thersites ist. Ulyssens heroische Listen sind in sehr kleinliche Ränke verwandelt und der Instinct in ihm in bewußte Weisheit verkehrt, aber doch ist der Charakter kaum so sehr herabgezogen, wie der sykophantische Sisyphussohn in der Euripideischen Tragödie. Wir wollen nicht mit Drake durchgehend behaupten, die Homerischen Charaktere seien hier bis in's Herz bloßgelegt und so scharf gezeichnet, daß man genauer mit ihnen bekannt werde als durch Homer selbst; aber wahr ist es, daß man in einzelnen Fällen wie auf psychologische Commentare stößt. Die Meisterschaft ist groß, mit der in der Zeichnung des Ajax die physische Kraft bloßgestellt wird, die auf Unkosten des Geistes erstarkt ist; die Fülle von Vergleichungen und Bildern ist unermeßlich, mit denen diese seltsame, obgleich einfache Natur erläutert wird; der Scharfsinn bewundernswerth, mit dem aus aller Thierheit alle Eigenschaften zusammengegossen sind, um aus diesem Manne weniger als einen Menschen und mehr als einen Menschen zu machen: den Idioten des Mars, einen blinden Argus und einen gichtischen Briareus.

Fragt man, ob in dieser polemischen Komödie mehr geschehen sei, als daß eine Virgilische Sympathie, daß ein humoristischer Muthwille gegen Homer oder die anderen Trojanersagen sich Luft gemacht habe, ob in dieser Verneinung des Homerischen Standpunktes, in dieser Entkleidung der Mythe von ihrer Größe eine tiefere Absicht gelegen sei, so kann allerdings aus der ganzen Darstellung die nahelegende Wahrheit gezogen werden: daß die erhabenste Dichtung ohne streng sittliche Grundlagen nicht das sei, wozu sie befähigt und berufen ist. Die sämmtlichen Werke Shakspeare's, wie wir sie nun kennen gelernt haben, machen begreiflich, daß in seinem ästhetischen Systeme ein solcher Satz obenan seine Stelle finden müßte. Und wenn wir uns erinnern, daß selbst mitten in der griechischen Zeit schon Plato in sittlicher Beziehung am Homer von seinem philosophisch-religiösen Standpunkte auszusetzen fand, so werden wir uns nicht wundern, wenn Shakspeare auf ähnliche, obwohl sehr abliegende Bedenken bei der Trojanersage aus seinem dichterischen Standpunkte kam. Die Gesichtspunkte, aus denen Aristophanes gerade wegen seiner sittlich-praktischen Bedeutung den alten Dichter in so ehrfürchtiger Scheu betrachtete, lagen Shakspeare viel zu ferne, um von ihm gefordert werden zu können. Aus den vielen Bestandtheilen gemischt, wie ihm die Trojanersage vorlag, schien sie ihm der höheren Moral und mit ihr zugleich des bindenden Kitts zu ermangeln, mit dem er die Dichtung immer unmittelbar an das Leben zu knüpfen suchte. Und dieß zeigte er übertreibend in seinem Scherzspiele, indem er dieselbe Handlung parodirend so darstellte, daß er, die gemeinsten Ueberlieferungen überallher verbindend, alle Schattenseiten derselben zusammenhäufte und die Handelnden von allen ehrenhaften und tugendhaften Triebfedern entblöste. Dadurch entbehrt nun natürlich sein eignes Drama jenes Bindemittels noch mehr. Gewiß würde er dieß Stück nicht unter die rechnen wollen, die der Zeit einen Spiegel vorhielten, da es nicht einmal die einfachsten psychischen Wirkungen zu machen geeignet ist. Die gewöhnlichen Zwecke des Dramas also werden von dem Stücke durch seinen halbsatyrischen Charakter verfehlt, wenn sie anders überhaupt beabsichtigt waren; es wäre aber nicht zu verwundern, wenn die Komödie ursprünglich gar nicht für diese Zwecke, nicht einmal für die Aufführung bestimmt gewesen wäre.

Dieß nun würde dem Stücke kein Vorwurf sein, wenn nur der neue und ungewöhnliche Zweck des satirischen oder des humoristischen Dramas scharf und sicher erreicht wäre. Wir zweifeln aber, daß dieß irgend Jemand wird behaupten wollen. War eine humoristisch-ironische Parodie des trojanischen Krieges, der Thatsache an sich selber, beabsichtigt, so würde man finden, daß Cervantes viel glücklicher griff, indem er seinen humoristischen Roman dem Ritterwesen gegenüber aufpflanzte, einer verfallenen Gestalt und Richtung des Lebens, die noch in die fortschreitende Zeit unzeitig und verirrt fortdauerte, während hier längst vergessene Zustände hervorgesucht waren, die damals nicht einmal in den Köpfen der Gelehrten lebendig waren. War aber die Absicht mehr satirisch gegen die dichterischen Darstellungen dieses Krieges gerichtet, so wird uns das Gebrechen des Stücks aus einer anderen Vergleichung deutlich werden. Aristophanes hat sein Lustspiel so·zur Satire gesteigert, allein er hat auch dann von vornherein darauf verzichtet, die betretenen Wege des Schauspiels zu gehen; er hat alle Gegenstände verschmäht, die irgend ein Abbild gewöhnlicher Lebensverhältnisse vermuthen ließen; er hat seine Handlungen in kühne Allegorien verklärt und hat den Zuschauer nicht getheilt zwischen dem Ablauf einer Handlung, die das Gemüth anregt, und einer zweiten nebenher laufenden Aufgabe, welche die verständigen und vergleichenden Kräfte herausfordert. Diese Spaltung schadet dem Shakespeare'schen Stücke, in welchem man von dem dargestellten Gegenstand an sich (dem Verhältnisse von Troilus und Cressida) zwar nicht angezogen, aber doch auch nicht losgelassen wird, in welchem man auf der andern Seite zu einer klaren Ergreifung der satirischen Absicht nicht gelangt. Aristophanes hat ferner in einer ähnlichen Weise, wie hier bezweckt sein möchte, literarische Persönlichkeiten und Erscheinungen aus ähnlichen sittlichen Gesichtspunkten angegriffen, allein er hat dann nicht Gegenstände aus entlegenen Zeiten geholt, er hat seine Ausfälle gegen Lebende, Poeten wie Staatsmänner, gerichtet; und das sollte die Satire immer, weil man nicht kämpft gegen Waffenlose und Todte. Es sei aber, daß der wiedergeborene Homer damals als ein Lebender hätte gelten können, und wir wollen die Vermuthung setzen, daß eben diese Auferstehung Shakespeare gereizt habe, die Schwäche der altberühmten Dichtung aufzudecken. Aber dann war der Boden nicht glücklich gewonnen und der Kampfplatz nicht rein und nicht eben. Indem er alle Quellen der Trojanersage mit einander vermischte, warf er seinen Fehdehandschuh gegen die verschiedensten Kämpfer, die sich zu der Einen Sache, der sein Angriff galt, ganz verschieden verhielten. Galt es, wie Schlegel wollte, den ritterlichen Trojabüchern, so waren dieß zu geringfügige Gegenstände, schon damals zu obsolet für Shakespeare's Angriffe; galt es Homer, so würden uns heutzutage diese Angriffe selbst nothwendig obsolet erscheinen. Eine so unbewußte und unschuldige Dichtung wie die Homerische muß wie alles Kindliche unzugänglich für die Satire bleiben; Sitte und Sittenbegriff einer solchen Zeit kann nicht unter anderen Voraussetzungen und Bedingungen als denen der Zeit selber beurtheilt werden, und dazu entgingen Shakspeare die Hülfsmittel und die Kenntnisse. Shakspeare hat seine eigenen Dichtungen zum Theil auf Grundlagen aufgebaut, die sittlich betrachtet hier und da noch schlimmer waren, als die factische Grundlage der Trojanersage (die auch Homer nirgends in ein glänzendes Licht stellt), und er ist im Vereinfachen, im Ausscheiden und Verödlen des Stoffes im Ganzen nicht anders verfahren, als dort geschehen ist; man könnte daher sogar zweifeln, ob selbst von seiner eignen Stelle gesehen seine Angriffe, wenn sie Homer und blos Homer gälten, zur gerecht und richtig seien. Man wird aber schon zweifeln, ob nur irgend ein ernstlicher Angriff bezweckt war; das heißt, man schwankt, ob in dem Stücke humoristische oder satirische Absicht zu Grunde liege, ob es scherze oder spotte, ob Scherz oder Spott der Thatsache oder ihren poetischen Gestaltungen, ob allen oder welchen von diesen Gestaltungen sie gelten. Dieser schwankende Charakter des Dramas und das trübe Verhältniß des Dichters zu trüben Quellen muß es machen, daß man von keinem Shakspeare'schen Stücke mit so viel Unbefriedigung hinweg geht, wie von diesem. Die wärmsten Bewunderer Shakspeare's stauben rathlos davor und selbst Coleridge erklärte, daß er eigentlich nicht wisse, was er davon sagen solle.

Julius Cäsar.

Wenn die reine Empfänglichkeit für die Auffassung der Homerischen Werke unserem Dichter durch Jugendeindrücke und Schulvorurtheile getrübt, durch mangelhafte Kenntniß und mangelhafte Uebersetzung unmöglich gemacht war, so ist dagegen sein Verständniß des römischen Volks- und Staatslebens und seine Benutzung des Plutarch in den drei römischen Historien desto merkwürdiger: hier kamen sich der verwandte Volksgeist in der römischen Geschichte und der reine historische Sinn des Dichters auf halbem Wege einander entgegen; und Shakspeare schrieb diese Stücke, in denen seine Genossen die Römer „im Halbschwert", im Costüme und im Geiste treu wiedergegeben, mit dem Entzücken auferstehen sahen, mit dem wir im vorigen Jahrhunderte in Goethe's Götz die Färbung der Zeit bewunderten. Auch heute noch müssen wir die Wahrheit dieser Auffassung anerkennen, die selbst durch die oft wiederholte Ausstellung nicht angefochten wird, es habe Shakspeare aus dem römischen Volke englische Bürger und Handwerker gemacht; da die Massen in Bewegung sich überall, vollends in zwei so staatsverwandten Völkern, gleich sind, so ist dieser Tadel vielmehr nur ein Lob. Wir mögen es nicht im wörtlichen Sinne gerade nachsprechen, was man auf der andern Seite rühmend gesagt hat, daß in diesen Stücken der Charakter, die Schicksale, die Vaterlandsliebe, der Kriegsruhm, die ächte Gesinnung, das öffentliche Leben der ewigen Stadt wieder aufgelebt sei; aber wahr ist es, daß die treue Herübernahme und lebendige Verarbeitung des Wenigen, was Shakespeare zur Charakterisirung des römischen Lebens im Plutarch erbeuten konnte, mehr werth ist, als die genaueste Zeitschilderung aus den angestrengtesten antiquarischen Studien.

Man erinnert sich, mit welcher Freiheit und Eigenthümlichkeit Shakespeare seine sämmtlichen Quellen behandelt hat. Hatte er ein älteres Drama vor sich, so warf er meist die ganze Form hinweg und behielt nur Fabel und Namen. War es eine dürftige Novelle von italienischem Ursprung, so konnte er nur selten das Gewebe der Handlung gebrauchen, ohne die Fäden erst ganz aufzuziehen, selten einen Charakter, ohne ihn von Grund aus neu zu schaffen. Man denke zurück an die flachen Erzählungen, aus denen er Ende gut Alles gut, Maaß für Maaß, Cymbeline, den Kaufmann von Venedig gebildet hat, mit wie keckem und rücksichtslosem Verfahren er dort in den Beweggründen der Handlungen, in den Handlungen selber geschaltet hat! Ja selbst die Chroniken seiner englischen Geschichte, so gewissenhaft er die historische Ueberlieferung achtete, mußte er doch, um Leben hineinzubringen, vielfach ausdehnen und mit ungeschichtlichem Stoffe durchdringen, die erklärenden Motive der Thatsachen mußte er nicht selten hinzugeben. Ein ganz anderes, völlig überraschendes Verhältniß besteht zwischen unserm Dichter und seinem Plutarch, den er in der Uebersetzung von Thomas North 1579 gelesen hatte. Die einfache, schlichte und doch nicht phantasielose Auffassung und Darstellung menschlicher Dinge in diesem Geschichtschreiber sprach ihm so rein und klar zu Kopf und Gemüth, daß er hier seine Freiheit völlig beschränkte, seine Eigenmacht gänzlich aufgab und den geschichtlichen Text nur geradezu abschrieb. Wir zweifeln, wo wir Shakespeare größer finden sollen, dort, wo er seinen Quellen gegenüber Alles machte, oder hier, wo er Alles fand und übernahm, kein freies Schaffungsvermögen dort, oder hier seine Ent-

halsamkeit und Verleugnung. Fern von allem Autorstolz und aller
Jagd nach Originalität geht er hier vor einem klassischen Geschichts-
erzähler auf, nicht versucht, an der Natur zu meistern, vielmehr ehr-
fürchtig, sie in der ächten Gestalt unverzehrt zu erhalten, die er hier
vorfand. Wenn irgendwo, so tritt in diesem Zuge der Wahrheitssinn und die Bescheidung zu Tage, die wir dem Charakter dieses
Dichters eigen gefunden haben.

Was zunächst den Julius Cäsar angeht, so sind aus den beiden
Biographien Brutus' und Cäsar's die Bestandtheile unseres Dramas
in der Art entlehnt, daß nicht nur die geschichtliche Handlung in
ihrem allgemeinen Verlaufe, sondern auch die einzelnen charakteri-
sirenden Züge in Vorfällen und Reden, ja selbst einzelne Aeußerungen und Worte aus Plutarch aufgenommen sind, auch solche, die
nicht epigrammatischer Natur und anstrellisch bezeichnend sind, auch
solche, die ein Nichtkenner des Plutarch nach Form und Manier für
ächt Shakspearisch halten würde und die wirklich zum Beweis von
des Dichters eindringlicher Seelenkenntniß nicht selten als sein eigen-
stes Eigenthum aufgeführt worden sind. Von dem Triumph über
Pompejus oder vielmehr seine Söhne), dem Stummmachen der
zwei Tribunen und der angebotenen Krone bei dem Lupercalienfeste
an, bis zu Cäsar's Ermordung und von da bis zu der Schlacht bei
Philippi und zu den Schlußworten Anton's, die von diesem zum
Theil so genau überliefert sind, ist in unserem Stücke alles Wesentliche Plutarchisch. Die Vorbedeutungen von Cäsar's Tod, die War-
nungen des Wahrsagers und des Artemidor, das herzlose Opfer-
thier, der Traum der Calpurnia, die einzelnen Charakterzüge Cäsar's,
sein Aberglaube in Bezug auf die Berührung unfruchtbarer Frauen
beim Wettlauf, seine Worte über die hageren Leute wie Cassius; dann
alle Umstände bei der unbeeideten Verschwörung, die Persönlichkeit
des Ligarius, die Ausscheidung Cicero's, das ganze Verhältniß der
Portia zu Brutus, ihre Prüfung, ihre Rede, seine Antwort, später
ihre Unruhe und ihr Ausgang; der Hergang bei Cäsar's Tod, die

buchstäblichen Künste und Mittel des Decius Brutus, ihn aus seinem Hause abzuholen, alle kleinsten Einzelheiten bei dem Morde, das Verfahren des Antonius und sein Erfolg, des Poeten Cinna Ermordung; ferner die Zwiste der republikanischen Freunde über den Lucius Pella und die Geldweigerung, die Uneinigkeit Beider über die entscheidende Schlacht, ihre Unterhaltung über den Selbstmord, <u>die Erscheinung von Brutus' bösem Dämon</u>, die Irrungen in der Schlacht, ihr zweifacher Ausgang, ihre Wiederholung, beider Freunde Selbstmord und Cassius' Tod mit demselben Schwerte, mit dem er Cäsar tödtete. Alles ist der Erzählung Plutarch's entnommen, aus welcher der Dichter nur auszuscheiden hatte, was die Einheit der Handlung zerriß. Die Charakteristik des Brutus und Cassius ist im Allgemeinen treu nach dem Vorbilde bei Plutarch beibehalten, die politische Moral dieses ganzen Geschichtsdramas einfach aufgefaßt und wiedergegeben und nachher in Antonius und Cleopatra fortgesetzt.

Diese Treue Shakespeare's bei seiner Quelle rechtfertigt unsern Ausdruck, er habe den geschichtlichen Text nur abgeschrieben. Wunderbar ist dabei, mit welcher unscheinbaren, fast unerkennbaren Kunst er denselben Text zugleich so meisterhaft in's Dramatische umgeschrieben hat, daß dieß eins der wirkungsvollsten Bühnenstücke ist, die man sehen kann. Nirgends wieder hat Shakespeare die Aufgabe mit so einfachem Geschicke gelöst, die Abhängigkeit von der Geschichte mit der größten Freiheit eines dichterischen Entwurfs zu verbinden, die treueste Historie zugleich zum freiesten Drama zu bilden. Die Theile scheinen nur mühlos aneinandergeschoben, aus der großen Kette der geschichtlichen Ereignisse nur einige Glieder herausgenommen und das Uebrige zu einer engeren, handlicheren Einheit zusammengefügt; es versuche aber nur Jemand, selbst nach dieser Musterarbeit, irgend ein anderes Thema aus Plutarch auch nur im Entwurf dramatisch zu gliedern, um die Schwierigkeit dieser scheinbar leichtesten Aufgabe inne zu werden. Um inne zu werden, was es heißt, mit dieser geistigen Concentration in einem streng beibehaltenen

Stoffe, so wie hier geschehen ist, Personen und Handlungen auf Einen Gedanken zu beziehen, diesen Gedanken in der allgemeinsten Wahrheit zu suchen, die in den Geschichtsereignissen selber niedergelegt ist, dann zur dramatischen Versinnlichung dieses Gedankens keine andern als die gegebenen geschichtlichen Glieder zu gebrauchen und diese endlich mit jenem gröbten Tacte oder angebornen Geschicke auf der Bühne so zu ordnen, daß mit so scheinbar kunstloser Abschrift der Geschichte eine so kunstvolle selbstständige theatralische Wirkung erreicht werde, wie sie diesem Stücke zu keiner Zeit gefehlt hat. Schon Leonhard Digges berichtet aus Shakespeare's Zeit, mit welchem Beifall man damals den Cäsar aufführen sah, während die langweiligen Catilina und Sejanus kalt ließen, die mit Fleiß und Schweiß gearbeiteten Tragödien Ben Jonson's. Gleich bei seiner Erscheinung regte das Stück den Wetteifer aller Theater an; die namhaften Poeten Munday, Drayton, Webster und Middleton schrieben ein Concurrenzstück, Cäsar's Fall, gleich 1602, Lord Stirling einen Julius Cäsar 1604, ein Cäsar und Pompejus erschien 1607. In der Restaurationszeit war Cäsar eines der wenigen Shakespeare'schen Werke, die hervorgesucht, aufgeführt, verarbeitet wurden. In unserer Zeit, in unserem Lande haben wir es selten gut, immer mit Beifall darstellen sehen. Einzelne Scenen, wie die zwischen Casca und Cassius während des Sturmes, bewähren dabei eine Wirkung, die man im Lesen nicht ahnt; die Rede des Antonius, von allen Wirkungen der äußeren Zurüstung und der Kunstgriffe der Ueberredung, von trefflich angebrachten Pausen und Unterbrechungen unterstützt, reißt auch bei untergeordneter Aufführung, wie das dargestellte Volk, so auch die Zuschauer mit hin; der Streit zwischen Brutus und Cassius ist ein Probestück für große Spieler, das nach L. Digges schon in jener Zeit entzückte Bewunderung weckte und selbst der letzte Act, an dem man oft auszusetzen fand, ist der fesselndsten Bewegung fähig, wenn er geschickt angeordnet und rasch weggespielt wird.

Die Frage über die Zeit der Entstehung Julius Cäsar's ist erst neuerdings sicherer gestellt. In einem Gedicht von Drayton, Mortimeriados (1596), das 1603 verändert unter dem Titel the barons' wars erschien, ist in dieser Ausgabe im dritten Buch eine Stanze, die den Schlußworten Anton's sehr ähnlich und nicht in der ersten Ausgabe des Gedichtes zu finden ist. Der ganze Eindruck ist allerdings so, daß man Drayton und nicht Shakspeare für den Nachahmer halten muß, und dieß darum, weil die Stelle so sehr die Seele des Stückes berührt, daß sie gerade nicht wohl von Shakspeare einem anderen abgenommen sein kann. Das Stück ist also vor 1603 entstanden, mit Hamlet ungefähr gleichzeitig. Nicht allein die äußeren Beziehungen auf Cäsar, die sich im Hamlet finden, sprechen dafür, sondern noch weit mehr die inneren. Diese sind so bedeutend, daß, wenn uns nicht überwiegende Gründe bestimmt hätten die drei römischen Stücke nicht von einander zu trennen, wir um der innern Verwandtschaft willen den Cäsar dicht neben Hamlet und Macbeth hätten besprechen müssen, weil er ganz in demselben Gedankensysteme entsprungen und geschrieben ist, wie diese beiden Stücke. Wenn wir geradezu auf das Verhältniß dieser Werke zu einander eingehen, werden wir auf dem kürzesten Wege zum Ziele unserer Betrachtung über Cäsar gelangen.

Im Hamlet sah der leidenschaftlich schwankende Held beneidend an dem Römercharakter des Horatio hinauf, der, indem er Alles duldete, Nichts zu dulden schien, der keiner Leidenschaft Sklave war, der die Freundschaft und Feindschaft der Fortuna, in glücklicher Mischung von Blut und Urtheil, gleichmüthig ertrug. Setze man diesen Charakter aus der Christenzeit und aus Dänemark hinweg in das Heldenthum und in das bewegte öffentliche Leben nach Rom und man hat die Grundzüge des Brutus, der die Hauptfigur in Julius Cäsar bildet. Von phlegmatischem Temperamente, gemessen und ernst, nicht spiel- und vergnügungssüchtig, von Leidenschaften nicht bewegt, ein „Lamm, das Zorn nur so hegt wie der Kiesel Feuer", ist Brutus zum Stoiker geboren und hat aus dieser Lehre die Grund-

sätze in sich praktisch gemacht, die den gelassenen Gebrauch des Lebens
vorschreiben und die Kraft der Duldung empfehlen. Aehnlich wie
dort von Horatio gesagt ist, darf er sich rühmen, daß Keiner Leiden
besser trage als Er, und Messala und Cassius erkennen es bewundernd an. Alle Tugenden, die eine schöne Natur ausmachen, sind
ihm eigen; alle Tugenden, die das praktische Leben erst reift und zei-
tigt, hat er in sich gefestigt; alle Tugenden, die aus der Macht des
Willens, der Herrschaft des Geistes über Blut und Leidenschaft entspringen, hat er errungen. In dem Verhältnisse zu seinem Weibe
und seinem Diener ist er sanft und mild, wohlwollend, voll freundlicher Rücksicht; in allen Verhältnissen zur Gesellschaft und zum
Staate uneigennützig, in Redlichkeit ganz gewaffnet, unfähig zu
schmeicheln, möglichst parteilos, von höchster Gerechtigkeit und Sorge
für das gemeine Wohl; in dem Verhältnisse zu sich selbst, des Urtheils zur Leidenschaft, ist er zum Handeln und zur Entscheidung
nicht rasch, überlegt und besonnen, nach gefaßtem Entschlusse aber
von unbezwinglichem Metall des Geistes und des Wirkens, standhaft
und ungeirrt in der Ausführung, über innere Regungen ein mächtiger Gebieter. Zwischen dem unmännlich unentschlossenen Hamlet
und dem männisch überspannten Macbeth sind in ihm die „Elemente
so gemischt, daß die Natur aufstehen und der Welt verkünden durfte:
dieß war ein Mann!" Der Mann, der auch in Macbeth's Natur
ursprünglich lag, der nichts mehr und nichts weniger thut, als was
dem Manne geziemt, und der seine Männlichkeit zuerst in der Meisterschaft über sich selber bewährt. An großen Beispielen hat Shakespeare diesen Grundzug in Brutus entwickelt. Er hat ihm eine so
tiefe Natur und so gewaltig bewegende Gefühle gegeben wie Hamlet
und Macbeth, aber die allgemeine Intensivität dieser Regungen hat
der Dichter in die Hülle des heroischen Gleichmuths und hinter der
angenommenen Rolle des willensstarken Politikers tief versteckt.
Kaum bemerkt man die innere Unruhe, die ihn bewegt, in den Stellen, wo er beim Anfang der Verschwörung und bei ihrem letzten

Ausgange seines Knaben Lucius sorglosen Schlaf mit Wehmuth beneidet. Zur Verstellung wenig gemacht, heißt er die Verschworenen ihre Rollen standhaft durchführen wie geschickte Schauspieler und er geht mit gutem Beispiele voran. Als sie ihre Pläne durch Popilius Lenas verrathen glauben, will Cassius sich das Leben nehmen, Brutus faßt ruhig den Verdächtigen in's Auge und bemerkt, daß er ungefährlich ist. Seinem Weibe birgt er das Vorhaben, bis er die heroischen Beweise ihrer Verschwiegenheit hat. Bei dem frühen Tode dieses geliebten Weibes übermannt ihn Gram und böses Blut und macht ihn gegen Cassius auffahren mehr als sonst seine Natur ist, aber gleich darauf könnte er dem Messala Portia's Tod verhehlen, um dessen guten Rath nicht zu beugen. Ueber Cassius' Leiche fordert die Natur ihr Theil von ihm, aber er verschiebt die Schuld seiner Thränen bis zu anderer Zeit, damit der persönliche Schmerz die öffentliche Sache nicht gefährde. Alle diese sprechenden Züge eines scharf gezeichneten Wesens sind ohne Aufsehen und fast stumm in dem Stücke niedergelegt; keine lakonischere Charakteristik hat Shakespeare je angewandt, als bei diesem lakonischen Römer, der von den größten Thaten nicht das geringste Aufheben und bei den weitesten Handlungen die wenigsten Worte macht.

Eine höchst fesselnde Variation des Themas von Hamlet und Macbeth spielt sich nun vor uns ab, und gibt uns einen neuen merkwürdigen Beleg von der Tiefe und Vielseitigkeit, mit der Shakespeare ein einmal ergriffenes Problem durchdachte und verarbeitete. Eine That von gleich großem, von noch größerem Gewichte wie die von Hamlet geforderte, wie die von Macbeth entworfene wird auf dieses Musterbild eines Mannes gelegt, der Mord eines Helden, der Roms Macht so sehr erweitert als seine Freiheit gefährdet hatte. Es ist eine That von in sich zweifelhafter Natur, die von ihm gefordert wird, nicht eine ausgemacht gerechte oder ungerechte, wie die, zu der Hamlet berufen und Macbeth versucht war. Die Unsicherheit, der Zweifel, der Zwiespalt lag dort in den Menschen, nicht in der Sache, hier liegt er in der Sache und trägt sich nur von da aus auf einen sonst ebenen, klaren und rechtgerichteten Geist über. Hamlet war getrieben zu einer gerechten Rache, gerufen, ein gethanes Unrecht zu bestrafen, er wagte nicht, den ersten und einzigen Schritt zu thun, er wollte den Zweck kaum und die Mittel noch weniger. Macbeth fühlt sich versucht zu Mord und Verrath, zu Begehung eines ungethanen Unrechts, er zaudert vor Zweck und Mitteln, aber sobald er entschlossen ist, thut er mit dem ersten Schritte alle folgenden, er will, sobald er den Zweck will, auch die Mittel, selbst weiter greifend als nöthig ist. Brutus ist von seinen Freunden angegangen zur Theilnahme an einem Mord und einer Verschwörung, wie Er es nennt: zur Herstellung der Freiheit, wo es ihm gilt, ein nur erst gefürchtetes Unrecht von Seiten Cäsar's zu verhindern; er will den Zweck, aber nur die nothwendigsten Mittel; er thut den ersten Schritt, aber nicht den zweiten und dritten, wo es darauf ankam, entweder den ersten nicht zu thun, oder den zweiten und dritten auch. Bei ihm ist nicht eine Störung der Natur durch ungleiches Temperament, und in ihrer Folge eine Unterlassungssünde, wie bei Hamlet, nicht ein zerrüttender, überspannender Zwiespalt und nach dessen Beseitigung eine Frevelthat, wie bei Macbeth, sondern nach stiller und männlicher Erwägung einer zweiseitigen und zweideutigen Aufgabe eine unbereute aber gebüßte That, die nach Zweck und Mitteln ein Fehler, eine Irrung war und als solche sich an ihm rächte.

War in Hamlet die Absicht, das Verhältniß der geistigen zur handelnden Natur in einem allgemein menschlichen Sinne zu behandeln, so ist die Tendenz in der Historie von Julius Cäsar eine mehr politische: den Zusammenstoß moralischer und politischer Pflichten zu schildern. Der Kampf zwischen der Humanität einer edlen und sanften Natur und dem politischen Grundsatz eines energischen Charakters, zwischen persönlichen Gefühlen und öffentlicher Pflicht ist die Seele dieses Stückes und das Fesselnde in der Lage, in die Brutus gesetzt ist. An sich selbst betrachtet ist Brutus eine viel zu sittliche und reine Natur, um für die harten und so oft schmutzigen Werke der Politik wie jener größer geartete Faulconbridge, wie der scharfe Cassius geschaffen zu sein. Bei der ersten Andeutung, mit der ihn Cassius in seine Verschwörungsgedanken einweiht, fühlt er, daß man ihn in ein fremdes Element zieht: in welche Gefahren willst du mich leiten? fragt er, daß du mich in mir suchen heißt, was nicht in mir ist! Die eigene innere Stimme ruft ihn nicht zu dieser That. Wohl hat die Zeit der Noth auf ihm gelastet und ihm schwere Seelenleiden bereitet, der steigende Ehrgeiz Cäsar's hat ihn nachdenklich, sinnend und gramvoll gemacht, aber wie immer hat er die Bewegungen seiner Seele in sich verschlossen; zu einem Angriff gegen diese Leiden oder deren Ursache trieb es den starken Dulder nicht. Wenn er Cassius betheuert, daß er nicht ein Sohn Roms heißen möchte unter den harten Bedingungen, die die Zeit auf sie legen zu wollen scheine, so denkt er wohl zunächst nur an eine freiwillige Verbannung. Aber dieser an sich nicht zur Politik geschaffene Mann ist doch in den Staat gestellt, der in Politik zu leben nicht erlaubt und in den Grundsätzen erzogen, die in das handelnde Leben nöthigen. Er ist wie Hamlet von gebildetem Geiste und führt, nach Plutarch wie bei Shakespeare, Bücher im Lager mit sich, ein hagerer Denker, wie Plutarch's Cäsar nicht allein den Cassius, sondern auch ihn bezeichnet; aber er mochte nach seinem eigenen Zeugnisse, das Shakespeare bei Plutarch gelesen hatte, die Ciceros nicht leiden, die Menschen, denen ihre Bildung nichts eintrug, deren schönste Grundsätze nicht lebendig wurden; und ganz in diesem Geiste hat ihn Shakespeare aufgefaßt. Neben seinen menschlichen Pflichten steht ihm nach der Denkart des Alterthums die politische Pflicht, neben der Tugend des Privatmannes die Ehre des Patrioten in gleicher Höhe. Deßhalb folgt nach jenen abwehrenden Worten gegen Cassius zugleich die Versicherung: wenn er von ihm etwas verlange, das dem Vaterlande und Gemeinwohl dienlich sei, so werde er Ehre und Tod gleichmüthig in's Auge fassen, denn er liebe die Ehre mehr als er den Tod scheue. Zu diesen seinen politischen Grundsätzen nun spricht Cassius, um ihn in eine Verschwörung gegen Cäsar zu ziehen. Von diesem Augenblicke an steigen sich das Leiden über die Lage der Zeit und des Staates in ihm zu einem großen inneren Kampfe. Er ißt, er schläft, er spricht nicht mehr; Vorstellungen und Sorgen quälen ihn bei Tag und Nacht; zwischen der ersten Anregung und der Ausführung, sagt er selbst, ist die Zwischenzeit wie ein Phantasma, wie ein schreckenvoller Traum; der Geist und die körperlichen Werkzeuge sind im Rathe miteinander und der Staat des Menschen, wie ein kleines Königreich, erleidet dann den Zustand einer Empörung. Diese ähnliche Revolution, diese Phantasmen und Schreckensträume sahen wir Macbeth erschüttern und er schüttelte sie baldmöglichst von sich ab; wir sahen sie Hamlet zerrütten und aufreiben; in Brutus kann sie uns nur der Schauspieler, und auch Er nur sehr in der Ferne zeigen; sie sind niedergezwungen von einer großen Geisteskraft, die mit der Ruhe des grundsätzlichen Handelns die streitigen Punkte erwägt und sich darnach in kräftiger Fassung entscheidet. Wie Brutus über das schnöde Antlitz der Verschwörung sich äußert, sieht man, sie widerstrebt seiner ganzen Natur, aber nachdem er sie einmal für nöthig erkannte, lehrt er ihre schnöden Künste zu üben. Er möchte gern Cäsar's Geist tödten, ohne seinen Körper bluten zu lassen, aber da sein Herrschergeiz gegen die Sache der Freiheit in Frage kommt, duldet sein republikanischer Grundsatz keinen Zweifel. Wenn er das Mitleid mit Cäsar und das Mitleid mit dem Vaterlande wägt, ist in ihm kein Streit darüber, was schwerer in die Wagschale fällt. Wenn das menschliche Verhältniß, das zwischen ihm und Cäsar besteht, gegen das Verhältniß gestellt wird, in das die von Junius Brutus ererbte republikanische Tugend ihn zum Vaterland setzt, so ist es unerläßlich, daß die Herstellung des freien Staates seine oberste Pflicht heißen müsse. Die reinsten Motive entscheiden den innern Kampf in ihm im patriotischen Sinne; selbst seine bittersten Feinde erkennen dies an. Cäsar soll fallen als Opfer für das Vaterland, sein Wohl und seine Freiheit;

Nothwendigkeit nicht Haß, Gerechtigkeit nicht persönlicher Eigennutz sollen die Hände gegen ihn waffnen, die Brutus nach der That gern darum schelten wollte. Kein unreiner Beweggrund, wie Cicero's Ehrgeiz, soll zugelassen werden. Kein unnöthiges Verbrechen soll die Eine unvermeidliche That entweihen, die „gerade Tugend ihres Unternehmens", das Brutus als Opferer, als Reiniger, nicht als Schlächter vollbringen will. Im Augenblicke des Vollzugs ist der fast entschlossene Mann seiner guten Gründe so sicher, daß er glaubt, sie müßten selbst Cäsar's Sohn zufrieden stellen. Vor dem römischen Volke ruft er in derselben Sicherheit und Ruhe des Bewußtseins sein eigenes Schicksal auf sich herab: Er habe seinen besten Freund erschlagen für das Wohl von Rom; denselben Dolch habe er für sich, wenn es seinem Vaterlande gefalle, seinen Tod zu bedürfen.

In diesem innern Kampf nun und in der Entscheidung, die Brutus traf, liegt eine doppelte Irrung, die sich von sittlicher und politischer Seite her darstellt. Brutus erscheint bei Shakespeare und selbst bei Plutarch, mehr als geschichtlich gerechtfertigt ist, in einem engen Freundschaftsverhältnisse mit Cäsar verbunden. Sein Schwager Cassius sagt ihm, er habe den Cäsar, als er ihn tödtete, mehr geliebt als ihn jemals. Sein Feind Antonius nennt ihn Cäsar's Engel. Der Dichter hat wunderlicher Weise dem fallenden Cäsar beim Anblick des Brutus zu größerer Emphase die lateinischen Worte: et tu Brute? in den Mund gelegt, um ein schwereres Gewicht auf die schmerzliche Betroffenheit des väterlichen Freundes zu legen, der den Brutus nicht in der Schaar seiner Mörder gesucht hätte. War es gerade diesem gefühlvollen und edlen Mann in diesem persönlichen Verhältnisse angemessen, daß Er Cäsar's Tod als das einzige Mittel zur Herstellung der Staatsfreiheit ergriff? Fallen nicht auf ihn die Worte des Antonius mit furchtbarer Schwere, daß bei jenem Worte Cäsar's mächtiges Herz erst gebrochen wäre, weil Brutus' Undankbarkeit ihn stärker als Verrätherwaffen übermannt habe? Muß er nicht stumm stehen, da ihm derselbe Antonius den Vorwurf in's

Gesicht schleudert, daß sie unter dem Rufe: Heil Cäsar, schmeichelnd in's Gesicht, ihn tückisch getödtet hätten? Der Makel des Meuchelmords bleibt an Brutus haften, ein Verbrechen, das keine politische, das keine Gegenpflicht aufwiegen kann. Dieser Makel klebt an dem Geliebten des Cäsar's fester, als an Cäsar's persönlichem Feinde, dem Cassius, und jenem, dem guten Engel des Cäsar, erscheint daher der Geist des Gemordeten als sein böser, sein rachverkündender Dämon. Ist Brutus' That nach politischen Motiven edler, so ist sie in menschlicher Beziehung unnatürlicher, als die des Cassius, in welchem sie sich unedler aber natürlicher darstellt. Shakspeare hat diese Betrachtungen von dem wortkargen Brutus nicht selbst anstellen lassen, aber sie liegen nachdrucksvoll in den Dingen; am schärfsten in dem Gegensatze des Antonius. Was ist dieser Wollüstling von wilden Sitten, dieser Epikureer, dieser Spieler und Wettläufer, dem man zutraut, er werde im besten Falle um Cäsar's Tod sich grämen und sterben, vielleicht, wenn er heil davon komme, darüber lachen, was ist Er, gegen Brutus gehalten? An Geist und Fähigkeit zwar weit mehr als eben dieser arglose Brutus hinter ihm sucht, aber von sittlicher Seite nur ein verworfener und grundsatzloser Mensch. So weit wir ihn in diesem Stücke handeln sehen, stellt er sich zunächst in seiner Schmeichelei in's Angesicht der Mörder dar, wie diese selbst dem Cäsar gegenüber; wir dürfen ihm seine Kunst, sich in die Zeit zu fügen, mit der Miene der größten Ehrlichkeit die schlimmsten Ziele zu verfolgen, das Volk in einer Meisterrede aufzustürmen trotz der Vorschrift, daß er nichts Böses über die Mörder sagen solle, wir dürfen ihm die Arglist, mit der er im Tone des schlichten Mannes die ehrenhaften Republikaner rühmt, die er zugleich zu Verräthern stempelt, mit der er den Redner Brutus im Hohne der Ueberlegenheit preist, da er seine Rede und seine Thaten bereits vernichtet hat, wir dürfen ihm, sagen wir, diese Kunst und Arglist nicht wohl höher anrechnen, als jenen die heuchlerische Tücke, mit der sie Cäsarn in's Netz lockten. Wie sinkt aber derselbe Mann her-

unter, wenn man gegen Brutus' Gemeinnützigkeit, Vaterlandsliebe und milde Schonung und Sparung des Blutes den Triumvir
nachher die politischen Feinde rücksichtslos ächten, das Testament des
Cäsar, mit dem er das Volk zur Empörung gerufen hatte, zum Nachtheil des Volkes beschneiden, den Lepidus als Lastthier misbrauchen,
sich selbst dem jungen Octavius schweigend fügen sieht? Und doch
werden wir zugeben müssen, daß sich uns selbst dieser Elende,
gerade von menschlicher Seite, über der Leiche Cäsar's mehr empfiehlt, als selbst der edle Brutus. Er war wie dieser der Freund
des Cäsar; er fand ihn, wie dieser, treu und gerecht gegen sich; sein
Tod bringt ihm aufrichtig und warm zum Herzen; er bewahrt das,
als er allein, als er mit Octavius' Diener ist; er wagt es, den Mördern seinen Gram zu zeigen; sein Herz ist wahrhaft „im Sarg bei
Cäsar", und nur dieser ächte und ungekünstelte Schmerz bereitet die
großen Wirkungen seiner kunstvollen Rede in Wahrheit vor. Wie groß
von politischer Seite Brutus' Vaterlandsliebe und ehrliche Meinung
trotz seinem Morde erscheint, eben so schön kleidet von sittlicher Seite
den Antonius diese ächte Treue gegen seinen todten Freund, der ihm
nichts mehr bieten kann, trotz seinen treulosen Absichten gegen die
Mörder, denen entgegenzutreten gefährlich ist. Dieser Gegensatz
ist von einer schneidenden Schärfe, in den Shakespeare den Antonius zu Brutus gestellt hat, und es ist sogar eine doppelte
Schneide in ihn gelegt, deren Eine Seite sich auf die politischen
Fehler in dieser Handlung bezieht. Indem sich Brutus nach dem
überwundenen innern Kampfe für Cäsar's Tod entscheidet, sagt er
uns in dem Selbstgespräche (II, 1.), das im ganzen Tone so viel
Anklang an Hamlet's Hauptmonolog hat, seinen Entscheidungs-
grund. Er muß bekennen, daß Cäsar's Leidenschaften nie seine
Vernunft überherrscht haben. Er sieht ihn nur am Scheidewege zwischen Ehrgeiz und Mäßigung stehen, halb strebend, halb genöthigt,
die Herrschaft, die ihm die Verhältnisse thatsächlich gegeben haben,
gesetzlich und erblich zu machen. Weil er aber hinter Cäsar's Be-

scheidung den kühnsten Ehrgeiz lauern sieht, weil er den Misbrauch der Größe fürchtet, wenn sie das Gewissen von der Macht scheidet, so will er dem vorbauen. Er muß es sich selbst gestehen, daß die That, nach dem, was Cäsar jetzt ist, keinen guten Schein haben werde, er will sie daher so betrachtet haben: das, was er ist, vermehrt, würde zu irgend einem Aeußersten führen; und darum soll das Schlangenei in der Schale zertreten werden! Aber dieß hieß in der That für einen Mann von der Gerechtigkeit und Gewissenhaftigkeit des Brutus zu genau in eine noch nicht begangene Schuld hineinspähen; bei dieser Großthat, zu der er sich erhebt, spielt leise ein feiner, ererbter, populärer Ehrgeiz so mit, wie in Cäsar's Machtstellung der Herrscherehrgeiz; und Gewissen scheidet sich so in ihm von Ehre, wie er es von Cäsar nur erst fürchtet.* Zum Richter über Gedanken ist Niemand bestellt. Wenn nach Vermuthung und Voraussetzung verurtheilt werden darf, so hat auch der Pöbel nachher Recht, den Poeten Cinna auf eine Voraussetzung hin zu zerreißen. Wartete Brutus das Aeußerste ab, so war es möglich, daß die Schicksale Cäsarn erreichten, daß eine unwillkürliche Revolution, nicht eine ausgeklügelte Verschwörung, nicht die Verschwörung eines Freundes ihn stürzte. Brutus konnte sich auch in Cäsar irren; dieß

* Es ist nicht uninteressant zu sehen, wie übereinstimmend Shakespear's großer Zeitgenosse Bacon mit ihm über ähnliche Collisionspflichten dachte. Er führt in seiner Schrift de augmentis scientiarum das Mahl an, bei dem in Anwesenheit des Brutus und Cassius die Frage über die Statthaftigkeit des Tyrannenmords aufgeworfen wurde. Einige Gäste erklärten sich dafür, weil Knechtschaft das äußerste Uebel sei; Andere dagegen, weil Tyrannei weniger verderblich wäre als Bürgerkrieg; Andere erklärten, es sei auswärtig, daß sich Klinge in Gefahren stürzten für Thoren. Unter solchen Streitfragen, fährt er dann fort, sei die die Hauptfrage: ob man um der Wohlfahrt des Vaterlandes, oder um eines großen künftigen Gutes willen von der Gerechtigkeit abweichen dürfe. Worüber der Thessalier Jason zu sagen pflegte. „Man muß einiges Ungerechte thun, damit vieles Gerechte geschehen könne". Darauf aber ist die Antwort leicht: „Der Gewährleister der gegenwärtigen Gerechtigkeit hast du, aber nicht den Bürgen der künftigen. Die Menschen sollen thun, was in der Gegenwart gut und gerecht ist, und das Künftige der göttlichen Vorsicht überlassen".

ist freilich nur eine unerweisbare Möglichkeit; aber er irrte sich in Antonius, dieß ist gewiß; und diese Gewißheit macht die Möglichkeit der anderen Irrung wahrscheinlicher. Er hielt den Antonius für einen unschuldigen Weichling, für Cäsar's Arm, der nichts mehr sein werde, wenn der Kopf erst fehle; er weiß von ihm, daß sie ihn zum Freunde haben werden. In allen diesen Meinungen über Antonius betrügt er sich vollständig, obwohl er von Cassius gründlich gewarnt war; und doch baute er auf eine Meinung über Cäsar dessen Todesurtheil. Er versprach Rom in feierlicher Betheuerung, wenn nur die Herstellung der Republik folgen wolle, so solle es seinen Wunsch haben aus Brutus' Hand. Ungewiß, ob dieß Gut der Herstellung folgen werde, begeht er ein gewisses Verbrechen; einen nothwendigen Theil dieses Verbrechens, des Antonius gleichzeitige Wegräumung läßt er unbegangen; und die Folge davon ist, daß durch eben diesen Antonius die bezweckte Herstellung vereitelt wird. Stumm wie Brutus vor der Schlacht bei Philippi den sittlichen Vorwurf des Meuchelmords aus Antonius' Munde hören muß, muß er Cassius' politischen Tadel hören, daß er zur Unzeit den Mann geschont habe, der ihm sonst jenen Vorwurf nicht hätte machen können.

Seine Natur aus sich selbst, zeigten wir, hätte Brutus nicht zu einer so gewaltsamen That getrieben; sie war zu sanft und edelmüthig. Aber eben in diesen Eigenschaften wurzelte wieder seine Ehrliebe, die ihn auf den Ruf des Vaterlandes achten hieß, da er an ihn drang; dann die Lenksamkeit, der Mangel an Eigensinn und Egoismus, der ihn dem Rath und der Mahnung von außen frei zugänglich machte; und endlich die Arglosigkeit, mit der er diese Stimmen von außen ungeprüft ließ. Er gab sich zu rasch dem Manne hin, aus dem persönlicher Haß gegen Cäsar sprach; er nahm zu treuherzig den Ruf der Männer an, die ihn zum Deckmantel ihrer sittlichen Blöße gebrauchten; er las zu glaubwürdig die Zettel, die sie ihm in den Weg warfen, als die Stimme des römischen Volkes. Dieser Ruf des Vaterlandes sprach zu ihm, wie der Lady Macbeth

Aufstachelung des Mannessinnes zu Macbeth. Der ruhige Mann, wie jener leidenschaftliche, übernimmt sich in seiner Aufgabe; nicht daß er sich wie jener maaßlos überstürzt, aber er greift fehl in der Wahl zwischen dem inneren Antrieb seiner Natur und dem äußeren eines Ehrenrufes. Diesem Irrthum erliegt er ohne sich ihn zu gestehen. Der Dichter hat dieß, da es durch Reflexionen von dem einmal in dieser Irrung befangenen Manne nicht gesagt werden konnte, durch eine Parallele deutlich gemacht, die von einem wunderbaren Tiefsinn Zeugniß gibt. In der Episode der Portia hat Shakespeare gerade nur den Plutarch abgeschrieben, fast ohne alles Zuthun und Abthun. Und doch ist durch die bloße Stellung derselben in einer bewundernswerthen Weise das Licht gewonnen, das uns Brutus' verborgene innere Vorgänge nach der That durch Reflex aufhellen muß. Portia ist von dem Dichter ganz als das weibliche, schwächere Seitenstück zu Brutus dargestellt. In ihrer weiblichen Pflege und Sorgsamkeit um ihren Gatten ganz ein Weib, fühlt sie als Cato's Tochter, als Brutus' Gattin den Ruf in sich, den politischen Plänen ihres Gatten nicht fremd zu bleiben, wie Er als des alten Brutus Nachkomme sich der Sache der Freiheit nicht versagen zu dürfen glaubte. Sie prüft an einer selbstgeschlagenen Wunde ihren Beruf, ihren Muth, ihr Vermögen zu schweigen und zu tragen, und diese Probe gelingt. Sie drängt sich nun in den Rath ihres Mannes, nimmt ihr Theil an seinem Gram und seinem Geheimniß und wird eine passive Mitverschworene. Aber gleich da dieß geschehen ist, tritt die verleugnete Weiblichkeit in ihr zu Tage, wie in Brutus die unterdrückte Menschlichkeit, als er Antonius' Tod nicht wollte. Sie traute sich über weibliches Vermögen zu, als sie sich in die Verschwörung drängte, wie Er in seiner Sphäre, als er sich an die Spitze der Verschwörung stellen ließ. Bei der ersten fehlgeschlagenen Erwartung bricht Portia's Herz und sie endet im Selbstmord. So rasch überwältigt von Besorgniß flieht Brutus mit Cassius gleich nach Antonius' Erfolgen, Beide wie „Wahnsinnige", aus

Rom; diese Trennung wirkt auf Portia's Verzweiflung und ihr Tod wieder auf Brutus' innere Zerstörung zurück, die er nach seiner Weise kaum erkennbar verbirgt bis zuletzt. Der Unmuth, der ihn von da beherrscht, wirkt wieder auf den üblen Ausgang seiner Sache hinüber; er verräth sich zunächst in der scharfen Art, in der er Cassius zurecht weist. Das Zerwürfniß der Feldherren bleibt den Blicken der Späher nicht entzogen und kann nicht ermuthigend wirken; den zerknickten Freund zu schonen, giebt Cassius in der Meinungsverschiedenheit über den Schlachtplan vorschnell nach, zu nicht gutem Erfolge. Wie machtvoll Brutus sich beherrscht in den Stunden der Entscheidung ihrer Schicksale, ein ganz anderer Gebieter der Leidenschaft und der inneren Unruhe als jener Macbeth, doch ist er wie dieser zerstört, zerstreut, launisch, vergessen. Sein böser Geist erscheint ihm, nicht lange quälend und folternd wie jenem Richard, nicht länger seinen Muth lähmend als in dem flüchtigen Augenblick seiner Erscheinung, aber er kehrt doch wieder und verkündet ihm seine letzte Stunde. Antonius hatte Recht zu vermuthen, daß beide Führer der Republikaner guten Muth nur heuchelten, nicht besaßen. Die Irrungen, die die Schlacht verlieren machen, scheinen, geschichtlich wie sie sind, von dem Dichter benutzt, auf die Aehnlichkeit zwischen Straße und That zurückzuweisen. Das Mistrauen in den guten Ausgang hatte Cassius vorschnell zum Selbstmord getrieben. „Der Irrthum, das Kind der Melancholie, zeigte den richtigen Gedanken der Menschen Dinge, die nicht sind; der Irrthum, schnell empfangen, kommt nicht zu gesunder Geburt, er tödtet die Mutter, die ihn gebar". Dieß sind Worte, die zugleich auf den mistrauischen Irrthum zurückdeuten können, der dem Brutus in Bezug auf Cäsar's Ehrgeiz Dinge zeigte, die noch nicht waren. Bei dem Eintritt in die Verschwörung that der ehrenhafte Mann um der patriotischen Ehre willen einen Schritt, den ihm seine sittlichen Grundsätze an sich untersagt hätten; ganz dem entsprechend ist sein Ende. Seine Schule schrieb ihm vor, den Ausgang geduldig zu ertragen, aber da ihm

Cassius die Schmach vorhält, besiegt im Triumph geführt zu werden, wendet ihn Ehrgefühl auf die Anstiftung desselben Cassius, der zuerst sein Ehrgefühl gegen Cäsar aufrief, von dem sittlichen Grundsatze ab; er greift zum Selbstmord, den er sonst für feige gehalten hatte, mit gelassenem Muthe.

Nicht vieles Glänzenderes hat Shakespeare geschaffen, als das Verhältniß, in das er Cassius zu Brutus gestellt hat. Wie genau dazu die Anleitung schon im Plutarch gegeben war, doch hat der Dichter in selbsten Veränderungen diesen Charakter künstlerisch noch mehr als der Geschichtschreiber zu Brutus in den schärfsten Gegensatz eines fähigen politischen Kopfes und Revolutionsmannes zu einer edlen Seele und sittlichen Natur gesetzt. Römischer Staatssinn und antike Denkart spricht aus diesem Gegenbilde des Brutus, wie aus diesem selbst, in allen Zügen heraus; die Natur und der Geist des Alterthums wirkte hier auf das unüberladene Gehirn des Dichters, das nicht in der Schule gemartert war, in köstlicher Frische und Unmittelbarkeit herüber. Es ist nicht genug bedacht, was es in jener Zeit heißen wollte, sich mit diesem freien Verständnisse in die republikanischen Gesinnungen der alten Welt einzuleben, politische Charaktere, Staatsleben und öffentlichen Geist einer fernen Zeit, aus der einzigen Quelle des Plutarch, mit dieser Durchdringung zu behandeln, mit der Shakespeare seine englische Volksgeschichte und das alltägliche private Leben behandelt hatte. Es sei, daß ihm der Reichthum der Bilder in den politischen Materien nicht ganz in der Fülle zuströme wie in anderen Dingen, und daß dieß auf die so sehr einfache, aber adel- und würdevolle Haltung dieses Stückes eingewirkt habe, doch bezeugt jedes einzelne Wort in allen wesentlichen Punkten das klare Verständniß der Geschichte und der Staatslage, um die es sich handelte, und es möchte schwer sein, in Bezug auf die allgemeinen Wahrheiten, die jenen Zeiten des römischen Staates zu entnehmen sind, einen einzigen Misgriff nachzuweisen. Man hat finden wollen, daß sich Shakespeare sogar zu sehr in die freien Staats-

Grundsätze der alten Welt über der Lectüre seines Plutarch vertieft habe und daß er liberalere politische Meinungen und rein demokratische Gesinnungen angenommen habe, die mit seinen früheren in den englischen Geschichtstücken nicht übereinstimmen. Dem ist nicht so. Er hat sich dort dem monarchischen Zuge der Geschichte gefügt, wie hier dem republikanischen, achtungsvoll vor dem Geiste einer jeden Zeit und Nationalität; und im Cäsar selbst steht er zwischen dem Monarchismus und der Republik, die sich in jenem Zeitalter mit kaum noch gleichen Kräften bekämpften, in derselben bewundernswerthen Unparteilichkeit, die ihn überall auszeichnet. Fände man es befremdend, daß ein Dichter unter so absoluten Regenten wie Elisabeth und Jakob I., in deren nächstem Dienste er stand, sich zu dieser politischen Unbefangenheit, zu diesem Freiheitssinne, zu dieser warmen Sympathie mit der fallenden römischen Republik und ihren Vertretern erhob, so muß man bedenken, daß gerade in jener Zeit sich in Englands nächster Nähe bei einem stamm- und sprachverwandtem Volke eine junge Republik aus langen Kämpfen erhob, in denen ihm Englands Hülfe gegen den gemeinsamen Feind Spanien zur Seite stand, daß dort republikanische Gesinnungen und Staatsleute sich langsam herangebildet hatten und daß sich in England in natürlicher Fortwirkung von da die ersten Geister regten, die von freieren Staatsordnungen Begriffe faßten.

Nach Plutarch schied man in der öffentlichen Meinung zwischen Brutus und Cassius so, daß man sagte, Brutus habe die Tyrannei gehaßt, Cassius den Tyrannen; doch gibt der Geschichtschreiber zu, daß diesen auch ein allgemeiner Haß gegen alle Tyrannei beseelt habe. So hat ihn Shakespeare genommen. Seinen Cassius durchglüht ganz die Liebe der Freiheit und Gleichheit; er stöhnt unter dem Joche der monarchischen Zeit mehr als die andern; er erträgt diese Last nicht in sinnender Geduld wie Brutus, sondern sein anschlägiger Geist strebt in natürlicher Gegenwirkung, sie von sich abzuwälzen; er sucht nach den Männern der alten Zeit; die neuen, die vor dem

Wölfe zaghaft zu Schafen geworden sind, sind ihm ein Gräuel. Der Freiheitsgrundsatz ist bei ihm nicht getrennt von sittlichen Maximen, die ihn in seinen politischen Anschlägen irren könnten; ein ganz und rein politischer Charakter, achtet er nichts so hoch wie das Vaterland und dessen Ehre und Freiheit. Diese Grundsätze, wenn sie nicht in Cassius' Temperament, Geist und Charakter gewurzelt wären, würden in ihnen auf alle Fälle eine kräftigere Stütze haben, als dieselben Grundsätze in Brutus' umschlicherer, gefühlvollerer Natur finden könnten. Von cholerischem Temperamente, kein Lacher, kein Musikliebhaber, kein Spieler, kein leichtfertiger Plauderer beim Trunk, ist er nie auf leichtes Nebenwerk zerstreut, sondern stets in ernste Betrachtung ernster Dinge vertieft, ein hagerer Denker, ein großer Beobachter, der die Menschen und ihre Thaten durchschaut; und als solcher ist er von Cäsar gefürchtet und er bewährt sich als solcher neben Brutus. Von der Anziehungskraft so urbaner Naturen wie Cäsar und Brutus hat er nichts; verläßlig und fest, kein Verleumder hinterm Rücken, keiner, der seine Liebe verkauft, ist er ein zuverlässiger Freund, aber seine hypochondere Laune, seine gallsüchtige Heftigkeit wird Niemanden anziehen, ihn zu suchen. Vielmehr fühlt er sich selber in dieser heftigen und bittern Gemüthsart vergleichend gegen Brutus. Er nennt sich raschlaunig von der Mutter her dem sanften Freunde gegenüber; er gesteht, daß er dessen Gleichmuth durch Kunst zu besitzen strebe, von Natur nicht besitze; er schiebt dessen Tadel, der aus Unparteilichkeit fließt, auf Mangel an Liebe, aus dem er bei ihm fließen würde, denn er sieht am Freunde nichts Böses, wie er am Feinde nichts Gutes sieht. Da er nach dem Zwiste mit Brutus von Portia's Tode hört, ruft er: wie entkam ich dem Tode, da ich euch so reizte? denn ihn würde so viel Aufreizung bei so viel Gram fassungslos gemacht haben. Ekel und Ueberdruß des widerwärtigen Lebens drücken ihn nieder, wo Brutus mit Geduld bewaffnet ist. Und während dieser im Anfange den Selbstmord für eine Auskunft des Feigen hält, sieht Cassius darin gerade die Stärke auch des Schwachen, daß ihm jederzeit frei steht, die Lebensbande, wenn er sie müde ist, abzustreifen. Auch in diesem alten Streitsatze bewährt Shakespeare seine wunderbare Unbefangenheit; er legt diesen gegensätzlichen Charakteren diese entgegengesetzten Ansichten über den Selbstmord, seine Quelle und seine Berechtigung, in den Mund, für keine entscheidend, weil dieß eben nur verschiedene Denkart in verschiedenen Menschen ist, und weil sich kein allgemeines Gesetz über eine That aufstellen läßt, die Zeiturtheile und Verhältnisse in so ganz verschiedenem Lichte erscheinen lassen. Der Dichter ehrte in Hamlet und Cymbeline die christliche Ansicht und hier läßt er mit gleicher Wärme den Cassius den Grundsatz des Alterthums ($\mathring{\eta}$ καλῶς ζῆν, $\mathring{\eta}$ καλῶς τεθνηκέναι τὸν εὐγενῆ χρή. Soph. Ajax.) aussprechen: ihm wäre so lieb nicht da zu sein, als in der unrühmlichen Furcht zu leben vor einem Wesen wie er selbst. Diese Gleichheitsliebe, in ihrem Grunde achtbar und edel, versetzt sich in Cassius dann auch mit unedlem Stoffe; aber er ist der Art, daß er ihn noch tauglicher zum Revolutionsmanne, daß er seine straffen Grundsätze zu straffen Vorsätzen macht. Es mischt sich in seinen Tyrannenhaß der Neid des geringer Begabten gegen Cäsar ein; er erinnert sich, daß er dem Imperator einst im Wettkampfe des Schwimmens das Leben gerettet, daß er ihn krank, jeder menschlichen Schwäche unterworfen gesehen hat, und jetzt soll er sich diesem Manne wie einem Gotte beugen, ihn wie einen Koloßen die Welt beschreiten sehen, zu dessen Füßen sich die „Unterlinge" krümmen. Er scheint geneigt, den Rang lieber nach der Körperstärke zuzumessen, als nach der Kraft des Geistes; er wundert sich, wie Cäsar aller Welt den Rang abläuft, den er lieber seiner Schwimmkunst zusprechen möchte; er wägt nur die gleiche Nahrung Beider und die Namen, nicht das Verdienst und die Gaben, in dem mißgünstigen Gefühle des Mittelmaaßes gegen das wirklich Große; und in diesem Gefühle liegt der schärfste Stachel der gefährlichsten Revolutionsmänner. Darum sieht ihm Cäsar scharfsichtig den hungrigen Blick ab, und die Naturart, der es nie behaglich ist, so lange sie einen Größeren über sich sieht. Darum ist auch Cassius der natürliche Anstifter der Verschwörung und er bewährt sich in ihrer Anlage und in allen seinen Rathschlägen als den größeren Meister in dieser Kunst als Brutus. Schon in der Werbung der Mitglieder verräth sich die Menschenkenntniß, die Cäsar an ihm rühmte. Er ködert den edlen Brutus mit dem Gemeinwohl und dem Anruf seiner Familienehre. Den sauern Casca, der hinter Sarkasmen seinen Unmuth birgt, der unselbstständig dem Cäsar fast in Anton's Eifer dient und auf seine Worte wie auf Orakel hört, aber auch unter Cassius' Leitung im Dienste der Freiheit so weit wie Einer gehen will, diesen Casca greift er im Augenblicke der Sturmnacht bei seiner Schwäche. Er deutete erst diese Nacht und ihre Schrecknisse auf Cäsar, der donnert, blitzt, die Gräber öffnet und wie ein Löwe brüllt; da er bemerkt, daß der Aberglaube bei Casca haftet, deutet er sie auf ihr Werk, das blutig, feurig, schreckbar, wie diese Nacht geschaffen sei. Er räth den Cicero in ihre Sache zu ziehen und würde die Bedenken des Brutus nicht getheilt haben, um einen guten Namen mehr für sich zu haben. Durchgängig erblickt er mit Adlerauge die richtigen Mittel zum Zwecke und würde sie ungeirrt von moralischen Scrupeln ergreifen, als Mensch weniger unbescholten, als Staatsmann viel trefflicher als Brutus. Voll Umsicht ist er voll Argwohn vor dem Gegner, weit entfernt von dem zu großen Vertrauen auf eine gute Sache, an dem Brutus untergeht. Er besitzt die nothwendige Schärfe des Urtheilens und Handelns, wie es in Revolutionszeiten allein frommt; er weiß, daß man sich nicht in Politik, geschweige in Revolutionen mischen darf, wenn man nicht die zartere Moral des Hauses in einen gröberen Stil übertragen kann; er würde mit der Tyrannei nach ihrer eigenen Schlechtigkeit verfahren; er würde die Dinge nicht nach der möglichsten Schonung der Feinde, sondern nach der möglichsten Förderung der eigenen Sache betreiben; er würde nicht gerade unnöthige Härte üben, aber keine nöthige ungeübt lassen; er würde von dem Machthaber so übel denken, wie dieser von seinem Gegner; er würde seine List, seine Grausamkeit, seine Macht gegen ihn wenden, so weit sie ihm gegeben ist; er würde zur rechten Zeit mit der Fluth der Dinge gehen, nicht, wie Brutus, als es zu spät ist. Der Zwiespalt zwischen seiner Natur und Brutus' Charakter tritt daher bei jedem Anlaße heraus: überall erscheint Brutus so menschlich edel, als Cassius politisch überlegen; jedem fehlt das Bessere des Anderen, das Jeden vollkommen machen würde. Antonius sollte nach Cassius' Meinung fallen; selbst menschlich betrachtet übte Brutus an ihm eine nicht so undankbare That wie an Cäsar; politisch war sein Tod eine gebotene Nothwendigkeit, die denkbarer Weise den ganzen Ausgang ihrer Unternehmung verändert hätte. Brutus sucht Antonius zu gewinnen mit der edlen Seite ihrer That, Cassius, da er einmal geschont war, mit Ehrenstellen und Würden. Brutus erlaubt ihm öffentlich zu Ehren Cäsar's zu reden, was auch bei Plutarch sein zweiter Fehler heißt; Cassius sagt ihm die schweren Warnungsworte: Ihr wißt nicht, was ihr thut! Brutus hat den Pella wegen Bestechlichkeit verurtheilt und hat für sich Recht; Cassius nahm sich seiner an ohne ihn zu entschuldigen, er will in solcher Zeit nicht jeden Fehler bekrittelt wissen, und er hat nicht minder Recht. Brutus beschuldigt den Cassius selbst, daß er Stellen an Unverdiente verkaufe, er will und kann nicht Gold mit schlechten Mitteln schaffen; eine goldene Gesinnung, die aber dem Werke, das im Zuge ist, das unentbehrliche Gold nicht schaffen wird. Brutus liebt nicht Cassius' Fehler, aber in solchen Zeiten ist es allerdings besser, bei den Fehlern der Freunde das Auge zuzudrücken, deren man bedarf. Brutus verläßt eine vortheilhafte Stellung, um nach Philippi zu ziehen, der ältere Krieger Cassius widerräth es und gibt nur unter Einsprache nach, Alles an Eine Schlacht zu setzen. Seine Einsicht läßt ihn den üblen Ausgang voraussehen; da diesen auch die Vogelzeichen verkünden, wird er abergläubisch und fällt vor dem Drang der Dinge von einem Grundsatze seines Epikur ab, wie Brutus in seinem Selbstmord von dem der Stoa. In allen diesen Punkten gibt Cassius dem Brutus nach, wo er nicht sollte, wie Brutus in dem Einen ersten Punkte dem Cassius nachgegeben hatte, wo Er nach seiner Natur nicht gesollt hätte. An dieser feinsten Stelle ist Cassius, der sonst keiner Gewalt nachgeben wollte, sich selber untreu, wie es Brutus in der Einen Hauptthat war; und eben diese Eine Stelle, die Brutus von menschlicher Seite Abbruch that, gibt dem Cassius von eben dieser Seite zu. Der Adel von Brutus' Natur gewinnt es so über diesen gleichheitssüchtigen Menschen, daß er sich vor dessen Tugend und Entfernung von allem Ehrgeize beugt und seiner untergeordneten Natur sich selbst geständig wird, die er vor dem herrschsüchtigen Cäsar nie eingestanden hätte; so daß sich, nach diesem ungemein scharfen Gegensatze, Cassius' minder schöner Charakter in diesem Punkte verschönt, wie sich Brutus' edler Charakter bei jener That verdunkelt hatte, und daß Cassius zu gleicher Zeit wegen dieser schönen Nachgiebigkeit und Achtung vor Brutus seiner politischen Energie untreu wird und seiner Einsicht überall zuwider handeln muß. Der Bund der Ungleichen rächt sich an Beiden; Brutus verdirbt die Verschworenen, die an ihm eine Hülle für ihre sittliche Blöße suchten, durch die politischen Blößen, die er gab; sie ihn durch die Verleitung zu der ersten That, die gegen seine Natur war. Sie gehen unter, in ihren Zwecken oder Mitteln, oder in beiden irre gegangen. Aber daß nicht die Meinung sei, die nicht handelnden, die sich den schwierigen Verhältnissen entziehen, seien darum die Besseren, so läßt Shakspeare im Hintergrunde die fast stumme Erscheinung des Cicero im Gegensatz vorübergehen. Die Köstlichkeit seiner Charakteristik liegt nicht darin, daß ihn Shakspeare Griechisch sprechen läßt, sondern Griechisch sprechen bei einem so ganz volksthümlichen Vorfall, und so sprechen, daß die Verstehenden lächeln und die Achseln zucken, — achselträgerisch. Er würde in kein solches Unternehmen eingehen, meint Brutus, ohne es selber angegeben zu haben; er selbst aber gibt keins an. In dieser Unthätigkeit entgeht er dem Untergang eben so wenig wie jene Thätigen, sein Tod aber ist ruhmlos. Der Andern That dagegen, so preist Shakespeare sie in seinem Stücke und sein Stück durch sie, wird „in diesen entfernten Zeiten im Schauspiele wiederholt in neuen Zungen und fremdem Pompe", und der Bund der Männer wird preisvoll genannt, die ihrem Lande die Freiheit wieder geben wollten. Und zu diesem ruhmvollen Andenken hat wirklich dieses sein Stück nicht das Wenigste mitgewirkt; und wie wir glauben, nicht das Wenigste durch die hohe Unparteilichkeit, mit der ihre That gewürdigt ist, durch die strenge, historische Gerechtigkeit, die der Dichter so an ihnen geübt hat, wie sie sein Brutus in der Untersuchung über Cäsar übte, indem er „ihren Ruhm nicht schmälerte, wo sie würdig waren, noch ihr Vergehen vergrößerte, wofür sie den Tod erlitten".

Wenn Brutus in den angewendeten Mitteln ihrer Unternehmung mehr irrte als Cassius, so irrten sie in dem letzten Zwecke derselben Beide gleich. Die Herstellung der Republik war nicht mehr möglich, das Volk war unfähig zur Freiheit geworden. Diese geschichtliche Ansicht hat Shakespeare keiner Discussion unterworfen, die in ein Drama nicht passen würde; er fand sie aber bei Plutarch vor und nahm sie mit vollem Verständnisse in sein Kunstwerk in künstlerischer Darstellung auf. Das Glück, der Zufall, die Vorsehung, sagt Plutarch, sei gegen die Republikaner gewesen; es habe geschienen, als ob das Reich nicht mehr durch Mehrere regiert werden könnte und nothwendig einen Monarchen verlangte. Die Götter hätten daher dem Volke den Cäsar als einen sanften Arzt gegeben, der am fähigsten gewesen, es herzustellen; dieß habe sich gezeigt, als es gleich bei seinem Tode ihn bedauert habe und seinen Mördern nie vergeben wollte; wie es bei Shakespeare heißt: als es ihm gefiel, den Tod des Brutus zu bedürfen. Dieß Volk hat uns der Dichter ganz nach Plutarch's Ansicht gezeichnet. Sie haben sonst dem Pompejus zugejauchzt, und da Cäsar über dessen Leichnam triumphirend daher schreitet, jauchzen sie Cäsar zu. Brutus mordet den Cäsar und sie jauchzen auch ihm zu. Aber sie wollen ihm sogleich Statuen seyen, sie wollen Cäsar's besseren Theil in ihm krönen. Er soll Cäsar sein! So wenig können sie von einem Sieger den Begriff des Herrschers trennen. Sobald Antonius auftritt, werden sie bedenklich, ob nicht ein Schlimmerer an Cäsar's Stelle kommen werde; daß ein Anderer an seine Stelle kommen müsse, scheint keine Frage mehr zu sein. Einem solchem Volke gegenüber war Brutus' erster Gedanke der Herstellung ein schöner Traum, und Antonius traf das Wahrere, als er über dem Gefallenen ausrief: Welch ein Fall war das! da sankt Ihr und ich und Alle! War noch der Geist der Freiheit im Volke, so war es nach Brutus' Sinne möglich, den Geist Cäsar's zu tödten ohne seinen Körper; da er fehlte, konnte auch sein Tod die Freiheit nicht retten. Daher ist Cäsar's Geist dann noch nach seinem Tode mächtig und wendet die Schwerter der Republikaner gegen sie selbst. Was Shakespeare verschwieg, ist, daß diese Republikaner selber nur Trümmer der Pompejanischen Partei, früher im Dienste eines anderen Machthabers waren. Was er nicht vergaß zu schildern, ist, daß in den Charakteren der Casca, der Decius Brutus u. A. die monarchischen Manieren selbst unter diesen Verschworenen so sehr vorschlagen, wie bei Antonius, daß sie selbst schon in eine Art Hofstaat um Cäsar geordnet sind.

An der Charakteristik des Cäsar in unserm Stücke ist viel getadelt worden. Man fand ihn dem Bilde unähnlich, das man sich von ihm aus seinen Commentarien entwerfe; man fand, daß er unthätig sei und nichts als ein Paar schwülstige, thrasonische, großsprecherische Worte mache; man fragte, ob dieß der Cäsar sei, „der die Welt in Ehrfurcht hielt?" Der Dichter, wenn er das Unternehmen der Republikaner zu seinem Hauptthema machen wollte, durfte nicht wohl zu sehr für Cäsar interessiren; es war ihm geboten, ihn im Hintergrunde zu halten und die Seiten in ihm vorzukehren, die zunächst die Verschwörung motiviren. Nach Plutarch selbst, dessen Biographie von Cäsar bekanntlich sehr unvollkommen ist, veränderte sich Cäsar's Charakter kurz vor seinem Tode sehr zu seinem Nachtheil, und nach diesem Winke hat ihn Shakespeare behandelt. In welcher Ehrfurcht Shakespeare selbst auf das Ganze des Charakters zurücksah, erkennt man an vielen Stellen seiner Werke, und in diesem Stücke selbst an der Art, wie er sein Gedächtniß erheben läßt, sobald er todt ist. In Cassius' Erzählungen blickt man auf die Zeit zurück, wo der große Mann natürlich, einfach, unverstellt, leutselig, auf gleichem Fuße mit Anderen war. Jetzt ist er durch Siege, Erfolge, Macht und Umgebung verwöhnt und verderbt. Er steht scharf an der Grenze zwischen Usurpation und Bescheidung; er ist der Sache nach Herr und steht auf dem Punkte, den Namen und das Recht zu nehmen; es verlangt ihn nach Erben zum Throne; er schwankt, die Krone anzunehmen, die er gern besäße; er hat den Ehrgeiz und fürchtet, ihn im Zustand der fallenden Sucht verrathen zu haben; er zürnt gegen Schmeichler und Kriecher, und doch gefällt ihm beides. Alle um ihn her behandeln ihn als Herrscher, sein Weib ihn als Fürsten, der Senat läßt sich s e i n e n Senat nennen, er gibt sich das Ansehen eines Königs selbst im Hauskleide, selbst gegen sein Weib, er führt die Sprache eines Mannes, der sich in seiner Macht sicher weiß und bewahrt überall die stolze, straffe Haltung eines Soldaten, die auch in seinen Bildsäulen dargestellt ist. War in diesem Stolze, diesem Hochmuth Eine jener Veränderungen gelegen, auf die Plutarch hindeutet, so eine andere in seinem Aberglauben. In dem Argwohn und dem Zagen vor dem letzten Schritte ergriff ihn gegen seine sonstige Natur und Gewohnheit Ahnung und abergläubische Furcht, mit der er auch die sonst freigeistige Calpurnia ansteckte. Diese entgegengesetzten Gefühle theilen ihn, seine Ahnungen regen ihn auf, sein Stolz, sein Trotz gegen Gefahren kämpft sie nieder und gibt ihm das zu große Vertrauen wieder, das ihm sonst eigen war und das ihn verdirbt wie den Brutus das seinige, das zwar aus anderen Quellen kammte. Aus diesem Zwiespalte seiner Regungen erklärt der Schauspieler seine hochtönenden Reden. Einigemal sind sie nur anekdotische Worte, die den Helden auf kürzestem Wege charakterisiren sollen.

Meistens stellen sie sich ein in den Fällen, wo Cäsar seinen Aberglauben niederzuhalten hat, wo er Anstrengung gebraucht, sich in seinen Worten höher zu heben, als er im Augenblicke wirklich steht. Er spricht so viel von seinem Mangel an Furcht, daß er gerade dadurch seine Furcht verräth. Selbst da, wo seine Worte am meisten prahlerisch tönen, wo er sich mit dem Nordstern vergleicht, ist mehr Anmaßung und schlecht geborgener Stolz im Spiele, als eigentliche Prahlerei. Er soll dort mit wenigem auf der Spitze dessen gezeigt werden, was in seinem Betragen jene freieren Geister gegen ihn reizen konnte. Daß er an der Handlung wenigen Antheil nimmt, ist wohlerwogene Absicht; man muß darum nicht mit Stotterer sagen, er sei blos eingeführt, um gelobt zu werden. Der Dichter hat dieß Geschichtsstück behandelt, wie seine englischen Historien. Er faßte den großen Zusammenhang der römischen Bürgerkriege selbst für dieß einzelne Drama in's Auge, an dessen Fortsetzung im Antonius er damals wohl noch nicht dachte. Er bildet auf den Fall des Pompejus zurück und macht es sehr fühlbar, daß Cäsar aus demselben Grunde fällt, aus dem er Pompejus hat fallen machen. Bei dem Triumph über ihn regen sich die Geister zuerst gegen Cäsar, im Porticus des Pompejus treten die Verschworenen zusammen, an seiner Bildsäule wird Cäsar ermordet. Wie sein Tod aus dem Bürgerkriege entsprungen ist, so soll Bürgerkrieg wieder aus seinem Tode entspringen, und ganz wie es Antonius prophezeiht, geht Cäsar's Geist um nach Rache, mit Ate an seiner Seite, um die Hunde des Krieges loszulassen. In diesem symbolischen Sinne greift Cäsar noch nach seinem Tode in die Handlung des Stückes ein, das nicht grundlos seinen Namen führt. Jener Fluch des Antonius fällt alsdann in Antonius und Cleopatra auf ihn selber zurück für die Niederwerfung derer, die ihn geschont und ihm Freundschaft angetragen hatten, und noch dorthin greifen die Manen des Pompejus fortwirkend über, um auch dieser Historie den Hintergrund der weiteren Geschichte zu geben, auf dem der herausgerissene Inhalt dieser Dramen nur Episode ist.

Antonius und Cleopatra.

Ein Buch „Antonius und Cleopatra" ist 1608 in die Buchhändlerregister in London als zur Herausgabe bestimmt von Edward Blunt eingetragen; da es zugleich mit dem „Buch" Perikles eingezeichnet ist, und da Shakespeare's Drama dieses Namens im folgenden Jahre, zwar von einem andern Verleger, wirklich gedruckt ward, so ist wohl auch mit jenem Buche Antonius und Cleopatra unser Stück gemeint, dessen Entstehung daher um 1607—8 gesetzt wird. Erwähnungen der gegenseitigen Stoffe, einzelne Eigenheiten des Stils, vielleicht noch mehr die innere Stimmung des Dichters bei der Abfassung stellen das Stück nahe zu Troilus und Cressida, was seine Zeitbestimmung bestätigen würde.

Die treue Anlehnung Shakespeare's an die Ueberlieferung des Plutarch im Leben des Antonius ist in diesem Stücke dieselbe wie im Cäsar. Der Genius des Dichters fühlte sich auch hier der Geschichte so verwandt, weil er der Natur verwandt war; und ganz entfernt von den Vorgängern, wie Samuel Daniel (Cleopatra 1594, und den Nachfolgern wie May und Dryden (all for love), die diesen Stoff behandelten, hat er nicht wie alle diese das persönliche Verhältniß der Hauptfiguren gleichsam aus der Geschichte herausgehoben und in das freie Gebiet der Kunst verpflanzt, sondern er hielt auch hier die geschichtliche Umgebung fest und übersah mit einem großen

Blicke die zerstreuende Mannigfaltigkeit der historischen Ereignisse selbst als ein geschlossenes Kunstwerk. Nur was sich auf den Mittelpunkt der Geschichte des Antonius weniger bezog, wie die Partherkriege, ließ er fallen, sonst behielt er die Beziehungen zwischen ihm und den andern Gewaltigen Roms vollständig bei. Anton's Charakter ist, man kann nicht sagen wesentlich abweichend von dem Vorbilde bei Plutarch behandelt, aber doch durch Stellung so verändert, daß der Kunst ihr eigner Stand- und Gesichtspunkt ganz unbenommen blieb. Wo sich Raum bot für psychische Ausführungen, wie in der Versöhnungsscene zwischen Octavius und Anton und in der Schilderung von Anton's Verzweiflung im vierten Acte, schob sie Shakespeare mit aller dichterischen Freiheit und Breite an die Stelle einer schmalen geschichtlichen Notiz. Meist aber bot sich ihm der Stoff, wie im Cäsar, schon fertig bis in das Einzelne entgegen. Antonius' letzte Zeit, seine zweimalige Aufforderung an Octavius, sein glückliches Treffen in Alexandrien und der Uebergang der Flotte, sein Argwohn eines Verraths der Cleopatra, ihr vorgegebener Tod, Eros' Selbstentleibung, Anton's Tod und letzte Worte, dann des Oenebarbus Abfall, Alexas' und Dercetas' Uebergang, die Botschaften des Euphronius und Thyrsus und dessen Gunst bei Cleopatra, deren Gefangennahme, Dolabella's Bewegung, Seleucus' Verrath, der Tod der Aegypterin und ihrer Sclavinnen, Alles ist nur scenifirte Geschichte.

In diesem Punkte der historischen Treue dem Julius Cäsar gleich, ist dieses Stück dagegen nicht derselben Sorgfalt zu dramatischer Uebersichtlichkeit und Einheit umgebildet, wie jenes; auch scheinen andere Gebrechen den reinen Genuß dieses Dramas etwas zu stören. Coleridge zwar setzte den Antonius in den höchsten Rang Shakespeare'scher Dichtungen. Er hielt dieß Stück für einen furchtbaren Nebenbuhler von Lear und allen besten Dramen des Dichters, er sah in Allem eine Riesenkraft in ihrer reifsten Blüthe, und setzte es in Gegensatz zu Romeo und Julie, indem hier die Liebe der Lust und Leidenschaft geschildert sei, wie dort die der Neigung und des Instincts. Unter den historischen Stücken Shakespeare's erklärt er es für das „bei weitem wundervollste". Dieß Urtheil wird aber nicht viel Zustimmung erhalten haben; wir wollen versuchen, ob wir es schärfer und richtiger stellen können. Es ist wahr, dieß Stück ist voll und reich, wie kaum ein anderes zu nennen ist. Der Vortrag ist sehr gedrungen, von oft dunkler Kürze; das Gedränge der Sachen bewirkt ein Gebräuge der Gedanken; große Welthändel sind in wenigen Sätzen abgethan, weite Thatsachen in ein Paar Worte gepreßt, historische Namen und Beziehungen als bekannt vorausgesetzt, die in dem Stücke selbst keine Erklärung finden. Dadurch hat die Deutlichkeit schon im Einzelnen gelitten. Im Großen und Ganzen ist der Gang nicht verwickelter als in Cäsar, aber er ist ausgedehnter und daher schwerer zu erfassen. Eine üppige Mannichfaltigkeit von Ereignissen und Personen geht vor uns auf; politische und kriegerische Begebenheiten laufen neben den innersten Angelegenheiten des Hauses und Herzens her; das Interesse ist auf die Leidenschaft eines einzigen Paares gefesselt und doch ist der Schauplatz die weite Welt von Parthien bis Cap Misenum. Für den geschichtlichen Charakter ist dieß allerdings höchst versinnlichend und sprechend, der dramatischen Uebersehbarkeit aber thut es nicht wenigen Eintrag; und daher wird es kommen, daß vielleicht kein Stück von Shakespeare so schwer im Gedächtnisse haftet wie dieses. Damit hängt auch eine, wenigstens mitwirkende, Ursache zusammen, warum dieses Drama auf der Bühne selten und mit geringerem Beifalle gesehen worden ist. Durch die zu häufigen und fremdartigen Unterbrechungen wird die psychische Continuität gestört, die zur Entwickelung eines so merkwürdigen inneren Seelenverhältnisses nöthig ist, wie das zwischen Anton und Cleopatra. Der Leser überdenke sich den Inhalt sämmtlicher Historien unseres Dichters; nirgends wird er den äußerlichen, factischen Stoff der Geschichte mit einem sinnigen oder sinnlichen Verhältnisse von solcher Bedeutung durchschossen finden; er durchgehe die freien psychologischen Dramen, und nirgends wird er ein solches gemüthliches Verhältniß durch äußere Welthändel von so ganz verschiedener Art so unaufhörlich gekreuzt sehen. Dieser Gegensatz hängt mit dem Plane und Gedanken des Stückes tiefinnerlich zusammen. Wenn ihn Goethe richtig traf, indem er sagte, hier spreche Alles mit tausend Zungen, daß sich Genuß und Thatkraft einander ausschlössen, so sieht man, wie dem Dichter die feindliche Gegeneinanderstellung der bewegten, thätigen Geschichtswelt und des ruhig genießenden Sinnenlebens auferlegt war. Wie er hier die gegebene Geschichte verstand und gleichsam auslegte, dieß verdient Coleridge's und jeden höchsten Preis, es ist ein Meisterwerk voll Tiefsinn, an dem jeder Geschichtschreiber lernen kann der Chronik ihren Geist auszusaugen. Aber ob die Aufgabe, ästhetisch betrachtet, nicht geschickter auszuführen war, ob nicht aus dem ganzen Zeuge der Geschichte größere dramatische Gruppen zu schneiden waren, welche die Aristotelische Forderung der Leichtüberschbarkeit besser befriedigt hätten, ob nicht die vielen auf die Tendenz des Stücks unbezüglichen und gleichgültigen Nebenpersonen zu vermeiden und damit die Concentration aller handelnden Figuren auf den Mittelpunkt des Stückes herzustellen war, an die uns Shakespeare überall gewöhnt hat, dieß bleibt ein Zweifel, den auszusprechen allerdings leichter ist, als es dem Dichter gewesen sein möchte, ihm vorzubeugen. Wollen wir daher Coleridge's Urtheil willig unterzeichnen, wenn von der Auffassung der Geschichte und von der Charakterzeichnung der Hauptfiguren die Rede ist, so wird es uns von ästhetischer Seite schwerer, dieß Drama so hoch zu stellen. Dann aber kommt ein ethischer Grund hinzu, der die meisten Leser noch mehr zu Gegnern dieses Stückes und jenes Urtheils machen wird. Es ist kein großer und edler Charakter unter den Personen, kein wahrhaft erhebender Zug in den Handlungen dieses Dramas, weder in den politischen noch in den Liebeshändeln. Dieß Stück scheint uns anschaulich zu machen, wie viel wir in Shakespeare vermissen würden, wenn mit seiner immer großen Menschen- und Naturkenntniß nicht überall jener ästhetische Vorzug auf der einen Seite (die ideelle Concentration der Handelnden und der Handlungen,) und jener ethische Vorzug auf der andern Seite (die ideelle Höhe der dargestellten Menschheit,) Hand in Hand ginge. Der Dichter hatte ein gesunkenes Zeitalter im Antonius darzustellen; der historischen Treue hat er auch hier genug gethan; aber dieß schloß nicht aus, daß er uns den Blick auf eine beßre Menschheit frei hielt, die uns über so viele Gesunkenheit trösten und erheben könnte. Erinnern wir uns der historischen Stücke, wo Shakespeare am meisten verkommene und verderbte Geschlechter zu schildern hatte, so hat es im Richard II. nicht an den Gaunt und Carlisle gefehlt, die uns entschädigten, und selbst im Richard III. hielten die Paar Striche, mit denen die Söhne Eduard's gezeichnet sind, ein wohlthätiges Gegengewicht gegen die allgemeine Schlechtigkeit. Hier aber ist nichts dieser Art, und man könnte sogar sagen, es sei der Gelegenheit zu einem solchen Gegensatze auffallend ausgewichen; es lag gewiß sehr nahe, wenigstens in der Elten Octavia jene Aussicht auf das Größere im Menschen, wenn auch nur mit wenigen jener Züge zu öffnen, die sie uns handelnd so gezeigt hätten, wie sie uns jetzt eigentlich blos genannt wird.

Wir wollen hier eine Beobachtung einschalten, die dieses seltsame Gebrechen im Antonius noch in ein seltsameres Licht setzen wird. Es will uns nämlich scheinen, als habe Shakespeare um die Jahre 1607—10, wir wollen nicht sagen eine Periode, aber doch Anwandlungen gehabt, in denen er seine Dichtung überhaupt etwas nachlässiger trug, sei es von ästhetischer oder ethischer Seite. Was der Grund dieser Erscheinung ist können wir kaum errathen. Es wäre wohl möglich, daß ihn seine Verstimmung über das ganze Schauspielwesen um diese Zeiten stärker ergriffen hätte; es wäre auch möglich, daß sich schon damals die Spuren einer körperlichen Erschöpfung bei ihm eingestellt hätten, daß dieß die Ursache seiner Zurückziehung und die erste Ankündigung seines frühen Todes gewesen sei. Wie dem sei, was der

Grund gewesen sein mag zu jener lässigeren Behandlung einiger Werke dieser Zeit, die Sache selbst scheint uns unwidersprechlich. Wir haben gesehen, wie sich Shakespeare im Troilus vergriff, und wie das Stück uns weder als eine dramatische Handlung, noch als eine kritische Satire genug gethan hat; wir werden zunächst entwickeln, wie in Antonius und Cleopatra jeder sittliche Adel fehlt, trotz dem, daß der Dichter das Paar, das dem Stücke den Titel gab, in das möglichst gute Licht gerückt hat; in beiden Stücken ist es ungemein schwer, die Ironie vom Ernst, den Schein vom Wesen überall richtig zu trennen. Faßt man die Charaktere der Cressida und Cleopatra in's Auge, so sollte man glauben, der Dichter wolle in die Zeit seiner früheren sittlichen Zustände zurückfallen. Auch im Coriolan ist im Grunde nicht eine einzige Gestalt, an der man reine Freude hätte. So ist auch Timon künstlerisch betrachtet ein fahrlässig hingeworfenes, unfertiges Werk. Die Gruppe würde noch um Ein Stück vermehrt werden (das die zeitweilige Gleichgültigkeit des Dichters gegen seinen Ruhm am meisten beweisen würde), wenn man annehmen müßte, daß Shakespeare den Perikles sich erst um eben diese Zeit angeeignet hätte, der auf alle Fälle von ihm um diese Zeit in einer neuen Gestalt auf die Bühne gebracht wurde. Die Heldenwirthschaft hier und im Timon zu dem ähnlichen im Troilus und Antonius gestellt, gibt ein sehr auffallendes Ganze, das von sittlicher Seite durchaus der ästhetischen Nachlässigkeit in der Bearbeitung der meisten dieser Stücke vergleichbar wäre. Hier mußten unsere Romantiker die Thatsachen suchen, wenn sie von einem Bittern und Herben in dem Charakter unseres Dichters reden wollten. Aber sie mußten dann diese Bemerkung einschränkend nur auf eine vorübergehende Mißstimmung beziehen. Denn schnell muß sich der Mann auf seine Lehre im Troilus besonnen haben, daß nur Ausdauer die Ehre glänzend halte und daß die Zeit auch seine Werke schnell in ihren Ranzen der Vergessenheit werfen werde, wenn er nicht immer Schritt halte mit seinen bessern Leistungen. Er schuf gleichzeitig mit diesen Stücken seinen Posthumus und seine Imogen, die sittlichsten grade aller seiner Geschöpfe und bald sehen wir ihn im Wintermährchen mit derselben tiefsinnigen Sittenstrenge arbeiten wie im Othello, und im Sturme in derselben freien Heitere des Gemüths, die uns in seinen glücklichsten Stücken so leicht und so frohsinnig macht. Es waren nur Wolken, die an dem stets glänzenden Himmel seiner Dichtung vorüberzogen und flüchtige Schatten warfen.

Was das sittlich Abstoßende in Antonius und Cleopatra betrifft, so ist es übrigens nur gerecht zu gestehen, daß, wenn hier ein Fehler begangen wurde, er sehr wesentlich in der Wahl des Stoffes gelegen ist, und daß der Dichter, wenn er einmal die geschichtliche Wahrheit nicht ganz umstoßen wollte, Alles, ja vielleicht zu viel gethan hat, diesen Stoff so zu veredeln, daß es eines Platzes im Gebiete der Dichtung werth wurde. Es ist um so nöthiger, diese Bemerkung sehr zu betonen, weil man gerade aus dem Gesichtspunkte, aus dem wir soeben jene Gruppe von Stücken betrachteten, verführt werden könnte, dem Dichter Unrecht zu thun. Man könnte glauben, er habe die Charaktere des Antonius und der Cleopatra mehr als billig in gutes Licht gerückt und die Wüstlinge in einem gewissen erhabenen Glanz gekleidet, der eine auffallende Vorliebe verrathe. Allein was in dieser Beziehung geschehen ist, geschah ohne Zweifel nicht aus sittlichem Leichtsinn, sondern in ästhetischen Zwecken. Nahm Shakespeare den Antonius ganz wie er ihn bei Plutarch vorfand, so hätte er in ihm nie einen tragischen Charakter erbeutet, für den er gerade in diesem seinem Verhältnisse zu Cleopatra hätte Theilnahme erregen können. Ein Mann, der in dem wüsten Umgange mit einem Curio und Clodius aufgewachsen war, dann in Griechenland und Asien die hohe Schule der Lüderlichkeit durchgemacht hatte, in Rom schon unter Cäsar's Dictatur durch sein gemeines Leben alle Welt entsetzte, sich bei den Soldaten durch sein Trinken und durch Unterstützung ihrer lüderlichen Liebeshändel populär machte, dem die Gehässigkeit der Aechtungen unter dem Triumvirat mehr als den Anderen zur Last fiel, der über Cicero's abgehauenem Kopf und Hand eine kannibalische Freude äußerte, der dann im Oriente sein üppiges Jugendleben im großen Stile erneuerte und im großen Stile raubte, um das schändlichste Gezüchte von Schmarotzern und Gauklern zu befriedigen, ein solcher Mann, zuletzt noch als die Beute einer alten schlauen Buhlerin dargestellt, wäre unmöglich ein Gegenstand des dramatischen Interesses geworden. Es ist wunderbar, wie sich Shakespeare hier zwischen den geschichtlichen Charakterzügen Anton's hindurchwand, um auf der einen Seite ihn nicht unkenntlich zu machen und auf der andern ihn doch zu einer fesselnden Gestalt zu bilden.

Mit Einem Worte möchte man die veredelnde Umgestaltung, die der Dichter vornahm, so bezeichnen: er setzte die roheren Züge des Marc Anton in einen Alkibiadischen Charakter um. Er ging schweigend über die Jugendzeit seines Helden hinweg, entnahm ihm seinen Hang zur Grausamkeit ganz, deckte die Unthaten des Triumvirats mit einem Schleier, hob nur die schöne Vorderseite seiner Raubsucht, seine verschwenderische Freigebigkeit, hervor, betonte mit großer Stärke seine kriegerische Vergangenheit, seinen Sieg über Brutus und Cassius, seine heldenmäßige Ertragung von Hunger und Noth nach der Niederlage bei Modena, und suchte vorzugsweise für seinen Helden zu interessiren von Seiten seiner glänzenden Naturanlagen. Es ist unstreitig, daß Shakespeare mit diesem Griff die fesselndste Seite des Antonius heraushob. Selbst in dem Wüstling und Bösewicht hat die leichte Begabung, die natürliche Ueberlegenheit, die Vielseitigkeit des Talentes, der Reichthum des Geistes an Hülfsquellen, die Biegsamkeit der Natur jeder Rolle gewachsen zu sein, für uns Menschen immer einen anziehenden Reiz. Ein so vielseitig begabter Mensch ist aber Antonius gewesen; die widersprechendsten Züge charakterisiren seine Natur bei Plutarch wie bei Shakespeare. Der Ueppigkeit und Entbehrung, dem Luxus und Mangel, der Weichlichkeit und Abhärtung, epikurischer Ausschweifung und stoischer Enthaltsamkeit ist er abwechselnd gewachsen, ein Soldat und ein Schlemmer; edel über Brutus', barbarisch über Cicero's Leiche; ein Bild seltsamer Unbeständigkeit und seltsamerer Treue; großmüthig gegen Oenobarbus, kleinlich rachsüchtig gegen Thyreus; offen, fast arglos einer Cleopatra gegenüber, ein tiefer Versteller und Lauscher gegen Brutus; von großem und kleinem Ehrgeiz (gegen Cäsar, gegen Bendidius) nicht frei, und doch ein Verkäufer der Ehre um schnöde Lust; der anmuthigste Possenreißer und Spötter und dabei fähig Scherz zu ertragen und die volle, auch die schlimme Wahrheit zu hören, auch von Untergebenen; weichlich verkommen und persönlich tapfer; einmal, wie dort bei Mutina, im Unglück wachsend, ein andermal, wie am Ende seiner Schicksale, ihm rasch erliegend; einmal in den Anwandlungen eines römischen Gladiators, dann in denen eines orientalischen Despoten; jetzt geneigt, mit dem gemeinen Soldaten sich gleich zu stellen, dann von dem Kitzel getrieben, den Perserkönig oder den Heros Hercules oder den Gott Bacchus zu spielen; ein solcher Mensch, wie sehr er ein Bild der Unbeständigkeit sein möchte, ist doch auch das Bild einer genialen Anlage, in welcher der Glanz der natürlichen Vermögen und Kräfte für die geringere Freiheit des Willens entschädigen muß.

Wie das Urtheil über Anton's Charakter in Shakespeare's Sinne festzustellen ist, darüber versparen wir uns auszusprechen bis hernach. Hier ist mehr Proteus als im Prinzen Heinrich, mehr Räthsel und Verstellung (weil es die natürliche, unwillkürliche Verstellung ist) als im Hamlet; eine an sich zwar leicht erkennbare, aber in dem letzten Hauptquell ihres Wesens sehr schwer ergründbare Natur. Der Dichter hat sie so in's Einzelne behandelt, in so mannichfaltige Lagen gebracht, so tiefsinnig durchdacht, wie nur wenige seiner Charaktere sonst; er hat dabei aber so wenig gerade Anleitung zum Verständniß des Charakters gegeben, daß er wesentlich, was immer das schwerere ist, durch die Thatsachen erkannt werden muß. Nach den verschiedensten Seiten hin, auf die verschiedensten Menschen hat

Shakespeare diesen vielgestaltigen Mann die allerverschiedensten Eindrücke machen lassen, die sich in Worten und Werken auf's widersprechendste äußern; zu welchem Eindrucke er selbst, der Dichter, sich bekenne, hat er uns zu errathen gelassen. Wir wollen uns daher zuerst den Weg durch die Thatsachen bahnen.

Es sieht sich von selbst ein, wie sehr ein so begabter Mann wie Antonius sich eigne, in den großen Zwiespalt zwischen That und Genuß, zwischen die Herrschaft der Welt und das Beherrschtsein von einer gemeinen, aber mächtigen Leidenschaft gestellt zu werden. Siegt in einer solchen Natur, bei einer solchen Stellung, die thätige Kraft, so wird eine Alexandrinische Gabe der politischen Organisation, Anregung und Neuschaffung in allen Zweigen des Lebens, eingängliches Verständniß und Förderung der mannichfaltigsten Einrichtungen, aller praktischen und theoretischen Dinge das Ergebniß sein. Wendet sie sich zur Schlaffheit und Ruhe, so wird sich die seltsamste Vergeudung äußerer und innerer Reichthümer an die ärmsten Vergnügungen einstellen; ein Meister des Genusses wird sich ausbilden, weil nun jene Vielseitigkeit sich in der Kunst äußern wird, die Freuden zu wechseln und zu würzen durch ewig neue Erfindung. Was nun die thätige Kraft des Antonius angeht, so haben wir im Julius Cäsar bereits die Proben seiner diplomatischen Künste, seiner demagogischen Redegabe, seiner kriegerischen Fertigkeit gesehen. In diesem Lebenskreise war er aber einem Manne zur Seite gestellt, dem jungen Octavius, der schon damals ihn, den älteren Meister der Politik und des Krieges, hoffärtig behandelte, in dessen Nähe sich sein Genius (begreiflich der praktische, auf Thaten gestellte Theil seines Genius) gedrückt fühlte, vor dem sein Muth, sein Adel, sein Hochsinn, wenn auch unwillig, sich beugte. Den tieferen Julius Cäsar warnte vor Cassius die eigene Ahnung, diesen Oberflächlichen muß der Wahrsager vor Octavius warnen; wie sich Cäsar in seinem Stolze die Furcht ausredet, so achtet dieser nicht der aufgerufenen Stimme des Inneren in seiner Einbildung, in dem Selbstgefühle, das in ihm wiederkehrt, sobald er nicht neben Octavius ist. Was aber auf der andern Seite die Ruhe und Genußsucht des Antonius betrifft, so finden wir ihn gleich im Anfang unseres Stückes an dem Hofe der Cleopatra in Wollust und Wohlleben verstrickt und haben Gelegenheit, zu vergleichen, wie er sich in dieser Sphäre bewegt. Hier nun ist er an die Seite eines Weibes gerathen, die ihm im Gegensatze zu Octavius' nüchterner Herrschergemeinschaft einen Rausch von Ergötzungen bot, die in den seltensten Reizen und Vollkommenheiten mit ihm wetteiferte, in deren Nähe sein Genius (natürlich der auf Genußsucht gestellte Theil seines Genius) sich hoch ermuntert fühlte und die Flügel regte. War ursprünglich Anton's Thatkraft und Schlaffheit, waren seine Tugenden und seine Fehler, wie Mäcenas bei seinem Tode sagt, gleich bei ihm gewogen, so mußte schon dieß Verhältniß allein den Ausschlag nach der schlimmeren Seite geben.

Wir wollen dahin gestellt sein lassen, ob Shakespeare selbst dieß ursprüngliche Gleichgewicht der gegensätzlichen Begabung Anton's behauptet; den Worten nach könnte es so scheinen, den Sachen nach neigt das Uebergewicht überall nach der Schwäche herüber. Von Anfang an, schon im Julius Cäsar, sehen wir ihn überall einer Stütze, einer Anlehnung bedürftig, nirgends fähig allein zu stehen. Zuerst ist er ganz in Cäsar's Abhängigkeit. Sobald er fällt, schickt er aus nach Octavius, der bereits ungerufen gekommen ist. Alsbald erscheint er abhängig von diesem. Sein Weib Fulvia hat ihn eigenwillig gemeistert, sie ist ihm ein großer Geist. Nach ihrem Tode wird er mit Gewalt durch Lurius Pompejus' Emporkommen in die politischen Strudel zurückgerissen; ehe er sich entschieden hat, sucht er sich mit diesem zu setzen; zugleich reißt er sich in Aegypten los, um es mit Octavius noch einmal zu versuchen; er greift nach des Feindes Schwester wie nach einem neuen Stab, nur um Frieden und Ruhe, Raum zum Genusse zu schaffen. Auf diesen Zug läßt sich sein Nachahmen des Hercules oder Bacchus beziehen; er lehnt sich an einen Schutzgott an, der bei Shakespeare wie bei Plutarch von ihm weicht, als er verlassen zu Grunde gehen soll. Mit dieser stützebedürftigen Natur traf er nun auf dieses Wunderbild der weiblichen Schwäche, die Cleopatra, Epheu zu Epheu. Er kennt dieß Wesen und weiß, daß es ihm keinen Anhalt bietet, aber er ist von der Schmarotzerpflanze bald so umschlungen, seine Sinne, seine Triebe, seine Launen sind so von ihr durchrankt, daß Er, der als dritte Säule die Welt tragen sollte, die eigene Stammkraft ganz verliert, ja den Trieb, sich eine feste Stütze zu suchen, einbüßt, und mit dem Erdekriechenden zugleich am Boden liegt und Weib mit dem Weibe wird.

Wunderbarer war nie ein seltenes Paar Menschen für einander geschaffen, als diese Beiden. In äußerer Ausstattung erscheinen sie als Wunderwerke auch den Unbefangenen. Nicht allein die eingenommene Cleopatra findet, daß die Natur in Anton ihr Meisterstück schuf, das jedem Ideale der Phantasie spottet, sondern auch der misstimmte Philo nennt ihn einen Mars; und sie wieder wird von Oenobarbus mit jener Venus im Gemälde verglichen, wo die Phantasie die Natur überboten hat. Beiden gleicherweise wird zu dieser Schönheit der Form die der Bewegung, die äußerste Liebenswürdigkeit und Grazie, zugeschrieben; Alles steht beiden gut und anmuthig; sie findet, daß das Uebermaaß von Freude und Ernst und die Mischung beider ihn ziere wie keinen anderen Mann, und Er, daß sie Lachen wie Schelten und jede Laune reizend kleide; das Gemeinste, fand Oenobarbus, steht ihr wohl, so daß heilige Priester sie segneten und ihre Ueppigkeit! Wer Shakespeare's Sonnette auf seine schwarze, häßliche Schöne nicht verstehen will, der muß dieses Bild der „braunen Zigeunerin" vergleichen, zu dem jene gesessen haben könnte. Was die seltenen Reize der Beiden noch erhöht, ist, daß das Alter sie nicht welken machen konnte; sie selbst nennt sich von Phöbus' Liebesblicken schwarz und tief gerunzelt durch Alter, bei ihm mischt sich weißes Haar schon mit dem braunen, aber auch die sinkenden Sonnen haben noch Wärme für einander. Ja daß dieß eine letzte Liebe ist, macht die Kälteren glühender und die Treulosen treuer; und

schwärmerisch hofft Antonius in seinem Tode, daß sie in Elysium ein
bewundertes Liebespaar sein würden, um das sich die Schatten
drängten, Aeneas und Dido verlassend. So dem Auge ein steter
Reiz, sind sie es auch dem Ohre: Shakspeare läßt Cleopatra von
Antonius sagen, seine Stimme sei wie die Harmonie der Sphären
gewesen; dasselbe sagt Plutarch von Cleopatra. Was so ihre Natur
den Sinnen entgegenbrachte, dem gab Kunst und Aufwand alle er-
denklichen Reizmittel hinzu. Er legte ihr die Reiche des Ostens zu
Füßen, sie wandte ihre Reichthümer in unsinniger Verschwendung
auf die Festlichkeiten für ihn. Als sie ihn zuerst auf dem Cydnus sah,
auf prachtvoller Barke gelagert, von Amoretten und Nereiden umgeben, in ungeheuere Pracht gekleidet, oder wenn sie mit ihm
schmauste und zechte, ihn in Geduld und Ungeduld lachte, die Kleider mit ihm tauschte und nachtwandelte zu den Straßen, oder wenn
sie im Angeln sich mit ihm neckisch ergötzte und schnell in den Spielen
wechselte, während Musik die Unterhaltung würzen mußte, überall
sieht man, daß Mannichfaltigkeit und Veränderung für jeden Sinn
besonders zu sorgen und alle zu berauschen strebt. In diesen Künsten
des Genusses ist Beider Geist immer frisch und jung, der Cleopatra's
besonders unerschöpflich in Erfindung, Abwechselung und Zerstreuung; keine Gewohnheit konnte ihre endlose Neuheit abstumpfen;
maaßlos wie die Leidenschaft ihrer Genußsucht waren auch die Mittel sie zu befriedigen. Wenn sie „selbst in der Sättigung noch reizte",
wie mußte ihr Reiz erst sein, da die erste Gewährung noch ausstand!
Noch als sie seiner längst sicher war, machte die schlaue Hetäre ihre
tausendgestaltigen Schmeicheleien würzhaft mit Herbheiten, mit Vorwürfen und Spott, mit den Stacheln der Eifersucht, so daß selbst
ihre wohlgeschulten Dienerinnen über ihr leckes Spiel ängstlich werden und ihr anrathen, ihn nicht zu viel zu kreuzen. Dieß kennt sie als
„den Weg, ihn zu verlieren"; denn sie brauchte nicht erst von den
männlichen Schmeichlern des Antonius zu lernen, die mit ihrem Lobe
Freimuth und Tadel mischten, um Sättigung und Ekel zu verhüten.

Und so hielt sie denn auch im Anfange ihrer Bekanntschaft zurück; es war eine Zeit, wo er sein Bleiben von ihr erflehen mußte, wo sie den Köder zwar auswarf, er aber gleichsam bitten mußte, in die Angel beißen zu dürfen. Da dann diese Scheinschranken überwunden waren, nun floß Beider verwandtes Wesen im Rausch der Entzückung in einander über; „Ewigkeit war da in ihren Lippen und Augen, Seligkeit in dem Zug ihrer Brauen, kein Theil in ihnen so arm, der nicht vom Himmel stammte!" Von da gaben sie sich das Zeugniß vor der Welt, daß die Kunst des Lebens- und Liebesgenusses kein Paar so unvergleichlich verstände wie sie, und Antonius spricht den Vorsatz aus, daß fernerhin keine Minute ohne Vergnügen solle zugebracht werden, und dazu den charakteristischen Grundsatz, der dieses Lebens Seele ist: Die Erde nähre Vieh wie Menschen gleich, der Adel des Lebens, der Unterschied des Menschen vom Thiere, sei eben diese ihre Meisterschaft in der Liebeslust!

Auf der Schwelle unseres Stückes ist die Lage des Antonius so, daß er noch schwankend steht zwischen seinem politischen Berufe und seiner Freude in Aegypten; aber die Neigung ist schon ganz entschieden hierhin. Es ist ihm eine Qual von Rom zu hören, er vernachlässigt den Boten des Octavius, seinetwegen mag Rom in dem Tiber schmelzen und die weite Wölbung des Reichs zusammenfallen, „hier ist seine Welt!" Aber er vernachlässigte jenen Boten doch nur aus einer augenblicklichen Regung der Scham, weil ihn Cleopatra wegen seiner Unterwürfigkeit unter Octavius aufzog; er macht dann seinen Fehler im diplomatischen Stile, ohne seiner Würde zu vergeben, gut. Die Nachrichten aus Rom stören ihn auf. Sein Weib Fulvia hatte das heroische Mittel gebraucht, einen Krieg gegen Octavius zu erregen, um ihn aus den Schlingen im Osten mit Gewalt zu reißen; sie spielte den Mann, während er das Weib spielte; in Asien ging Parthien verloren während seines Verliegens; in Sertus Pompejus regt sich ein neuer Mitbewerber um die Weltherrschaft. Diese schweren Neuigkeiten hört er mit Fassung und Ruhe; noch hat er Gefühl für Scham und Ehre, und Scheu vor dem üblen Rufe; so viel Ehrgeiz bewegt ihn noch, daß er sich in dem Triumvirat mit Octavius gegen den neuen Bewerber behaupten möchte; er rafft sich auf, die Fesseln Cleopatra's zu brechen, um sich nicht ganz im Liebeswahn zu verlieren. Der Dichter rückt ihn noch auf eine feinere Linie des Schaukelns: die Nachricht von Fulvia's Tod kommt hinzu. Dieß öffnet seinem Hiersein bei Cleopatra Aussicht auf Friede und Dauer, er hatte diesen Tod gewünscht; jetzt dagegen unter so vielen großen Mahnungen sehnt er sich sogar nach ihr zurück, obgleich er dann doch dem derben Oenobarbus gestattet, mit Leichtsinn und mit Beglückwünschung von ihrem Tode zu sprechen. Sein Entschluß bleibt stehen, die Zauberin zu verlassen, damit nicht größeres Unheil aus seinem Müssiggang erwächst, er wünscht, er hätte sie nie gesehen. Sein Oenobarbus steht mit ihm auf der gleichen Stelle des Schwankens: er findet es Schade, die Weiber hier ohne Noth zu verlassen; ist aber die Wahl zwischen ihnen und einer großen Sache, so sollen sie für nichts geachtet werden. Antonius rüstet sich auf die Angriffe Cleopatra's und ihre schlaue List, er bringt ihr seine Sache ruhig bei, er zeigt, daß auch Er seine alten Künste der Ueberredung noch nicht verlernt hat, er nutzt den Tod der Fulvia, um ihr seinen Weggang zu erleichtern und unbedenklich zu machen. So weit siegt noch der Ruf der Ehre und der männliche Entschluß bei ihm, daß er wirklich geht, zum Erstaunen eines Pompejus, der schon jetzt auf seinen Untergang im Wüstlingsleben gerechnet hatte. Aber so verstrickt war auch Antonius schon, daß er geht mit dem Versprechen, es sollten alle seine Vorsätze von ihr abhängen; sie solle über Krieg und Friede bestimmen. Er schickt ihr Botschaft, daß er ihr den ganzen Osten zu Füßen legen will, und während der staatsmännische Octavius jede Stunde Nachrichten über den Stand der politischen Welt erhält, zieht den Antonius eine Kette von täglichen Botschaften der Cleopatra nach Aegypten zurück. Der Eindruck ist, als reise er nur, um den Sturm beunruhigender Dinge zu beschwören, und um sich friedlicheren Spielraum für seine Freuden im Osten zu bereiten; als sei sein Zug in die Welt der Thaten nur gemacht, um die Welt der Genüsse sicher zu stellen. Und dieß bestätigt sich aus dem ganzen Verlaufe seiner Geschäfte im Westen.

Auf eine vortreffliche Weise ist die Scene seiner Verhandlungen mit Octavius (II, 2.) durchgeführt. Sie ist ein Gegenstück zu der Zusammenkunst der übervorsenen Brutus und Cassius; wir haben dort die Besprechung zwischen zwei Freunden, die zwar die verschiedene Natur, aber doch nur auf den Anlaß von Laune und Mißverständnissen, augenblicklich trennt, und hier eine andere zwischen verfeindeten, kalten Diplomaten, die ein tiefer Zwiespalt der Natur für immer einander entfremdet, und deren Einer von dem Uebergewichte des Andern im eignen bösen Bewußtseln gedrückt ist. Schöner als es hier geschieht, konnte die Ueberlieferung des Plutarch, daß sich Anton's Genius vor dem des Octavius immer gebeugt habe, nicht anschaulich gemacht werden. Das Streben des Ersteren, sich in Würde und Gleichheit zu behaupten, ist überall sichtlich; dennoch demüthigt er sich in den wesentlichen Theilen der Verhandlung ganz; er ist der Beschwerdepunkte geständig und erklärt sich reuig, wie gehalten die Form auch sei; er will mit diesen Eingeständnissen seiner „Größe" keinen Eintrag thun, und nennt die Eingeständnisse mit einem ehrenvollen Namen Ehrlichkeit; er fügt sich dem höchst bedenklichen Vorschlage der Verheiratung mit Octavius' Schwester wie freudig und ohne Willen. In allem diesem ist er nicht vorbedacht falsch und betrügerisch, so wenig als er das war, da er vor Brutus und über Cäsar's Leiche in tiefer Bewegung stand; er spielte nach der Lage der Dinge damals klug und kühn in unwillkürlichem Tacte, hier spielt er auch, aber, dem verhängnißvollen Gegner gegenüber, nicht tactvoll, nicht klug, nicht kühn, sondern von nachgiebiger Schwäche übermeistert. Und nicht lag hier seinem Spiele ein ehrenhafter Grund unter, wie dort seine ungekünstelte Liebe zu Cäsar, sondern die Rücksehnung nach seiner buhlerischen Freundin in Aegyplen. Sein graver Begleiter Oenobarbus, dessen Wahrheiten Anton unter vier Augen erträgt aber bei Anderen nicht hören will, der den tief verstellten, vor sich selbst verstellten Heuchler überall wie sein lautes Echo begleitet, durchschaut sogleich, daß dieser Friede nur gemacht ist auf die Zeit, bis beide Triumvirn sich des Pompejus werden entledigt haben; er durchschaut eben so sicher, daß Antonius in Octavia nur seinen Vortheil geheirathet habe, daß diese Heirat das Band mit Cleopatra nie lockern, die Verbindung mit der Cäsarischen Familie aber völlig zerreißen werde. Antonius selbst macht uns das grelle Geständniß: daß er diese Heirat blos um des Friedens, um der Ruhe willen, schloß; sein Vergnügen liegt in Aegypten! Er hatte sich in einer ehrenhaften Aufwallung dort losgerissen, aber es war nur ein Scheinsieg über seine Leidenschaft. Der Rückfall ist desto greller und die Auflösung seiner letzten Kraft um so gewisser, je lähmender ihn jetzt das böse Gewissen schlägt über das heillose Verfahren, mit dem er den neuen, in der Maske der Reue und Ehrlichkeit geschlossenen Freundschafts- und Ehebund bricht. Er pflückt einen Grund zum Zerwürfniß mit Octavius vom Zaune; er schickt die Schwester, die in ihrer Seele zwischen Gatten und Bruder schmerzvoll getheilt ist, kalt und herzlos nach Rom, täuscht sie mit absichtlichem Truge und entläßt sie mit den giftigen Worten: sie solle ihre Liebe dahin wenden, wo man am besten suche sie zu erhalten. Nicht zu ihm also, der hinter ihrem Rücken nach Aegypten zurückeilt! In maaßlosem Unbedacht macht er sich des Betrugs, des Eidbruchs und Ehebruchs, der Beschimpfung dieser Mächtigen schuldig, ja noch höher vergreift er sich an den Ehren des Staates und der Götter. Er setzt in Aegypten seine Kinder mit der Cleopatra zu Königen ein und verleiht ihnen die Reiche des Ostens, öffentlich sitzend, die Cleopatra im Kleide der Isis zur Seite, mit jedem Heiligen frevelhaft spielend.

Hier ist daher der tragische Wendepunkt seines Glückes, hier übereilt ihn die Rache. Worin er seinen Frieden suchte, das beschwor seinen Unfrieden und seinen Fall herauf; er machte, umsonst von Octavius gewarnt, den Mörtel ihrer neuen Liebe zu deren Mauerbrecher und Zerstörer. Es ist eine doppelte Ruchlosigkeit, die in diesem Wendepunkt, in dieser politischen Heirat und ihrem Ausgange gelegen ist und die auf Antonius sein Verhängniß herabzieht, eine moralische und eine politische. Diese letztere berührt den geistigen Gedanken des Stücks und es ist daher auf sie ein größerer Nachdruck gelegt. Wenn Antonius (diese Betrachtung ist seinem Gegner in den Mund gelegt) blos sittliche Verantwortung trüge, wenn er blos leere Zeit verschwendete, so möchten ihn die natürlichen Folgen zur Rechenschaft ziehen; aber die Zeit und die große Stellung, zu der er berufen ist, so schmählich zu verderben, das verdiene ihm, wie Knaben gescholten zu werden, die schon bei reifem Urtheile um Vergnügens willen die Vernunft verleugnen. In diesen Worten liegt ausdrücklich das größere Gewicht auf Anton's politischen Sünden und der beabsichtigte Gegensatz des thätigen Weltlebens gegen das genußsüchtige Verliegen ist hervorgehoben. Das Verhältniß der Idee des Stückes zu der des Julius Cäsar hebt dieß noch mehr in's Licht. Dem Brutus stand das öffentliche Interesse über dem privaten und dieß nur zu sehr; dem Antonius dagegen verschwindet seine staatliche Ehre vor seinem privaten Genußleben; er gibt sich ganz in die Abhängigkeit jenes Weibes und den Theil der Welt mit sich, der ihm als Loos zufiel; er läßt sein Schwert durch seine Wollust ermatten, und gibt Rom in seinen Verwünschungen, wie Cleopatra Aegypten, dem Verderben hin wenn nur seine Liebe gedeiht. Er gefiel sich, den Hercules zu spielen, aber er spielt ihn nur in der Rolle bei Omphale. In Brutus war der erhabene Kampf zwischen den höchsten politischen und sittlichen Pflichten, hier aber ist er (und dieß ist das ursprüngliche Gebrechen im Stoffe) zwischen politischer Pflicht und unsittlicher Leidenschaft, zwei an sich zu ungleichen Gewalten, von denen vollends die schlimmere siegt. Der Dichter läßt das politische Verderben dem politischen Verbrechen Anton's auf dem Fuße folgen, grell und Schlag auf Schlag. Octavius entledigt sich des Lepidus und des Pompejus und steht plötzlich als allmächtiger Gegner dem Hülflosen gegenüber, dem Niemand als das buhlerische Weib zur Seite steht. Sie nimmt ihm Herz, Kopf, Zeit, wovon, wie Enobarbus sagt, jetzt nichts zu entbehren war; Frevel und Uebermuth schlagen seinen Verstand, sein Unverstand schlägt sein Glück; er bietet Octavius Zweikampf und Landschlacht bei Pharsalus an, was dieser klüglich abschlägt, und er nimmt Octavius' Aufforderung zur Seeschlacht unklug an, wo sein Talent nicht lag, wovon ihm alle erprobten Krieger abrathen. Nur Cleopatra nicht, die dann in der gleichstehenden Seeschlacht davon flieht und der er „wie ein brünstiger Enterich" folgt. Erfahrung, Mannheit, Ehre wurden nie so schnöde befleckt wie hier; der größte Theil der Welt durch einen Unsinn verloren, Reiche und Provinzen hinweggeküßt! So urtheilen die Kriegsleute, die von Antonius abfallen. Er selbst ist sich selbst entfremdet vor Scham, im Gefühle, daß die Erde beschämt ist ihn noch zu tragen.

Noch in dieser Erniedrigung meint er, es werde ihm eine Thräne Cleopatra's alles Verlorene aufwiegen, ein Kuß ihm Alles ersetzen. Er hätte seinen Frieden jetzt von Octavius um den Preis gekauft, in Athen als Privatmann leben zu dürfen. Allein seine Ruhe und Genuß soll ihm nicht nur in den Händeln der Welt, er soll ihm auch in der Quelle selber vergällt werden. Kriegsruhm und Herrschaft sind in der Schlacht bei Actium verspielt worden, in Aegypten soll auch sein letzter Gleichmuth und der Schatten seines Glücks mit Cleopatra dahinschwinden. Wir kehren daher in den zwei letzten Acten ausschließlich zu dem persönlichen Verhältnisse zwischen Beiden zurück, in dem bei allem Firniß des Glückes von Anfang an ein trüber Anhauch der Unbefriedigung, bei aller Gleichartigkeit ein schleichendes Zerwürfniß, bei aller Liebe Mistrauen und Argwohn, bei allem eitlen Müßiggange „schweißvolle Arbeit", bei allem Genusse der Keim des Unfriedens gelegen war. Und dies aus dem einfachen Grunde, weil in den Personen trotz aller Zier der äußeren Anmuth und den entfalieren Künsten der Gefallsucht jener innere Schmuck und die Charakterwürde fehlte, auf der allein sich mit wahrer Liebe und ächter Treue auch wahres Glück begründet. Cleopatra's reizende Hand hatten schon vor Antonius größere Fürsten „mit Zittern geküßt"; Cäsar war in ihren Schlingen geworfen, Pompejus hatte ihr tief in die Augen gesehen; Antonius wußte das. Ihn hatte sie mit umstellender Schlauheit geangelt in ihren absinkenden Tagen, er kannte sie als listig über Menschengedenken und nannte sie seine „alte Schlange", aber er hatte sich von ihr verzaubern, erobern lassen, wohl wissend, daß er in diesem Felde, auch Er, ein Eroberer wäre. So kennt sie ihrerseits auch ihn als wankelmüthig und als ihren Versteller; sie weiß ihn lieblos gegen Fulvia und traut daher nicht seiner Liebe zu ihr; sie möchte ihn seiner rechtmäßigen Gattin ganz entreißen und da die erste starb, nimmt er eine zweite; ist er ihr auf einer Seite Mars, so kennt sie ihn auch als Gorgo von der andern. Sie kennen sich demnach Beide gegenseitig als des Vertrauens nicht würdig, dennoch vertrauen sie einander und finden dann Ursache, sich es vorzuwerfen; sie wissen von einander, daß Untreue und Veränderlichkeit ihre Natur sei, aber sie verschlingen sich mehr und mehr mit allen Ranken ihrer Leidenschaft, um, gegen alle Anderen treulos, sich gegenseitig desto treuer zu sein; in der Stunde der Prüfung haben sie gleichwohl keinen Glauben an ihre Treue. Gerade die Mühe, die sie sich geben, das was sie als untreu kennen zu fesseln, wirkt gegenseitig, daß sie sich in Treue bis zur Leidenschaftlichkeit, bis zu furchtbarer Eifersucht hineinarbeiten, in der sie dann wieder ihren Argwohn gegen die Treue des Andern nähren. Es ist ein wunderwürdiges psychologisches Schlingwerk, das der Dichter aus diesen seltsamsten und doch höchst natürlichen Widersprüchen zusammengesetzt hat und eine tiefe Kunst und Kenntniß, mit der er entwickelt, wie sich Beide durch dieses stets wiederkehrende Mistrauen in ihrer Leidenschaft spannen, wie sie in dieser Spannung, in der Festigung ihrer Treue ein unedles Verhältniß veredeln, wie dabei der persönliche Adel bald höher steigt bald tiefer sinkt, und wie sie da, wo sie sich in ihrem segensloſen Bunde die größeſten Opfer bringen, ſich gerade in ihr Verderben reißen. Das Mißtrauen der Cleopatra gegen Anton tritt mehr in der Zeit hervor, da er im Glück iſt, das ſeinige gegen ſie, da ſie im Unglücke ſind. In den Scenen des erſten Actes legt ſie alle ihre Künſte und alle Beſorgniſſe ihrer Eiferſucht aus, ihn feſtzuhalten, gibt aber willig nach, da ſie merkt, daß es ihm Ernſt iſt zu gehen. War ſchon in dieſen Scenen ihre Haltung keineswegs edel, ſo ſinkt ſie bei der Nachricht von Anton's neuer Vermählung völlig herab. Sie hat nichts von der Kraft des Mannes, Unglücks- kunde gefaßt zu tragen und den Boten von der Botſchaft zu unter- ſcheiden, ſie verflucht den Bringer dieſer Nachricht, ſie ſchlägt, ſie rauft ihn, ſie bedroht ſogar ſein Leben. Wenn ſie Alles wohl klei- det, ſo ſteht ihr dieſe Wuth nicht gut, die Huldgöttin iſt plötzlich in eine Furie verwandelt, und beruhigt ſich erſt wieder, da ſie aus der Schilderung der beſcheidenen, heiligen, verwittweten Octavia merkt, daß ſie keinen Grund zur Eiferſucht hat. Das Seitenſtück zu dieſer Scene liefert Antonius, als er Cleopatra überraſcht über einer be- rechneten, leichten Gunſtbezeugung an den Geſandten des Octavius, der ihr jedes Gehör verſpricht, wenn ſie den Antonius tödte oder ver- treibe. Octavius hoffte ſo ſeinen Gegner zu vertilgen, denn er baute nicht auf die Feſtigkeit der Weiber, nicht einmal im Glücke, geſchweige in der Noth. Eben dieſe Anſicht mochte Anton's Argwohn und Ei- ferſucht ſo furchtbar reizen. Gerade in dem Augenblicke, wo ſie es darauf anlegt, für ſich und ihn von dem Sieger eine Gunſt zu er- wirken, wirft er ihr in maaßloſer Wuth ihre Buhlereien vor; in dieſer Scene ſinkt auch ſein Anſtand und was je Königliches in ihm war in's Gemeine herab und das Gorgoniſche der Natur tritt vor. Wie Er hier mit ſeiner Eiferſucht eine Ausſicht auf Rettung verdirbt, wo ſie in ihrem eigenthümlichen Gebiete vielleicht einen Sieg für Beide errungen hätte, ſo hatte ſie mit der ihrigen vorher die Schlacht bei Actium verloren, wo Er, ſich ſelbſt überlaſſen, vielleicht Meiſter geblieben wäre, und wohin sie (nach Plutarch) Eifersucht mitgetheilt, den hatte, damit nicht ein Verständniß mit Octavia erzielt werde. Eine von Cleopatra nicht verschuldete Wiederholung jener von ihr verschuldeten Schiffsflucht bei Actium entscheidet zuletzt über Schicksal und Leben der Beiden. Zu diesem letzten Ausgange wirkt der durch Unglück zerrüttete Geist in Beiden mit. Hatte Antonius schon bei Actium den Kopf verloren, so jetzt noch mehr. Er fordert Octavius noch einmal zum Zweikampf, thöricht zu glauben, dieser werde sein Glück aufgeben, um ein Schauspiel mit einem Gladiator zu geben. Er läßt den Gesandten Cäsar's peitschen. Er will mit verzweifeltem Trotze eine letzte Schlacht wagen und spornt seine Leute mit einer lustigen Nacht, und denkt sie mit einer rührenden Anrede zu spornen, die sie weich macht. Abwechselnd ist er tapfer und niedergeschlagen, wie ihm sein abgenutztes Glück Hoffnung oder Furcht einflößt. Er trägt einen unverhofften Landsieg davon und hier leiht ihm Shakespeare die Prahlsucht, die Megalauchie, die Plutarch gleichsam zum Mittelpunkte seines Charakters macht; der schneidende Gegensatz gegen Macbeth fällt auf, der wortkarg in seinem Unglück unter Thaten wächst, während dieser unter großen Worten zusammenbricht. Mitten in dem letzten Aufflackern des Glückes erfährt er, daß die Flotte übergegangen ist. Jene erste Schmach bei Actium wirkt hier gleichsam nach. Er schiebt es ununtersucht auf Verrath Cleopatra's, und sinnt auf Rache und Tod für sie, weil er sich an Octavius von ihr verkauft glaubt. Die Wuth der Eifersucht packt ihn noch einmal an und wie sein Gott Hercules fühlt er Nessus' Hemd an sich. Er wüthet, als ob er Othello wäre und eine Desdemona zum Weibe hätte, wo er kurz zuvor zeigte, wie gut er sie kennt. Cleopatra entzieht sich seinem Grimme und giebt, ihn zu sich zu bringen, ihren Tod vor. Auch sie, bei der Alles Berechnung, Umsicht und Klugheit war, verliert jetzt die Besinnung. Zu spät erinnert sie sich, daß ihr Mittel zu stark war und ahnt seine Folgen. Wie sie ihn nach jenem ersten Anfall seiner Eifersucht mit einem Worte wieder versöhnt hatte, weil der Schwächling den Gedanken der Trennung von ihr nicht einen Augenblick tragen konnte, so riß ihr geglaubter Tod den ohnehin aufgegebenen Mann ihr nach, um ihre Verzeihung zu erweinen. Nicht so schnell ist sie entschlossen, dem wirklich Gestorbenen zu folgen; sie hat noch Rettungspläne; sie versteckt noch Schätze vor Cäsar und verhehlt sie ihm mit dreister Lüge in's Antlitz; erst da sie Gewißheit hat, daß sie dessen Triumphzug schmücken soll, gibt auch sie sich den Tod. Beider Tod ist, auch nach dem Ausspruch ihrer Feinde, ihr Bestes. Gleichwohl weiß man auch auf ihm nicht mit gehobenem Gefühle. An Antonius ist Brutus' Schicksal rächend gekommen; er macht so viele und große Worte von seinem Vorhaben, als Römer durch einen Römer, durch sich selbst zu sterben; sein Knabe soll ihn wie den Brutus durchbohren, und der fällt lieber ohne ein Wort selbst in das Schwert, „dreimal edler als Er", der sich nun selber tödtet und nicht sicher trifft. So geht auch der Cleopatra ihre Iras mit dem Beispiele der Selbsttödtung voran, worin auch sie eine Beschämung findet. Ihr Tod ist bekanntlich, wie ihre Liebe, ihre Eifersucht, ihr Leben war, studirt, berechnet, vorbereitet, ausgeklügelt, die Scheidung vom Leben selbst noch zum Genusse gemacht: schmerzlos saugt die Schlange an ihrer Brust sie, wie ein Säugling die Amme, in Schlaf. Es ist eine „edle Schwachheit", mit der ihr Charmion noch wetteifert, als sie, auch sie vergiftet, auf schon zitternden Füßen der gestorbenen Herrin das verschobene Diadem noch ordnet.

Wie wir hier den Ausgang dieses Paares nach dem Stücke darlegen, wird Jedermann finden, daß in den Thatsachen der strengsten Gerechtigkeit gehuldigt ist. Den Worten nach könnte es dagegen wohl scheinen, als ob auf Antonius zu viel Licht geworfen sei, als ob der ästhetische Zweck, den Hauptcharakter etwas zu heben, mit der ethischen Wahrheit in Conflict gerathen sei. Man könnte glauben, Shakespeare habe bei der Grundlegung dieses Charakters, gegen seine ganze sonstige Lebensweise, das ruhende Wesen und die Naturanlagen gegen die Thätigkeit, gegen den Menschen in Bewegung, gegen den Gebrauch der angeborenen Gaben, zu hoch emporgerückt, da es einigemal scheint, als sollten Antonius seine angestammten guten Seiten als verdienstliche Tugenden angerechnet, die üblen dagegen als verzeihliche Schwächen bezeichnet werden. Es kommt daher genau darauf an, daß man beachte, wem die verschiedenen Urtheile über ihn in den Mund gelegt sind. Auf Cleopatra werden wir nicht hören, wenn sie ihn wie einen Gott Meer und Erde beschreiten sieht, seine Gewalt und Güte, seine Freigebigkeit über Alles preist und das von ihm sagt, was die augenfälligste Unwahrheit ist: daß seine Freuden (in denen er ja unterging), wie Delphine den Rücken über dem Elemente getragen hätten, in dem sie lebten. Der schwache Lepidus, der Alles versöhnlich zum Guten kehrt, sagt von ihm, er habe nicht Uebles genug, um sein Gutes zu verdunkeln. Bei dem Tode des unglücklichen Besiegten, in dem Augenblicke, wo selbst sein Sieger Octavius gerührt steht, sprechen die edlen Feinde Mäcenas und Agrippa das milde Urtheil. Fehler und Tugenden hätten gleich in ihm gewogen: ein seltenerer Geist habe nie ein menschlich Wesen gesteuert, aber die Götter gäben uns eben einige Fehler mit, uns zu Menschen zu machen. Anton's Unterfeldherren wie Ventidius bezeichnen uns die Schwäche seines kleinlichen Ehrgeizes und schonen ihn. Andere seiner Soldaten wie Phile benennen schonungslos die schmähliche Lage des Triumvirs, der der Zigeunerin Buhle und Narr geworden. Pompejus findet und wünscht, daß Schlaf und Schwelgerei seine Ehre bis zu Lethe's Betäubung begrabe. Einer seiner Anhänger, Canidius, fällt früh von ihm ab, der Andere, Oenobarbus, verläßt ihn erst, als selbst sein Schutzgott ihn verlassen hat, der Dritte, Eros, ist ihm zum Tode getreu. So macht dieser Mann, vielgestaltig und vieldeutbar wie er ist, auf Jeden einen anderen Eindruck; es fragt sich, auf wen er den richtigsten macht? Nicht am ungerechtesten beurtheilt ihn, der ihn am besten kennt, sein Feind Octavius. Er nennt ihn treffend den Inbegriff aller verführerischen

Fehler; er läßt sich, ungern aber nachgebend, jenen Ruhm Anton's gefallen, daß ihn Alles gut kleide; des Mannes Anstand müsse in Wahrheit selten sein, den die niederen Vergnügungen, denen er sich hingab, nicht beflecken sollten. Er blickt unzufrieden aber nachsichtig auf die sittlichen Schatten, die auf ihn fallen. Er findet aber unverzeihlich all sein Thun, wenn er den politischen Beruf in's Auge faßt, der ihm oblag. Wenn dieß den Hauptgesichtspunkt über Antonius öffnet, in sofern man ihn im Verhältniß zu seiner Stellung zur Welt sieht, so gibt dagegen in Bezug auf das Persönliche, auf den Charakter an sich selber, sonderbarerweise Antonius selbst das letzte Wort ab, in dem wir des Dichters eigenes Urtheil über ihn erkennen müssen. Und dieß ist überraschend wohlgegriffen bei dieser Natur, die der Wahrheit nicht unzugänglich war, die unwillkürlich nach außen hin Schein annahm und daher Andern anders erschien, die eben so unwillkürlich den Strahl der Erkenntniß von außen hin in sich aufnahm und, ohne es zu wollen, das Ergebniß dieser Selbsterkenntniß in verschiedenen Lagen auch äußert. Nachdem er in der ersten Scene (Act I.) in seinem Rausche jenen Satz gesprochen hatte, daß nur die Verfeinerung des Liebesgenusses Mensch und Thier unterscheide, sagt er umgekehrt in der zweiten Scene, wo er schon zu sich gekommen, schon „aufgepflügt" ist durch die üblen Nachrichten aus Rom, was seine ganze Genußsucht am schärfsten verdammt: wir bringen nur Unkraut hervor, wenn unser fruchtbarer Boden unthätig und brach liegt. Wie er sein Glück verscherzt und mit ihm all den gesunden Tact und Instinct des Handelns verloren hat, der ihm sonst eigen war, bezeichnet er in seiner Wuth gegen Cleopatra seinen Absturz in's Elend mit eben so scharfen Worten: Wenn wir in unsern Lastern verstocken, so verblenden uns die Götter und tauchen unser klares Urtheil in unsern eigenen Schmutz, machen uns Irrthümer anbeten und lachen unser, dieweil wir in's Verderben schreiten. Und endlich, da er kurz vor seinem Tode auf seine Lage blickt, vergleicht er sich mit den abendlichen Wolkenbildern, die bald diese, bald jene Gestalt dem

Auge täuschend zeigen und dann in Nichts verschwinden. Und durch Nichts konnte mehr in Plutarch's Sinne das Urtheil über das ganze Leben dieses Mannes, der die Welt mit seiner glänzenden Nichtigkeit, mit Scheingröße und Scheinherrlichkeit in tausend wechselnden Gestalten erstaunte und täuschte, dichterisch zusammengefaßt werden, als mit diesem sprechenden Bilde.

Die Geschichte kam Shakespeare darin entgegen, daß sie ihm auf dem Gebiete der thätigen Welt keine zu überwiegende Persönlichkeit auflegte, die auf den verweichlichten Antonius als Gegensatz zu sehr gedrückt hätte. Sein Octavius ist daher eben so vortrefflich ästhetisch benutzt als historisch gegriffen. Schlegel hat mit Recht gerühmt, daß Shakespeare diesen Charakter (schon im Julius Cäsar) vollkommen durchschaut habe, ohne sich durch das Glück und den Ruhm des Augustus irre machen zu lassen. Wir werden für die Betriebsamkeit des politischen Lebens nicht allzu enthusiastisch gestimmt durch diesen gesetzten Diplomaten und seinen Sieg über den genußsüchtigen Gegner, auf den immerhin sein phantastisches Heroenspiel und seine ausschweifende Leidenschaftlichkeit einen Glanz von Poesie wirft. Anton's Luxus, seinem Müßiggange und Wahnwitze hat Octavius sein Glück mehr zu danken, als seinem eignen Verdienste. An intellectuellen Gaben läßt Shakespeare den Octavius selber dem Anton sich unterordnen, wenn er sagt, es habe oft an dessen Herzen das seinige Gedanken gezündet. Aber der Gebrauch, mit dem er kann diese Gaben zu Rathe hielt, stellt ihn um so vortheilhafter dem Antonius entgegen. Durch kälteres Blut gegen den Stachel der Wollust geschützt, hat er sich mit grundsätzlicher Nüchternheit auch gegen die Ueberraschungen des Weines gewaffnet, „diese Gehirnwäsche, die nur schmutziger macht". Schon diese Eigenheiten der Natur und Gewöhnung geben ihm über Anton ein natürliches Uebergewicht. Wo dieser genial leichtfertig ist, ist Octavius voll kleinlicher Sorglichkeit, wo jener müßig, schwelgerisch, unsinnig jede Staatspflicht versäumt, vernachläßigt, vergißt, ist Er ganz Gewissenhaftigkeit, Sparsamkeit, Rührigkeit, planmäßige Thätigkeit, und von wenigstens eben so viel gemeinnützigem Interesse am Staate als von persönlichem Ehrgeiz getrieben. Er zürnt über Antonius' Leichtsinn, weil er ihm unbegreiflich und gegen seine Natur ist, wo er sich eben so sehr darüber freuen konnte, weil er ihm nützlich ist. Solang er ihn gegen Pompejus braucht, ist er rücksichtsvoll gegen ihn und sucht ihn sich ernstlich zu versöhnen und zu verbinden. Als das Zerwürfniß droht, vermeidet er mit schlauer Sorgfalt, sich einem Vorwurfe blos zu stellen; er könnte schriftlich beweisen, wie schwer er in den neuen Krieg gezogen ward, wie ruhig und mild er in allen Briefen verfuhr. Sobald ihm aber Antonius dreifache Gelegenheit entgegen bringt, seine Familie beschimpft, den Staat verunehrt, den eignen Ruf völlig zu Grunde richtet, nun sieht er das Ziel seines autokratischen Ehrgeizes gekommen, nun opfert er die Schwester dem politischen Zwecke, entfaltet eine Thätigkeit ohne Gleichen, beseitigt den Lepidus und Pompejus, verblüfft mit seiner Eile den sonst rascheren Antonius, läßt sich nicht von falscher Ehre verleiten dessen abenteuerliche Aufforderungen anzunehmen, sondern verfolgt den sicher gebahnten Weg seines Glückes mit vorsichtiger Umschau, obwohl mit völliger Entschlossenheit, den Antonius nun zu vertilgen und Cleopatra so tief als möglich zu demüthigen.

Die Art und Weise, wie das private Verhältniß der Liebenden an Staat und Geschichte geknüpft, wie das Stück zur Historie geworden ist, ist eben so einfach als meisterlich. In der Berührung und innigerem Beziehung Roms mit dem Oriente, der Ansteckung des frugalen Westens mit asiatischem Luxus ist der römische Staat zu Grunde gegangen, wie sein Triumvir Antonius. Shakespeare hat diesen gefährlichen Einfluß in dem wackern Oenobarbus dargestellt. Dieß ist eine altrömische Soldatennatur, derb, dreist, von trocknem Humor, ohne Umstände und Rücksichten, grad und wahr gegen Freund und Feind, gegen den Seeräuber Menas so gut wie gegen die Zauberin Cleopatra und seinen Feldherrn Antonius. Er hat einfältig klugen Menschenverstand genug, um das ganze innere Gewebe seines räthselhaften Herrn zu durchschauen, aber vor Cleopatra's Künsten steht er rathlos. Der Zauber ihres Wesens ergreift ihn, so weit seine Natur dafür zugänglich ist, wie nachher den Dolabella. Er glaubt ihre Leidenschaft gegen Antonius aus den feinsten Theilen reiner Liebe zusammengesetzt; er läßt sich von ihrer Mühsal, den Flattergeist festzuhalten, täuschen; wie sie den Thyreus versichert, sie habe sich Antonius nur aus Zwang hingegeben, dünkt ihm dieß ernst und wahr genug, seinen Herrn darüber selbst zu befragen. Die Lebensweise des Orients ist nur selbst dieser schlichten, rauhen Natur gefährlich, wie dem dafür geschaffenen Antonius; in der Gesellschaft von Eunuchen, von Dienern die auf den Wink dreißt sind, wie Alexas, von jenen frivolen Bajaderen Iras und Charmion, die ihren Dienst wie Meisterinnen verstehen, nimmt auch der Roheste eine Abschleifung an. Es wird dem derben Kriegsmann wohl auf dem ägyptischen Lager; er ist doch auch schon wie sein Herr zwischen den Weibern und den Geschäften, zwischen Bleiben und Gehen in schwerer Wahl getheilt; reizt ihn die Liebeslust nicht, so reizen ihn die Weine Aegyptens desto mehr. Seine bessere Römernatur ist im Kampfe mit der innern Seuche, die ihn ergriffen hat, als Antonius' Glück von ihm weicht. Er findet, daß die Flucht thöricht wird, die an dem Thoren festhält, dennoch gewinnt es zuletzt die Treue über die Klugheit, und er meint mit ehrlichem Aushalten den Sieger seines Herrn zu besiegen und einen Platz in der Geschichte zu verdienen. Aber dann besticht Anton's böses Glück auch diesen redlichen Diener; Anton schickt ihm seine Schätze nach, da er ihn verlassen hat; diese Großmuth schlägt den Treuen, der noch spät aus der langen ehrlichen Bahn gewichen war; er fühlt jetzt mit Scham, daß er in dem Buch der Geschichte nur als Verlasser seines Herrn und als Flüchtling verzeichnet stehen werde, und gibt sich selber den Tod.

Zu diesem Beispiele des Verfalls von Roms alter Tugend kommt noch der Aufstand des Sextus Pompejus hinzu, durch den das Stück mit seinem Faden an Julius Cäsar geknüpft wird. Unter dem Ringen der beiden Erben Cäsar's erwacht des Volkes Liebe für den todten Pompejus wieder und trägt sich auf seinen Sohn über. Die Unzufriedenen sammeln sich um Sextus, der noch einmal die Fahne der Republik aufpflanzt, wo „ein Mann nicht mehr sein soll als ein Mann". Aber welche Menschen erheben sich hier für diese schöne Sache an der Stelle von Brutus und Cassius! Der junge Pompejus, ein frankes aber unbesonnenes Herz, das Bild eines politischen Leichtsinnes dem gemessenen Octavius gegenüber, kämpft für die Sache der Freiheit im Bunde mit Seeräubern, tollkühn, ohne Freunde. Er kann nicht warten auf das vollendete Zerwürfniß zwischen Octavius und Antonius, er weiß vielmehr, daß sein Aufstand Beide vereinigt, er denkt aber leichtfertig und dünkelhaft nur um so besser von sich, da er vermochte, Antonius aus seinem Aegypten loszureißen. Sein Vertrauen ruht auf der Wahrsagung seiner Hoffnung, auf dem Besitz der See, auf der Liebe des Volkes, gerade auf allen trüglichsten Dingen der Welt! In den ersten Worten, die wir ihn sprechen hören, zeigt er sich weniger fromm als seine Seeräuber, in der letzten Handlung, in der wir ihn sehen, weniger gottlos als sie. Menas räth ihm, nach der geschichtlichen Ueberlieferung, die Triumvirn bei einem Bankett auf seinem Schiffe zu ermorden. Er möchte, daß Menas diese That vollbracht hätte, ohne ihn zu fragen, gefragt will er nicht, daß seine Ehre seinem Vortheile diene. Menas steht ihm wie Cassius dem Brutus gegenüber mit dem Vorwurf, daß er die Mittel zum Zwecke nicht wolle. Aber welch ein Abfinken von jenem Gegensatze zu diesem! von jenen Republikanern zu diesen! Wie Pompejus die Sache der Freiheit verstand, so ist er zufrieden, nicht wenn ein Mann so viel Mann ist als der Andere, sondern wenn nur Er so viel ist wie diese Mächtigsten! Und indem er mit halbneidischen Blicken nach Antonius' Genüssen im Osten schielt, indem er die Männer, die ihn mit einem Theilchen ihrer Herrschaft abfinden, bei sich bewirthet, zeigt er ganz, wie geschickt auch Er in die Schlem-

merei und die wüsten Sitten eingehen, die Rom zu Grunde gerichtet
haben. Es gibt nichts Bewundernswertheres als die geschichtliche
Symbolik dieser Gelagscene! Da wird die schmächtige dritte Welt-
säule, Lepidus, zuerst weggetragen; sie hatten ihm „Almosentrank"
gegeben, d. h. den Theil Wein, den man einem Andern abtrinkt, um
ihn zu erleichtern, worin Warburton eine treffende Satire fand auf
seine Aufnahme in's Triumvirat, um den Neid von den Andern ab-
zulenken. Daneben ertränken sich Antonius und Enobarbus die
Sinne im Wein und führen ägyptische Bacchanale auf. Und auf der
andern Seite verscherzt im heitern ehrlichen Muthe Pompejus sein
Glück. Dazwischen steht Octavius beobachtend, ohne das frohe
Spiel zu verderben; auch er spaltet schon die Worte, aber sein Geist
ist hell und seine Sinne nüchtern, und er moralisirt: Unser ernstes
Geschäft zürnt über diesen Leichtsinn!

Coriolanus.

Wir haben keinen sicheren äußeren Anhalt, das Datum von Coriolan zu bestimmen, nur der Stil und einige wenige Ausdrücke und Stellen, die an gleichzeitige Stücke erinnern, können zu Vermuthungen anleiten und diese vereinigen sich bei fast Allen, das Stück um das Jahr 1610 zu setzen.

Die Freude an dem römischen Staate, auf dessen gewaltige Laufbahn Shakespeare in diesem Stücke wie in dem stolzen Wohlgefallen eines Angehörigen hinsieht, scheint den Dichter bestimmt zu haben, nach der Ausführung des Antonius noch einmal in die schöneren Tage der ersten Kriegsgröße dieses Volkes zurückzuweisen und einen erhabneren Gegenstand aus seiner Geschichte zu behandeln. Wie er uns im Antonius die Kaiserzeit mit ihren Ausartungen dargestellt, im Cäsar den Kampf der Republik mit der Monarchie gezeigt hatte, so führt er im Coriolan innerhalb der Republik den Streit des aristokratischen und demokratischen Elementes vor. Das Ringen beider Gewalten, der tribunischen und consularischen, der plebejischen und patrizischen, des Senats und des Volkes erfüllt das ganze Stück; die Klagen und Vorwürfe, die zwischen Regierern und Regierenden, zwischen den Leuten der Aemter und Privilegien und denen der Lasten und der Leistungen herkömmlich sind, werden in gleicher Wage gegeneinander gewogen. In der Natur dieser beiden Kräfte wird überall ihr Gegensatz begründet gezeigt; aus dem Unverstande, aus der Unbilligkeit, aus der Schroffheit des Gegensatzes wird die Unversöhnlichkeit zwischen Beiden als die nothwendige Folge hergeleitet. Der Unbeständigkeit im Volke steht der Starrsinn, die Einseitigkeit, der Trotz in dem Vertreter der Aristokratie entgegen, der Chrlosigkeit dort die maaßlose Ehrsucht hier, dem neidischen Hasse die stolze Verachtung, dem flüchtigen Rausch der Vergeltungssucht die tiefe Rachbegierde, der oberflächlichen Reue der nachtragende Groll. Die Unerträglichkeit der höheren und stärkeren Natur mit der schwächeren und geringeren ist geschildert, die unausbleiblich ist, wenn dort nicht weise Bescheidenheit sich herabläßt und hier nicht anerkennende Würdigung des Verdienstes emporhebt. Die Gegensätze und Gegenwirkungen dieser beiden politischen Stände und Kräfte sind so eindringlich in unserm Stücke behandelt, daß man gewöhnlich eben diesen Kampf des aristokratischen und demokratischen Prinzipes als die Seele desselben angesehen hat, so daß hier der leitende Gedanke des Dichters ein rein politischer gewesen wäre. Allein uns schien es immer, daß die drei römischen Stücke gerade durch die Steigerung der Historie zum freien Drama, durch die Vermählung des politischen Gedankens mit einem moralischen, die Mischung des historischen mit dem psychologischen Werthe so hoch in der allgemeinen Schätzung ständen. Wir würden glauben, jene politischen Momente seien wesentlich der Materie einwohnend und bildeten mit ihr nur den allgemeinen Grund und Boden, auf dem der eigentliche Mittelpunkt des Stückes erst gesucht werden müsse. Das innere Verhältniß der drei Stücke und ihre Aufgaben zu einander wird dieß schnell in helleres Licht setzen. Im Cäsar war der politische Gegenstand der Kampf der Republik mit der Monarchie; innerhalb dieses allgemeinen Gegenstandes der großen geschichtlichen Handlung fesselte uns aber doch als Kern der eigentlichen dramatischen Handlung der scharfe Zwiespalt zwischen einer politischen und einer sittlichen Pflicht, in die der Held des Stückes versetzt war. In Antonius ist das geschichtliche Thema der Kampf des römischen Thatengeistes mit dem Einfluß orientalischer Verweichlichung, und hier, kann man sagen, fiel der politische mit dem sittlichen Mittelpunkte zusammen; Anton's individuelle Schwankung zwischen dem thätigen Weltberufe und der sinnlichen Genußsucht ist das erste Hauptsymptom der gleichen Lage, in der sich die ganze Zeit befand. Im Coriolan ist die politische Grundlage der Kampf zwischen aristokratischen und demokratischen Elementen; in diesem Kampfe findet sich der Held auf den Punkt gestellt, zwischen der Liebe zum Vaterlande und einem selbstsüchtigen Hasse zu wählen. Brutus löste seine Freundschaft mit Cäsar, dem vermutheten Feinde des Vaterlandes, auf, aus größerer Freundschaft zum Vaterlande, politisch so edel als sittlich verirrt; Antonius löst Freundschaften, die dem Vaterlande nützlich, und knüpft andere, die ihm schädlich waren, in beidem politisch und sittlich gleich leicht und fahrlässig; Coriolan löst eine Feindschaft mit dem Feinde seines Volkes zu des Vaterlandes Verderben, politisch wie sittlich in Selbstsucht erstarrt. Die Charakterformen, die sich in diesen Lagen zu entscheiden haben, und die vorschlagenden Eigenschaften in ihnen, kraft welcher sie sich so oder so entscheiden, dieß ist überall der eigentliche Mittelpunkt, auf den der Dichter hinarbeitet, und sein leitender Gedanke ist auch hier, wie wir überall darthun, sittlich psychologischer Natur. In Brutus bei seiner wahrhaft schwierigen Wahl entscheidet die grundsätzliche Festigkeit und Ehrenhaftigkeit eines ächt männlichen Gemüths; in Antonius bei einer Wahl, die keine Wahl sein sollte, im scharfen Gegensatz zu Brutus die unmännliche Unbefestigkeit und Ehrvergessenheit eines weibgewordenen Schwelgers; bei Coriolan wieder in einem doppelten Gegensatze zu Beiden der überhobene Stolz und die großartige Ehrsucht eines männischen Charakters, in dem sich das Uebermaaß des Selbstgefühls unnatürlich bis zu starrsinniger Unbeugsamkeit schraubt, die sich selber die Spitze abbricht. In Brutus kam der edelste Bürger mit dem edelsten Menschen in Widerstreit, in Antonius hat der sinnliche Mensch über den zur That berufenen Bürger seine

Triumphe gefeiert, in Coriolan ist der empfindende Mensch und der gute Bürger gleichmäßig unterdrückt unter einem durch Stolz überspannten Heroenthum. Einem Heroenthum, sagen wir, weil die Körper- und Charaktereigenschaften Coriolan's in der That, nach der Natur einer Heroenzeit, über die gewöhnliche menschliche Größe hinauswachsen; einem überspannten Heroenthum, fügten wir zu, weil, gegen die ähnlichen Darstellungen ähnlicher Verhältnisse aus Heroenzeitaltern selbst gehalten, diese hier an Gewalt der Leidenschaft noch hervorragen. Die in ähnlichem Trotze und Starrsinn zürnenden Meleager und Achill bei Homer erweichen schon, da sie das Feuer in die befreundete Stadt oder Schiffe tragen sehen, Coriolan will selber die Brände in seine Vaterstadt schleudern.

Selbst wenn wir von unserer Weise, nach einer sittlichen Grundanschauung in jedem von Shakespeare's Dramen zu suchen, ganz ablassen, so ist es durchaus nicht gleichgültig für die Beurtheilung dieses Stückes, ob wir jenen politischen oder diesen psychologischen Gedanken zur Grundlage der Betrachtung nehmen. Faßt man die politischen Kämpfe jener beiden Stände als die Hauptsache in's Auge, so wird man leicht zu Fehlurtheilen kommen. Um nur eins hervorzuheben. Man sieht dann Coriolan, als den Hauptvertreter der Aristokratie, im Hauptgegensatze gegen das Volk und die Tribunen; man wird dann ganz natürlich auf die Ansicht gebracht, die Hazlitt ausgesprochen hat, Shakespeare habe eine Neigung zu der willkürlichen Seite der Frage, zu dem aristokratischen Prinzip gehabt; er weile nicht in dem Maaße auf den Wahrheiten, die er vom Adel, wie auf denen, die er von dem Volke sage. Hazlitt hat vortreffliche Sätze hinzugefügt, um sogar die Natürlichkeit und Nothwendigkeit dieser Vorneigung in dem Dichter darzuthun. Er zeigte, daß die dichterische Phantasie eine übertreibende, ausschließende, aristokratische Kraft, das Prinzip der Poesie einem durchaus allem Gleichmachen entgegengesetztes Prinzip ist, daß der Löwe, der in eine Heerde Schafe fällt, ein weit poetischerer Gegenstand ist als die Heerde, daß wir den stolzen Selbstwilligen mehr bewundern, als die kleinmüthige Menge die sich vor ihm beugt, den Unterdrücker mehr als den Unterdrückten. Dieß Alles ist sehr wahr und scheint in der Anwendung auf Coriolan noch mehr Wahrheit zu gewinnen. Aber Shakespeare's so eng mit der Sittlichkeit verschwisterte Dichtung, seine Einbildungskraft mit dem gesunden Verstande in so innigem Bunde, seine Ideale so voll realer Wahrheit scheint uns immer gerade das so auszuzeichnen vor aller anderen Poesie, daß da nichts ausschließendes ist, daß Unbefangenheit und Parteilosigkeit die vorschlagendsten Kennzeichen dieser Dichtung und dieses Dichters sind, daß, wenn die Einbildungskraft auch bei ihm „nach Effect sucht, von Gegensätzen lebt und eine Mitte nicht zuläßt", doch eben in der Stellung, Zeichnung, Färbung der jedesmaligen poetischen Gegensätze für die sittliche Beurtheilung immer die goldene Mitte jener Unbefangenheit heraustritt, die das köstliche Vorrecht des wahren Weisen ist. Shakespeare hat den Mann der Freiheit, den Brutus, ja selbst den derberen Meister der Revolution, den Cassius, weit edler und mit weit mehr Liebe geschildert, als den Mann der Aristokratie, den Coriolan. Man wird zugeben, daß von dem Beispiele des Brutus viele begeisterte Freunde der Volkssache gewonnen werden, bis von dem des Coriolan dem Aristokratismus Einer zufallen würde. Wenn man Coriolan nicht blos im Gegensatze gegen die Menge sieht, sondern wenn man seinen Charakter in sich selber und mit sich selber wiegt, so muß man nach der genauesten Erwägung sagen, daß hier der fleischgewordene Aristokratismus von seinen erhabensten und gehässigsten Seiten mit jener stets gleichen Unparteilichkeit geschildert ist, die Shakespeare's Natur kaum hätte verleugnen können. So ist nicht das Volk geschildert, wird man einwenden. Allein auch auf den Adel als Masse hat der Dichter zuletzt eben so wenig ein günstiges Licht in unserem Stücke fallen lassen; denn es liegt in der Natur der Sache, daß eine Menge nie mit Einem in Parallele gesetzt werden kann, der ein Gegenstand dichterischer Darstellung werden soll, der gerade deshalb ein Einziger, ein Ausgezeichneter vor den Vielen sein muß. Aber, kann man sagen, so unparteiisch sind auch nicht die Vertreter des Volks, die Tribunen geschildert. Wo aber wäre das dichterische Ebenmaaß geblieben, wenn Shakespeare diese hätte hervorheben wollen? wo die Wahrheit, wenn er eine neue tumultuarisch geschaffene Gewalt hätte in weiser Würde und Energie darstellen wollen? wo der Antheil an seinem Helden, wenn er ihm einen Marcus Brutus im Tribunal gegenübergestellt hätte? In dem Maaße, in dem er für die Tribunen gefesselt hätte, wäre Coriolan aus all unserem Antheil gesunken, denn er hat schon so genug an der eigenen Last des Herabziehenden zu tragen.

Sieht man genau zu, so könnte man nicht einmal sagen, daß das Volk hier gar so schlimm geschildert wäre. Man hat dabei genau zu unterscheiden, wie es sich selber handelnd darstellt und wie es von den Spöttern und Verächtern des Volks in Worten dargestellt wird; leicht möchte man dann finden, daß die Massen im Julius Cäsar viel schlimmer erscheinen, als die im Coriolan. Die Natur der Zeiten ist hierin sehr fein berücksichtigt. Im Antonius, wo das Volk nichts mehr gilt, spielt es auch nicht mehr mit; im Cäsar, wo seine Ausartung die Republik zerfallen ließ, zeigt es sich in seiner ganzen Schwäche; im Coriolan, wo es den Staatslauf Roms hemmen, aber nicht aufhalten kann, erscheint es mit besseren und schlimmeren Eigenschaften gleichmäßig ausgestattet. Man muß zugeben, geschmeichelt ist der Menge auch hier nicht. Die Massen werden nicht allein von Coriolan unbeständig und wankelmüthig gescholten, sie selber machen ihn auch thatsächlich bei dem Wahlacte ihre Veränderlichkeit erfahren. Menenius sagt es nicht allein, daß ihr Unverstand sie in ihrem Elend dahin treibt, wo sie noch größeres finden müssen, sondern wir finden sie in Wahrheit auf diesem Wege, und ihre Führer gehen ihnen voran in dem populären Unsinn, daß man das Unbequeme nicht glaubt und dem Volke vorenthält, und daß man Den peitschen läßt, der unwillkommene Wahrheit bringt. Es ist wahr, nicht allein mit Worten wird ihnen die Ungerechtigkeit vorgeworfen, daß sie dem Regiment Schuld geben was vielleicht der Himmel verschuldet hat, daß sie der Gerechtigkeit fluchen die den Verbrecher trifft, und die Größe dagegen mit Haß verfolgen; wir selber sehen sie auch handelnd bald lieben bald haffen ohne Grund und, wie es in bewegter Zeit überall geschieht, die aufregenden Gemeinplätze hervorragen, die viel Schein und wenig Wahrheit haben. Coriolan verachtet alle „That und Fähigkeit" des Volkes, das Haasen liefert wo man Löwen erwartet, aber auch in Wirklichkeit hat uns der Dichter seine Feigheit und Plünderungssucht sehen lassen. Dem entgegen muß man nur nicht, unbillig wie Coriolanus selber, übersehen, daß Shakspeare auch jene Besseren und Tapferen aus dem Volke vorgeführt, die, als der Feldherr Freiwillige aufruft, in ganzer Mannschaft ihm folgen, zu seiner eigenen Freude und Erbauung. Man muß nicht übersehen, daß die Anerkennung des Verdienstes in Coriolan die ganze Volksmasse durchdringt, daß der Eifer dem Sieger bewundernd zuzujauchzen allgemein ist, daß sein Anhang im Volke groß erscheint, daß selbst das bearbeitete, aufgestiftete Volk ihm zugesteht, er sei nicht habsüchtig, er sei nicht mehr stolz als tapfer, daß sie bei seinem Hochmuthe die Gewalt seiner Natur billig in Anschlag bringen, daß sie bekennen, die Macht seines Verdienstes gehe über ihre Macht, ihm die höchsten Ehren zu weigern. Menenius meinte, wenn der Adel sie nicht in Furcht hielte, würden sie sich selbst zerreißen, aber sie geben doch auch schon der Weisheit seines Apologs nach, vor der die ihrige stockt. Coriolan's Freunde erwarteten, das sich selbst überlassene Volk werde sich nach dessen Entfernung unter sich selber aufreiben, aber es herrscht zu ihrer Enttäuschung Friede und Eintracht. Wenn Wankelmuth jeder Volksmenge zu aller Zeit eigen sein wird, so liegt doch in diesem Fehler auch eine gute Seite, die dem starren Eigensinn des Aristokraten gerade entgegengesetzt ist; die Menge ist durch diese Eigenschaft eine handliche Masse, die ein Weiser wie Menenius mit Leichtigkeit stimmen kann; sie ist leicht zu erhitzen, so ist sie auch leicht wieder gut zu machen und diese Eigenschaft der freigebigen Verzeihung muß auch Menenius selbst seinem Volke nachrühmen. Ist das Volk aufsässig gegen Coriolan, so ist es entschuldigt durch dessen Gleichgültigkeit und vornehme Verachtung, durch den Trotz und die Feindseligkeit, mit der der Stolze absichtlich seinen Haß herausfordert.

Hier sind in der That die guten und schlechten Eigenschaften einer Menge nach der Wahrheit und selbst nach der Billigkeit abgewogen. Wollte man aber des Dichters Schätzung des demokratischen und aristokratischen Prinzips ausmitteln, so müßte man, wie wir andeuteten, die höchsten Vertreter beider Prinzipien, den Coriolan mit Brutus und Cassius vergleichen, nicht jene Menge mit Coriolan, der über sie als ein Heros hervorzuragen von dem Dichter ausdrücklich und nach den Anleitungen der Geschichte bestimmt ist. Man würde diesen Charakter mit Marlowe's übersteigerten Helden vergleichen, wenn die Ueberspannung bei Shakespeare so für ächte Natur gegeben wäre und so in gutem Glauben die Bewunderung in Anspruch nehmen sollte, wie es bei den ähnlichen Zeichnungen jener älteren Dichterschule der Fall ist, während bei ihm umgekehrt diese Uebersteigerung der Natur als etwas Unnatürliches in sich selber zusammenbricht und ein sehr gemischtes Gefühl in dem Beobachter zurückläßt. Der Dichter hat Alles aufgeboten, um die stolze Ausnahmsgröße in seinem Helden möglich zu machen. Er hat ihm eine Mutter gegeben, die, von Vaterlandsliebe durchglüht, des Gatten früh beraubt, all ihren Stolz, ihre Kraft und ihre Liebe daran gesetzt hat, in dem Einen früh ausgezeichneten Sohne dem Vaterlande den ersten Helden und Lenker zu erziehen. Es ist kein anziehendes, aber ein großes Weib, diese Volumnia, die ihr männisches Wesen für einen ehrenden Zug hält, die zu sagen pflegte, wenn sie Hercules' Weib gewesen, würde sie ihm sechs seiner Arbeiten abgenommen haben. Sie hat den Sohn früh „wie eine Henne in den Krieg gelockt"; wenn sie sein Weib wäre, würde sie ihn lieber auf dem Weg der Ehre abwesend wissen, als seine Liebe zu Hause genießen; sie weiß seine Wunden auswendig, und noch im hohen Alter schwelgt sie in der frohen Vorstellung seiner Schlachtkämpfe und seiner Heimkehr mit blutender Stirne. Mit hoher Befriedigung darf sie sich und ihm sagen: kein Sohn verdanke seiner Mutter mehr, als Er ihr. Nie hatte sie ihn eine Stunde aus dem Auge gelassen; sie zog ihn auf in und zu Gefahren und Ehrsucht; sie lehrte ihn früh, daß das Unglück erst den Muth erprobe; sie wollte lieber elf Söhne im Kampfe verlieren, als Einen in Wollust faulen sehen; sie kann daher behaupten, Coriolan habe seine Tapferkeit von ihr gesaugt und mit Stolz blickt sie auf den gelungenen Bau ihrer kühnsten Einbildung hin. Diesen Stolz hat sie dem Sohne eben so vererbt, obwohl sie das verredet, und in gewisser Weise auch verreden kann. Ihr Stolz auf den Sohn ward in ihm Stolz auf sich selber; von ihr wie von den Freunden des Hauses vergöttert, zog Coriolan unter dieser feinsten Schmeichelei der aufrichtigsten Pfleger und Freunde das angeborene und angezogene Selbstgefühl in sich groß zu hochblickendem Hochmuth. Auch zu der Verachtung der Menge gab ihm die Mutter die erste Anleitung; er war schon ein Feind des Volkes in früher Jugend, da er noch in keinen Zusammenstoß mit ihm gerathen war. Volumnia erzog den Sohn aus der Ueberzeugung, daß der Mensch nur ein Bild sei, wenn ihn Ruhm nicht belebe; zu der Thätigkeit des Kriegs- und Staatslebens ist Coriolan ohnehin im großen Gegensatze gegen Antonius instinctmäßig getrieben; er „lohnt seine Thaten damit, daß er sie thut"; er ist „zufrieden, die Zeit zu verbringen, nur um sie zu enden"; ihm ist es das Bild von einer ganz undenkbaren Sache, daß Er in der Sonne sitze und sich den Kopf krauseln lasse, wenn zum Angriff geblasen wird. So ist er zur Erhebung über das Gewöhnliche und Gemeine von früh auf hingezogen und aufgezogen, „er hat, sagt Volumnia, die feinsten Züge der Ehre angestrebt, um die Eigenschaften der Götter nachzuahmen". Diese gespannten Anforderungen an sich und an Alle, aus Stolz entsprungen und größern Stolz erzeugend, machten ihn mit der Zeit Allen unbequem und sich selber verderblich, weil mit ihnen jede schlimme wie jede gute Eigenschaft zu einer Höhe wuchs, die sich gleichsam selber nicht trug; er strebte nach einem Verdienste, das „in seinem eigenen Uebermaaße erstickte". Kein eitler Ehrenschwindel treibt ihn nach einem eitlen Ruhme; er will der Erste sein, nicht scheinen; er ist von dieser Seite der Aristokrat in dem einfachen und erhabenern Verstande des Wortes; ihm liegt nichts am Namen und an der Würde, sondern Alles, wie es dem wahren Stolze gemäß ist, am ächten Verdienste; ihm würde es nicht genügen, wie jenem Cäsar, lieber am kleinsten Orte der Welt der Erste, als am größten der Zweite zu sein; er will, nicht der Erste an Würde, aber der Größte an Thaten auf dem ganzen Erdkreise sein.

Was bewog Shakespeare, dem Helden dieses Stücks diese ganz eigentlich übermenschliche, halbgöttliche Größe beizulegen? Die Geschichtsfabel legte dem Dichter eine Katastrophe der seltensten Art auf. Coriolan bekämpft nach seiner Verbannung das Vaterland, für das er sich früher in den angestrengtesten Schlachten, ohne nu nach Lohn zu verlangen, geschlagen hatte, in kalter, gefühlloser Rachsucht, mit seinem ärgsten Feinde im Bunde; dann plötzlich gibt er diese Rache unter gewisser Gefährdung des eigenen Lebens auf die Bitten seiner Mutter auf. Diese widersprechensten Züge glaubte Shakespeare nur unter der Bedingung in Einem Menschen zusammen legen zu dürfen, daß dieser Mensch durch Natur und Erziehung Tugenden und Fehler in sich zu lauter Extremen gesteigert habe, wodurch der Umschlag seiner verschiedensten Eigenschaften in ihr Gegentheil natürlich werde. Dieß ist mit einem Geschick und einer Feinheit durchgeführt, die man hinter den scheinbar groben Strichen dieser Zeichnung kaum ahnen würde.

Zuerst seine unangemessene Ruhmsucht, die sich ihre Befriedigung in dem heroischen Zeitalter nur in dem Preise der höchsten Tapferkeit suchen kann. Ist Tapferkeit die erste Tugend, heißt es von ihm, so ist diesem Manne keiner in der Welt gleich. Dafür sah Coriolan die Tapferkeit an. Nirgends ist sein ganzes Wesen so übersetzt, wie in der Kriegsthätigkeit; nicht seine Streiche allein, auch seine Stimme ist dann schrecklich und furchtbar seine Blicke. Keinen läßt er auf diesem Felde neben sich gelten, es müßte denn der alte Titus Lartius sein, der in Krücken sechtend seinem Ruhme nicht mehr schaden wird. Nur Einen kennt er, der ihm den Preis der Tapferkeit streitig macht, Tullus Aufidius; gegen ihn ist sein Ehrgeiz bis zum Neide gesteigert. Wenn er nicht er selbst wäre, wünschte Coriolan Aufidius zu sein. Er sündige, gesteht er selbst, indem er seinem Adel beneide. Wenn die ganze Welt im Kriege wäre, sagt er, und Er auf Aufidius' Seite, er würde abfallen, um gegen ihn zu sein! Wie fein ist in dieser Aeußerung schon auf Coriolan's Tapferkeit, auf diese glänzendste Seite, ein höchst charakteristischer Makel geworfen! Er verräth schon in diesen Worten, daß ihm sein persönlicher Ruhm wichtiger ist, als eine Partei, als eine Sache, als ein Vaterland; er würde als Söldner seines Ehrgeizes gegen Aufidius fechten, gleichgültig auf welcher Seite! Es ist nicht dieser Zug allein, der Coriolan's Ruhmsucht in einem zweideutigen Lichte erscheinen läßt. Wir können sie beobachten, wie sie heldenmüthig gesteigert erscheint zu einer wahrhaft erhabenen Verachtung des Gegners und der Gefahr, und dann wieder, wie sie still verschleiert zu einer sehr kalten und klugen Berechnung greift, in ihren Mitteln also neben den größten auch die kleinen nicht verschmäht. Er trifft verwundet mit Aufidius zusammen, er verleugnet seine Wunde, um sich als einen heilen und ganzen Gegner darzustellen, das Blut, das ihn besleckt, sei Volskisches Blut von Aufidius' erschlagenen Landsleuten; er reizt also tollkühn den starken Feind gegen sich, den Verwunderten, zu Rache und zur äußersten Anstrengung zugleich. Daneben steht dann der andere Zug, daß er in dem Feldzuge sich unter Cominius stellt, sicher des Ruhmes, der sich einmal ihm anzuhängen pflegt, aber auch klug genug vorhersehend, daß die begangenen Fehler so auf Cominius fallen und seinen Ruhm nur vergrößern würden.

Neben seiner kriegerischen Tugend betrachten wir seine politischen Eigenschaften. Daß ein Mann von dieser Natur und Erziehung ein Aristokrat aus Grundsatz sein würde, wenn er es auch nicht von Geburt wäre, begreift sich von selbst. Er will von der Vertretung des Volkes im Tribunate nichts wissen, er stemmt sich gegen jede Neuerung, die des Senats alleinige Staatsführung gefährdet; er eifert gegen jedes Zugeständniß als gegen einen Beweis von Schwäche und gegen eine muthwillige Aussaat der Empörung: er hat die Ueberzeugung, daß, wo zwei Gewalten gemeinsam herrschen, ohne daß Eine die Vorhand hat, Verwirrung eindringt zwischen beider Zwiespalt und eine durch die andere stürzt. Mit diesem streng aristokratischen Grundsatze würde er aber wie ein weiser Staatsmann regiert haben, wenn man seiner Natur Rücksicht getragen und ihn ruhig hätte gewähren lassen. Der Dichter hat ihm den Staatsverstand und die höhere politische Einsicht geliehen, die aristokratischen Körpern eigen zu sein pflegt, dazu die Unbescholtenheit des privaten Charakters. Er bringt zum Staatsmanne die erste Eigenschaft mit, die Uneigennützigkeit; daß er nicht habsüchtig sei, muß ihm selbst das Volk bezeugen; er nimmt im Kriege seinen Theil der Beute mehr als jeder Andere. Er würde nicht unentgeltliches Korn unter aufrührerische Haufen vertheilen, aber er würde auch das Volk nie schinden; er wäre von dieser Seite, so lange er nicht gereizt würde, dem Volke gegenüber „ein Bär", wie Menenius sagt, „der wie ein Lamm lebt". Sodann wäre er frei von jedem kleinlichen und in sich sträflichen Ehrgeize. Wie herrlich er ist, nie würde er nach tyrannischer Gewalt streben, die verleumderischen Tribunen selbst können nicht hoffen, einem Vorwurf dieser Art Glauben zu schaffen. Wie er nicht aus der aristokratischen Sphäre herabtreten würde, so auch nicht darüber hinaus. Wie eifersüchtig er auf wahre Ehre und wahre Vorzüge ist, die äußeren Ehrenstellen sind ihm gleichgültig. Er macht sich den Weg zur Ehre nicht leicht, wie die Volksschmeichler, er strebt dahin durch die Mühsalen des wirklichen Verdienstes. Das Consulat würde er für sich nicht begehren, so wenig wie die Oberfeldherrnstelle. Auch hier mag sich Klugheit mit Bescheidung, und Bescheidung selbst mit Anspruch mischen; er fühlt sich, daß er das Consulat verdient, er will aber die gewöhnlichen Mittel der Erwerbung nicht brauchen, er will lieber des Volkes Sclave sein auf seine Weise, als herrschen unter ihnen auf die ihrige. Da er aber, mehr auf Betrieb seiner Freunde und Mutter, sich einmal um das Consulat beworben hat, dann liegt es ihm als eine Ehrensache am Herzen, für seine Verdienste diesen Lohn auch durchzusetzen. Ist in diesen Zügen also sein Aristokratismus frei von Eigennutz und kleinlicher Stellensucht, so ist er es auch von kleinlichem Conservatismus, dem gemeinen Grundsatze dieser politischen Klasse. Er fürchtet sich nicht vor Revolutionen und einschneidenden Mitteln, wo er im Zorn einen Parteizweck zu verfolgen hat; er würde aber auch in Ruhe und bei Muße zur Ueberlegung sich nicht bedenken, eine lebensgefährliche Arznei anzuwenden bei einem Staatsgebrechen, das sonst sicheren Tod bringen würde. Er spricht in der ruhigsten Stimmung den trefflichen, dem kleinlichen Erhaltungsprinzip feindlichen Grundsatz aus: daß, wenn wir in allen Dingen auf der Gewohnheit hasten, der Staub des Alters nie hinweggefegt und berghoher Irrthum so angehäuft werden würde, daß die Wahrheit ihn niemals überragte. Mit solchen Grundsätzen würde Coriolan ein vorzüglicher Staatsmann gewesen sein, wenn er den Zauber seiner Ueberlegenheit überall benutzen wollte, das Volk im Guten zum Guten zu lenken. So lehrt es ihn seine Mutter. Im Kriege lasse er es gelten, Klugheit und Politik mit Ehre zu verbinden, das solle er auch im Staate; sie mag sein herrisches Wesen selbst, er könne, sagt sie, darin nie zu edel sein, aber wenn die Noth gebietet, wenn Glück und Freunde auf dem Spiele stehen, soll er das stolze Herz auch einmal bezähmen und den Mund allein reden lassen; sie hat, sagt sie, ein Herz, so wenig leutsam wie seines, aber dabei einen Kopf, der den Gebrauch ihres Zornes besser zum Vortheil zu lenken verstehe; das soll er lernen. Doch versteht er es zur Noth, in neuen Verhältnissen, wo ihn die Unverträglichkeit seiner Natur noch nicht in Verwickelungen gebracht hat, wo große Zwecke ihn klug und vorsichtig machen. Als er sich bei den Antiaten den Boden bereiten muß, wie ist er da gleich in Aller Liebe und Schätzung! Die Senatoren stehen baarhaupt vor ihm, Aufidius theilt mit ihm seine Gewalt und untergibt sich seinem Ansehen, die Krieger folgen ihm in den Kampf, wie Knaben Schmetterlinge verfolgen, er ist ihr Gott! Aber all diese Eigenschaften gehen plötzlich in ihm verloren, wenn er gereizt wird, wenn er Widerstand erfährt, und vollends von Denen, die er verachtet. Wenn das Volk in Hungersnoth sich empört, will er Leichenberge häufen; wenn er bei seiner Consulswahl von seiner Unbeständigkeit und von den Ränken der Tribunen leiden soll, nun empört er sich über das gebieterische Soll der Volksführer, da sein herrlicher Wille doch nie den kleinsten Widerspruch duldete; nun will er mit Gewalt das Volk seiner Stimme berauben und stiftet gegen die, die er Rebellen nennt, selber Empörung an. Dann entfahren ihm die Benennungen des Volkes mit Hydra, Kannibalen, Hunden, die seines Herzens Sinn verrathen, und jene grellen Sätze des aristokratischen Starrsinns und Dünkels, daß seine Partei und Stand mit Recht das Volk verachte und das Volk dagegen sie grundlos schmähe. Jedes Maaß und jede Billigkeit, jede weise Beurtheilung von Mengen und Menschen, jede Erwägung, daß der Staat am Ende doch nur aus dem Volke besteht, und daß man die nicht entwürdigen und erniedrigen, sondern emporheben soll, mit denen man doch für alle Staatszwecke wirken muß, alle die Besonnenheit und Weisheit, welche die größten Staatseigenschaften erst durch ihre Anwendung wahrhaft groß macht, ist dann in dem eigenwilligen Coriolan vollkommen ausgestrichen.

Wurzelt der kriegerische Ehrgeiz und der aristokratische Herrscheranspruch Coriolan's in seinen großen, stolz überhobenen Forderungen die er an sich macht, in den großen Begriffen die er von sich hat, in den großen Verdiensten die er in sich weiß, so wurzelt eben da auch diese Leidenschaftlichkeit in die er sich so verliert. Zu hochfahrender Art erzogen, an keinen Widerspruch gewöhnt, kann er auch keinen ertragen; er selbst aber setzt in Widerspruch einen Ruhm. Die so vom Glück verzogen überall als Sieger auftreten, die pflegen am seltensten, zwar Herr über Alle, ihrer selber Herr und ihres Glückes Meister zu sein. Coriolan zu trutzen, ist das Mittel ihn zu erhitzen; ist er erst erhitzt, so kann er sich nicht wieder fassen; ist er zornig, heißt es, so vergißt er, daß er je den Namen des Todes hörte; gereizt würde er selbst die Götter verhöhnen und den keuschen Mond verspotten. Wenn es die Tribunen auf sein Verderben anlegen, so suchen sie ihn daher in Zorn zu setzen und zu machen, daß nicht seine Zunge sondern sein Herz rede. In der vortrefflichen Scene seiner Verbannung III, 3.) erfolgt der Ausbruch, den sie wünschen, in einer großen und gewaltigen Weise. Es ist ein Meisterzug der Charakteristik, daß Coriolan, immer Einer und Derselbe, immer auf das Aeußerste geschraubt schon in seinem ruhenden Wesen, in diesen Ausbrüchen seines Zornes nichts in sich überspannt, daß die Heftigkeit keines seiner Grundsätze, keine seiner Abneigungen höher treiben kann als sie sind; er kann sagen, daß er, wenn er geduldig wäre wie der Mitternachtsschlaf, dieselben Meinungen hegen werde die er jetzt im Zorne aussprach. Vielmehr, wenn bei jener Verbannung seine Gereiztheit, seine Erregung zu einem Aeußersten getrieben wird, so erfolgt der bezeichnende Umschlag seiner Heftigkeit in's Gegentheil. Er wird dann äußerlich ruhig und still, während in seinem Inneren die gefährlichen Beschlüsse seines verhaltenen Ingrimmes reisen. Wo seine Mutter in weiblicher Erregung ihren Haß austobt so lange der Schmerz noch frisch ist, „junogleich" in ihrem Zorne, so daß man sich sagt, sie sei toll geworden; wo selbst der sanften Virgilia der Stachel des Eifers gegeben wird, da nimmt er sich in kalter Ruhe zusammen, da gibt er der Mutter ihre Lehren zurück: daß die edelste Kraft sich da bewährt, wo man sich von des Glückes heftigsten Schlägen nur leicht verwunden lasse. Bald nachher weiß sich die Mutter zu fassen und zwischen dem Vaterland und dem Haufen zu unterscheiden, die er zusammen zu vernichten strebt; ja in dem Augenblicke ihrer Fassungslosigkeit scheint sie die verzweifelten Beschlüsse von Coriolan's scheinbarer Gefaßtheit zu fürchten; sie möchte ihm den Cominius zum Begleiter mitgeben. Aber Er weicht dem aus und geht in schweigender Wuth, „wie ein einsamer Drache, den seine Höhle gefürchtet macht, mehr gehört als gesehen".

Ganz so wie hier seine Leidenschaftlichkeit in ihrem höchsten Maaße in scheinbare Ruhe übergleitet, so sein Stolz, der die Seele seines Wesens und der Mittelpunkt des Charakters ist, in scheinbare Bescheidenheit. Die eingepflanzten Begriffe von höchster Ehre gaben ihm frühe das höchste Selbstgefühl; seine Tapferkeit und sein Glück steigerten es zu dem äußersten Maaße des Stolzes und Hochmuthes. „Vom Erfolg gekitzelt, verachtet ein Solcher seinen eigenen Schatten", wie sollte Coriolan nicht Alles um sich her verachten? Als ihn sein Adel verläßt und auf seinen Ruf zum gewaltsamen Widerstande nicht hört, müssen auch diese Standesfreunde den Ton jenes verachtenden Stolzes hören: sie möchten sich ihrem eigenen Blödsinn beugen, wenn die Tribunen ihre Macht behalten sollen: sie seien dann die Plebejer und jene die Senatoren. Das Volk freilich läßt er seinen Hochmuth weit stärker empfinden. Er ist nicht zufrieden, ihm Verachtung zu zeigen, er fordert auch seinen Haß heraus, und ausdrücklich wird es von Unpartellischen eben so schlecht in ihm gefunden, daß er des Volkes Mißvergnügen mit Absicht auf sich ziehe, als in Anderen die Einschmeichelung in des Volkes Liebe. Die Höhe seines Stolzes ermesse man dort, wo er seiner Achtung den Verbannungsfluch wieder entgegenweist: Ich banne Euch! — als ob der Eine Verurtheilte mehr wiege als alle Verurtheiler dieser ganzen Welt. Gleichwohl fragt es sich, ob diese ungeheuere Prahlerei den eigentlichen Gipfel von Coriolan's Stolze mehr bezeichnet, als jene Bescheidenheit, in der er jeden Lohn, jedes Lob, jede Schmeichelei verschmäht und von sich weist. Daß diese Bescheidung auch in dem ächten Streben mitwurzelt, vor Allem seiner innerern Befriedigung werth zu sein und sich selbst genug zu thun, und daß er darum selbst seiner Mutter Lob nicht mag, die doch einen Freibrief habe ihr Blut zu preisen, dieß zeigt, daß sein Selbstgefühl in seiner Grundlage edel, sein Stolz in Verdiensten und Thaten bis zu einem hohen Grade gerechtfertigt ist; es hindert aber nicht, daß sich in diesen Zug doch auch das Kennzeichen des übersteigerten Stolzes, jener höchste Dünkel einmische, der sich über alles Lob erhaben glaubt, in dem er jedem Zuruf, jedem rühmenden Berichte aus dem Wege geht, in dem der Mann sich jede „Berungeheuerung seines Nichts" verbittet, der an die gigantische Größe seines Etwas glaubte wie Gluet.

Mit dieser Eigenschaft, Schmeichelei nicht hören zu können, hängt die andere in Coriolan zusammen, sie noch weniger sagen zu können. Er ist wahr und schlicht; im Krieg erzogen hat er nicht gelernt, gesiebte Worte zu reden, er spricht daher „Mehl und Kleie" durcheinander; er sagt die Wahrheit trotz jeder Gefahr, er kann auch Wahrheit hören, nur keine Herabsetzung und Schmähung; was er denkt, das spricht er auch aus, und was er spricht, das thut er; Wortbrüche sind ihm verhaßt. Daher nun sträubt er sich, in der herkömmlichen Weise um das Consulat vor dem Volke bittend und demüthig zu werben; er würde, sagt man von ihm, dem Neptun nicht schmeicheln um seinen Dreizack, wie sollte er dem Volke! Und als ihn die Zureden von Freunden und Familie zu der unnatürlichen Rolle dennoch gebracht haben, trägt er „die demüthigen Kleider mit stolzem Herzen", äfft höhnisch die Künste der Popularen nach und sagt den Bürgern, daß er seine Wunden erhielt, als ihre Brüder brüllend davon liefen. Da ihn seine Mutter nachher mit aller Gewalt ihrer Bitten und Vorstellungen noch einmal zu einer solchen Rolle der klugen Verstellung überredet, bricht auch hier sogleich, trotz seinen heiligen Versprechungen und Vorsätzen, der verdrückte Grimm in seinem Herzen mit voller Wahrheit aus. Und dennoch kann dieser seltene Mann nachher bei den Antiaten, da es seinen Racheplanen und seinem Grimm gegen das römische Volk so dient, plötzlich die Kunst ausüben, die er sonst nie verstehen wollte, sich zu beugen, seiner Natur Gewalt anzuthun, den Förderern seiner Plane zu schmeicheln sogar, den Feinden aus Rachsucht schön zu thun, was er aus Staatssinn und Vaterlandsliebe niemals den Freunden thun mochte.

Die Unlenkbarkeit seines Wesens, das Unschmiegbare in seinem Charakter, die Unfügsamkeit seines Willens, die in Coriolan's stolzer Haltung hervortritt, liegt, wie dieser Stolz selber, halb in seiner Natur begründet, halb in den Grundsätzen seiner überhobenen Strebsucht. Ernst, Strenge, Ungeselligkeit muß man in seiner Naturanlage gegeben denken; das Volk selbst, Aufidius hält ihm vieles von seinem Stolze zu gut, aus Rücksicht auf die unüberwindliche Gewalt seiner Natur. Die Gewöhnungen des Kriegers thaten dann das ihrige hinzu, um diese Eigenschaften in eine starre, abstoßende Unnahbarkeit zu verdichten; Aufidius nennt auch das Natur in ihm, daß er den Uebergang von Kriegs- zu Friedensfitten nicht finden konnte, daß er „nichts anderes war als Ein Ding", einseitig und eigensinnig, wie ihn auch Plutarch charakterisirt. Der finstere, nie umgängliche Mann hat selbst seiner Mutter nie eine Freundlichkeit gezeigt; seine nächsten Freunde mißachtet er nicht etwa blos als Aufidius' Bundesgenosse, auch sonst läßt er ihre Vergötterung kalt an sich kommen und geht neben ihnen her, ohne sie viel zu berücksichtigen, nur sich selbst verehrend, im Egoismus des Talent- und Verdienststolzes erstarrt. Plutarch sagt von ihm, er sei so galljüchtig und unduldsam geworden, daß er keinem lebenden Geschöpfe weichen wollte, was ihn für Jedermanns Umgang unfähig gemacht habe; ein starrer Mann von Natur, der nie in irgend einer Hinsicht nachgab, als ob Alles zu meistern und sich Keinem zu fügen ein Beweis der Männlichkeit, und nicht vielmehr der krankhaften Schwäche sei, als ob überall durchzubringen und in Allem die Oberhand zu haben ein Zeichen der Großherzigkeit sei. Dieß Bild hatte Shakespeare vollständig vor Augen. In dem letzten Satze liegt angedeutet, was Shakespeare eben so genau beobachtet und ausgeführt hat, daß Coriolan diese Naturanlage, im Gefühle seiner Selbstgenugsamkeit, dann auch grundsätzlich ausgebildet habe. Wie an Thaten und Stärke, so auch an Unbeugsamkeit des Willens Alle zu überragen, zu erscheinen, wie sie von ihm sagen, als eine Eiche, ein Fels, von keinem Winde zu erschüttern, ist sichtbar das bedeutendste Kennzeichen seines strebsamen Stolzes. Er hätte nicht Sinn für die Lehre, die Plutarch aus seinem Beispiele zieht, daß nichts schöneres von der Muse dem Menschen zu Theil geworden, als die Bezähmung der Natur durch Maaß und Weisheit; nicht Sinn also für die Sittenmilderung durch Bildung, aber auch nicht einmal Sinn dafür, sich den sanfteren Regungen der eignen Natur zu überlassen; er würde fürchten, sich Blößen zu geben und eine Schwäche zu verrathen, die dem Manne nicht zieme. Wo diese Begriffe des stolzen, großmännischen Heroismus bei ihm auf die höchste Probe gestellt werden sollen, da haben sie auch ihren kühnsten Ausdruck. Als Mutter, Gattin und Sohn seiner Rache am Vaterlande entgegengetreten, und die „große Natur ihm zuschreit, nicht zu verweigern", rafft er sich erschüttert zusammen, der Natur in sich die letzte Gewalt anzuthun: „Brecht, ruft er, alle Bande und Vorrechte der Natur, und sei es Tugend, starrsinnig zu sein! Laßt die Volsker Rom pflügen und Italien verwüsten! Ich will nicht solch eine junge Gans sein, dem Instincte zu gehorchen, sondern stehen, als ob der Mann sein eigener Schöpfer wäre und keinen anderen Abstamm kenne!" Der stolze Eigenwille treibt ihn zu der Anmaaßung einer gottgleichen Kraft der Selbstbestimmung, zum Einsatz seines Willens gegen jeden Trieb der Natur und jede Macht der Gefühle. Aber eben bei dieser Ueberschraubung der Natur schraubt sie sich selber ab; der erstickte Instinct rächt sich und mitten in seiner Hinabbeschwörung aller natürlichen Regungen fühlt er, daß er nicht von festerer Erde ist, als andere Menschen. Und der Mann, der all seinen Stolz darein gesetzt hatte, das Menschliche zu überbieten, gefällt uns am besten da er zurückfinkt zur Menschlichkeit.

Dieser Umschlag erfolgt in ihm nicht kraft einer willkürlichen Maschinerie. Auch sonst erkennen sich in ihm die Züge dieser verdrückten Menschlichkeit, und auch da gefällt er uns jedesmal besser. Von seinem Sohne heißt es, er sei ganz der Vater; man mag daher auf ihn den Zug übertragen, der von dem Knaben erzählt wird: wie er einen Schmetterling fing und frei ließ, dann ihm wieder nachsetzte, stürzte, ihn wieder fing und nun zerriß. So viel ist selten in einem kurzen Beispiele gesagt worden. Es ist ganz das, was Menenius' Bild von Coriolan rechtfertigt, ein Bär, der wie ein Lamm lebt, gutherzig in Ruhe, gereizt ein Wütherich. Shakespeare übersah nicht, aus Plutarch die Anekdote (I, 9.) aufzunehmen, nach der er einen alten Gastfreund in Corioli aus den Gefangenen losbat, obgleich er in der Wuth des Gefechtes seiner nicht achtete; sie bezeichnet dieselbe Naturart. Dieß würden wir nicht, wie Andere gethan haben, bloße Umwandlungen von Gefühl in einem steinernen Gotte nennen, und dauerndes Gefühl dem Coriolan absprechen; es ist dieß vielmehr eine Unterlage wirklicher Gutartigkeit in seinem Charakter, und sein Theil an dem nie ganz zu tilgenden Bedürfnisse des Gemüthes, das er unter seinen gespannten Begriffen von Männeradel nur zu löschen gesucht hat. Dieß erkennt sich an seinem Familiensinne, dem letzten verwundbaren Fleck, wo die Hornhaut seiner Selbstsucht noch durchdringlich ist. Aehnlich wie Othello fühlt er sich zu einem Weibe gezogen, die, schon aus ihrem Umgange (Valeria) erkennbar, geistig nicht bedeutend, häuslich, von der Arbeit nicht wegzubringen, schweigsam, eingezogen ist, aber von der mildesten Weiblichkeit. Der Dichter hat ihr einen stillen, aber mächtigen Einfluß auf Coriolan gegeben; gegen sie allein erscheint er immer sanft und freundlich; mein holdes Schweigen nennt er sie, da sie seinen Triumph mit Thränen feiert; und wie sie mit Volumnia kommt, den Belagerer von Rom zu erbitten, ist er zuerst bewegt von ihren „Taubenaugen, die Götter meineidig machen können", und spricht zu ihr Worte voll ächter Empfindung. Mit dieser Gattenliebe geht die Pietät gegen seine Mutter Hand in Hand. Im Volke sagt man sich, daß seine Liebe zu ihr seinem Stolze gleich sei, und daß ihm Beide mehr gelten als das Vaterland. Der Dichter hat, nach seiner uns schon bekannten Weise, der entscheidenden Scene, wo sich der mütterliche Einfluß über Coriolan bewähren soll, ein Vorspiel vorausgeschickt, damit Beides sich gegenseitig erkläre. Er zeigt sie uns zuerst in dem Falle, wo sie ihn beredet, reuig vor die Tribunen zu treten. Sie hat es hier fast schwerer, ihn zu erbitten, als in dem späteren Falle, wo sie ihn zur Menschlichkeit stimmt, während sie ihn hier zu einer unnatürlichen Rolle treibt, zu einer Verleugnung seiner Gesinnung, zu einer Erniedrigung seines Geistes. Er sagt ihr zu, warum sie bittet, um ihretwillen, denn um seinetwillen möchten sie ihn lieber zerschmettern; er malt sich die Scene in selbstverachtenden Worten aus, er nimmt, übermannt von Scham, sein Wort zurück, aber die Mutter selbst setzt gleichsam ihre Ehre aufs Spiel: es sei ihr mehr Unehre, von ihm zu betteln, als ihm von dem Volke — dieß nöthigt ihn zu dem Versuche, der scheitern mußte. Die Meisterschaft in dieser Motivirung ist so groß, wie in der der späteren Scene, der eigentlichen, von der Geschichte gestellten Aufgabe. Nach der Einen Probe von Volumnia's Gewalt über den Sohn ist es leicht, die zweite zu begreifen. Dort galt es nur um ein Consulat, hier gilt es um Rom; dort um seine äußere Ehre, hier um seinen wahrhaften Ruhm; wenn er Rom niederwirft, sagt ihm die Mutter, werden Flüche ihm folgen und die Geschichte, wenn sie seinem Übel berichtet, wird zufügen, daß er mit dieser That ihn ausstrich und seinen Namen verabscheut machte. Dort setzte sie ihre Ehre ein, hier mit Virgilia ihr Leben; er soll nicht Rom angreifen, ohne über ihre Leiber zu treten. Dort sprach der Ehrgeiz der Mutter aus ihr, hier die Vaterlandsliebe, die sogar die schwärmerische Mutterliebe überwindet; sie hebt sich zu einem großartigen Heroismus bei dem großartigen Anlasse, der ihm seine Menschlichkeit wiedergibt. Des Freundes Menenius' Erscheinung hatte Coriolan eine erste Erschütterung gegeben. Die Mutter vor sich knien zu sehen, zeigt ihm das unnatürliche Bild, wie er selbst zu seinem Vaterlande steht. Des Sohnes drollige Einrede endlich muß seine Erschütterung vollenden: sein eigen Blut bedroht ihn, sich gegen ihn für das Vaterland zu erheben.

Wir wollen noch einmal zusammenfassend zurückblicken. Die Mutter hatte Coriolan zu seiner Tapferkeit und Ruhmsucht, beide ihn zu seinem Stolze erzogen, sein Stolz sich in ihm gesteigert bis zu der Ueberhebung zu einer mehr als menschlichen Willens- und Thatkraft. Das Extreme in dieser Natur schlug aber, sagten wir, überall in sein Gegentheil um, seine rühmliche Tapferkeit in eine Eifersucht, die seinen Thaten das rühmliche Ziel entrückte, auf das sie sich immer beziehen sollten; die nützlichsten politischen Gaben in den schädlichsten Gebrauch derselben; Zorn und Heftigkeit in verbissene Ruhe, Stolz in Bescheidenheit, Wahrheit und Geradheit in Verstellung, unbeugsamen Starrsinn in weiches Gefühl und selbst in Veränderlichkeit. Coriolan tritt in Aufidius' Haus mit Betrachtungen über den Wechsel der Welt, wie Freindschaft umschlägt in Freundschaft um einen Deut, und Freundschaft in Haß um eine Sache, die kein Ei werth ist; so sei es mit ihm, sagt er selbst, der doch das Volk um seinen Wankelmuth immer so tief verachtet hatte! In zwei Katastrophen seiner Geschichte sehen wir ihn beidemale durch seinen Mangel an Selbstbeherrschung, durch seine heftige Ueberspannung und Gereiztheit zu Grunde gehen, einmal in seine Verbannung, dann in seinen Tod. Beidemale reizt ihn zu den verhängnißvollen Ausbrüchen seiner Heftigkeit ein einziges Wort, der Schimpfname des Verräthers. Dieß bezeichnet auf eine ganz vortreffliche Weise den Umschlag, den verfehlten Ausschlag seiner ganzen Bestrebungen in einer feinsten Spitze. Haftete dieß Wort auf ihm, dann war aber auch allerdings kein Vorwurf zu erdenken, der den edlen Bau der

Volumnia so plötzlich zur Ruine machen und das Ziel aller der stolzen Strebsucht Coriolan's umstürzen konnte, wie dieser. War er ein Verräther, so war sein Ruhm verkehrt in Schmach, seine Tapferkeit mißangewandt, sein Stolz beschimpft, seine Bürgertugend in Egoismus verwandelt, seine Wahrheit und Treue in ihr Gegentheil verkehrt, sein feinstes Ehrbestreben mit dem größten Flecken behaftet. Und es läßt sich nicht leugnen, daß er ein Verräther gegen Rom ward, nachdem er dieß Wort des Vorwurfs zum erstenmal gehört hatte, und gegen die Antiaten geworden war, als er es zum zweiten Male hörte. In beide Lagen hatte ihn seine Mutter gebracht, die Schöpferin und die Gestalterin seines Lebens; sie trifft daher in ihm ihr Theil Strafe mit. Das erstemal hatte sie ihn in einer Regung mütterlicher Schwäche von einem richtigen Instincte auf eine falsche Bahn gelockt und dadurch den unverdienten Schimpf des Verräthers ihm zugezogen, den er dann zu verdienen eilte; dieß machte sie und Er das anderemal gut, als sie ihn in einer großen Erhebung des patriotischen Geistes von dem verirrten Triebe der Rache auf den Weg der Menschlichkeit zurücklenkte, den er mit dem Tode vor Augen betritt; der Verräthername trifft ihn jetzt mit Wahrheit zwar, aber mehr zu seinem Ruhme als zu seiner Schmach, und sein Tod ist die Sühne seines Lebens.

Man fühlt der Behandlung dieses Charakters an, daß der Dichter daran, vielleicht nicht so sehr mit Liebe, als mit einem großen Interesse gearbeitet hat; es ist nicht gerade ein wohlthuender, aber ein gewaltiger Eindruck, den wir von dem Stücke und von dem Charakter davon tragen, der in der That das Stück allein ausfüllt. Sich dieß zu erklären, darf man nur daran zurückdenken, daß Shakespeare's wärmste Sympathien nicht allein früher, sondern auch noch in dieser Periode auf jener scheinlosen Größe weilten und auf der schlichten, nicht überspannten Natur, die er in dem Prinzen Heinrich und in Posthumus geschildert hat. War dem schon sein Percy entgegengesetzt, so in noch weit größerem Abstande sein Coriolan. Man begreift aber, daß gerade dieser schroffe Gegensatz und seine Darstellung wieder einen starken Reiz für den Dichter haben mußte, der in jedem Großen den eigenthümlichen Gehalt mit dem unbefangensten Sinne erkannte und anerkannte. Welch ein weiter und umfassender Geist ist aber dieser, der mit solcher Liebe jetzt die Charaktere eines Brutus und Posthumus und ihre strenge Tugend und stille Fassung entwirft, jetzt den übermächtigen Stolz dieses Heroen Coriolan in dieser genauesten und reichsten Entfaltung eines wenig aufgeschlossenen Herzens darstellt, und dann wieder dieser angestrengten Natur die schlaffen Charaktere des Antonius und Timon gegenübersetzt, die in einer ganz anderen Sphäre liegen, und die er wieder ihrerseits mit solcher Durchdringung und Meisterschaft gezeichnet hat, daß sich auch für diese Gestaltungen der menschlichen Natur eine Vorliebe in dem Dichter zu verrathen scheinen könnte!

Wenige Worte mögen genügen, die Gegensätze zu bezeichnen, in welche die übrigen Personen des Stückes zu dieser Einen kolossalen Hauptfigur gesetzt sind.

Sein Feind Tullus Aufidius wetteifert mit ihm in der Eifersucht der Ueberlegenheit, aber sie ist in ihm von einem viel unedleren Metalle. Er verabscheut nichts so sehr als Coriolan's Ruhm; da er ihm bei jedem Zusammentreffen weichen muß, so gibt er die Hoffnung auf, ihn mit gleichen Waffen zu schlagen, sein Wetteifer verliert die Ehrenhaftigkeit, er will kein Mittel scheuen, Coriolan zu verderben, sei es am Altar, im Heiligthum, im Schlaf, in Krankheit, unter gastlichem Schutz. Die ähnliche Selbstsucht Coriolan's erscheint hier in einem kleineren und verzerrteren Bilde. Die Anwandlung des Edelmuthes in Tullus, als Coriolan bei ihm Gastfreundschaft sucht, ist ein Gegenstück zu den sanfteren Regungen in diesem, aber sein Schwur ist eitel, daß er so mit ihm in Liebe wetteifern wolle, wie zuvor im Hasse. Sein Hingeben eines Theils seiner Macht an den neuen Häuptling ist ein ähnlicher Zug, wie Coriolan's Gleichgültigkeit gegen äußere Ehrenstellen; aber so, wie in diesem doch der Anspruch an verdiente Ehre hinter seiner Bescheidung schlummert, so bricht auch in Aufidius leicht die Reue aus und die Sehnsucht nach der besessenen Ehre zurück und mit ihr die alte Nebenbuhlerei. Er besitzt die Kunst der geduldigen Verstellung, die Volumnia ihrem Sohne vergebens wünschte, er ist daher dem Manne ein gefährlicher Freund, der selbst gegen seinen Wohlthäter den Stolz nicht bezähmen kann. Tullus' unedler Nachstellung fällt daher Coriolan zum Opfer. Der Volsker ist durch seine Besiegung gegen Coriolan gereizt, wie dieser gegen Rom nach seiner Verbannung; Beider Muth und Gemüth ist verglichen; der durchgehende Unterschied aber, der den Coriolan hoch gegen jenen emporhebt, ist der, daß Er von edler Natur ist, in Verbitterung eine unnatürliche Feindschaft gegen das Vaterland faßt und dann zu seiner guten Natur zurückkehrt, während Aufidius tückisch von Art ist, dann, geschmeichelt von der Noth des schutzflehenden Feindes eine unnatürliche Freundschaft mit ihm schließt, und dann seine hinterlistige Tücke in der Verschwörung gegen Coriolanus wieder hervorsucht.

Andere Gegensätze bilden seine römischen Feinde und Freunde zu Coriolan. Cominius ist dem Stolzen als der Bescheidene gegenübergestellt, dem Ruhmsüchtigen als der Neidlose, von Ehrgeiz Freie, der des Anderen Preis willfährig anerkennt und den höheren Verdiensten freiwillig weicht. — Die Tribunen sind die abstechenden Gegenbilder des armen, unerträglich gespreizten Amtsstolzes gegen seinen mächtigen Thatenstolz. Sie erheben als Emporkömmlinge große Ansprüche wie Coriolan, ohne all seine Fähigkeit; sie treten gewaltsam und eigensinnig auf, wie Er, ohne all sein Verdienst; sie zeigen sich bei der Schlichtung kleiner Rechtshändel so unduldsam und heftig, wie Er in großen Dingen und aus großen Motiven; sie stellen ihren kleinen Ehrgeiz auf die Bücklinge des Volks, während zu der Höhe seiner ehrsüchtigen Entwürfe selbst ihr Auge nicht reichen würde; gegen seine Tapferkeit steht ihr unkriegerisches Wesen; gegen seine Offenheit und Geradheit ihr geschicktes Ränkeschmieden und ihr

lauern auf die Aeußerungen seines Stolzes und Zornes, die ihn
verderben sollen; gegen sein plumpes Mishandeln des Volkes ihre
geschickte Bearbeitung, mit der sie die Menge nach ihren Wünschen
zu lenken und sich selber den Rücken frei zu halten verstehen.

Die bedeutendste Gestalt neben Coriolan ist Menenius Agrippa.
In seinem englischen Plutarch hat Shakespeare außer der berühmten,
von ihm erzählten Fabel vom Magen und den Gliedern nichts als
die Bemerkung gefunden, daß er der munterste Alte im Senate gewesen sei; aus diesem Winke hat er diesen lebensvollen Charakter zusammengesetzt, dem er neben dem schroffen Halbgott die wohlthuende
Rolle zugetheilt hat, mit Menschen genügsam ein Mensch zu sein.
In allen einzelnen Eigenschaften ist dieser Gegensatz durchgeführt,
obwohl er aussieht, wie absichtslos gelungen. Von Coriolan's Ruhmsucht hat Menenius nichts, er feiert sein Fest vielmehr in dem Ruhme
des Freundes; er vergöttert ihn und kann sich auf sieben Jahre
gesund fühlen, wenn ihn Coriolan eines Briefes würdigt; er nennt
sich das Buch seiner Thaten, worin er seinen Ruhm unvergleich-
bar, vielleicht vergrößert lesen könne; selbst mit dem Willen, die
Wahrheit von seinem Helden zu sagen, überschreitet er unwillkürlich deren Grenze. Er hat es leicht, sein uneigennütziger Bewunderer
zu sein, weil alle seine Gaben auf einem andern Gebiete liegen.
Seine Kriegsstärke hat das Alter schon gebrochen; sein tapferer Sinn
blickt wohl noch hier und da vor, wenn er im äußersten Falle den
Adel Coriolan zu Hülfe aufruft und noch zwei Plebejer auf sich nehmen will u. s. Aber sonst liegt seine Stärke in seiner geistigen Ueberlegenheit, sein Preis ist der des weisen Redners. Shakespeare hat
ihm im Gegensatze gegen Coriolan's schroffe Parteieinseitigkeit die
versöhnliche Stellung eines Vermittlers gegeben, er hat aber klüglich
vermieden, ihm dabei eine schaffende Kraft, oder auch nur tiefgehende
politische Weisheit zu leihen, weil dieß Coriolan sogleich in zu
großen Schatten geworfen hätte. Er hat ihm statt Energie und Weisheit nur den Eifer und die Erfahrung des Alters, bilderreiche Reden

und klugen, gesunden Sinn gegeben; die Meisterschaft in Ueberredung und Witz übt er zumeist bei denen, die keinen haben. Diese Vermittlerrolle zu spielen, ist Alles an ihm so geschickt, wie bei Coriolan ungeschickt. Er ist dem Gotte gegenüber der Satyr; statt jene gesteigerten Anforderungen an sich zu machen, sieht er sich die menschlichen Schwächen nach, gegen jene überspannte Natur ist er lässig und bequem, und wo jener unbeugsam und schroff ist, ist Menenius nachgiebig, gutmüthig, leutselig, freundlich; statt des finstern Ernstes lässt er einen breiten, behaglichen Humor walten. Er ist ein Schläfer, er trinkt gern ungemischten Wein, man sagt ihm nach, er sei etwas schwach darin, dass er der ersten Klage immer Recht gebe. Von Coriolan's Stolz ist in ihm nicht eine Ader; höchstens die kleine Einbildung auf seine Redegabe, die ihm bei dem Volke selten den Erfolg verweigert, die er in dem schwierigsten Fall mit Zuversicht auch bei Coriolan anzuwenden hofft; und dann kann seine Eitelkeit wohl auch verletzt werden, wenn ihn die schalen Tribunen „zu kennen" glauben, weil er ehrlich und offen ist. Ist dieß ein kleiner Stolz gegen den überwachsenen des Coriolan, so ist auch Menenius' Leidenschaftlichkeit in diesem Verhältnisse. Er kann hastig sein und aufbrausen in der Gutmüthigkeit des jähsinnigen Alters und bei kleinen Anlässen, aber in grossen Dingen gerade, wo sich Coriolan verliert, ist er geduldig, ruhig, von der höchsten Besonnenheit, vollkommen Herr über sich selbst. Er gibt an Geradsinn und Wahrheit Coriolan nicht viel nach, aber er sagt sie in geschmeidiger Form, und man trägt seine Satire, auch wenn sie so scharf und so verächtlich vorgetragen ist, wie jene Fabel, besser als Coriolan's Prahlerei und Hochmuth. Er scheut sich bei guter Gelegenheit nicht, den Tribunen ihre eselhafte Weisheit aufzurücken und ihre Beredsamkeit, die nicht des Wackelns ihrer Bärte werth sei; aber ein andermal kann er es auch geduldig anhören, dass man sie ehrwürdige Leute nennt. Mit diesen Gaben ist er zum Vermittler geboren. Den Bruch zwischen Adel und Volk will er um jeden Preis vermeiden; wo Coriolan zur Vernichtung des

Tribunats aufstachelt, sagt er die Aufrechthaltung zu; er macht die Zugeständnisse, die jener als Schwäche und Unpolitik verwarf; da die Tribunen und Coriolan auf hitzige Mittel gegen die hitzige Krankheit dringen, will er den Schaden flicken mit Lappen von jeder Farbe: wenn sie ihm seine Kunst zu runden und zu glätten stören, läßt er seine Geduld nicht ermüden. Er behandelt dabei den zürnenden Coriolan nach seiner Naturart, schonend im Tadel, er verwünscht seine Unfreundlichkeit und entschuldigt ihn preisend in Einem Athem. Er nimmt sich des Volks um seiner Versöhnlichkeit willen bei Coriolan an, und Coriolan's bei dem Volke; er hilft der Volumnia, den schroffen Mann zu erweichen, er macht ehrlich seinen Advokaten bei dem Volke und sagt für ihn, was er Alles selber für sich sagen sollte; er giebt, nachdem ihn der Dichter Anfangs in dem glücklichen Erfolg seiner apologischen Redekunst nach der Geschichtssage gezeigt hatte, in einem zweiten Falle die Probe, wie man das Volk mit Würde behandeln kann und ohne sich etwas zu vergeben. Als Coriolan verbannt ist, wird er gegen die Tribunen artig und geschmeidig; wie der Verbannte gegen Rom zieht, wird er schadenfroh, und dafür hat er durch die Schadenfreude der Volskischen Wachen zu büßen, da ihm seine Redekunst vor Coriolan fehl schlägt. Wie in diesen letzten Scenen seine Altersschwächen zahlreicher heraustreten und unter ihnen wieder die edlere Natur stärker hervorblickt, ist in einer vortrefflichen Weise geschildert, die dem Schauspieler zu thun giebt. In Coriolan der Kampf zwischen stolzer Gleichgültigkeit und dem bereits beim Zureden des Freundes brechenden Herzen, in Menenius der Wechsel zwischen Zuversicht und Enttäuschung, und unter der Hülle des Humors der innere Zwiespalt zwischen Freund und Vaterland, und der Entschluß des greisen, lebensfrohen Mannes, wie ein Römer zu enden, dieß sind Gegensätze und Widersprüche zu lösen, die die vollendetste Kunst herausfordern.

Auch im Coriolan hat Shakespeare den Plutarch mit der gleichen Treue benutzt, wie in Cäsar und Anton. Der Charakter war ihm wesentlich so vorgezeichnet, wie er ihn nachbildete. In seiner Anrede an Tullus, als er Schutz bei ihm sucht, und in der Rede der Volumnia sind die Stellen des Plutarch fast nur in Verse gebracht. Auch alle Fehler des Geschichtschreibers hat der Dichter überkommen. Plutarch auch läßt Coriolan um das Consulat beim Volke werben, obwohl damals der Senat noch beide Consuln wählte. Zu andern Irrthümern ließ sich der Dichter von Plutarch ohne dessen Schuld verleiten. Der Geschichtschreiber sagt von Coriolan, er wäre ein Soldat, wie es Cato gewesen sein würde; bei Shakespeare sagt Titus Lartius diesen Satz, als ob Cato damals oder früher schon gelebt hätte. So hat der Dichter auch den Galen und römische Theater in diesem Stücke erwähnt, wie im Lear den Nero und die Bedlambettler 800 J. vor Christi Geburt, im Heinrich VI. den Macchiavell, im Hamlet Wittenberg, im Troilus den Stierträger Milo und Aristoteles, im Wintermährchen das delphische Orakel gleichzeitig mit Julio Romano. Wir haben schon früher gelegentlich gewarnt, aus diesen Anachronismen nicht allzu zuversichtlich auf Shakespeare's Unwissenheit zu schließen. Nicht daß wir die Möglichkeit seiner Unkenntniß in einzelnen Fällen leugnen möchten. Er hatte Cato's Zeitalter im Cäsar gelernt, er hätte es hier also wissen können. Es ist aber auch denkbar, daß er, wie er mehrere republikanische Brutus fand, so auch mehrere strenge Catonen annahm; so früh im Eutropius geschult, wie wir, war er gewiß nicht; er hat auch gewiß kein historisches Wörterbuch aufgeschlagen, um sich in der Chronologie zurechtzufinden. Bei all dem muß man wohl bedenken, wie viel dem Dichter um der Kürze und der Anschaulichkeit willen eine solche Bezeichnung werth war, wie die, welche er dem Titus Lartius in den Mund legt; es wird sich fragen, ob er den Irrthum ausgestrichen hätte, wenn man ihn, was so nahe lag und gewiß oft geschehen sein muß, darauf aufmerksam machte; es wird sich fragen, ob es überall nur ein Irrthum war und mehr als eine Freiheit, wie die, daß Goethe im Faust den Luther erwähnen läßt. Zur Vorsicht mahnt schon eine Stelle im Lear, wo die Beobachtung der Chronologie eine viel größere Freiheit ausdrückt, als die Vernachläßigungen, von denen wir sprechen; eine Stelle, die wie ein köstlicher satirischer Hieb gegen alle weisedünkligen Splitterrichter geführt ist, an denen es schon damals nicht fehlte; die Stelle, wo der Narr sagt: Diese Prophezeihung wird Merlin machen; denn ich lebe vor seiner Zeit!

Timon von Athen.

Wir haben, wie für Coriolan, auch für die Entstehungszeit Timon's keinen bestimmten Fingerzeig; daß aber das Stück unter die spätesten Arbeiten des Dichters gehört, ist außer Zweifel. Es ist glaublich, daß es nicht lange nach Antonius geschrieben ist, denn in dessen Leben von Plutarch findet sich eine Stelle, die dem Dichter wohl den Anstoß zu dieser Arbeit gab. Antonius hatte sich nach der Schlacht bei Actium eine Weile aus Alexandrien entfernt und sich an der Meeresküste einsam aufgehalten, wo er, wie er sagte, Timon's Leben nachahmen wollte, da er dieselbe Undankbarkeit und Untreue der Freunde erfahren habe, Allen mißtraue und Alle hasse. An diese Aeußerung ist eine kurze Notiz angeknüpft über Timon, sein freundschaftliches Verhältniß zu Alcibiades, seinen Verkehr mit Apemantus, seinen Feigenbaum und zwei Grabschriften auf ihn. Welches Material dem Dichter außer diesen spärlichen Winken noch zu Gebote gestanden habe, weiß man nicht mit Sicherheit. Die ihm bekannte Novellensammlung von Paynter (palace of pleasure) bot ihm (I, 28.) einiges Wenige. Wahrscheinlich war der Gegenstand schon früher mehrfach dramatisch behandelt; Ein solches höchst albernes Stück über Timon ist erhalten und von Dyce in den Schriften der Shakespearegesellschaft herausgegeben; benutzen konnte Shakespeare daraus so gut wie nichts, immerhin konnte er es gesehen und Einzelbreiten, wie den Gedanken des Abschiedsbanketts und den neuen Haushofmeister, daraus entlehnt haben. Mittelbar wenigstens könnte ihm Lucian's Timon bekannt gewesen sein; nicht allein das Ausgraben des Goldes, das Nachdrängen der Schmarotzer und ihre Abtreibung mit Würfen und Schlägen, auch der Zug von der Ausstattung seines Dieners, ja selbst einzelne Aehnlichkeiten der Bilder und Reden stoßen darin auf, die dieß kaum bezweifeln lassen. Daß er ihn aber unmittelbar benutzt habe, daran läßt schon die Anwendung der römischen Namen zweifeln, die Shakespeare in jenem Falle wohl vermieden haben würde.

Timon hat auf die meisten Leser immer den Eindruck einer großen Ungleichheit in der Ausarbeitung gemacht. Die Versification ist lose und entweder ungewöhnlich regellos oder verderbt. Einzelne Theile des Stückes sind mit großer Liebe, andere scheinen sehr sorglos behandelt. Die vielen gleichgültigen Nebenpersonen, ohne bestimmte ausgebildete Charaktere, machen die Scenen hier und da zerfahren. Die Innerlichkeit und Tiefe des Gefühls, womit der Gegenstand im Ganzen ausgeführt ist, ist unverkennbar; gegen diesen Ernst aber stehen dann die genreartigen Scenen etwas grell ab, in denen die borgenden Diener Timon's abgewiesen werden. Die Composition ist in der alten Gründlichkeit zu geistiger Einheit gebunden, aber in einigen Punkten locker und wie unfertig. Mit der Geschichte Timon's ist eine zweite Handlung zwischen Alcibiades und dem Senate in Verbindung gebracht und in genauer Parallele auf Einen und denselben Sinn mit der Hauptshandlung hingeführt, in ihren Theilen aber hängt sie nicht überall fest mit dem Stücke zusammen. Alcibiades soll V, 3.) seinen Krieg gegen Athen zum Theile Timon's wegen unternommen haben, davon findet sich aber nichts weiter im Stücke. Der Anlaß seiner Empörung ist III, 5 angegeben. Er nimmt sich dort eines Freundes vergeblich an, der wegen Tödtung im Zweikampf zum Tode verurtheilt ist; der Dichter bespricht in seiner herkömmlichen siegreichen Unbefangenheit die Frage vom Zweikampf und stellt die Ansichten des Rechts, der Ordnung und des Alters mit denen der Ehre, der Leidenschaft, der Jugend in derselben entscheidenden Unentscheidung gegenüber, in der er die Frage des Selbstmordes offen gelassen hatte; aber in diesem Zwiespalte handelt es sich um einen gänzlich Unbekannten, von dem man durchaus nicht weiß, wer und woher der Männer? Sonderbarerweise gehen hier fast alle Ausleger schweigend vorüber, ohne dabei anzustoßen; aber eine solche unverbundene Scene wird man im ganzen Shakespeare nicht weiter finden. Wie nun alle diese Unebenheiten zu erklären seien, darüber ist man nicht einig. Coleridge glaubte, daß der ursprüngliche Text Shakespeare's von Schauspielern verderbt sei. Knight sieht das Werk für die Bearbeitung eines älteren Stückes an, von dem Einzelnes beibehalten sei, so daß Timon etwa wie ein Seitenstück zu Perikles anzusehen wäre. Delius nimmt das Stück für eine unfertige Arbeit, deren skizzenhafte Theile für die Aufführung unvollendet geblieben. Wir unsererseits bleiben bei der Bemerkung stehen, die wir zum Antonius gemacht haben, wo wir die Lässigkeit in einer Reihe von Stücken dieser Zeit auf einen allgemeinen uns unbekannten Grund in der Stimmung des Dichters schoben. Dabei müssen wir aber hinzufügen, daß eine oder die andere der Eigenheiten in diesem oder anderen Werken dieser Zeit auch in der Sache selbst gelegen sein mögen. Timon ist ein Stück fast ohne eigentliche Fabel; Shakespeare hat auf zwei bloße Winke hin das Verhältniß Timon's zu Alcibiades und Apemantus in seiner einsichtigen Weise ausgeführt; dennoch würden wir wohl begreifen, daß er in diesen Stoffen aus dem Alterthume, wo er sich doch nicht so vertraulich heimisch fühlen mochte, in seinen Erfindungen sich nicht in zu große Wagnisse verlieren wollte, daß er in der Schöpfung ganz frei erfundener Personen selbst zaghaft gewesen wäre und daß wir daraus z. B. die vielen namenlosen Figuren zu erklären haben, die hier wie im Anton und Coriolan zuweilen die Handlung fortspinnen müssen.

Wie sehr wir bei allen diesen und ähnlichen Anständen in Shakspeare's Werken auf der Hut zu sein streben, wollen wir an einer Aeußerung Coleridge's zeigen, die sich schon auf den inneren Gehalt des Stückes bezieht. Seine Bewunderung einzelner Theile dieser bitteren Satire war unbegrenzt; aber er erklärte das Werk im Ganzen für ein peinliches und unangenehmes Erzeugniß, weil es nur ein unvortheilhaftes Gemälde von der menschlichen Natur gebe, sehr abweichend von dem, was nach seiner Ueberzeugung des Dichters wirkliche Ansicht von dem Charakter seiner Mitgeschöpfe war. Er vermuthete daher, daß er den Gegenstand unter einem zeitweiligen Gefühle von Verdruß und Widerwärtigkeit aufgenommen habe. Dieser Satz würde vortrefflich in unsere Ansicht über die Stücke dieser Jahre eingehen. Wir haben aber schon beim Antonius gewarnt, nicht auf Rechnung des Dichters setzen zu wollen, was aus dem Stoffe selber nothwendig folgt. Der Gegenstand selbst ist Menschenhaß in Folge von menschlicher Schlechtigkeit; vielleicht lag der Wahl solch eines Stoffes Misstimmung zu Grunde; in der Ausführung des einmal gegebenen Vorwurfs können wir sie in diesem Falle nicht finden. Wir würden eher fürchten, daß Shakspeare im Antonius die Schlechtigkeit seines Helden zu nachsichtig beurtheilt, als daß er hier die Schlechtigkeit der Menschen zu strenge gerichtet habe. Dort blickt man in der That nirgends auf eine bessere Menschheit hindurch, aber hier ist ihr Bild durchaus nicht durchgängig „unvortheilhaft". Timon's anfängliche Menschenliebe, wie sein nachheriger Menschenhaß sind mit so edlen Eigenschaften versetzt, daß die wohlthuendsten Wirkungen von Beiden ausgehen können. Als sein Haus zerfällt und seine Freunde ihn verlassen, zeigen sich seine Diener, die ihn in seiner Menschenfreundlichkeit ganz kennen gelernt hatten, obwohl sie nun nichts mehr von ihm zu hoffen haben, theilnehmend und anhänglich; sie zerstreuen sich, aber sie wollen stets Genossen bleiben, wo sie sich immer treffen und geben sich ein Handgeld dieser treuen Kameradschaft, so daß in demselben Augenblicke von diesem Hause der Fluch der Menschenfeindschaft, aber auch der Segen der Menschenliebe ausgeht. Als Timon nachher in seiner Rückgezogenheit einen neuen Schatz ausgräbt und, von Dieben um Gold angegangen, ihnen in der Uebertreibung des Hasses alle Elemente und Weltkörper als Diebe darstellt, ihnen flucht und zugleich Gedeihen wünscht, sie mistrauen und stehlen heißt, da sie nichts stehlen könnten was nicht Diebe verlören, erfüllt Einen der Räuber diese tiefe Verstimmung mit Reue, daß er sein Gewerbe aufgeben will; auch der Menschenhaß Timon's säet noch Gutes aus und gebiert das Maaß aus dem Uebermaaße. Zu diesen einzelnen Zügen, die der unvortheilhaften Schilderung der Menschheit ein Gegengewicht halten, reihen sich auch die Aeußerungen der Diener jener Wucherer und Gläubiger Timon's ein, die sich ihrer Herrschaften und Aufträge schämen; überall hat der Dichter, scheint's, in den untern Klassen einen Kern der Unverdorbenheit erhalten zeigen wollen, der in den höheren erstickt ist. Die Vervollständigung dieses Gegensatzes ist die Gestalt des treuen Hausmeisters, der mit Ehrlichkeit Timon's Schätze verwaltet, mit Treue und Verständigkeit seiner Verschwendung Einhalt zu thun sucht, mit Geduld sein Abweisen und Schelten erträgt in einsamem Jammer. Timon's Güte hält diesen Diener so an ihn gefesselt, daß er zuletzt in seiner Armuth seine letzten Pfennige mit ihm theilen will und dadurch aus dem versteinerten Herzen des geschworenen Menschenhassers noch einmal einen Funken der Menschenfreundlichkeit schlägt. Der Trost, daß kein Same des Guten verloren geht, auch wo es in Unkraut aufgeschossen ist, spricht aus allen diesen Gegensätzen, die, dünkt uns, voll Versöhnung für den trüben Inhalt dieser Tragödie sind, die in dem Dichter eine Fülle von innerem Zartgefühl verrathen, und dazu eine unerschütterte Besonnenheit und Sicherheit des Blickes in den Haushalt der Vorsehung, der uns so oft verwirrt scheinen, uns so oft in Verwirrung versetzen kann.

Shakespeare charakterisirt uns den Inhalt seines Dramas im Anfange selbst, wo er den Poeten sein Gedicht an Timon beschreiben läßt. Er habe in diesem rohen Werke, sagt er, einen Mann dargestellt, den die Welt mit ihrer freigebigsten Gunst umfangen und gehegt; er zeige, wie auf einem anmuthigen Hügel alle Arten von Naturen nach der Höhe strebten, auf welcher Fortuna throne; den Einen Timon winke sie als ihren bevorzugten Günstling zu sich, und alle seine Mitbewerber und Nebenbuhler, Gleiche und Höhere, erschienen sogleich wie seine Sklaven; sie füllen seine Hallen, sie regnen schmeichlerisches Geflüster in sein Ohr; laßt aber die Göttin ihn von sich stoßen, so lassen ihn alle diese Dienstbaren stürzen von seiner Höhe und nicht Einer folgt seinem Falle. — Wie Shakespeare dieß Gemälde aus den dürftigen Anecdoten bei Plutarch herausgebildet hat, ist nicht weniger staunenswerth, als die ähnlichen Bilder in dem verwandten Kaufmann von Venedig. Hier wie dort hat es der Dichter mit der Allmacht des Goldes zu thun. Dort hat er uns unter anderen Wirkungen, die dieser Prüfstein der Herzen auf verschiedene Menschen macht, den Wucherer gezeigt, der in Geiz und Habsucht zu der fühllosesten Härte versteinert ist, hier schildert er uns im Gegentheile den Verschwender, dem sein Fehler im Umschlag seiner Schicksale die angeborene Milde des Herzens so vergiftet, daß er zu der ähnlichen Verhärtung des Gemüths gelangt, die dort dem Geizhalse eigen war. Beide Stücke zusammengestellt sprechen noch deutlicher, als es schon jedes einzelne thut, die Wahrheit aus, die Shakespeare bildnerisch und rednerisch so oft eingeprägt hat, daß jedes Unmaaß verderblich sei. Dem Timon wird von seinem ungerechten Tadler der Eine gerechte Vorwurf gemacht, daß er nie den Mittelweg der Menschheit erkannt habe, sondern nur das Aeußerste beider Enden; seine Grundsünde ist, daß er zu viel Gutes thut; seine Verschwendung mit seinen Glücksgütern ist nicht größer als das überschwengliche Uebermaaß seiner Liebe und seines Wohlwollens, und da dieß mit Undank gelohnt wird, schlägt es in das entgegengesetzte Unmaaß des Menschenhasses um; in beidem beidemale hört Unterscheidung, Sichtung, Wahl und Ausnahme unter den Gegenständen seiner Wohlthaten, seiner Liebe und seines Hasses völlig auf. Ein ähnlicher excentrischer Charakter wird zum Verschwender immer gehören; eine gewisse Flachheit der Natur wird von dieser Eigenschaft, wenn sie den Menschen beherrscht, immer unzertrennlich sein; ob Shakespeare neben dieser seinem Timon die Tiefe eines ächt tragischen Charakters habe geben können, die uns an seiner Persönlichkeit und seinem Schicksale eine ernste Theilnahme abnöthigen könne, dieß ist eine Frage, von deren Beantwortung wesentlich die Schätzung abhängen wird, in der wir dieß Stück halten sollen. Goethe hat gesagt, den Misanthropen von Molière möchte er tragisch nennen, wogegen Shakespeare's Timon nur ein „komisches Sujet" sei. Es fragt sich, ob dieß eine der nicht seltenen Goethe'schen Grillen über Shakespeare'sche Dinge sei, oder ein Ausspruch, der einer richtigen Beobachtung entsprungen wäre.

An und für sich können uns die Aeußerungen von Timon's Verschwendungssucht allerdings nur oberflächlich berühren. Wir sehen diesen Mann in seinem Audienzsaale wie einen Fürsten umdrängt von allen Naturen und Geistern, allen Klassen und Ständen der Menschen; die glatten und schlüpfrigen Geschöpfe, wie die ernsten und würdigen huldigen ihm, der Schmeichler und der Tadler von Gewerbe; nähere und fernere Freunde umgeben ihn; die Gewerbe, die Künste sind in seiner Kundschaft; der Staat ist ihm um Kriegsdienste, der Senat, in Masse und die Einzelnen, ihm um Gelddienste verpflichtet. Wir sehen vor uns, was dieses Gedränge veranlaßt. An seinem Thore steht ein freundlicher Pförtner, der jeden Vorübergehenden einlädt; im Hause sind kostbare Gelage, für jeden Sinn mit andern Reizen sorgend, angerichtet, zu denen auch der Bettler Apemantus, wenn er will, gebeten ist; die befreundeten Gäste erhalten zu dem Mahle noch kostbare Geschenke von Pferden und Juwelen hinzu; sie bieten zwar auch Timon Geschenke an, aber dabei sehen sie nur auf seine Freigebigkeit ab; er gibt die erhaltenen Gaben siebenfach zurück, über alle gebräuchliche Vergeltung. Er gibt dabei ohne Berechnung seines Besitzes und ohne Zweifel an dem Charakter der Beschenkten; einmal stattet er einen ehrlichen Diener aus und fördert den Guten, eben so bereitwillig aber fördert er auch den Schlimmen; er schenkt unbezahlte Kleinode an Leute, die ihn um einem Ausstand bei ihm selber peinigen; er zieht, ein ächter Freund in der Noth, den Freund aus dem Schuldthurme, hilft ihm auf und erläßt ihm die fünf geliehenen Talente, als er ein reicher Erbe geworden ist, und dieser leiht ihm in seiner Noth die Geschenke nicht einmal wieder. Schenken und Geben ist ihm in seiner königlichen Laune zur Gewohnheit geworden; er könne, sagt er, Königreiche an seine Freunde geben und nie müde werden. Warnt ihn sein Verwalter, so hört er ihn nicht, dringt er in ihn, so schickt er ihn weg; raschsündigend geräth er so in den reißenden Gang der Verschwendung, gibt weg aus leeren Koffern und seine Versprechungen werden Schulden. Dieser unverständigen Güte sieht der gutmüthige Hausmeister, wenn er auf Timon's Herz blickt, in schmerzlicher Bewunderung dieses „Wunderwerkes von guten, aber übelangewandten Thaten" zu, beklagend, daß die Freigebigkeit, welche Götter macht, die Menschen verdirbt; betrachtet er die Sache von der verständigen Seite, so muß er es sinnlos schelten, wie dieser Mann weder wissen will wie fortzufahren, noch wie aufzuhören, daß er nicht hören werde bis er fühlen muß. Die Thorheit dieser Selbstverblendung wächst, wenn man bemerkt, wie jede Warnung an ihm vorübergeht, die in aller Gestalt an ihn kommt. Sein schmarotzender Poet gibt sie ihm im Gewande der Schmeichelei, das beachtet er nicht; Apemantus sagt sie ihm in derber, übertriebener Weise, das nennt er auf die Geselligkeit schmähen; der Hausmeister gibt sie ihm mit Zahlen, die sieht er nicht an. Selbst als ihn die Dränger schon aufmerksam machen, kann der Hausmeister nur Gehör finden, indem er mit seinen Thränen zu Timon's Herzen spricht, das nie versagt, und indem er ein treffendes Wort sucht, das seinen Geist mit schneller Wahrheit schlägt: die Welt ist nur ein Wort, wie leicht wäre sie verschenkt, wenn sie Euer wäre! Auch dann noch ist es Timon peinlich, ihn predigen zu hören; er ist nicht gewöhnt, Widerwärtiges zu erfahren; dieses sanfte Gift der Schmeichelei hat ihn verdorben. Ein so verfeinerter Mann des Wohllebens, wie dieser, würde nicht angezogen werden von plumpen Schmeicheleien in's Gesicht, so wenig wie Antonius; er kann den Tadel des Apemantus hören und denkt nicht daran, ihn als einen lästigen Gast zu beseitigen; wenn der Juwelier eine derbere Artigkeit sagt, weist er sie zurück als einen Spott; von seinen Clienten verlangt er, daß sie alle Ceremonien bei Seite legen, denn er will sie zu Freunden haben, er will sie nicht für Leute von „schwachen Thaten und hohlen Grüßen" nehmen, denen dieß zukomme. Sie freilich zeigen schon in ihrer dienstbereiten Unterwürfigkeit, daß sie nichts anderes als solche Leute sind, und ihr Umgang und die allmähliche Gewöhnung in ihren Ton hat Timon die ähnliche Fläche des Wesens mitgetheilt. Wie er im Anfange erscheint, ist er ganz der verwöhnte Liebling einer verweichlichten und sittenverderbten Stadt, in ganz mäcenatischer, wenn nicht fürstlicher Haltung, vornehm, herablassend, voll freundlicher Rücksichten, fein, in seinen Reden kurz, pikant, gewählt, aber nirgends tief. Im Reiz der heitern Geselligkeit und in der Gewöhnung der Genüsse ist sein Geist verflacht, seine Ueberlegung verschlemmt, wie bei Antonius. Ihn mahnen nicht große Berufe zu einer äußeren Thätigkeit, wie diesen; daß er kriegerische Verdienste um Athen hat, rechnet man ihm vielmehr als einen Ueberschuß an, den man an den Mann dieser Natur und dieser privaten Stellung nicht verlangt. Aber auch innerhalb seiner privaten Sphäre sieht man im Anfange nirgends eine Spur von tieferer Geistesbildung; an den Künsten nimmt er nur oberflächlichen Antheil; was er für seine menschenfreundlichen und menschenfeindlichen Feste erfindet, ist sehr mäßig geistreich; er ist ein liebenswürdiger Naturalist und Weltling, der dem Augenblick lebt; wie das Unglück ihm nahetritt, mag er über seine eignen Fehler nicht in sich gehen, während er die der Menschheit zum Gegenstande seiner tief-

sten Hasses macht; sein Geist bietet ihm keine Zufluchtsstätte, in die
er sich zurückziehen könnte; er fällt fassungslos von einem Aeußersten
in das andere. Dann aber ist nicht zu leugnen, daß sein Elend in
ihm wie in Richard II. erst eine Tiefe des Gefühls und des Geistes
aufdeckt, die man vorher nicht ahnen konnte. Ein unthätiger Mensch,
nicht wie Antonio der Kaufmann von Venedig, von Natur und Geburt, sondern durch die Gewöhnung des Wohllebens, hat er das
geistige Leben, ähnlich wie jener das Gemüthsleben, einschlummern
lassen. Er hat sich von seinem Gelde so wenig wollen unterjochen
lassen, wie dieser; Antonio aber, sparsam und großmüthig zugleich,
ließ den freigebigen Gebrauch seines Vermögens an sich kommen, wie
selbst den Einen bewährten Freund; Timon dagegen sandte sein
Geld vor sich her, ließ es Alles für sich thun, was es am besten und
was es am wenigsten konnte; in seinem Unglücke braucht er es, um
Unheil damit über die gehaßte Welt zu schütten, in seinem Glücke, um
sich Freunde, das erste Bedürfniß seiner Natur, damit zu erkaufen, da
es ihm nur Schmeichler kaufen konnte. Mit Geistesgaben und Vorzügen Freunde zu gewinnen, uneigennützige Freunde zu wählen,
hätte er nicht verstanden. Aber was dafür entschädigt, ist, daß er
sie mit seinem Gemüthe wählte und mit seinen Gemüthsgaben eben
so sehr, wie mit seiner Freigebigkeit, gewann. Wenn bis zu diesem
Punkte hin Timon wie ein oberflächlicher Charakter erschien, der
mehr in ein bürgerliches Schauspiel trivialeren Schlages paßte, so
hat ihm Shakespeare an dieser schönsten Stelle jene Tiefe gegeben,
die ihn zum Bürger einer höheren Dichtungswelt macht. Diese
Tiefe liegt in der engsten Verknüpfung der Freigebigkeit von Timon's
Hand mit der seines Herzens. Das Alterthum schon verschmolz diese
Begriffe der äußeren und inneren Liberalität; die deutsche Sprache
hat im Mittelalter in dem Worte Milde die Begriffe der Menschenfreundlichkeit, der Freigebigkeit und Wohlthätigkeit vereint, als ob
dieß untrennbare Eigenschaften wären, wie sie es überall auch sein
werden, wo nur Eine dieser Eigenschaften unverstellt und ungeheuchelt

ist. Zu einem solchen Milden in diesem Sinne hat Shakspeare mit jener unbegreiflichen Schärfe seines menschenkennenden Instinctes den Timon gebildet. Sein Reichthum ist überall von seiner guten und edlen Natur getragen. Freigebigkeit der Menschenliebe, der unermüdlichen und unaufhörlichen Güte, Freigebigkeit des Vertrauens bis zur Leichtgläubigkeit, Freigebigkeit der äußeren Sitte bis zur freundlichsten Leutseligkeit auch gegen die Geringsten, gehen immer mit der Freigebigkeit seiner flüssigen Hand zusammen; er ist ein Verschwender seines Herzens wie seiner Güter; er ist die Seele der Menschenfreundlichkeit, von bescheidenen, einnehmenden Sitten eben so sehr, wie er in Bezug auf Besitz uneigennützig, aufopfernd, von Selbstsucht frei bis zum Unbedacht ist. Denn er läßt diese Sonne seiner Liberalität und seiner Mildthätigkeit über Böse und Gute leuchten; er ist in der verderbtesten Stadt von dem unschuldigsten Glauben an die Menschen geblieben; er darf sich, schon vom Unglück überfallen, in dem Bewußtsein fühlen, daß ihn keine schlechte Verschwendung getrieben, daß er unweise, nicht unedel gegeben habe. Ehrlichkeit nennen selbst seine Feinde seinen Fehler; die ehrlichen und treuen Diener in diesem reichen Hause ehren die Herrschaft so sehr, wie sich selbst. Wie viel Eitelkeit und Großthuerei sich in Timon's Wohlthätigkeit und seine Prunksucht eingeschlichen haben mochte, doch gab er und half er aus Grundsatz und menschlicher Pflicht; wir sind geboren, war seine Meinung, Wohlthaten zu erzeigen. Wie sehr die Schmeichelei seine Unterscheidungsgabe abgeschliffen haben mochte, doch suchte er nicht Schmeichler mit seiner Freigebigkeit, sondern wahre Freunde, und glaubte wahre Freunde zu besitzen. Er setzte die höchste Tugend der Geselligkeit und Menschenliebe, die Freundschaft, an die Spitze seiner Ideale, und hätte mit Aristoteles Den thöricht gescholten, der einen Einsiedler glücklich nennen möchte; aber er versah es darin, daß ächte Freundschaft nicht gegen Viele möglich ist. Venus und Amor haben nicht Macht über ihn,* deren Freuden der eigennützige Genußsüchtige sicherer mit Golde kauft, als die Treue von Freunden. Sein Eigenthum betrachtet er als das der Freunde, und das ihrige in der edelsten Selbsttäuschung wie das seine; da sie den Wunsch aussprechen, er möchte ihrer einmal bedürfen, macht ihn dieser Ausspruch bis zu Thränen weich; er wünscht ärmer zu sein, um ihnen näher zu rücken; wozu brauchte man Freunde, sagt er, wenn man sie nie gebrauchen sollte? Selbst freigebig, denkt er auch die Anderen so; er ist überzeugt, daß sein Glück nie sinken könne, so lange er seine Freunde habe, daß er nur ihre Herzen wie Fässer anstechen dürfe, um ihr Vermögen sich zufließen zu sehen. Da die Stunde der Noth kommt, nimmt er seinen Mangel für einen Segen, weil er nun in der That seine Freunde erproben könne. Und wie gut er seine Schätze angelegt zu haben glaubt, äußert er noch in den Worten an Flavius, die für die ganze Natur seiner Freigebigkeit am sprechendsten sind: Nun sollst du sehen, wie du mein Vermögen mißschätzest: ich bin reich in meinen Freunden. Selbst da der erste Versuch, bei den Senatoren Hülfe zu suchen, schon gescheitert ist, erschüttert auch dieß sein Vertrauen noch nicht; er will zwischen diesen eisblütigen Erbwucherern und seinen näheren Freunden unterschieden wissen.

Nun überfällt den unbesonnenen Geber die Erfahrung, die er nicht möglich geglaubt hätte; die falschen Freunde zerstäuben um ihn her in der Stunde seiner Noth; was die Feste angezogen hatten, stößt das Fasten ab. Die schlaffnasigen Wucherer des Senats spüren zuerst den drohenden Bankbruch aus und zu den gewünschten Darlehen schütteln sie die Köpfe. Der gerettete Ventidius, reich geworden, schlägt ab, das Geschenkte wieder zu leihen. Lucullus weigert sich

---

* Thörichte Ueberarbeiter haben später den Timon abscheulich zugerichtet. Shadwell gab dem Timon eine Geliebte, die ihn nicht verläßt; eine Salmutzer Ihng des Charakters. Cumberland gab ihm eine Tochter, die ihn also um Vermögen und Substanz bringt, ein Leichtsinn, der das Edle in dem Charakter vertilgt.

frech und sucht den Diener Timon's zu bestechen, der ihm sein Geld vor die Füße wirft. Lucius, dem Timen wie ein Vater war, dessen Vermögen er gestützt hatte, der aus seinem Silbergeschirr trinkt, stellt sich unglücklich, daß er sich gerade ausgegeben habe. Sempronius, der zuerst von Timon Gaben empfangen hatte, auf den er am meisten gerechnet hatte, spielt den Beleidigten, daß er nicht zuerst zu ihm gesandt habe. Die Krankheit eines Freundes, nicht Freund, heißt Flaminius den ersten dieser Drei; ein undankbares Ungeheuer nennen die Fremden den Zweiten; als einen klugen politischen Teufel, der den Bösen selbst zu überbieten fähig ist, bezeichnet Timon's Diener den Dritten. Diese Scenen, die Knight nicht für Shakspearisch gelten lassen will, sind offenbar aus Mangel an Stoff etwas breit und von burleskem Anstrich geworden, wie es sich vielleicht besser in die Komödie eignen würde. Aber auch so lassen sie genugsam empfinden, wie furchtbar die eingeerntete Last des Undanks den freigebigen Sämann niederwerfen mußte. Das schwärzeste Laster, das den Menschen unter das Thier stellt, trifft gerade ihn, den seine Freigebigkeit zu den Göttern rückte; es trifft ihn durch solche, die ihn erst ausgesogen hatten, und deren Verprassen ihr Undank ärger als Diebstahl macht; es trifft ihn, den Arglosen, der nie gewußt hatte, daß Klugheit über dem Gewissen der Menschen sitzt, der von unehrlichen Menschen hatte sprechen hören und sprach, ohne sie je gekannt zu haben; es trifft ihn durch Freunde, denen er unbegrenzt vertraute; es trifft ihn plötzlich, so daß „Ein Wintersturm alle seine Blätter abschüttelt und ihn nackt dem Froste überläßt". Ist es ein Wunder, daß er nicht die Größe und Wucht der Worte finden kann, welche die ungeheuere Masse des Undanks, den er erlebte, bedecken könnte, daß die Vorstellung von dem Undank der Menschen nun alle seine Gedanken kreuzt wie eine fixe Idee? Er hat für Freundschaft Falschheit, für Geselligkeit Verlassenheit, für Freigebigkeit Geiz getauscht und Fluch im Segen und Elend in seinem Glücke gefunden; der Schiffbruch der edelsten Gefühle macht, daß seine ganze Natur in ihr Gegentheil umschlägt. Unbefestigt von Seele, wenig nachhaltig von Kraft, kann er nicht Meister werden über die Unbilden des Schicksals; sein Geist wird ertränkt und verloren in dem Unglücke, zu dem er nicht geschult wurde; der glatte Weltmann und sein Gemüth, das man nur in ebener Oberfläche gesehen hatte, wird von dem Sturm einer tiefen Leidenschaft aufgewühlt, die das Unterste zu oberst kehrt. Das lebendigste Bild steht vor uns des Ueberschlags von Einem Extreme zum andern; das Unmaaß, das ihm dort eigen war, ist es auch hier; von dieser Seite nannte daher Coleridge den Timon einen Krat des häuslichen und gewöhnlichen Lebens. Der eben noch von Menschen umschwärmte war und angebetet, ist verlassen und verachtet; der geselligste Mensch flieht von den Menschen, die er ärger als Wölfe gefunden hatte, hinweg zu den Thieren in die Einsamkeit des Waldes; der im Ueberfluß, in der höchsten Verfeinerung der Lebensgenüsse gelebt hatte, der führt ein nacktes Leben in der Wildniß; der Macen wird ein Anachoret, der Epikureer ein Cyniker, der Reiche ein Armer und Ausgestoßener aus Grundsatz, aus eigensinnigem Gelübde, das er auch nicht bricht, als ihn der Zufall mit neuen Schätzen überhäuft; der stets Freundliche und Gütige waffnet seine Zunge mit furchtbaren Flüchen und Verwünschungen; der Mann der Menschenliebe ist ein Menschenhasser geworden. Jetzt sieht er alle die Wahrheiten ein, die er sonst nicht hören wollte; jetzt sieht er Hunde und Schmeichler in der ganzen Welt, wo er eben so unterscheidungslos sonst nichts als Freunde gesehen hatte; jetzt hat er Mißtrauen gelernt und weiß es zu lehren, das sein leichtgläubiges Herz sonst nicht kannte. Diese expansive Natur ist in dieser neuen Verwandlung von einer ungemeinen Intensivität geworden. Wenn er der Ueberhebung des Geschöpfes über das Geschöpf, des Reichen über den Armen nachdenkt, wenn er der allgemeinen Schiefe der Natur nachgrübelt, in der nichts gerade sei als die gerade Schlechtigkeit, wo immer die untere Stufe der oberen schmeichle, wenn seine Betrachtung über der Unnatur des Undanks oder über der Allmacht des Goldes weilt, ist dieß in Selbstgesprächs voll Tiefsinns niedergelegt, die zu seiner früheren flachen Unterhaltung im schärfsten Gegensatze stehen. Wenn er die endlosen Seuchen von Vieh und Menschen über seine Freunde, Feuer und Verderben über Haus und Stadt, Verpestung über den ganzen Dunstkreis der Erde flucht, wenn er seinen Haß ausspeit über die ganze Menschheit und seinem Hasse Wachsthum mit dem Alter wünscht, geschieht dieß in den kühnsten und gewaltigsten Invectiven, die irgend eine Dichtung aufzuweisen hat. Wenn er thatsächlich seinem Grimm und seinen Verwünschungen Nachdruck zu geben strebt, thut er es mit einer Hartnäckigkeit des Vorsatzes, mit einer Grundsätzlichkeit des verdichteten Menschenhasses, die den einseitig Gewordenen nun eben so nach der Tiefe seiner Anlage uns aufhüllt, wie ihn seine Verschwendung und seine Menschenliebe früher in vielseitiger Oberfläche gezeigt hatten. Die Menschen sind ihm fernerhin nur Werkzeuge oder Gegenstände seines Hasses. Nachdem er, Wurzeln grabend, einen neuen Schatz gefunden, sucht ihn die verhaßte Gesellschaft auf's Neue in seiner Einsamkeit auf; er unterscheidet seine Besucher; die alten Schmeichler und Tadler, den Apemantus und die Künstler, die er als verderblich genug kennen gelernt hatte, schickt er mit Schlägen und Steinen heim; dem Senat und der Stadt bietet er seinen Baum zum Hängen an; Andere stattet er mit seinem Golde aus, sie der Menschheit verderblicher zu machen. Er macht seine Schätze, wie sonst zum Werkzeug seiner Liebe, so jetzt seines Hasses; sie sollen vernichtende Zwiste unter die Menschheit säen, bis sie ganz hin ist. Er rüstet Alcibiades mit Gold aus für sein Heer, das er zur Vernichtung Athens führt, er wünscht ihm Glück bis zu dem Siege und nach dem Siege Unglück über ihn selbst, der noch der beste seiner Freunde war. Nächst dem Bürgerkriege schickt er die Lustseuche über die gehaßte Vaterstadt aus; er gibt den Buhlerinnen des Alcibiades Gold, damit sie sechs Monate ihrem Gewerbe zuwider leben, sich herausschmücken und Kräfte sammeln, um dann so verderblicher zu werden. Er gibt den Räubern sein Gold und seine Lehre, nach dem Beispiele der ganzen lebenden und todten Natur zu stehlen. Er theilt seinem treuen Flavius davon mit, aber mit dem Bedinge, daß auch Er wie ein Menschenhasser lebe. Noch nach seinem Tode soll auch seine Grabschrift der Menschheit seinen Haß und seinen Fluch verkünden.

Auch in diesem Aeußersten der Verstocktheit seines unmäßigen Hasses hat der menschliche Dichter der ursprünglichen Natur dieses Mannes nicht vergessen, und nicht versäumt, die Spuren seiner alten Milde durch allen Groll und alle Flüche noch erkennbar zu lassen. Auch dieß trägt nicht wenig dazu bei, die Durchsicht auf eine bessere Menschheit in diesem Stücke überall offen zu halten. Als ihn Alcibiades zuerst aufstört in seiner Ruhe, entwirrt sich gegen diesen sein neuer Haß in seiner ersten Stärke. Gleich darauf entströmt seinen Lippen, die er nur zum Fluchen öffnen möchte, unwillkürlich ein Gebet des Segens. Er wünscht, daß die allbringende Mutter Natur aus ihrem empfängnißreichen Schooße lieber alle unerhörten Ungeheuer, nur keine undankbaren Menschen mehr gebären möge; sie soll ihre fetten Triften, Weinberge und das Mark der Erde austrocknen, sie soll die Undankbaren, wenn sie sie gebar, nicht aufnähren. Apemantus plagt ihn, und gegen ihn erhebt er sich in dem ganzen Selbstgefühle seiner edleren Natur; aber auch in das Gespräch mit ihm schleicht eine gutmüthigere Aeußerung ein, nach der er besser als von den Männern von den Frauen denkt, an denen er so schlimme Erfahrungen nicht gemacht hatte. Die Räuber kommen; gegen sie ist er milder, weil sie wenigstens nichts anderes scheinen wollen, als was sie sind; auch bei ihnen, sagten wir schon oben, wirkt sein Fluch einen Segen. Die Treue seines Hausmeisters erschüttert ihn vollends. Er ist gezwungen, Einen Ehrlichen anzuerkennen, der sich freikauft von seinem systematischen Hasse; er erkennt dieß Einmal sein übermäßiges Ausschreiten nach dem Extreme, er erkennt für den Augenblick seine „ausnahmslose Raschheit", und betet zu den ewig nüchternen und mäßigen Göttern, es ihm zu vergeben. Aber verharren kann der Schwache in dieser heilsamen Stimmung nicht, die ihn retten konnte; der Starrsinn der Folgerichtigkeit hat sich seiner bemächtigt, und in demselben Momente, wo er seinen Fehler der ausnahmslosen Beurtheilung der Menschheit einsieht und eingesteht, rafft er sich zu dem Eigensinn zusammen, ihn nur für diesen Einen Ausnahmsfall zu meiden. Er fällt in seinen schroffen Haß zurück, aber auch darin könnte eine solche Natur nicht lange aushalten. „Die Menschenliebe, sagt Ulrici, war sein Lebenselement, der Menschenhaß war Stickluft für ihn, in der er nicht lange athmen konnte". Er stirbt am gebrochenen Herzen, nimmt man gewöhnlich an; uns scheint in seinen letzten Reden die Absicht des Selbstmords deutlich zu sein. Die zwei Grabschriften, die Shakespeare im Plutarch fand, hat er am Schluß des Stückes in Eine verschmolzen. Die schönere hat er selbst ihm in den Mund des Alcibiades gesetzt, der auf diese haßsüchtigen Grabschriften gleichsam mit einer menschenliebenden antwortet: „Du lehrtest Neptun zu weinen auf Deinem Grabe über vergebene Fehler".

Zu dem Gegensatze des Timon, zu der Figur des Cynikers Apemantus, hat dem Dichter zunächst der Diogenes in Lilly's Alexander und Campaspe gesessen; die raschen und schlagenden, epigrammatischen Antworten auf Fragen, die hier und da für die witzige Erwiederung etwas zu sehr schön zugerichtet sind, haben dort ganz ihr Vorbild. Die Schilderung dieses antiken Narren ist in ihrer Art so vollkommen, daß man glaubt, der kurze Entwurf eines Cynikers, der in Lucian's Philosophenversteigerung dem Diogenes in den Mund gelegt ist, müsse Shakespeare bekannt gewesen sein. Um ein Mann dieser Sekte zu sein, heißt es dort, müsse man frech und unverschämt sein, auf Alle schmähen, auf Könige wie auf Bettler; so ziehe man die Augen der Menschen auf sich und erscheine mannhaft. Die Sprache müsse barbarisch, die Stimme mißtönig und völlig dem Hund ähnlich sein, das Gesicht starr, der Gang dem Gesichte entsprechend, Alles thierisch und roh. Scham, Billigkeit und Maaß sei entfernt, das Erröthen ganz vom Gesichte verbannt. Auf den besuchtesten Plätzen müsse man sich umtreiben, sich aber in ihnen allein halten und begehren ohne Gesellschaft zu sein, und weder Freund noch Feind zum Umgange zulassen. All das sei leicht zu erreichen; es bedürfe keiner Erziehung, keiner Wissenschaften und ähnlicher Possen, sondern dieß sei der kürzeste Weg zum Ruhme. — Man sieht, dieß könnte eben so wohl eine Charakteristik des Apemantus sein, wie dieser ein Bild nach dieser Vorzeichnung; hat Shakespeare Lucian's Werke nicht gekannt, so ist die Art und Weise, wie er hier den Geist des Alterthums getroffen hätte, desto bewundernswerther. Der Dichter stellt in Timon und Apemantus die cyrenäischen und cynischen Systeme, die das ganze Alterthum getheilt haben, einander gegenüber, und läßt anschaulich und eindringlich fühlbar werden, wie Beide, indem sie das Glück als das Ziel des menschlichen Bestrebens hinstellen, eine trügerische Grundarie ausstecken, und wie das Erpichen auf extreme Lebensgrundsätze nicht einmal zu diesem falschen Ziele hinführt. Der freien und feinen Natur des Timon, der in Nährung und Pflege, in Steigerung und Befriedigung der Bedürfnisse das Glück sucht, der in untrennbarer Verbindung mit ihnen die Bildung und Bildsamkeit sieht, die der auszeichnende Vorzug unseres Geschlechtes sind, der in der Geselligkeit das eigenthümlichste Mittel dieser Verfeinerung aller äußeren und inneren Gaben und Genüsse erkennt, steht dieser Proletarier des Alterthums, der bimbische Philosoph gegenüber im entgegengesetzten Aeußersten der Rousseau'schen Naturtheorie. Befangen in dem Eigensinn des Grundsatzes legt er das Unmaaß in die Mäßigkeit; arm und bedürftig geboren, macht er aus der Bedürfnißlosigkeit ein System; die Verleugnung alles dessen, was den Menschen zum Menschen macht, die Herabsetzung der menschlichen Natur zur thierischen, die vollständige Entbehrung, die Flucht des Umgangs und geselligen Verkehrs ist das Prinzip seiner Lebensweisheit. In der Einseitigkeit dieser ärmsten aller Launen ist er „aller Menschlichkeit entgegengesetzt" geworden; ihm hat nicht der Wein und das Mark der Erde den Geist träge gemacht, aber das Wasser hat ihn ihm von früh auf ertränkt; er verachtet Kunst und Künstler; jedes Vergnügen, Tanz und Pomp ist ihm Wahnsinn; gegen die Empfindbarkeit von Timon's weichem Herzen ist sein Gemüth ganz stumpf und erstarrt. In Armuth geboren, wäre er zur Arbeit, zur Thätigkeit und Geschäftigkeit mehr als Timon gewiesen gewesen, der sein Geld für sich arbeiten ließ; aber wenn es schon in diesem ein Fehler war, daß er der Götter Dasein nachahmte in seiner genießenden und gewährenden Güte, so ist die Unthätigkeit und Tagdieberei des Apemantus viel sträflicher und verdächtiger. Aus seiner Bettelarmuth hätte ihm Timon täglich geholfen, wenn ihm diese, nach dem unverdorbenen Sinne unserer Vorfahren, für eine Schande gegolten hätte; er aber machte aus ihr einen Stolz, und setzte seinen Ruhm darein, daß er nicht wie Timon ein Verschwender sei, da doch seine Enthaltsamkeit kein Verdienst in ihm war; er macht im Wortverstande aus der Noth eine Tugend. Sticht dieser sein Bettelstolz gegen Timon's Bescheidenheit zu des Letzteren unermeßlichem Vortheil ab, so mehr gegen dessen Uneigennützigkeit die Selbstsucht des Apemantus, der in seinem Gebete nur für sich selber bittet, wiewohl er es liebt, sich selbst zu verabscheuen. Denn all dieser Rolle der eignen Verthierung, der absichtlichen Verarmung und Vereinsamung liegt, nach jenen Winken bei Lucian, die Affectation von Originalität und die Eitelkeit zu Grunde, die Augen der Menschen auf sich zu ziehen. Neben dieser selbstgeborenen Eitelkeit, wie verzeihlich erscheint da die des Verschwenders, die von hundert, Dank und Bewunderung und Liebe heuchelnden Schmeichlern erzeugt und genährt wurde! Wenn Apemantus kein Schmeichler, außer gegen das Elend, war, wenn er grob und derb jedem die Wahrheit, und treffende Wahrheit sagte, wie sollte es ihm besser ausgelegt werden, als dem Timon seine leutselige und rücksichtsvolle Umgänglichkeit, da auch jene Aufrichtigkeit in jenem Bettelstolze und seiner Eitelkeit ihren Grund hat! Er stand auf jener untersten

Stufe, der keine niedrere folgt die ihr schmeicheln könnte, und die sich daher der oberen zu schmeicheln sträubt; seine Geradheit floß aus der Bosheit einer giftigen, neidischen und heftigen Natur, sie ruhte auf dem instinctiven Scharfblick, alle schlechten Eigenschaften und Erfahrungen auszuspüren und die guten nicht zu sehen, sie ward im Gegensatze zu Timon's Sucht, Allen Liebes und Gutes zu erweisen, zur Gewohnheit des Tadels und Verleumdens. Sein Schimpf hatte keinen anderen Zweck, als die Menschen zu ärgern, „das Amt eines Schurken oder Narren". Der Zorn wurde in ihm, gegen das Sprichwort, dauernd und stechend, der Menschenhaß, der bei Timon aus der Erschütterung jedes Glaubens an die Menschheit entstand, war bei ihm ein Handwerk in Folge des angeborenen unmenschlichen Sinnes und seiner eitlen und boshaften Gewöhnungen. War Timon extrem und ausnahmslos in seiner Liebe und seinem Vertrauen, so ist es dieser eben so in seinem Hasse und in seinem Mistrauen. In welches Licht tritt die unverdorbene Natur jenes verwöhntesten Sterblichen, der die gute Meinung der Unschuld von aller Menschheit hegte, in welchem Glanz seine Freundschaftsmanie gegen die argwöhnische Natur dieses Egoisten, der an keine Ehrlichkeit glaubt, der sich wundert, daß ein Mensch dem Anderen vertraut, der zu den Göttern im Gebete fleht, ihn vor der Thorheit zu bewahren, einem Menschen zu trauen! Er, der nichts besitzt, ist zu derselben Versteinerung des Herzens gekommen, wie der Geizhals, der nichts zu besitzen vorgibt, das macht den Gegensatz vollkommen, in den Apemantus zu Timon gestellt ist. In der Scene, wo er diesem zuletzt gegenübersteht, hat der Dichter tief und vortrefflich die ganze Ueberlegenheit der edlen gegen die gemeine Natur empfinden lassen, trotz aller Verirrungen, die die letztere der ersteren mit Wahrheit vorwerfen kann. Wie groß erhebt sich Timon gegen den Schmäher, der ihn jetzt, da er ihm ähnlich geworden sei, mehr zu lieben vorgibt, obgleich er kaum den Aerger und Neid verhalten kann darüber, daß ihm Timon in's Handwerk greift und seinen „zornigen Witz" ihm abgelernt hat.

Wär' ich Dir ähnlich, sagt ihm Timon, würf' ich mich selber weg!
Er gönnt ihm seinen bestialischen Wunsch und Ehrgeiz, die Welt den
Thieren geben und mit den Thieren Thier werden zu können, und zeigt
ihm nur, daß er im Reich der Thiere eben so verworfen sein würde,
wie in dem der Menschen, daß er den Rang und die Ungleichheit der
Kräfte und Gaben, die ihm in der menschlichen Gesellschaft peinlich
ist, auch dort wieder finden würde. Denn in dieser communistischen
Natur, die Alles gleich haben will, ist die Kraft des Entschlusses und
des Strebens noch verschliffener, als in dem Kind der Verwöhnung,
in Timon. Wenn du nicht Bettler wärest, würdest du wieder Höf-
ling werden, sagt ihm Apemantus; die Kraft der Entsagung, die
Timon bei dem Auffinden neuer Schätze bewährt, ginge weit über
seinen Begriff! Er begreift daher auch Timon's Umschlag zu Menschenhaß nicht, weil er von der Menschenliebe, die dessen Natur war,
nichts in sich hat; er begriff nur, daß der Mann, in dem er nichts
als einen Vornehmen, Geschmeichelten gesehen hatte, in das andere
Extrem des demüthigen Schmeichlers verfallen wäre. Er spricht aus
seiner eignen Natur. Und darum fällt uns die Wahrheit der hypo-
thetischen Charakteristik so auf die Seele, die ihm Timon entgegen
schleudert: Du bist zum Hunde geboren! Wärest du an meiner
Stelle gewesen, du wärest ein Schwelger geworden und hättest deine
Jugend in Lustbetten geschmolzen und nie die eisige Mahnung der
Rücksicht, des Maaßes gehört. Zu mir drängte sich Alles mit ver-
wöhnenden Diensten; meinen Schicksalswechsel zu tragen, der nur
bessere Tage gekannt hat, ist daher schwer; deine Natur dagegen hat
mit Leiden begonnen, ist abgehärtet im Leiden, warum solltest du die
Menschen hassen, die dir nie geschmeichelt, die dir Gaben nie mit
Undank vergolten haben? Du würdest ein Schelm und Schmeichler
geworden sein, wenn du nicht der schlechteste der Menschen wärest! —
Unter seinen vielen grundlosen Schmähungen sagt Apemantus dem
Timon zwei treffende und vorwurfsvolle Wahrheiten, beide fallen
aber auf ihn selber treffender und mit stärkerem Vorwurf zurück. Der

befte Glücksstand, sagt er ihm, wenn unzufrieden, ist weit elender und gequälter, als der schlechteste bei Zufriedenheit. Aber diese Zufriedenheit hatte Timon in seinem Glücke besessen, nur daß sie ihm bei der Katastrophe seines Glückes nicht Stand hielt; der gallsüchtige Tadler Apemantus aber hatte sie nie besessen; auch ist sie, und dies ist der Irrthum dieser beiden Lebenssysteme, an das Glück weder des Besitzes noch der Entbehrung geknüpft. Dann sagt ihm Apemantus noch: er habe nie die Mitte des Lebens gekannt, sondern nur das Aeußerste beider Enden. Darauf konnte Timon erwiedern, daß Er diese Mitte eben so wenig und dagegen das Aeußerste nur Eines Endes gekannt habe.

Zwischen beider Excentrische ist Alcibiades in die Mitte gestellt als der Mann des praktischen Lebens, das die Extreme abzuschleifen pflegt. Er ist keineswegs in ein sehr günstiges Licht gerückt, damit er dem Hauptcharakter keinen Eintrag thue. Shakespeare stellt ihn dar ohne alle Idealität, als einen Mann von gröberem Gewebe, der in keiner Art nach den äußersten Enden der Dinge schwärmt; ein ganzer Soldat, der aber dabei die Genüsse des friedlichen Lebens mit sich führt, der arm und reich zu sein versteht; nicht der schlimmste von Timon's Freunden, der ihm, selber bedürftig, Geld zum Unterhalt anbietet und freiwillig, selbst geschmäht von ihm, seine Sache mit zu der seinigen macht. Er hat, verschwenderisch mit seinem Blute, reich nur an Wunden, der Stadt Athen ihre Feinde abgehalten, während die Senatoren ihr Geld zählten und auf große Zinsen liehen. Dafür lohnt ihm derselbe Undank, den Timon von seinen Freunden erfuhr; man erwidert ihm große Verdienste, ganz wie Timon's Freunde thaten, nicht einmal mit einer kleinen Gefälligkeit, und auf ein leidenschaftliches Gesuch trifft ihn Verbannung, wie den Timon die Freunde verließen und verstießen. Der Thatkräftige ist „schlimmer als toll" auf diese Mißhandlung; sein Grundsatz, den er schon bei Vertheidigung seines Freundes, des Zweikämpfers, geltend gemacht hatte, wehrt ihm, schnöde Beleidigung geduldig zu tragen; er waffnet sich gegen das erlittene Unrecht mit Empörung gegen den Staat, während Timon seinen Haß auf die ganze Menschheit warf, einen zu weiten Staat zum Angriff. Timon's Haß wäre ganz leidend geblieben, wenn ihm der aufgefundene Schatz nicht die Mittel gegeben hätte, die Menschheit mit Gold zu bekämpfen; Alcibiades rächt seine Kränkung an der undankbaren Stadt mit den Waffen. Da, wo Timon ausnahmslos haßte, straft Alcibiades mit Strenge aber mit Wahl; er hört auf die Vorstellung, daß die Mauern, die er stürzen will, nicht von denen gebaut sind, die ihn beleidigt haben; nicht Alle, sagt man ihm, haben gefehlt; man bietet ihm Decimation an, wenn seine Rache nach dieser Speise gelüfte, vor der der Natur ekelt. Der Kriegsmann wirft sein Pfand hin, daß er nur die Schuldigen treffen wolle; auf seine bündige Rache und thätigen Haß folgt Versöhnung wieder, während dem Timon in seiner Feindschaft gegen die Menschheit selbst die Decimation nicht genug that. Dieses Unmaaß fällt nothwendig auf den unmächtigen Hasser vernichtend zurück. Ihm hatte das Schicksal wunderbar noch einmal die Mittel entgegengebracht, die süßeste Rache an seinen falschen Freunden zu nehmen; er verschmähte im Eigensinne der Verbitterung, was ihm, dem Verschwender, der verschwenderische Zufall freigebig in die Hände spielte und starb vereinsamt, den elenden Scheinfreunden vielleicht ein Gegenstand der Schadenfreude, während der arme Alcibiades mit unbezahlten Soldaten, Maaß haltend in seinen Zwecken und in seiner Leidenschaft, den Undank bestraft, die Reuigen schont, und über Alle seine Triumphe feiert.

Der Sturm.

„Es kann wenig Zweifel sein, sagt Hazlitt im Eingang seiner Bemerkungen zu dem Sturm, daß Shakespeare der universellste Genius war, der je lebte. Für Tragödie, Komödie, Historie, Pastorale, Pastoralkomödie, Historicopastorale, für untheilbare Darstellung und fortgehendes Gedicht, ist er der einzige Mann. Er hat nicht allein dieselbe unbeschränkte Macht über unser Lachen und Weinen, über alle Hülfsmittel der Leidenschaft, des Witzes, des Gedankens, der Beobachtung; er besitzt auch das unbegrenzte Gebiet phantasievoller Erfindung, schrecklicher oder ergötzlicher Art, dieselbe Einsicht in die Welt der Einbildung wie in die reale Welt; und über allem herrscht dieselbe Wahrheit des Charakters und der Natur und derselbe Geist der Menschlichkeit". Das Treffende dieser Sätze empfindet man erst recht, wenn man gerade, wie wir, aus den antiken Stücken in die phantastische Welt des mittelalterigen Aberglaubens, aus den römischen Historien von so festem geschichtlichen Kerne in dieß lustige Reich der Elementargeister herübertritt. Ein größerer Abstand kann nicht gedacht werden, und doch liegt dieß Stück wie das Wintermährchen mit zweien jener Historien nahe genug zusammen, und doch ist der Dichter in dieser entgegengesetzten Sphäre wieder so heimisch, als ob er sich nie daraus entfernt hätte. Hatte er in jenen Werken den realen, politischen, geschichtlichen Sinn des englischen Volkes beschäftigt, so sprach er diesmal zu der leichtgläubigen Einbildungskraft des damaligen Geschlechtes von zwei verschiedenen Seiten und aus zwei gleich ergiebigen Quellen. Es war dieß die Zeit des allgemeinen Glaubens an Hexerei und Zauberkunst durch ganz Europa; in England wurde damals das Interesse für solche Dinge auch unter den Menschen der gebildeten Klasse durch eine Reihe von Werken über Magie, Hexenkünste und Geisterwelt wach gehalten, und daß König Jakob selbst in seiner Dämonologie (1603) sich unter die Schriftsteller dieser Art gemischt hatte, mußte wohl der Wißbegierde in dieser Richtung Nahrung und modischen Reiz hinzugeben. Nächst diesen Wundern der unsichtbaren Welt beschäftigten die Menge damals die Nachrichten und die Proben so vieler sichtbarer Wunder der neu entdeckten Welttheile; Shakespeare stichelt in dem Stücke auf diese Wunder der Natur und der Ferne, die man sich in England von lügenhaften Reisenden aufbinden ließ und auf die neugierige Wuth, mit der man sich um die seltsamen Gestaltungen neuer Thiere und Menschen drängte, die den Schlustigen ausgestellt wurden. Er selbst speculirte gleichsam in seinem Sturme auf diesen Geist der Zeit. Er gibt uns einen ehrwürdigen Zauberer und seine Geisterwelt, eine entlegene Insel mit einem solchen wunderbaren, nie gesehenen Ungeheuer, Reiseabenteuer, Verschlagung und Sturm, Alles mit einemmale; Schiffswesen, Seegeruch, robinsonische Einsamkeit, fremde Natur und Luft weht uns aus allen Theilen dieses Dramas wie fühlbar an. Der Dichter knüpfte das Stück, um es desto lebendiger zu machen, an ein ganz neues Ereigniß an, das die Londoner Welt beschäftigt hatte. Im Jahr 1609 war Sir George Sommers mit neun Schiffen nach Virginien abgegangen; ein Sturm trennte die Schiffe, die zum Theil Virginien erreichten, zum Theil 1610 nach England zurückkehrten und die Nachricht von dem wahrscheinlichen Untergang des Admiralschiffes (Sea-Venture) brachten, das aber zu den Bermudasinseln gelangt war. Im Jahre 1610 erschien von Sllvester Jourdan eine kleine Schrift

„Entdeckung der Bermudas, sonst Teufelsinseln genannt", worin der Sturm beschrieben war, der das Admiralschiff abgetrennt hatte. Das Schiff war leck geworden, die Matrosen waren über dem Pumpen ermüdet zum Theil in Schlaf gesunken und hatten schon Abschied von einander genommen, als Sommers Land erblickte und das Schiff zum Glück zwischen zwei Felsen geklemmt wurde; die Inseln fanden sie unbewohnt, die Luft mild, das Land übermäßig fruchtbar; man hatte diese Eilande früher immer für bezaubert gehalten; ihrer steten Stürme wegen, auf die auch Shakespeare anspielt, hatte sie schon Raleigh 1596) erwähnt. Man sieht aus diesen Stellen hinlänglich, daß Shakespeare einzelne Züge in seinem Sturme diesem Berichte entlehnt hat und es ist glaublich genug, daß er zu der ganzen Composition den Anlaß davon nahm. Man kennt sonst keine Quelle zu dem Sturme. Die schöne Sydea von unserem Jakob Ayrer ist wahrscheinlich einem englischen Stücke nachgebildet, das Shakespeare eine Anknüpfung für das Verhältniß zwischen Prospero und Alonso, Miranda und Ferdinand gegeben haben kann; weiter haben die Stücke keine Aehnlichkeit miteinander. Weiter beruhte aber auch Shakespeare kaum etwas, um sein Stück im Uebrigen selbsterfinderisch zu gestalten, das überhaupt wenig Handlung hat, in dem sagt Schlegel die Auflösung gewissermaßen schon in der Exposition enthalten ist.

Die Zeitbestimmung des Sturms ist durch die Unleugbarkeit der Anlehnung an die erwähnte Schrift von Jourdan und zugleich durch die neuerdings erst bekannt gewordene Notiz festgestellt, daß es, zufolge den „Auszügen aus den Rechnungen der Hoffestlichkeiten" von Cunningham in den Schriften der Shakespearegesellschaft herausgegeben am 1. Nov. 1611 in Whitehall vor dem König aufgeführt wurde. Die Ansicht Hunter's (disquisition on the tempest), der das Stück für eines der früheren Werke des Dichters und zwar für das von Meres erwähnte love's labour's won hielt, ist durch diese Daten von selbst beseitigt.

Der Sturm ist eines jener Stücke, die wie der Sommernachtstraum in die Gattung des Singspiels, des Pastorals, der Maske einschlagen, und es war daher erklärlich, daß in der Restaurationszeit, als auf den hergestellten Theatern die erste Neugierde des Publicum's mit den alten Stücken aus Shakespeare's Zeit gesättigt war, und nun Davenant zu Schauwerk und Musik greifen mußte, um die Sinne zu kitzeln und den verdorbenen Geschmack zu reizen, dieß Stück wie Macbeth durch Davenant und Dryden in eine Art Oper voll Effecthascherei, später durch Shadwell in eine förmliche Oper verwandelt ward. Wie in allen Shakespeare'schen Stücken dieses Charakters ist die Handlung und die Charakteristik von sehr einfacher Natur. Unsere Bemerkungen über den Sturm werden daher sehr kurz sein dürfen.

Wir haben schon oben angeführt, daß sich Timon und der Sturm besonders deutlich in der Gruppe der Stücke hervorheben, die von jenem überherrschenden Gedanken in den Werken der dritten Periode, der Darstellung unnatürlicher Brüche natürlicher Bande durch Unterdrückung, Falschheit und Undank am tiefsten bewegt sind. Es handelt sich um die Auflehnung des gleichen Blutes gegen das gleiche, um die Usurpation eines Bruders gegen den Anderen, eines dankIosen gegen einen wohlthätigen Bruder. Der Herzog Prospero von Mailand hatte, über Studien vertieft, die Leitung des Staates seinem Bruder Antonio überlassen, den er nächst seinem Kinde am meisten liebte. Sein Vertrauen zeugte in Antonio Falschheit, so grenzenlos wie das Vertrauen war, die Gewöhnung an Macht und Herrschaft zog Ehrgeiz in ihm groß und aus dem Ehrgeiz erwuchs Verrätherei. Er stimmte in dem Staate Alles nach den Zwecken seiner Herrschsucht, besetzte alle Aemter mit seinen Geschöpfen, verband sich mit Prospero's Feind, dem König von Neapel, untergab diesem das freie Mailand in Lehenspflichtigkeit, zog auch dessen Bruder Sebastian mit zur Beihülfe heran, und stürzte dann den Bruder, den sie mit seiner dreijährigen Erbtochter auf's Meer aussetzten. Zu dieser

Unnatürlichkeit gegen seinen Bruder, seinen Fürsten, seine Nichte und sein Land sehen wir Antonio im Verlaufe des Stücks noch eine ganz gleiche That des widernatürlichen Verraths und des Unbauls gegen seinen Hülfsgenossen und neuen Lehnsherren entwerfen. Um der Tributpflicht wieder los zu werden, stiftet er Alonso's Bruder zum Morde des Königs auf, zu dem ähnlichen Verbrechen, das er an Prospero begangen. Beide, Antonio und Sebastian, lernen wir kennen als harte Naturen, die den ungeeignetsten Augenblick des Unglücks ergreifen, um Alonso bittere Vorwürfe zu machen, als eingefleischte Spötter, die, wie Coleridge sagte, den Hohn als ein Mittel brauchen, das unbehagliche Gefühl ihrer Unterordnung unter die Guten los zu werden. Antonio ist von beiden der ärgere Sünder, der, wie ihm Prospero zuletzt sagt, seinen Ehrgeiz gegen sein eigen Fleisch und Blut genährt hat, die Natur austrieb und das Gewissen in sich erstickte; zwanzig Gewissen zwischen ihm und seinem Bruder, sagt er selbst, möchten gefrieren und schmelzen, ehe sie ihn belästigen sollten. Ihm dem Projectsüchtigen gegenüber ist Sebastian wie ein stehendes Wasser, das Antonio erst fluten lehren will, damit er nicht, wie alle „ebbenden" Leute, durch Furchtsamkeit und Unthätigkeit auf den Grund gerathe. Als ihre Anschläge gescheitert, die Früchte der früheren Verbrechen verscherzt sind, steht Antonio verstockt, Sebastian, erst von Vorwürfen und Gewissensbissen ergriffen, athmet wieder auf; Alonso war gleich nach dem ersten Schlage, nachdem er seinen Sohn verloren glaubte, stumm, stumpf und reuig geworden. Er war mit seiner Flotte in Tunis gewesen, wohin er seine Tochter verheirathet hatte, gegen Aller Rath, selbst gegen die Neigung der Tochter; er hat das eigene Kind unnatürlich in einer Staatsheirat geopfert; über diesem Geschäfte ereilt ihn, in den Augen Antonio's und Sebastian's als eine Strafe, der Sturm, der ihm zugleich zur Rache für seine Unthat an Mailand auch seinen Sohn und Erben, wie er glauben muß, hingerafft hat. Wie er von Ariel die wunderbare Kunde hört, daß sie in dem einwohnerlosen Lande als Usurpatoren bekannt sind, und daß ein Verderben über ihren Häuptern hänge; von dem sie nur Herzeleid und reines Leben erlösen könne, wollen Antonio und Sebastian selbst mit dem Teufel kämpfen, Alonso allein ist vom Grame ermürbt und bewährt später seine Sinnesänderung, als er die Vermählung seines Sohnes mit der Erbin von Mailand wünscht und vor Miranda, nun seiner Tochter, reuig niederkniet.

Prospero hatte zu seinem Falle selbst den unschuldigen Anlaß gegeben. Er hatte in Mailand ganz in den freien Künsten gelebt, verzückt in geheimen Studien, in rückgezogener Stille, der Besserung seiner Seele ergeben. Durch diese Entsagung und Vernachlässigung der weltlichen Dinge hatte er selbst die böse Natur in dem Bruder geweckt, so daß er zum Epheu ward, der von dem fürstlichen Stamme getragen diesem dafür sein Grün aussog. Der Hang nach den geistigen Dingen hatte ihn um seinen Thron gebracht, die Früchte seiner Studien, in der Einsamkeit durch zwölf Jahre fortgesetzt, sollen ihn zurück erwerben. Der Rath des Königs von Neapel, Gonzalo, ein redseliger, aber auch beredter Alter, der gutmüthige Tröster seines verunglückten Fürsten, war der Erhalter des ausgesetzten Prospero geworden; er gab ihm Lebensmittel und, was ihm mehr war, seine Zauberbücher mit in das Schiff, nicht untreu seinem Herrn und nicht untreu den höheren Geboten der Menschlichkeit; ihn hält daher Prospero in einem heiligen Andenken, als einen Mann von ungemessener Ehre. Verschlagen an eine einsame Insel war sein einziger Trost in der Verzweiflung seine kleine Tochter, „für die er fortan allein lebt; er hatte ihr durch die Betreibung seiner Geheimkünste die Nachfolge mit versichert, er hat in ihr eine Verpflichtung für die Welt behalten und wendet zuletzt die mächtigste Entfaltung seiner Magie ganz auf den Einen Zweck ihrer, nicht seiner Herstellung. Ehe es so weit kommt, ehe ihm das Glück seine Feinde in die Hände gibt, hat er auf seiner Insel Gelegenheit, seine versäumte thätige Pflicht gleichsam nachzuholen; er richtet eine doppelte Herrschaft ein über Caliban, den einzigen Bewohner der Insel, und über das Geisterheer, daß er in seine Dienste zwingt. Hierin erscheint Prospero selbst als eine Art Usurpator; Caliban, der sich als Herrn der Insel betrachtet, klagt ihn dessen ausdrücklich an; die Herrschaft über die Geisterwelt aber galt in der Ansicht jenes Zeitalters überhaupt als eine sündige Anmaßung und ein unnatürlicher Ehrgeiz. Hatte ihn über der Vorbereitung für diese Zaubermacht sein Unstern in Mailand betroffen, so will er nun seine Meisterschaft darin nur dazu anwenden, das, was ihm diese Studien gekostet, wieder einzubringen, und bis dazu die Zeit gekommen, Gutes mit ihr zu stiften; dann will er seinen Zauberstab begraben und ferner nur an sein Ende denken. In jener Herrschaft aber scheint Prospero nun erst zu lernen, Zucht und Regentenstärke zu entfalten. Die gemachte Erfahrung hatte ihn belehrt. Alles um sich her hält er in scharfer Unterthänigkeit; seine Befehle sind dictatorisch und verlangen blinden Gehorsam und ungesäumte Dienste. Nicht allein das Ungethüm Caliban fürchtet seinen Zorn, auch seine Geister dienen ihm zitternd; gegen seinen Liebling Uriel gebrauchte er bei dem kleinsten Widerspruche harte Worte; gegen Ferdinand und Miranda weiß er sich zu stellen, als sei er ganz aus Härte zusammengesetzt. Er ist durch sein Schicksal achtsam und vorsichtig, gereizt und streng geworden, aber diese Strenge thut seiner Güte, sein Nachtragen thut seiner Versöhnlichkeit, sein Wunsch nach Vergeltung und sein Grimm über die unnatürliche That der Fürsten thut seiner edleren Natur keinen Abbruch, noch verleitet ihn all dieß zu einem Mißbrauche seiner Macht. Darin liegt vielmehr der stille Zauber dieses Charakters (und dieß muß man mit den Zaubercharakteren der Greene und Marlowe, den Bacon und Faust, vergleichen, um den Unterschied von Poesie und Poesie inne zu werden), daß er trotz der geheimnißvollen Allmacht, die ihm geliehen ist, und trotz der Erhabenheit, mit der ihn diese Macht umkleidet, durch ihre milde und gute Anwendung nur als ein gewöhnlicher, gutgearteter Mensch erscheint, in dem das Urtheil mit der Leidenschaft zu kämpfen hat, der mit seinem besseren Theile Partei gegen seine Wuth nimmt und mit seiner Jugend seine Rache besiegt, in dem die moralische Würde eine größere Macht ist, als die Magie. Er hatte es in der Hand, Usurpation mit größerer Usurpation zu vergelten, er konnte die Mordpläne Antonio's und Sebastian's an Alonso vollziehen lassen, aber er ist in allen Stücken das Gegentheil der Menschlichkeit gegen seine unmenschlichen Feinde. Er ist zufrieden, da sie reuig sind, und will nicht Unnatur mit Unnatur vergelten; er gibt gegen Unthat Wohlthat zurück; er ist voll langbewahrtem Danke gegen Gonzalo, dem er seine Dienste mit Worten und Werken heimzahlen will; auch darin scheint ein Gegensatz zu liegen, daß er wie von dem Misbrauch aller Gewalt, auch von dem der väterlichen entfernt ist, und seiner Miranda nicht den Zwang anthut, den Alonso seiner Claribel.

Der Wunsch, Ferdinand mit seiner Tochter zu vermählen und diese Heirat zum Werkzeug und zum Ziel all seiner Rache zu machen, bezeichnet Prospero's gutmüthige, aber darum nicht schwache Natur am besten; er wählt nicht übergroßmüthig den Sohn seines Bruders, der mit auf der Flotte ist, aber von Prospero wie von dem Dichter nicht mit in's Spiel gezogen wird; er wählt den Sohn Alonso's, der als sein Feind weniger unnatürlich gegen ihn handelte; sein Mailand wird dadurch zugleich mit Neapel, wie Gonzalo freudig bemerkt, auf gleichen Fuß gestellt. Daß Ferdinand und Miranda in der raschen Entfaltung einer unwillkürlichen Liebe voll paradiesischer Unschuld dem Wunsche Prospero's so bereit entgegengekommen, ist in der Natur der Verhältnisse wohlbegründet. Miranda ist eines jener reizvollsten weiblichen Geschöpfe des Dichters, deren Vorzüge nicht auf hervorstehenden, einzelnen Eigenschaften beruhen, sondern auf jener ungestörten Harmonie und Reinheit des Wesens, das uns in Frauen so wohlthuend und so beneidenswerth erscheint; sie ist wie Cordelia, Ophelia, Perdita, von jenen stillen Naturen, die in knospenartiger Beschlossenheit des Gemüths den Werth und die Tiefe ihres Wesens wie das Feuer des Diamanten bergen, bis ein erster Anlaß die deckende Hülle abschleift und den Reichthum und Glanz des inneren Lebens zu Tage bringt. Einsam erwachsen könnte sie in Bezug auf gesellige Gaben und alle conventionellen Vorzüge nur ein unbeschriebenes Blatt sein; sie ist still und von wenigen Worten; dafür ist ihre Phantasie voll innerem Spiel und Leben, und ihr Gemüth das reinste, das Menschenverkehr nicht versehrt hat. Sie konnte wenige Fehler und Tugenden anüben lernen, da die Gelegenheit zu beiden fehlte. Der Dichter gab ihr daher Bescheidenheit und Mitleid, Tugenden, die sich in Einsamkeit und Natur auch ohne Menschen erlernen, und auf deren Grund jede andere Tugend zu pflanzen ist. Der Vater hatte sie oft merken lassen, daß sie mehr ist als sie weiß; sie hat weder Neugierde, es zu wissen, noch Sehnsucht, es zu sein. Sie weiß nur, daß sie die Tochter des armen Prospero ist, so daß, als er ihr seine herzogliche Würde entdeckt, sie ihn unwillkürlich fragt: seid ihr denn nicht mein Vater? Hierin beruhigt, denkt sie sich wohl einen Augenblick in die bessere Lage und fragt, welch böses Spiel sie daraus vertrieben habe, oder ob's zum Segen war; aber gleich ihr nächster Gedanke ist der des Bedauerns um die Sorge, die sie dem vertriebenen Vater gemacht haben müsse. Das Mitleid bezeichnet Prospero ausdrücklich als ihre Tugend; wir sehen sie gleich Anfangs bei dem Sturme, weiblich leidend mit den Leidenden; sie ist darum so begierig, gerade den mitfühlenden Gonzalo einmal zu sehen. Es ist voll süßem Reiz, wie der Dichter selbst ihren stummen Blicken mehrmals die Sprache des Mitleids, und nur diese Sprache geliehen hat. Bei dem Sturme beruhigt sie Prospero: Es ist kein Leids geschehen, (und auf ihren ungläubigen Blick:) kein Leid! Gleich nachher: Ich habe Alles so mit meiner Kunst geordnet, daß keine Seele — (wieder ihr besorgter Blick) Rein, keines Haares Verlust widerfuhr. Und eben so gelten Prospero's Worte ganz am Schlusse des ersten Actes: Sprich nicht für ihn! einem fürbittenden Blick Miranda's, die nicht gesprochen hatte. So trifft sie mit Ferdinand zusammen, und es ist nicht wunderbar, daß sie in dem ersten Momente miteinander Blicke wechseln. Der Königssohn hält sich allein für gerettet, sein Vater, singt ihm Ariel zu, ist todt, hülfsbedürftig irrt er umher. Prospero beschuldigt ihn hart, die Herrschaft der Insel usurpiren zu wollen, dazu läßt er ihn sogleich seine Allwissenheit und seine Macht empfinden und lähmt seine Sehnen und bindet seine Lebensgeister. So ist er zugleich durch seine Schönheit und durch seine mitleidige Lage für Miranda ein Gegenstand des Reizes; er ist der erste Mensch, den sie außer Prospero sah; des Vaters unfreundliches Anfahren weckt ihr Mitleid nur stärker, das Mitleid mit einem Unverschuldeten; denn in so schönem Tempel denkt sie nichts Böses und will sich für ihn verbürgen; ihr gutes Herz erzeugt ihr Vertrauen und ihr Mitleid, und beides ihre Liebe, die sich nicht einen Augenblick verhehlen kann. Wie natürlich, daß dieß Entgegenkommen eines Wesens, das dem Frauenkenner geschaffen schien aus dem besten jedes Geschöpfes, das in ihm alle älteren Eindrücke plötzlich verlöschte, dem verwaisten, dem gefangenen Ferdinand auch das Herz gefangen nimmt! Die Schwierigkeiten, die der Vater absichtlich zwischen dieß „schöne Begegnen zweier seltner Neigungen" wirft, damit nicht zu leichter Gewinn den Preis leicht mache, zeitigen in kurzen Stunden das reinste Verhältniß. Er legt Ferdinand Sklavenarbeit auf, um zu prüfen, ob er liebe; Ferdinand trägt sie um Miranda's willen, die ihm die Bürde abnehmen will. Er macht Miranda glauben, daß Ferdinand gegen andere Menschen ein Caliban sei, aber damit irrt er nicht ihre „bescheidene Neigung". Er hört zu, wie sie die Betheuerung von Ferdinand's Liebe in stiller Seligkeit anhört und sich thöricht schilt zu weinen, worüber sie sich freut, Thränen, die auch, immer in demselben Zuge ihrer Bescheidenheit, etwas aus dem Gefühle ihres Unwerthes entspringen. Der Vater hört zu, wie sie arglos ihr Herz ausplaudert, und gegen sein Verbot ihren Namen nennt und scheinbar gegen seinen Wunsch ihre Liebe verschenkt. Auch mit diesem unendlich zarten Faden hat Shakespeare diese Episode an den Hauptgedanken des Stückes leise angeknüpft; der Vater „verliert seine Tochter", sie lehnt sich im ersten Ungehorsam gegen ihn auf, sie fällt von ihm ab und es brechen die Bande der Natur und des Blutes, aber in jenem einzigen Falle, den Natur und Sitte geheiligt haben, in dem das Kind Vater und Mutter verlassen soll. Darum gibt nun Prospero dem raschen Bunde seinen Segen, mit einer zweiten Prüfung, ob Ferdinand sie auch rein und ächt liebe, mit der feierlichen Beschwörung, daß er ihre Unschuld bewahre. Ist dieß bei einem so ätherischen Wesen, wie Miranda, überflüssig, und in dem so zarten Gemälde eine unzarte Mißfarbe? Aber Miranda hat trotz ihren unschuldigen Kinderjahren durch den Vater, der sie für die Welt erzog, und durch einen rohen Angriff Caliban's Begriffe von unerlaubter und von treuloser Liebe gefaßt; man merkt das aus Aeußerungen, die man in ihrem Munde fast nicht erwartete. Der Vater hatte sie zu Sitte und Kenntniß erzogen, aber an die Rücksichten der feinen Gesellschaft dachte er in der Wildniß am spätesten; wohl dachte er jetzt bei der warmen Begegnung der Beiden an die Gefahren der Jugend und der Einsamkeit. Die Maske belehrt uns, daß der Pfeil des Cupido abgleitet an ihnen, und es hat seinen Sinn, daß sie in der Höhle am unschuldigen Schachspiele überrascht werden.

Weise und gütig, wie hier Prospero seine väterliche Gewalt in Liebe und Strenge ausübt, übt er auch seine Gewalt über die Geister. Wenn andere Dichter ihre Zauberdramen damals brauchten, um den Zuschauern Freude mit allerhand Kunststückchen zu machen, wie sinnig hat Shakespeare, obgleich er eine „artige Erfindung" dieses Schlages auch nicht verschmäht, daneben doch die Zaubereien nur wie Symbole der natürlichsten Verhältnisse gebraucht, gleich als ob ihm das Hexenwerk in der Poesie ebenso unerlaubt scheine, wie es im Leben angesehen war. Wenn durch Ariel's Zauberkunst Ferdinand von den übrigen getrennt wird, so kann das auch darum sein, weil er zuerst aus dem Schiffe sprang und kräftiger als die Andern, wie wir hören, sich schwimmend zu retten suchte; wenn Ariel die anderen Fürsten von dem Schiffsvolk gleichfalls getrennt hält, so kann es sein, weil sie

Alle über Bord sprangen, Ferne aber nicht; wenn Ariel die Matrosen in Schlaf zaubert, so fügt er selbst zu, daß ihm ihre Ermüdung die Hälfte der Arbeit abgenommen; wenn die Fürsten dann durch verwirrende Erscheinungen in Irrwahn und Verzweiflung gerathen, so wirkt zu eben diesem Zwecke auch ihre Schuld, die wie ein langsames Gift jetzt nachwirkt und „ihre Geister beißt". So könnte man die Wunder aus diesem Stück streichen, und die Natur bliebe übrig. Mit eben so feiner Symbolik aber sind die wunderbaren Phantasiegebilde der Geisterwelt an den inneren Sinn unseres Stückes geknüpft und dieß scheint uns noch über das Geschick hinaus zu gehen, womit dieser idealen Welt fester Charakter, Consistenz und innere Nothwendigkeit gegeben, die Natur gleichsam über sich selber hinausgeführt, das Wirkliche in das Reich der Möglichkeit getragen, und bei der Gestaltung des übernatürlichen nirgends gegen den gesunden Verstand gesündigt ist. Es sind die Geister, die im Volksglauben den vier Elementen vorstehen, die der Dichter in Prospero's Gewalt gegeben hat, mit deren Hülfe er die Sonne verfinstert, die See aufstürmt, Gewitter erregt und die Gräber eröffnen kann. Von Sylphen, die in dünne Luft zerschmelzen, läßt er die Maske aufführen; Seenymphen, Wassergeister, singen in Ariel's Trostliede für Ferdinand den Chor; Gnomen, Erdgeister nennt er die, deren Geschäft ist, Caliban mit Krämpfen und Stichern, in Gestalt von Igeln und Affen zu plagen. Wenn diese Eintheilung und Function der untergeordneten Geister nicht gerade scharf und systematisch in dem Stücke erscheint, so ist es dagegen desto deutlicher, daß Shakspeare ihrem Meister, Prospero's geliebtem Geisterboten, dem Ariel, die vereinte Kraft dieser Elementargeister verleihen wollte. Er erscheint einmal als Seenymphe, schwimmend und auf dem Meere fahrend, dann als Feuergeist, der das Schiff entzündet und wie die leckende Flamme am Maste hinaufklettert, dann als Erdgeist, für Prospero in den Adern der gestorbenen Erde beschäftigt; seine vorherrschende Natur aber, wie es sein Name ausdrückt, ist die des Sylphen, des Luftgeistes. In dieser Eigenschaft heißt er Vogel und erscheint in der Gestalt der Harpye, fliegt und reitet auf Winden und krausen Wolken, holt Nachts den Thau von den geisterbewohnten Bermudas, verschwimmt unsichtbar und nimmt sichtbar jede Gestalt an, und irrt, bethört, zerstreut, foppt und schreckt die Menschen in allerhand Erscheinungen, Tönen und täuschenden Spielen. Anmuth, Zartheit, Schnelle, vor Allem Freiheit und Leichtheit, die Eigenschaften seines Elements, sind die seinen. Er war früher im Dienste jener Hexe Sycorax, für deren schmutzige und verabscheute Befehle er zu zart war, er weigerte ihr den Dienst und sie klemmte ihn mit Hülfe ihrer mächtigen Diener in einen Fichtenspalt, eine Marter wie für Verdammte, aus der die Hexe selbst ihn nicht mehr erlösen konnte, aus der ihn Prospero's Zauberkunst nach zwölfjähriger Haft befreite. Für diese Wohlthat der wiedergegebenen Freiheit, der höchsten, die Ariel kennt, leistet er dem Prospero Dienste, die seiner sanften Natur gemäßer sind; während die übrigen Geister den Magier hassen und ihm nur gezwungen dienen, dient ihm Ariel dankbar und würdig, ohne Lügen, ohne Irrthümer, ohne Murren; dafür ist ihm auf eine bestimmte Zeit die Freiheit, sein Alles, wieder versprochen, und von dieser Frist für guten Dienst noch ein Jahr Nachlaß zugesagt. Auch diese verringerte Zeit zu erwarten, wird ihm aber schwer; es ist unendlich sinnig und schön, welch einen eigen wehmüthigen Zug der Dichter auf Wesen und Verhältniß dieses Geschöpfes geworfen hat, indem er ihn zwischen eine übermächtige Natur und den Anflug höherer Gefühle getheilt hat. Aus den vier Elementen gemischt, ist Ariel von Natur ein Geist höherer Ordnung; durch Dienst und Verkehr mit einem edlen Menschen und Wohlthäter ist er gesteigert zu halbmenschlichen Sympathien, während sonst diese Wesen nach dem Volksglauben sich theilnahmlos, feindselig, verirrend gegen die menschliche Creatur verhalten. Er kann sich in die gequälte Lage der vom Gewissen gefolterten Fürsten mitfühlend versetzen, von deren Art er nicht ist; so hat er auch, obschon er „blos Luft ist", von den höheren Empfindungen des

Dankes und der Liebe etwas eingesogen, obgleich sie seiner Natur widerstreben. Sein Herr „wird ihn missen", wenn er ihm erst seine Freiheit gegeben hat; aber ihn, den lustigen Gesellen, wandelt keine Sehnsucht nach dem lieben Meister an, den er nur zu lieben scheint um der versprochenen Freiheit willen. Er verlangt nach mehr, nach schnellerer Freiheit und Prospero muß ihm jeden Monat einmal vorhalten, dem leichtsinnigen Vergessenen, welche Wohlthat er ihm erwiesen; aber dann kämpft der bewegliche Diener mit seiner flüchtigen Natur und wird wieder ganz Gehorsam, Geschick und Treue. Es ist eine unnatürliche Herrschaft, ein unnatürlicher Bund zwischen Mensch und Geist, wo die gleichgeartete Natur und die verknüpfenden Sympathien fehlen, und doch, dieß ist die anschauliche Beziehung dieses Verhältnisses zu der Handlung des Stückes, doch ist dieser unnatürliche Bund durch Sitte, Würde, Wohlthat und Dankbarkeit möglich und haltbar geworden, da in dem Reiche der Menschen dagegen, die mit Ehrengefühl und Vernunft begabt sind, die stärksten Bande der Natur zwischen Brüdern und Brüdern unnatürlich gebrochen wurden.

In eben diese innerliche Beziehung zu dem Sinne des Stücks ist die viel und mit Recht bewunderte Figur des Caliban gebracht. Schon Dryden staunte vor der inneren Wahrheit dieses Geschöpfes, für das die Natur kein Vorbild bot; Schlegel nannte die Schilderung desselben von unbegreiflicher Consequenz und Tiefe, und trotz ihrer Häßlichkeit nicht beleidigend für das Gefühl, weil die Ehre der Menschheit nicht dadurch gefährdet wird; und immer hatte man diese Schöpfung vor Augen, wenn man Shakespeare pries, daß er das Uebernatürliche natürlich, das Wunderbare alltäglich mache, daß er nicht allein die menschliche Natur zeige, wie sie in wirklichen Vorkommnissen ist, sondern auch wie sie befunden werden würde in Versuchen, denen sie nicht ausgesetzt werden kann. Caliban ist ganz das Gegenstück zu Ariel; gegen den Anmuthigen gestalt von außen und innen, Schildkröte im Kothe, wo jener Vogel in der Luft, ein embryonisches Wesen, dem gleichsam die erdige Entstehung aus dem Schoos einer noch unfertigen Natur anklebt. Seine Mutter ist die Here Sykorax, die aus Algier wegen Unthaten verbannt, durch Neid und Alter in einen Reif gekrümmt, auf diese Insel geflohen war; sein Vater ein Teufel; das Product schmutzlicher Eltern, brutaler Triebe und einsamen Aufwuchses nennt ihn Schlegel daher vollkommen erschöpfend halb Dämon und Thier, halb Gnomen und Wilden. Eine faule Masse, die sich gegen jede Thätigkeit sträubt, hat er nur Empfindung wie das Thier für gutes Futter, für Schmeicheln und Streicheln, für körperliche Reize, auch für die Luftmusik der Geister und die Träume, nach denen er wachend zurückweint; sonst ist er ganz Bosheit und Falschheit, dabei feige und zu der Unterwürfigkeit geboren, gegen die er murrt. Prospero fand ihn auf der Insel, thierisch stammelnd, sich selber nicht klar; er pflegte ihn mit menschlicher Sorgfalt, um mit Kunst die Rohheit zu zähmen, gab ihm die ersten Begriffe von den Dingen und lehrte ihn sprechen. Aber diese Mühe der Menschlichkeit war an ihm verloren, die Erziehung verband sich nicht mit seiner Natur; er brauchte die Sprache nur zum Fluchen gegen seinen Wohlthäter, blieb unempfänglich für Güte, nur durch Furcht und Strafe zu bändigen; er lernte den Trieb, sich thierisch dem Menschen zu gesellen, aber nicht menschlichen Umgang zu pflegen „in seinem Abstamm war, was gute Naturen nicht um sich dulden können". Ihn unterwarf sich Prospero, und nahm ihm, wie ihn jener beschuldigt die Herrschaft über die Insel, weil nur so seiner Gewalt zu entgehen war; er machte die Usurpation dadurch gut, daß er ihn zu einem nützlichen Wesen bilden wollte. Aber ihm ging es wie jenen englischen Colonisten in Amerika, die sich am menschlichsten bemühten um die Civilisirung der Indianer, die von den Brainerd und Aehnlichen unaussprechlich faul und träge, von Dankbarkeit, wie von Edelmuth, Wohlwollen und Herzensgüte entblößt gefunden wurden, von einer Natur die mit dem ächt menschlichen Wesen unvereinbar war. Dem thierischen Unhold war es wohler als bei seinem Wohlthäter in der Nähe von viehischen Menschen; er stößt auf die Trunkenbolde, die sich herabwürdigen zu dem Zustande größerer Unvernunft, als sie diesem angeboren war; die Gabe ihres Schlauches aber gewinnt ihn mehr als Prospero's Lehren, er nimmt den stämmigen Stephano zu seinem König und lehnt sich gegen Prospero auf in einer Verschwörung, die die burleske Contrafactur der Verschwörung der Fürsten ist. Nicht wie Ariel in vergeßlichem Danke, sondern in verstocktem schwerfälligem Undanke und Hasse lehnt er sich gegen den Wohlthäter auf, da er den Werth der Wohlthat nicht kannte; er nimmt zujledend den Fremden zum Herrn, die Herrschaft verlangend und weggebend zugleich, wie Antonio mit Alonso that. Diesem Unthier ist solch eine Unthat etwa zu vergeben, das viel wenigere Beziehungen mit den Menschen verknüpfen, als den Ariel; wie wäre sie Antonio und Sebastian zu verzeihen! Und doch, selbst dieß Ungeheuer erkennt zuletzt den Unsinn seiner Handlungsweise an und verspricht Besserung. Welch ein Licht fällt auf Antonio zurück, der bis zuletzt in stummem Ingrimme verstockt bleibt!

Es wäre nicht unmöglich, daß Shakespeare in diesem Stücke und gerade in dem Verhältnisse dieses Caliban, dessen Name nur ein Anagramm von Kanibale ist, die große, zeitgemäße Frage von der Berechtigung der europäischen Usurpation über die wilden Eingebornen der neuen Welt habe beantworten wollen; es lag ihm nahe, an den englischen Colonisationen, dem Schaffen neuer Völker, unter König Jacob wärmeren Antheil zu nehmen: Southampton war eine vorragende Person in der Birginiacompagnie und theilte mit Sandys und Wyatt das Verdienst um die erste Begründung politischer Freiheiten der Colonisten. Lag es ihm im Sinne, diesen weiten Hintergrund der Geschichte von Antonio's Usurpation unterzubreiten, so zeigt der Dichter auch hier seinen großen geschichtlichen Blick und seinen unverkünstelten, von aller falschen Sentimentalität ganz unberührten Sinn. Er weist die scrupulösen Philosophen, die an der Rechtmäßigkeit der Colonisation zweifelten, auf die Uebelstände der

Politik und Moralität zu Hause hin, wo so unnatürliche Thaten vorkamen, wie dort immerhin verübt werden konnten. Er durchschaut die Nothwendigkeit dessen, was in der neuen Welt damals geschah, daß bei dem Ausbreiten der Menschheit die Ueberlegenheit der geistigen und sittlichen Kraft zu allen Zeiten in die Städten der Rohheit und Einbildung einströmen wird wie in einen leeren Raum. Noch von einer anderen Seite her hat Shakspeare in einer Scene dieses Stückes, bei der er ein Capitel von Montaigne's Versuchen (I, 10.) in Florio's Uebersetzung (1603) vor sich gehabt hat, die köstliche Gesundheit seiner politisch-geschichtlichen Weisheit bewährt. Er läßt da den alten Gonzalo, nicht einmal im Ernste, sondern nur zur scherzhaften Unterhaltung, das System der Communisten, Socialisten und Friedenscongressisten auslegen, und Alonso das Urtheil darüber sprechen. Wir wollen die Stelle nur ausschreiben; es wäre Schade, Ein Wort hinzufügen:

Gonzalo. Ich wirkte im gemeinem Wesen Alles durchs Gegentheil: denn keine Art von Handel erlaubt' ich, keinen Namen eines Amtes;
Gelahrtheit sollte man nicht kennen; Reichthum,
Dienst, Armuth gäb' es nicht; von Vertrag und Erbschaft,
Begränzung, Landmark, Feld- und Weinbau nichts;
auch kein Gebrauch von Korn, Wein, Oel, Metall,
kein Handwerk; alle Männer müßig, alle;
die Weiber auch, doch völlig rein und schuldlos;
kein Regiment —
Seb. Und doch wollte er König sein!
Ant. Das Ende seines gemeinen Wesens vergißt den Anfang.
Gonz. In der gemeinsamen Natur sollt' Alles
Frucht bringen ohne Müh' und Schweiß; Verrath, Betrug,
Schwert, Speer, Geschütz, Nothwendigkeit der Waffen
gäb's nicht bei mir; es schaffte die Natur
von freien Stücken alle Füll' und Fülle,
mein schuldlos Volk zu nähren.
Seb. Keine Heirathen zwischen seinen Unterthanen?
Ant. Nichts dergleichen, alle los und ledig, Huren und Taugenichtse.
Gonz. So ungemein wollt' ich regieren, Herr,
daß es die goldene Zeit verdunkeln sollte.
Alonso. Ich bitt' dich, schweig! Du sprichst von Nichts zu mir!

Das Wintermährchen.

Das Wintermährchen ist nach einer Notiz, die Malone aufgefunden hat, von Sir George Bud zuerst zur Aufführung licensirt worden, der sein Amt als master of the revels im October 1610 angetreten hat; am 15. Mai 1611 sah Dr. Forman das Stück im Globe; zwischen beiden Daten muß es entstanden sein, gleichzeitig mit dem Sturm. In Whitehall wurde es am 5. Nov. 1611, vier Tage nach dem Sturm, aufgeführt. In Shakespeare's Quelle zu dem Wintermährchen ist die Aussetzung Perdita's auf's Meer sehr ähnlich der Aussetzung Miranda's und ihres Vaters im Sturme geschildert; der Dramatiker wich hier in seiner Darstellung ab, um sich nicht zu wiederholen; dieß nahm Collier für einen Beweis, daß der Sturm etwas älter sei; es kann aber füglich auch nur beweisen, daß zu beiden Stücken die Pläne nebeneinander entworfen wurden. Die gleichzeitige Entstehung beider wird auch durch einen Hieb Ben Jonson's bestätigt, den derselbe in seiner Bartholomew fair (1614) auf Beide zugleich führt[*].

Die Quelle Shakespeare's für das Wintermährchen ist Greene's

---

[*] Die oft angeführte Stelle in der Einleitung lautet: — «if there be never a servant Monster» the fayre, who can helpe it, he sayes; nor a nest of Antiques? He is loth, to make Nature afraid in his Playes, like those that beget Tales, Tempests and such like Drolleries.»

Erzählung Dorastus und Faunia, der zuerst 1588 unter dem Titel Pandosto erschien, von unserem Dichter aber in einer späteren Ausgabe, wahrscheinlich der von 1609, benutzt worden ist. An vielen Stellen ist Shakespeare dieser Erzählung selbst in Worten und Reden gefolgt, die Namen der handelnden Personen hat er geändert, die Thatsachen im Ganzen festgehalten, aber doch auch in wesentlichen einzelnen Punkten verändert und erweitert. Bei Greene liegt das Hauptgewicht auf der Geschichte von Dorastus und Faunia (Florizel und Perdita), zu der alles Frühere nur die Einleitung bildet. Der König von Böhmen (Pandosto) ist hier der Eifersüchtige; der von Sicilien (Egisthus) ist der besuchende Gast, dessen Auszeichnung hier der königlichen Wirthin (Bellaria) von ihrem Gatten zur Pflicht gemacht ist. Ihr neugeborenes Kind wird von dem eifersüchtigen Böhmenkönige auf's Meer ausgesetzt und Wind und Wellen überlassen; in Folge des hier und im Wintermährchen fast gleichlautenden Orakels stirbt des Königs Sohn, wie bei Shakespeare; aber auch die Königin wird ihrem Gatten durch den Tod wirklich, nicht blos scheinbar geraubt. Nun folgt bei Greene erst die eigentliche Sache. Dorastus wird von seinem Vater einer dänischen Prinzessin bestimmt, ist aber gegen alle Liebe kalt. Sich an ihm zu rächen, führt ihn Amor auf der Falkenjagd zu Faunia. Beider Liebe zu einander, die bei Shakespeare nur in ihrem Fortgang geschildert ist, ist hier ihrer Entstehung nach im italienischen Schäfertone breit entwickelt; der Kampf zwischen Leidenschaft und Standesrücksicht ist die Hauptsache; der Triumph der Liebe der Sinn der Erzählung. Das Paar flieht zu Schiffe, ehe noch der König von dem Handel weiß; ein Diener des Prinzen, Capnio, der zu Shakespeare's Autolycus den Anlaß bot, bringt den Schäfer an Bord, der eben den Liebeshandel entdecken und Faunia's Kleinodien dem König zeigen will; ein Sturm, nicht Camillo wie bei Shakespeare, treibt die Flüchtigen nach Böhmen. Faunia's Vater verliebt sich hier in sie, eine Situation, von der Shakespeare nur einen flüchtigen Zug entlehnt hat; bei der Aufklärung der Sache überfällt den Pandosto (Leontes) über seine Liebe zu seiner Tochter und seine einstige Eifersucht eine tiefe Schwermuth, die ihn zum Selbstmord treibt.

Shakespeare hat auch mit dieser Erzählung gethan, wie er mit allen schlechten Quellen pflegte, er hat im Einzelnen Unarthelten in der Sache und Unnatur in der Form getilgt, er hat in Charakteren und Ereignissen den thatsächlichen Hergang besser begründet; allein diesem Stoffe im Ganzen durch bloße Motivirung einen wahrhaft hohen Gehalt zu geben, durch Anordnung seiner Stücke den Charakter eines regelmäßigen Dramas zu verleihen und die doppelte Handlung in innere Einheit zu bringen, war nicht möglich. Die Abenteuerlichkeit der Fabel, die Unwahrscheinlichkeit und Zufälligkeit der Ereignisse, die Kluft der Zeit, welche die beiden Handlungen unter zwei Generationen theilt, waren mit keiner Kunst zu beseitigen. Shakespeare faßte die Aufgabe daher diesmal ganz an dem entgegengesetzten Ende an. Er bildete das Wunderliche und Wunderbare in dem gegebenen Gegenstande noch mehr aus, sah von den Bedingungen des Wirklichen und Wahrscheinlichen mehr ab, und ging mit Zeit, Ort und Verhältnissen auf das ungezwungenste um. Er gab die Figur des Antigonus und seinen Tod durch den Bären, die Paulina und ihre Wiedervermählung im Alter, den Scheintod und die lange Erhaltung und Enthaltung der Hermione, den Autolycus und seine schlauen Streiche hinzu und vermehrte dadurch die unwahrscheinlichen Verhältnisse und die seltsamen Vorfälle. Er sprang über alle Zeitschranken hinweg und stellte russische Kaiser und das delphische Orakel und den Julio Romano, Ritterthum und Heidenthum, alten Religionscultus und christliche Pfingstpastorale nebeneinander; der Wirklichkeit in Bezug auf das Oertliche nicht zu achten, hatte ihn schon Greene gelehrt, in dessen Erzählung er die Seeküste von Böhmen und die Insel Delphos bereits vorfand; dazu kommen die Bergeselllchkeiten im Stil jener Cervantelschen, die den Raub von Sancho Pansa's Esel ignorirt; der Prinz Florizel, den wir soeben (IV, 3.)

in Schäferkleidern gesehen haben, tauscht plötzlich in derselben Scene mit Autolycus Hofkleider; der alte Schäfer (III, 3.) weiß auf einmal, ohne daß man sieht woher, daß der zerrissene Antigonus ein alter Mann war. Das Alles haben die Ben Jonson und Dryden, indem sie sich darüber lustig machten, gar zu ernsthaft genommen; Pope hat sogar die Aechtheit des Stückes bezweifelt; man erkannte die Bühnenwirkung, die treffliche Charakteristik einzelner Personen die Schönheit der Sprache in diesem Stücke an, aber jene Wunderlichkeiten gefiel man sich immer dem Dichter vorzuhalten, der sie uns selber doch als nichts anderes geboten hatte. Dreimal im Stück und Ein für allemal im Titel hat er so nach- und ausdrücklich als möglich auf den Mährchencharakter des Stücks hingewiesen, der eben nur durch das Unglaubliche und Unwahrscheinliche entsteht. Wenn man mit ihm rechten wollte, so mußte man über den Einen Punkt rechten, ob das Mährchen auf der Bühne statthaft sei oder nicht, nicht aber über einzelne Versehen, die, wenn jene Statthaftigkeit einmal vorweggenommen war, gar wohl in dem Absehen des Dichters gelegen sein konnten. Was Shakespeare auf den Zweifel dieser Statthaftigkeit antworten könnte, wäre ein Fingerzeig auf die Bühne, wo das Stück in Garrick's unstatthafter Verkürzung (unter dem Titel Florizel und Perdita) und später zu Mrs. Siddons' Zeit in seiner ächten Gestalt immer Beifall gefunden hat. Was er zugeben würde, wäre, daß ein dramatisirtes Mährchen eben nur ein Mährchen, und als solches kein Stück ist, das in die höchsten Gattungen der dramatischen Kunst eingereiht sein will. Er würde zugestehen, daß schon die genommenen Freiheiten dem Stücke diesen höheren Rang entziehen. Wenn Shakespeare sonst zwei nebeneinanderlaufende Handlungen in seinen Dramen durch Ideenverwandtschaft innerlich mit einander verknüpft, so hat er hier den zweitheiligen Wespenleib der Greene'schen Fabel nicht zerschneiden wollen, aber auch nicht einheitlicher machen können; er konnte die beiden aufeinanderfolgenden Handlungen nur sehr von ferne in einen inneren Bezug zu einander setzen, obwohl es ein feines und geistreiches Kunststück ist, wie er sie äußerlich verbunden hat, wie er Lust- und Trauerspiel hier zusammenfügte und die Wirkung des Einen mit dem Andern aufhob, wie er die Bühne mit einem Tragico-comico-pastorale bereicherte, einer Zusammensetzung, die sogar der gute Polonius nicht gekannt hat. Auch das dürfte der Dichter vielleicht, den Ausstellungen an diesem Stücke gegenüber, eingestehen, daß eben durch diese Verbindung von Trauerspiel und Lustspiel zwischen der tiefen Charakteristik in dem ersten Theile, und der leichten Maschinerie in dem zweiten kein richtiges Verhältniß sei. Doch ist auch hier viel geschehen, was den Vorwurf des oberflächlichen Verfahrens abhalten muß. Shakspeare hat aus Greene's Erzählung, dem Charakter des Mährchens anpassend, die Herrschaft des Schicksals in das Drama herübergenommen; das delphische Orakel entscheidet die tragische Katastrophe des ersten Theils und stellt den glücklichen Ausgang des zweiten in Aussicht. Das Zufällige in den Ereignissen, das wunderbare Auffinden des Kindes Perdita durch den Schäfer, der erwachsenen durch Florizel, ist auf eine planvolle Vorsehung geschoben und reiht sich so dem pragmatisch fortgeführten Theile der Handlung natürlicher an. Aber selbst diese Maschinerie der Vorsehung ist wie im Cymbeline doch nur auf solche äußere Ereignisse, wie die genannten, beschränkt, wo die Menschen eigentlich außer dem Spiele sind. Ueberall sonst kann man die geraden Eingriffe des Schicksals streichen und es bleibt in der menschlichen Natur die Erklärung des Geschehenden zurück. Bei Greene stirbt der Knabe (Mamillius) in Folge des Orakels, bei Shakspeare nicht blos deswegen, sondern auch weil das frühreife Kind, ein zu schwaches Gefäß für seine zu hohen Gedanken, die Schmach seiner Mutter zu sehr zu Herzen nimmt. Bei Greene stirbt Hermione, damit Leontes keine Erben weiter erhalte, bei Shakspeare wird die schuldlose Frau erhalten und ihr Charakter ist so angelegt, daß die Vorhersagung des Orakels durch ihre Resignation erfüllt werden kann. Bei Greene treiben Wind und Wellen das ausgesetzte Kind nach dem Land des Königs, den Leontes für dessen Vater hält, bei Shakespeare bringt es Antigonus, an Hermione's Schuld glaubend, mit Willen dahin. Bei Greene treibt der blinde Sturm Florizel und Perdita in das Land von ihrem Vater, bei Shakespeare aber der Rath des Camillo. Und so finden wir durchgehend, daß der Dichter trotz seiner Absicht, ein Mährchen darzustellen, doch überall jede nutzlose Willkür vermieden hat.

Wir haben nach dem Gesagten zwei Handlungen nicht nur, sondern eigentlich zwei Stücke in Einem zu besprechen. Der Gegenstand des ersten, des tragischen Theiles, ist die Eifersucht des Leontes. Coleridge fand es räthlich, dieß Stück unmittelbar neben Othello zu lesen, dessen Eifersucht in allen Dingen das gerade Gegentheil von der des Leontes sei. Dieß ist so in der That, obwohl wir die Gegensätze anders fassen würden, als Coleridge gethan hat. Leontes' und Othello's Eifersucht ist gleichmäßig nicht auf die bloße Sinnlichkeit gegründet, sondern die des Othello mit seinem Ehrgefühle tief verwachsen, die des Leontes — mit Tyrannei, sagt Shakespeare; wir werden noch schärfer bezeichnen, wenn wir sagen: mit Rechthaberei. Shakespeare hat uns beidemale die Entstehung dieser Leidenschaft wie aus dem Nichts und ihre furchtbaren Folgen gezeigt, da sie dort Glück und Leben ganz, hier das Glück eines halben Lebens durch den Wahn eines Augenblicks zerstört. Der durchgehende Unterschied ist, daß Othello, seiner Natur nach wenig zur Eifersucht gestimmt, durch Lage und Verhältnisse dafür empfänglich gemacht, durch einen schlauen Einbläser und Betrüger dazu getrieben wird, Leontes dagegen die Naturanlage dazu in sich trägt, durch alle äußeren Umstände zurückgehalten wird und sein eigener Ohrenbläser ist. Die Verschiedenheit der Verhältnisse Beider ist durchgreifend: Othello ist durch Thatsachen, die nicht wegzuleugnen sind, irre gemacht an dem Freund, auf den er eifersüchtig wird; man macht ihn aufmerksam, daß an seinem Weibe ihr eigner Vater Ursache hatte, irre zu werden; der Mohr wird irre an sich selbst und seinen Eigenschaften, und das Mißtrauen gegen sich und die Welt faßt ihn an, das in seiner ganzen Lage wurzelte; all dieß trug das glimmende Feuer seiner Eifersucht zusammen, das der falsche Jago in Flammen blies. Aber Leontes steht in allen diesen Beziehungen ganz anders. Er hat keine Thatsachen gegen sein Weib, noch gegen seinen Freund; die Aehnlichkeit seines älteren und seines neugeborenen Kindes mit ihm selbst steht als eine Thatsache, die er selbst eingestehen muß, seinem Argwohn entgegen; sein Selbstgefühl, sein königlicher Stand enthebt ihn jenem durchbohrenden Gefühle Othello's, der sich mißachtet glaubte; alle seine Umgebung, die Hofleute, Camillo, Antigonus, Paulina erheben sich kräftig und stark gegen seinen Wahn; aber in ihm selbst ist, was gefährlicher ist, als der Verleumder zur Seite Othello's. Nachdem sein Bewußtsein einmal angesteckt ist, nachdem er aus Hermione's freundlicher Redegabe und deren Erfolg einmal Argwohn gefaßt, ist er, nicht ein Sklave der Liebe, der Leidenschaft, der Sinnlichkeit, aber ein Sklave seiner Vorstellung; auf der Vorstellung hastend gibt er der wunderbarsten Grübelei Raum, mit der er das Gras wachsen hört und nie geschehene Dinge gesehen zu haben glaubt; von da gelangt er zu dem Glauben an die völlige Unfehlbarkeit seiner Ueberzeugung und zu dem Eigensinne, der die Schwäche der Einsicht aller Rechthaber charakterisirt. Dieser Eigensinn, diese Härte des Kopfs trägt sich von da in das Gemüth über, und weit entfernt von dem Schmerze des Othello, über seinen Verlust, wühlt sich Leontes nur in Haß und Verfolgung und steigert beides durch die eingebildete Furcht vor Nachstellungen, denen er selber ausgesetzt sei. Der Gegensatz dieser Rechthaberei, der Einbildung auf ein überlegenes Wissen und Urtheil, gegen die arglose Kurzsichtigkeit Othello's ist vollkommen, und meisterlich ist beidemale der gleiche Bau des Wahns auf diesen ganz verschiedenen Grundlagen aufgeführt. Gegen den wortkargen Othello gehalten ist daher Leontes, entsprechend seinem grübelnden und lauernden Charakter, ein Vielredner, in dem sich die Gedanken und lebhaften Vorstellungen drängen, ineinander schieben, und von einem Gegenstande plötzlich zu einem anderen abspringen.

Die Vorstellung von der Untreue seines Weibes erwacht in Leontes über den schnellen Erfolg ihrer Bitte an Polyxenes, noch eine kurze Zeit zu bleiben. Die etwaigen Anlässe zu einem Argwohne sind weit nicht so bedeutend, wie die, die Othello hatte oder zu haben glauben durfte. Sie wirft ihm vor, daß er kalt bitte, sie beweiset ihm, daß sie das besser versteht, sie spricht zu dem Gastfreunde mit freier, argloser Herzlichkeit und reicht ihm so die Hand; dieß ist der ganze wirkliche Grund, auf den sich Leontes' Eifersucht aufbaut. Nun erinnert er sich, daß ihn Hermione einst Monate lang auf ihr Ja hatte warten lassen; er forscht mistrauisch in den Gesichtszügen seines Sohnes; er sieht sie den Mund dem Polyxenes zum Kusse reichen, er sieht Beide verstandenes Lächeln wechseln, noch während sie unter seinen Augen sind. Schon ist er überzeugt, daß er nicht ein werdendes Vergehen vor sich habe, sondern eine Schuld von langer Vergangenheit; er weiß es, er fühlt es wie handgreiflich; es ist für ihn ausgemacht, daß kein Weib vor Untreue zu bewahren sei; Verachtung und Gerücht, fürchtet er, werden seine Todtenglocke sein. Für solche sichere Leute ist nichts schlimmer als Widerspruch; er macht sie nur hellsehender und eigensinniger. Wie Camillo mit scharfer Bestimmtheit und selbst mit Vorwürfen die Anschuldigung Hermione's abweist, nun weiß Leontes schon, daß sie zusammen geflüstert, Wange an Wange gelehnt, mit inwendiger Lippe geküßt, ein Gelächter mit einem Seufzer unterbrochen haben, untrügliche Zeichen der gebrochenen Ehrbarkeit! Wenn dieß Nichts ist, sagt er, so ist Böhmen, und Welt und Himmel und Alles nichts; wenn Camillo daran zweifle, so möge er verfaulen; und ehe er selbst sich irren, seinen Glauben, sein Phantom erschüttern ließe, eher ist ihm der alte, ehrliche, erfahrene, edle Camillo, der ihm sonst wie ein Beichtiger war, blind, taub, unverständig, feig, unehrlich, ein Achselträger, eher sind ihm seine wohlmeinenden Hofleute kalt- und blödsinnig.

eher faßt er den Antigonus in Empörung an, der ihm nicht Glauben
schenken will. Camillo verspricht ihm täuschend, den Polyxenes zu
vergiften, und nimmt ihm dafür das Versprechen ab, gegen den Gast
freundlich zu sein und nichts gegen Hermione's Ehre zu unternehmen.
Der Schwache bricht das eine Versprechen gleich wie er über die
Schwelle gegangen ist, das andere, als Camillo mit Polyxenes flieht.
Denn nun setzt sich ein zweiter Argwohn in ihm fest, daß Alle gegen
ihn verschworen ihm nach dem Leben trachten, nun bringt er schlaf-
lose Nächte zu, nun vergiftet die Furcht sein Gemüth noch mehr, nun
steht er der Königin, nicht achtend ihrer bevorstehenden Niederkunft,
nach dem Leben. Was schlimmer ist: diese Flucht hat seinen recht-
haberischen Dünkel noch höher geschraubt; der Ueberkluge stutzt nach
wenigen Einsicht, er sieht sich gesegnet in seiner Scharfsicht, die er
doch zugleich unselig nennen muß. Hermione's edle Erscheinung
macht keinen Gegeneindruck mehr; er beschwört es, daß sein Kind
ein Bastard sei; wenn ich mich in den Gründen irre, auf die ich
baue, so vermißt sich der Altweise gegen sie, so ist der Mittelpunkt
der Erde nicht fest genug, einen Kreisel zu tragen. Die Königin
kommt nieder; unglücklicherweise bringt die heftige Paulina das
Kind vor Leontes unter schmähenden Vorwürfen; dieß reizt ihn, das
Kind erst verbrennen zu wollen; dann soll es Antigonus aussetzen.
Mit dieser Hartherzigkeit und Tyrannei geht die Hartnäckigkeit seiner
Rechthaberei immer Hand in Hand; zu diesen äußersten Verirrungen
seines Gemüths treten die letzten und höchsten Verirrungen seines
Eigensinnes erst noch hinzu. Er hat nach dem Orakel gesandt, um
die unwissende Leichtgläubigkeit der Menge zu befriedigen; Er für
sich bedurfte des Orakels nicht! Er will der Gattin offenes Recht
und Gerechtigkeit gewähren, denn er weiß ja, daß Er Recht hat!
Und nun wird das Orakel im offenen Gerichte verlesen, das im Gegensatze gegen alle sonstigen Orakelsprüche höchst plan und deutlich
Hermione für unschuldig erklärt. Und nun geht seine Rechthaberei
so weit, daß er sogar das Orakel der Falschheit zeiht. Da trifft ihn

schnell der Tod seines Sohnes, als die erste factische Erfüllung des delphischen Spruchs und nun beugt sich sein Trotz.

Shakespeare hat dem Leontes eine Gattin und eine Warnerin zur Seite gestellt, die Beide mehr geeignet waren, ihm die Hand auf die faule Wurzel seines Wahnes zu führen, als Desdemona und Emilie neben Othello. Hermione ist „sanft wie Kindlein und Gnade", dabei ist sie voll Würde und Majestät. Sie vereinigt Desdemona's Güte mit einer Umsicht, Klugheit und Beredsamkeit, wie sie dieser nicht eigen war; Desdemona folgte ohne Bedenken in heimlicher Ehe dem Mohren, dem sie sich selber angetragen hatte. Hermione hatte auf einen gesetzlichen Antrag des Leontes mehrere Monate Bedenk= zeit bedurft; dann aber gehörte sie ihm auf ewig. Diese ruhige Ueber= legung, diese Entschlossenheit nach der Ueberlegung, die Stärke des Ehr= und Pflichtgefühls und ein Bewußtsein ihres sittlichen Adels gehen durch den ganzen Charakter Hermione's durch und unterschei= den sie in einem starken Gegensatze gegen Desdemona. Da sie den Argwohn des Königs erfährt, spricht sie nicht wie Desdemona in bestürzter Verwirrung Dinge, die sie zu beschuldigen scheinen kön= nen; ihr Mann schonte sich, sie scheut sich nicht, wie Desdemona thut, das Wort in den Mund zu nehmen, das ihr ganzes Leben und ihren Charakter brandmarken soll, denn sie ist sich ihrer Reinheit zu sehr bewußt, als daß sie damit sich zu beflecken fürchten müßte; ihre Antworten sind, trotz ihrer inneren Empörung, ruhig, ja stolz; sie ist in Ergebenheit schmerzvoll gefaßt. Auch in ihr sind die Thränen zurückgedrängt wie in Desdemona, aber nicht aus plötzlicher Ueber= raschung und Verletzung, wie bei dieser; sie sind gegen ihren fromm resignirten Charakter, mit dem sie diesen unverhofften Handel so an= sieht, als ob er ihr zum Heile geschickt sei. Selbst ihre Frauen heißt sie ihre Thränen versparen, bis sie ersahen, daß sie ihre Hast ver= dient habe. Vor Gericht zu sprechen, wie Hermione, würde Desde= monen schwer geworden sein; es wäre nicht ihre Art gewesen, sich ihre Lage völlig klar zu machen; aus der Tiefe ihres Gemüths stei=

gen jene schrecklichen Ahnungen des schlimmen Ausganges auf, aber sie schlägt sie sich aus dem Sinne; Hermione dagegen überdenkt ihre Lage, faßt das Aeußerste in's Auge, versöhnt sich mit dem Gedanken, das Leben zu entbehren, das sie nach der gemachten Erfahrung gering anschlägt wie selbst ihren Gram; dagegen vertritt sie, die russische Kaisertochter, ihre Ehre mit beredten Worten, da ihre Unehre auf ihr Kind fortterben würde. Auf dieß Aeußere der Ehre hätte sich die rasch empfindende Desdemona am spätesten besonnen: sie hatte ein zu junges und frisches Glück besessen und fügt sich nicht so besonnen hinein, vom Glück und Leben scheiden zu sollen. Aber sie hatte auch freilich nicht die Aussetzung eines Kindes erfahren, nicht Zeit gehabt, sich über die verlorene Liebe des Gatten zu besinnen, war nicht wie eine Verpestete von ihrem zweiten Kinde getrennt und der letzten Rücksicht beraubt worden. Dieß hatte das Selbstgefühl des Weibes, die Fürstentochter in Hermione geweckt, und sie mit Würde und Größe die Anschuldigung, mit Ergebung und Geduld ihr Schicksal tragen lassen. Auf ihren Gatten macht diese edle ruhige Haltung keinen Eindruck, die Othello an seinem Wahne irre gemacht hätte.

Die heftigen Schmähungen, womit ihn auf der andern Seite Paulina auszuschütteln sucht, machen dagegen einen schlimmen Eindruck auf Leontes. Nichts treibt uns so natürlich zum Zorne, als der hartnäckige Wahn eines vernünftigen Menschen, als die sehende Blindheit des Eigensinnes und der Rechthaberei. Deshalb stehen die Ausbrüche eines Kent gegen Lear, der Emilie gegen Othello, dieser Pauline gegen Leontes so sehr am Orte und nehmen uns jedesmal die eigenen Gefühle vom Herzen. Es ist ein männliches Weib, diese Frau des Antigonus, die ihrem Gatten den Zügel zuweilen entreißt, der sie laufen läßt, weil er weiß, daß sie darum doch nicht strauchelt. Es ist nicht wohlthuend, wie sie den König und seine schwelgenden Hofleute tadelt und sie warnt, wenn ihnen ihre Augen lieb seien, nicht Hand an sie zu legen; doch ist es wahr, was sie ihm sagt, daß sie so ehrbar als Er wahnsinnig sei. Sie ist hart und schnöde in Worten, aber brav in Thaten; schon daß sie für ihre edle Herrin alle Vorrechte ihres Geschlechts einsetzt, alle Gunst auf das Spiel setzt und aller Gefahr Trotz bietet, nimmt uns für sie ein. Der Tadel fällt übrigens mit Recht auf sie, daß sie den König durch ihre Wuth zu dem Morde des Kindes reizt, den ihr Gatte Antigonus in seiner Schwäche auszuführen schwört; dafür verliert sie diesen Gatten, der Gatte sein Leben. Wie die Königin über Mamillus' Tode leblos hingesunken ist, treibt Pauline den König im äußersten Affecte ihres Zornes mit der Nachricht von ihrem Tode absichtlich zur Verzweiflung hin. Dieser Moment ist der, wo das Trauerspiel vollendet scheint, und wo zu gleicher Zeit aus tiefem Dunkel der erste Strahl leuchtet, der eine freundliche Aufhellung der Schicksale verspricht. In dieser Wendung aus dem Trauerspiel in das Lustspiel ist eine Verschmelzung und ein Uebergang der poetischen Farben, als ob der Dichter beim Maler in die Schule gegangen wäre.

In dem Augenblicke, wo Leontes dem Orakel trotzt in der ruchlosen Starrheit eines ganz tragischen Charakters, bricht sich diese Natur in ihm plötzlich und springt in ihr Gegentheil über. In seinen intellectuellen wie Gemüthseigenschaften lag in diesem Charakter Gereiztheit und Spannung dicht neben Schwäche, und dieß ermöglicht den Umschwung seiner Natur. Wo er auf der höchsten Spitze seines Zornes das Kind erst verbrennen lassen will, dann auf die Einsprache der Umgebung es zur Aussetzung begnadigt, da spannt sich sein überreizter Grimm schon in Nachgiebigkeit ab und er fühlt das selbst, indem er die Worte spricht: Ich bin eine Feder für jeden Wind. So ist er dann auf den ersten Schlag, der die Wahrheit des Orakels bestätigt, plötzlich erschüttert; schnell bittet er seine Lästerung ab; rasch durchblickt er jetzt alle Verhältnisse wie sie sind; Camillo sieht er nun hell durch seinen eigenen Rost hindurchglänzen; vor dem offenen Gerichte gesteht er seine Nachstellung gegen Polyxenes; wie ihn Pauline hinstellt als Tyrannen, von allen Göttern verlassen, der Verzweiflung hingegeben, findet er es nicht zu stark. Er versöhnt sich nachher mit Polyxenes; er ruft den Camillo zurück; auf dem Grabe seiner Gattin will er täglich weinen und büßen, so lange seine Natur es tragen will. Gleich Anfangs meinte er, daß seine geglaubte eheliche Schmach ihn in's Grab stürzen würde; aber schon damals machte er eine charakteristische Bemerkung, die ihn nicht unter die tragischen Naturen stellt, die unter Misgeschicken leicht gebrochen werden. Wollten Alle verzweifeln, sagte er dort, die übellischen Weiber haben, so müßte sich der zehnte Theil der Männer hängen; aber er fand gerade in dieser Allgemeinheit des Uebels Trost, um nicht zu verzweifeln. So bewährt sich denn die Zähigkeit dieser Natur auch nach dem Tode seiner Gattin und seines Sohnes und unter dem Drucke der Erblosigkeit, die dem Orakel zufolge sein Schicksal bleiben konnte. Camillo meinte später, kein Gram lebe so lange, wie der des Leontes, er tödte sich eher selber; aber in dieser selbstquälerischen Naturanlage erhält sich der Gram wie das Leben. Pauline hält seine Buße wach und seine Ehelosigkeit aufrecht, und hilft ihm später über eine flüchtige Versuchung, da ihn Perdita an seine Hermione erinnert, hinweg. Pauline selbst, deren tragische Ader sich in der Heftigkeit zeigt, mit der sie die gefährlichen Launen des Königs anschürte, schlägt in demselben Momente, wo der König ein Anderer wird, auch ihrerseits um. Wie er in's Herz getroffen steht von ihrer furchtbaren Invective, sieht sie plötzlich ein, daß sie in ihrer weiblichen Raschheit zu weit gegangen ist. Mit diesem Geständnisse thut sie sich ihrer ab. Sie sieht sich von jetzt als eine Priesterin, als die Vollstreckerin des Orakelspruches an. Hermione ist erhalten, Pauline giebt ihren Tod nur vor; die Königin hat die fromme Resignation, die wir früher schon in ihrem Wesen begründet sahen, sich 16 Jahre lang von ihrem Gatten entfernt zu halten, damit keine Versuchung das Schicksal herausfordere, das in dem Orakelspruche dem Leontes die Erben versagte, wenn nicht das ausgesetzte Kind wiedergefunden würde; diese Entsagung in allen Dreien, in Leontes, in Hermione, in Pauline, soll den Zorn der Götter entwaffnen und die Hoffnung aufrecht halten auf die Wiederfindung des Kindes.

Hat der Dichter so in den handelnden Hauptcharakteren das tragische Element in dem Augenblick der Katastrophe zugleich mit einer glücklichern Naturanlage versetzt, die den herangezogenen Sturm des Schicksals plötzlich bricht, so hat er auch eben diesen Witterungswechsel im äußern Bilde und in der Wendung der Geschicke in der letzten Scene des dritten Actes dargestellt, die den Schluß des Trauerspiels und den Anfang des Lustspiels enthält. Die Scene verlegt sich aus den Hallen der Königsburg, die von gottmißfälligen Thaten befleckt ist, an das böhmische Ufer. Antigonus, im Gegensatze gegen Camillo, führt den grausamen Befehl des Königs aus; er thut, was er nie hätte thun sollen, zufolge dem Schwur, den er nie hätte schwören sollen, nachdem noch Träume den sonst Gradsinnigen abergläubisch und gegen Hermione argwöhnisch gemacht, ein Argwohn, der seiner Pauline auch nicht im Traume gekommen wäre; er setzt die kleine „Verlorene" (Perdita) in der Wildniß aus bei anbrechendem Unwetter, und dafür geht Er und alle Werkzeuge dieser That zu Grunde. Während Antigonus vom Bären zerrissen, sein Schiff im Sturme zerschellt wird, wird das Kind, wie ein rauhes Wiegenlied das Gerolller ihm singt, unter dem verziehenden Sturme von dem ehrlichen Schäfer gefunden, der es erhalten soll; die tragisch ernsten Personen, die in dem ersten Theile, in welchem kaum ein Scherz oder Wortspiel zu entdecken ist, allein spielten, werden abgelöst von den idyllisch unschuldigen, den heitern Figuren, die in dem zweiten Theile vorherrschen; wie sich hier die bösen und guten Ereignisse begegnen, der Gang der Geschicke sich scheidet, mit besseren Thaten auch besseres Glück einkehrt, sprechen die beiden Schäfer in ihrer Einfalt in den Worten aus: Du begegnetest sterbenden, ich aber neugeborenen Dingen; und am Schlusse: Dieß ist ein glücklicher Tag, an dem wollen wir auch gute Thaten thun.

Wir springen über die Zeitkluft von 16 Jahren hinweg und finden Perdita erwachsen wieder. Wie anders ist die Scene! Ein Schafschurfest mit Hirten, hohen und niederen Gästen, Fürsten und Gönnern, mit Messe, Satyrtanz, Balladen, Blumen und Kränzen, ein heiterer Herbsttag voll Leben und Freude, mitten drin dann ein Zwischenfall, der auch hier mit einem Trauerspiele droht. Aber wie anders sind die Menschen, unter denen diese Scene spielt! Perdita ist als ein unschuldiges Schäferkind erwachsen, rein wie Schnee, der zweimal vom Nordwind geworfelt ist, schön und anmuthig, daß Alles sie reizend kleidet, daß, wenn sie Secten stiften wollte, Alle ihre Proselyten werden würden. Die köstlichsten Eigenschaften der Seele paaren sich in ihr zu seltenem Bunde. Bescheiden und schamhaft achtet sie, obwohl ein bemitteltes Hirtenkind, nicht auf Putz und Tand, und bei dem Feste, das sie feiern, kann sie die Herrin nicht spielen ohne Erröthen. Ein ungeschminktes Naturwesen kann sie falsche Zier, wie an Menschen so auch selbst an Blumen, nicht leiden: sie liebt nicht die mit Kunst gezogenen Blumen und selbst nicht die veredelten Bäume; und obgleich sie auf Polyxenes' Gründe gegen diesen Geschmack nichts einzuwenden weiß, so bleibt sie doch wie ein Weib und aus den Gründen, die Shakespeare Weibergründe nennt, dabei. So wenig Begierde hat sie auch persönlich darnach, aus ihrem Naturgarten in den Garten der gekünstelten Welt sich versetzen zu lassen, obgleich ihr die Liebe zu Florizel dazu die lachende Aussicht bietet, obgleich sie selbst sich fühlen darf, dort ihren Platz so wohl zu zieren, wie hier. Denn Alles, was sie thut, deutet nach etwas Höherem; wie sie ihr Florizel zu dem Feste göttergleich mit seinerem Gewande zu Flora ausstaffirt hat, regt sich in ihr das königliche Blut, und sie empfindet es selbst, daß das Kleid ihre Natur verwandele und daß sie gehobener spreche. Aber dennoch läßt sie ihr ernst bescheidener Sinn nicht leichtfertig auf jener Aussicht weilen; ihr Herz ahnt bösen Ausgang der ungleichen Liebe; sie sieht fürchtend voraus, daß seine Liebe oder ihr Leben enden werde, aber sie sieht diesem Ausgange, in ihr gegenwärtiges Glück gehüllt, in ruhiger Ergebung entgegen. Der Dichter hat ihr die resignirte Natur ihrer Mutter Hermione vererbt; und die stille Kraft, womit sie diese ausrüstet, soll sich in der Stunde der Prüfung bewähren. Den Florizel hat sein Falke, ein Schicksalsvogel, einst auf ihres Vaters Grund geführt. Er hat seinerseits von seinem Vater eine Denkart geerbt, die dieser einst in Sicilien ausgesprochen, im Alter vergessen hatte, daß inneres Verdienst, Wissen, Erfahrung so viel werth sei wie ererbter Adel; er umwirbt das Schäferkind in ganz reiner Absicht; schwört ihr in treuherziger Ehre, daß er Macht, Kenntniß, Schönheit, seine Erbfolge dahin geben werde, um ihr zu gehören; und auch Er bewährt, wie heilig er seinen Eid hält. Hier nun liegt das feine Band, das den zweiten Theil des Wintermährchens mit dem ersten verbindet. Es knüpft sich hier eine Liebe, die aus älterlichem und conventionellem Gesichtspunkte als unstatthaft angesehen wird, wie dort eine Liebe geargwohnt war, die vom ehelichen und sittlichen Standpunkte aus unerlaubt war. Polyxenes verurtheilt nicht wie Leontes ungesehen und blind; er geht und überzeugt sich und prüft die Gesinnung der Schuldigen. Er muß sie untadelhaft, ja bezaubernd von Seiten des Mädchens wie des Sohnes finden, nur daß dieser es in dem Punkte der kindlichen Pietät, selbst auf die dreimalige wohlmeinendste Mahnung des Vaters, etwas versieht. Nun übereilt sich der Vater im Zorne, wie einst Leontes; er würde den Anblick des Sohnes jetzt nicht ertragen; den Schäfer und seine Tochter bedroht er mit dem Tode; er nimmt den Spruch zurück, hält ihn aber aufrecht für den Fall der Fortdauer ihres Verhältnisses; dadurch zwingt er sie zur Flucht. Die leise Beziehung und Aehnlichkeit mit der früheren Handlung tritt auch hier hervor: Leontes „hatte an Florizel's Vater gesündigt, wofür der Himmel ihn erblos ließ"; Polyxenes droht, an Leontes' Tochter zu sündigen und der Himmel droht ihn dafür gleichfalls erblos zu machen. Und dieß durch die Tugend der Kinder, die allen ein besseres Schicksal verdient. Mit wenigen Strichen sind hier die außerordentlichsten Charakterzüge angedeutet. Perdita, von frühe her auf üblen Ausgang ihrer Liebe gefaßt, war über dem Zornesausbruch des erst hin so freundlichen Vaters nicht sehr erschreckt; ihr Selbstgefühl regte sich in ihr; ein-, zweimal lag ihr auf der Zunge, dem Vater zu sagen, daß dieselbe Sonne seinen Hof wie ihre Hütte bescheine; sie hielt es zurück; denn aus ihrem Traume erwacht, will sie die Königsrolle nicht weiter spielen, sondern ihre Schafe melken und weinen. In diesen Zügen muß man bewundern, wie fein Shakspeare der schäferlichen Königstochter nicht die äußere Sitte des Standes, sondern den Charakter der Mutter vererbt hat. Stolz und selbstgefühlig, wie diese, ist sie versucht, vor ihrem Gericht sich zu vertheidigen, sie hat denselben Drang der Rede, aber nicht die ausgebildete Gabe; und dicht neben ihrem Selbstgefühle hat sie wie Hermione dieselbe Kraft der Entsagung und frommen Ergebung in's Schicksal. Sie hat auch dieselbe Kraft, Unglück standhaft zu tragen. Ihr Florizel verläßt sie nicht. Er ist zu dem verzweifelten Entschlusse getrieben, sich mit Perdita den Winden und dem Zufalle preiszugeben, denn er nennt diese Verzweiflung Ehrlichkeit. Camillo, die Arznei beider Häuser, der Retter der Eltern und der Kinder, (dessen Verbindung mit der Retterin Pauline daher, trotz ihres unpassenden Theaters, einen passenden Sinn hat,) Camillo lenkt ihn von diesem tragischen Wege der Verzagung in einen „versprechenderen Lauf", nach Sicilien. Er weissagt sonst selbst ihrer Liebe Aenderung durch Trübsal. Dem widerspricht Perdita rasch: Die Wangenfarbe möge Trübsal ändern, aber nicht das Gemüth unterwerfen. Dieß erstaunt Camillo, dieß bezeugt Florizel von ihr; dann nennt sie Camillo bewundernd die Lehrerin der meisten Lehrenden. Da tritt ihre köstliche Bescheidenheit wieder vor, die auch in der Trübsal nicht geändert wurde: Verzeiht, antwortet sie, dafür muß euch meine Schamröthe danken.

Man sieht wohl, dieß sind nicht Färbungen und Scenen, nicht Figuren und Charakteranlagen, die für ein tragisches Nachtstück angelegt sind. Aber die Werkzeuge, deren sich das Schicksal hier bedienen, um den früher geschlungenen Knoten zu lösen, sprechen den Lustspielcharakter am deutlichsten aus. Die Schäfer, Vater und Sohn, erklären sich selbst; Autolycus, der durch seine Kniffe die Beiden und ihre Geheimnisse mit an Bord des fliehenden Schiffes bringt, wird dadurch eigentlich der Träger des glücklichen Ausganges; er ist nach versöhnten Göttern die lustige Figur des Schicksals, wie Antigonus im ersten Theile die tragische. Nach seinem Namen ein Sohn des Mercur, ein Beutelschneider wie dieser, das Muster eines Schelmengenies, wie der Held eines picarischen Romanes, eine ganz neue Figur in der Reihe von Shakspeare's Charakteren! Umgetrieben in allen Schicksalen und unter allen Menschen war er einst in den Diensten des Prinzen, dann vom Hofe weggepeitscht, Affenführer, Scherge, Puppenspieler, hierauf mit eines Kesselflickers Weib verheirathet, jetzt Hausirer, vom besten Humor, von großer Unverschämtheit, ein gefährlicher Kenner der Menschen, ein Leugner des künftigen Lebens, offen von Ohr, schnell von Auge, von gewandter Hand, alle Rollen zu spielen geschickt und darum für den Schauspieler eine jener Meisteraufgaben, die Shakespeare so gerne zu stellen liebte. Verhärtet in Gaunerei hat er doch für Florizel eine Anhänglichkeit behalten. Er verschweigt daher seine Flucht, auch aus einem Kitzel von Schelmerei gegen den König; dann bringt er die Schäfer an Bord, damit sie die Flucht nicht hindern. Was dabei von Spitzbüberei war, schlägt unter der Gunst der guten Sterne Alles zum Besten aus; er „thut Gutes wider seinen Willen". Antigonus' falsche Ehrlichkeit hatte ihn in den Tod geführt, Autolycus' Täuschung führt die verwilderten Schicksale der beiden Königshäuser zu gutem Ende und den Gauner selber zum guten Ausgang. Ihm wäre eigentlich der Galgen bestimmt, aber wo sich jetzt Alles so heiter und glücklich anläßt, ist auch sein Schicksal besser als er verdient.

Weniges hat Shakespeare geschrieben, was an Fülle, Bewegung und Schönheit dem vierten Acte des Wintermährchens gleichkommt. Dennoch steigt der letzte Act noch höher durch die magische Scene der

Wiederbelebung Hermione's und die vorhergehende Erzählung von der Erkennung. Der Dichter hat weise diesen Vorgang hinter die Scene gelegt, das Stück wäre sonst überfüllt an mächtigen Auftritten geworden. Könige und Fürsten, heißt es, hätten die Zuschauer dabei sein müssen, aber auch die Schauspieler müßten Könige sein, die das spielen sollten. Selbst die bloße Erzählung dieses Wiedersehens ist ein seltenes Meisterstück von prosaischem Vortrage.

Wer diese beiden letzten Stücke, das Wintermährchen und den Sturm, nebeneinander liest, dem muß es unwidersprechlich scheinen, daß Shakespeare in der freien Behandlung dieses Mährchens, wie es in dem früher von uns angeführten Prologe zum vierten Acte sehr deutlich gesagt ist, den engherzigen Bekennern der Einheit von Zeit und Ort ausdrücklich hat Trotz bieten wollen. Es geschah daher auch unstreitig mit Absicht, daß er diese beiden Stücke so gleichzeitig nebeneinander ausarbeitete; denn im Sturme beobachtete er gerade die Einheiten so genau, wie sie sehr selten von den klassischen Tragöden gewahrt worden sind. Die Scene liegt dort vor Prospero's Zelle oder in ihrer nächsten Umgebung; die Zeit ist auf drei bis vier Stunden beschränkt; wie in dem Wintermährchen dreimal der Charakter des Mährchens hervorgehoben ist, so ist im Sturm dreimal mit einem großen Gewichte dieser Zeitraum betont; und Steevens schon dachte sich ganz richtig, Shakespeare habe einmal zeigen wollen, daß auch dieß Kunststück der Einheiten für ihn keine Hexerei wäre. Und er zeigte dieß in einem Stücke von ganz romantischem Schlage, das an wunderbarem Stoffe so reich ist wie das Wintermährchen. Gerade aber in den Stücken, wo Shakespeare dieser Regelhaftigkeit nachtrachtete oder nahe kam, tritt uns die ganze Unnatur derselben schlagend entgegen. Dieß ist beim Sturme schon von Anderen empfunden worden. Die unnatürliche Hast der inneren Handlung wird dann erst bemerklich, wenn uns der Dichter nicht die Täuschung läßt, uns dieselbe nach der Natur der Verhältnisse ausdehnen zu können; die Muße fehlt für die Veränderungen der Seele, die in Miranda

vorgehen sollen, wenn wir in drei Stunden ihren Anfang und ihr
Ende setzen müssen. Noch viel auffallender ist dieß, wenn man aus
diesem Gesichtspunkte andere Stücke vergleicht. Wenn man in den
letzten vier Acten des Othello z. B. einige wenige Sätze streicht, so
kann man den Verlauf der Eifersucht Othello's und der aneinander
hängenden Handlung auf zwei Tage und Nächte beschränkt darstellen.
Welch eine Unnatur wäre es aber, auch nur diese Fiction zu unter-
halten, daß eine Leidenschaft von dieser Größe und Gewalt in vier-
undzwanzig Stunden entstehen, wachsen und enden könne! Diese
Prokrustirung der Handlung hätte Shakespeare mit Recht eine Tod-
sünde der Dichtung geschienen; das Ausdehnen der Zeit war ihm
nicht einmal ein Fehler, weil es eine Nothwendigkeit war, der die
Regel von den Einheiten nur trügerisch auswich. Wie wenig ihm
selbst in dieser Hinsicht zu trügen am Herzen lag, hat er nicht allein
im Othello, sondern in einer ganzen Reihe seiner Stücke bis in's
Grelle deutlich gemacht. Er hat sehr häufig, dem angenommenen
Scheine eines zusammenhängenden kurzen Verlaufs der Handlung
zum Trotze, Andeutungen eingestreut, wie im Othello die Angaben
über den Briefwechsel zwischen Jago und Rodrigo, die die Handlung, welche das Auge rasch vor sich vorübergehen sieht, für das
Ohr, für die Vorstellung auf den natürlichen Zeitraum ausdehnen,
den sie in der Wirklichkeit verlangen würde; er hat hinter den engen
dramatischen Vorgrund eine größere Zeittiefe eingetragen; so daß,
wie durch die Perspective der Raum, sich bei ihm die Zeit im Hintergrunde nach dem inneren Bedürfnisse der Handlung erweitert. Dieß
ist nicht das einzige Mittel, nach dem es diesen reichen Geist drängte,
um seinen dargestellten Handlungen die möglichste Fülle zu geben,
trotz dem engen Raume, der dem Drama gestattet ist; er suchte auch
nach Auswegen noch anderer Art, diesen Zweck zu erreichen, und
darunter nach solchen, die noch anderen Regeln des prosaischen Verstandes nicht minder grell widersprechen, als das eben angegebene
Hülfsmittel. Um nur Eines noch anzuführen. Es kommt wohl vor,

daß Erzählungen und Berichte von Scenen, die der Zuschauer gesehen, von Worten und Reden, die er gehört hat, im Gegensatze zum Epos, das dergleichen wörtlich zu wiederholen pflegt, nicht genau übereinstimmen. Das auffallendste Beispiel dieser Art ist im Cymbeline, wo Jachimo die Wette mit Posthumus unter ganz anderen Verhältnissen erzählt, als denen wir beigewohnt haben. Es wäre thöricht zu sagen, daß jene vorhin angeführten Widersprüche in den Zeitangaben oder diese in den Sachangaben Unachtsamkeit seien; der Spieler des Jachimo mußte wohl die Abweichung gewahren und es wäre undenkbar, daß er sie nicht dem Dichter, der neben ihm dichtete, gezeigt haben sollen; der sie gleichwohl nicht würde abgeändert haben. Denn diese Abweichungen dienen dem in Zeit und Ort beschränkten Dramatiker vortrefflich dazu, das Gesehene und Gehörte zu ergänzen; wie denn dort im Cymbeline ein Wink mehr gegeben wird über die Verhältnisse, unter denen jene sonderbare Wette Statt haben konnte.

Heinrich VIII.

Wir sind in der Reihe der letzten Arbeiten Shakespeare's auf mehrfache Wahrnehmungen gestoßen, die uns zu verrathen schienen, daß es Momente in seinen letzten Jahren gab, wo sein geistiges Interesse an seinen eigenen Werken, vielleicht schon in Folge einer körperlichen Kraftabnahme, erlahmte. Die unerquicklichen ethischen Gegenstände in einigen Dramen der letzten Periode, die späte Ueberarbeitung eines so werthlosen Stückes wie Perikles, die ästhetischen Gebrechen im Antonius, die unfertige Gestalt des Timon, der Fehlgriff im Stoffe und in den Zwecken des Troilus, das Alles konnte uns schon vorbereiten auf die Stunde, wo der Dichter, nachdem er seine schauspielerische Thätigkeit so frühe schon eingestellt hatte, auch seinem poetischen Berufe ganz entsagen würde. Es ist neuerdings vermuthet worden, daß man diesen Moment in der Historie von Heinrich VIII. gleichsam ergreife, zu welcher Shakespeare eben am Abschluß seiner dramatischen Laufbahn nur einen Entwurf seinen alten Genossen zur Ausführung und zum Gebrauche für einen bestimmten Zweck überlassen habe. Dieser Zweck wäre die dramatische Feier einer Hoffestlichkeit gewesen, eine Bestimmung, welcher eben dieses Geschichtsstück noch im vorigen Jahrhundert hat dienen müssen. Das Drama, mit so viel Pomp und Schauwerk überfüllt, ist eine Gelegenheitsmaske wie der Sturm und der Sommernachtstraum; man hat es früher bei Gelegenheit der Krönung König Jakob's und seiner Gattin Anna (24. Juli 1603) entstanden geglaubt; die neuere Ansicht auf die wir uns berufen (Gentleman's magazine 34, 115 ff.) vermuthet, daß die Heirat der Prinzessin Elisabeth (Febr. 1612) der Anlaß gewesen sei, der die Gesellschaft Burbadge's bewogen haben möchte, sich Shakespeare's Rudimente zu diesem Stücke zu erbitten und sie zu dieser Maske auszuarbeiten, einer Form, auf die es der Dichter selbst in seinem historischen Drama wohl schwerlich abgesehen hatte. Wäre das Stück erst um diese Zeit seiner abschließenden dramatischen Wirksamkeit aus Shakespeare's Händen hervorgegangen, so wäre es ein seltsames Spiel des Schicksals, daß diesem Letzling seiner Erzeugnisse bald darauf, wie zu einer düsteren Abschiedsfeier dieses Ereignisses, ein tragisches Brandopfer veranlaßte. Als am 29. Juli 1613 das Stück (nach einer Notiz des Sir Henry Wotton) unter dem Titel all is true, auf den der Epilog anspielt, von Burbadge's Gesellschaft aufgeführt ward, entzündete sich unter der Absteuerung einiger kleiner Kanonen das Theatergebäude, und der Globe, die vieljährige Ruhmesstätte des Dichters, brannte ab.

Vor langer Zeit schon hatte Roderick (in Edward's canons of criticism) Anstoß an gewissen Eigenthümlichkeiten der Versifikation in Heinrich VIII. genommen; nie übrigens war seitdem die Aechtheit des Stückes angezweifelt, höchstens der Prolog und Epilog der Feder des Dichters abgesprochen worden. Schon die strenge folgerichtige Anlage der vier Hauptcharaktere ließ keinen Zweifel daran aufkommen, deren psychologische Umrisse kein anderer Dichter der Zeit in dieser Schärfe hätte entwerfen können, so viel ihm auch die historischen Quellen (Cavendish's Leben Wolsey's, wie es die Chroniken abgeschrieben hatten) und zwei dramatische Vorarbeiten über Wolsey von Chettle und Genossen entgegenbringen mochten. Zuerst bildet wie in der Gestalt des Herzogs von Budingham noch einmal auf die Zeit des großen bewaffneten Adels, seine Anmaaßungen und Empörungen zurück, welche die Seele der Geschichte unter den Häusern

York und Lancaster waren, obgleich die Physiognomie des Zeitalters in unserem Stücke, gegen den Charakter jener früheren Epoche gehalten ganz verändert erscheint. Der Waffenlärm hat aufgehört, die vortretenden Gestalten sind Menschen der Bildung, des Geistes, des erworbenen Verdienstes; den Herzog selbst hat diese Veränderung der Zeit erreicht; er ist nicht blos ein ehrgeiziger Mann des Schwertes; er ist gelehrt, weise im Rath, reich an Geist, ein entzückender Redner. Gleichwohl sieht man ihn noch in der Mitte einer Anzahl anderer, zum Theil ihm verwandter Großen, Norfolk, Surrey, Abergaveuny stehen, die für die Erhaltung des alten Adelsansehens wie verschworen sind, denen die Größe des Emporkömmlings aus dem geistlichen Stande, des Cardinals Wolsey, ein Dorn im Auge ist, die es für unerträglich ansehen, daß das Buch des Bettlers vor edlem Blut gehen, das Scharlachkleid ihrem Range das Ansehen nehmen und der Unterschied der Personen getilgt werden solle. In stolzer Leidenschaft, in der unruhigen Hast der persönlichen Verachtung sucht Buckingham dem Cardinal ein Bein unterzustellen, fällt aber in die gelegte Grube selbst. Er traute dem Priester weitgreifende hochverrätherische Pläne zu, spähte zu fein darin und schoß beim Ziele vorbei; er selbst aber war mit kühnen, ehrgeizigen Projecten nicht unvertraut, die ihm der geschickte Gegner zu Verbrechen zu kehren weiß. Er war der nächste Erbe des Throns in dem Beaufort'schen Zweig des Lancaster'schen Hauses, wenn der König unbeerbt starb. Als der Sohn jenes Buckingham, der dem Richard III. zum Throne half und sich nachher gegen ihn empörte, gefiel er sich in den Erinnerungen der Geschichte seines Hauses; er spielt leichtfertig mit seinen aufstrebenden Gedanken und speculirt auf den Mangel eines männlichen Erben, der Heinrich so viele Zweifel und Eifersucht machte; er gewinnt sich die Liebe der Gemeinen; er lauscht gerne auf die Prophezeihungen alberner Propheten, die dem Traum seiner Größe schmeicheln; er äußert sich unvorsichtig einmal, als ihm eine Hast gedroht hatte: Wenn dieß geschehen wäre, so hätte er wohl die Absicht seines

Vaters ausgeführt, der vom König Richard sich vor seiner Hinrichtung eine Audienz erbat und, wenn er sie erhalten, ihm den Dolch in's Herz gestoßen hätte. Dieß wird von seinem durch Wolsey bestochenen Hausmeister ausgesagt und es bringt den Mann auf's Schaffot, der mehr aus thörichtem Leichtsinn fehlte, als wirklich verbrecherische Absichten hatte. Als er gefallen ist, nimmt er sich über seiner Verurtheilung zusammen; er stirbt gefaßt und edel, vergebend, ohne Haß, „schon halb im Himmel", vom Rangstolz völlig abgethan in dem Momente, der die Eitelkeit dieser Vorzüge so nachdrucksvoll in's Gedächtniß ruft.

Ihm gegenüber steht Wolsey, der in niederem Stande geboren sich aus der Tiefe emporgearbeitet hat ganz durch seine eigne geistige Kraft in die höchsten Stellen des Staates und der Kirche, an den nächsten Platz bei dem Könige und dem Pabste. König Heinrich hatte schon von seinem Vater die Liebe für den Mann übernommen, den er für den nie Irrenden hielt, als den er sich geltend zu machen wußte, den er mit Wohlthaten und Vortheilen überhäufte, in des Reiches erste Würde setzte und über den höchsten Landesadel stolz und anmaaßend hinwegsehen ließ. Glück, Gunst und Verdienst häuften sich, um die Ehrsucht dieses „Riesenkindes des Ruhms" in's Ungemessene zu schwellen, seinen Stolz in's Maaßlose zu steigern, jeden Schein einer Beschränkung und Demuth in ihm niederzutreten, seine Prunksucht und Habsucht zu nähren und königlichen Glanz um ihn zu breiten. Der Ehrgeiz treibt ihn, zu immer größeren Würden zu streben, die größeren Stellen schüren wieder seinen Ehrgeiz zu helleren Flammen. Die Mittel zu seinen Zwecken werden ihm gleichgültig; die Wahrheit hat er nie gekannt; die Gleißnerei wird seine Dienerin, hinter der er die Tücke seines Herzens versteckt; Freigebigkeit ohne Grenzen, Beförderung und Gnade fesseln seine Diener unverbrüchlich an ihn; Bestechung gewinnt ihm die Vertrauten seiner Feinde, die er mit jeder Arglist der Rachsucht verfolgt. Halb Fuchs halb Wolf schlingt er raubgierig die Schätze des Landes hinunter, drückt die Gemeinden mit ungeheueren Lasten und als sich das Volk empört, gibt er sich dann den Schein, als ob Er sie ihnen wieder abgenommen hätte. Ueber den Tadel, der sich gegen ihn bei dieser Gelegenheit erhebt, setzt er sich in kalter Hoffahrt hinweg, als über den neidischen Geifer von Schwachen und Bösen, die sein Verdienst nicht bemessen können. Gegen den Adel macht er eine systematische Opposition. Kein Pair ist von ihm ungekränkt; er ruinirt den Stand in Masse, als er durch willkürliche Bezeichnung der Personen, die den König zu der festlichen Begegnung mit dem Könige von Frankreich begleiten sollen, und durch den ungeheueren Prunk, den sie dort auslegen sollen, das Vermögen vieler Familien aufreibt. Und als es dem mächtigen Buckingham gilt, umstellt er diesen mit Bestochenen und Spionen, und legt es weit aussehend auf seinen Fall an, indem er seine nächsten und mächtigsten Verwandten vorher vom Hofe auf entlegene Stellen entfernt. So über die Stände des Landes hinweggeschritten mit stolz gehobenem Scheitel, wagt er es selbst gegen den König. Er war gewöhnt worden, mit Fürsten sich gleich zu reihen; seine Diener sind frech genug im Lande zu erklären, ihr Herr wolle eher bedient sein als ein anderer Unterthan, wo nicht als der König; er bediente sich der Formel ego et rex meus, wenn er an fremde Höfe schrieb. Den Pabststuhl einzunehmen, sich einen Rang noch über seinem König zu gewinnen, dieß ist der letzte Endzweck seiner Ehrsucht. Er hat die höheren geistlichen Stellen im Lande an sich gerissen; er strebt zunächst hinter seines Königs Rücken, Legat des Pabstes zu werden; der Pabst selbst ist es, der seine Strebsucht in ihm schürt. Um das Pabstthum zu gewinnen, darum häuft er mit dieser Unvorsichtigkeit die Schätze des Landes um sich auf. Zu diesem Zwecke sucht er seinen König in die Verbindung mit Frankreich zu bringen. Er hat das Erzbisthum Toledo von dem Kaiser vergebens gesucht, er muß sich also auf dessen Gegner Frankreich stützen. Zu diesem Ende muß jenes überglänzende Fest der Zusammenkunft beider Könige im Arderthale gefeiert werden und die Gegner dieser

Verbindung, die Buckingham, müssen aus dem Wege. Dieß ist nicht das Aeußerste, wohin seine Rachlust gegen den Kaiser, sein Wunsch sich Frankreich zu verbinden, ihn hintreibt. Er unternimmt es, die Königin selber zu stürzen; sie ist des Kaisers Tante, seine Feindin ist sie ohnehin schon durch ihren Charakter. Sie hat zwanzig Jahre mit dem Könige in der glücklichsten Eintracht gelebt, er aber wirft, wie immer weither umstellend, zuerst durch einen französischen Geistlichen Scrupel über die Rechtmäßigkeit der Ehe in den König und, was diese nicht thun, vollendet des Königs Sinnlichkeit. Die Scheidung wird erwirkt, damit nach des Cardinals Absicht sein König die Schwester des Königs von Frankreich heirate, die Herzogin von Alençou. Wenn alle diese Zwecke erreicht worden wären, wenn Heinrich VIII. in eine so enge Verknüpfung mit Frankreich eingetreten, Wolsey auf den päpstlichen Stuhl hinaufgerückt wäre, so denkt man sich wohl, daß er die Rolle gegen Heinrich VIII. gespielt haben würde, die Thomas Becket in dem Sitze von Canterbury gegen seinen König spielte, oder daß unter dem schrecklichen Einflusse des allmächtigen Mannes, der schon in seiner jetzigen Stellung „durch sein heimlich Trachten das Reich gefesselt hält", der Katholicismus in England neu gefestigt worden wäre. Aber der Cardinal hatte Alles berechnet, nur des Königs sinnliche Leidenschaft nicht. Der Scrupel war diesem nicht sobald eingeflößt über die Rechtlichkeit seiner Ehe, die Aussicht auf eine neue Heirat gegeben, als er rasch sein Auge auf die schöne Anna Bullen wirft. Sein Gewissen wird nun dringlich, des Cardinals Zögern wird ihm unleidlich, die Bedenken der päbstlichen Kirche ärgerlich; dieß ist, so erkennt nachher Wolsey zu spät, „die Last, der er erliegt". Als er, so weit über seinen Grund geschwommen in dem Meer der Ehre, wo sein Stolz wie eine Schwimmblase unter ihm brach, versank, nun lehrt er auf den wahren Werth des Menschen in sich zurück; er erkennt, daß zu viel Ehre eine zu schwere Last sei für einen Mann der auf den Himmel hofft, und er warnt seinen Cromwell vor dem Laster des Ehrgeizes, durch das die Engel fielen.

Er schüttelt die Last der Welt und der Sünden zugleich ab und findet in der Armuth die Stärke seiner Seele und sein wahrhaftes Glück im Elend wieder, in einer erbaulichen Rückkehr zu wahrer Selbsterkenntniß, die ihm der Dichter gestützt auf die Zeugnisse der Geschichte leihen durfte (Campian, Gesch. von Irland), nach denen dieser Mann der Doppelzüngigkeit, der Härte und Tücke nie glücklich gewesen wäre als in seinem Falle, und in der Stunde seines Todes mehr geehrt als in allem Pomp seines Lebens.

In dem König Heinrich VIII. hatte der Dichter ein Bild zu zeichnen, dem geschmeichelt werden mußte und das doch ähnlich sein sollte; er durfte das moralische Ansehen und die königliche Eifersucht Jakob's I. nicht erschüttern, und doch wollte er der Geschichte nicht untreu sein, die ihm einen abstoßenden despotischen Charakter darbot, der nicht einmal mit der furchtbaren Größe des Lasters eines Richard III. entschädigte. Er zeichnete ihn, ohne seine Tyrannei, seine Grausamkeit, seine Sinnlichkeit, seine Launenhaftigkeit, seine Halbbildung im Vereine mit innerer Rohheit zu entstellen oder zu verstellen, aber er hielt sie im Hintergrunde; zwischen der Allgemeinheit, mit der diese Zeichnung umrissen ist, und den paar Zügen der ganz individuellen Besonderheit, die der Dichter aufgenommen hat, ist ein großes Feld für den Schauspieler. Auch ist der Charakter Heinrich's VIII., ursprünglich von Lowin gespielt und aus dessen Auffassung durch Davenant an Betterton überliefert, immer eine Lieblingsrolle der englischen Schauspieler gewesen. Seine Abhängigkeit von Schmeichlern neben seiner eifersüchtigen Sucht allein zu herrschen; seine Leichtäuschbarkeit neben seiner nachtragenden Bitterkeit, wo er sich getäuscht sieht, und neben seiner täuschenden Verstellung, womit er Tücke und Rache verhält; seine Laune neben seiner Heftigkeit; sein unbeholfenes plumpes Wesen neben einer gewissen geistigen Feinheit; seine Fühllosigkeit neben einzelnen Zügen von Gutartigkeit; seine Sinnlichkeit in der durchsichtigen Maske der Religion und des Gewissens; sein herablassendes Wesen an der Grenze des Bulgaren: dieß alles sind so viele feine Gegensätze, die dem Spieler zu thun geben, die feine Linie der Berührung zu treffen. Von einem großen Manne, wie Wolsey, mit Zauberbanden gefesselt, von blinden Geschöpfen überall umgeben, von dem fügsamst aufopfernden Weibe verzogen in jedem Willen und jeder Laune, erscheint der König als einer der Fürsten, die „den Gehorsam küssen um seiner Lieblichkeit willen, aber gegen Widersetzlichkeit emporschwellen zu Ungewittern", die unversöhnlich sind, wo sie gekreuzt werden; gegen jede drohende Ueberhebung des Unterthans, wie in Buckingham, eifersüchtig bis zu blutiger Härte. Er ist der Sklave seiner Natur und all der Leidenschaft und des Eigenwillens, die sie ihm mitgebracht hat. Dieß ist die gewöhnliche Quelle aller Tyrannei; in Heinrich VIII. ist sie zugleich die Quelle seines bürgerlich herablassenden Wesens. Er ist von Allem, was Zwang heißt, nicht gern genirt; eine ceremoniöse Abelsumgebung, wenn sie über ein Spiel mit dem Schwager hinausgeht, würde ihn nicht reizen; sein prunksüchtiger Cardinal würde ihm anstößig sein, wenn es nicht so weltlich in seinen Zirkeln zuginge; seine Umgebung sind meist Emporkömmlinge aus den niederen Ständen, Gelehrte mehr als Waffenmänner, weil er selbst mehr in Gelehrsamkeit als in Waffen erzogen war, mehr geschickt zu einer Schäfermaske als zu einem Turnier. Ueberall erscheint der König daher friedlich, bürgerlich, familiär; einen Cranmer zum Pathen zu nehmen, ist ihm kein Anstoß, um so weniger, da in diesem Zuge ein Trotz gegen dessen vornehme Widersacher liegt. Denn trifft dieser natürliche Zug zur Gleichstellung der Menschen und zur Nichtachtung des Ranges mit seinem gereizten Eigenwillen und feindlicher Widerstrebung zusammen, so sieht man, wie die höchste Autorität der Erde, das Pabstthum, ihm nichts gilt; trifft er mit seiner blinden Leidenschaft zusammen, so haben wir vor uns, wie er die Liebe eines untadelhaften Weibes eben so wenig wie ihre königliche Abstammung anschlägt, um sich mit einem Weibe aus niederer Sphäre zu verbinden.

Die beiden Frauencharaktere, zwischen die Heinrich gestellt ist, verrathen dieselbe Meisterschaft der dramatischen Zeichnung, obwohl der Eine nur eine flache Skizze ist. Katharina ist als ein rührendes Musterbild weiblicher Tugend und Sanftmuth, ehelicher Hingebung und Liebe und christlicher Duldungskraft in schuldlosem Leiden geschildert. Um sie her steht die tugendhafteste Umgebung; ihr Feind muß sie preisen, daß sie die Handlungen einer Milde und einer Weisheit bewährt habe, die über Frauen Kraft hinausginge. Sie hat nie Böses gethan, das Winkel suchen müßte; Verleumdung und Kränkung wäre über ihr Vermögen. Nur wo ein natürlicher Instinct sie gegen einen ränkesüchtigen Nachsteller reizt, dem in der Zeit seiner ehrsüchtigen Verirrung die Tugend ein Narr ist, und da wo sie arme Unterthanen gegen dessen Bedrückung in Schutz zu nehmen hat, leiht ihr die Tugend auch einen Stachel, der aber nicht von ferne über die Grenzen der feinsten Weiblichkeit hinausgeht. Ihren Gatten liebt sie „mit der Zärtlichkeit, mit der die Engel gute Menschen lieben"; fast abergläubisch in ihrer Liebe träumt sie keine Freude als sein Wohlergehen, er giebt ihr selbst das Zeugniß, daß sie nie mit seinen Wünschen im Streite war, weiblich herrschend, im Gehorchen befehlend; gegen jede seiner Launen übte sie die größte und frömmste Geduld. Nach zwanzig Jahren des Glücks sich von ihm verstoßen zu sehen, ist eine Bürde des Leidens, die nur die edelsten Frauen mit Würde und Ergebung zu tragen verstehen; der königlichen Spanierin ist es auch schmerzlich, von der Höhe des Thrones herabsteigen zu müssen. Sie ist aber gefaßt, das Leben der Zurückgezogenheit in der Einfachheit einer schlichten Hausfrau zu führen und den treulos harten Mann bis in die Todesstunde zu segnen. Ihre Seele war schön auf dem Throne geblieben, sie wird noch schöner in der äußeren Herabwürdigung; sie geht mit ihrem eigentlichen Feinde und Verderber versöhnt zu Grabe. Ihre Todesscene hat Johnson über irgend-eine Scene aller anderen Dichter hinausgestellt; so imponirte ihm diese tiefe Wirkung ohne alle Hülfe romantischer Kunst.

griffe, ohne unnatürliche Sprünge poetischer Klage und die Wallungen eines stürmischen Jammers. Eine weibliche Schwäche hat ihr der Dichter (der Geschichte folgend) bis an den Rand des Grabes geliehen: sie hält noch in der Todesstunde, und nachdem sie schon den Himmel offen gesehen, auf die königlichen Ehren, die ihr gebühren. Das Gegenstück dieser Schwäche deutet der Dichter in Anna Bullen an. Er hat diesen „neuen Fisch", die emporkommende Königin, nur von fern umgehend geschildert, ihre Schönheit, ihre Lieblichkeit und Zucht, ihre Tadellosigkeit an Geist und Charakter mehr nur genannt, als dargestellt; er sucht nicht übermäßig für sie zu gewinnen, dort wo er sie vergnügt in der Gesellschaft eines Sandys zeigt; auch legen Alle fast das Gewicht ihres Preises mehr prophetisch auf den Segen, der ihr entsprießen soll, als auf sie selbst. Jene Einführungsscene macht uns glauben, daß sie so frei von ehrgeizigen Absichten sei, wie sie betheuert; ihr Gespräch freilich mit der Hofdame überzeugt uns so wenig wie diese, daß sie sich nicht in glänzende Ehren, wenn sie ihr entgegenkommen, zu finden wüßte. Wir sehen sie nicht als Königin, aber wir sehen ihre geschmeichelte Eigenliebe so weit auf dem Wege, daß wir wohl errathen, sie wird aus ihrem niederen Stande emporgehoben die Rolle der Königin so gut spielen, wie Katharina die der Hausfrau.

Niemand wird in dieser kurzen Auseinanderlegung der Hauptfiguren in Heinrich VIII. die sichere Hand unseres Poeten verkennen wollen. Es ist anders, wenn man nun zu der Entwicklung der Handlung näher herantritt und die poetische Diction mit Achtsamkeit betrachtet. Der Eindruck des Ganzen wird dann bald befremdend und unerquicklich; der bloße äußere Faden scheint zu fehlen, der die Handlungen durchgängig aneinander knüpfte; das Interesse des Gemüths wird sonderbar gespalten, nach immer neuen Richtungen gezogen und nirgends befriedigt. Es haftet zuerst auf Buckingham und seinen Anschlägen gegen Wolsey; aber mit dem zweiten Acte schon tritt er vom Schauplatz ab; dann nimmt es Wolsey in gesteigertem

Maaße in Anspruch, um seinerseits im dritten Acte zu verschwinden; inzwischen wurden die Sympathien stärker und stärker auf Katharina gezogen, die dann im vierten Acte gleichfalls die Bühne verläßt; und nachdem wir so durch vier Acte von lauter tragischen Verhältnissen erschüttert wurden, schließt der fünfte Act mit einer freudigen Festlichkeit zu der wir keineswegs vorbereitet sind, die des Königs schlechte Leidenschaft mit Sieg krönt, an der wir keinerlei warmen Antheil nehmen konnten. In dem Fortgang des Stückes ist die Vermählung des Königs und der Anna Bullen mit der Person des Cardinals, die äußerlich den bindenden Mittelpunkt der Handlung schier bilden zu sollen, nur durch einen Zufall, die Feindschaft zwischen Cranmer und Gardiner gar nicht mit ihr verknüpft; beide Verhältnisse stehen unter sich wieder scheinbar in gar keiner Beziehung. Die Geburt und Taufe der Elisabeth folgt zum Schlusse als ein neues Nebenwerk, das wohl eine natürliche aber keine ästhetische Folge an das Vorhergehende knüpft, das mit der Person Cranmer's wieder nur durch die Pathenlöffel verbunden scheint, die der Gevatter dem Täufling zu schenken hat. — So aber, wie wir bei dieser lockeren Entwicklung der Handlung anstoßen, werden wir auch, sobald wir irgend ein anderes der historischen Stücke Shakespeare's zur Vergleichung ziehen, an dem poetischen Vortrag irre. Der angeführte englische Kritiker fand nur in einzelnen Scenen (I, 1. 2. II, 3. 4. III, 2. V, 1. 2.) jene Natur- und Lebensfrische, die völlige Freiheit von aller conventionellen Theater- und Büchersprache, den dichtgepreßten Ausdruck, die kühne rasche Gedankenwendung, die ungeduldige Thätigkeit des Verstandes und der Einbildungskraft wieder, die Shakespeare's Sprache so kenntlich bezeichnen; selbst in diesen Scenen aber glaubt man eine gewisse Firnißglätte herauszufühlen, die alle diese Eigenschaften des Shakespeare'schen Vortrags dennoch abgeschwächt hat; in den übrigen Theilen, wo ganze Scenen als nutzlose Lückenbüßer erscheinen, herrscht oft ein languider Ausdruck flacher Unterhaltung, die kaum in Einem Zuge an Shakespeare, desto häufiger an

Fletcher's und Braumont's Schreibart zu erinnern scheint. Fletcher's rhythmische Manier sticht eben in diesen fremdartigen Stellen des Stückes überall auffallend hervor; die Verse mit weiblichen Endungen sind in dem ganzen Stücke viel häufiger als fast in allen anderen Shakespeare'schen Werken, in den ächter klingenden Theilen im Verhältniß von zwei zu sieben undänlichen, in den unächteren aber im Verhältniß von 1—2 oder 2—3; die für Fletcher's Versification ganz charakteristischen spondäischen weiblichen Endungen begegnen an mehreren Stellen in gehäufter Folge. Alle diese Eigenthümlichkeiten bestimmten unseren englischen Kritiker zu der Annahme, daß das Stück von Shakespeare in einem bloßen Entwurfe an Fletcher überlassen worden sei, aus dessen Ausführung sich dann der Mangel der moralischen und ästhetischen Consistenz und Cohärenz in dem Drama von selber erklären würde.

Es ist auffallend, und es hat für uns eine beweisende Kraft, daß mit diesem Ergebniß der philologischen Untersuchung das Ergebniß der ganz entgegengesetzten ästhetischen Prüfung der Innereinheit dieser Historie vollständig zusammenstimmt. Ich habe zwar früher geglaubt, in der prophetischen Rede Cranmer's über dem Täufling Elisabeth, die in großen Zügen die segenvollen Früchte der Regierung dieser Königin: die Begründung des Friedens, die Sicherung des Protestantismus und die Geltung des Verdienstes vor Geburt und Blut voraus verkündet, den Schlüssel zu dem Stücke, und in der Vertherrlichung des Hauses Tudor, in einer geschichtlichen Abstraction des Kerns und Gehalts der Regierung dieses Hauses, den wesentlichen Gedanken des Dramas nachweisen zu können. Ich glaube annehmen zu sollen, daß der Dichter die eigentliche Handlung, die er zu diesem Zwecke in den Mittelpunkt der Geschichte Heinrich's VIII. hätte rücken müssen, den Sieg des Protestantismus, in irgend einer innerlichen Erfassung und ausführlichen Behandlung nicht habe auf der Bühne darstellen dürfen; daß ihn dieß genöthigt habe (wozu ihn die Geschichte ohnehin berechtigte,) die zufälligen äußeren Anlässe, die diese große Folge für England gehabt haben, zum Gegenstand der Darstellung in seinem Drama zu machen, das an mehreren Stellen, nicht ohne Absicht scheint es, auf die Erfahrung deutet, daß große Erfolge oft aus den kleinsten und unerwartetsten Ursachen entstehen. Ueber diesem Versuche aber, dem Stücke einen einheitlichen Grundgedanken abzugewinnen, habe ich mir gleichwohl nicht verhehlen können, daß, selbst die Richtigkeit solch einer Auslegung angenommen, das ganze Stück sich in einen förmlichen dramatischen Spiritualismus verflüchtigen würde. Die dargestellte Handlung wäre dann nur der symbolische Vorläufer zu dem eigentlichen Zielpunkte, der nicht in dem Mittelpunkte des Stückes sondern an seinen Ausgängen gelegen wäre, zu jener Prophezeihung einer Zeit und eines Zustandes, der weit hinter der Gegenwart läge in welcher das Stück spielt, zu einer Rede, auf die und auf deren Anlaß das wenigste in den Thatsachen des Stückes in einer greiflichen Weise vorbereitet hätte. Es scheint daher in aller Weise richtiger, sich den Mangel einer dramatischen Einheit und eines ethischen Brennpunktes in dem Stücke einfach einzugestehen und sich ihn nach Anleitung dieser gegenwärtigen Mittheilungen zu erklären.

Es gibt nicht wenige Engländer, die das Zusammenwirken Shakespeare's und Fletcher's noch an einem andern Stücke behauptet haben. Wir führten schon früher eine kleine Reihe zweifelhafter Dramen an, die zum Theil unter Shakespeare's Namen gedruckt waren und die man besonders in Deutschland glaubte für Jugendwerke, wenn nicht selbst für Meisterwerke unseres Dichters halten zu müssen. In England hat man diesen Aberglauben längst abgelegt. Nur in Bezug auf die two noble kinsmen, die 1634 unter dem vereinigten Namen Shakespeare's und Fletcher's gedruckt erschienen, sind Männer wie Spalding, Coleridge, Dyce, Ingleby der Meinung geblieben, daß nicht unbeträchtliche Theile des Stückes nur von

Shakespeare verfaßt sein könnten. Wie Dyce (works of Beaumont and Fletcher 1, LXXX ff.) die Sache faßt, könnte man ihm einen gewissen Antheil Shakespeare's an dem Stück gerne zugeben, und ihn gleichwohl wieder gänzlich ableugnen. Nichts ist wahrscheinlicher, als daß Shakespeare im Solde seiner Bühne genöthigt war, fremde Stücke durch selbst noch leichtere Ueberarbeitungen, als wir sie im Titus und Pericles annehmen, zur Aufführung anzueignen. Nichts wäre möglicher, als daß er so auch, wie Dyce will, ein älteres Stück von dem Inhalte der two noble kinsmen, das 1594 auf dem Newington-Theater aufgeführt ward, in dieser Weise adoptirt haben könnte, und daß später wieder Fletcher eben dieß ältere Stück mit Benutzung der Shakespearischen Zugaben so umgestaltet habe, wie es nun in der Ausgabe seiner Werke steht. Daß aber Shakespeare je einen **innern** Antheil an diesem Gegenstande genommen haben könnte, ist aus einer einzigen Erwägung mit der größten Sicherheit zu verneinen: denn niemals hat seine gesunde Ethik mit solchen conventionellen Ehrenpunkten in dem Stile der dramatischen Romantik der Spanier zu thun gehabt, wie der ist, um den sich das Verhältniß zwischen Palamon und Arcitas, den zwei edlen Vettern, (der Mittelpunkt des ganzen Stückes,) herumdreht. Den äußerlichen Antheil aber, den Shakespeare an diesem durch so verschiedene Hände gegangenen Werke haben könnte, auch nur errathen zu wollen, davon möchten selbst eben so entscheidende Gründe zurückhalten. Man hat seine Feder gewöhnlich in solchen Scenen am bestimmtesten zu erkennen geglaubt, die wesentlich aus Erzählung und Beschreibung bestehen; selbst Dyce hat unter den Stellen, die ihm unbestreitbar Shakespearisch erschienen, eine solche ausgehoben, die reine Beschreibung um der Beschreibung selbst willen ist; in Shakespeare's sämmtlichen Dramen aber ist mit Ausnahme kaum Eines einzigen Falles gerade diese descriptive Manier nie und nirgends zu finden! Wir theilen daher die Meinung Staunton's, der Shakespeare an diesen so wenig wie an irgend einem andern der ihm untergeschobenen Stücke einen Antheil wollte zugesprochen wissen. Es scheint ausgemacht, daß der große Mann seit seinem Rückzuge nach Stratford 1612 nicht mehr für die Bühne geschrieben habe. Mit dem Wintermährchen und dem Sturme schloß er seine wunderbare Laufbahn und brach und begrub klaftertief, wie Prospero, den Zauberstab seiner Dichtung. Glücklich der Nachkomme, der diesen Hort wieder heben wird.

Shakespeare.

Nachdem wir Shakespeare's Werke nun nach der Reihe kennen gelernt haben, bleibt uns übrig, auf unsere Betrachtung einen Rückblick zu werfen und das Bild des Dichters und seiner Dichtung, in dessen einzelne Züge wir uns bisher vertieft haben, zurücktretend als ein Ganzes in's Auge zu fassen.

Die Augenpunkte, aus denen dieser vielseitigste Dichter, seine Begabung, sein Charakter, seine Kunst aufgenommen werden kann, sind zahllos; unendlich der Stoff, aus dem sich der Faden einer solchen allgemeinen Betrachtung fortspinnen läßt, der schon in's Unermeßliche reicht, wenn man nur auf das sieht, was von so vielen geistreichen Beurtheilern Treffendes über Shakespeare gesagt worden ist. Hier ist es schwierig, sowohl neu als kurz zu sein. Aber gerade je schwieriger dieß ist, desto mehr wird es Verdienst und Aufgabe bei diesem Geschäfte sein müssen, sich zu beschränken und wenige, bestimmte, möglichst fruchtbare Gesichtspunkte der Betrachtung zu wählen.

Die Standpunkte, aus denen wir die folgenden Andeutungen geben wollen, haben wir uns bereits in der Einleitung vorgeschrieben. Wir sprachen dort die beiden stolzen Sätze aus, die Shakespeare von künstlerischer und sittlicher Seite die höchsten Ehren zuerkennen die einem Dichter zu Theil werden können:

1) daß er im Kreise der neueren dramatischen Poesie, als der offenbarende Genius der Gattung und ihrer Gesetze, an der Stelle stehe, die Homer in der Geschichte der epischen Dichtung einnimmt; und

2) daß er, als der seltenste Kenner der Menschen und der menschlichen Dinge, ein Lehrer von unbestreitbarer ethischer Autorität und der wählenswürdigste Führer durch Welt und Leben sei.

Von diesen beiden Sätzen wollen wir in dem Nächstfolgenden ausgehen und auf sie überall zurückzukommen suchen.

Wie hoch die Anerkennung von Shakespeare's dichterischem Genius neuerdings auch gestiegen ist, so wird es doch auch jetzt noch Vielen eine reine Paradoxie scheinen, wenn an die Seite Homer's, der nun durch fast 3000 Jahre allem Wechsel des Geschmacks überwunden hat, ein Dichter gestellt werden soll, von dem der ganze romanische Volksstamm, die Hälfte der gebildeten Welt, bisher kaum einige Kenntniß nahm, über den die Meinungen in nun fast drei Jahrhunderten so ungeheuer abweichen und selbst heute noch, selbst in dem englischen Volke, so weit auseinandergehen. Wie einst Johnson der Meinung war, es habe Shakespeare oft seine eigene Absicht nicht verstanden, er habe seine höchsten Schönheiten nur glücklichen Zufällen zu danken, so haben auch heute noch die Birch und Courtenay, unverblüfft von dem Nachweis des tiefsinnigen Baus seiner Dramen, jede complicirte Anlage in Shakespeare's Werken geleugnet, sie haben sogar bezweifelt, ob er je selbst nur seine Personen mit bewußter Absicht charakteristisch habe sprechen lassen, sie haben sich gegen den Cultus dieses Genius feierlich verwahrt und eine Gotteslästerung darin gefunden, daß ihn Coleridge einen übermenschlichen nannte. Geschmacklosigkeit oder Mangel an Schönheitssinn, Gesetzlosigkeit oder Mangel an ordnendem Geiste, die realistische Naturzeichnung in seinen Werken oder der Mangel des künstlerischen Ideals waren früher, und sind noch heute, die stehenden Vorwürfe, die Shakespeare in dem sicheren Tone gemacht werden, als ob sich der Abgang dieser Grundeigenschaften, ohne die ein ächter Jünger der Kunst nicht gedacht werden kann, von selbst verstände in einem Dichter, der als Schauspieler für die Menge und ihre gemeinen Launen lebte und in einem rohen und ungebildeten Zeitalter schrieb. Wir wollen auf alle diese Punkte nach der Reihe eingehen, da es, wenn nicht der Vertheidigung, so doch der Verständigung überall noch bedarf.

Was zuerst den Schönheitssinn unseres Dichters betrifft, so werden wir nicht ableugnen dürfen, daß auch wir die Kennzeichen eines verbildeten und ungebildeten Geschmackes gefunden haben, sei es in jenen Schlüpfrigkeiten, jenen gekünstelten Wortspielen und seltsamen Concepten, oder in jenen abgeschnittenen Köpfen und ausgetretenen Augen auf der Bühne, oder in jenen wunderlichen Anachronismen, wohl auch in dem Gedränge und der Art der metaphorischen Bilder, die Shakespeare's dichterische Sprache charakterisiren. Eine allgemeine Bemerkung in Beziehung auf diese Ausstellungen müssen wir allem übrigen vorausschicken. Sie betreffen überall, diese Ausstellungen, nur Einzelheiten der Scene oder „äußerliche Theile" des Stils und Vortrags; und wenn wir das Verfehlte dieser Art zwar weder verschwiegen noch gebilligt haben, so haben wir es doch auch, eben weil es Einzelheiten und Kleinheiten sind, aus Grundsatz nicht mehr betont, als es einem so großen Ganzen gegenüber geziemt. Alle Schönheit beruht auf Ebenmaaß und Verhältniß. Ein Auswuchs, der einer Blumenstaude die Kraft aussaugt und die Gestalt zerstört, kann an der Eiche das unschädliche Spielwerk der Kraft und selbst eine Zierde des Wuchses sein; in einer großen Naturgegend mag ein Gesträppe die Schönheit erhöhen, das in einer Gartenanlage Verwilderung wäre. Vereinzelt und herausgerissen aus dem Ganzen wird das Unregelmäßige immer unschön heißen, während es in seinen Verbindungen durch Vermannichfaltigung Reize hinzugeben kann. Die gesegneten Männer aus Polonius' Schule, die über ihren Bart nicht wegsehen, die über das Einzelne nicht hinauskommen können: „Das ist eine thörichte Figur; das ist eine schlechte Redensart; das ist gut; das ist zu lang" —, sie weist Hamlet mit ihrem Barte und ihrem Kunsturtheile in die Baderstube; vor einen Dichter wie Shakespeare gehören sie nicht. Ihres Weges zu gehen, davon schreckt jede Spur der gemachten Erfahrung zurück. Die ganze Geschichte Shakespeare'scher Kritik ist seit einem Jahrhundert nichts anderes, als die Aufdeckung der Fehlwege Derer, die hundert Jahre lang vorher die Fehler des Dichters aufzudecken meinten. Würden wir das nächste Jahrhundert Shakespeare eben so nur sehen, wie wir ihn bisher fast nur lasen, so würde sich leicht das Letzte, was uns noch ungehörig erscheint, wenn nicht überall als Schönheit der Kunst, doch als Wahrheit der Natur herausstellen. Denn unzählige der Shakespeare'schen Geschmacklosigkeiten haben sich als Trefflichkeiten der Charakteristik erwiesen; die ästhetischen Aussstellungen an dem Dichter glitten auf die sittliche Seite seiner Charaktere ab, und was als Fehler gerügt war, bewährte sich als ein Vorzug.

So verhält es sich mit jenen Obscönitäten und Natürlichkeiten, mit jenen gezwungenen Witzen und Concepten, jenem räthselhaften Tiefsinn der Rede und Ausdrücke fast überall. In einzelnen Fällen, namentlich in den früheren Werken, mögen manche Entstellungen dieser Art nicht zu rechtfertigen sein. Aber wir könnten uns den Dichter so wenig dadurch verleiden lassen, wie Homer durch die naiven Beiwörter, über die das verfeinerte Zeitalter zu lächeln pflegt. Das äußere Kleid der Zeit in Sprache und Sitte ganz abzulegen, geht über jedes Menschen Kraft. Man weiß, in welcher Derbheit nicht lange vor Shakespeare die gebildetsten Geistlichen polemisirten, und der größte Mann der Zeit mit dem englischen Könige Schriften wechselte! Man weiß, daß edle Frauen jener Zeiten an Unfeinheiten der Rede das weit überboten, was der Dichter seinen freiesten Charakteren in den Mund legt! Man weiß, daß der burleske Witz damals Gemeingut und in der Volksliteratur der allgemeine Geschmack der Welt war! Man weiß, daß jene Concepte durch die Meister der romantischen Kunst in die höchsten Kreise der Höfe und der Gelehrten eingebürgert waren! Es ist daher kein Wunder, daß man aus Shakespeare's Werken seiner italianisirenden Periode eine Blumenlese wunderlicher Concepte ziehen kann; das ist vielmehr ein Wunder, daß Er gerade zuerst diese Geschraubtheit der dichterischen Rede mit dem Gebrauch der gesunden Volkssprache erschütterte; und eben diese seine Natürlichkeit des Ausdruckes hat nicht wenig dazu beigetragen, daß in den germanischen Nationen mit dem wachsenden Natur- und Schönheitssinn der Dichterpreis Shakespeare's immer gestiegen ist. Es war ein Wunder, daß Shakespeare so bald vermochte, wie über die Unsitte seiner dramatischen Zeitgenossen, so über den Ungeschmack der romantischen Hofkunst sich in dem Maaße zu erheben, daß bei ihm das Niedere und Alberne nie um seiner selbst willen steht, daß in seinen reiferen Werken die Freiheiten und Thorheiten der Rede immer mehr auf die Zungen und die Gelegenheiten beschränkt sind, wo dergleichen natürlich war. Es ist nur eine bestimmte Klasse von Frauen bei Shakespeare, die sich eine größere Zungenfreiheit erlauben, und Johnson konnte nichts plumper Unwahres sagen, als daß seine Frauen und Herren sich nicht hinlänglich durch feinere Sitten von den Clowns unterschieden! Es ist nur eine bestimmte Klasse von Männern, die den Witz- und Wortspielen fröhnen; und wenn man von dem Dichter sagte, ein quibble sei das Irrlicht, das ihn immer in den Sumpf führe, so ist das wahr von seinen Witzbolden, aber nicht von ihm, noch von allen denen, die mit ihm die Leute Narren nennen, „die um ein spitzes Wort die Sache dahingeben". Bei den Antonio und Posthumus, bei Brutus und Cassius, bei Coriolan und Othello, bei keinem seiner ernsten und thätigen Helden wird man uns weder Schlüpfrigkeiten nachweisen, noch leichtwiegende Witze; die geistreichen darunter lassen sich zuweilen dazu herab. Andere sind dafür so unzugänglich, daß selbst ein

Dritter sich nicht damit an sie heranwagen würde. Und eben so sind auch die Concepte, die Dunkelheit und Gespanntheit der Rede immer an charakteristischer Stelle. Wo spröde Gedanken sich sträuben, sich kreuzen und verwirren, wird die Denkkraft des Sprechenden selber gelähmt oder spröde sein; wo der Tiefsinn mit der Sprache ringt, wird der Redende über einer Untiefe von Seelenbewegungen schweben, in der das Senkblei des Verstandes keinen Grund findet; wo der Vers schwer, das Bild groß ist, wird der Sinn vollwichtig sein, und selten werden, wie in den beschreibenden Gedichten, große Worte an kleine Gedanken, tiefe Gedanken an flache Gegenstände, schwellende Figuren an platte Dinge verschwendet, das Ebenmaaß zwischen Ausdruck und Sache verletzt sein. Diese Rückführung aller jener Eigenheiten der Manier auf die Zwecke der Charakteristik läßt sich von dem gebildeten Schauspieler viel weiter treiben, als der Leser für möglich hält; wir können nur hinweisen auf diese Art der Betrachtung; sie in's Einzelne durchzuführen, wäre die Sache eines geistreichen Commentars, ist wesentlich die Sache des Schauspielers. Diese Rückführung aber muß die Entschuldigung jener Eigenheiten sein, auch wo diese, für sich betrachtet, dem Geschmacke anstößig sind; denn wo die Wahl zwischen Geschmack und Wahrheit ist, da hätte Homer so wenig wie Shakespeare gezweifelt. Wer aber eine kindische Ziererei selbst gegen diese Wahrheit der Natur lehren wollte, den würde der Dichter ähnlich zurechtweisen, wie Bacon die edeln Leute, die sich von dem Nackten und Häßlichen in der Naturwissenschaft abwandten: daß die Sonne der Kunst die Kloake wie den Pallast anscheine, ohne von ihr beschmutzt zu werden; daß, was des Daseins werth ist, auch der Kunst werth sein kann, und daß die Bühne nicht ein hohles Prunkgebäude für den menschlichen Hochmuth sei, sondern eine Markthalle für den Verkehr des Lebens, wie er ist.

Verschwinden die einzelnen Maale der dichterischen Manier der Zeit, die an Shakespeare hängen blieben, in's unendlich Kleine an

dem gesunden ganzen Körper, der sich aus jener Seuche in eigenster
Kraft erhob, so ist dieß der gleiche Fall mit jenen Bühnenresten, die
von dem grausamen und blutfrohen Sinne des Zeitalters Zeugniß
geben. Wir haben auch diese Härten nicht geleugnet und nicht beschönigt, wir können sie von einzelnen Stellen wegwünschen und
müssen sie unbedenklich auf der Bühne beseitigen, doch haben wir
uns nicht verbergen können, daß auch ein Vortheil für Shakespeare
wie für Homer darin war, für ein Publicum von gestählteren Nerven
zu arbeiten. Wir haben gezeigt, daß auch diese Eigenheit bei Shakespeare der Charakteristik dienen muß, und daß sich in den Stücken,
die in friedlichen und freundlichen Verhältnissen spielen, von solchen
Zügen nichts findet. Wir erinnern an den Nachweis, daß auch in
dieser Beziehung Shakespeare früh über seine Zeitgenossen und seine
Jugendwerke hinausstrat, wie Goethe und Schiller über die ihrigen;
von Titus Andronicus, wo er diesem Sinne noch grossrer hätte, bis
zu Lear, wo er für die großartigsten Zwecke nur freien Nutzen davon
zog, welch ein Weg ist da zurückgelegt! In unsern Bemerkungen zu
Lear haben wir zugleich deutlich zu machen gesucht, daß Shakespeare
in dieser und den ähnlichen graulichen Compositionen nicht von dem
Geschmack des Pöbels herabgezogen war, sondern daß er sein Volk
bei seinen Schwächen und Stärken faßte und es zu den großen Entwürfen seiner Kunst emporriß. Will man seine Stellung zu dem
Zuhörerkreise, für den er dichtete, mit einem Blicke anschaulich haben,
so muß man vergleichen, wie damals in Spanien bei einem ähnlichen Flore der Bühne ein größerer Volksliebling, Lope de Vega,
zu seinem Publicum stand. Dort in der That war das Schauspiel
ein Coterienwesen, das dem freisinnigen Nebeneinanderstehen und
dem künstlerischen Wetteifer der feineren Londoner Bühnen vollständig ungleich war. Dort hoben sich die Theater der kleinen und jungen
Hauptstadt nicht über die der Provinzstädte empor; der Pöbel, die
Weiber beherrschten die Bühne, rohe Handwerker bestimmten Beifall und Misfallen und machten Kunst, wie die Gallerie der Parla-

mente Politik macht. Aber so war nicht das Publicum, auf das sich der Prolog zu Heinrich VIII. beruft; das Publicum, das so war, verachtete Shakespeare und strafte es mit derben Hieben. Lope de Vega dagegen war ein Redner für solche Hörer, er schob es selbst auf dieses Kunstiribunal, daß er zu den rohen Gewohnheiten der Zauberstücke und ähnlicher Barbareien zurückgekehrt sei, die er selber Ungethüme nannte; er gestand, daß er „den Alten und der Vernunft zum Troß geschrieben habe". Aber nie würde Shakespeare das Letztere haben bekennen wollen, der für die Kenner seiner Bekanntschaft lebte, für große Schauspieler schrieb, mit der Natur wetteifernd die größten Begriffe der Kunst faßte und seinem Verse Unsterblichkeit und Nachruhm verhieß.

In die Reihe von Shakespeare's Geschmacklosigkeiten stellt man auch seine Verstöße gegen den Zeitcharakter. Auch da blieb man auf dem Einzelnen hängen. Es ist wahr, er hat den druidischen Briten römische Götternamen in den Mund gelegt und den Römern Glocken geliehen, er hat dem Heroenthum Züge der Feudalzeit eingemischt und zu König Johann's Zeit Schlachten mit Kanonen geliefert, weil das Volk seine englischen Herre auf der Bühne sehen wollte, wie sie zu seiner Zeit waren. So weit hat er sich dem Gesichtskreise des Volkes bequemt, nicht daß dieß nothwendig seinen eignen Gesichtskreis ausdrückte; er faßte die Bedingungen der dramatischen Wirkung in's Auge, über die auch Goethe und Schiller sich nicht hinwegsetzen mochten, er gab der dargestellten Zeit die lebendige Gegenwart und Verständlichkeit, durch welche allein der Stoff in die Herzen dringt. Wie schlimm man aber auch über die einzelnen Verstöße urtheilen möchte, keiner darunter wird sich an Geschmacklosigkeit damit vergleichen lassen, daß Raphael den Apoll auf dem Parnasse mit der Geige abbildete; und doch ist Raphael der geschmackvollste Maler der Welt! Was aber mehr ist: nie sind diese Verstöße in das Wesen der Sache gedrungen; nie hat Shakespeare anderen Zeiten und Orten die intellectuellen Züge seines Zeitalters geliehen und ihre Natur dadurch unkenntlich gemacht; nie hat er wie Lope und Calderon gethan, die alle Vergangenheit modernisirten und alles Volksthum hispanisirten; nie wie Corneille und Racine, die Alterthum und Mittelalter in ihre gallische Classicität travestirten; ja nie hat er den Geist einer Zeit in dem Maaße innerlich verfehlt, wie selbst dem Meister der geschichtlichen Anbequemung, unserem Goethe, in der Achilleïs geschah. Vielmehr offenbarte sich in diesem ersten rein germanischen Dichter der Neuzeit jene Vielseitigkeit und Empfänglichkeit zuerst, die dem deutschen Volksstamme durchaus eigenthümlich ist, jene Objectivität, die der Natur der Zeiten und Gegenstände in der künstlerischen Auffassung immer ihr Recht läßt; eine Gabe, die nachher Händel in seinen Oratorien zuerst wieder bewährte, und die von ihm aus in unsere Dichtung, auf Klopstock, Herder und Goethe sich überpflanzte. In seinen englischen und römischen, seinen mittelalterigen und heroischen Stücken hat Shakespeare immer den innern Charakter der Zeit so treu beobachtet, wie den der Individuen seiner Zeit und Nation, deren Gedanken er denkt und deren Sprache er redet. Und dieß ist um so merkwürdiger, je stärker die Eigenthümlichkeit des Dichters ist, den man wie Händel aus jedem einzelnen Satze herauskennt, und der gleichwohl im Großen und Ganzen vor seinem jedesmaligen Gegenstande gänzlich verschwindet.

Viel Klage ist endlich geführt worden über die Anwendung der metaphorischen Bilder bei Shakespeare, sei es über ihre Schiefe, ihre Verwirrung oder allzugroße Häufung. Der Prüfstein der charakteristischen Zweckmäßigkeit, kann man sagen, ist hier nicht anwendbar; sie sind das Charakteristische in Shakespeare selbst und nicht in seinen Personen. Es ist richtiger zu sagen, daß dieß das Charakteristische aller Dichtung ist; es ist das einzige Mittel der Poesie, den Gedanken, das Werkzeug des Verstandes, zum Bilde umzukleiden und zum Werkzeug der Phantasie zu machen. Schon Aristoteles hat das Metaphorische das Größte des Vortrags und das unlernbare Werk des dichterischen Genius genannt. Und an ihm den Geschmack unseres

Dichters zu prüfen, ist wahrscheinlich keine Anforderung, der man mit Ausflüchten auszubeugen brauchte. Wir selbst haben in Shakespeare's Jugendwerken (zu Heinrich VI.) einige falsche Metaphern angemerkt; in seinen späteren Stücken wird man dergleichen vergebens suchen. Der Mann, der sich aus dem Munde seines Lavatch so empfindlich gegen jede „stinkende Metapher" äußert, braucht die selbste Nase in dieser Hinsicht nicht zu fürchten. Man mache nur den Versuch mit Zahlen, und man wird der duftenden Blumen der Uebertragung hundert finden auf Eine geruchlose und tausend auf Eine narkotische. Man hat ferner die Verwirrung und Verbindung widersprechender Metaphern getadelt. Aber die Fälle werden einmal sehr selten sein, wo Shakespeare den Fehler in jenem Monologe Hamlet's, wenn er ja ein Fehler heißen soll, wiederholte, wo er in Einem Satze von einer See voll Plagen spricht, gegen die man Waffen ergreift, — dann aber wird der Sinn durch diese Bilder nicht verwirrt, sondern eher um so klarer werden. Denn Gedanke und Bild ist bei Shakespeare in der Regel so entsprechend und so wunderbar in einander verwachsen, daß mit dem Bilde nicht selten auch die Bedeutsamkeit des Gedankens verloren gehen würde. Dryden meinte, man würde bei dem Ausschmelzen vieler seiner Metaphern immer Silber im Tiegel behalten, aber das Gold, meinen wir dagegen, würde verflüchtigt sein. Mit dem meisten Scheine ist die Häufung der Metapher getadelt worden. Keine Forderung ist gerechter, als die alte des Aristoteles, in dem Gebrauch der metaphorischen Rede Maaß zu halten, damit nicht Alles zu Räthseln werde, oder damit die Last der einzelnen Bilder das Ganze nicht schwerfällig mache oder erdrücke. Allein hier wird es sich fragen, ob wir die geschmackvolleren Beurtheiler oder Shakespeare der geschmackvollere Dichter ist. Wir sind durch die gereimte Prosa des französischen Dramas und die ähnliche selbst unserer größten deutschen Dichter allzusehr gewöhnt worden an einen niederen Flug der dramatischen Rede. Einen Ausspruch wie jenen Goethe'schen, den wir im Tasso lesen.: „Wir haben nichts, womit wir das vergleichen", würde Shakspeare für eine poetische Bankeruterklärung angesehen haben. Daß Dryden den einfachen Dialog der Alten unserem Dichter entgegenhielt, gegen den sein glänzender Vortrag zu sehr nach dem Kothurn schmecke, lassen wir nicht gelten. Bei den Alten hob eben der Kothurn selbst, die Maske, die heroischen Figuren, aller Inhalt und Erscheinung, es hob der prachtvolle Stil der Chöre weit über die gemeine Natur hinweg, und sollte der Boden der Wirklichkeit nicht ganz verloren gehen, so mußte wohl der Dialog in der möglichsten Einfachheit gehalten werden. Von Shakespeare aber, der die Heroen der alten Mythe nicht zum Gegenstande hatte, der sich das Gesetz schrieb, in Gegenständen und Charakteren nie den Grund der wirklichen Natur zu verlassen, von ihm war es ein Meistergriff des dichterischen Instinctes, daß er seinen Vortrag, nicht bis zu dem poetischen Glanze der Ode hinauf, aber doch über den ruhigen Fluß des Epos emporhob und in der gewählteren Sprache jeden Augenblick erinnerte, daß sein Schauspiel Wirklichkeit abbilde, aber nicht Wirklichkeit sei.

Wenn man aber des Dichters Geschmack wahrhaft prüfen will, dann muß man über all dieß Aeußerliche, was Gewand oder Körper der Kunst heißen kann, hinburchbringen auf ihre eigentliche Seele; dann mag man selbst auf Einzelheiten haften, aber man wird überall auf einen Grad von ästhetischem und sittlichem Feinsinn stoßen, zu dem sich in den verfeinerten Zeiten nach Shakespeare nur sehr wenige Dichter erhoben haben. Hört man ihn als Kritiker jene Kunstregeln in Hamlet aufstellen und sage man uns, wer hierüber feiner gedacht habe! Vergleiche man ihn als lyrischen Dichter in den drei Gattungen, die er in Romeo verwebt hat, und zeige man uns die Stücke dieser Art, die geist- und geschmackvoller sind! Prüfe man ihn als Menschenkenner in den Fortschritten, die er in der Schätzung der Frauen gemacht hat und nenne man uns den Frauenkenner, den man ihm an Zartsinn vergleichen will! Springe man von da zu seiner Zeichnung des Männischen über und zähle man unter den feinstgebildeten, sogar Frauen, diejenigen, welche die feine Unterscheidungslinie zwischen falschem und ächtem Heroismus in Coriolan auch nur nachzuzeichnen, auch nur aufzufinden verständen! Prüfe man die Charaktere, die Handlungen, die Sentenzen, den ganzen Gedankenkreis in seinen Werken; in diesem großen Codex von Lebensbildern und Weisheit ist nichts Triviales, fast nichts, was man in diesen 300 Jahren veraltet nennen könnte, und mache man sich klar, was in diesem Ausspruche gelegen ist! Oder folge man der eigentlichen dramatischen Thätigkeit seines Geistes. Nenne man uns den gebildeten Dichter, der sich mit solchem Feingefühle neben und über seine Quelle stellte, wie es Shakespeare gethan hat! Vergleiche man mit der peinlichen Unsicherheit, mit der sich Goethe ewig im Stoffe zu vergreifen fürchtete, die kühne Gewißheit, mit der Shakespeare die gefährlichsten Materien anfaßt und die sprödesten gefügig macht, mit der er Wagnisse besteht, die kein Anderer begonnen hätte und Schönheiten entlockt aus Stoffen, die in anderen Händen widerlich wären! Brachte man den glücklichen Instinct, mit dem er, wie von einem Lessing geschult, allem Beschreibenden in seinen Dramen auswich womit ein Calderon seine Werke systematisch erstellte, während die ganz einzelnstehende Beschreibung der Frau Nab sogleich fühlbar macht, wie fremd diese Art von poetischer Zierde in Shakespeare ist! Oder sehe man auf seine Anwendung des Wunderbaren und zeige man uns den neueren Dichter, der mit ähnlichem Kunstsinne so tiefe Symbolik in so plastische Gestalt gekleidet, wie Er! Schon wer diese einzelnen Seiten erwägt, der wird die Annahme thöricht finden, daß der Mann, der in allem Großen und Wesentlichen so feinsinnig erscheint das Kleine und Aeußerliche als ein Idiot verfehlt, und nicht vielmehr als ein Genius verschmäht haben sollte; und er wird den Vorwurf der Paradoxie den Kleinmeistern zurückschieben, die sich mit jenen kleinlichen Aussetzungen die Freude an diesem Dichter verderben. Aber alle diese genannten Einzelheiten verschwinden in's Unbedeutende, wenn man Shakespeare's Geschmacksbildung an der Organisation seiner Kunstwerke im Ganzen prüft. Auf diesen Punkt, und auf die höhere Frage nach Shakespeare's Kunstideal mußte man die Frage nach seinem Schönheitssinne zurückführen, wenn man sie gründlich beantwortet haben wollte.

Ein Vorwurf, der von dem Einzelnen hinweg in das Ganze dringt, und, wenn er begründet wäre, unserer Parallele gefährlicher sein würde, ist der der angeblichen Gesetz- und Regellosigkeit Shakespeare's. Wenn es unmöglich ist, daß bei Geschmacklosigkeit ein ächter Künstler bestehe, so ist es doch noch unmöglicher, bei Gesetzlosigkeit der offenbarende, d. h. gesetzgebende Genius einer Kunstgattung zu sein, wie wir von dem Dramatiker Shakespeare ausgesagt haben.

Unsere ganze Betrachtung Shakespeare's war durchweg darauf gestellt, den einheitlichen und gesetzmäßigen Kunstbau seiner Werke im Einzelnen nachzuweisen. Wir hatten vorausschildernd behauptet, daß unser Dichter auf einem neuen Wege der Kunstforderung der ältesten Aesthetik Genüge geleistet habe, daß seine Kunst mit dem wesentlichen Gesetze des Aristoteles, das alle Zeiten und zuletzt unsere großen deutschen Dichter in seltener Uebereinstimmung als ein ewig gültiges anerkannt haben, sehr wohl bestehe, daß sie nur eine Vergeistigung und Erweiterung dieses Gesetzes in Anspruch nehme, wie sie der veränderten Natur der Zeiten und der Dichtungsstoffe gemäß ist. Wir wollen jetzt, die Ergebnisse dieser Untersuchung zusammenfassend, darzulegen suchen, daß auch dieß nicht vage Redensarten waren.

Der äußerlichste Unterschied der alten und neuen Dramen ist ihre geringere und größere Ausdehnung. Die polymythischen Dramen fanden im Alterthum keine Ausbildung; die Tragödie erhielt ihre reinste Gestalt unter den Händen der Dichter, die sie auf eine einfache Handlung, und diese wieder auf ihren einfachen Kern, die Katastrophe, beschränkten. Diese Wendung erklärten wir uns aus formellen und materiellen Gründen. Das alte Drama entstand dem ausgebildeten Homerischen Epos gegenüber; mit ihm in der Fülle ausgedehnter Handlungen zu wetteifern, konnte ihm schwer gelingen; es warf sich daher auf den Gegensatz möglichst geschlossener Handlungen. Der Stoff, in dem die alte Dichtung arbeitete, nöthigte zu dieser Wendung noch mehr. Die Geschichte der Welt war noch jung und kurz, die Heroenmythe ein bald erschöpfter Kreis; die Tragöden waren genöthigt, jeder dieselbe Materie zu behandeln; durch Neuheit des Thatsächlichen zu gefallen, war ihnen unmöglich; ihr Verdienst lag in der Vollendung der Form, dieß führte zu der Beschränkung der Handlung auf ihren Hauptpunkt und zu dem Streben, in der Erschöpfung dieses Einen dramatischen Moments die Kunst zu bewähren. Dadurch erhielt die alte Tragödie ihre enge und einförmige, stereotype Gestalt. Was aber die Einschränkung der Handlung in diese enge Grenze noch mehr erleichterte, war die große Einfalt der dargestellten Menschen der heroischen Zeit, deren mehr physisch starke als geistig reiche Natur eine tiefe Ausführlichkeit der Charakteristik nicht verlangte. Sobald die Geschichte sich erweiterte, sobald ein Krieg wie der peloponnesische und der Gegensatz der Philosophenschulen die Menschennatur mannichfaltiger entwickelten, regte sich auch in der Euripideischen Tragödie, aber mehr in der Komödie, welche die wirkliche Welt zum Gegenstande nahm, das Bedürfniß nach mehr Handlung, Motiv und Charakteristik, und folglich nach größerer Ausdehnung.

Alles dieß, was auf die einfache Gestaltung des alten Dramas wirkte, kehrte sich in der neueren Zeit gerade um, und wirkte natürlich auf die entgegengesetzte Gestalt. Zwischen der Blüte der alten Tragödie und Shakespeare liegen 2000 Jahre. In dieser Zeit deckte das Christenthum unbekannte Tiefen des Gemüthes auf, die germanischen Stämme umspannten in ihren Wanderungen weite Erdräume.

die Kreuzzüge öffneten den Osten, die späteren Entdeckungsfahrten den Westen und die ganze Gestalt der Erde, neue Wissenschaften und Erkenntnißkreise thaten sich auf, ganze Völker und Zeiträume waren auf- und untergegangen, tausend Gestalten des öffentlichen und privaten, des religiösen und politischen Lebens waren gekommen und geschwunden, der Umfang an Anschauungen, Vorstellungen, Erfahrungen und Interessen war unendlich vergrößert, der Geist dadurch erweitert und vertieft, die Bedürfnisse gesteigert, die Leidenschaften mannichfaltiger und verfeinerter, die Conflicte menschlicher Bestrebungen häufiger und verwickelter, die Hülfsmittel des Geistes unermeßlich geworden, alles in einer Weise, die der kindlichen Zeit des Alterthums gänzlich fremd war. Diese Fülle von innerem und äußerem Stoffe strömte der Kunst von allen Seiten zu; sie konnte sich ihm ohne ihren Schaden, ja ohne ihren Untergang nicht entziehen. Das Epos des Mittelalters suchte sich seiner zu bemächtigen. Aber es war weit nicht in dem Vortheile der Homerischen Gedichte, deren geschichtlicher Grund ein wohlbekannter Stammkrieg, die Erschütterung einer Welt, aber einer kleinen und faßlichen Welt war. Das Epos der Deutschen und Franzosen dagegen, versucht in ungebildeten Zeiten an unübersehbaren Stoffen, blieb gestaltlos und unentwickelt. Die Dichtung erhielt erst eine kunstgemäßere Gestalt, als in Italien auch Musik, Malerei und Baukunst auferstanden; in dieser Zeit machte sich, allenthalben in Europa zugleich, das Drama als die Dichtungsform geltend, die der neuen Zeit und ihren Geschlechtern eigenthümlich blieb, in denen das Epos keine Rhapsoden und Hörer mehr fand, und die in ihrer zerstreuten Thätigkeit von der Kunst mit schärferen Reizen gefesselt sein wollten. Indem es an die Stelle, nicht wie das alte Drama an die Seite der Epopoe trat, erbte es mit der Aufgabe, diese zu ersetzen, die Aufgabe, sich jedem weitesten Stoffe gewachsen zu zeigen. Die Materien, die sich ihm darboten, waren nicht ein Gemeingut, wie im Alterthume die viel umgetragenen Mythen, die schon in der Ueberlieferung poetisch abgerundet und geläutert waren; sondern es waren die Rudimente des religiösen Dramas, jene auf breite Handlung angelegten Mysterien, es waren die Ritterromane und Romanzenkreise, die jene epischen Schauspiele im Schlag des Pericles hervorriefen, es waren die Geschichtserzählungen, die schon vor Shakespeare einen Cyclus von Stücken zur Bewältigung der Masse verlangten. Dieser Breite der Stoffe auszubeugen, fiel weder Hans Sachs, noch Lope de Vega, noch Marlowe ein. Das Drama dehnte sich, unabhängig bei jedem, der weiten Materie gegenüber zu erweiterten Formen aus. Die Dinge der Welt waren zusammengesetzt und mannichfaltig geworden; die Verschiedenheit der Menschen, ihrer Natur, ihrer Leidenschaften, ihrer Lagen, ihrer gegen einander ringenden Kräfte ertrug nicht, wenn sie dramatisch dargestellt werden sollte, die Beschränkung auf einfache Katastrophen; es mußten weitere Gesichtskreise gezogen, es mußten die Handlungen nach ihrem ganzen Verlaufe dargestellt, die Triebfedern der Handlungen tiefer gesucht werden; die Kunst erhielt die Aufgabe, die möglichste Fülle in eine entsprechende Form zu binden, deren Ausdehnung nur nach Aristoteles' Forderung die Wohlübersehbarkeit nicht ausschließen durfte.

Die Oekonomie der griechischen Dramen war keineswegs die einzige Folge der angewandten Aristotelischen Regeln. Aristoteles selbst war weit entfernt, die Gestalt und den Umfang des Dramas seiner Tage als ein Gesetz für alle Zeiten aufzustellen. Er erklärte ausdrücklich, daß die Größe des Dramas sich nach Gewöhnung und Geschmack richte. Er war sogar, scheint es, nicht der Ansicht, daß die Kürze der alten Tragödie gerade ihr Vorzug sei. Er wußte wohl, daß der episodische Reichthum vielmehr dem Epos einen Vorzug gebe, und daß das Einförmige und Gleichartige schuld daran sei, wenn die Tragödie sättigte und durchfiel. Er schrieb daher dem Drama nicht die damals übliche Größe vor, sondern die natürliche, die durch die Handlung selbst gegeben ist. In welchem Umfang, sagt er, in einer Reihe von Begebenheiten die Umwandlung von Glück zu Unglück, oder von Unglück zu Glück nach Wahrscheinlichkeit oder Nothwendigkeit geschehen kann, dieß gibt die gehörige Begrenzung der Größe eines Dramas ab". Wenn schon in diesem Satze die ganze Praxis des neueren Schauspiels ihre Rechtfertigung erhält, so noch mehr in dem Folgenden. „Was die Grenze nach der eignen Natur der Handlung angeht, so ist immer die größere, so lange sie überschbar ist, die schönere in Hinsicht der Größe". Shakespeare's Kunstübung ist ganz so, als ob er sich diese Regel selbst geschrieben hätte. Bei dem einzigen Antonius schien uns die Grenze der Wohlübersehbarkeit etwas überschritten zu sein; wer Shakespeare's Stücke aus der Aufführung kennt, wird bei keinem andren diese Klage führen. Mit dieser Regel vor Augen ging aber auch Shakespeare immer hart an die Grenze heran. Er wählte den Stoff möglichst reich und voll, er dehnte den Umfang der Form nach Bedarf, aber nicht weiter; man wird nicht finden, daß in Einem seiner Dramen der Gedanke erschöpft sei vor dem Ende, daß in der Form eine überflüssige Ausdehnung oder in dem Stoffe eine überflüssige Fülle sei; das Beispiel ist noch nicht gefunden, daß selbst die Schiller oder Goethe ihre Stücke zu planerer Uebersichtlichkeit hätten bilden können, ohne dem Inhalt zu schaden. Denn jene Aufgabe, den möglichst weiten Stoff in die möglichst weite, nur über das schöne Verhältniß nicht hinausgehende Form zu bilden, hat Niemand so wie Shakespeare gelöst. Darin liegt ein Haupttheil seiner ästhetischen Größe. Kein Dichter hat im gleichem Raume so Viel mit so Wenigem dargestellt; keiner hat diesen Raum in der gegebenen Gattung so weit ausgedehnt. Von der Gestalt der antiken Tragödie ließ sich Shakespeare dabei nicht beirren. Er fühlte, daß die eigensten Dichtungsstoffe der neuen Welt in diesen alten Formen untergehen würden, und daß es daher richtiger sei, sie umzugießen. Er erkannte es mit Bewußtsein (und seine Aesthetik wird jemals weiter gelangen) als die Aufgabe des Dichters, den wesentlichen Gehalt seiner Zeit zur Darstellung zu bringen, das Jahrhundert in die Dichtung herüberzunehmen und ihm

Gestalt und Gepräge zu geben; er erschuf daher für das erweiterte Leben einen erweiterten Kunstbau; er suchte dabei nicht nach einer vorhandenen Regel, sondern nach dem inneren Gesetze der gegebenen Materie, nach einem Geist in den Dingen, der bei der Bildung des Kunstwerks aus sich selbst krystallinisch anschoß zu schöner Gestalt. Denn es gibt keinen höheren Werth eines Dichtungswerkes, als die Uebereinstimmung der Form mit dem Wesen des dargestellten Gegenstandes, nach dessen eigenem innewohnenden Gesetze, nicht nach einer äußeren Regel. Wenn man Shakespeare oder Homer nach Voraussetzung einer solchen conventionellen Uebereinkunft beurißt, so kann man ihnen gleichmäßig Geschmack und Gesetz absprechen; nach jenem höheren Maaße gemessen spottet aber Shakspeare an innerer Gesetzmäßigkeit aller der regelmäßigen Dramatiker, die von Aristoteles nicht geistige Gesetzlichkeit lernten, sondern mechanische Nachahmerei.

Das wesentlichste Gesetz, das Aristoteles dem Drama geschrieben hat, ist das der Einheit der Handlung. Die berüchtigten Einheiten des Orts und der Zeit sind bei ihm, die erstere gar nicht, die andere nur als ein Gebrauch erwähnt. Auch sind sie in den alten Dramen keineswegs durchgehend beobachtet. Man weiß, daß im Ajas und in den Eumeniden der Ort wechselt, daß die Zeitbeschränkung auf einen Sonnenumlauf in den Trachinierinnen, bei Euripides, und selbst bei Aeschylus überschritten ist, dessen Agamemnon sogar in einer telegraphischen Geschwindigkeit aus Troja heimkehrt. Vollends aber in Aristophanes' Komödien ist mit Zeit und Ort ein ganz willkürliches Spiel getrieben, trotz der Anwesenheit des Chors, die man oft als die Ursache der Ort- und Zeiteinheit angegeben hat. Ihre Ueblichkeit in der alten Tragödie erklärt sich vielmehr sehr einfach aus der Beschränkung der dramatischen Handlung auf die Katastrophe; es liegt in dem Begriffe einer Krise, daß sie an eine bestimmte und kurze Zeit gebunden ist. Das neuere Drama aber, das den vollständigen Verlauf der Handlung schildert, konnte diesen nicht ohne die schreiendste Unnatur an Einen Ort und auf eine kurze Zeit beschränken wollen; dieß wird aus unserer Schlußbemerkung zum Wintermährchen deutlich geworden sein. Die im Drama die Zeiteinheit fordern, müßten eigentlich in der Malerei immer die natürliche Größe verlangen. So wenig aber hier eine Verkleinerung die Illusion stört, so wenig dort die Dehnbarkeit der Zeit. Das haben selbst die ältesten Kritiker, ein Gildon, schon eingestanden und Johnson hat Shakespeare's Verfahren in dieser Beziehung kräftig vertheidigt. Noch erschraken diese Männer damals über ihre eigne Verwegenheit. Sie wagten nicht, ihr Gefühl vor ihrem Verstande zu vertreten; sie hatten auch nicht die Gelegenheit, den Werth der regellosen Stücke Shakespeare's und der nach der Regel des französischen Aristoteles prokrustirten Dramen aus ihren Wirkungen und Schicksalen in der Geschichte der Literatur vergleichend zu messen: wo sich diese als Prunkstücke für den Augenblick auswiesen, jene aber eine Geschichte erhielten, die mehr erst an ihrem Anfange, als an ihrem Ende zu sein scheint. Für uns, die wir dieß heute besser übersehen können, ist die Frage nach der Ort- und Zeiteinheit gänzlich veraltet."

Dagegen die Einheit der Handlung ist ein immer gültiges Gesetz. Die Handlung eines Dramas soll nach Aristoteles in der Art Eine, und eine ganze sein, daß keiner ihrer Theile versetzt oder herausgenommen werden kann, ohne daß das Ganze dadurch erschüttert wird und zerfällt; denn was durch sein Dasein und Nichtdasein nichts zur Verdeutlichung des Ganzen beiträgt, das sei auch kein (nothwendiger) Theil des Ganzen. Dieß Gesetz ist so natürlich,

---

* Wir würden diese Frage hier nicht noch einmal berührt haben, wenn nicht unlängst in England von einem Pseudonymen in Blackwood's Edinburgh Magazine und von N. J. Halpin in einer Schrift (the dram. unities of Sh.) mit großem Aufheben die Entdeckung eines Gesetzes verkündigt worden wäre, das Sh. in Bezug auf die Zeiteinheit beobachtet habe. Die Sache läuft ganz auf den Inhalt unserer Schlußbemerkung zum Wintermährchen hinaus und wir legen ihr kein größeres Gewicht bei, als dort geschehen ist.

daß ihm selbst die gewöhnlichsten bühnengerechten Stücke Genüge leisten; ihre Gesetzmäßigkeit entsteht aus furchtsamer Gewöhnung und trägt den Charakter der Armuth und Trivialität. Wo das Drama, in seinen Anfängen besonders, mehr gewagt hat, hat es in dieser Beziehung auch mehr gesündigt. Zahllose Stücke von Shakespeare's spanischen und englischen Zeitgenossen bestehen nicht vor diesem Gesetze. Bei Shakespeare selbst haben wir in dem ersten Theile von Heinrich VI. eines der Stücke nachgewiesen, die Aristoteles episodische nennt und die er in den untersten Rang stellt; in Perikles eines, worin die falsche Einheit der Person an die Stelle der Einheit der Handlung getreten ist; in den zwei letzten Theilen von Heinrich VI. Stücke, deren Einheit nicht unter die Aristotelische Regel zu bringen ist. Wo in seinen reiferen Werken dagegen die Handlung nur Eine ist, da ist auch der ganze Kunstbau einheitlich nach dem Wortlaut des Aristoteles; man kann kleine Stellen, wie an einem organischen Körper, ohne Schaden entfernen, aber nicht größere Glieder hinwegnehmen ohne Entstellung des Ganzen. Und nicht in dieser Einheit allein, auch in der Ganzheit der Handlung und deren Führung und Anordnung hat Shakespeare mit so glücklichem Instincte das Rechte in der Ausübung getroffen, wie Aristoteles mit glücklichem Verstande in der Kritik. Aristoteles' Sätze über Verwicklung und Lösung der Handlung sind auf Shakespeare's zusammengesetzte Stücke so fein anwendbar, wie auf die einfachsten des Alterthums. Verwicklung ist Alles, was außerhalb oder innerhalb der Tragödie vorgeht bis zum Eintritt des Glückswechsels; was hinter diesem Mittelpunkte liegt, ist die Auflösung. Bei den Alten ist der Mittelpunkt, die Katastrophe, die Hauptsache; der Ausgang ist gewöhnlich in eine Erzählung geschoben, das Verwickelnde liegt vielfach außerhalb des Stücks. Die entgegengesetzte Praxis des neueren Dramas, das den vollständigen Vorgang der Handlung innerhalb des Stückes darzustellen pflegt, erschwert ungemein die eigentliche künstlerische Aufgabe hierbei, die darin liegt, daß der Verlauf der

Handlung in einer geregelten Wölbung gezogen sei, daß ihr Auf- und Absteigen, ihre Verwicklung und Entwicklung in symmetrischem Verhältnisse stehe, daß ihr Wendepunkt, der Moment des eintretenden Glückswechsels, wirklich der Mittelpunkt und zugleich der Höhepunkt der Handlung sei. Wenn man diesen Prüfstein, einen allerfeinsten Maaßstab des Geschmacks und der Regelmäßigkeit, an Shakespeare und zugleich an die größten Dramatiker der späteren Zeiten legt, dann wird man recht finden, wie viel die Regelmäßigen und Gebildeten von dem vorgeblich regellosen Barbaren erst hätten lernen sollen! Im Othello stehen die Worte, bei denen sein Glück auf der Spitze steht (excellent wretch etc. III, 3.) wie abgezirkelt in der Mitte des Stückes. Im Hamlet tritt der Wendepunkt des Charakters mit dem Tode des Polonius ein, der in die Mitte des Stückes fällt. Im Macbeth ist der Mord Banco's der Wendepunkt seines Glückes, bei dem sich seine gefährliche „Sicherheit" entscheidet; der Geist erscheint Macbeth genau in der Mitte des Stücks. Im Lear steht Alles auf der Spitze bei dem Ausbruch seiner Verzweiflung im Mittelpunkt des Dramas. So im König Johann bei dem Morde Arthur's, in Richard II. bei der Selbstausgebung; in diesen und anderen Stücken lassen sich bei diesen Momenten sogar die Stellen angeben, wo wie zur Bezeichnung der feinsten Spitze in ausdrücklichen Worten auf den Wendepunkt der Schicksale hingewiesen ist. Wer diesen Fingerzeigen nach die Untersuchung an den einzelnen Stücken fortsetzen will, der wird überall diese Kreislinie des Glückslaufs mit einer beneidenswerthen Sicherheit gezogen finden, und diese Beobachtung wird leicht auch den aufmerksamsten Leser noch mit der Aufdeckung verborgener Schönheiten und künstlerischer Ebenmäßigkeit überraschen.

Wir haben aber gefunden, daß eine Reihe von Shakspeare's Stücken, diesem Gesetze der Einheit der Handlung zuwider, doppelte Handlungen darstellen; so daß in ihnen entweder keine Einheit der Handlung gefunden werden kann, oder ein anderes Gesetz der

Einheit als das Aristotelische gefunden worden muß. Wir haben dieß andere Gesetz bei den einzelnen Stücken bereits nachgewiesen; hier wollen wir, ohne uns irgend in ästhetische Theorien zu verlieren, zu erklären suchen, warum Shakespeare das Aristotelische Gesetz der Einheit nicht sowohl verließ, als erweiterte, und warum er es verlassen oder erweitern mußte.

Die Gefahr des alten Dramas war seine Einförmigkeit, das wußte schon Aristoteles. Er gab daher den verwickelteren Mythen den Vorzug; er wünschte, daß die Eigenschaften der verschiedenen Arten von Tragödie, die er aufstellte, (die verwickelte und einfache, pathetische und ethische) immer möglichst vereinigt seien; und auch in diesem Punkte schrieb er mehr das Gesetz für das neuere Drama als für das alte. Das einfache, pathetische oder ethische Drama, wo wie im Ajas und Philoktet mehr ein Charakter als eine Handlung entwickelt wird, konnte nicht so sehr reizen, wie die verwickelte Mythe, in welcher plötzliche Glückswechsel, Erkennungen und Aufklärungen, mehr äußere Verwicklung der Schicksale, als innere Leidenschaft und Schuld der Charaktere die Hauptbestandtheile waren, die Aristoteles daher auch wie integrirende Theile der Tragödie besprach. Diese Gattung erhielt dadurch etwas von dem Charakter des Intriguenstücks, in dem natürlich das Hauptgewicht auf der Handlung liegt. Daher nun kommt es, daß Aristoteles als das Wichtigste in der Tragödie die Zusammenstellung in der Handlung bezeichnet. Denn, sagt er, die Tragödie ist nicht eine Nachahmung von Menschen, sondern von Handlungen, und des Lebens, des Glückes und des Unglückes. Denn auch das Glück liegt in den Handlungen begründet; und der Zweck der Tragödie ist eine Handlung, nicht eine besondere Beschaffenheit der Menschen. Diese erhalten ihre besondere Beschaffenheit durch ihren Charakter, ihr Glück aber oder das Gegentheil durch ihre Handlungen. Sie handeln also nicht, um ihren Charakter darzustellen, sondern sie entwickeln nur in den Handlungen zugleich mit ihre Charaktere. So daß Handlung und Fabel der Zweck der Tragödie ist. Der Zweck aber ist das größte in Allem. Ohne Handlung könnte keine Tragödie sein, wohl aber ohne Charaktere. Und die Tragödien der meisten Neueren sind ohne Charaktere. Das Erste also und gleichsam die Seele der Tragödie ist die Fabel, das zweite die Charaktere. Aehnlich ist es in der Malerei. Denn wenn einer auch die schönsten Farben zuleinb hinstriche, so würde er doch nicht so erfreuen, wie der, der ein Bild mit bloßem Weiß zeichnete".

Diese Sätze führen geradaus in den Kern der Unterschiede des alten und neuen Dramas, und zugleich in ihre innersten Gründe.

Unter den ganz veränderten Bildungsverhältnissen der neueren Zeiten halten wir die Trennung von Handlung und Charakter im Leben selbst für so unmöglich, wie in der Kunst die Behauptung, daß eine Tragödie ohne Charaktere sein könne, aber nicht ohne Handlung. Die Fäden, aus denen unter dem Zusammenarbeiten von Natur und Denkart, Instinct und Gesinnung, unbewußtem Trieb und bewußten Absichten Handlungen entstehen, Handlungen, die wieder auf Veränderungen in der Denk- und Sinnesweise des Handelnden zurückwirken, die wieder ihrerseits neue veränderte Handlungen hervorrufen, diese Fäden laufen wie Zettel und Einschlag so innig in einander in ein einziges Gewebe, daß man nicht sagen kann, es sei Eines die Hauptsache, daß man nicht Eines herausnehmen kann, ohne daß das Andere zerfiele. Charakter und Handlung durchdringen sich wie in der Natur so in Shakespeare's naturtreuer Kunst so sehr, daß zwischen Werth und Bedeutung beider in allen seinen Stücken das engste Verhältniß Statt hat. Die Charaktere seien roh wie in der Zähmung, flau wie im Sommernachtstraum, und auch die Handlungen werden eben so derb oder marklos sein; nicht grausamer sind die Thaten im Lear, als die Charaktere, und nicht unseliger die Mißverständnisse zwischen Othello und Desdemona, als beider Unkenntniß ihrer selbst. Wie wenig in der That Charakter und Handlung zu trennen ist, prüft man am besten, wenn man jenen Satz, es sei eine Tragödie möglich ohne Charaktere, aber nicht ohne Handlung, in sein Gegentheil umkehrt: er ist dann gleich wahr und gleich falsch wie vorher. Bei jeder dramatischen Handlung wird eine Art Charakteristik, wie flach sie sei, hervortreten müssen, und wieder könnte man keinen Charakter dramatisch entwickeln ohne Handlung. Es kann ein Mißverhältniß sein zwischen einer lebhaften Handlung und blassen Charakteren, die sie tragen, oder zwischen starkgezeichneten Charakteren und einer geringen Handlung, die unter ihnen vorgeht; müßte man unter beiden Mißverhältnissen wählen, so würde man heutzutage unstreitig anders entscheiden, als Aristoteles, vielleicht auch der Norden anders als der Süden. Aristoteles' Gleichniß aus der Malerei ist nicht treffend; der Gegensatz, den er wählen mußte, wäre der: ob uns eine Reihe charaktervoller Einzelbilder ohne Handlung besser gefallen würde, als ein historisches Bild, eine Handlung, ohne Ausdruck der Handelnden. Um auf das Drama anzuwenden: die Frage wäre, ob ein Charakterstück mit wenig Handlung wie Lessing's Nathan, oder ob das beste Intriguenstück der spanischen Bühne ohne bestimmte Charakterformen den Vorzug verdiene. Der deutsche Geschmack würde ohne Bedenken für das erstere entscheiden. Müßte man also eine Trennung von Charakter und Handlung zulassen, so würde man das Wichtigere in dem Drama vielmehr den Charakter nennen, weil er der Quell der Handlung ist. Gleichwohl mögen wir Aristoteles' ästhetische Ansicht so wenig einer Irrung zeihen, als Shakspeare's entgegengesetzte Praxis. Auf beiden Seiten ist, wenn man die Natur der Zeiten erwägt, Wahrheit und richtige Einsicht. Bei den Alten war die Zeichnung des Charakters in der That das wenigere Wesentliche. Die Helden der alten Tragödie handeln ohne viel geistige Triebfeder und ohne bewußte Zwecke; sie vollführen ruchlose Thaten ohne Bedenken, und wenn sich nach der That mit den Erinnyen die Besinnung einstellt, so tritt auch da wenig von innerer Gesinnung heraus; die freie Bestimmung des Thuns, das grundsätzliche Handeln aus einer ausgeprägten Gesinnungsart hatte in jenen Geschlechtern nicht Statt. Man konnte daher auf der Bühne die Maske einführen, durch die ein Hauptausdruck das Gesicht des Spielers beherrschte, sei es, daß man in einem großen Kunststile mit bewußter Absicht von dem Ausdrucke der kleineren, flüchtigen Seelenbewegungen, von dem leichteren Spiele der Leidenschaft und von individuellen Zügen den großen Gesammteindruck nicht wollte stören lassen, sei es, daß des Menschen innere Natur noch nicht so geöffnet lag, um ihre tieferen Falten zu erkennen. Wir Neueren aber, die wir durch lange Ueberlieferung und ausgedehnteren Verkehr mit den großen Umrissen der menschlichen Natur allmählig vertraut worden sind, wir wollen gerade in die geheimeren Regungen des Herzens, in die feineren Unterschiede der Naturen eindringen, wir spähen gerade nach dem verborgeneren Spiele der Leidenschaft und wollen ihren Ausdruck selbst im Verstecke aufspüren; wir geben die große musikalisch-plastische Wirkung des alten Dramas, wo des Spielers Gestalt und Gesichtszüge durch Kothurn und Maske gleichsam eine stilistische Verbindung mit der Architektur eingingen und mit ihr einen einzigen Gesammteindruck von typischer Festigkeit machten, diese Wirkung also geben wir dahin um den anderen Preis, an psychologischer Fülle und Tiefe, an Mannichfaltigkeit und Vielseitigkeit der Handlung und der Charaktere dem alten Drama voraus zu sein. Bei uns, wo Absichtlichkeit auf unsere frühesten Handlungen einwirkt, wo die Naturkraft des Triebes von geistiger Bildung überwältigt ist, wo von frühe auf das Maschinenwerk angelegt wird, das jede That mit geistigen Hebeln in Bewegung setzt, wo die große Leidenschaft erst den Druck der Convenienz überwinden muß, wo die Entstehung einer Handlung merkwürdiger ist als die Handlung selbst, und die Entstehung eines Charakters das Merkwürdigste von Allem, bei uns hätte man weder die Katastrophe zur Hauptsache in einer dramatischen Handlung, noch auch die Handlung selbst zur Hauptsache im Drama machen dürfen, sondern, wenn man einmal trennen mußte, den Charakter. Die Genesis, das Werden von

Charakteren und Handlungen, des Einen durch das Andere, ist daher die wesentliche Aufgabe bei Shakespeare geworden. Daher erscheint denn auch bei ihm der Charakter leicht in einem Uebergewicht über die Handlung. Dieß haben wir besonders dort auffallend deutlich gefunden, wo Shakespeare überkommene Fabeln von der wunderlichsten Art zu behandeln hat. Die Alten hatten jene schönen Mythen, die Aristoteles in ihrem Wesen zu respectiren anempfahl, aber sie haben die schönsten darunter in ihren Tragödien nicht so heilig gehalten, wie Shakespeare die sonderbaren Sagen im Kaufmann und im Cymbeline. Insofern scheint ihm die Handlung die unantastbare Hauptsache zu sein; wir wiesen aber nach, daß er sie vielmehr nur wie willkürliche werthlose Symbole behandelt, während er die Charaktere und ihre Beweggründe so sehr aus eigenstem Geiste, mit solcher Festigkeit, Wahrheit und Nothwendigkeit zeichnete, daß man leicht erkennt, wie viel wichtiger ihm die Ursache der Handlung war, als die Handlung selbst. Prüfe man dieß Verhältniß auch so: Die Fabel einer alten Tragödie, z. B. von Iphigenie in Aulis und Tauris, ist, an sich erzählt, ohne Charakteristik und Motivirung, schon durch den sinnreichen Gegensatz der beiden Opfer schön und werthvoll; Shakespeare's Fabeln aber sind an sich sehr oft abenteuerlich, und erhalten ihren Werth nur durch ihre charakteristische Begründung.

Daher denn würde eine Shakespeare'sche Poetik im Gegensatze, aber nicht eigentlich im Widerspruche mit der Aristotelischen, das Wichtigste im Drama, wenn denn getrennt werden müßte, den Charakter nennen, und das zweite erst die Handlung. Und daher kommt es, daß der höchste Ruhm Shakespeare's immer seine Charaktere waren; wenn Alles vorher über ihn unruhig war, so verbinden sich auf diesem Punkte alle Stimmen zu seinem Preise. Die Meisterschaft seiner Charakteristik und Motivirung bestach nicht nur immer die besten Schauspieler, sie gewann es auch über die stumpfesten Tadler, und schuf die Pedanten zu Enthusiasten um. Ein Pope nannte es

Sünde, Shakespeare's Charaktere mit einem so abstehenden Namen wie Nachahmung der Natur zu bezeichnen; man nannte den Dichter, wetteifernd in kühnen Vergleichen, das Werkzeug, den Nebenbuhler, den Ergänzer und Ueberbieter der Natur; und man hätte auch Unrecht gethan, seine Charaktere mit denen irgend einer andern Dichtung zu vergleichen, es sei denn mit denen des Einen Homer. Denn nur von ihnen läßt sich wieder sagen, was von Shakespeare's Charakteren allgemein gilt, daß sie nicht in einem engen Kreise zufälliger Berührungen mit der Gesellschaft abgelauscht, sondern wie aus dem Ganzen der Menschheit gesucht und herausgehoben sind, daß sie nicht aus anderer Dichtung überkommen, nicht der Familie poetischer, sondern wirklicher Wesen angehörig, nicht Abzeichnungen von Bildern sind, ja nicht Abzeichnungen der Natur, sondern selber Natur. Jeder einzelne dieser Charaktere steht geistig so fest umschrieben, wie die Gestalten Homer's plastisch gebildet sind; jeder Ueberfluß und Mangel ist so vermieden, daß Zusatz und Wegnahme unmöglich ist, ohne daß die Wirkung und mit ihr der Charakter verändert würde; die Verwachsung des Charakters mit seinen Leidenschaften und Triebfedern ist so innig, daß eine Scheidung unmöglich ist ohne Zerstörung, so daß Voltaire und Rymer Handlungen und Charaktere blos durch den kleinen Kunstgriff lächerlich machen konnten, daß sie die Motive verschwiegen. Jeder absichtsloseste Zug fügt sich in das Gesammtbild der einzelnen Gestalten mit wunderbarer Wahrheit ein, jede Rede ist im Einklang mit dem ganzen Wesen; kaum haben wir Einmal gewagt, eine Stelle zu bezeichnen, wo aus dem Tone gefallen schien; selbst diese Ausnahme zu bezeichnen war nur möglich, weil die wahrste und lebendigste Zeichnung so durchgehende Regel ist. Denn hier ist nichts von Theatersprache, von Bühnenmanieren, von stehenden Rollenformen, nichts, was man Ideale und Lieblingscharaktere der Bühne, Theater-, Jugend-, Romanhelden nennen könnte; in diesen handelnden Geschlechtern ist nichts Ueberschrigtes, nichts Phantastisches, nichts Ungesundes, nichts Uebertriebenes noch

Hohles, es spricht aus ihnen weder der Dichter, noch der Schauspieler, sondern immer die schaffende Natur, die diesen todten Gebilden wie ihren lebenden Inne zu wohnen scheint. Von den tiefsten zu den flachsten, von den verzerrtesten bis zu den erhabensten wechseln diese Gestalten in bunter Mannichfaltigkeit, wie im Leben; ein Verschwender theilt diese Reichthümer aus, aber der Eindruck ist, als ob er unerschöpflich wäre wie die Natur. Und wie es in der Natur ist, keine einzige dieser Gestalten fällt in ihren Zügen mit der andern zusammen; es gibt Gruppen, die eine Familienähnlichkeit haben, nicht zwei, die sich gleichen; sie werden uns erst nach und nach bruchstückweise bekannt, wie es in der Wirklichkeit ist; wir erfahren mit ihnen, was wir mit lebenden Bekannten erfahren; sie machen dahin und dorthin auf Andere andere Eindrücke und werden von jedem nach der Beziehung ausgelegt, die ihm gerade besonders lebendig ist. Im Antonius sahen wir deutlich, wie der Dichter diesen Mann selbst innerhalb seines Stückes von verschiedenen Naturen verschieden deuten läßt. Daher wäre es ein eitles Unternehmen, wenn man bei der Auslegung Shakespeare'scher Charaktere die verschiedenen Urtheile der Menschen ausgleichen, oder rechthaberisch absprechen wollte; jeder kann nur seine Ansicht aussprechen, und muß dann erfahren, wenn die fortdauernde Prüfung Recht geben wird und wenn sich im Laufe des eignen Lebens seine Ansicht am meisten bestärkt. Denn wiederkehrend zu anderer Zeit wird uns unsere größere Reife und erweiterte Erfahrung immer neue Züge in diesen Charakteren aufdecken, die wir selber vorher nicht gewahrten. Auch können die Tieferen darunter nicht ganz erschöpft werden, als von Menschen, die analoge Erfahrungen an sich selber gemacht haben. Wer nicht einmal an den Ufern des Lebens mit Grundsätzen und Idealen gescheitert ist, an innerem Grame geblutet, heilige Gefühle zerdrückt hat und über den Räthseln der Welt gestrauchelt war, der wird Hamlet nur halb verstehen; wer nicht Rücksetzung des Verdienstes erfahren, wird Othello und Jago nicht begreifen; wer Collisionen der mensch-

lichen und politischen Pflicht erlebt hat, der wird Brutus ganz
anders erfassen als wer nicht. Und wer diese und ähnliche Erfahrungen am tiefsten gemacht, die Schmerzen des Bewußtseins am
herbsten getragen hat, der wird Shakespeare's Charaktere wie ein
Eingeweihter verstehen; ihm werden sie stets neu, immer wunderbarer sein und immer tiefer begreiflich werden, wie die bedeutenden
Menschen der Geschichte und des Lebens selbst; er wird an ihnen
eine Lebensschule machen, die nichts von der Gefahr fast aller neueren
Dichtung in sich hat, daß sie uns irre leiten und uns Romanhelden
für wahre Menschen verkaufen sollte.

Wie wahre Naturbilder aber Shakespeare's Charaktere sind, sie
sind darum nicht bloße Natur und ohne alle Beihülfe der Kunst. So
wenig sie bloße Abstractionen und Ideale sind, so wenig sind sie
platte, zufällige Persönlichkeiten, wie sie das Leben gleichgültig ent-
gegenbringt, sondern sie stehen stets in der freien, ächt künstlerischen
Mitte zwischen beiden. Man hat sie oft den typischen Charakteren
des griechischen Dramas als ganz individuelle Charakterzeichnungen
gegenübergestellt, aber die widersprechenden Urtheile in dieser Beziehung haben schon allein bewiesen, daß diese Bezeichnung einer
wesentlichen Erweiterung bedarf. Sagte Pope, die Charaktere Shakespeare's seien Individuen, wie die im Leben selbst, so fand Johnson
das entgegengesetzte: individuell seien die Charaktere anderer Dichter,
bei Shakespeare seien sie gewöhnlich Gattungen; nannte Ulrici
sie lauter Engländer des 16. Jahrhunderts, so meinten wir darunter
Römer sogar der verschiedenen Zeitalter wohl zu unterscheiden; fand
ein Dritter wieder umgekehrt diese Römer nicht individuell römisch
genug, so entgegnete ein Anderer ganz richtig, dem Dichter komme
es vor Allem darauf an, Menschen zu schildern. Diese Gegensätze
zeigen wohl klar, daß die Wahrheit in der Mitte liegt. Vergleicht
man Shakespeare's Charaktere statt mit den skizzirten des alten Dramas richtiger mit den ausgeführten des Homer, so wird man schnell
das Verhältniß beider durchblicken. Homer's Charaktere sind so

wenig blos typisch, als Shakespeare's blos individuell sind. Die Homerischen sind Individuen, nur daß diese Naturen einer Heroenzeit in aller Art einfacher und von geistigen Hülfsmitteln entblößter sein mußten, und daß das Epos die familiäre Manier des Dramas nicht erträgt; die Shakespeare'schen sind Gattungscharaktere, nur daß die unmittelbar lebendige Manier der dramatischen Darstellung und die geistige Natur der neueren Zeit zu größerer Individualisirung nöthigte. Shakespeare hat nichts Besonderes gezeichnet, ohne zugleich das typisch Allgemeine darin zu zeichnen, er hat nichts Typisches dargestellt, ohne es mit den besonderen Zügen des Individuellen auszustatten. Versteht man unter Gattungscharakteren nur die ideellen Masken der Griechen, oder die abstracten Personificationen der Leidenschaft, wozu die Franzosen sie umbildeten, oder die flachen Figuren der spanischen Komödie, so hat Shakespeare nichts als Individuen geschaffen; versteht man unter Individuen zufällige Persönlichkeiten des gemeinen Lebens, wie sie die englischen Originalromane später geschildert haben, so hat er lauter Gattungscharaktere gezeichnet. Das Entgegengesetzte ist wahr: wo ein Charakter bei ihm am meisten Portrait ist, da ist er zugleich am meisten der Vertreter einer ganzen Menschenklasse. Nirgends sind der besondersten Kennzeichen so viele, wie bei Falstaff, bei Othello, bei Hamlet, und doch sind dieß wesentlich typische Charaktere, und man könnte Hamlet mit wenigstens theilweiser Wahrheit das Bild des Menschen im Allgemeinen nennen. Diese kunstvolle Verbindung des Allgemeinen und Besonderen beruht darin, daß Shakespeare nirgends Menschen geschildert hat, die durch zufällige Natur und Eigenrichtigkeit an bestimmte Orte und Zeiten gebunden sind; seine Charaktere sind vor Allem eben Menschen, die von den allgemeinsten Regungen bewegt werden, von Leidenschaften, die zu allen Zeiten der menschlichen Natur eigneten; und sie werden daher so gut wie die Homerischen Charaktere zu aller Zeit begriffen werden, wie fremd uns auch jene der englische Anstrich des 16. Jahrhunderts und diese der griechische des

Heroenthums machen möchte. Individuell wie sie sind, doch sind sie immer künstlerisch verallgemeinert, wenn auch nur durch Steigerung: die Bilder des Jähzornigen, des Freigebigen, des Heuchlers sind bei Shakespeare nicht Portraits dieses oder jenes Individuums, sondern es sind die immer gehobenen, aus der besonderen in die allgemeine Wahrheit emporgerückten Musterbilder dieser Leidenschaften, zu denen man im wirklichen Leben tausend verkleinerte Copien, nie das Original in der Proportion wieder finden wird, in der es der Dichter gegeben. Man vergleiche in Aristoteles' Ethik die ganz abstracten Musterbilder der Unenthaltsamkeit und des Großsinns mit Lear und Coriolan (in welchem letzteren man nur die Ueberspannung des Großsinns in Hochmuth hinzudenken muß), dann wird man überrascht finden, wie ganz das abstracte Bild, das Naturideal, das Geistige des Charakters bei Shakespeare nur versinnlicht ist, ohne zufällige Zuthat, obgleich Alles nur die natürlichste Wirklichkeit scheint. So sehr ist jeder Theil, jede Besonderheit auf das Allgemeine des Charakters, auf eine Haupttriebfeder zurückgeführt, jede Wort- und Thatäußerung auf einen geistigen Grund in dem Handelnden bezogen, auf eine bewegende Kraft, auf ein besonders entwickeltes Organ, eine vorherrschende Eigenschaft, die als der Grundtrieb, als die Natur, das Gesetz, das Wesen, die Idee des Charakters hervortritt; so sehr wird alles Unwesentliche und Zufällige ausgeschieden, was nicht mit dieser Grundeigenschaft in engster Verbindung steht. Die Charaktere bewegen sich wie in der Wirklichkeit, aber wir erkennen die Elemente ihrer Mischung in deutlicher Sonderung; sie sind lebensvoll wie in der Natur, aber geistig durchsichtiger, und man hat sie vortrefflich verglichen mit Uhren in Glasgehäusen, die das Triebwerk offen legen, das sie in Bewegung setzt.

Wir nehmen, von dieser Abschweifung über Shakespeare's Charaktere zurückkehrend, den Faden unserer Betrachtung wieder auf. Wenn Aristoteles die Handlung als das Wichtigste im Drama ansah und demgemäß die Einheit der Handlung als das Hauptgesetz der dramatischen Oekonomie aufstellte, so sah Shakespeare als das Wichtigste des Schauspiels Charakter und Handlung zugleich, oder den Charakter allein an, und er mußte dann nothwendig, wenn er nach Geist und Sinn mit Aristoteles übereinstimmen sollte, als sein Hauptgesetz die Einheit des Charakters entweder an die Seite, oder an die Stelle des Gesetzes der Handlungseinheit rücken. So hat er gethan. Die Einheit des Charakters ist, was wir zuletzt nannten, das Wesen, die Idee des Charakters. Dieselbe Idee nun, die in einem Shakespeare'schen Stücke den oder die Hauptcharaktere durchdringt, beherrscht auch die ganze Handlung, dasselbe, was dem Charakter Einheit gibt, gibt sie auch dem Stücke; auf dieß so erweiterte Gesetz, die Einheit der Idee, kam Shakspeare durch die Natur der Sache selbst. Wenn er auf den Kern einer gegebenen Handlung, auf ihre innere Nothwendigkeit, auf ihre Hauptbedingung, auf ihren springenden Punkt drang, fand er diesen immer in der Natur des handelnden Charakters gelegen; ihn faßte er auf und bildete von diesem Einheitspunkte aus die überlieferte Fabel mit einem merkwürdigen dichterischen Instincte um; er hatte so in Einem Griffe das geistige Princip von Charakter, Handlung und Drama zugleich. Darüber hinaus war nichts mehr gelegen; es wird einem künftigen Genius nicht möglich sein, ein noch tieferes Gesetz der dramatischen Dichtung zu entdecken, so wenig als irgend ein epischer Dichter den Bau der Homerischen Werke übertreffen wird. Mit dieser Idee, mit diesem Keime, der die dramatische Handlung in sich beschlossen hält, thut Shakespeare dann wie ein weiser Gärtner, von dem schwer zu sagen ist, ob seine Kunst Naturerfahrung oder sein natürliches Verfahren Kunst sei. Er legt diese Keime, jeden nach seiner Art, in den Grund, der ihm am besten zusagt, gibt ihm gegen Sonne und Wind die gedeihlichste Lage, pflanzt in seiner Umgebung, was dem Wuchse am wenigsten schadet und den Anblick am meisten ziert und hebt, scheut kein Treibmittel und spart keine Schere, hat Freude an der natürlichen Frucht und vermählt doch auch gern das edlere Reis mit dem wilden Stamme". Dieß will sagen, was alle unsere Ausführungen im Einzelnen nachgewiesen haben: daß der Bau fast jedes Shakespeare'schen Dramas eben so instinctiv als kunstmäßig in einem strengen innern Ebenmaaße durchgeführt ist; daß ein harmonisches Verhältniß besteht, des Ganzen zu seinen Theilen, der Situation zu den Bedingungen des geschichtlichen Bodens, beider zu der Handlung, Aller zusammen zu den Charakteren, ihren Beweggründen und Leidenschaften; daß ferner die Charaktere so geordnet und gewählt sind, daß sie sich einer dem andern zur Folie dienen, ihre Motive dadurch bestimmter zeichnen und dadurch wieder die Handlung und den Gedanken des Stücks in schärferes Licht stellen. Durch diese Anordnung und Beziehung aller Theile auf den Einen geistigen Mittelpunkt hin fällt alles außerhalb liegende, Willkürliche und Wesenlose aus der Handlung hinweg, alles Episodische und scheinbar Entfernte und Fremde wird dadurch verbunden und nahe gerückt, so daß die Gesammtheit aller Besonderheiten, so weit sie auseinanderlaufen mögen, zuletzt als ein zusammenhängendes, übereinstimmendes Ganze erscheinen, daß die verschiedensten Ausbeugungen von der Hauptbahn immer wieder auf dasselbe Ziel hinführen, daß selbst in den Gegensätzen die Aehnlichkeit und in den Verschiedenheiten der Einklang hervortritt, und daß das Abweichendste, auch das komische Zwischenspiel im ernsten Drama, durchaus auf Einerlei Wirkung zielt. Unter der Bedingung dieser Einheit der Idee konnte Shakespeare dann auch von dem Gesetz der Einheit der Handlung abweichen, und mehrere Handlungen neben einander herlaufen lassen. Sein Kunstwerk bringt von einem äußerlichen Gesetze auf ein inneres vor. Nichts ist, auch in der Malerei, eine unerläßlichere Forderung, als die Einheit der Handlung. Dennoch bewundern wir vor vielen anderen Schöpfungen dieser Kunst jene Gemälde Titian's, wo der Haupthandlung eine zweite beigegeben ist, die mit ihr in einer symbolischen Beziehung, in einer geistigen Einheit steht; das äußere Auge muß wandern, aber das innere wird in einem weit höheren Sinne auf der Einen

Seele des Bildes festgehalten. Nichts ist falscher, als die Verbindung zweier ganz verschiedenartiger Handlungen, wie sie in den Stücken der Ben Jonson'schen Schule vorkommen; sie zu sehen, stößt das Gefühl innerlichst ab, noch ehe man sich Rechenschaft davon gibt; man lauscht gleichsam auf den Fortgang einer Melodie, die plötzlich von einer ganz unverträglichen gekreuzt wird. Aber so wie Shakspeare die Melodie seiner zweiten Handlung harmonisch über die erste dahinzieht, wie er in seinen Doppelhandlungen verschiedene, aber gleich wesentliche Seiten einer Idee nebeneinander oder entgegensetzend so entwickelt, daß ihr innerer Zusammenhang ihre höhere Einheit ausmacht, ist dieß nur eine große und erstaunliche Bereicherung der Kunst. Es dient dieß zugleich, die Täuschung des Kunstwerks vollkommen zu machen. Denn je mehr das Einzelne in dem Drama scheinbar auseinanderfällt, desto mehr wird die Mannichfaltigkeit und die Freiheit der Bewegung erlangt, die des Künstlers Absicht verbirgt; das Kunstwerk erscheint in beseelter, organischer Lebendigkeit; keine Maschinerie verräth den schaffenden Künstler, der Körper des Thatsächlichen bewegt sich wie in voller Willkür und sein Gesetz liegt in ihm wie eine unsichtbare Seele verborgen.

Nur die künstlerische Geschicklichkeit, mit der diese ordnende Hand in Shakspeare's Dichtungen verborgen ist, kann es erklären, daß sie so lange nicht entdeckt wurde und daß es eines Meisters wie Goethe bedurfte, die innere Gesetzmäßigkeit nachzuweisen. Selbst, nachdem sie nachgewiesen war, sträubte man sich an sie zu glauben, weil diese neue Ansicht gegen das herrschende Vorurtheil so grell verstieß. Hazlitt war dieser Gesetzlichkeit im Cymbeline auf der Spur, aber er schien sich vor dem Ergebniß gleichsam zu fürchten, es habe der Dichter die Uebereinstimmung der Handlungen seines Dramas mit Absicht erzeugt und nicht unbewußt, bloß in Kraft natürlicher Association der Gefühle hervorgebracht. Man war so befangen in der Vorstellung von Shakspeare's Naturgenie, daß Ben Johnson's unverfängliches Zeugniß von der Beihülfe der Kunst in seinem Werten so wenig verfing, wie Goethe's Nachweis und Coleridge's Behauptung, daß des Dichters Urtheil und Gesetzmäßigkeit so groß sei, wie seine Unmittelbarkeit. Die Frage, ob Shakespeare's Werke mehr das Erzeugniß des glücklichsten blinden Justinctes oder einer wunderbaren Stärke des bewußten Geistes seien, hängt so sehr mit der Behauptung seiner angeblichen Regellosigkeit zusammen, daß wir ihr an dieser Stelle noch einige Worte gönnen müssen. Es ist wahr, der erste Eindruck von Shakespeare's Werken spricht namentlich in dem jugendlichen Leser, der die tiefen Geistesspuren nicht sogleich ergreift, für eine ganz instinctive Erzeugung. Shakespeare war ein Sensualist von einer ganz anschauenden Natur. Er war vielleicht noch mehr als Goethe „dem heiligen Geiste der Sinne ergeben", einseitiger Abstraction und philosophischer Speculation ganz fremd; Natur und Menschheit war sein Buch der Offenbarung, und Erfahrung der Quell seiner Weisheit. Seine Sinne müssen die gesundesten gewesen sein, die ein Mensch besaß; sein Auge ein ebener Spiegel, sein Ohr ein Echo, die alle Töne und Bilder im getreuesten Widerhalle und Widerscheine zurückgaben. Wenn er von Musik, von Gemälden, von der todten Natur spricht, so ist ihm in diesen Gebieten Alles so lebendig, wie da wo er heimischer ist, in Geschichte und Weltleben. Mit dieser gesunden Schärfe der Sinne muß er eine Wißbegierde verbunden haben, der nichts gleichgültig war, eine Wachsamkeit, der nichts entging, eine Offenheit des Gefühls, die nichts unberührt ließ, ein Gedächtniß, in dem jeder Eindruck haftete und für jeden nahen oder fernen Gebrauch in Bereitschaft blieb. Mit derselben Gesundheit aber, mit der die Gegenstände von seinen Sinnen aufgenommen waren, überkam sie von diesen sein bildender Geist. Er war in dem glücklichen Falle der Volksdichter der ältesten Zeiten, daß sein Gedächtniß nicht überladen, seine Sinne nicht abgestumpft durch Vielwissen, sein Geist von Gelehrsamkeit unversehrt war, daß Alles bei ihm aus der ersten Hand der Natur und Erfahrung stammte. Darum ist jede Empfindung bei ihm so unmittelbar, jeder Gedanke so treffend, jedes Bild so bezeichnend; darum sind seine Sinnsprüche wie Schwerter, die die Knoten verwickelter Wahrheiten lösen, wie Salomonische Worte über die sachlichsten Probleme, nicht allein poetische, sondern praktische Lösungen der Fragen; seine Sentenzen sind einmal in Eton bei Dr. Hales in einer gelehrten Sitzung förmlich mit denen der Alten gewogen und vollwichtiger gefunden worden. Shakespeare war wie seine Perdita glücklich zu preisen, daß er Unterricht, wenigstens überlastenden Unterricht entbehrte, da er auch so ein Meister war für die meisten Lehrer. War nun dieser Art, so ganz lebendig und unmittelbar, sein Aufnehmen und Empfangen, so würde man schließen, müsse dieser Art auch sein Hervorbringen gewesen sein, eben so unmittelbar und eben so wenig gestört von Bewußtsein und planmäßiger Arbeit, wie die Gedichte eines Homer. Aber hier liegt ein großer Unterschied in der Natur der Stoffe, in der Natur der Zeiten und in der Natur der Dichtungsart. Die Stoffe Shakespeare's waren wie die Zeit und Menschheit selbst von geistigen Elementen durchdrungen, die ohne bewußte Kraft des Geistes gar nicht zu verstehen waren. Die Geheimnisse des Gemüthes sind ja nicht von selber durchschaut und erkannt, sie verlangen eine Kenntniß des innern Lebens und eine feste Uebung des geistigen Blickes. Die Homerischen Gedichte waren als Rhapsodien entstanden, denen erst ein Ordner zu andern Zeiten in bewußtem Verfahren die Einheit geben mußte, die in der Odyssee und Ilias ganz wie in Shakespeare's Gedichten mehr eine Einheit der Idee heißen muß, als Einheit der Handlung; das Schauspiel aber ist die Arbeit Eines Kopfes, der die ordnende Hand selber hinzuthun muß. In dieser Gattung liegt ferner Alles, was eine bewußtlose Production fast ganz unmöglich macht. Es sei, daß Shakespeare seine ersten Arbeiten (und wir nehmen dieß selbst so an) im bloßen Drange des dichterischen Instincts geschrieben habe, er habe selbst nach deren Schöpfung nicht einmal gezweifelt, nicht einmal zugesehen, ob sie gut war oder nicht, so mußte ihn der Umstand, daß sie aufgeführte Schauspiele waren, im Laufe der Zeit nothwendig auf den Weg der Bewußtheit führen. Die Schauspieler wirkten ja neben ihm und Er mit ihnen, deren ganzes Geschäft es ist, sich von jeder Zeile ihrer Rolle Rechenschaft zu geben; denn Shakespeare selber vorschrieb, ihre Rollen mit stetem Bedacht auf das Vorgehende, auf das Ganze zu spielen. Wäre es denkbar, daß sein bloßer Bildungsblick die Materie nicht allein durchschaut, sondern auch geformt hätte, wäre selbst das viel Undenkbarere möglich, daß sogar die Zusammenordnung der Theile, der Parallelismus der Charaktere, die Convergenz der Episoden, Form und Bau des Kunstwerkes ihm wider Wissen und Willen wie im Schlafe gelungen sei, daß er ganz und überall das bewußtlose Gefäß der lauteren Offenbarung gewesen wäre, so hätte das Besprechen und Bedenken des so gelungenen weiterhin immermehr das Bewußtsein erwecken und die Reflexion in das Geschäft des Dichters hereinziehen müssen; er hätte das Technische der Kunst, dessen Vernachlässigung sich bei Goethe so sehr gerächt hat, selbst wenn er sich wie Goethe dagegen gesträubt hätte, zu lernen gelernt. Wir meinen aber, daß die Bewußtheit des Verfahrens schon von Natur aus dem Shakespeare'schen Geiste durchaus nicht abgelegen und fremd war. Man lese nur im Timon und im Sommernachtstraum die Stellen, wo er von der Natur des Dichters und der Dichtung spricht, und frage sich, ob dieß ein Poet war, dem seine Kunst ein Geheimniß und ihre Technik ein verschlossener Buchstabe war! Er producirte, wie er von seinem Posthumus selbst einmal sagt, da dieser seine Gattin wie ein Kunstwerk geschildert hatte: seine Zunge schuf dieß Gemälde, und legte dann die Seele hinein. So that auch Er; und dieß in einer wunderbaren Mitte von unmittelbarem Schöpfungsdrange und durchschauender Besonnenheit, in der seltensten Verbindung von Bildung und Instinct, von Natur und Geist. Und nicht das ist so sehr zu bestaunen, daß das, was er angeschaut hatte, bei ihm zu jenem sinnlichsten und verständlichsten Ausdruck vordrang, ohne durch Erkenntniß und Reflexion durchgegangen zu sein, sondern daß dieser Ausdruck sich in seiner ganzen Kraft und Frische erhielt trotz diesem Durchgang, daß die Schärfe der Anschauung so sehr wie die Leichtigkeit der geistigen Bearbeitung seine Mühsal der Arbeit ersichtbar läßt. Die Reifung und der Geburtsprozeß ging bei ihm rasch von Statten, ohne auf die 9 Monate des menschlichen Embryonenlebens oder gar die 9 Jahre der Horazischen Feile zu warten. Dieß Zusammenwirken von Instinct und Geist ist bei Shakespeare nicht gerade an sich selber wunderbar, sondern nur durch diese Kraft und Stärke; in geringerem Grade hat es bei jedem anhaltenden Geschäfte jedes Menschen von gesunder Natur statt; und das sind die lichtvollsten Momente des Gelingens in irgend einem Werke, wo der denkende Geist mit dem Allgemeingefühl des wirkenden Menschen im Einklang ist. In diesem Einklange offenbart sich der eigentliche Genius, nicht in der Alleinherrschaft eines gesetzlosen Instincts oder in dem Zustande einer gefabelten Eingebung. Denn nicht in dem Vorwalten einer einzelnen Kraft bewahrt sich die Genialität, auch ist das Genie nicht selbst ein bestimmtes Vermögen, sondern es ist eben die harmonische Verbindung und die zusammenwirkende Totalität aller menschlichen Vermögen. Und wenn man in Shakespeare's Werken seine Einbildungskraft nicht ohne seinen Verstand, beide nicht ohne seinen Schönheitssinn, Alle nicht ohne sein sittliches Gefühl bewundert und Alles zusammen auf seinen Genius schiebt, so muß man in diesem eben die Gemeinsamkeit aller dieser Kräfte begreifen, nicht ihn als eine Einzelkraft ansehen, die Urtheil und Ueberlegung ausschlösse, deren Werke Plan und Gesetzmäßigkeit nicht ertrügen. Vielmehr ist auch der Begriff der Gesetzmäßigkeit in dem des Genius wesentlich gelegen, und die ganze Vorstellung des gesetzlos wirkenden Genies ist die Erfindung von Pedanten, welche die traurige Wirkung gehabt hat, jene Masse falscher Genialitäten zu erzeugen, die sittlich gesetzlos sind und ästhetisch gesetzlos schaffen, um sich nach jener bequemen Vorstellung als Genies dünken zu dürfen. Nennen wir Shakespeare's Anschauung darum genial, weil seine äußeren und inneren Sinne die Gegenstände auf's treueste aufnahmen nicht nur, sondern auch über ihre zufälligen Auswüchse und Mängel hinaus auf ihr Wesen, ihre innere Wahrheit, auf ihr Gesetz will dieß sagen, hindurchdrangen, so ist auch umgekehrt sein Dichten und Schaffen gerade dadurch genial, daß er, indem er das Angeschaute reproducirte zu künstlerischer Darstellung, das Dargestellte nun wieder eben so aus seinen Anfängen und Bedingungen, aus seinen Gesetzen und wirkenden Keimen entwickelt, und daß alles Einzelne wie von selbst in richtiger Beziehung mit diesem Gesetze gehalten wird und an seine richtige Stelle tritt. So sicher wie er in seinen Beobachtungen von gegebenen Wirkungen auf die nothwendige Ursache zurückging, so sicher schritt er in seiner Production von der gefundenen Ursache nun wieder zu den verzweigtesten, aber immer in der Einen Ursache gesetzmäßig begründeten Wirkungen vor, als ob ihm die Natur das Geheimniß ihrer Organisation und ihrer bewegenden Kräfte vertraut hätte. Diese höchste Gesetzmäßigkeit aber, die in Shakespeare's Stücken herrscht, ließ sich nicht divinieren, und nicht im leichten Gaukelspiel einer halbträumenden Phantasie erwerben. Sie setzt ein bewußtes Eindringen in die Tiefen der menschlichen Natur voraus, einen weit offenen Geist, der über alle Kräfte des inneren Lebens gebietet, der, was die menschliche Brust bewegt, kennt und versteht, der über den Bereich der menschlichen Kräfte und Leidenschaften tief und umfassend nachgedacht hat; ohne diese sinnige Beschaulichkeit ist eine solche Gesetzmäßigkeit nicht möglich, eine solche Verkörperung des Geistigen, eine solche Vergeistigung des Sinnlichen, wie sie Shakespeare's, wie sie jede ächte Dichtung charakterisirt. Die Ritterromane des Mittelalters zeigen deutlich genug an, was man an psychologischen Problemen mit der bloßen Divination auszurichten vermag, darum liegen sie werth- und gestaltlos da. Der Genius mangelte jenen Dichtern, der ungefallene Geist, der in sich die ursprüngliche Uebereinstimmung mit der ächten Natur des Menschen trägt, der daher die Operationen der Seele und der Leidenschaften zu erkennen und zu schildern versteht, und der, indem er sie schildert, die gesetzgebende und ordnende Macht nothwendig in sich selbst begreift, in deren Besitz er die conventionelle, äußerliche Regel, nach Lessing's Bilde als die Krücke für den Gesunden, verschmähen darf. Darum ist auch diese conventionelle Regel zu erlernen, aber das Gesetz des Genius wird mit ihm geboren. Die französischen Theaterregeln lassen sich aneignen, nach ihnen lassen sich Verstandeswerke auch von nothdürftigen Talenten produciren, aber der wahrhafte Genius ist so unnachahmbar wie er unnachahmend ist. Der würde sich weit irren, der da meinte, Werke wie Shakespeare's schreiben zu können, weil er das Gesetz ihrer Erzeugung erkannte. Denn eben auch das Urtheil, das diese Werke so gesetzmäßig schuf, ist nur Eines der Vermögen, die zusammen den Genius ausmachen. Shakespeare liegt gleich weit ab von seinen dramatischen Landsleuten, die mit bloß natürlichem Talente gesetzlose Werke hinwarfen, und von den Franzosen, die mit geistiger Fertigkeit nach einer willkürlichen Regel arbeiten; auf beiden getrennten Wegen gelangt man selten weiter als zu einem Punkte, wo die eigentliche Kunst erst anfängt. Sei man vorgeschritten auf dem Wege des bewußten Verfahrens zu einer selbst innerlich gesetzlichen Gestaltung eines Kunstwerkes, wie sie Lessing gelang, so wird nun wieder gefordert, daß diese Gesetzmäßigkeit möglichst verborgen, daß der geistige Gehalt in sinnliche Formen verhüllt werde. Schreiben wir die Gesetzmäßigkeit des Kunstwerkes vorzugsweise dem bewußten Verfahren zu, so ist jene specifische Kraft des dichterischen Genius, Alles plastisch, in sinnlicher Vorstellung, in lebendiger Bildlichkeit darzustellen, eine wesentliche Naturgabe, ein unwillkürliches Bedürfniß und instinctiver Drang und Trieb. Durch diese Gabe erhält das Kunstwerk die Unmittelbarkeit, die ihm den Schein des Kunstlosen gibt; das Absichtliche verschwindet bei dem ersten Eindruck, wie umgekehrt bei der tieferen Betrachtung das scheinbar Absichtslose vor der unterliegenden Gesetzlichkeit verschwindet. Wie in dem Genius selbst der Wider-

Streit zwischen Geist und Natur aufgehoben ist, so ist in seinen Werken der reale Schein und die ideale Wahrheit, Bild und Gedanke, der geistige Gehalt und die sinnliche Form mit einander versöhnt und ausgeglichen.

———

Worin zeigt sich aber, um gleich hier von der Gesetzmäßigkeit in Shakespeare's Werken auf ihre eigentliche Kunstmäßigkeit zu kommen, worin zeigt sich in diesen fast nur um ihre Naturtreue gepriesenen Werken die Idealität, die den wahren Dichter erst macht, die Erhebung über den Horizont der Wirklichkeit, die wir an das ächte Kunstwerk verlangen?

Die Zufälligkeit und Dürftigkeit der wirklichen Welt, ihr Mangelhaftes und Ungestaltes ist es wesentlich, was das Bedürfniß der Kunst in dem menschlichen Geiste erzeugt hat; auf dem Grunde dieses Bedürfnisses ist ihr das Gesetz und der Beruf vorgeschrieben, uns von all dem Niederen, Bedeutungslosen und Unschönen, das der Wirklichkeit anklebt, zu befreien, uns auf die heitere Höhe eines schöneren Daseins zu erheben, die Natur nachahmend zu veredeln. Diese Forderung war auch Shakespeare's Zeit ganz geläufig. Sein Zeitgenosse Baron gab der Dichtung diesen großen Beruf: da die sinnliche Welt an Würde geringer sei, als die menschliche Seele, so gewähre die Dichtung dem Menschen, was die Geschichte versagt; sie genüge dem Geiste mit dem Scheine der Dinge, da das genügende Wirkliche nicht zu haben ist, und führe so den Beweis, daß der menschlichen Seele eine vollkommenere Ordnung und herrlichere Größe gefalle, als die in der Natur gefunden wird. Auch Shakespeare selbst scheint denselben Gesichtspunkt gewonnen zu haben. Ueberall ist er ja voll von der bekannten Ansicht des Aristoteles, daß die Kunst auf Nachahmung der Natur, oder wie Er sagen würde, auf wetteifernder Nachahmung der Natur beruhe. So haben wir im Antonius gesehen, daß er die beiden Fälle kannte, wo die Natur alle

Ideale der Kunst überbieten, und wo die Kunst die Natur siegreich herausfordert. Denn wie Goethe, so hätte auch Er die sensuelle Ansicht getheilt, daß das Ideal der Kunst mit den Ideen und Typen der Natur zusammenfalle, nicht hätte er wie Schiller jenseit dieses aus der Natur entwickelten Ideals noch ein geistiges Vernunftideal statuirt, das außerhalb aller Sinnenwelt gelegen wäre.

Wenn aber auch Shakespeare diese richtige Ansicht der Kunst theoretisch gehabt hätte, wie stimmt damit seine Ausübung zusammen? Sagten wir nicht selbst, daß „das Interesse an der sittlichen und psychologischen Wahrheit ihm allezeit höher stehe, als das Interesse an der äußeren ästhetischen Schönheit?" Stellten wir uns nicht damit ganz auf die Seite derer, die bei Shakespeare nichts, als eben immer die Natur, die Wirklichkeit, das realistische Prinzip bewundern? Sank er nicht in diesem Streben nach Naturwahrheit oft bis zu dem Standpunkt der niederländischen Genremalerei herab, wo er jene Aufgabe der Kunst ganz vergaß, aus dem Unförmlichen und Niederen das Schöne und Edle zu entwickeln? Ist er nicht in der Darstellung des Bösen, das in sich mistönig und häßlich ist, weit über die Linie der Schönheit hinausgegangen? Ist nicht das Zusammenfassen des Erhabensten mit dem Niedrigsten, die Mischung von Scherz und Ernst allein hinreichend, die gemeine Naturwirklichkeit in seinen Stücken zu charakterisiren? Und verräth er nicht in all diesem zu sehr die Zeit, wo das Nackte der Natur, selbst bis auf ihre äußerste Häßlichkeit, aufzudecken das allgemeine Geschäft jener Volkspoesie, jener sogenannten grobianischen Literatur, der Burlesken und Satiren des 16. und 17. Jahrhunderts war, und in höheren Regionen selbst das Geschäft eines Machiavelli und Spinoza?

Worin also (daß wir diese Frage wiederholen) könnte sich die ideelle Ader dieses Dichters offenbaren?

Diese Frage würden wir anders beantworten, als Andere, als z. B. Ulrici gethan hat, der Shakespeare's einziges Mittel, seiner

Darstellung ein ideelles Gepräge zu geben, in der Ideeneinheit der
Composition fand. Wir würden glauben, die ideelle Ader eines
großen Dichters verrathe sich so wenig in einzelnen Mitteln, wie
seine geniale Ader in dem Vorwalten einer einzelnen Kraft; wir
würden auf die gestellte Frage antworten, diese ideelle Ader offenbare
sich in nicht weniger als in Allem.

Sie zeigt sich schon im Vortrage, schon, wie wir oben andeuteten, in dem Gebrauche der metaphorischen Rede, in deren Natur und
Zweck. In der Doppelnatur der Metapher, in dieser Verbindung
des Aehnlichen, in der Zusammenfassung des Zweifachen in Einem
liegt von selbst ein verstärkter und erhöhter Ausdruck, wie er der
Schilderung mächtiger Leidenschaften gemäß ist; es spricht sich in ihr
immer der bildsame Trieb der dichterischen Phantasie aus, da sie in
dem kleinsten Mittel der Dichtung jene Versinnlichung des Geistigen
enthält, die im Großen der höchste Zweck aller Kunst ist.

Ein ganz wesentliches zu der ideellen Wirkung eines Shakespeare'schen Dramas thut sodann die Aufführung; durch sie kommt
erst die ganze Macht des Dichters zu Tage. Wie natürlich die sceni-
sche Darstellung eines Schauspiels ausfallen möge, immer wird sie
über die Prosa der Wirklichkeit hinausheben. Denn keine andere
Kunst wirkt mit so vereinten Kräften und Mitteln auf die menschliche
Phantasie. Alle Künste entziehen dem Dargestellten etwas am Leben, indem sie das Leben nachahmen; die Malerei nimmt die volle
Gestalt, die Sculptur die Farbe, beide die Bewegung hinweg, das
Epos verwandelt Thaten in Worte, die Musik Worte in Töne, nur
das Schauspiel wirkt mit allen Mitteln zugleich, mit Gestalt, Farbe,
Ton, Wort, Miene, Bewegung und Handlung; es gibt die volle
Wirkung des Geschehenden, und nimmt nur die enge Begrenzung
von Zeit und Raum hinweg. Das Ergebniß dieser Wirkung kann
man sich beim Lesen nur mühselig durch Erinnerung und Vorstellung
ersetzen, man bleibt mit Gefühlen, Betrachtungen und Zweifeln auf
einzelnen Theilen hängen, und kommt schwer zum Eindruck des ge-

lesenden Ganzen, geschweige zur Vorstellung von dem Eindruck des Gesehenen. Bei der Aufführung dagegen kommen die einzelnen Eindrücke nicht auf, sie werden weggeströmt ehe sie festhaften können, die einzelnen Unebenheiten, über die wir beim Lesen straucheln, thun bei der vollen Bewegung des dramatischen Körpers seiner Kraft und seiner Schönheit keinen Eintrag. Wir werden von der Aufführung gezwungen, nicht wie beim Lesen auf den Worten zu weilen, sondern auf dem, was das Schauspiel darstellen will, auf der Handlung. Gerade dieß macht die idealische Wirkung aus. Denn in dem handelnden Menschen compromittiren immer seine sämmtlichen Kräfte; Thaten nehmen des Menschen ganzes Wesen in Anspruch und bringen sein bestes oder stärkstes Theil zur Blüte; sein Empfinden und Denken, sein Wille und alle Energie und Eigenschaften seiner Natur sind in der auf Einen Punkt gespannten Handlung wie in einem Brennpunkt versammelt, der Mensch bewegt sich in seiner Ganzheit, und dieß ist an sich ein poetischer Moment, den auch alle lebendige That in der Wirklichkeit in sich trägt. Je naturgetreuer dieß nun von dem Schauspieler dargestellt wird, desto größer wird der Reiz der Aufführung sein, desto stärker wird die Macht und Tiefe der Wirkung sowohl, als auch der ideelle Glanz des Dramas hervortreten, was Alles durch kein Surrogat des Gedankens und der Erklärung ersetzt werden kann.

Das Ideale in Shakespeare's Drama zeigt sich alsdann allerdings auch in dem, was Ulrici hervorhob, in der Kunstmäßigkeit der Composition, in der Rückbeziehung aller Theile und Episoden, aller Charaktere und Handlungen auf die Eine Grundidee, von der der Dichter in seiner Anlage ausgegangen ist; eine Eigenschaft, auf der vorzugsweise die Vergeistigung der Materie beruht, die ein wesentliches Kennzeichen der ideellen Natur eines Dichtungswerkes ist.

Es zeigt sich jenes Idealistische ferner in dem hohen sittlichen Geiste, der über den Verschlingungen der Schicksale und über dem Ausgange der menschlichen Thaten in Shakespeare's Schauspielen waltet, der jene höhere Ordnung vor uns entwickelt, die Bacon in der Dichtung verlangte, der die ewige und unbestochene Gerechtigkeit in den menschlichen Dingen nachweist, den Finger Gottes, den unser stumpferes Auge in der Wirklichkeit nicht überall sieht.

Es zeigt sich Shakespeare's idealisirender Geist auch, wo man es am meisten bestreiten wird, in seinen Charakteren. Hier allerdings fußt der Dichter am festesten auf der Wirklichkeit, weil hier die Motive der Handlungen zu begründen, ihre Wurzeln zu legen waren; und dieß glaubte er nicht naturtreu und wahr genug thun zu dürfen, weil mit der Wahrheit der Motive der Werth des Kunstwerks steht und fällt. Wie sehr aber Shakespeare's Charaktere bloße Natur zu sein scheinen, wir zeigten schon oben, daß, sobald man sie an das Leben selber hält, ihre ideelle Natur, ihre typische Größe, die Normalidee der gegebenen Charakterform hervorspringt; es sei, daß sie als Naturkopien auch von Originalen von untergeordneter oder zweideutiger Natur erscheinen, so sind sie doch immer nach der Aristotelischen Vorschrift in's Schönere, oder wenigstens in's Vortheilhafte und Starke gezeichnet. Betrachte man seine tragischen Figuren, in denen die Aristotelische Forderung der gemischten Charaktere schon alle idealische Vollkommenheit ausschließt, in denen die innere Entzweiung, die Abweichung vom Guten und Schönen die darzustellende Aufgabe ist, immer wird in der selbstvernichtenden Leidenschaft noch die Größe durchleuchten und in der Verirrung der menschliche Adel, der uns zur Bewunderung zwingt. In den bösesten seiner Bösewichter ist noch eine Kraft der Selbstbeherrschung, oder eine intellectuelle Ueberlegenheit, oder eine beharrliche Selbsttreue und Hoheit im Unglück wirksam, die selbst dem Häßlichen eine schönere, wenigstens eine starke, ungewöhnliche Seite abgewinnt. Blicke man auf seine burlesken Gestalten, wo das Alberne in Caricaturen verkörpert erscheint: sie sind immer als Schatten gegeben, um die helleren Seiten der menschlichen Natur in's Licht zu stellen; aber auch an und für sich betrachtet geben sie wie die besseren Genrebilder noch eine künstlerische Befriedigung, nicht allein durch den Reflex des wohligen Humors, mit dem der Dichter sie schildert, sondern auch durch die innere Selbstzufriedenheit und glückliche Beschlossenheit in diesen Figuren, die uns, überall wo wir sie treffen, wohlthätig berührt.

Halte man aber Shakespeare's Charaktere nicht blos gegen das Leben, vergleiche man sie mit dem Besten, was die dramatische Kunst neuerer Zeiten hervorgebracht hat, und man wird erstaunen, nicht allein, welch ein verdichteter Kern von Leben, sondern selbst von idealer Schönheit diesen Gestalten inne wohnt. Befrage man sich nur bei dem Schauspieler. In allen Dramen aller neueren Dichter gibt es flaue Rollen, die sich ein guter Spieler zu übernehmen sträubt; bei Shakespeare ist dergleichen kaum überhaupt zu finden! Stelle man z. B. irgend eine der unbedeutenderen seiner Gestalten, stelle man das Bild der Charakterschwäche, der Untreue, der schwankenden Neigung, den Proteus, gegen die Clavigo, Weislingen, Ferdinand bei Goethe, und selbst der Weichling wird ein starker Charakter; halte man den Antonius neben sie, und wir haben in dem Schwächling einen Heros; dieß läßt sich in aller Dichtung nur mit Homer's Charakteren vergleichen, bei dem auch Paris ein Held ist. Trete man aber zu den an sich idealeren Gestalten, den Helden des eigentlichen Schauspiels bei Shakespeare hinüber, zu den Heinrich und Posthumus, in denen, nicht ohne Kämpfe, die höchsten Grade menschlicher Tugend und innerer Ausbildung erreicht sind: sie sind allerdings nicht wie jene Helden der französischen Bühne, oder wie die Blumenseelen Schiller's Gedankenbilder von blos gedachter Existenz, es sind realistische Ideale, aber eben darum ächt ideale Charaktere, die mit der Wahrheit bestehen, und deren qualitative Seltenheit in Shakespeare's Charaktergruppe schon durch ihre quantitative Seltenheit in weit höheres Licht gerückt wird, als die Vortrefflichkeit jener hohlen Personificationen abstracter Ideale. Noch aber bilden auch diese nicht die Spitze von Shakespeare's idealen Charakteren; sie muß man unter seinen Frauen suchen. Kein Dichter hat das weibliche Geschlecht zugleich wahrer geschildert und höher gefeiert als Shakspeare. Nirgends hat er die Frauencharaktere zu zeichnen gewürdigt, die selbst den größten neueren Dichtern Lieblingsfiguren waren, die Mittelgeschöpfe zwischen Verbrecherin und Märtyrin, zwischen Buhlerin und Göttin; nirgends hat er die Unsittlichen des Geschlechtes weder mit der Vorliebe vervielfältigt noch ihre Schwäche mit dem Zauber umgeben, wie dieß bei uns herkömmlich ist; er hat seine Cleopatra und Cressida nicht wiederholt und das Einemal selbst die reizende Verführerin nicht in verführerische Reize gekleidet. Da, wo er jene leichteren, durch intellectuelle Gewandtheit, durch eine lecke und freie Zunge vortretenden Frauen geschildert hat, wie hat er selbst diese Rosalinden und Portien mit einem Walle unnahbarer Sittsamkeit umgeben! Er führt sie verkleidet in Mannestracht in kitzliche und versuchende Lagen und rauhe Berührungen, auch dann ziehen sich die freiesten darunter mit ganzer Unbefangenheit und Unschuld aus diesen Lagen heraus. In den naiven Frauencharakteren aber seiner dritten Periode, die für Goethen so schwierig zu entwerfen gewesen wären, wie Goethe's Frauen des naiven Schlags für Schiller waren, ist die Schönheit des weiblichen, ja des menschlichen Ideals am vollendetsten. In ihnen waltet jene Ganzheit der Natur, womit wir bezeichnen, was uns Männer so viel öfter an den Frauen bewundernd hinaufschauen macht als wir uns je versucht fühlen könnten, auf sie herabzusehen. Keine einzelne Eigenschaft hebt vorherrschend die Gleichgewogenheit ihrer Natur auf; die geistigen und Seeleneigenschaften verschmelzen in einander zu einem vollkommenen Einklang des Wesens; die ursprüngliche Ungetheiltheit der Natur, ihr höchster Begriff, ist hergestellt, die Zusammenstimmung von Kopf und Herz, von Neigung und Wille; die Unbewußtheit ihrer selbst und ihrer Vorzüge, die Sicherheit, mit der sie immer das, was sie sind, ganz sind, die Unbefangenheit, mit der sie sich von nichts Aeußerem in ihrem Gange stören lassen, die Unbekümmertheit, mit der sie sich ihren Gefühlen, ungeirrt von Bedenken, dahingeben, die Art, wie sie von dem Gegenstande, der sie gerade bewegt, ganz ausgefüllt sind, diese bewundernswerthe Totalität gibt diesen Geschöpfen ihren unendlichen Reiz. Stelle man diese Wesen, die von allen weibischen Untugenden der Koketterie und Ziererei, und all den kleinen Eigenheiten der Eitelkeit gänzlich unberührt sind, neben die vagen Seelenformen bei Schiller, neben die flachen Bildungen selbst bei einem Goethe, in denen durch den Zwang des conventionellen Lebens der Keim der frischen Natur erstickt ist, der in allen Shakespeare'schen Frauen in voller gesunder Kraft sproßt, — und lerne man, was ächte Idealität, sei es der Kunst, sei es des sittlichen Wesens, ist.

Mit allem diesem ist noch nicht das letzte Wort über die Idealität der Shakespeare'schen Dramen gesprochen. Sie wird sich am unbestreitbarsten nicht in diesem und jenem Einzelnen, sondern nur im Ganzen beobachten und herausführen lassen. Der einzelne Charakter kann füglich nur Mittel zum Zwecke des Ganzen, und es mag insofern das Ideelle in ihm latent sein, ohne daß dieß dem Kunstwerke Eintrag thut. In den Statuen der Alten liegt das Ideal in der einzelnen Gestalt, weil sie zugleich das ganze Kunstwerk ist. In einem zusammengesetzten Dichtungswerke sucht man die künstlerische Hand zuerst in der Symmetrie und der Zusammenstellung des Ganzen und in der Weihe seines Gehaltes. Wir können dann das Verzerrte, das Niedere, das Böse im Einzelnen nicht tadeln, wenn es dient, ein Höheres, Gesünderes, Besseres in desto schöneres Licht zu rücken. Der Dichter kann uns in seinen Charakteren das Abweichen, das Ueberspringen, das Zurückbleiben unter der Linie des Schönen, Wahren und Guten zeigen, wenn nur Er selbst mit seiner ordnenden Hand diese geistige Richte, diese Linie genau einhält, wenn er nach ihr die Geltung der Charaktere, die Schicksale, das Werden und den Ausgang der Handlung bemißt. Das Ideelle, das Nothwendige, das Sittliche und Wahre mag selbst nur in dem Ergebnisse des Geschehenden heraustreten, und mag in der eigentlichen Tragödie immer ganz negativer Art sein, der Dichter hat schon mit jenem poetisch-sittlichen Hintergrunde, mit dem idealen Himmel über seiner realen Welt, seiner Aufgabe Genüge gethan; das Ideale liegt dann in letzter Instanz nicht, oder nicht blos in der Beschaffenheit der Charaktere und nicht in der Natur der Handlung, sondern dort, wo auch die Einheit der Shakespeare'schen Dramen liegt, in der Idee.

Wie wahr aber dieß alles auch sein mag, was wir uns hier auseinanderzusetzen bemühen, dennoch bleibt uns etwas im Gefühle zurück, was sich darwider sträubt, sich bei dem Gesagten zu beruhigen. Das realistische Element ist in Shakespeare so vorschlagend, wenn man ihn gegen das griechische Drama hält, daß keine noch so treffende Einsprache uns den Eindruck dieses grellen Gegensatzes hinwegzureden vermag. Solche allgemeine Eindrücke haben zwar auch schon große Meister der Kunst außerordentlich getäuscht. Goethe hatte lange Zeit im Homer eine unnatürliche Idealität gesehen, bis ihm diese weiterhin immer mehr unter der wunderbaren realen Wahrheit dieses Dichters verschwand; Schiller hatte in Shakespeare umgekehrt Anfangs nichts als Realismus gesehen und von seiner grellen Wahrheit sich abgestoßen gefühlt, weiterhin gewannen es dessen ideale Seiten mehr über ihn, die ihn seiner Ansicht sogar dem alten Drama näherrückten. Die Masse des realen Stoffes ist in Shakespeare so groß, daß es schwer ist, auf dessen Geist hindurchzudringen, den eigentlich nur die Aufführung großer Schauspieler unter einer geistvollen Leitung ganz zu Tage fördern wird; dieß ist, was in der fraglichen Beziehung immer zu großen Fehlurtheilen verleiten wird. Selbst aber, wenn wir uns einen Zwang anthun, und die alte Tragödie in noch so realistischem und Shakespeare in noch so idealistischem Lichte sehen wollten, wir würden doch immer sehr schwer dahin gelangen, unseren Dramatiker von der Seite der gleichgewogenen realen und idealen Elemente mit Homer vergleichen zu wollen, von der unsere Goethe und Schiller diesen Epiker nicht aufhörten zu bewundern.

Ein Kunstideal.

Wenn von dem Idealen der neueren Kunst überhaupt die Rede ist, so wird man immer zu Ungerechtigkeit versucht sein, sobald man nicht die verschiedenen Bedingungen in die breiteste Erwägung zieht, unter denen das Alterthum und die Neuzeit die Künste pflegten. Die alte Kunst, aus einer ganz reinen und unversehrten, primitiven Existenz und aus dem innigsten Verbande der Menschen mit der Natur hervorgegangen, schloß sich in jenen wunderbaren Gebilden der griechischen Plastik den Schöpfungen der Natur gleichsam erhöhend und erweiternd an, wo diese die Grenze ihrer Bildung erreicht hatte. Es gelang jenem Geschlechte, dem menschlichen Geiste und der Natur zugleich die Gesetze der höchsten Schönheit abzulauschen und diese in einer physisch todten, geistig ewig lebendigen Gestalt auszuprägen. Das Beste, was diese Kunst geleistet und die dramatische Dichtung ihr zur Seite gebildet hat, hat eine Art Nothwendigkeit, Wahrheit und Schönheit voraus, wohin jede Kunst späterer Zeiten vergebens nachstrebt, nachdem wir aus der Jugend der Welt, aus jenen leichten Bedingungen des Daseins für immer herausgetreten sind in ein Leben, das von tausend Sorgen der Subsistenz und von den härtesten Kämpfen mit materiellen Hemmnissen und geistigen Gegenwirkungen erschwert ist. Wir kehren zu den Dichtungen einer solchen Zeit schon aus denselben Gründen gerne zurück, aus denen wir auch zu ihrer Geschichte eine Vorneigung haben; es wird uns leichter, Athens Größe unter Perikles, als das periklëische Zeitalter Englands unter Elisabeth zu genießen, nur weil die Größe einfacher war; wir werden, wenn uns beide Dichter gleich geläufig sind, von Shakespeare leichter zu Äschylus' Oresteia übergehen als umgekehrt, weil in den leichteren, jugendlichen, unschuldigen Verhältnissen der Kunst wie des Lebens leichter und reizender zu verweilen ist, als in verwickelten. Diese Sätze wollen wir voranstellen, nicht um uns unsere Bewunderung der neueren, unendlich erschwerten, schon durch Besiegung der Schwierigkeiten verdienstvollen Kunst im geringsten zu vergällen, sondern nur um anzudeuten, daß uns die hingebendste Freude an ihr keinen Augenblick einseitig und von der Bewunderung der alten Kunst abwendig gemacht hat, die als der reinste Quell aller Kunstbildung angesehen bleiben muß, so lange nicht Geschmack und Civilisation der Welt auf gänzliche Abwege gelangen sollen. Nachdem aber in der neueren Zeit die menschliche Natur sich ungemein erweitert, die Gesellschaft ausgebreitet, die religiöse, wissenschaftliche, staatliche Cultur unermeßliche Weiten und Tiefen eröffnet hat, da galt es nicht mehr blos, eine naheliegende, enge, leichtübersehbare nationale Bildung, die man nur in Einer Richtung hatte wirken und bald auf eine gewisse Spitze gelangen sehen, in die Kunst herüberzunehmen, es galt, die ganze Breite der Welt und der Geschichte, des äußeren und inneren Stoffes zu bewältigen; und der Natur den Spiegel vorzuhalten, war jetzt vielleicht ein schwierigerer Kunstberuf, als im Alterthum der Wetteifer mit ihren erhabensten Bildungen.

Gleichwohl war auch im Alterthum, wenigstens in der Gattung, die die höhere Vollendung erhielt, im Epos des Homer, die reale Naturwahrheit, das Spiegelbild des Lebens, immerhin die erste Bedingung der Dichtung; in dieser Forderung würde Homer mit Shakespeare und mit Lope de Vega, und mit ihnen der ächteste realistische Dichter der Neuzeit, unser Goethe, zusammenstimmen. Nur warf in jener Zeit das Leben an sich ein schöneres Bild in den Spiegel. Die Heroenwelt, der große Gegenstand der griechischen Dichtung, kennt nur Menschen, die auf sich selber allein stehen, die unbeengt von staatlichem und conventionellem Zwange sich selber Gesetz sind; solch eine Zeit ist in sich selber poetisch durch Jugend und Einfalt der Sitte. In der neueren Zeit und besonders in unserem nordischen Klima verlor der Körper und die Gestalt des Daseins, unter äußeren Hüllen und unter der inneren Hülle geistiger Heuchelei und vielfacher Ableitung von der reinen Natur, seine ursprüngliche Schönheit; die Noth des Lebens in den borealischen Landen zerpflügt die Gestalt und die Züge und verwischt das Typische der Natur, fördert dagegen die Ausbildung des Individuums, arbeitet den Geist und seine Hülfsmittel ganz anders heraus und wirkt auf Erzeugung energischer Charaktere. Daher nun trägt alles nordische, germanische Kunstideal, außer seinem Gegensatze gegen die alte Kunst, noch ein besonderes Abzeichen von aller südlichen, romanischen Kunst, auch der neueren Zeiten, an sich, das für Shakspeare's Drama ganz besonders charakteristisch ist. Alle südliche Kunst, Musik, Malerei und Dichtung, hat von jeher die Schönheit der äußeren Form, das Sinnliche und Gefällige der Erscheinung, die Glätte der Melodie, den schmeichelnden Tonfall der Verse, die regelmäßige Gestalt bevorzugt; die nordische Kunst dagegen wurde durch die Mangelhaftigkeit der äußeren Natur vorgedrängt auf das Innere und Geistige, auf das Bedeutsame des Inhaltes, auf das Gemüth in dem Tonstücke, auf den Sinn in den Versen, auf die Wahrheit des psychischen Ausdruckes. Darin gewann es die nordische Malerei und Musik der südlichen ab, und ein Meister wie Tizian reichte in dieser Beziehung dem Norden vom Süden aus die Hand, und Händel ward wie Shakspeare erst groß, als er den italischen Geschmack gegen den germanischen aufgab. Diese Richtung der Kunst machte die Hereinziehung aller sittlichen und geistigen Elemente unvermeidlich, denen in zahllosen Dichtungen der Italiener und Spanier ein äußerst geringer Theil zugewiesen ist; und diese Verbindung gibt aller nordischen Kunst, was sie ihr an äußeren Reizen entziehen mag, an innerem Gehalte wieder zu; dieß ist's, was einen Shakspeare gegen einen Ariost so vollwichtig macht. Die Begriffe vom Schönen bedürfen hiernach einer wesentlichen Unterscheidung. Wir finden wohl in der Natur ein Wild schön, obwohl es in seinen äußeren Zügen regelmäßige Schönheit nicht ansprechen kann; das Spiel seiner Seele, die Erscheinung der inneren Schönheit ersetzt uns, ja überbietet uns die kalte Schönheit der Gestalt, in die seine Seele hereintritt. So ist ein blütenstrotzender Baum unbestreitbar für jeden ein reizender Anblick, obwohl er malerisch nicht einmal bildbar ist. Die Seele, das Leben des Baums erscheint in dem Moment der

Blüte, in dem Fruchtansatz, auf dem höchsten Gipfel, und dies lebendige Naturschöne fesselt uns mehr als das Kunstschöne, das Malerische. Mehr wenigstens für den Moment, obwohl schwerlich auf die Dauer. Denn in dem Wesen dieses lebendigen Naturschönen ist das Vorübergehende nothwendig gegeben. Wir würden das schönste Seelenspiel in menschlichen Gesichtszügen, der ungemeinen Anspannung wegen, nicht auf die Dauer ertragen; so auch nicht die glänzende Fülle des Blütenbaums. Die Schönheit der Züge an sich aber, die Schönheit des wohlgebildeten Baumes in seiner anspruchslosen Gestalt gewinnt uns gerade durch Dauer und wiederholte Betrachtung, und ist gerade dadurch künstlerisch reiner und werthvoller. In dem längeren Epos würden wir daher die Nachahmung jenes lebendigen und geistigen Schönen nicht ertragen, es erfordert plastische Schönheit und eine strenge, stets gemessene Haltung; in dem Drama aber, das flüchtig, auf kurze Zeit der Darstellung berechnet, an uns vorübergeht, in dem seiner ideenhaltigen Natur nach das Geistige zur Erscheinung kommen soll, welches das Leben lebendig und nicht in todter Schrift oder Formen nachahmt, ist jenes Geistig-Innerliche, jenes lebendig Schöne an seiner ganz eigentlichen Stelle. Und dies ist der Grund, warum Shakespeare's „Interesse an der sittlichen und psychologischen Wahrheit allzeit größer war als sein Interesse an der äußeren ästhetischen Schönheit"; warum seine dichterischen Ideen immer sittlich-psychologischer Natur waren, warum sein Kunstideal wesentlich geistiger Natur ist. Mit diesem Kunstideal, in dem sich Wahrheit, Güte und Schönheit auf's innigste die Hand reichen, gehört Shakespeare ganz dem germanischen Stamme und der nordischen Geschmacksbildung an.

Die Stellung aber, die Shakespeare, um hiernächst von der Vergleichung mit der antiken Dichtung abzusehen, in Bezug auf das Ideelle seiner Kunst innerhalb dieses Bereiches des nordischen Kunstgeschmackes einnimmt, ergibt sich am leichtesten, wenn man ihn im Großen neben die Kunstgestaltungen der neueren Zeiten überhaupt hält.

Je mehr die reinen, an sich poetischen Zustände des Alterthums in den verwickelten Verhältnissen der neuen Welt verloren wurden, desto mehr, hätte man denken sollen, müßte diese das Bedürfniß empfunden haben, sich aus der prosaischen Wirklichkeit in den Bildungen ihrer Kunst emporzuheben. Dieß Bedürfniß schien das Mittelalter in der That empfunden zu haben. Die ganze ritterliche epische Dichtung der Romanen bewegt sich in ganz ideellen, übernatürlichen Sphären, und die ihr nachfolgende Kunst der Allegorie und der Idylle hielt diesen idealistischen Charakter wieder in anderer Art fest. Die Entfernung von der wirklichen Welt und der Menschheit des gewöhnlichen Schlages und Blutes ist in diesen Dichtungen ganz allgemein. Das Wunderbare und Phantastische, das Uebernatürliche in allen Gestalten, Riesen, irrende Ritter, Zauberer, Märtyrer, Wunderthäter, Heilige, Lebenshelden aller Art sind ja der bekannte Inhalt dieser Werke. Mit diesem ganz Ideellen mischte sich dann das Wirkliche von einer Seite, die der Kunst am weitesten abliegen sollte. In diese romantischen Dichtungen des Mittelalters sind jene eben so bekannten Begriffe und Darstellungen von einer ganz besonderen Ehre, Liebe und Treue, einem ganz besonderen Liebes- und Lehndienste eingegangen, die ganz nur auf der Convention des höfischen Ritterlebens beruhen, auf Willkür, Laune und zufälliger Zeitsitte, eben dem, was die Kunst der Wirklichkeit abstreifen soll, um eine allgemeinere Wahrheit zu gewinnen. Diese wunderliche Verschmelzung des Wunderbaren und des Conventionellen, mit all dem Flachen und Stationären, das ihr anklebt, hat der ganze Süden auch noch nach dem Ausgang des Mittelalters festgehalten, die Epiker Italiens nicht minder als die Dramatiker Spaniens. Das spanische Drama dreht sich ganz um jenes reizbare und spitzfindige Ehrgefühl und seine grillenhaften Conflicte mit Liebe und Unterthanenpflichten herum, oder es nahm die ausschweifenden Stoffe der Ritterromane auf, überlud sich mit Unwahrscheinlichkeiten, Unmöglichkeiten und Verwirrung und ward, wie Cervantes sagte, ein Spiegel, nicht des

Lebens, sondern des Abenteuerlichen. Dieß gilt selbst von dem religiösen Drama in Spanien, in dem das Wunderbare ohne alle Controlle Eingang fand, das neben der Ausbildung der Bühne ihre Kindheit festhielt und noch spät den Geist eines Calderon in tiefsinnige Irren führte.

Gegen diesen Kunstcharakter des Mittelalters, des Südens, des romanischen Stammes reagirte seit den humanistischen und reformatorischen Bewegungen in Niederland, Deutschland und England der Geschmack und die Natur des germanischen Stammes, des Nordens, der neueren Zeit. Diese Zeit bildet in ihrer Kunst gegen das Mittelalter einen eben so scharfen Gegensatz wie in ihrer Religion und in ihrer Staatenbildung. Diese Kunst unter der Bezeichnung der Romantischen mit der mittelalterig-südlichen Kunst, im Gegensatze zu der antiken, in Eins zusammen werfen zu wollen, ist ein so kolossaler Fehler, wie wenn man die plastische griechische Kunst mit der symbolischen des alten Orients in Eins thun wollte. Mit demselben Rechte, mit dem man Shakespeare, weil er einige ritterliche Novellen dramatisirt hat, einen romantischen Dichter nennen will, kann man auch Homer so nennen wegen der Abenteuer seiner Odyssee. Die neuere Kunst, die man im Gegensatze zu der romanischen als eine germanische, nordische, protestantische bezeichnen sollte, hat vielmehr gerade ihren bestimmten, haarscharf verschiedenen und wesenhaften Charakter darin, daß sie die Ausartungen der romantischen Kunst, nach beiden Seiten, nach dem Uebernatürlichen und dem Conventionellen des Ritterthums hin, gleichmäßig vermied und auf das Prinzip der Naturwahrheit, das im Mittelalter gänzlich verfehlt war, in einem natürlichen Gegenschlage zurückging. In dieser Reaction geschah, wie es in der Natur aller Reaction liegt, in doppelter Weise zu viel. Die grobianische Literatur des 16. Jahrhunderts, die Genremalerei der Niederländer und ähnliche Zweige der Kunst gingen von dem Uebernatürlichen bis unter die Natur zurück; das anticonventionelle Streben von Shakespeare's und Goethe's Zeitgenossen schlug in

Rohheit und Freigeisterei um; die vagen Charakterformen der sittlichen Dichtung verkehrten sich in den englischen Originalromanen zu Sonderlingen; die ausschweifende Abenteuerlichkeit erhielt in den bürgerlichen Romanen und Schauspielen den Gegensatz der gemeinen häuslichen Prosa. Die Kunst, die sich in gehaltlos Idealen verirrt hatte, sollte auf das Greifliche der Natur zurückgeführt werden, um einen sicheren Maaßstab der Beurtheilung wiederzufinden; die täuschende Wahrheit galt nun als das Erste und Letzte; das Kleinste und Niedrigste wurde der künstlerischen Behandlung nicht unwerth gefunden, und die bloße technische Fertigkeit der Nachahmung ward die Probe des Talents. Auf diesem Wege gerieth die neuere Kunst in das entgegengesetzte Extrem der nackten Naturwahrheit gegen das Uebernatürliche, und an die Stelle der ritterlichen Conventionen setzte sie die bürgerlichen des germanischen Mittelstandes.

Das ist nun Shakespeare's künstlerische Größe, daß er, in der Mitte der Zeiten, an dem Uebergange von der mittelaltrigen zur neuern, von der südlichen zur nordischen Kunst stehend, auch in die Mitte dieser beiden Extreme trat, beide, das Abenteuerliche und das Conventionelle, das Vage und Enge, das Ueber- und Unternatürliche, Hyperreale und Hyperideale ausschloß, und auf die normale Stelle aller Kunst rückte, wo sich Realität und Idealität innig verschmilzt. Jener romantische Geschmack suchte sich in dem spanischen Drama seine letzte Zufluchtsstätte; in demselben Jahre 1588, wo dort Lope de Vega seine reiche Laufbahn in dieser Richtung begann, trat Shakespeare in England auf und stellte der Kunst in derselben Gattung ein anderes Ziel. Ihm gab der Protestantismus die erwünschte Freiheit, den Druck der Religionssatzung und des Despotismus zu überwinden; er durfte Mysterien und Moralitäten, den ganzen religiösen Kreis der romantischen Dichtung, Wunder und Wunderthäter aus dem Reiche der Kunst verbannen; allem falschen Glaubensheroismus ging er wie allem idyllisch quietistischen Leben in grundsätzlicher Gleichgültigkeit vorbei. Wo er das Wunderbare gebrauchte,

that er es in rein symbolischem Sinne und baute es auf Wahrheit
und Natur. Er drehte sich nicht wie die Ritter- und Zauberstücke
der Spanier in abenteuerlichem Stoffe abenteuerlich herum, sondern
lehnte sich auf die Geschichte und den realen Boden des Lebens, fern
von dem genialen Leichtsinn eines Lope, mit dessen Schöpfertriebe er
die Besonnenheit eines instinctiv philosophischen Geistes verband.
Wenn die romantische Kunst durch Seltsamkeit der Motive, durch
verschlungene Verwicklungen im Thatsächlichen, durch das Conventionelle, das die einfache Naturwahrheit mit Willkürlichkeiten
überdeckt, wesentlich von der antiken Kunst abweicht, so rückt in diesen
Beziehungen Shakespeare ihr wesentlich nahe. So wenig wie das
Wunder, so wenig herrscht bei ihm die Laune und Grille. Von jenen
conventionellen Dingen des spanischen Dramas weiß er nichts, alles
Interesse ist bei ihm allgemein menschlichen Werthes. Wo er im
König Johann die Verhältnisse der Loyalität zum Gegenstande hat,
sind sie versetzt mit allen ächt menschlichen Regungen und Pflichten
der Vaterlandsliebe und der Sitte. Wo er die Treue schildert, ist es
nicht die conventionelle, von Amt, Stand und Staatsverhältnissen
abhängige, sondern die freiwillige, die auf Pflicht und Neigung beruht. Die Liebe hat bei ihm nichts mit einem traditionellen Frauen-
dienste zu thun, und führt nicht zu stehenden Collisionen mit Stan-
desrücksichten; wo sich bei ihm Ungleiche lieben und verbinden, kommt
das natürliche Recht immer weit vor den conventionellen Vorurtheilen
zur Sprache, und die sich gegen solche Verbindungen wehren, wie
Polyxenes und Bertram, thun es weit mehr aus allgemein menschlichen Beweggründen, als aus Standesgrillen. So hat er auch
nirgends mit dem modernen Ehrenpunkte zu thun; der Begriff der
Ehre fällt bei ihm mit dem des Verdienstes, des Ruhmes, der Tapferkeit und Männerwürde zusammen. Wenn Heinrich V. des Dauphins
Bälle empfängt, ist er zu voll von ächtem Selbstgefühl, dieß für eine
Beleidigung zu nehmen; er rüstet sich, den übermüthigen Zipel des
Gegners zu strafen, nicht eine Scharte seiner Ehre auszuwetzen.

Wenn Posthumus Imogen's Ehre angegriffen sieht, will er, daß sie
selbst sie mit der That verfechte, dann will er Jachimo im Zweikampfe strafen, nicht mit einem ordalischen Versuch des Zufalls der
Ehre eine eingebildete Genugthuung schaffen. Ueberall rückt hier
Shakspeare auf den rein humanistischen Standpunkt der Alten und
setzt in sittlicher Beziehung das rein Menschliche und wahrhaft Natürliche an die Stelle von den Verirrungen der Zeitbegriffe, eben so
wie er es in ästhetischer Beziehung an die Stelle des Uebernatürlichen
und Conventionellen der romantischen Kunst schob. Und ebenso
meidet er auf der anderen Seite das Unternatürliche und Conventionelle der nordischen Genredichtung. Er hat sich nur Einmal in den
Windsorweibern zu der Schilderung der bürgerlichen Gewöhnlichkeit,
der alltäglichen Verhältnisse, der Welt der Mittelmäßigkeit herabge-
lassen, und auch dieß Einmal hat er dieser Sphäre durch die aben-
teuernde Natur des Helden ein Gegengewicht gehalten. Er hat sich
nirgends in die Zeichnung von Originalen und Käuzen eingelassen,
die sich in absonderlichen Humoren und Grillen gefallen, wie es in
Ben Jonson's Schule anfing und in den humoristischen Romanen
der Engländer sich fortsetzte; seine caritirten Sonderlinge, seine
Pedanten und Eisenfresser sind ein Gemeingut der Welt. Er hat
nirgends die dramatische Burleske, die ganz niedere Natur isolirt um
ihrer selbstwillen geschildert, wie Holberg, sondern nur im Contrast
zu anderen Figuren. Dieß ist selbst da geschehen, wo er, wie in der
Zeichnung seiner Lanz oder der Kärrner in Heinrich IV. am aller-
tiefsten, wir wollen in diesen Fällen zugeben, tiefer herabgestiegen ist,
als irgend einem Künstler rathsam wäre.

So im großen Gegensatze gegen die Extreme der südlich-roma-
nischen und nordisch-germanischen Kunst gesehen, tritt Shakespeare
von sittlicher Seite immer in die richtige Mitte zwischen Uebernatur
und Unnatur des Lebens auf die Stelle ächter, unverkünstelter Menschlichkeit, und von ästhetischer Seite in die Mitte von Wunderlichkeit
und Zufälligkeit auf die Stelle allgemeiner Wahrheit. Von jener

sittlichen Seite sahen wir ihn daher (am Schlusse unseres ersten Bandes) an der Spitze der germanischen Kunstrichtung stehen; die den Zeitgebrauch und die Sitte des Tages nicht gläubig dahin nimmt, die vielmehr auf eine ursprüngliche Reinheit des Lebens zurückführt und den menschlichen Verhältnissen die wahre Natur zurückgeben will, die unter den willkürlichen Satzungen der Convenienz verloren wird. Schiller's Ausspruch, daß die Dichter überall die Bewahrer der (reinen) Natur seien, entweder selbst Natur seien oder die Verlorene suchten, ist das eigentliche Manifest der neueren germanischen Kunst; es ist nur wahr von der alten und neueren Dichtung, von einem Homer oder Shakespeare; die romantischen Dichter des Mittelalters waren in diesem Sinne weder selber Natur, noch suchten sie die Verlorene zu finden. Von ästhetischer Seite aber sehen wir Shakespeare überall in seiner generalisirten Anschauung auf die Gegenstände bringen, denen eine allgemeine Wahrheit inne wohnt; es war ihm nicht genug, daß seine Dichtung einen Inhalt habe und daß ihr äußerer Körper damit in Uebereinstimmung stehe, es kam ihm auch wesentlich darauf an, daß dieser Inhalt in sich selber rein menschlich, wahr und nothwendig sei. Mit diesem allgemeingültigen, von Zeit und Ort und Geschmack möglichst unabhängigen Gehalte, der von allem Zufälligen und Willkürlichen gereinigt ist, besitzt Shakespeare's Dichtung das Wahre; mit seiner unnachahmlichen Gabe, es zu schildern und darzustellen, sinnlich und faßlich zu machen, mit dem Schein der Wirklichkeit zu umkleiden, besitzt sie das Schöne, das von der Erscheinung getrennt nicht zu denken ist; so weit fällt das Wahre mit dem Schönen, die Idee mit dem Ideale zusammen. Der Dichter, der dem Abstracten, an sich Wahren Gestalt und Erscheinung giebt, und der Andere, der das gemeine Wirkliche vergeistigt, die Materie beseelt, das Besondere verallgemeint, das Zufällige gesetzlich macht, kommen sich in einerlei Wirkung, in der Darstellung des Schönen, in der Verbindung des Realen und Idealen entgegen.

Und so erscheint denn Shakespeare, von dieser Verknüpfung des realen und idealen Elements aus gesehen, in der Art vielseitig, daß man vergebens versuchen würde, seinen Dichtercharakter mit irgend einer ausschließenden Bezeichnung zu erschöpfen. Goethe hat gesagt, daß alle Synonyme, mit denen man den Kunstcharakter unterscheide, hellenisch und romanisch, antik und modern, südlich und nordlich, objektiv und subjektiv, naiv und sentimental, Natur- und Kunstdichtung u. s. f. sich dorthin zurückführen lassen, wo von dem Uebergewichte realer oder idealer Behandlung die Rede ist. Und wirklich kann man an Shakespeare die Probe machen, daß er, wie er diese beiden Grundseiten in sich vereinigt, so auch mit keiner von den anderen Bezeichnungen ausschließlich zu charakterisiren ist. Sehr wenige Dichter sind überhaupt mit Einer dieser Unterscheidungen ganz zu kennzeichnen; ein Uebergewicht wird immer nach einer der beiden Seiten hinneigen, wie bei Shakespeare das Uebergewicht des Realistischen unleugbar ist; bei keinem aber sind wie bei ihm Gewicht und Gegengewicht so gleich. Je nach verschiedenen Seiten in's Auge gefaßt, ist er bald das Eine bald das Andere, in der That aber keines, weil er beides zugleich ist. Gegen die ritterlichen Dichter des Mittelalters gehalten ist er antik, gegen die Alten modern, gegen die französischen Dramatiker Natur, gegen seine zeitgenössischen Englischen Cultur, gegen die Spanier realistisch, gegen die englischen Humoristen ideal. Seine Dichtung scheint uns einmal unwillkürlich gefunden, wie das Volkslied, ein andermal Kunstdichtung, aus vollem Bewußtsein entstanden. Nannte Schiller das Kennzeichen des Naturdichters, daß sein Werk, im glücklichen Wurfe gelungen, keiner Verbesserung bedürftig sei, so scheint Shakespeare dieser Klasse; sieht man aber, wie er den gelungenen Wurf seines Hamlet gleichwohl glücklich verbesserte, so ist er ein mit Freiheit verfahrender Künstler. Der naive Dichter vergreift sich nach Schiller seltener in seinen Stoffen als der sentimentale, Shakespeare that es selten, und wo er es that, ward sein Mißgriff zum Meistergriffe verwandelt; er hatte die geschlossene Natur, wie sie Goethe beneidete, daß er sich stets das Rechte vorsetzte und die rechten Mittel ergriff. Sieht man darauf, wie Shakespeare Alles aus Welt und Erfahrung nimmt, so ist er ein naiver Dichter, sieht man dagegen, wie er auch das kostbarste Blut der eignen Brust zur Nahrung seiner Kinder dahingibt, so ist er ein sentimentaler Dichter. Wenn der niedere Stoff den naiven, die spirituelle Schwärmerei (immer nach Schiller's Unterscheidungen) den sentimentalen Dichter gefährdet, so ist Shakespeare beiden Gefahren ausgewichen; wenn bei jenem oft der Geist, bei diesem der Gegenstand vermißt wird, wenn Schlaffheit der natürliche Fehler des naiven, Ueberspannung des sentimentalen Poeten ist, wer wollte Beides von Shakespeare aussagen? Er vereinigt in sich die Tugenden beider Seiten und schließt beider Fehler von sich aus. Ist bei dem Naturdichter die Dichtung ein glücklicher Besitz, bei dem sentimentalen ein verdienstvoller Erwerb, so ist sie bei Shakespeare ein Besitz, der durch neuen Erwerb sich immer erweitert. Schiller nennt das Drama die vertretende Form aller Kunstpoesie, in ihr bewegt sich vorzugsweise dieser Dichter, der vorzugsweise Natur war. Selbst die Folgen zeigen, daß Shakespeare beide Seiten zugleich umfaßte: Meisterstücke der naiven Gattung, sagt Schiller, werden gewöhnlich platte Abdrücke gemeiner Natur, Hauptwerke der sentimentalen aber phantastische Productionen zu ihrem Gefolge haben; in England und Deutschland hat Shakespeare früh und spät alle beide zum Gefolge gehabt. Ueberall erscheint er in der glücklichen Mitte und Unbefangenheit diesen verschiedenen Seiten der dichterischen Natur gegenüber, so daß er keiner allein gehören könnte. Der große Umfang seines Geistes zeigt ihn als einen Dichter, der den neuen Zeiten eigenthümlich angehört, sieht man aber auf die Reinheit, die Natürlichkeit und Einfalt seiner Kunst, so ist er wie ein Dichter des Alterthums. Er hat die Beweise geliefert, daß er den lyrischen und didaktischen Gattungen, in denen die Neueren sich auszeichnen, gewachsen war wie Einer, allein er concentrirte sich auf den höchsten Gegenstand der Dichtung, auf Handlungen, wie die Alten.

Sieht man über die Dichtung hinaus nach dem Dichter, so scheint kein modernerer Poet eine mächtigere Subjectivität besessen zu haben, als Shakespeare; aber in seiner Dichtung selbst ist er so objectiv, gibt er sein Persönliches so völlig dahin, wie nur die Alten thaten. Er hat einen Reichthum von Gefühlen und Gedanken, wie die gebildetsten Dichter der späteren Jahrhunderte nicht aufzuweisen haben, aber es ist ganz antike Selbstverleugnung, wie er die Schätze seiner Weisheit zur Schau zu tragen verschmäht; er fühlte die Wahrheit und Schönheit in den Dingen, ohne mit der Schönheit und Wahrheit seines Gefühles zu prunken, suchte das Große zu erkennen, nirgends suchte er selber groß zu erscheinen. Wie die Alten hielt er sich frei von allem pathologischen Antheil, von der poetischen Parteinahme für gewisse Lieblingsfiguren und Gegenstände; er griff daher gerne, wie die alten Dramatiker thaten, nach bereits behandelten Stoffen, an die er wie an eine vorbereitete Statue mehr nur die letzte Hand anlegte. So gelang es ihm, dem formlosen Stoffe der neueren Zeiten und der nordischen Völker abzuringen, was Goethe gerne für unmöglich erklärt hätte. Bei ihm nimmt sich die Kunst nicht so aus, als ob sie, wie Goethe wollte, im Norden nur eine Treibhauspflanze wäre; hier ist Alles naturwüchsig und üppig bis zu tropischer Lebenskraft. Goethe hätte gerne alle neuere Kunst für Nichts erklärt, aber dieses Etwas der Shakespeare'schen Dichtung stand riesig vor ihm, daß er davor verzagte. Und in der That ist Shakespeare nicht allein die Verbindung unserer beiden größten Dichter, sondern er überbietet selbst die verbundenen nicht nur an Material, sondern selbst an künstlerischer Natur. Die Breite seines Materials ist so ungeheuer, daß der beiden Deutschen dichterischer Erfahrungskreis zusammengeschmolzen, trotz der größeren Bildung der Zeit, nicht an Umfang mit dem seinen zu vergleichen wäre. Shakespeare ist intuitiver und realistischer als Schiller, aber auch als Goethe, wenn man seine glückliche Beherrschung der geschichtlichen Welt bedenkt; er ist idealer als Goethe, aber auch als Schiller, wenn man die viel tiefere Begeisti-

gung und poetische Erfassung der Geschichte erwägt, oder auf seine
Sittenlehre und seine menschlichen Ideale zurückgeht. Prüfe man
diese Verbindung der realen und idealen Natur, in der Schiller das
Höchste erkannte, wohin die menschliche Natur gelangen kann, an
Shakespeare noch an Folgendem: Fast in allen Zeiten und Landen
finden sich die Dichterpaare nebeneinander, die sich zwischen beide
Seiten des vorherrschenden sinnlichen und geistigen, realen und idea-
len Elementes theilen; bei uns in Deutschland allein liegen sich so
im vorigen Jahrhunderte Haller und Hagedorn, Klopstock und
Wieland, Lessing und Herder, und zuletzt im völlig bewußten Ge-
gensatze Schiller und Goethe gegenüber; aber Shakespeare hat diese
Seiten so zusammengefaßt, daß nur in seinen Nachahmern seine Doppelnatur sich spaltete; er selbst hat in seiner Nation und Zeit keinen
Gegensatz weder nach der einen noch nach der anderen Seite gefunden.

———

Nach diesen Betrachtungen wird es immer weniger wunderbar
erscheinen, wenn wir Shakespeare in der Geschichte des neueren
Dramas auf die Stelle rücken, auf der Homer in der Geschichte des
Epos steht, wenn wir ihn als den erhaben gelegenen Quell betrachten, aus dem alle Kanäle der dramatischen Dichtung sich ableiten
sollten, ohne eitel zu trachten, ihre Fluth höher treiben zu wollen als
ihr Ursprung liegt. Es bleibt uns übrig, mit wenigen Andeutungen
zu zeigen, daß Shakespeare in dem Zeitalter, in dem er lebte, und
in dem Land und in der Oertlichkeit, wo er wirkte, nicht ohne ein
seltsam günstiges Zusammentreffen aller denkbaren Förderungen fand,
die diese vorragende Stellung noch erklärlicher machen. Weit entfernt, daß jenes Zeitalter ein Hemmniß für einen großen Dichter gewesen wäre, war es vielmehr unter glücklichen localen und nationalen Verhältnissen das gedeihlichste, das die neueren Zeiten zu bieten
vermochten. Es hat in einzelnen Zügen Shakespeare's Dichtung

einzelnen Eintrag gethan, aber im großen Ganzen hatte er alle Ursache, den Stern seiner Geburt zu segnen. Denn alle Bedingungen lagen unmittelbar vor ihm und um ihn her, die eine Zeit groß machen und große Männer erzeugen und nähren können, und dieß wird Niemand gering anschlagen, der da weiß, daß auch der Genius nicht über diese Bedingungen der Zeit erhaben ist und daß auch der beste Same zum Wachsthum des guten Bodens bedarf.

Damals schien Alles zusammenzuwirken, um England in Zeitalter Elisabeth's zu einem Haupterben der Bildungsschätze zu machen, die Europa in den reichen Zeiten seiner Wiedergeburt im 15. und 16. Jahrhundert erworben hatte. Diese Zeiten und ihre Leistungen waren das wunderbare Gegenbild von allem dem, was unsere strebsüchtige und gährende Gegenwart als ihr Eigenthümliches aufweist. Bei uns gedeiht Alles, was ohne große Menschen, ohne ausgezeichnete Naturanlage und ohne eine innige Durchbildung und geistige Sammlung beschafft, was schon durch das Zusammenwirken vieler mittlerer Kräfte geleistet, oder auch durch Uebung einer einseitigen Anlage bewirkt werden kann, alle technische Fertigkeit, alle mechanischen Künste, Alles was die Aeußerlichkeiten des Lebens, die Behaglichkeit der Existenz, die Erleichterung des Verkehrs, die Erweiterung der Bedürfnisse und die Möglichkeit ihrer Befriedigung fördern; es werden immer größere Kreise in der Gesellschaft gezogen, die theilhaft werden sollen an Besitz, an Rechten, an dem, was die Leute Glück und Bildung nennen. Aber wenn die Frage ist nach bedeutenden Geistern, die im Staate das wahrhafte Bedürfniß zu erkennen und durch seine Befriedigung den verirrten Instinct zurechtzuweisen verstünden, die in der Kirche mit dem Gewichte großer Charactere die feindlichen Gewalten des Gemüths anfaßten an ihrer Wurzel und sie zu bannen auch nur versuchten, die in Kunst und Wissenschaft das große Beispiel begeisterte aufstellten, das die wüsten Seelen und gemeinen Leidenschaften auf würdige Ziele herüberreißen könnte, die im Kriege das überwältigende Talent entfalteten, das der Menschen

Bewunderung erzwingt, so erkennt man sich mitten unter so vielen ringenden Kräften des Jahrhunderts in einer furchtbaren und unermeßlichen Oede. Wie ganz anders ist die Gestalt jener Zeiten, die von den Behaglichkeiten des äußeren Lebens nichts kannten, nichts wußten von den kleinen Künsten, mit denen man in kleinen Coterien kleine Gaben entwickelt, um einen kleinen Ruhm vergänglich davon zu tragen, wo es großer Verdienste, weitleuchtender Gaben, nutzbarer Erfindungen und furchtbarer Entdeckungen bedurfte, wenn ein Mann die schwerfälligen Wege des Verkehrs und die Ungunst von Zeit und Ort überwinden sollte, wo der Mensch daher auf sein Inneres angewiesen war, dort alle Kräfte schöpfen und auf sich allein stehend sich ausbilden mußte zu Leistungen, für die ein Anderer nicht einstehen konnte! Damals bildeten sich daher in einer merkwürdigen Fülle in allen Theilen der Welt jene großen Charaktere und schöpferischen Genien, die von individuellen Kräften strotzen, deren Geistausbrüche bald von einer Jugend und Ueppigkeit der Säfte, bald von einer Innigkeit, Bescheidenheit und Tiefe der rückgezogenen Bildung zeugen, die die Bewunderung aller Zeiten verdient. Wie damals unter dem Zustrom griechischer Gelehrten in Italien das Alterthum erweckt ward, daß der Geist Plato's unwandelte und neue Schüler begeisterte; wie in den Niederlanden der Humanismus seine Wurzeln schlug und das große Werk der Schulumbildung begann; wie Deutschland durch seinen Reformator aus dem Schlafe geschüttelt ward, der Roms Allmacht erschütterte und Religion und Sitte reinigte; wie die kühnen Seefahrer von Genua und Portugal die Wege nach Indien führten und die Erdräume aufhellten; wie die spanischen Conquistadoren spielend neue Reiche zu den Füßen ihrer Fürsten legten; wie Carl V. und Philipp II. Verbindung in die gebildete und ungebildete Welt brachten; wie Machiavelli Geschichte und Staatsweisheit neu erschuf und aus seiner Schule in Italien, in Spanien, in den Niederlanden die Staatsmänner aufstanden, die dem menschlichen Geiste ein lang entbehrtes Gebiet der Thätigkeit wieder öffneten; wie Copernicus und Galilei in die Geheimnisse des Himmels drangen; wie in Italien das Monopol der bildenden Künste Griechenland entrissen, Palästrina in der Musik ein Reformator ward, Ariost dem Geschlechte einen neuen Begriff von Dichtung gab. In allem blickt man in eine urweltliche Schöpfungskraft des Geistes hinein, wo die Wunderwürdigkeit des Einen Genius unter der Fülle dessen, was um ihn her steht, verschwindet und wieder gewöhnlich wird. Es waren die Zeiten, von denen Bacon mit Stolz sagte, ihr Einspruch sei im Gegensatz zu den bekannten Sprüchen der Alten das plus ultra, das imitabile fulmen und was über alle Bewunderung gehe, selbst das imitabile coelum, seitdem die Schiffe wie die Himmelskörper, und in verschlungeneren Bahnen, die Erde umkreisten!

Die ungeheure Bewegung aber der 150 Jahre von dem Falle Konstantinopels bis auf Shakespeare's Blüte compromittirte in ihren Früchten und Folgen wesentlich zum Vortheile der germanischen Erdsäume, ihrer Staaten und ihrer Bildung, die der neueren Zeit im Gegensatze zum Mittelalter Gestalt und Ordnung geben sollten. Italien erschöpfte damals den ganzen Luxus seiner inneren Kräfte, Spanien die ganze Fülle seiner äußeren Macht, ohne daß beide zu einem wahren nationalen Gedeihen gelangten; der Druck des geistlichen und weltlichen Despotismus erstickte alle Anstrengungen des Geistes in Italien ohne Nutzen für Volk und Staat, in Spanien umgekehrt die der nationalen Kraft ohne Nutzen für die geistige Cultur. Aber in den germanischen Norden drängten alle fruchtbaren Ergebnisse dieser Zeiten hinüber und hier entwickelten sich unter dem Einfluß der freien Religion freie Staatsformen und eine Bildung, die lange Dauer versprach. Innerhalb dieser germanischen Kante schien wieder Alles zu Gunsten von England allein auszuschlagen. Deutschland war zu ausschließlich auf das Werk der Religion gerichtet, als daß nicht Staat, Kunst und Wissenschaft darunter hätten leiden sollen; die Niederlande waren in einem zu ungleichen Kampf verwickelt, als daß nicht die Aufblüte dieses Staates hätte vertagt werden müssen. In England aber schien sich unter Elisabeth Alles vereinigen zu sollen, was die früheren Zeiten in zerstreuten Völkern und Räumen vorbereitet hatten. Während in Italien und Deutschland die Blüte der Literatur und die staatliche Macht, die Werke des Kriegs und Friedens, auseinanderlagen und Eins das Andere ausschloß, traf dieß in England Alles zusammen. Darum pries Bacon das Glück jener Fürstin in Einem Sinne mit dem Drama von Heinrich VIII., unter deren Regierung das Gedeihen des Landes neben dem Elend und Unglück aller Nachbarn um so glänzender abstach, unter der die Segnisse des Friedens und die Ehren des Krieges beisammen lagen, wo England wie ein Wall Europa's gegen die Uebermacht Spaniens stand, wo englische Heere in Irland siegten und in Belgien, Frankreich und Schottland kämpften, die Flotte an Spaniens Küste kriegte und Seereisen um die Welt, nach Indien und der nordwestlichen Durchfahrt unternommen wurden. Elisabeth sammelte um sich die Männer, wie sie England nach Bacon's Zeugnisse vorher nicht geboren hatte; sie selbst behauptete sich in dieser Umgebung, nicht mit der Leichtigkeit, sagt Bacon, „mit der in barbarischen Jahrhunderten die Menschen wie Heerden leicht zu beherrschen sind, sondern mit den höchsten Gaben des Geistes und Charakters, ohne die in dieser hochgebildeten Zeit sich auszuzeichnen nicht möglich war". Unter diesen Männern war dieser Bacon selbst, der durch den Wust der mittelaltrigen Alchymie hindurch die Methode angab, die unsere Zeit in der Naturwissenschaft erst durchgeführt hat; unter ihnen die Spenser und Sidney, die mit ihrer Sprache und Dichtung entzückten, unter ihnen ein Raleigh, der die Kränze des kriegerischen und wissenschaftlichen Lebens zugleich davontrug, unter ihnen ein Staatsmann wie Burleigh, ein Geschichtschreiber wie Camden, ein Kaufmann wie Thomas Gresham, Seemänner wie Howard und Drake, um von so vielen Männern eines zweiten Ranges nicht zu reden. Vielen von diesen Geistern fühlt sich wie unserem Shakespeare die Freudigkeit an, mit der sie einem so anregenden Zeitalter angehörten, das keine Stagnation des Lebens aufkommen ließ, und einem so glücklichen Staate, wo keine öffentliche Schmach die Einzelnen lähmte, kein Glaubensdespotismus die Geister erdrückte. Der Kampf mit der Scholastik und dem religiösen Fanatismus war zwar nicht vorüber, doch stand Shakespeare mit Bacon hinter den Kämpfen mit dem Katholicismus und nach ihrem Ausgange, und vor den Kämpfen mit dem Fanatismus der anderen Seite, mit den Puritanern, in einem köstlichen Augenblick der Geistesfreiheit und konnte sein Haupt frei von Vorurtheilen erheben, von denen die Zeit nach 300 Jahren noch nicht geheilt ist. Shakespeare konnte daher in seiner Dichtung schon damals dem Zeitalter das darbieten, was wir der großen Arbeit unserer deutschen Dichter des vorigen Jahrhunderts erst wieder zu danken hatten: die Unterlage einer natürlichen Empfindungs-, Denk- und Lebensweise, auf der die Kunst am reinsten gedeiht. In vieler Hinsicht war die Zeit selbst dem Dichter hierin förderlich. Sie hielt eine glückliche Mitte zwischen Rohheit und Verbildung inne; das Leben war nicht matt und farblos wie heute; die Menschen wagten noch zu scheinen was sie waren, es war noch Dichtung in der Wirklichkeit. Unsere deutschen Dichter in dem Jahrhundert der Schminke und des Puders, der Reifröcke und Perücken, steifer Sitten, geschraubter Convenienz, verengter Gesellschaft und erfrorener Triebe, hatten unsägliche Mühe, sich aus dieser Schwerfälligkeit und Ungestalt herauszuringen, die sie in sich selbst erst besiegen mußten, ehe sie das Bessere erkannten und verfochten. In Shakespeare's Zeit war die Natur noch nicht untergegangen; diese Zeit stand nur erst am Eingang zu diesen Verschrobenheiten falscher Civilisation, und wenn unser Dichter gegen diese beginnende Seuche zwar anzukämpfen hatte, so war er doch selber davon völlig frei und gesund. Er hatte den unermeßlichen Vortheil, mit seiner Zeit einig zu sein, und nicht zerfallen; wenn er Materie für seine Dichtung suchte, mußte er sich nicht, wie unsere Maler thun, in untergegangene Welten vertiefen, zerstörte Glaubensformen herstellen, verfallene Götter anbeten und fremde Kunstwerke nachahmen, er sog aus dem vaterländischen Boden die Kraft, die seine Dichtung unüberwunden macht. Im Mittelalter standen die Dichter in einem zu mächtigen religiösen Gemeinleben, als daß es ihnen hätte gelingen können, bei beschränkter Kenntniß von Geschichte, Raum- und Zeitverhältnissen ihre Bildung, ihren persönlichen Geist mit dem Geiste der Zeit auf gleiche Höhe zu stellen; sie rangen daher in jenen Zeiten mit zu großen Ideen, die sie nicht gestalten konnten, und das Gefühl der Unvermögenheit spricht daher aus aller mittelaltrigen Dichtung. Dieß war ganz anders in dem kleinen abgeschlossenen England, wo es bei dem jungen Selbstgefühle des Volkes den Dichter von selber lockte, in und mit und für seine Nation zu leben, und das Bild seiner Umgebung in seine Werke herüberzunehmen. Umgekehrt ist es heute, wo die Kenntniß aller Welt und Kunst den Dichter zu sehr über Raum und Zeit hinweggesetzt, den Stoff aller Zeiten ihm zu nahe gebracht hat, als daß er sein Dichten und Trachten so enge mit einem nationalen Leben in Verbindung setzen möchte. Dieß hatte die Folge, daß oft unsere besten deutschen Dichtungen nur für eine kleine Anzahl Leser waren, weil Inhalt der Zeit und Umgebung nicht mehr mit dem Dichter identisch war, weil er sich frei von ihr lossagte. Aber so war es nicht mit Shakespeare und seinem Landsmanne Bacon; sie sahen sich in völliger Bescheidenheit nur als Theile in dem großen Ganzen ihrer „hochgestiegenen Zeit", und in seiner stolzesten Polemik gegen die Irrwege des Jahrhunderts erklärte Bacon, daß seine Werke mehr „eine Geburt seiner Zeit als seines Genies" seien.

Bei dieser Frische des germanischen Bildungstriebes in der Zeit überhaupt, bei dieser Blüte des nationalen Lebens in England im Besonderen ist es denn erklärlich, daß Shakespeare zu einer Zeit, wo es in den übrigen germanischen Stämmen keinen Dichter gab und wo in England selbst eine unvolksthümliche italianisirende Poesie im Schwang war, zum erstenmale den germanischen Geschmack zu Ehren bringen und einen volksthümlichen Kunstzweig zu adeln vermochte. Daß der unterscheidende Uebergang von dem südlichen Dichtungsgeschmack zu dem germanischen gerade in England gemacht wurde, ist so wenig zufällig, wie daß England gerade im Drama so bedeutende Leistungen schuf. Die englische Bevölkerung ist aus französischen Normannen und deutschen Sachsen gemischt, die Sprache selbst aus beiden Bestandtheilen zusammengesetzt; seine ganze Dichtung ist im Mittelalter mit der romanischen Kunst Hand in Hand gegangen, seit Shakespeare geht sie mit der germanischen Neuzeit. Wie Shakespeare der formalistischen Manier der italienischen Dichtung in seinen lyrischen und beschreibenden Gedichten huldigte, wie er sie noch in seinen ersten Dramen festhielt und sie dann aufgab, haben wir früher ausführlich nachgewiesen. Die Sicherheit, mit der er jene falsche Manier verließ und dadurch den großen Wendepunkt der romantischen und der neueren Geschmacksrichtung bezeichnet, ist nur mit der Festigkeit zu vergleichen, mit der er in dem großen Mitrjal der Gattungen, unter der Fortdauer des Epos in Italien, unter der Herrschaft der Schäferdichtung in ganz Europa, unter dem Geschmack an frivolen Novellen, unter der Nachahmung der Alten, die von Frankreich ausging, die Gattung des Dramas als die einzig zeitgemäße ergriff und, ohne wie Goethe unentschieden hin und her zu schwanken, von der Gunst der Zeit seine Richtung und seinen Wettlauf bestimmen und von keinem Glanz atlantischer Aepfel sich seitab locken ließ. Die normale Gattung nennen wir das Drama für die neuere Zeit nicht allein darum, weil, wie wir früher sagten, für das Publikum, das keine Rhapsoden mehr kennt und sich mit dem bloßen Hören nicht mehr begnügt, ein erhöhter Sinnenreiz nöthig war, sondern ganz besonders darum, weil die Bühne der einzige Ort war, wo sich noch alle Stände um die Kunst versammelten; weil diese Gattung allein die Dichtung aus den gelehrten und aristokratischen Kreisen hinweg vor das ausgedehnteste Publicum rief, wo das Große besser gedeiht; weil sie die Poesie dem ganzen Volke wiedergab; dieß ist das entscheidende Kennzeichen der Zeitgemäßheit irgend einer Sache. Dieß erkannt zu haben, ist ein Verdienst, das schon Hans Sachs und Lope de Vega vor und neben Shakespeare ansprechen können; dem Drama aber Gesetz und höheren Werth gegeben zu haben, ist seine eigene Größe. Die Zeit begünstigte ihn hierin auch noch von anderer Seite. Er traf in den glücklichen Moment, wo in England schon das Drama sich Geltung und Liebe verschafft hatte, wo die Theilnahme des Volkes am regsten war, und wo auf der andern Seite das Publicum noch nicht durch Sinnlichkeit verdorben und übereizt, die Oper noch nicht geboren war, die das Drama in Ausartung riß. Er nahm, was die Geister am lebhaftesten beschäftigte, in seine Hände und trieb es ausbildend zu einer Vollendung, hinter der nur Rückgang möglich war.

So von der Zeit begünstigt war das Drama, sagten wir vorhin, auch örtlich in England an der rechten Stelle, wo es wie eine bewaffnete Pallas fertig in's Leben springen konnte; der Vortheil der Concentration, den England aus den allgemeinen Verhältnissen der Zeiten damals zog, machte sich in einer merkwürdigen Weise auch für diesen Kunstzweig geltend. Frankreich und Italien hatten in der ritterlich epischen Dichtung ihre nationalen Dichtungskräfte erschöpft, Frankreich hatte den Stoff zu diesen Epen geliefert, Italien gab im 10. Jahrhundert die ausgebildete Form hinzu. Bei dem Uebergang zum Drama angelangt, machte Italien nur schwache Versuche im 16. Jahrhundert, die römische Komödie zu erneuern; Frankreich schuf eine künstliche Tragödie den Spuren der Alten folgend, was Italien später nachahmte. Beide Lande haben ein volksthümliches Epos gehabt, das in Italien bis zur Herstellung der alten Rhapsoden führte, aber kein vollständiges Drama von bedeutender Ausbildung. Spanien und England dagegen haben kein selbstständiges Epos, sondern nur aus Frankreich und Italien entlehnte ritterliche Romane. Ihre Romanzen und Balladen schlossen sich nicht in größere Epopöen zusammen, sie blieben vereinzelt und erscheinen als die ersten rhapsodischen Anfänge des Dramas; in Spanien gaben sie massenweise den Dramen ihren Stoff und selbst ihre Färbung ab. In beiden Ländern bildete sich eine volksthümliche Bühne zum Ersatz für das mangelnde Epos, wie sie andere Völker der neueren Zeit nicht gehabt haben. Zwischen beiden Ländergruppen hielt Deutschland die Mitte. Es hatte ein Volksepos, das aber unausgebildet blieb; es hatte ein Drama, das aber sehr langsam, ruckweise, in Unterbrechungen, ohne örtliche und zeitliche Concentration sich entwickelte und daher zu der glänzenden Blüte des spanischen und englischen Theaters nicht gelangte. Das 16. Jahrhundert sah einen gewissen Flor des Theaters in Nürnberg, das 17. in Schlesien, das 18. über ganz Deutschland zerstreut; die Gestaltung der Bühne dehnt sich hier über drei Jahrhunderte aus; in Spanien dagegen concentrirte sich die volksthümliche Pflege des Schauspiels auf Ein Jahrhundert, in England um Shakespeare her sogar nur auf ein halbes! In Deutschland suchte es umherend nach Pflegestätten und fand sie nicht; in Spanien ging es von den Provinzialstädten aus nach dem kleinen, erst spät zur Hauptstadt erkorenen Madrid, in England drängte es in die Eine große Hauptstadt zusammen, wo es den stählenden Kampf um seine Existenz zu kämpfen hatte, der seine höchsten Kräfte herausforderte. Urtheile man selbst, wie natürlich es war, daß England, wenn nicht die Geburtsstätte des Dramas, doch die der dramatischen Romotheste werden konnte. War doch selbst dieß Beispiel der günstigen Concentration noch nicht das letzte! In Philosophie und Dichtung compromittirte in dieser glücklichen und ganzen Zeit wieder Alles gleichsam zu Gunsten zweier großer Geister, Shakespeare's und Bacon's, neben denen die Mitbewerber verschwanden, und die der Kunst und Wissenschaft die Gesetze geben konnten, an denen noch diese Jahrhunderte zu erfüllen haben. Wie die wiedergeborene Philosophie, in die sich bei uns in Deutschland im vorigen Jahrhundert zahllose Erben theilten, damals in England das Besitzthum eines Einzigen ward, so fand auch die Dichtung einen

Universalerbeu, neben dem die Nachgeborenen mit Wenigem abgefunden wurden.

Wie wenig Shakespeare's Erscheinung auf einem so trefflich bereiteten Boden ein Wunder oder ein Zufall war, belegt eben die Seitenerscheinung eines Zeitgenossen wie Bacon. Fast läßt sich nichts von der allgemeinen Stellung Shakespeare's zur mittelalterigen Poesie sagen, was nicht auch von der Stellung des Restaurators Bacon zur mittelalterigen Philosophie gälte. Beide haben sich nicht gekannt und nicht erwähnt, obwohl es Bacon dort sehr nahe lag, wo er sich über das Theater seiner Zeit erklärte. Es ist vorauszusetzen, daß Shakespeare Bacon nicht liebte, wenn er seine Schriften und sein Leben kannte, weder seine Ruhmredigkeit, die sich, ohne übrigens im Großen seiner Bescheidenheit Eintrag zu thun, im Kleinen gar sehr wiederholt, noch die Krittelei, die seine Kränklichkeit veranlassen mochte, noch die Engherzigkeit, mit der er die professionirte Schauspielkunst für infam erklärte, (obgleich er billigte, daß die Alten das Schauspiel für eine Schule der Tugend ansahen,) noch die theoretischen Vorschriften der Lebensklugheit, die er gab, noch endlich den praktischen Lebenslauf, den er zurücklegte. Vor seinem Geiste aber, wenn er ihn durchschaut hätte, hätte er sich beugen müssen. Denn ganz so wie Shakespeare ein Ausleger der geheimnißvollen Geschichte und menschlichen Natur war, war Bacon der Ausleger der todten Natur. Ganz so wie Shakespeare in Beurtheilung sittlicher Handlungen von Fall zu Fall ging, und nicht aus Einer Erfahrung eine Regel machte, so vermied Bacon in der Naturwissenschaft den Sprung von einer sinnlichen Anschauung zu allgemeinen Grundsätzen; er nannte dieß tadelnd eine Anticipation der Natur, und dieß ist dasselbe, wie wenn Shakespeare die anticipirte Menschennatur den conventionellen Poeten der Südländer überließ. In der scholastischen Wissenschaft des Mittelalters kam es, wie in der romantischen Ritterpoesie, auf Beifall an und nicht auf Wahrheit, und dem trat Shakespeare's Dichtung wie Bacon's Wissenschaft in Einem Geiste entgegen. Wie Shakespeare die einseitig verirrte Einbildungskraft mit Vernunft, mit Wirklichkeit und Natur ausglich, so rief Bacon die Philosophie von der einseitigen Verirrung des Verstandes zur Erfahrung zurück; beide verjüngten beide Zweige durch diesen erneuten Bund mit der Natur auf Einen Schlag; beide setzten Alles, mit Hintansetzung aller Nebenwege, auf diesen „Sieg des Wettlaufs der Kunst mit der Natur". Ganz so wie Bacon mit seiner neuen Wissenschaft nur der griechisch-römischen Naturkunde und dann der letzten Periode der Philosophie im westlichen Europa gegenüberlag, so Shakespeare's Drama der Paulinischen Komödie und dem Schauspiel seiner Zeit; zwischen beiden liegt eine „große Wüste der Zeit", die für die Bühne so unfruchtbar war wie für die Philosophie. Indem sie so zur Natur zurückriefen, war doch Bacon so wenig ein Empiriker im gewöhnlichen Verstande, wie Shakespeare ein Naturdichter; Bacon sah voraus, daß, wenn einst seine Empfehlung der Erfahrung durchdringen werde, große Gefahr für die Wissenschaft von ihrem Extreme entstehen werde, und so konnte Shakespeare in Bezug auf seine Dichtung schon zu seiner Zeit erfahren; Bacon drang daher auf das engste Bündniß zwischen Erfahrung und Vernunft, wie Shakespeare das der Wirklichkeit und des Ideales abschloß. Indem sie so den Formalien der alten Kunst und Wissenschaft Lebewohl sagten, Shakespeare den Conceptren und Luftphrasen, Bacon der Logik und den Syllogismen, so geschah es doch noch diesem zuweilen, daß er in die Spitzfindigkeit der alten Schule, und jenem, daß er in den gezwungenen Witz der Italiener zurückfiel. Bacon fühlte sich in dem, was sein eigenthümliches Verdienst war, ganz alleinstehend, und so konnte auch Shakespeare; jener in seiner aufgestellten Methode der Wissenschaft und der Andeutung ihrer Ausführung, dieser in seiner ausgeführten Dichtung und der Andeutung ihres neuen Gesetzes. Bacon auf seine Wegweisung zurückblickend sagte mit Stolz, daß seine Worte ein Jahrhundert verlangten zum Beweisen und mehrere zum Vollführen, und so hat es zwei Jahrhunderte gebraucht, um Shakespeare zu verstehen, vollführt aber ist in seinem Sinne nur Weniges wieder geworden. Und dabei gaben wir an, welche tiefe Bescheidenheit wieder beide neben ihrem Selbstgefühle durchzog, so daß von beider Werken gelten mag, was Bacon gerne anführte: daß das Reich Gottes nicht mit Gepränge komme. Beide erreichten diese Höhe durch den Einen Ausgangspunkt, daß Shakespeare die Million verachtete, und Bacon mit Phocion den Beifall der Menge scheute. Beide sind sich gleich in der ungemeinen Unbefangenheit, mit der sie Allem ausweichen, was einseitig ist; bei Bacon findet man schon Jugendübungen, worin er sich bestrebte, in scharfen Gegensätzen eine Reihe von Dingen von zwei Seiten zu betrachten. Daher haben beide den gleichen Haß gegen Sectirer und Parteien, Bacon gegen Sophisten und Schulphilosophen, Shakespeare gegen Puritaner und Religionseiferer. Beide sind daher gleich frei von Vorurtheilen, von allem astrologischen Aberglauben an Träume und Vorbedeutungen. Von den alchymistischen Zauberkünstlern in der Naturkunde sagt Bacon, sie verhielten sich zu dem wahren Wissen, wie die Thaten des Amadis zu denen des Cäsar, und so verhält sich Shakespeare's wahre Dichtung zu den phantastischen Romanen von Amadis selbst. Ganz wie Bacon die Religion aus der Wissenschaft weist, so Shakespeare aus der Kunst; und wie sich jener beklagte, daß die Lehrer der Religion gegen die Naturwissenschaft Partei waren, so waren sie es gegen die Bühne. Aus Bacon's Beispiel ist es wohl klar, daß Shakespeare aus dem gleichen Grunde wie Er die Dinge der Religion unberührt ließ, und seinen weltlichen Weg in Dingen der Sittlichkeit ging; dieß ist beiden gleich übel ausgelegt worden, und Le Maistre hat Bacon's Unchristenthum bewiesen, wie Birch das des Shakespeare. Shakespeare hätte wohl auf das Alterthum und seine Kunst so geringschätzig heruntergeblickt, wie Bacon auf seine Philosophie und Naturkunde, und beide aus dem gleichen Grunde: sie pochten auf das höhere Alter der Welt, auf die erweiterte Kunde von Himmel, Erde und Menschen. Beide beugten sich nicht vor Autoritäten, und ein ähnliches

Unrecht, wie Shakespeare vielleicht am Homer verübte, beging Bacon am Aristoteles. In beiden wirkte die ähnliche Verbindung verschiedener Geisteskräfte; und wie Shakespeare in seinem Tiefsinn unwillkürlich philosophisch war, so überraschte Bacon nicht selten die Einbildungskraft des Dichters. Ganz so wie Bacon, obgleich er die Erkenntniß an sich für würdiger erklärte, als den Nutzen der Erfindungen, doch überall vielseitig und unbefangen auf den praktischen Nutzen der Philosophie drang, so suchte Shakespeare's Dichtung, so selbstständig sein Kunstsinn war, überall den Bezug auf das sittliche Leben. Bacon selbst dachte darin gleich; er war sehr nahe dabei, die Geschichte für die beste Lehrerin der Politik, die Dichtung für die beste Sittenlehrerin zu erklären. Gleich tief waren beide erregt von dem Bilde der waltenden Nemesis, die sie groß und gewaltig durch Geschichte und Leben schreiten sahen, wie sie die Mächtigsten und Glücklichsten als Opfer an ihren Altar schleppte, als die Beute ihrer inneren Natur und Geschickes. In Bacon's Werken finden sich eine Menge Sittensprüche und Erfahrungssätze, aus deren Reihe man zu jedem Shakespeare'schen Stücke, ja zu jedem seiner Hauptcharaktere (wir haben nicht wenige Proben vorgeführt) die treffendsten Mottos ausheben könnte, die von einer merkwürdigen Uebereinstimmung in der Erfassung der menschlichen Natur zeugen. Beide in ihren sittlichen Systemen kamen, dem Aristoteles huldigend, dessen Ethik Shakespeare nach einer Stelle im Troilus gelesen haben konnte, auf Einerlei Ziel mit diesem: daß die Tugend zwischen dem Zuviel und Zuwenig in der richtigen Mitte gelegen sei. Shakespeare hätte in dieser Beziehung auch damit übereingestimmt, daß Bacon das Zuviel für das Laster der Jugend, das Zuwenig für das Laster des Alters erklärte, und daß er das Zuwenig das Schlechtere nannte, weil dem Uebermaaße, wie dem Vogel, etwas von Geistesgröße und Verwandtschaft mit dem Himmel anhänge, während das Zuwenig wie ein Wurm an der Erde krieche. In diesen Sätzen liegt gleichsam die ganze Theorie von Shakespeare's Schauspielgattungen und von seiner Sittenlehre zugleich.

Wir machen von den letzten Sätzen den Uebergang zu wenigen Erörterungen über den **sittlichen Geist*** in Shakespeare's Werken. Auch von dieser Seite sind so viele Ausstellungen gemacht worden, daß es fast noch paradoxer scheinen könnte, diesen Dichter zu einem sittlichen Führer, als ihn zu einem poetischen Gesetzgeber zu machen. Um ganz davon zu schweigen, wie man so oft auch in dieser Beziehung an herausgerissenen Ausdrücken und Reden strauchelte, so hat Johnson in möglichst hartem Vorwurfe unserem Dramatiker den Fehler vorgehalten, „dem am meisten Uebel in Büchern und Menschen zugeschrieben werden könnten": er habe die Tugend der Convenienz geopfert; er scheine zu schreiben ohne irgend eine moralische Absicht, er mache keine gerechte Vertheilung von Gut und Bös und führe seine Personen gleichgültig durch Recht und Unrecht. Auch dieß sind nicht etwa gänzlich veraltete Ansichten. Noch 1848 ist ein Buch über Shakespeare's Religion und Philosophie von Birch erschienen, das sich gegen „den deutschen Mysticismus" kehrt, der diesen Autor wie einen Glaubensartikel aufrichte, da er vielmehr „einstimmig gnadelos und glaubenslos" genannt zu werden verdiene; ein Buch, in dem bewiesen werden soll, daß der Dichter an Freigeisterei, Atheismus und Profanirung der Schrift die Marlowe und Greene überboten und von Boccaz und Aehnlichen lucrezische Frivolität und Religionsspötterei erlernt habe. Mit trockenen Worten wird hier der Dichter für die Reden seiner Charaktere verantwortlich gemacht. Weil Aaron Gott und Autolycus die Unsterblichkeit leugnen, leugnet sie auch Shakespeare; weil Heinrich V. Christus' Worte: Ich kenne dich nicht! an Fallstaff richtet, ist Shakespeare ein Gottesläfterer; und wenn Timon in seinem wahnsinnigen Menschenhasse ausruft: Verschont den Säugling nicht, nehmt ihn für einen Bastard —! so hat

---

* Dem verewigten Verfasser war es nicht mehr vergönnt, sich eingehender, wie dies eine hier eingelegte Notiz von ihm wünschen ließ, darüber auszudrücken: daß Shakespeare's Sittenlehre ein Christenthum sei, geläutert von allen Uebertreibungen und Zweideutigkeiten.

Shakspeare auf Herodes' Kindermord angespielt und Christus einen Bastard genannt! Wir haben die Wahl, ob die Dummheit oder die Perfidie des pfäffischen Eifers dieses Buch geschrieben, das für die puritanischen Zeiten zu arg wäre; denn hier ist mehr als Greffon und seines Gleichen.

Eine Blindheit wie diese richtet sich selbst. Auch führen wir diese Aussprüche nicht an, um sie abzuwehren, sondern um das Gewicht des Zeugnisses desto fühlbarer zu machen, das selbst diese Eiferer trotz ihrer Verblendung für den sittlichen Geist in Shakspeare's Werken ablegen mußten. Selbst dieser Birch kann nicht umhin zu bekennen, daß unserem Dichter ein tiefes Wohlwollen und jene natürliche Liebe inne wohne, die in dem gesunden Menschen die anderen Leidenschaften überwiegt; daß er eben so in seinen Charakteren unzählige Male diese natürliche Güte des menschlichen Herzens im Gegensatze zu der natürlichen Sünde hervorhebe; daß er auf Natur und Vernunft ein sittliches System baue, das unabhängig von religiösen Betrachtungen sei, weil er die Gesetze der Sittlichkeit hinlänglich deutlich auf die Tafel des menschlichen Herzens geschrieben glaubte. Und eben so gab auch Johnson zu, daß aus Shakspeare ein System von geselligen Pflichten ausgehoben werden könne; nur meinte er, daß seine Grundsätze ihm nur so gelegentlich entfielen. Hätte er dieß gewissenhaft untersucht, so würde es ihm, gerade in sittlicher Beziehung noch eher als in ästhetischer, wie dem Alcibiades ergangen sein, der, da er über die häßliche Außenseite seines Sokrates durchgedrungen war und den Schleier von seinem Innern hob, eine Fülle von ungeahnter Schönheit entdeckte.

Es ist wahr, Shakspeare geht nie darauf aus, ausdrücklich und in gerader Vorschrift Sitte zu predigen. Er thut es höchstens mittelbar aus dem Munde der unbefangeneren, mehr zuschauenden als mithandelnden Personen in seinen Stücken. Und auch dieß nur im Trauerspiele, wo blendende Leidenschaften zwischen Tugend und Laster schillern und wo es dem Mißverstande vorzubeugen galt; im

Lustspiele, wo er mehr ab- als anzuspannen suchte, wäre es der Kunstabsicht schädlich gewesen, dem Bilde der Thorheit, das an sich schon lächerlich dargestellt ist, noch harte Strafpredigten zuzufügen. Wenn Shakespeare so, die Worte Johnson's wörtlich verstanden, ohne moralische Absicht zu schreiben scheint, so ist dieser Schein der Triumph seiner Kunst. Denn die Kunst soll nicht in gerader Belehrung die sittliche Wahrheit verkünden, sondern in lebendig wirkenden Triebfedern, durch Veranschaulichung und Beispiele. Diese Erregung der Herzen ist weit mehr als die kalte Sprache zum Kopfe geeignet, uns zu lehren, an Recht und Unrecht Lust und Unlust zu haben, und die ächte Selbstliebe in uns auszubilden, die das Gute und Schöne wie ein Eigenthum zu besitzen strebt. Kein unwirksamerer Zweig existirt in aller Literatur, als die Sittenlehre; es müßten denn die dramatischen Moralitäten sein, zu deren frostigen Mängeln die Dichtung jedesmal herabsinken wird, sobald sie sich die gerade moralische Lehre zum Zwecke setzt und sich zum Mittel herabwürdigt. Denn dann liegt es nahe, daß alle Handlung, das eigentliche Object der Kunst, verschwindet und daß man in allen Charakteren und Reden Muster und Züge der Sittlichkeit verlangt, wie es die Birch wollen, die den Untergang der Mysterien und Moralitäten unter Shakespeare's weltlicher Kunst bedauern! Diese Methode der Sittlichkeit lag außer Shakespeare's Zwecken; die Sittlichkeit aber war ihm so sehr Zweck wie die Dichtung selber. Hätte man ihm die neuen Theorien genannt, die die Dichtung von der Moral ganz emancipiren wollen, er hätte sie nicht verstanden, weil seine Dichtung den Inhalt des handelnden Lebens darstellen sollte, weil dieser Inhalt ganz sittlicher Natur, die Sittlichkeit mithin von ächter Dichtung ganz untrennbar ist. Hätte man ihm die südliche Dichtungsmanier gezeigt, die nach formalen und äußerlichen Schönheiten strebte, so hätte er sich, wie er selbst in seinen beschreibenden Gedichten schon unwillkürlich that, von dieser liebenswürdigen Fläche abgekehrt. Würde man ihm die neueren Poesien „der Verzweiflung" hinhalten, wo das Laster seine Triumphe feiert, so würde er sie mit ästhetischem wie mit sittlichem Abscheu von sich weisen. Er, der das Böse vorzugsweise das Häßliche und „Tugend Schönheit" nannte. Shakespeare's Dichtung ist sittlich, sein poetischer Drang mit seinem ethischen Gefühle untrennbar verwachsen darum, weil er das Leben als Ganzes nahm und selbst ein ganzer Mensch war, in dem die sittlichen ästhetischen und intellectuellen Eigenschaften noch von keiner speculativen Scheidekunst getrennt waren; und seine Kunst ist darum so groß, weil sie von diesem ganzen, auch dem sittlichen Inhalt des Lebens mehr in sich aufgenommen hat, als irgend eine andere, selbst die antike nicht ausgenommen. Die Dichtung durch diesen Kitt des Sittlichen mit dem Leben zu verknüpfen, die äußere Schönheit sogar der höheren Sittlichkeit zu opfern, wo dem Leben der Spiegel vorzuhalten war, dem Körper der Zeit in diesem Spiegel nicht ein ästhetisches Schmeichelbild, sondern ein sittliches Bild der ungeschminkten Wahrheit zu zeigen, dieß ist überall der ausdrückliche Zweck von Shakespeare's Dichtung, und ihm folgte er mit so tiefem Ernste, daß darin der Grund liegen muß, warum seine Dichtung ganz anders wirkte, als die unsrer Schiller und Goethe, die weit mehr zum Dichten und immer wieder Dichten anregte, als zum freudigen Ergreifen der Welt.

Das Verhältniß von Shakespeare's Dichtung zur Sittlichkeit und zur sittlichen Wirkung auf den Menschen ist das vollkommenste; von Aristoteles bis auf Schiller ist in dieser Beziehung an die Dichtung nichts höheres gefordert worden, als was Shakespeare leistete. Wenn Bacon eine Wissenschaft der menschlichen Leidenschaft vermißte, so fand er ganz richtig, daß die Geschichtschreiber und Dichter diese Wissenschaft erfüllten, und wohl hätte er bei seinem Nachbar Shakespeare vor Allem nach dieser Wissenschaft forschen dürfen: denn so wie die seine hatte keine andere Dichtung die Zähmung der Leidenschaft in mahnenden und warnenden Beispielen als das Ziel menschlicher Sittigung gelehrt. Wollte sie nicht ihre eigene Wirkung auf dieses

Ziel hin lähmen, so durfte sie nicht in ausdrücklicher Methode Moral lehren; denn auf die menschliche Leidenschaft Einfluß zu üben, dazu thut die bloße Erkenntniß von Gut und Böse wenig. Ein edler Trieb wirkt mehr auf die Veredelung des Menschen, als hundert gute Lehren, und die schlechte Leidenschaft wird am besten durch Erregung einer besseren bekämpft. Wenn das höchst wünschenswerthe Ziel sittlicher Ausbildung des Menschen das ist, daß in uns Trieb und Leidenschaft nicht der blinden Nöthigung der Natur überlassen, aber auch nicht der harten Vorschrift des kategorischen Imperativs geopfert werden, daß der schroffe Gegensatz zwischen einer eisernen Pflicht um der Pflicht willen und zwischen den holden Antrieben der Natur sich löse, daß der Unterdrückung der Sinne unter übertriebener Geistesherrschaft und dem Verlust der inneren Freiheit unter der blinden Herrschaft des Triebes gleichmäßig gesteuert, daß die Leidenschaft durch Vernunft ermäßigt, das erkannte Vernünftige dagegen zum Triebe gesteigert werde, damit die Kraft der Leidenschaft nicht unbenutzt, aber unschädlich bleibe, daß also der Mensch die Totalität erlange, in welcher Vernunft und Leidenschaft, Sinn und Geist im geordneten inneren Staate der Seele zu einerlei verbundener, nicht streitiger Wirksamkeit vereinigt sind, dann wird die Dichtung immer die wirksamste Wegweiserin zu diesem Ziele sein; denn „der gerade Ernst der Grundsätze scheucht den Menschen, den er im Spiele erträgt", darum mahnte Schiller den Dichter, den Menschen hier zu ergreifen. Soll die Kunst diesen Zweck erreichen, so kommt es nicht darauf an, daß in den Charakteren diese ideale Verbindung jener Kräfte, die uns gewöhnlich feindlich theilen, sich fertig darstelle, sondern nur darauf, daß in dem Gange und Ausgange der dargestellten Handlungen diese Ausgleichung immer als das heilsame Ziel menschlicher Strebungen heraustrete; mit anderen Worten, daß der Dichter im Hintergrunde seines Werkes diese Versöhnung in sich selber trage. Von keinem Dichter kann vielleicht dieß große Wort mit solcher Gewißheit ausgesagt werden, wie von Shakespeare. Er kämpfte wie Goethe für die Natur, für die natürlichen Rechte des Gemüths gegen Ehrbarkeitspedantismus und puritanische Sittenstrenge und Geistesverirrung; er kämpfte aber auch wie Schiller für die Freiheit des Geistes, für Maaß und Zucht gegen den allgemeinen Feind der Menschen, das Unmaaß der Leidenschaft; er hat nirgends die Helden einer übermenschlichen Pflichterfüllung dargestellt wie Schiller, aber auch nirgends mit dem Kitzel sittlichen Muthwillens auf die Sinnlichkeit und den Leichtsinn der Menschen speculirt. Kein Mann hat die menschliche Leidenschaft so gekannt, so scheinbar ohne Mittel und Mühe dargestellt, so in dem Zuschauer zu wecken und zu steuern gewußt, so durch die Meisterung der dargestellten Leidenschaft sie im Leben zu meistern gelehrt. Eine starke Leidenschaft glücklich zu schildern, dazu gehört Erfahrung und Kenntniß des Geschilderten. Mit diesem Besitze aber die überlegene Fassung und das innere Gleichgewicht zu verbinden, das sich in der Schilderung von realen Einflüssen frei erhält, dieß ist allein schon das Zeichen eines idealen und zur Dichtung geschaffenen Geistes. Nie wird man bei Shakespeare finden, daß ihm die Hand von dem Affecte bewegt ist, von dem er schreibt, was so vielen neueren Dichtern geschieht, die nur das Product ihrer eigenen Leidenschaften sind. Und wenn er die wildesten Rosse der Leidenschaften entfesselt, so ist es ein erhaben schöner Anblick, wie nicht Er von ihnen fortgerissen dahin fährt, sondern wie er, Zucht und Abstamm kennend, sie in dem Joch seines Kunstwagens meistert, die Zügellosen durch Ruf und Geißel noch wilder macht, und sie gleichwohl mit einem Winke zu zähmen und lenken versteht. Er ist nie Icarus mit dem, dem er die Flügel schmiedet; er ist nie Phaethon mit dem, dem er die Rosse leiht, sondern Phöbus in Liebe zu seinen ausschweifenden Kindern, und Jupiter in Strafe.

Mit dieser Eigenschaft der vollendeten Gemüthsfassung ist unser Dichter nie zu dem Fehler selbst großer neuerer Dichter verirrt, weder der Leidenschaft noch der Schwäche Reize zu leihen, die uns bestricken und auf sittliche Abwege leiten könnten; er war vielmehr ganz dafür geschaffen, wie er darauf gestellt war, nach Aristoteles' Vorschrift mit seinen Dramen auf die Reinigung der Leidenschaft hinzuwirken. Nach Aristoteles' bekannter Lehre soll die Handlung der Tragödie der Art sein, daß sie Furcht und Mitleid errege und dadurch diese und ähnliche Gemüthsbewegungen reinige. Dieser Vorschrift hat Shakspeare in einer seinen, von aller Trivialität ganz entfernten Weise genügt, die nie zu überbieten sein wird. Er hätte sich verbeten, daß man das dichterische Bekämpfen der Leidenschaft und die Furchterregung der Tragödie, wie Bacon that, mit der Anwendung von Lohn und Strafe im Staat vergleiche; in dieser plumpen Art hat er es nirgends darauf angelegt, die Furcht des Zuschauers und seinen Abscheu vor dem Uebermaaße der Leidenschaft wesentlich durch eine Betonung der äußeren Unfälle, die sie nach sich zieht, zu erregen. Die edlere Frucht, auf die Er hinarbeitet, stellt sich lange vor dem Ausgange, schon über dem schwindelnden Gange der nachtwandelnden Leidenschaft, über der gegenständlich gemachten Entfaltung der blind gesteigerten Mächte in uns ein; diese Spannung der Befürchtung soll die Fühlbarkeit, die zarte Empfindlichkeit für die Wahl des Richtwegs in uns erhöhen; wir sollen als Zuschauer bei dem Spiele lernen, den Beginn des Fehlwegs rascher, reizbarer zu bemerken, um im eigenen Spiele vorsichtiger zu gehen; die Uhr der vor uns ablaufenden Leidenschaft soll zugleich der Wecker sein für die Wachsamkeit unserer eigenen Seele. Und so ist, wo der Dichter unser Mitleid anspricht, nicht blos eine Regung der weichen Rührung und des Mitgefühls mit denen bezweckt, die unter der Strafe der selbstgeschaffenen Geschicke leiden; es soll sich vielmehr mit der Furcht vor dem gefährlichen Laufe der Leidenschaft zugleich das Mitgefühl mit dem Kühnen, dem Großartigen, dem Achtunggebietenden in diesem Laufe verbinden, mit dem, was Bacon in dem kraftvollen Schwunge der Leidenschaft Verwandtes mit dem Himmel entdeckte. Daß nun durch diese Erregung von Furcht und Mitleid in der That auf die Reinigung der Leidenschaft gewirkt werde, ist wohl unbestreitbar.

Die Gegenständlichkeit, mit der uns im Schauspiele das Bild der menschlichen Leidenschaft gegenüber gestellt, die uns in schlummernden dunklen Gewalten uns zur Anschauung gebracht und dadurch vorstellig, lebendig gemacht und aufgeklärt werden, muß nothwendig eine Erhöhung unsres Bewußtseins wie unseres Selbstgefühls bewirken, womit eine Erhebung und Reinigung der Seele nothwendig verbunden sein wird, falls wir überhaupt noch für Eindrücke so edler Art empfänglich sind. Sehe man ein Shakespeare'sches Drama irgend erträglich aufgeführt, und es wird auf jeden Unverdorbenen diese höchsten Eindrücke eines Kunstwerkes machen, die jene Aristotelische Forderung bezweckt, und die Schiller in deren Verfolge so vortrefflich entwickelt hat; es versetzt uns in den Mittelzustand zwischen Thun und Leiden, wo wir, ungenöthigt, doch auf beide Art thätig sind; wo wir die Freiheit behalten, uns selbst zu bestimmen, wie wir wollen, wo wir nicht wie bei Sinnesgenüssen abgespannt, nicht wie bei Geistesgenüssen angespannt sind, sondern uns unserer Kräfte ganz Meister fühlen und zu jedem Werke gleich geschickt davon gehen können, in einem hohen Gleichmuth des Geistes. In dieser Stimmung wird uns jedes tiefere Drama Shakespeare's entlassen, und die stärksten seiner Werke die stärksten Menschen am meisten. Von der Warte seiner Kunst herab sieht sich das Leben leichter und bezwingbarer an; und wenn die große Wahrheit seiner Schilderungen uns die wirkliche Welt nicht in poetischer Sonnenheitere, sondern von Wolken vielfach überzogen zeigt, so hat uns der Dichter doch den Standpunkt und die Mittel gegeben, selbst in diesen stürmischen Elementen des Lebens neue Schönheiten und Reize zu finden.

Wenn diese sittliche Wirkungskraft in Shakespeare's Dichtungen gelegen ist, wenn sie so mit Sittlichkeit getränkt sind, daß eine Art System von Lebensweisheit daraus zu ziehen ist, so fragt es sich: wie läßt sich unter den zahllosen, sich endlos widersprechenden charakteristischen Aeußerungen seiner Figuren seine eigene Meinung mit Sicherheit herausfinden?

Man könnte sagen, daß die Meinungen, die am häufigsten in dem Munde seiner reineren Charaktere und bei den meisten Gelegenheiten wiederkehren, auf das Grundsystem der Denkart des Dichters hinweisen, und weil sie in seinem Geiste so sehr vorherrschen, am meisten sein eigen sein müßten. Allein damit würde man nicht weit genug gelangen; es ist schon schwer, seinen bedeutenderen Charakteren ihrer Zusammengesetztheit wegen auf den Grund zu kommen, viel schwerer ihm selbst, der gleichsam wieder aus allen diesen Charakteren zusammengesetzt ist. Wichtiger ist, daß man auf die reellen Charaktere achtet, die Shakespeare in der Mitte zwischen den starken tragischen und den schwachen komischen Gestalten seiner Stücke gehalten hat; und die Fingerzeige, die wir über jene Heinrich, Posthumus, Orlando und Aehnliche gegeben haben, dürfen uns für diese Untersuchung nicht verloren gehen. Der Hauptweg aber ist die Betrachtung der dramatischen Gattungen und ihr Verhältniß zu einander, und dann die sittliche Gerechtigkeit, die sich in der Entwickelung der Handlungen darstellt. Wir haben in Shakespeare nicht einen Lehrer vor uns, der uns die Räthsel der Welt platt zu lösen eilte, sondern die Welt selber mit ihren Räthseln spielt vor uns; aber der Zufall ist ihr abgestreift, die Triebfedern der Handlungen und der Nothwendigkeit der Schicksale, die sich daraus entwickeln, sind vor uns ausgedeckt; auf diesen offengelegten Mechanismus muß man lauschen; ihm nachdenkend lernt man die Meinung des ordnenden Meisters verstehen.

Die Alten, die in ihrer Tragödie nur die Heroenwelt, in der Komödie die Wirklichkeit und Gegenwart darstellten, sind durch diesen Gegensatz zu einer sehr reinen Scheidung der dramatischen Gattungen gelangt. Ihre Tragödie kennt keinerlei komische Bestandtheile. Die Ausscheidung des Ernsten in der Komödie dagegen zeigte sich schon unthunlicher, weil die Kunst überall der Erhebung aus dem Niederen bedürftig ist. Schon bei Aristophanes hebt sich eine erhabene Lyrik und der feierliche Ernst politischer Lehre von der komischen Handlung ab; die Menander'sche Komödie aber verschmolz zuerst die heitere und ernste Bewegung des Lebens. Sie wurde in ihrem Durchgange durch Terenz und Plautus die Erzieherin des neueren Drama's. Denn dieses entwickelt sich in Wahrheit mehr aus der burlesken Volkskomödie, als aus den Mysterien, und sie auszubilden half überall das Plautinische Lustspiel mit. Das Trauerspiel und seine Ausbildung folgte chronologisch der Komödie erst nach; es bildete sich also von dem Boden der Komödie, dem wirklichen Leben, herauf, nicht wie im Alterthum einem heroischen Epos zur Seite. Das wirkliche Leben mit all seinen Wechseln zwischen Gut und Bös, zwischen Freud und Leid und Scherz und Ernst ging in das Drama jeder Gattung ein; die Benennungen verwirrten sich; in Spanien hieß Alles gleichmäßig Komödie; in England war die Unterscheidung von Tragödie, Komödie und Historie gebräuchlich, je nachdem der Ausgang gut oder schlecht, die Geschichte wahr oder erfunden war. Shakespeare mußte bald erkannt haben, daß dieß keine kunstmäßigen und wesenhaften Unterscheidungen waren; er persiflirte das Kennzeichen des Ausganges in Verlorener Liebesmühe, und im Munde seines Polonius zugleich die Versuche, die Gattungen nach den Stoffen zu bestimmen. Seine Ansicht schien zu sein, daß jeder Stoff seine eigene Form verlange, und jedes Stück bildet insofern bei ihm die eigene Gattung; daher kommt es, daß er so oft die Scheidelinie von Lustspiel, Pastoral, Maske und Historie verschliffen hat. Indem er so das Leben allein zum Führer nahm, jedem Fall sein eignes Recht und Gesetz gab, die Sache selbst den Gang, die Form und die Stimmung vorschreiben ließ, stieß er in den Sachen überall auf den Einen durchgreifenden Unterschied zwischen dem üppigen und dem verkümmerten Wuchs der Leidenschaft und handelnden Kraft im Menschen, und dieß führte ihn zu der allgemeinen Festhaltung des Begriffs von Komödie und Tragödie. Zwischen beiden

ziehen, den Eindruck des Grausens zu mildern, und die Disharmonie des komischen Gegensatzes in wohlthuende Accorde aufzulösen. Wir haben im Einzelnen nachgewiesen, worin der Grund liegt, daß die komischen Figuren und Nebenhandlungen im ernsten Drama, und umgekehrt, bei Shakespeare nirgends etwas Störendes und Unharmonisches haben: weil sie stets in einer genauen Beziehung zu dem Gedanken des Stücks stehen, weil sie als Gegensätze oder Nebenschößlinge der herrschenden Leidenschaft dargestellt sind, weil sie zur Schattirung des Hauptgemäldes, als Folie, als Widerspiel, als verzerrtes Spiegelbild dienen. Diesen Gebrauch überkam Shakespeare aus den ersten, volksthümlichsten und bewußtlosesten Anfängen der Komödie. Schon in ihren rohesten Erstlingen hatte die Volkskomödie in einem glücklichen Instincte dem Narren hier und da die Rolle des komischen Chores zugetheilt. So ist im spanischen Drama die Parodirung der Haupthandlung ganz stehend; und der Grazioso hat dort überall die Gabe und die Aufgabe, das, was die Hauptcharaktere in leidenschaftlicher Erregung nicht sehen, hören und fühlen, in seiner Einfalt wie Shakespeare's Clowns unbefangen zu durchschauen. Niemand, der dieß weiß, wird daher in unserer Auslegung dieser komischen Nebenhandlungen bei Shakespeare etwas Auffallendes und Hineingelegtes finden. Uebrigens erinnern wir noch, daß in dem Gebrauche dieser Mischung bei Shakespeare überall das tactvollste Maaß gehalten ist. Im Trauerspiele und in der tragischen Historie hat Shakespeare nie komische Seitenhandlungen angebracht, sondern nur einzelne Figuren in vorübergehenden Scenen, und auch diese je später desto weniger; die burlesken Parodien ernster Handlungen stehen nur im Lustspiele; die Mischung von tragischen und komischen Situationen aber nur im Schauspiele, und in solchen Lustspielen, die nahe an den Ernst des Schauspiels grenzen.

Wir haben schon früher gezeigt, wie einfach die Eintheilung von Shakespeare's Schauspielgattungen sei und wie sie zugleich zu seiner Grundansicht über die sittlichen Dinge führe. Wir sagten vor, der Dichter sehe den Menschen auf seiner Höhe, wo er zu dem Gleichgewicht der Natur gelangt, auf welchem sich das edle Selbstgefühl des Menschen von seinem Werthe und seiner Bestimmung aufbaut, die ächte Selbstliebe, welche die Wurzel alles Guten ist. Solche Erscheinungen, bemerkten wir, führe er in Schauspielen vor, die den ernsten Gang der Tragödie und den heitern Ausgang der Komödie haben. Diese Gattung kannte schon Aristoteles. Er sprach von ihr verächtlich, wie auch wir noch heute zu thun pflegen, weil sie in der That sehr oft durch die allzugrade und gutmüthige Gerechtigkeit, mit der sie den Guten zu Glück, den Bösen zu Schaden führt, auf die Schwäche der Schwachen speculirt, denen zu Liebe man auch Shakespeare's Romeo in ein Schauspiel verwandelt hat. Aristoteles und Shakespeare haben für diese Gattung keinen Namen; jener nennt es Tragödie und bezeichnet es als der Tendenz nach dem Lustspiel angehörig; dieser nennt es Komödie, aber Charakter und Zuschnitt sind tragisch und die Katastrophe droht tragisch zu werden. Der Sturm, der Kaufmann, Heinrich IV. und V., Cymbeline, Maaß für Maaß gehören ganz hierhin und eine Reihe von Lustspielen in ihren ernsten Theilen, wo nicht tragische Begebenheiten und Charaktere tragisch, nicht lächerliche lächerlich, sondern ernste ernst ausgehen. Es ist allerdings nicht, wie Aristoteles bemerkte, das der Tragödie oder Komödie eigenthümliche Vergnügen, auf das diese Gattung abzweckt; dieß hindert aber nicht, daß uns das Schauspiel als eine Mittelgattung gelte, deren Berechtigung in keiner Weise abzuleugnen ist. Wer wollte auch Goethe's Iphigenie, Schiller's Tell, die Orestiaden oder den Cymbeline nicht für die ebenbürtigsten Kunstwerke ansehen? Diese Gattung ist allerdings leichter als die anderen der Entartung ausgesetzt, aber auch dieß kann nicht gegen ihre Mitbewerbung sprechen. Die Gegenstände nehmen hier durch die gerade Austheilung der Gerechtigkeit leicht etwas zu grelle Gegensätze von Gut und Bös in sich auf; das Schauspiel ist die Gattung, in die sich die bürgerliche Misere am liebsten eingenistet hat; es schlägt leicht in das Rührspiel um, in dem der Unschuldige leidet ohne den Widerhalt geistiger Kraft, oder stellt Tugendbilder der Unfehlbarkeit auf, in denen wir eine Pflichtmäßigkeit des Handelns bemerken, die aus Empfindungslosigkeit zu stammen scheint. Aber diese Fehler und Plattheiten sind darum in dieser Gattung nicht nothwendig; Shakespeare wenigstens ist ihnen gänzlich fremd geblieben. Er hat seine Heinrich und Posthumus nicht in eine solche reine moralische Luft gestellt, in der wir Anderen nicht zu athmen vermöchten, nicht auf eine Höhe, deren Abstand uns entmuthigt; er hat uns ihre sittliche Natur im Kampfe, in Siegen und Niederlagen geschildert, so daß ihre Schwäche sie uns nahe rückt, ihre Stärke uns zu ihnen hinauf reißt; sie zeigen uns nicht allein, wie die tragischen Charaktere, daß Rechthandeln möglich sei, sondern daß auch in Wahrheit und Wirklichkeit recht gehandelt werde. Zwischen die verirrten Naturen der Tragödie und Komödie tritt hier eine mittlere Menschheit ein, Charaktere aus der tragischen Sphäre, mit starken Leidenschaften, aber mit der inneren Fassung begabt, die die harten Collisionen der Tragödie abschleift, die der Leidenschaft nicht gewonnenes Spiel gibt, die die inneren und äußeren Irrungen überwindet und das drohende Schicksal entwaffnet. Es ist ungemein sinnreich, wie Shakespeare die Menschen dieses Schlags, seinen Heinrich mit der Gottheit im Bunde, seinen Posthumus im Schutze der Götter gezeigt, wie er es im geringsten Falle so geordnet hat, daß die rettende Hand eines Genius über ihnen wacht, wie Portia über Antonio, der Herzog über Angelo, Helene über Bertram; sie tragen in sich die Anlage, einen solchen hellblickenden Schutzengel zum Freunde zu gewinnen, während die tragischen Charaktere von Gott und Menschen und sich selbst verlassen werden. Nannten wir die Aufgabe der Kunst, auf jene Klarheit und Harmonie des Wesens, die richtige Begrenzung der Haupttriebe im Menschen hinzuleiten, so thun dieß die Gattungen der Tragödie und Komödie aus der Schilderung des Gegentheiles mehr negativ, das Schauspiel mehr positiv; und man sieht nicht, warum dieß nicht eben so statthaft sein sollte? Dabei kommt nur Alles darauf an, daß diese Gattung, wenn sie niedere Charakterformen gebraucht, dem Lustspiel, wenn höhere Naturen, dem Trauerspiele sich näher stelle. Diese Unterscheidungslinie hat Shakspeare mit untadelhafter Feinheit und Sicherheit behauptet.

In den tragischen Charakteren dagegen wird jenes glückliche Gleichgewicht der menschlichen Natur und ihrer Grundtriebe gestört und aufgehoben; die richtige Selbstliebe des Menschen steigert sich zu Selbstsucht, zu Ehrgeiz und all jenen überstürzten Leidenschaften, die zu unseligem Ende führen. Wo die Tragödie ihren Zweck am schärfsten ergriffen hat, hat sie immer eine solch überhobene Menschheit geschildert, die sich in freigeistigem Trotze gegen die Mächte des Himmels aufwirft, das Vertrauen auf menschliches Vermögen überspannt, sich in der schrecklichen Folgerichtigkeit der Leidenschaft zu Nichtachtung göttlicher und menschlicher Gesetze fortreißen läßt, für ihre Anmaaßungen in der Gesellschaft mehr Raum fordert als mit dem Rechte der Anderen verträglich ist und daher an natürlichen Gegenwirkungen scheitert, mit der inneren Natur ihr äußeres Schicksal bereitend. Die titanischen Naturen sind in den heroischen Zeitaltern der Welt, jenseit der staatlichen Cultur, am heimischsten, dorthin verlegte daher auch Shakspeare seine tragischsten Stücke; seine übrigen Tragödien spielen fast alle in Zeiten von Bürgerkriegen, wo wenigstens für den Moment die gesellschaftlichen Schranken gelockert sind und die ursprüngliche Kraft und Unmittelbarkeit der Leidenschaft freieren Spielraum erhält. Auch in dem Alterthum sind die mächtigsten tragischen Charaktere solche, die gleichsam für das menschliche Maaß zu groß gewachsen sind und der Götter Eifersucht reizen. Doch sind dort die Fälle nicht selten, wo der tragische Held die Schranken des Sittlichen nicht eigentlich überschreitet, wo die Katastrophe durch Verwickelung von Ereignissen entsteht und die Handlung wie eine Intrigue des Schicksals gewebt ist, wo sich in den Menschen, im Kampfe gleich großer, vaterländischer und sittlicher Pflichten, gleich berechtigte Momente streiten. Eine Handlung dieser Art hat Shakespeare nur in dem Einen Cäsar geschildert; sie sind höchst fesselnd, aber in der Natur der Dinge so selten, wie in der Gruppe von Shakespeare's Stücken. Der viel gewöhnlichere Grund tragischer Erlebnisse ist, wie bei ihm, in des Menschen eigener Brust zu suchen. Die Entzweiung und der Kampf der bösen und guten Natur, der blinde Zug der Leidenschaft und die starre Consequenz des von ihr gespornten Willens ist die bewegende Kraft in den Trauerspielen unseres Dichters und in denen des wirklichen Lebens selbst. Gerade von dieser Seite fesselte die Tragödie unseren Schiller am meisten: weil sie die Schilderung dieses inneren Kampfes der Vernunft mit des Menschen sinnlichem Theile darstellt, in dem wir allein zum Bewußtsein unserer moralischen Natur gelangen. In allen Shakespeare'schen Tragödien ist der Gegenstand immer der Umschlag einer mehr oder weniger edlen Natur unter dem Uebergewicht einer großen Leidenschaft; die Folgen der Ueberschreitungen treffen dann den Helden mit Leiden und Unglück, und in diesem Pathos erhebt sich die gegenwirkende bessere Natur, zu spät, um das Verderben noch abzuwenden, nicht zu spät, um nicht durch eine Läuterung des Wesens zu versöhnen; oft auch so, daß eine geistige Kraft in dem tragischen Charakter sich nicht gegen, sondern neben der herrschenden Leidenschaft erhebt und uns durch ihre selbsträchende Folgerichtigkeit, durch eine Charakterstärke, die sich dem Unglücke nicht beugt, selbst noch Achtung vor dem Verirrten einflößen muß. In der mannichfaltigsten Abstufung ist dieser tragische Verlauf bei Shakespeare durchgeführt. Im Lear ist alle Einsicht von unenthaltsamem Eifer überwältigt, sie kehrt unter seinen Leiden wieder und die Natur läutert sich bei ihrer Auflösung. Die Unenthaltsamkeit der Schwäche wirkt in Richard II. ähnlich wie im Lear die der Stärke. Coriolan's Besinnung ist von seinem Stolze umgeworfen, auf die Ansprache seiner edlen Natur wählt er freiwilliges Leiden und versöhnt so durch eine heroische Besiegung seiner schwer besiegbaren Natur. Im Othello verfehlt es die Mäßigung in

Einem Fehltritt, der sich mit furchtbaren Folgen rächt, in seinem Leiden erhebt sich der Mohr, selbst in seinen Verirrungen voll Ehre, und in seiner Selbstftrafe versöhnend. In Brutus ist die Wahl zwischen Pflicht und Pflicht; das Leid verfehlter Zwecke wird daher von der gefaßten Natur leicht überstanden. Timon's unter Wohlleben verschlemmte Vernunft wird wach unter dem Ausbruch der selbstgeschaffenen Uebel. In Macbeth folgt auf den Fall der edlen Natur sein Gewissensleiden, in dem sich dann seine trotzige Kraft erhebt und die Gewalt des Geistes uns selbst in ihrer Verwilderung ergreift. Aehnlich in Richard III., dessen gute Natur man in Heinrich VI. suchen muß, wo er für sein Haus aufopfernde Thaten verrichtet. Die wenigst tragischen Charaktere sind die ganz verschiedenen K. Johann und Antonius, weil in ihnen die Auffassung der besseren Natur am schwächsten ist. Das merkwürdigste Stück in tragischer Beziehung ist aber, auch von dieser Seite gesehen, Hamlet, weil hier das strebende Verhältniß so sinnvoll wie kühn gerade umgekehrt ist; der Dichter zeigt, daß das Uebergewicht der geistigen Kräfte so falsch ist, wie das der sinnlichen. In Hamlet ist der Geist wach gegen die Antriebe der Blutrache und Herrschsucht; der sinnliche, physische Antrieb ist hier als Pflicht dargestellt. Gewissen und Geist durch ihre Verletzung mit Unthätigkeit als das Fehlerhafte; dieß macht in Hamlet die böse Eber quälen und reißt ihn höchst bezeichnend mehr aus Leiden in Verirrung als aus Verirrung in Leiden, und man fühlt sich befriedigt, wenn zuletzt das Blut noch mächtig in ihm wird, da der Geist ganz erschlafft ist. In allen diesen Charakteren von Coriolan bis zu Richard herab ist eine ursprünglich gute Anlage; das jugendliche Jubel, das Strebende der Leidenschaft liegt dicht neben ihrem Gefährlichen und Dämonischen. Aristoteles' Forderung der gemischten Charaktere ist erfüllt, obwohl in einer ganz selbständigen Weise. Nach Aristoteles soll der tragische Umschlag des Glücks nicht wegen Lasterhaftigkeit geschehen, sondern wegen eines Fehltritts von Seiten eines Menschen, der nicht große moralische oder bürgerliche Vorzüge besitzt, der in Glück und Ansehen steht und mehr Theil an edler als schlechter Natur hat. In diese Mitte hat sich Shakespeare nicht bannen lassen. Er hat seinen tragischen Helden zu hoher Stellung oft große sittliche Vorzüge geliehen, oft sie in große Verbrechen verwickelt. Das Alterthum mied die Darstellung großer bewußter Verschuldung, auch dieß wohl darum, weil die geistigen Hebel und Hülfsmittel, die zu raffinirten Verbrechen nöthig sind, weniger bekannt waren; für uns aber hat die Ablenkung einer ursprünglich edlen Natur, der Absturz von Tugend und Laster bei Shakespeare gerade darum ein so fesselndes Interesse, weil seine Kunst der Aufgabe gewachsen ist, einen solchen inneren Hergang vollständig zu entwickeln. Die Darstellung von eigentlichen Verbrechen ist für die Dichtung eine gefährliche Klippe, weil das ganz Schlechte und das ganz Schwache eines ästhetischen Reizes nicht fähig ist. Aber Shakespeare hat auch diese Klippe geschickt vermieden. Seine Schlechten sind alle stark, seine Schwachen sind alle nicht eigentlich schlecht. Selbst wo sich Schwäche und Verbrechen am engsten berühren, in Antonius, scheint eine ursprüngliche Kraft noch hindurch, und die äußerste Feinheit, mit der Shakespeare an dieser Gränze inne blieb, beweist nicht am wenigsten den grundtiefen Instinct der Kunst, der diesen Mann zum Gesetzgeber des neueren Dramas befähigte.

Das Lustspiel ist bei Shakespeare im Gegensatz zu der Tragödie auf die Schwächen der Menschen gerichtet; die Leidenschaft, der Naturtrieb, statt in jugendlicher Üppigkeit auszuarten, schrumpft greisenhaft unter der Macht der Eigenliebe und eitler Einbildung zusammen. Wo dort die Unbeugsamkeit starker Naturen geschildert ist, die selbst gegen übermächtige Umstände und Gewalten anstreben, sind hier im Gegentheil, in dem Intriguenlustspiel wenigstens, die Umstände und äußeren Zufälle wohl das, was mit den Menschen sein Spiel treibt, und statt in der Entwickelung tiefer Charaktere ist in Irrungen, Erkennungen, Unwahrscheinlichkeiten der Handlung ein poetischer Reiz gesucht. Diese Gattung, der Stolz der spanischen

Bühne, ist bei Shakespeare kaum zu finden. Das Thema seines Lustspiels, das bei ihm wesentlich nur Charakterlustspiel ist, ist das Kleinliche einer verengten Menschheit, die Dürftigkeit des Geistes und der Leidenschaft, nicht selten, im geraden Gegensatze gegen sein Trauerspiel, das Uebergewicht des verirrten geistigen Elementes über den natürlichen Trieb. Die komische Epopöe und der humoristische Roman (Reinete Fuchs, Don Quirote u. a.) sind, wo sie am glücklichsten waren, immer gegen die einseitige Ueberhebung des Geistes, gegen alles Phantastische und Grillenhafte zu Felde gezogen; das Lustspiel konnte so viel wie diese erzählende Werke nicht wagen, da es sich als eine sichtbare Darstellung von dem Boden des Wirklichen nicht so weit entfernen durfte. Gleichwohl ist Shakespeare's Komödie in der bezeichneten Richtung bestimmt genug wie in den geradesten Gegensatz zu seiner Tragödie gesetzt. Wenn Selbstsucht und Egoismus der Leidenschaft den Zügel schießen lassen, so äußert sich die Eigenliebe dagegen, selbstgefällig und eitel wie sie ist, nicht sowohl in Lastern als in Thorheiten, nicht so sehr durch Verirrungen der Triebe, als des Kopfes, durch Grillen und Einbildungen, die die gesunde Natur beeinträchtigen, durch Fehltritte, nicht der Leidenschaft, sondern des Verstandes, nicht der Sittlichkeit, sondern der Intelligenz; das Komische fordert unser besseres Wissen, das Tragische unser besseres Gewissen heraus. Dieser feine Gegensatz ist am besten an Angelo zu entwickeln. In ihm hat zuerst die gezwungene Vernünftigkeit die Leidenschaft erstickt, so weit ist er mehr eine komische Figur, die durch eine leichte Wendung zu komischem Falle gebracht werden konnte; sobald es die Leidenschaft über seinen Geist gewinnt, wird er ein tragischer Charakter. In Orsino ist der Geist krank an Einbildung, die eine ächte Leidenschaft nicht aufkommen läßt; so im Uebermaaße in Malvolio. In Verlorner Liebesmühe vermißt sich der Geist, die Natur zu unterdrücken, in Benedict die Eitelkeit, dem weiblichen Geschlechte zu widerstehen, in Falstaff die Einbildung, sich für einen Gegenstand der Liebe zu halten; in den caricirten Figuren herrscht das eitle Streben vor, überall Schein für Wesen geltend zu machen. Diesem Inhalt der Komödie ist es gemäß, daß sie nicht in heroischen oder kriegerischen Zeiten, nicht in weiten staatlichen Verhältnissen spielt, sondern im häuslichen Kreise, in mehr gegenwärtigen Verhältnissen der gebildeten und geordneten Gesellschaft, wo die gegenseitige Abhängigkeit der Menschen den Wuchs der wilden Leidenschaft hemmt und die Triebe verfeinert. Die tiefe Durchdringung des Lebens greift hier nicht Boden, wo es mehr um die lachenden Außenseiten und um oberflächlichere Regungen der Menschen gilt. Aristoteles schrieb daher der Tragödie nach Rang und Charakter edle, der Komödie niedere Menschen zu; die Zeiten Shakespeare's wollten im Trauerspiel den Fürstenstand, im Schäferspiel den Bauernstand, im Lustspiel den bürgerlichen Mittelstand vertreten haben. So äußerlich nahm es Shakespeare nicht, aber ein Mittelschlag von Menschen sind, wie wir früher gezeigt haben, seine Lustspielcharaktere Alle. Damit sie nicht flau und flach ausfallen, damit diese engere Menschheit uns nicht gleichgültig werde, hat der Dichter vorsorglich zwei durchgreifende Hülfsmittel gebraucht. Er hat sich nur wenigemale in der reinen Sphäre des Komischen begnügt, er schob sein Lustspiel an die Grenze des ernsten Schauspiels oder selbst Trauerspiels hin und durchschoß es mit Verhältnissen der würdigsten Art. Wenn Goethe aus einer vielseitigen Natur sich ungern zu der geraden Linie des Trauerspiels verstand, so Shakespeare noch viel unlieber zu der einseitigen Ausbildung der schroffen Gattung aus jener Ganzheit seiner Natur, die sich nicht an eine einseitige Betrachtung des Lebens verlieren mag. Das andere Mittel ist, daß er den edleren Charakteren seines Lustspiels burleske Figuren zur Seite stellt, durch die sie sich heben und unserem Interesse näher bleiben. Ohne die Seitenstücke der Armado und Malvolio würden sich uns die Orsino und Navarra wenig empfehlen. Jene Figuren sind Genrebilder, aber es ist in ihnen eine gesteigerte Wahrheit, so daß sie einen Reiz mitten in der Häßlichkeit erhalten, wie die komischen Masken der

Alten. Sie entbehren daher keineswegs eines eigenen Interesses; Shakespeare gewann auch ihnen eine fesselnde Seite ab. Die Bedürfnißlosigkeit, die Selbstgenügsamkeit, die Selbstgefälligkeit der äußerlich und innerlich Armen, die die gefährliche Strebsamkeit der höheren Stände noch nicht künstlich eingeimpft haben, ist an sich poetisch und gewinnt in Shakespeare's Lustspiel noch ungemein durch den Gegensatz zu dem höheren Dichten und Trachten der Geistreichen neben ihnen, das dem Wesen nach an innerer Thorheit parallel mit dem Gebahren jener Caricaturen liegt. Denn während jene Feineren sich mit bewußterem Geiste verirren und am Ende vor der Zerstörung ihrer eitlen Ansprüche und Einbildungen, nach getäuschter Erwartung, in Beschämung dastehen, so sind die Leute dieses Schlags, wie die Clowns im Sommernachtstraum, in der Selbstzufriedenheit und Sicherheit ihres Treibens über allen Mißerfolg und daher über alle Schadenfreude erhaben; ihnen ist nichts zu verderben, weder ihre Zwecke noch ihr Humor. Darin aber gerade ist der ächteste komische Boden gewonnen und dieß macht, daß trotz aller Zierereien die komische Kraft dieser Gestalten alle Veränderungen des Geschmacks überlebte; diese Urbilder der Thorheit und Albernheit sind durch und durch gefärbt in komischer Naturfarbe, die für alle Zeiten unauslöschlich ist. In der Zeichnung dieser Welt von Menschen erscheint Shakespeare in seiner ganzen Liebenswürdigkeit. Diesen unschädlichen Schwächen gegenüber regt sich ihm der Frohsinn und die kindliche Laune des gemüthigsten Herzens. Mit schonender Milde geht er an diesen Blasen der Thorheit vorbei; sein Lustspiel ist überhaupt selten ein Stoßvogel, der auf die Beute des Lächerlichen zerreißend herabstürzt, hier aber ist es wie die Lerche, die in harmloser Lust in heiterer Höhe singt. Der kalte Verstand und das kalte Herz, das zu Sarkasmen und Satiren gehört, fehlte Shakespeare ganz. Nur wo die Unvernunft schädlich wird, da findet sein gutmüthiger Humor sein Ende. Wenn er die massenhaften Gebrechen der Zeit anschaut, die Unsitten der Menge die Schwärme machen, die lauten Hoffsitten, die Unnatur in Körper- und Kleidertracht, die puritanische Wolfsart im Schafkleide, da legt er seine duldsame Vielseitigkeit ab und braucht gegen die faulen Geschwüre des Zeitkörpers auch schneidende Mittel. Zu seiner vorherrschenden Milde aber befähigte ihn seine gesunde Natur, die sich an den Mißständen der Welt nicht verbittern ließ. Wenn man geklagt hat, daß Shakespeare's Kunst der inneren Heiterkeit entbehre, die von den Lasten der Wirklichkeit zu befreien wisse, so liegt der Grund zu dieser Klage wesentlich in der Gattung des Trauerspiels, die von den Schwachen überhaupt nicht ertragen wird. Seinen Lustspielen wird man den Mangel der Heiterkeit nicht vorwerfen. Sie besitzen sie in dem Maaße, daß selbst die Pedanten des vorigen Jahrhunderts sie darum überschätzten. Johnson fand, daß Shakespeare's Borneigung zum Lustspiel stand; in der Tragödie schreibe er oft mit viel Mühe und wenig Glück, aber in den Lustspielen scheine er ohne Arbeit zu schreiben, was keine Arbeit verbessern könne. In der Tragödie suche er immer nach einer Gelegenheit komisch zu sein, aber in der Komödie scheine er zu ruhen, zu schwelgen, wie in einer Art zu denken, die seiner Natur gemäß sei, - seine Tragödie scheine Geschicklichkeit, seine Komödie Instinct zu sein. Dieß ist in keiner Weise so. Vielmehr gibt seine Komödie bei weitem die unvollständigste Idee von Shakespeare's dichterischer, ja vielleicht selbst von seiner komischen Kraft, da einzelne komische Charaktere in seiner Tragödie schon durch die Bedeutung des Geschehenden an glänzendem und sinnvollem Witze weit vorragen über die Figuren seiner Lustspiele. Dann aber sucht Shakespeare in der That viel seltener in seiner Tragödie Gelegenheit, zur Komödie herab, als vielmehr in dem Lustspiele, zu dem Ernst der Tragödie hinaufzusteigen. Und im Allgemeinen wird Niemand die Fläche seiner Komödie mit der Tiefe seiner Trauerspiele tauschen wollen. Uebrigens liegt in diesen verschiedenen Ansichten nur der Beweis von des Dichters allseitigem Geschick zu allen Dingen. Er hat an Scherz und Ernst den gleichen Theil, haßt mit seiner Rosalinde die ewig Lachenden und die ewig

Trauernden, hat eine fühlende Thräne für die trübe, und das frohsinnigste Lachen für die heitere Seite der Welt, und gebietet mit gleicher Macht über unsere Erschütterung in Freude und Leid.

Wenn nun schon aus der Gegenüberstellung der Charakterformen, die dem Schauspiel, dem Lust- und Trauerspiele eigen sind, ein wesentlicher Anhalt zu gewinnen ist, um zu Shakspeare's Ansicht über die Handlungsweise der Menschen zu gelangen, so kommt man ihr doch noch näher aus der Betrachtung des Ausgangs der Stücke, oder der Handhabung der sogenannten poetischen, vielmehr sittlichen Gerechtigkeit. Das Lustspiel ist hierbei von geringerer Aufklärung, schon der geringeren Bedeutung des Inhalts wegen. Doch ist auch hier streng die natürliche Vorschrift befolgt, daß wie im Trauerspiele das Sittliche, so hier das Vernünftige, nicht hier die Thorheit und dort das Laster, im Ausgang Bestand erhalte; für die unzurechnungsfähige Lächerlichkeit ist der Ausgang unschädlich, für die zurechnungsfähige und schädliche beschämend; die Katastrophe führt nicht von Glück zu Unglück, sondern von Einbildung in Enttäuschung; der Verstand erhält eine Befriedigung durch die Schlichtung des Verkehrten. Wenn in dem Trauerspiele Furcht und Mitleid spannt, so beherrscht uns umgekehrt im Lustspiel die Hoffnung auf die Rückkehr der Handelnden von ihren Irrgängen, und die Mitfreude bei dem Eintritt dieser Umkehr. Diese Mitfreude werden wir mit den Charakteren, die unser Interesse an sich ziehen, z. B. mit Orsino und Benedict, gewiß aufrichtig empfinden, bei dem Triumphe der schädlichen Thorheit aber schlägt sie sich auf die Seite Derer, die betrogen werden sollten. So nun wie im Lustspiele die Forderungen des Verstandes befriedigt werden, so im Trauerspiele die der sittlichen Gerechtigkeit. Shakspeare nahm den Begriff und die Vorstellung der gerecht waltenden Nemesis, der seiner Zeit ganz geläufig war, aus der Geschichtschronik in seine Dichtung herüber; Bacon, der diese Nemesis in der Geschichte nur zuweilen hervortreten sah, fordert geradezu an die Dichtung, daß sie hier an die Stelle der Geschichte eingetreten habe, daß sich in ihrem Reiche die Bilder der Dinge nach den Wünschen des Geistes, nicht wie in der Wirklichkeit der Geist nach den Dingen bequemen müsse. Und keine Forderung ist gerechter als diese. Denn wenn die Uebergriffe der Begierde in der Dichtung verherrlicht werden, wenn unverschuldete Leiden ungesühnt bleiben, wenn das Sittliche nicht aus dem Untergang des Unrechts siegreich hervorgeht und das Antlitz der ewigen Gerechtigkeit verhüllt bleibt, so erregt das Kunstwerk statt Befriedigung nur Pein und Verdruß, es mag ein Klinger in roher Bizarrerie den Sieg des Lasters theoretisch wie praktisch verfechten, oder ein Schiller in seltsamem Fehlgriffe dem Schönen der Erde das Loos der Vernichtung zutheilen. Wie weit lag Shakespeare von der wüsten Natur so vieler unserer Zeitgenossen ab, die in dieser Vernichtung des Schönen die eigene Häßlichkeit spiegeln! Nicht freilich, daß er in einer pedantischen Vertheilung einer abgezirkelten Gerechtigkeit „Tugend und Laster zu einer Berechnung von Verlust und Gewinn herabwürdigte"; wenn die poetische Gerechtigkeit so verstanden werden soll, daß für ein bestimmtes Verbrechen eine bestimmte Strafe und für diese oder jene Tugend ein Lohn zugetheilt werde, so haben wir selber gezeigt, daß sie Shakespeare nicht gehandhabt habe. Sondern es stimmen nur überall bei ihm die Schicksale der Handelnden mit ihrer Natur und ihren Thaten genau überein. Einem Bacon fielen die wunderbaren Fälle in der Erfahrung auf, wo sich Gottes Gerechtigkeit hier schon offenbart; wer auch in der Menschen Inneres und Aeußeres zugleich zu blicken Gelegenheit hat, der wird in der That die Spur dieser Nemesis nicht so selten entdecken; diese ausnahmsweise Erscheinung in der wirklichen Welt ist in der dichterischen Shakespeare's die Regel. Nicht die Sterne bestimmen bei ihm die Schicksale der Menschen, sondern ihre Werke; die Gerechtigkeit ist überall dorthingelegt, wo sie für die dichterische Darstellung am fruchtbarsten ist: daß die Ursache der fallenden Loose von den Menschen selber bereitet ist, daß das Ende im Anfang liegt, daß der selbstgemischte Kelch sich dem Uebelthäter an die Lippe setzt, und hier die Vergeltung schon eintritt für das, was hier gethan ward. Fast nie vertröstet der Dichter, wie von unseren größten deutschen Dramatikern geschehen ist, auf die jenseitige Gerechtigkeit; höchstens bei Nebenfiguren; an den Hauptcharakteren bewährt sich überall schon hier ihre eigene Natur als ihr eigenes Gericht. Shakespeare hat uns für räthselvolle Fälle jenen Trost der Religion nicht geraubt; im Cymbeline ist sehr ausdrücklich die unerklärbare Härte der Vorsehung als fürsorgende Liebe ausgelegt; mit dem Loose der unschuldig geopferten Kinder in einigen seiner Tragödien muß der Glaube an eine jenseitige Ausgleichung versöhnen; aber wo der Dichter ein volles Leben zu entwickeln hatte, da hat er auch die volle Gerechtigkeit selber verwaltet. Nur daß man auch bei diesem Geschäfte seinen weiten Geist überall verstehe, der von schnurgerader Kleinmeisterei so fern war! Oft hat er Strafen vorausgesetzt und unerwähnt gelassen, oft hat er sie innerlich tief gelegt, aber der Leser, der ihn einmal kennt, wird dieß nicht mißverstehen. Jener Bastard Johann in Viel Lärmen um Nichts kommt mit einer Flucht davon. Im Dunkel bleibt Aufidius' und Volumnia's Schicksal, wer aber würde fehlgehen, dieß zu erklären? Dem Heinrich IV. trifft für seine Usurpation keine plötzliche Strafe; aber es ist sehr der Natur dieses Charakters gemäß, daß ihn die Nemesis nicht mit dem Schwerte trifft, sondern ihm die Schale der Krankheit und der inneren Gewissensbisse allmählig zu leeren gibt. Nicht dieß aber würde die Klage gegen Shakespeare sein, daß er zu wenige und milde Strafe verhänge, sondern zu harte und zu gleichmäßige. Nicht die Verbrecher allein verfallen bei ihm dem Untergang, sondern auch solche, die nur verzeihliche Fehler begingen, und Andere, deren ganzes Vergehen war, daß sie mit gefährlichen Naturen in gefährliche Berührung kamen. Diese Freiheit hat sich Shakespeare allerdings einige wenige Male genommen, ein Unrecht, übrigens nur an Nebenfiguren, zu üben, das dazu dienen muß, ein desto strengeres Recht an den Hauptfiguren zu üben. Er hat ferner jene Banco, Duncan, Hastings,

Cordelia nur um des Versehens der Unvorsicht willen erliegen lassen. Aber aus Shakespeare's Moral, die auf eine thätige Ergreifung des Lebens geht, würde einmal schon die Lehre folgen, die auch Bacon mit sehr viel Nachdruck einschärft, daß die Menschen ihre Gedanken ausbreiten und vorsichtig um sich spähen müssen, wenn sie ihr Glück recht berathen wollen, daß, wie es im Troilus heißt, in Ohnmacht das Nothwendige zu unterlassen, der Gefahr eine Vollmacht zu zeichnen heißt. Dann aber trifft diese unglückliche Natur, jene unthätige Unvorsicht, bei Shakespeare Unglück allerdings, aber keine Strafe; die Ehre kann dicht bei dem Unglück liegen; und dieß Verfahren des Dichters spricht stärker als Alles seine Abneigung gegen die Theorie aus, die das Glück als das Ziel unseres Lebens setzt. Jene Fahrlässigen trifft der Tod; aber den ärgsten Verbrecher trifft bei Shakespeare auch nichts schlimmeres, sollte dieß nicht eine unbillige Zumessung der Ausgänge sein? Allein der Tod ist für den Dichter eben nur das Mittel zu einem bestimmten Schlusse; nicht auf das Was des Ausgangs muß man sehen, sondern auf das Wie und auf die Umstände, die ihn begleiten. Wie die Handlungen bei Shakespeare aus den Verhältnissen bemessen sein wollen, so auch ihr Ende nach dem Verhältniß zu den Bestrebungen der Handelnden und nach dem inneren Bewußtsein der Fallenden. Hier liegt das offene Geheimniß von Shakespeare's poetischer Gerechtigkeit. Der Tod freilich trifft im Lear die Vielen ohne Unterschied, aber Cordelia stirbt in der Glorie einer verklärten Retterin, Lear in Versöhnung, Gloster lächelnd, Kent mit Freudigkeit, die anderen liegen in ihren eigenen Schlingen gefangen, ihrer Zwecke beraubt, die weltlichen Seelen der Welt verlustig gegangen, die ihnen Alles war. Wie anders fällt Macbeth durch die Hand eines Helden, den er immer gefürchtet, und Richard unter den Nachstellungen eines Schleichers, den er immer verachtet hatte! Nicht also auf den Buchstaben des Ausgangs kommt es an, sondern auf die Art wie der Ausgang bestanden wird, ob die Menschen in den Tod gehen verflucht oder gesegnet, schreiend an schlechten Zwecken oder gute erreichend, mit edlem Bewußtsein oder mit geschlagenem Gewissen, in himmlischer Verklärung oder in höllischer Verzweiflung. Dann liegen die tragischen Ausgänge nicht auf Einer Linie, sondern stufen sich von Richard bis zu Cordelia in der reichsten Mannigfaltigkeit ab. Und die erhabene sittliche Lehre, die in der Handhabung dieser Gerechtigkeit liegt, ist die, daß der Tod an sich kein Uebel, das Leben an sich kein Segen, das äußere Gedeihen kein Glück ist, sondern nur das innere Bewußtsein; daß der größte Lohn der Tugend die Tugend selbst und die größte Strafe des Lasters das Laster ist. Daher wird den wahrhaft Edlen, den Posthumus und Imogen, zuletzt kein äußeres Glück zu Lohn, es wird ihnen vielmehr entzogen, und Heinrich V. gibt seine Ehren von selbst weg an Gott; all ihr Lohn ist ihre innere Stimme und das Selbstgefühl der behaupteten Menschenwürde.

Fragen wir nun endlich, mit diesem Leitzrichen versehen, das man aus der Natur der dramatischen Gattungen und der sittlichen Gerechtigkeit bei Shakespeare entnimmt, nach dem, was Johnson und Pope sein sittliches System nannten, so wollen wir vorausschicken, daß es sich dabei um ein eigentliches ausgesponnenes System einer Sittenlehre nicht handeln kann. Wir heben nur einige große, höchst einfache Gesichtspunkte hervor, die sich eben so oft aus den dargestellten Handlungen wie nach ausdrücklichen Lehren in seinen Werken als des Dichters Grundansicht von den Dingen des Lebens aufdrängen. Auf ihnen ließe sich vielleicht ein durchgeführtes System der Moral aufbauen, aber wir haben nirgends die Absicht, die Fäden, zu denen sich in Shakespeare's Werken die Materie fände, auszuspinnen soweit diese reicht, denn dieß wäre ein unendliches Geschäft. Wir mögen nichts in den Dichter hineintragen, was uns nicht selbst in ihm zu liegen scheint; nicht daß wir meinten, er habe auch jeden kleinsten Gedanken, den wir ihm nachzudenken suchen, wirklich vorbedacht; nur das hoffen wir, daß er anerkennen würde, wenn er lebte, er hätte die Gedanken, die wir den seinen hier und da anschieben, nach den Grundzügen seiner Denkweise und der Anlage seiner Werke denken können. Und so begnügen wir uns auch bei diesem Gegenstande, die Grundzüge seiner sittlichen Anschauung auszuheben, die uns unbestreitbar sein Eigenthum, auch das Eigenthum seines Bewußtseins scheinen.

Das sittliche System Shakespeare's hat Pope treffend als ein ganz weltliches bezeichnet, das der Dichter in Gegensatz stelle zu den Begriffen, die aus der Offenbarung gewonnen würden, und das er für hinlänglich hielte, deren Platz einzunehmen. Er befreie die Menschen nicht von der Furcht vor den Folgen der Unsittlichkeit, sondern er bestehe stark darauf; und indem er religiöse Betrachtungen bei Seite lasse, habe er mehr als irgend ein anderer Schriftsteller die Liebe der Menschlichkeit erhoben. Dieß ist so richtig, daß es selbst ein Birch anerkennen mußte. Die unbekümmerte Sicherheit, mit der Shakespeare diesen rein menschlichen Weg nahm, ist in dem Zeitalter, in dem er lebte, bewundernswerth. Seine dichtenden Zeitgenossen um ihn her verirrten sich in Freigeisterei und legten am Ende in frommer Reue ihre Kunst mit ihren Sitten ab; auf der anderen Seite tobten die Eiferer gegen die Bühne; Er schritt unbefangen mitten hindurch, mit aufrechtem Haupte gegen die Finsterlinge gekehrt, von dem Hauche sinnloser Frivolität ganz unberührt. Warum Shakespeare die Beziehung auf die Religion in seinen Werken nicht allein nicht suchte, sondern ihr selbst bei sehr nahen Gelegenheiten systematisch aus dem Wege ging, wird mehrfache Gründe haben. Er mochte wie Bacon allen Anstoß gern vermeiden wollen; er hielt auch die Bühne nicht für einen Ersatzort der Kanzel; hätte er es gethan, so würden es ihm die Geistlichen damals und heute noch ärger verdacht haben, die jetzt darüber wüthen, daß er es nicht gethan. Viel tiefer aber mag auf sein Gemüth ein anderer Eindruck in dieser Hinsicht bestimmend gewirkt haben. England hatte kurz vor Shakespeare's Zeit die furchtbaren Verfolgungen von Katholiken und Protestanten, die Hinrichtungen um des Glaubens willen, das Ausbrennen und Ausschmelzen der Meinungen durchlebt; um ihn her herrschte die Anfeindung des Sektengeistes; er sah die ascetische Sauerkeit der Puritaner und ihren Fanatismus im Wachsen und sagte wie prophetisch vorher (Timon III, 3.) daß sie „ihren tugendhaften Anschein nur trügen, um gottlos zu sein und unter heißglühendem Eifer gern ganze Reiche in Brand stecken möchten". Diese Zustände wandten alle Menschlichen von den ascetischen Uebertreibungen der Religion ab und drängten Andere zum Skepticismus hin; dieselben Erfahrungen, die nach der englischen Revolution die Cherbury zu Freidenkern machte, trieb auch schon damals die Bacon und Raleigh zu deistischen, wie die Eiferer sagen zu atheistischen Ansichten. Und so tauchte Shakespeare, von derselben Erfahrung bestürzt, wenn er sich sittlichen Rath holen sollte, am liebsten in die Offenbarung ein, die Gott in das menschliche Herz geschrieben hat. Er läßt daher das, was die Religion von Seiten des Glaubens und der Gesinnung bedeutet, in seinen Werken ganz bei Seite, da er es nur mit dem Handeln zu thun hat; im Handeln aber ist das Religiöse und Göttliche im Menschen nichts anderes, als das Sittliche. In dem Sinne, wie Schiller das Christenthum darum preist, daß es das starre Gesetz aufhebe und an dessen Stelle freie Neigung setze, ist Shakespeare's Moral eine christliche. Sie ist es nicht in dem schroffen Sinne, in dem geschrieben steht, daß man auf Einen Backenstreich die andere Wange hinhalten solle, aber in dem, in welchem, den wechselnden Verhältnissen des Lebens Rechnung tragend, der Evangelist lehrt: seid klug wie die Schlangen und ohne Falsch wie die Tauben; und der Apostel: heiraten ist gut, aber ledig bleiben ist besser. Shakespeare's Sittenlehre ist wesentlich menschlich, und er kann in dieser Hinsicht ganz den Alten gleichgestellt werden, die wir in humanistischen Zwecken lesen. Wenn Bacon wahr fand, daß der Mensch „aus dem Lichte der Natur" einige Begriffe von Gut und Bös schöpfen könne, aus dem Gesetz des Gewissens, das ein sicherer Funke und Rest der ursprünglichen Reinheit des Menschen sei, so würde Shakespeare, wie Pope richtig sagte, diese Begriffe für ausreichend gehalten haben, uns in diesem Leben würdig einzurichten." Diese „Gottheit im Busen" hat Shakespeare mit absichtlicher Deutlichkeit selbst seinen verruchtesten Bösewichtern, selbst wo sie sie ablaugnen, geliehen; diesen Funken zu nähren und nicht zu ersticken, ist die laute Predigt aller seiner Werke.

Shakespeare's sittliche Ansicht geht von dem einfachen Gesichtspunkte aus, daß der Mensch mit Kräften der Thätigkeit geboren wird, die er brauchen soll, und mit Kräften der Selbstbestimmung und Selbstlenkung, die diesen Gebrauch der handelnden Kräfte richtig steuern sollen. Woher in dieß Leben und Wohin aus ihm hinaus, diese Fragen giebt der Dichter, wie der Geschichtschreiber, an Philosophie und Religion ab. „Dulden muß der Mensch sein Scheiden aus der Welt wie seine Ankunft; reif sein ist Alles". — „Warum bin ich? Die Frage thue deinem Schöpfer; mir ist's genug, daß du bist!" Diese beiden Sätze bezeichnen den Standpunkt ganz genau. Bei dem Woher und Wohin verhält sich der Mensch leidend, innerhalb des Lebens aber handelnd, und hier liegt sein greiflicher Beruf, ohne dem Genüge geleistet zu haben er nicht für eine höhere Stufe des Daseins gezeitigt sein kann. Shakespeare betrachtete die wirkenden Kräfte in Natur und Menschheit, und den Zweck der ungeheuren Bewegung sah er rein in der Bewegung selber gelegen. Dieß führte ihn auf jene vielgepredigten Sätze: daß die Natur dem Menschen seine Gaben nur leiht, nicht schenkt, nur gibt, um sie zu

---

* Sofort nun wende dich nach innen,
das Centrum findest du da drinnen,
woran kein Edler zweifeln mag.
Wirst keine Regel da vermissen,
denn das selbständige Gewissen
ist Sonne deinem Sittentag.

Goethe.

gebrauchen und wieder zu geben. In seiner Moral läuft daher Alles auf den Antrieb zur Thätigkeit hinaus; das Leben schien ihm zu kurz, um es grübelnd und thatlos zu verbringen; im Hamlet besonders ist diese Lehre im schärfsten Nachdrucke gelehrt. Die vielseitigsten Gaben sind in diesem Manne eine wirkungslose, unverbundene Masse, weil der elektrische Funke der Thatkraft nicht hineingeschlagen ist, weil er mit bedächtiger Ueberlegung und reizbarer Ueberspannung den Instinct der Thatkraft, diese erstgeborene unter den menschlichen Gaben erstickt hat; der Grübler, der den Gedanken und nicht die That zum Maaße der Dinge gemacht hat, ist dadurch mit den Leitsternen der Natur, mit Gewissen und Vernunft selbst in Zwietracht gerathen; sie kranken am Zuviel ihres Gebrauchs wie seine handelnde Kraft am Zuwenig; in dem Geschwornenspruch über seine Handlungen, zu dem diese inneren Kräfte berufen sind, geht bei ihm Gewissen und Vernunft in der Erkenntniß und Vernehmung seines Falles irre, und ein falsches Urtheil hemmt und mißleitet den Willen; die eindringlichste Lehre, die Shakespeare der Sophistik des Skepticismus hinwerfen konnte, um ihn durch die Frische des Handelns zur Gesundheit des Geistes zurückzuführen. Ganz in dem gleichen Sinne ruft dann der Dichter in seinen Lustspielen von ascetischem Kasteien, von eitlen Studien, von allem Quietismus der Beschaulichkeit, von dem leeren Zeitvertreib der Wißhascherei, in Richard II. vom Hang zu Müßiggang und Spiel, im Timon von müßigem Wohlleben und müßigem Wohlthun, da das Zuschauen in diesem Leben nur den Göttern geziemt, zur Thätigkeit zurück; vollends straft er in Antonius die sündhafte Vergeudung großer und ausgezeichneter Kräfte. In allen den vier Stücken, die wir hier namentlich bezeichnet haben, hat der Dichter in Einerlei Sinn und Mittel seine Ansicht von dem Vorzug der thätigen Natur äußerst sprechend niedergelegt. Die thatkräftigen Männer Fortinbras, Bollingbroke, Alcibiades, Octavius spielen hier die gegensätzlichen Rollen gegen die verschiedenen Thatlosen; nicht ihre Charaktere verdienen ihnen Allen ihr Glück und

Die Grundzüge seiner sittlichen Anschauung.   555

Gebrechen etwa durch eine große Ueberlegenheit ihrer Natur, sondern trotz ihrer geringeren Anlage stellt sich ihre Thatkraft an sich über die Unthätigkeit der Anderen hinaus, gleichviel aus wie schöner Quelle diese Passivität, aus wie schlechter jene Thätigkeit fließe. So unterstützt der Himmel den frommen, aber unthätigen Richard II. nicht, trotz seinem religiösen Vertrauen, aber wohl hilft er der frommen Helena, die sich selber hilft. In dem gleichen Geiste wird das Uebermaaß der Liebe mit all ihrer Süßigkeit verschmäht, wo sie den Mann von seiner Kraft abtrünnig macht, weil „denn die Ehre unsichtbar in der Tasche bleibt, der zu Hause sein männlich Mark im Arme der Liebe vergeudet". Und eben so, weil die Arbeit nicht ein Fluch, sondern ein Segen ist, steht des Dichters Sinn gegen den Ruhestand der Idylle; die darin in reizendster Unschuld leben, die Söhne Cymbeline's, bezweifeln im richtigen menschlichen Instincte, daß Ruhe das beste Leben sei. Vielmehr ist Shakespeare umgekehrt ein beredter Lobredner der Noth und Drangsal, die ihm für eine „Mutter der Kühnheit", für eine Probe der Gemüther gilt, aus der er den Geist des Guten zu ziehen anleitet. Darum gilt ihm nichts für unmännlicher, als im Unheil zu verzagen, bei Sturm und gebrochenem Mast das Steuer zu verlassen. Darum liegt auch auf dem Kriege das Wohlgefallen seiner starken Natur; ächter Ehrgeiz ist dem Heinrich V. seine Sünde, der stolze Krieg gerade „macht Ehrgeiz zur Tugend"; die Gefahr der Berlegung macht den Krieg im Wechsel des Friedens wünschenswerth, in dessen Ruhe und Wohlstand so leicht „die inneren Geschwäre aufbrechen", die den Zeiten Tod und Unheil bringen. Die kriegerische Tapferkeit ist daher geehrt selbst in ihrer Ueberspannung bei Coriolan, selbst in ihrer Ruchlosigkeit bei Macbeth, selbst in ihrer Verbindung mit Usurpation bei Johann, mehr in ihrer Paarung mit heroischer Kaltblütigkeit bei Othello, mit Vaterlandsliebe bei Faulconbridge, mit jenem hohen Ehrbegriff bei Percy, mit Gottvertrauen und Maaß bei Heinrich V. Mannesehre und Tapferkeit ist bei Shakespeare einerlei Begriff, die Thatkraft vorzugsweise wie im Alterthum die männliche Tugend (virtus). Daher denn hat Shakspeare nirgends die Gegenstände, die unserer deutschen Dichtung immer so nahe lagen, behandelt: Empfindsamkeit und Sinnlichkeit in System oder in gewinnende Darstellung zu bringen, das isolirte Leben des Geistes und Gemüthes, die Bilder erdichteter und erkünstelter Empfindungen, die eingeschrumpften Gestalten des Stuben- und Treibhauslebens hat er zu schildern verschmäht, es sei denn als Zerrbilder, die den edelsten Zwecken des Lebens vorbeigehen. Ueberall weist er vielmehr auf die große Bühne des Lebens, und giebt dem Wirken für die Gattung und im Ganzen der Menschheit vor dem beschaulichen Leben, dem Alexandrischen Princip vor dem Diogenischen den Preis, weil es größeren Ideen dient. Die Ansicht des thatsinnigen Engländers überbietet in dieser Beziehung (und auch Bacon ist darin mit Shakspeare einverstanden) sogar die Ansicht des Aristoteles, des Mannes des thatsinnigen Alterthums, der dem betrachtenden Leben vor dem thätigen den Rang einräumte. Das große Weltleben der Geschichte hatte für Shakspeare nicht zu viel Unruhe und feindliche Bewegung, daß es ihn wie unseren Goethe getrieben hätte, sich in Wissenschaft und Natur davor zu retten; er hatte Interesse genug daran, über seiner Betrachtung nicht zu ermüden, Kraft genug, sich über seine Mißstände zu erheben, Uebersicht genug, in seinen Mißklängen den Einklang zu hören. Aus dieser Ansicht Shakspeare's von des Menschen Beruf zum thätigen Leben fließt endlich auch seine Abneigung gegen die Glückseligkeitslehren, die, nicht mit ausdrücklichen Worten, aber im ganzen Geiste des Timon vortrefflich ausgedrückt ist. Denn alle diese Lehren des Alterthums von dem höchsten Gute zielen auf das Privatgut, und nicht auf das Gemeingut, auf das Bacon wie Shakspeare den Menschen als auf das allein würdige Ziel seiner Thätigkeit hinweist. Den Einsiedler, der sich von den Dingen der Welt ganz abkehrte, würde Shakspeare so wenig wie Aristoteles und Bacon weder glücklich, noch nach diesem höchsten Begriffe vom Menschen auch nur einen Menschen nennen.

War der erste Eindruck, den Shakespeare aus der Betrachtung der Bewegungen des Lebens zog, die Ueberzeugung von unserer Verpflichtung, die angeborene handelnde Kraft zu brauchen, so war der zweite, wie wir andeuteten, die Einsicht der Nothwendigkeit, daß diese Kraft durch Vernunft und Gewissen richtig gesteuert werden müsse. Es ist wohl nicht ohne Absicht geschehen, daß Shakespeare gerade den abscheulichsten seiner Charaktere, Jago und Edmund, die auffällig deutlichsten Lehrstellen in den Mund gelegt hat: daß es in unserem freien Willen liege, ob wir so oder so sein wollen, und daß es unthunlich ist, unsere Schlechtigkeit auf außer uns liegende Ursachen zu schieben; die fatalistische Ansicht, die des Menschen freien Willen bestreitet, leiht der Dichter nur dem Skeptiker, der mit seinen richtig steuernden Anlagen eben zerfallen ist. Die Sätze Jago's, nach denen uns die Vernunft gegeben ist, um Leidenschaft und Sinnlichkeit in uns im Zaum zu halten, sind ganz dieselben über den Gegensatz von Geist und Lust, die den Dichter persönlich in seinen Sonnetten und beschreibenden Gedichten so viel und oft beschäftigen; die freie Selbstbestimmung gälte ihm für die auszeichnende Gabe unserer Gattung; Geist und Gewissen sollen die Herrscher in dem Gemeinwesen unseres Inneren sein, die die Stürme des Blutes niederhalten; selbst ein Ungeheuer wie Richard muß diese Macht des Gewissens anerkennen, den Starken und Uebermüthigen zu zügeln, und selbst der Luftgeist Ariel ist fähig, mit der Kraft des Willens den flüchtigen Trieb zu meistern. Dieß mag trivial klingen; aber das Einfache ist stets das Wahre. Unser Schiller, der, mit eben so viel philosophischem und dichterischem Geiste als sittlichem Charakter ausgestattet, dem Probleme des menschlichen Daseins nachsann, kam auf keinen anderen Gesichtspunkt als diesen, daß, wie die ganze Menschheit zwischen Cultur und Natur auf- und abschwanke, so auch in dem einzelnen Menschen der Kampf zwischen Freiheit und Naturdrang und das Streben nach dessen Ausgleichung das Höchste sei, was uns bewege. In diesem Sinne, sahen wir, sind die Kämpfe und Collisionen der dramatischen Handlungen bei Shakespeare alle entworfen; in diesem Geiste sprechen sich seine größeren oder geringeren Sympathien mit diesen oder jenen Charakterformen aus. Ihn reizt die schöne Natur der weiblichen Seele, der das Sittliche angeboren ist, in der jene gegnerischen Kräfte streitlos, geeinigt sind. In Männern hat er diese instinctive Tugend, die gutartige Natur, in der die Ehrbarkeit mehr aus Einfalt stammt, selten oder gar nicht geschildert. Denn am höchsten gefiel ihm selbst in Frauen, vollends aber in Männern, die Sittenreinheit, die durch Kämpfe und Versuchungen durchgegangen ist, nicht die angewöhnte, sondern die grundsätzliche, nicht die instinctive, sondern die geprüfte Tugend, das Product der Vernunft und Willenskraft. Er hätte wie Aristoteles und Bacon die Tugend uns weder von Natur noch gegen die Natur angeboren geglaubt; angeboren ist uns nur die Anlage, sie anzunehmen, sie durch Sittigung oder Gewöhnung uns anzubilden. Er verachtete die Schule der Gewöhnung nicht, so wenig wie jene Philosophen thaten; er wußte, daß „Gewöhnung die Tugend erzeugen, daß sie das Gepräge der Natur verändern und den Teufel beugen und austreiben kann". Aber in höherem Werthe stand ihm die grundsätzliche Tugend, die sich mit Bewußtheit edle Lebenszwecke setzt. Denn solche Zwecke wirken auf die Veredlung der Seele nicht stückweise, sondern auf einmal, sie ziehen nicht einzelne Tugenden in uns groß, sondern machen uns vorauflegt für Alle, sie bilden in uns jenes Selbst- und Würdegefühl aus, das die Heinrich und Posthumus für alle niederen Versuchungen unzugänglich macht. So hat für den Dichter auch die instinctive Tugend der Söhne Cymbeline's ihren Reiz, aber wie sie selber so strebt Shakespeare hinweg aus dem Naturstand, der kein Laster kennt, wie aus dem entgegengesetzten Zustand des dauernden Sündenfalls (einer Zeit wie Lear's),. wo der Geist über den Trieb keine Gewalt hat, zu dem vernünftigen Bildungszustande, wo geprüfte und bewährte Tugend den Menschen über die Sünde hinweghebt und ihm ein goldnes Zeitalter schafft in seinem Gemüthe. Denn das Böse wird erst ganz überwunden sein, wenn es gekannt und von Angesicht gesehen, und die Lust, wenn ihr Sirenengesang bestanden ist; erst der „den die Welt erzogen und geprüft hat, ist ein vollkommener Mann".

Aus den Sätzen von den thätigen und steuernden Kräften in uns entwickelt sich von selbst die große Wahrheit, daß wenn Thätigkeit und Handeln allein dem Leben Stärke und Fülle gibt, das Maaß allein den Reiz und die dauernde Frucht hinzuzugeben vermag. So natürlich es den alten Tragikern war, wenn sie, auf den Vorstellungen von dem Neide der Götter wurzelnd, der sich gegen das hochgethürmte Glück der Menschen rüstet, den Mittelstand und ein mäßiges Glück anpriesen, so natürlich war es Shakspeare, da er in seinen Tragödien überall mit den Folgen der übermächsenen Leidenschaft zu thun hat, das sittliche Maaß und die mittlere Lage und Stimmung der Seele als das glücklichste zu preisen, das dem Menschen zum Loose fällt. Diese Lehre durchdringt die Werke unseres Dichters ganz und gar, und sie ist der Art bei ihm, daß sie den Unterschied von Mitte und Halbheit überall aufs schärfste anschaulich macht, aus deren Verwechselung man in unseren Tagen oft verächtliche Einsprache ihnen hört gegen die uralte Weisheit, daß der Mittelweg der beste sei. Und es ist ja freilich nur zu wahr, daß in der Praxis der Schwache, der für den Mann der Mitte gilt, aus dem Gleichgewichte Gleichgültigkeit und aus der Mitte ein Schaukeln zwischen Extremen macht; was aber Shakspeare lehrt, ist Energie im Maaße zu bewähren und in der Mitte nicht einen Ruhepunkt der Unthätigkeit zu suchen, sondern den nothwendigen Sammelpunkt der handelnden Kräfte. Er sieht das Gute nicht auf einer Stelle und nicht im Abgrund, sondern auf dem ebnen Wege durch's Leben, und diesen führt er uns in einer unbekümmerten Sicherheit, die der Seele Vertrauen und Muth gibt. Er sucht die Mitte nicht in dem Unterdrücken der Kraft, die in der Leidenschaft liegt, sondern in ihrer Zähmung in's Joch der Arbeit, nicht in der Schwäche der Paſſivität, sondern im Zurathhalten der Kräfte, deren Gebrauch ja sein erstes Gesetz war. Was Halbheit ist, hat Shakespeare in jenem York gezeigt, was Maaß und Mitte ist, in jenem Posthumus, der stark ist bis zum heroischen Zusammenfaſſen seiner leidenschaftlich bewegten Natur, und in seinem Heinrich, in dem die Mitte nicht Mittelmäßigkeit ist, sondern Bescheidung in Größe. Eben dieser Liebling unseres Dichters kennt die weise Erwägung am besten, die diesem Grundsatze des mäßigen Lebensgebrauches unterliegt: daß, wenn das, was gethan wird, nicht weise und besonnen gethan wird, die Thatkraft gefährdet ist ſich selber aufzureiben. Denn „heftige Feuer brennen bald aus"; „wer steilen Berg erklimmen will, hebt mit ruhigem Schritte an"; darum späht dieser Heinrich vorsichtig nach rechtlichen Motiven und sicherem Beginn seiner Großthaten, zu denen ihn zwar heißer Ehrgeiz spornt; nach einem sprechenden Bilde Bacon's: Argus vor dem Beschluſſe der That und nach dem Beschluſſe Briareus. Dieß ist derselbe Mann, der aus eben diesem mäßigen Sinne so klüglich sorgte, den Sinn der Heiterkeit nicht in ſich abzustumpfen, der Thätigkeit das „süße Erholen" nicht zu versagen, deſſen Mangel einen siechen Schwarm von Uebeln nach ſich zieht, das stete Abarbeiten zu meiden, das „die raschen Lebensgeiſter im Gemüthe einkerkert, wie rastlos angeſtrengtes Wandern die Sehnenkraft des Reiſenden ermüdet". Es ist derselbe Mann, der zwar leidenschaftlich geboren, doch seiner Leidenschaft Meister geworden ist, weniger von Natur wie Horatio, als durch Verdienst und Willenskraft; der durch die glückliche „Mischung der Elemente" zu dem feststehenden Schwerpunkte des sittlichen Wesens gelangte, der in Maaß und Mitte gelegen ist und der vor allem falschen Gaukeln um die Extreme bewahrt. In dieser Mitte haben Ariſtoteles und Bacon die Tugend gesucht, und nichts ist troſtreicher, als mit dieſen großen Männern einen Shakespeare hierin einig zu sehen, vollends in diesen Zeiten, wo auf den Fersen Lord Byron's ein wüstes Geschlecht unter wüstem Geschrei als Panier die Lehre aufpflanzte, daß nichts im Menschen herrlicher sei als Leidenschaft und Begierde, was unserem Dichter das Zeichen der Thierheit war. Dieser Mann, der Geist und Leidenschaft hundertfältig mehr zu verschwenden hatte, als Hunderte der neuen Weltbelehrer, hat überall weise gemahnt, sie zu Rath zu halten, um sie zur That bereit zu haben; er wußte, ehe es die tausendfältige Erfahrung an den "sprudelnden Geistern dieser Tage gelehrt hatte, daß "die Flamme, die den Trank zum Ueberschäumen schwellt, ihn nur scheinbar mehrend zerstäubt". An zahllosen Stellen seiner Werke ruft er daher von dem Unmaaße zurück, das "den süßesten Genuß in Bitterkeit wandelt", weil er Ueberladung in Fasten, zu große Freiheit in Einschränkung umschlagen, die Wildheit in Freude und Kummer sich selbst zerstören, jähe Eile ihr Ziel übertrennen, übertriebenen Gram das Leben gefährden und übertriebenen Scherz auf den Scherzer zurückfallen sah. Er zeigte im Hamlet, wie zögernde Bedachtsamkeit und flüchtige Reizbarkeit irre führt im Handeln, in Coriolan, wie die höchsten Begabungen durch Ueberspannung in ihr Gegentheil umschlagen, in Angelo wie sich Unterdrückung der Sinne, im Antonius, wie sich Unterdrückung des Geistes rächt, in Romeo wie Uebermaaß der Liebe sich zerstört, in Timon wie Uebermaaß des Hasses machtlos macht. Wie ganz durchdrungen Shakespeare von diesem Grundsatz weiser Mäßigung war, zeigt sich vielleicht am stärksten darin, daß er selbst den christlichen Gesetzen, die der menschlichen Natur eine Ueberspannung anmuthen, entgegen zu reden wagte; denn er billigte nicht, daß die Grenzen der Pflicht über die Absicht der Natur ausgedehnt werden. Er lehrte daher zwischen den christlichen und heidnischen Vorschriften der Feindesliebe und des Feindeshasses die weise und menschliche Mitte. Man soll "dem Feinde nicht den Ofen so glühend heizen, daß er uns selbst versenge"; man soll sich mit dem Reuigen großmüthig versöhnen, "weil man sonst für Erde und Himmel nicht tauge"; man soll vermeiden, sich Feinde zu machen, wohl aber soll man, wenn man sie hat, sich so benehmen, daß sie sich vor uns hüten mögen; man soll den Feinden furchtbar sein, aber „mehr durch die Kraft als durch deren Gebrauch". Daß es möglich sei, zu viel zu thun im Guten, ist eine nachdrucksvolle Lehre Shakspeare's in Worten und Beispielen, die sich dieser seiner ermäßigten Lehre von der Feindesliebe wohl anreiht. So verdirbt die übermäßige Freigebigkeit den Timon, während den Antonio die maaßvolle in Ehren hält; der ächte Ehrgeiz, der Heinrich V. groß macht, stürzt den Percy, in dem er allzuhoch anschwillt. Uebertriebene Tugend bringt Angelo zu Fall; und wenn in dessen Umgebung das Uebermaaß der Strafe sich schädlich erweist und die Sünde nicht verhindern kann, so zeigt sich doch auch das gottähnlichste, was der Mensch besitzt, die Gnade, in ihrem Uebermaaße als eine Erzeugerin der Sünde.

Mit diesen letzten Sätzen hängt genau und innig die Ansicht zusammen, die uns aus Shakspeare sehr geläufig worden ist: daß an sich überhaupt nichts gut oder böse sei, daß nichts so schlechtes auf der Erde sich finde, das nicht sein Gutes habe, und nichts so gutes, das nicht in Mißbrauch ausarten kann. Tugend mißangewandt, heißt es dort in Romeo, wird Laster und das Laster zuweilen durch Handlungsweise geadelt. So sahen wir Jessica die kindliche Pietät, und Desdemona die Wahrheit verletzen ohne Sünde; Isabella übt Scheinsünde und Lorenzo fromme Täuschung ohne Bedenken; sie weichen von der geradlinigten Tugend ab, nicht weil sie der jesuitischen Moral folgten, daß der Zweck die Mittel heilige, sondern weil das geschärfteste Gewissen und Bewußtsein, Recht zu thun und Unrecht zu hindern, ihre Handlungen zweifellos richtig lenkt. So wechseln in Pisanio Treue und Falschheit nach der Lage der Dinge den Platz, aus demselben Gewissenssatze, daß, obgleich Dienstpflicht in seinem Berufe liegt, der Diener nicht jeden Dienst thun solle, sondern nur was gerecht ist. So wird die zu große Gewissenhaftigkeit selbst bei Hamlet nicht ein Laster, aber ein Fehler, und etwas Mangel daran bei Faulconbridge nicht eine Tugend, aber eine löbliche Eigenschaft, weil in der großen politischen Welt ein anderes Gesetz herrscht als in der häuslichen und weil die Verhältnisse überall den Charakter der Handlungen verändern. In Shakespeare's Ansicht (und auch darin ist er einig mit Bacon und Aristoteles) gibt es kein positives Religions- oder Elterngesetz, das die Regel des sittlichen Handelns in stets gültige Vorschrift fassen könnte, die für alle Fälle passen; nicht das Was allein, sondern auch das Wie entscheidet über den Werth der Handlungen; der handelnde Mensch hängt wie der Arzt und der Steurer von Umständen und nicht blos von sich selbst und von bestimmten Regeln ab; wie die Politik so ist auch die Moral eine Materie, die so sehr in Verhältnisse, Lebensbedingungen und Beweggründe verwickelt ist, daß es unmöglich wird, sie in allentscheidende Grundsätze zu bringen, und daß in den mannichfaltigen Collisionen der Pflichten das Abwägen zwischen Mensch und Mensch, zwischen öffentlicher und Privatpflicht, zwischen Fall und Fall unumgänglich wird.

Wenn uns aber Shakespeare auf eine so leicht verfehlbare Mittellinie des Handelns zwischen Zuviel und Zuwenig hinweist, wenn er uns selber überläßt, in den verschlungenen Verhältnissen des Lebens unsern Weg zu finden, verdient er dann ein so trefflicher sittlicher Lehrer und Führer durch die Welt zu heißen, wie wir ihn nennen? Wir glauben, daß er es gerade um dieses Verfahrens willen verdient. Die Linie des Geradehandelns ist nur Eine gegen unzählige krumme, sie zu finden ist schwer im Leben, wie es schwer ist, sie in der Lehre greifbar zu bestimmen. Die Tugend ist eine Mitte, wie Aristoteles versinnlicht, nicht in Bezug auf eine Sache, sondern in Bezug auf uns selber, nicht objectiv bestimmbar wie die Mitte zwischen zwei Zahlen 2 und 10, sondern nur subjectiv zu bestimmen, wie zwischen dem der 2 Minen und dem der 10 Minen ist, die richtige Mitte nicht ein für allemal 6 ist, weil dieß für einen Knaben zu viel, für einen Milon zu wenig wäre. Dieß Ziel der

Mitte im Rechthandeln ist Eins und schwer zu treffen, das Fehlen ist unendlich und leicht. Diese Wahrheit nun zu verdecken, uns den Weg durch die Welt einfach darzustellen und uns über unsere Kräfte wie über unsere Aufgabe zu täuschen, ist nicht rathsam; am wenigsten für den Lehrer, der bildsame Menschen zu einer bewußten und grundsätzlichen Tugend anleiten will. Nur zu solchem Zwecke und zu solchen Menschen spricht aber Shakespeare. Es gibt die Klassen, für deren Sittlichkeit mit dem positiven Buchstaben der Religion und des Rechtsgesetzes am besten gesorgt ist; allein für diese sind Shakespeare's Schriften ohnehin unzugänglich; sie sind nur lesbar und verständlich für die Gebildeten, an die man fordern kann, daß sie sich den gesunden Lebenstact aneignen, und jenes Selbstgefühl, in dem die uns angebornen lenkenden Kräfte des Gewissens und der Vernunft mit dem Willen zusammengebildet sind zur bewußten Ergreifung würdiger Lebenszwecke. Aber auch selbst für diese Gebildeten mag die Shakespeare'sche Lehre nicht immer gefahrlos sein. Wie sollte sie auch allein der kaum erst angeführten Möglichkeit entgehen, daß auch aus dem Besten das Schlimmste entnommen, daß der duftendsten Blume, nach des Dichters eigenem Bilde „ein Gift entzogen werden kann?" Die Bedingung aber, unter der seine Lehre gänzlich unschädlich ist, ist die, daß sie völlig und ganz und ohne jedes Ausscheiden und Theilen angenommen werde. Dann ist sie nicht allein gefahrlos, sondern auch unmisdeutbarer und untrüglicher, und darum eben vertrauenswürdiger, als irgend eine Sittenlehre sein kann. Denn nur dem Dichter ist es möglich, statt mit Worten mit Handlungen, statt mit kalter Doctrin mit lebendigem Beispiele, statt das Ohr das Auge zu belehren, die Folgen der Handlungen unerbittlich darzulegen, den unermeßlichen Kreis der weiten Lebenserfahrung uns compendiarisch und übersichtlich vorzulegen, die ungeheuren Bücher des Schicksals, wie Goethe von Shakespeare rühmt, vor uns aufzuschlagen, und dadurch mit einer Macht auf Geist und Seele zu wirken, Gewissen und Vernunft in einer Weise zu schärfen, die weit das Vermögen geistlicher Redner und philosophischer Schreiber überbietet.

Wir wollen an Einem großen Beispiele, das für alle stehen kann, klar zu machen suchen, wie nothwendig es ist, Shakespeare's sittliche Lehre und sein sittliches Wesen im Ganzen zu fassen, wenn man nicht ganz auf falsche Fährte gerathen will, und wie leicht es ist, einen Theil aus ihm auszuheben, mit dem man sich von Absicht, Zweck und Natur des großen Meisters in geradem Gegensatze entfernt. Die Lehre, daß nichts an und für sich gut ist, daß es keine Regel gibt, bei der man nicht auf Ausnahmen stößt, verleitet ungemein leicht zu dem freigeistigen Sprunge, aus der Ausnahme die Regel zu machen, was wesentlich die große Geschichte der geistigen und politischen Revolutionen unserer Tage ist. Diese mögliche Verkehrung der Shakespeare'schen Lehre wird noch bedeutend unterstützt durch die entschieden feindselige Haltung des Dichters gegen alle Convenienz; diese Richtung gegen das Willkürliche und Unverständige in den Zeitgebräuchen wird eben so leicht als eine Richtung gegen alles Bestehende gedeutet. Wer so wie Shakespeare gegen alle Blut- und Standesvorurtheile ankämpft, politische Glaubensregeln ablegt wie er, sich sträubt gegen die Häufung der Ehren auf verdienstlose Häupter, über die Schranken der Unebenbürtigkeit persönlich hinwegspringt, dem religiösen Wahne absagt und über Selbstmord, Zweikampf, ehrlich Begräbniß der Selbstmörder unbedenklich seine damals höchst ketzerischen Meinungen vorträgt; wer wie Er den verstockten Aristokraten (Coriolan) gegen Gebräuche und den Anwachs berghoher Irrthümer eifern läßt, wer, sagen wir, so die Bresche des Fortschritts offen hält, wie Shakespeare, von dem könnte man leicht befürchten, daß er den Idealisten und Träumern dieser Tage in die Hand arbeite, die unter Berufung auf sein Beispiel auch das Unmögliche möglich machen, mit den Bergen des Irrthums auch die Höhen der Wahrheit umstürzen, die reizende Mannichfaltigkeit der Welt in einer allgemeinen Gleichung vertilgen und mit reigiösem und politischem Vorurtheil auch Religion und Staat aus den Begriffen der Menschheit streichen wollen.

Aber freilich, wie ganz anders ist das Bild dieses Dichters, wenn man, statt eine solche Seite entstellend aus ihm auszuheben, ihn in seiner ganzen Natur betrachtet! Verderblich wie jene Lehre, daß an sich nichts gut oder schlecht sei, in den Händen der Schwärmer sein mag, die die Welt nicht kennen und nicht kennen wollen, sondern nach selbstgeschaffenen Wahnbildern umzugestalten streben, bei Shakespeare ist sie sehr unbedenklich, der diese Welt nicht allein kennt, sondern auch von ihren Uebelständen in seinem gesunden Herzen unverbittert ist, und der sie nicht besser verlangte, als die Menschen sie und sich selber machen wollen. In ihm ist die Einbildungskraft des Dichters mit dem nüchternen Verstande des Weltmannes, mit der Frische des Gemüths die Arbeit der Erfahrung, mit der Jugend des Herzens die Vernunft des Alters stets verbunden; dieß waren leider in der Zeit unserer deutschen Dichtungsblüte unversöhnte Gegensätze, aber nicht so in Shakespeare! Die Autonomie und die Selbstsucht des Individuums wäre ihm ein Gräuel gewesen, die starrgeistig alles Gesetz in Politik und Sitte auflöst und sich über die Bande der Religion und des Staates hinwegsetzt, die seit Jahrtausenden die Gesellschaft erhalten. Denn in seiner Ansicht würde die praktische Weisheit der Menschen kein höheres Ziel haben, als in die Gesellschaft die möglichste Natur und Freiheit zu tragen, aber eben darum die Naturgesetze der Gesellschaft heilig und unverletzlich zu halten, das Bestehende zu ehren, aber in sein vernünftiges Theil immer sichtend vorzudringen, die Natur über der Cultur nicht zu vergessen, aber auch die Cultur nicht über der Natur.

Wie parteilos unbefangen, wie abgethan von jedem Vorurtheile erscheint daher Shakespeare, trotz seiner anticonventionellen Tendenz, trotz seiner hohen Freiheit und Unabhängigkeit in allen Fragen des staatlich-gesellschaftlichen und religiösen Lebens, das dem Sturme der revolutionären Geister und Sitten am meisten ausgejetzt ist! Daß Shakespeare über religiöse Dinge frei und aufgeklärt dachte kann einem aufmerksamen Leser seiner Schriften nicht zweifelhaft sein; es ist eine Eigenschaft, mit der er über die Engherzigkeit, die seinen heutigen Landsleuten in Religionssachen vielfach eigen ist, weit emporragt. Er war ein Mann von viel zu hellem Geiste, um selbst in einer Zeit, die dem groben Aberglauben nicht entwachsen war, auch nur dem feineren zu huldigen. Prophezeihungen fallen bei ihm unter das Gesetz der Natur und Wunder unter vernunftmäßige Gesichtspunkte, selbst im Munde seiner Priester. Mit Hölle und Teufel treibt er ein so muthwilliges Spiel, daß es selbst den heutigen Geistlichen ein Aergerniß ist, die Lanzelot's Hieb auf die christliche Propaganda und überhaupt die profanirenden Anführungen der Schrift für den schlagenden Beweis von Shakespeare's Heldenthum ansehen. Es ist eigen, daß sein Mönch Lorenzo gerade die süße Milch der Philosophie darreicht und nicht die der Religion, so wie daß seine Anachoreten alle sehr weltliche praktische Leute sind. Es kann auffallen, daß sein frommer Richard und Heinrich VI. sehr schwache Menschen und unerquickliche Charaktere sind. Es ist die Verzweiflung der Frommen unter Shakespeare's Verehrern, daß er alle seine Bösewichter ohne Zerknirschung, seine edleren Charaktere ohne Religionserbauung in den Tod schickt, daß das Requiem über Imogen von den Uebeln dieser Welt und nicht von der Herrlichkeit der künftigen spricht, daß sein Mönch-Herzog den Claudio mit der Nichtigkeit dieses Lebens und nicht mit der Aussicht auf das jenseitige tröstet, daß alle liebenden Paare in den Tod gehen ohne die Aussicht auf ein Wiedersehen, — außer gerade Antonius und Cleopatra, die Helden und Wollüstlinge! Sollte man aus diesen Zügen nicht mit Recht schließen, daß Shakespeare religionslos wie Andere seiner dramatischen Zeitgenossen war? Aber Shakespeare war schon viel zu sehr Dichter, um den religiösen Glauben geringschätzen zu können; er war allerdings auf der anderen Seite viel zu freidenkend, um irgend eine bestimmte Form religiöser Anschauung in seinen Dichtungen anderes, denn als eine einzelne Seite im Menschen, als ein charakteristisches Attribut darzustellen. Er erscheint auch hier in der wunderbaren Mitte zwischen Engherzigkeit und Extrem. Er war kein Fanatiker und kein Unchrist, kein Atheist und kein Mystiker, kein Brownist und kein Politiker, für edle Katholiken so eingenommen wie für brave Lutheraner; er zeichnete Heiden, Freigeister, Rationelle und Fromme, Brutus, Faulconbridge, Percy und Katharine, wenn sie sonst würdige Menschen waren, mit gleichem Wohlgefallen. Den obigen Zügen steht eine gleiche Reihe ganz entgegengesetzter gegenüber, die den Dichter immer in der gleichen Unbefangenheit zeigen die wir überall an ihm auszeichnen mußten. Wenn er die biblischen Sprüche im Munde seiner Clowns harmlos verdrehen läßt, es war doch besser, als der finstere Gebrauch, den die Puritaner davon machten, denen er ihr schreckliches Bild in Richard III. vorhält, der seine Schurkereien in alle Sprüche der Schrift kleidet. Wenn er die Diener der Religion scharf anläßt, die mit Praktiken und Kniffen die weltlichen Dinge zu ihrem Gotte machen, so hat er doch auch Andere wie Carlisle in großes und erhabenes Licht gestellt. Wenn er die Frömmigkeit verachtet, die für die Welt schwach und stumpf macht, so hat er doch den Glauben und das Gottvertrauen, das starke Thaten wirkt, in Siward, in Posthumus, in Heinrich V. in den allerhöchsten Glanz gerückt. Wenn er Böse und Gute in Leidenschaft sterben läßt ohne Erinnerung an die Religion, so stirbt doch die fromme Katharine und der reuige Wolsey nicht ohne ihre Tröstungen. „Bereit und reif sein ist Alles" bei den edlen Hamlet und Edgar; die Worte sagen, daß auch Shakespeare seine Ueberzeugung vor dem großen Räthsel der Zukunft gefangen gab und aus dem Glauben an Unsterblichkeit die gesündeste Folgerung zog, daß Alles auf den rechten Gebrauch dieses Lebens ankomme.

Und so wie hier im Religiösen Shakespeare nach dem humanen Grundsatze dachte, daß die wahre Freiheit sei, weder die eigene, noch aber auch die Freiheit des Andern zu beeinträchtigen, wie er großherzig und vielseitig jede ächte Ueberzeugung ehrte, wenn es auch nicht die seinige war, und einem herrschenden Bekenntnisse kräftig anhing, wenn er auch nicht alle seine Artikel begriff, so hielt er es ähnlich im Politischen. Sein Standpunkt war dem Staate gegenüber so frei menschlich, wie der Religion gegenüber. Er wollte nicht, daß des Menschen Freiheit in dem sittlichen Reiche, wo er sein eigner Herrscher ist, von dem Staate gefährdet werde. Im Conflicte politischer und moralischer Pflichten hat er in den Brutus, Faulconbridge und Salisbury unentschieden gelassen, welchen Er den Vorzug geben würde, d. h. er hat auch da die Menschen selbst zur Entscheidung genommen je nach ihrer Natur, und hat nur gewünscht, daß, wenn Brutus sich politisch entscheide, er auch politisch handle, und wenn Salisbury moralisch, daß er auch nicht unmoralisch Verrath und Bund mit Landesfeinden eingehe. An Pisanio und Hubert aber hat er gezeigt, daß man im Dienste von Herrn und Fürsten den Dienst Gottes vor Allen nicht verlernen solle. Wie hoch aber Shakespeare das freie Anrecht des Individuums angeschlagen hätte, nie wäre er der eitlen Weltbürgerei unserer Dichter des vorigen Jahrhunderts, viel weniger den utopischen Ideen von der Weltrepublik verfallen, die über die Bedingungen des Raumes hinwegheben wollen, und die auch in jenen Tagen nicht gerade unbekannt waren. Sondern ihm galt das Wirken zum gemeinen Wohl so viel, daß er in diesem Zwecke den Tod und die Ehre mit gleichem Muthe wollte angesehen wissen; ihm waltete in der Seele und dem Wesen des Staats ein tief achtungswerthes Geheimniß, und seine Wirksamkeit schien ihm „so göttlicher Natur, daß Sprache und Feder sie nicht deuten können"; er war darin ganz ein Sohn seines Volkes, daß ihm nichts höher stand, als das Vaterland und seine Macht und Ehre. Wie strahlt die Freude des Patriotismus aus seinem Muthwillen über die französischen Landesfeinde, aus seiner Darstellung der Volkshelden, des Bastards und Talbot's und Percy's, aus seinen protestantischen Selbstgefühle dem Pabstthum gegenüber, aus seinen staatsmännischen

Blick auf die Lage seines meerummauerten Eilands und auf das Element, in dem seine Größe lag! Und doch, wie weltblickend erscheint dann wieder sein historischer Instinct, wenn man ihn die Natur der Völker und Zeiten ergreifen und verstehen sieht, weit davon entfernt, daß er einerlei politische Form über alle Verhältnisse gießen wollte! In welcher Unbefangenheit steht er in den römischen Stücken der demokratischen, der aristokratischen, der monarchischen Natur im Staate und im Menschen gegenüber! Schon Coleridge bemerkte, daß während sich unter Shakespeare's Zeitgenossen bei Massinger republikanische Tendenzen nachweisen ließen und Beaumont und Fletcher das Prinzip des göttlichen Rechts übertrieben, Shakespeare durchaus kein bestimmtes politisches Parteibekenntniß abgelegt habe. Er bewies in den Römerstücken, daß er für alle bestehenden Staatsformen Verständniß und Achtung hatte, aber für die Ausartung Aller nicht stumpf war. In diesen Stücken sprach Shakespeare einen so natürlichen und zugleich verständigen, ganz auf geschichtliche Anschauungen gegründeten politischen Freiheitssinn aus, wie er jenen Zeiten durchweg nicht eigen war, und wie er in allen Zeiten höchst selten getroffen werden wird. Hume wollte finden, daß bei Shakespeare von bürgerlicher Freiheit nie die Rede sei. Im Stile moderner Kannegießerei allerdings nicht. Aber ein so mit demokratischen Grundsätzen getränktes Stück zu schreiben wie Cäsar, dem Tyrannen Heinrich VIII. Lectionen in den Mund zu legen gegen alle ungehörige Machtübung, in Richard II. das Recht der Unverletzlichkeit anzutasten, dieß hieß wohl von bürgerlicher Freiheit reden in einer Zeit, wo Jakob I. die Könige noch irdische Götter nannte. Wer einige Kenntniß der englischen Geschichte hat, wer da weiß was in England die Geister bewegte, als Jakob II. entthront ward, welche Stimmungen die Leiter des Volkes spalteten, welche Empfindungen in den loyalen Tories stritten mit der Einsicht in die Nothwendigkeit eines Thronwechsels, welche Gesinnungen die freisinnigen Whigs zu ihren entscheidenden ohne Scrupel ergriffenen Maaßnahmen bestimmten, der wird, die Historien von Richard II. und König Johann lesend, in einer wunderbaren Fülle und Tiefe hier Alles vorgebildet finden, was in solchen Kreisen Ehrenhaftes, Menschliches, Patriotisches die englische Nation nach beiden Seiten hin bewegte. Dieß ist mehr werth, als die Sprache der eitlen revolutionären Großrednerei, in der die Dichter neuerer Zeiten allein den Stempel des Freimuths erblicken; sie hätte Shakespeare nicht reden können noch mögen, der die furchtbare Tragödie der York-Lancaster'schen Umwälzungen so eindringlich dargestellt hatte. Man muß in Richard II. lesen, mit welchem Ernst er auf die Heilighaltung des Eigenthums, und im Troilus und Othello, mit welcher Strenge er auf der Heilighaltung der Familie besteht, um zu begreifen, wie unendlich die Kluft ist, die Shakespearen von den politischen Freigeistern dieser Tage trennt, wo man in den civilisirtesten Ländern Weibes, Familie und Eigenthum, was selbst die Wilden in ihrer Gesellschaft schätzen, mit allen Waffen der Vernunft und der Staatsgewalt vertheidigen muß. Wohl besitzt Shakespeare das Mitgefühl mit den niederen Klassen die arm und verlassen stehen, und er läßt die Mächtigen der Erde, die der Armuth vergessen haben, von eigenem Elend an sie erinnern, aber wohin die Gleichheit und der Wohlstand des Communismus führen würde, hat er in Cade's Revolution sehr anschaulich gemacht. Kein Mann hat stärker gegen Rang und Standesvorurtheile gefochten, als Shakespeare, aber wie sollte es eben diesem Freisinne gefallen, wenn die Vorurtheile der Reichen und Gebildeten sollen weggeräumt werden, nur damit Vortheil und Vorurtheil der Armen und Bildungslosen an die Stelle trete! Wie sollte dieser Mann, der so beredt auf die Weltbahn der Ehre lockt, es billigen, wenn man mit dem Rang, der Verdienststufe, der Auszeichnung jeden Trieb zum Großen tilgen, durch Wegräumung aller Abstufung „die Leiter aller hohen Pläne schwankend machen" will? Soll wirklich keine erschlichene Ehre und falsche Macht mehr auf die Menschen drücken, wie sollte der Dichter die furchtbarste aller Gewalten, die Macht der

Rohheit anerkennen? Vor dieser heute gepredigten Gleichheit sah er
„Alles sich in Gewalt auflösen, die Gewalt in Willkür, die Willkür
in Begierde, die wie ein allgemeiner Wolf die Welt als Beute an
sich reißen würde und zuletzt sich selbst verschlingen". Oder wenn
dieß nicht das endliche Loos wäre, das der Menschheit aus dieser an-
gestrebten Gleichheit zufiele, wenn Nationenliebe und ewiger Friede
nicht jenes „Nichts" der Unmöglichkeit wäre, das Alonso im „Sturme"
darüber ausspricht, sondern eine wirkliche Frucht dieser Gleichheits-
bestrebungen sein sollte, so würde der Dichter mit dieser Zeit das
Greisenalter und Ableben der Welt angekommen glauben, worin zu
leben dem Thatsinnigen werthlos wäre.

So conservativ ist dieser freisinnige Poet in religiösen und politischen Dingen. Sieht man auf seinen persönlichen, sittlichen Charakter, geht man von seinen Lehren und Charakteristiken auf seine
eigene Natur und Beispiel über, so findet man seinen Abstand noch
größer von all der Frivolität, dem lügnerischen Dünkel, der herzlosen
Mittelmäßigkeit, der eitlen Originalitätssucht, der wühlerischen Un-
zufriedenheit, die das Kennzeichen des heutigen Freisinnes sind, das
Kennzeichen so Vieler, die Shakespeare's eifrigste Verehrer sind, obgleich er nicht ihr Vorbild, sondern ihr Gericht ist. Will man die
Summe dieses Charakters ziehen, so würde in diesem Falle das einfachste Mittel das oben angegebene sein, die Sinnsprüche in seinen
Werken auszuziehen und darunter die in's Auge zu fassen, die am
häufigsten wiederkehren und auf das zurückschließen lassen, was ihn
am tiefsten beschäftigt. Wer dieß thun will, der wird überrascht
finden, daß die relative Mehrheit dieser Stellen ganz denselben Charakter ausspricht, auf den wir am Schlusse des ersten Bandes aus
der Vergleichung mit Heinrich V. gekommen sind; aus der Betrachtung des Ganzen seiner Werke und deren allgemeinstem Eindruck und
aus der Aufzählung dieser einzelnen Stellen springt das gleiche Ergebniß heraus, und das eine Verfahren ist die Probe des andern.
Weil das reinste und schönste seiner sententiösen Weisheit gruppirt

sich dann in zwei sich deckende Reihen, die bejahend und verneinend das Eine Grundwesen aussprechen, das auf der einen Seite gegen alle die Eitelkeiten des conventionellen Lebens, gegen allen nichtigen Schein und hohle Prahlerei, den schalen und oberflächlichen Gebrauch des Lebens herausgeht, auf der andern nach dem Wesen der Dinge, nach einfältiger Geradheit, nach Wahrheit und Bescheidung drängt. Nach jener Seite hin stehen die stechenden Witze gegen die leichte Jugend „deren Witz nur auf die Erzeugung ihrer Kleider gestellt ist, deren Beharrlichkeit wechselt früher als ihre Modetracht"; gegen die Lieblinge des schalen Zeitalters, die süßen Herren des Hofs, deren Worthalten zum schlechten Tone gehört, deren Vorzüge im Händeküssen und Zähnestochern gelegen sind; gegen die Gecken, die wie ein Apothekerladen duften, gegen die ganze Unsitte, die die Wahrheit der Natur verbirgt, die Falschheit in Haar und Gesichtsfarbe; dann gegen die Schmeichler und Wohldiener, die den Hals wie Wetterhähne drehen, gegen das ganze Zeitalter, dem eine Redensart wie ein Handschuh ist; gegen die Selbstdünkligen, denen ihre Stimme wie überirdische Musik tönt; gegen die spöttischen Geister, die nach dem schalen Gelächter der Thoren haschen und ebenso gegen die schweigsamen Orakel, die durch eitle Stille in den Geruch der Weisheit kommen wollen; gegen die Blasirtheit, die aus abgenutztem Verstand und Sitten stammt; gegen die Originalitätssucht von Sonderlingen und Renommisten; gegen die Diplomaten, die die gordischen Knoten der Politik wie ihr Knieband lösen, gegen die Politiker, die Gott hintergehen möchten. Aus dem Schatze von Stellen dieses Charakters, deren Ton von dem heitersten Humore bis zum bittersten Sarkasmus auf- und abwechselt, geht dieß Eine mit dem vollsten Eindruck auf uns über, daß dieß nicht ein Mann war, dem die Flunkerei und Eitelkeit der Welt am Herzen lag. Die gegensätzlichen Sprüche, die von allem was Name, Außenseite und Schein ist zur Sache, zum Wesen, zur Wahrheit zurückrufen, sind die ernsten und erhabenen Kehrseiten jener Polemik. Von jenen flachen Zeitsöhnen, der Jugend der Mode, lehrt sich sein Auge mit Wohlgefallen zu den Bastarden der Zeit, jenen derben Gesellen von rauher Außenseite, den ungeschliffenen Diamanten, wie Faulconbridge, und von den süßen Herren, die sich in Frauengunst hineintrinken, zu den gesunden unempfindsamen Jungen wie Orlando und Sebastian. Jenen Hofnaturen gegenüber, denen Wort und Treue ein Spott ist, wie nimmt er sich der getretenen Wahrheit an, wie treffend steht er in der Wahrheit die einzige Wehr des Teufels zu spotten, wie ernst und schwer wird Sprache und Ausdruck bei ihm, wenn er von aller Doppeltreue und Doppelschwüren zurückruft zu schlichter Wahrheit und einfältiger Treue, die von Künsten nichts weiß, wenn er über Alles und vor Allem mahnt, sich selber treu zu sein, weil daraus folgt, daß Einer nicht falsch sein könne gegen irgend Wen. Wie warm spricht er gegen die Scheinwahrheit, die die schlaue Zeit anlege auch den Weisesten zu fangen! wie eindringlich und oft lehrt er, die Dinge nicht nach einem glänzenden Scheine, sondern nach ihrem innern Werthe zu bemessen! Das ist ihm die Thorenmenge, die nach dem Scheine wählt und nicht in's Innere dringt, und wie die Schwalbe hanst an der Außenwand, recht in der Kraft und Bahn des Ungefährs; und der ist ihm daher nicht ein Mann von Urtheil, der auf den Beifall dieser Menge hält. In seiner Abneigung gegen allen Schein und Unwahrheit liegt auch sein Eifer begründet gegen alle hohle Prahlerei und Selbstüberhebung, gegen den Stolz, der seine eigene Posaune ist, gegen die Eitlen, die sich anders preisen als durch die That, und dadurch die That im Preise vernichten. Ihm sind vielmehr Die ehrwürdig, die um einer guten That willen lieber den üblen Schein nicht scheuen; diese Selbstverleugnung hat er seinen frömmsten Frauen, Isabella und Helena, geliehen. Glanzlose Tugend und äußerste Bescheidung bei den rühmlichsten Vorzügen, das war was ihn reizte; die Resignation, die einem verdienten Preise entsagt, das Selbstbewußtsein, das der äußeren Anerkennung nicht bedarf, schien ihm unter allen menschlichen Tugenden den höchsten Preis zu verdienen, oder richtiger das höchste Selbstgenügen zu bereiten; dieses Thun und Handeln um seiner selbst willen, ohne auf Lohn und Lob abzusehen, war ihm der große Gegensatz gegen das schale Treiben der Welt, das auf Flüchtigkeit, Schein und Einfalt steht. Und mit diesem Sinne fiel er nicht etwa, von seinen Grundsätzen abtrünnig, auf das Extrem des Coriolan, er hat neben dessen Wahrheitssinn und Verachtung von Beifall und Lohn zu sprechend den Stolz und die Selbstüberhebung des Verdienstes in Schatten geworfen, als daß man denken könnte, sein eigenes Selbstgefühl habe sich bis in diese Höhen verstiegen. Aus allen seinen Lehren und Darstellungen bricht vielmehr der Eindruck durch, daß der Dichter in seiner Persönlichkeit seine Bescheidung selbst besessen habe, die seine Ermahnung war, daß ihm das goldne Gemüth eigen war der geraden Männernatur von schlichter Beständigkeit, der er im Munde seines Heinrich den Vorzug allezeit geben heißt, daß in ihm ein Wahrheitssinn vorherrschte, den keine andere Eigenschaft überbot.

Muß diese Eigenschaft der einfach wahren Natur in diesem Dichter nicht noch unendlich im Preise steigen, wenn man zugleich auf seine unermeßliche Vielseitigkeit sieht, in der er scheinbar auf alles zerstreut, wie jedes Eindrucks Beute erscheint? Aber diese scheinbar entgegengesetzten Seiten bedingen sich gerade Eine die andere; seine Vielseitigkeit beruht wesentlich auf seiner Unbefangenheit, und seine Unbefangenheit fällt wesentlich mit seinem Wahrheitssinne zusammen. Nie hat ein Mensch den verschiedensten Seiten des Lebens so gleich offen gegenüber gestanden, nie hat Jemand die Gegenstände jeder Art mit so gleicher Stärke auf sich wirken lassen und so unbefangene und ächte, wahre Eindrücke davon hingenommen, um jedem Dinge sein Recht zu thun. Und eben dieß ist die Eigenschaft, die jeder Schüler in seiner Sphäre, was auch seine Befähigung sei, von diesem Meister lernen kann, und die er von ihm lernen muß, wenn er dem Lehrer Ehre machen und nicht Früchte aus der Schule davon tragen will, zu denen der Same in der That dort nicht gelegt worden ist. Lernt den Sinn für Wahrheit von diesem Dichter, „und spottet des Teufels!" Der Einen großen Versuchung wenigstens, die seine Lehre und sein Beispiel allein schädlich machen kann, wird sein Jünger dann, aber auch nur dann, gewiß entgehen, der Versuchung, etwas in des Lehrers Mund zu legen, was er nicht gesagt hat, zu spalten, was er will ganz gelassen haben, mit einem Theil seiner Wahrheiten einen Mißbrauch zu treiben, den die ganze Wahrheit, die er lehrte, verhüten mußte. Denn dann wird man vor Allem die große Kunst von ihm lernen, die mit einem guten Entschlusse nicht einmal so schwer zu erlernen, und in der Zeit, in der wir leben, am heilsamsten zu erlernen ist, die Kunst nämlich, alle Anmaaßung zu verlernen, die herrschende Sucht, Gott in seinem Haushalte zu meistern, abzulegen, die Zustände der Welt nicht zu verachten und zu verwerfen, sondern zuerst zu verstehen, jedem Dinge, ehe man darüber urtheilt, gerecht zu werden, und so der Unbefangenheit und Vielseitigkeit des Urtheils näher zu kommen, die wir zuerst und zuletzt als Shakespeare's preislichste Eigenschaft nennen. Wir wollen nicht wiederholen, wie frei von allem sectirischen Geiste und allem parteiten Sinne er in der Religion jede Ueberzeugung, im Staate jede zeitgemäße Form, unter den Menschen jeden ganzen, sich selbst treuen Charakter, unter den Lebensberufen jeden der aus sich selbst einen Ernst machte, zu begreifen und in Ehren zu halten wußte. Er las in allen Zeiten, in allen Völkern, in allen Lebensverhältnissen, und gleichsam Alles in seiner eigenen Sprache und mit dem Sinne für jederlei Art und Natur. Die menschlichen Charakterformen waren ihm familiär von dem Halbgott bis zu dem verzerrten Sonderling, alle Neigungen und Berufe schien er aus eigner Erfahrung zu kennen; denn er ist was er will: ein tigerherziger Krieger und ein Kind das harmlos spielt, ein Genius und ein Idiot, der menschlichen Stärke und Schwäche gleich kundig, das Haupt in den Wolken und die Füße auf der Erde. Daher haben die verschiedensten Menschen sich an ihm gefreut und ihn bestaunt, auch die von Natur ihm am fernsten lagen, denn jeder fand eine Seite in ihm, die zu ihm sprach; scheint ja kaum Etwas in der Menschheit zu sein, was in ihm nicht ein Analoges fände. Bei uns Deutschen haben die Nüchternsten wie Lichtenberg, und die Phantastischen, wie unsere Romantiker, ihn gleichmäßig verehrt, die Meister haben ihn verzagend bewundert und die Stümper haben ihn nachahmend zu überbieten gedacht. Nur was sich sektirisch in einseitigen Richtungen verrannt hat, das wird sich mit diesem Manne der Vielseitigkeit am schwersten vertragen: platonische Schwärmerei, kränkliche Empfindsamkeit, die Verstandesdürre eines Voltaire oder der Zelotismus der Religiosen, — die Gegner, die sich Jedermann wünschen mag. Sonst zwingt dieser Dichter mit seiner Allmacht Alles in seinen Anhang, denn er ist spielend Herr über alle unsere Gefühle, Seelenbewegungen und Gedanken, und Goethe stand fassungslos vor dieser Gewalt und Ruhe, und muthlos vor dieser Allseitigkeit, in der Shakespeare „die ganze Menschennatur nach allen Richtungen und in allen Höhen und Tiefen erschöpft hatte", und dadurch dem Nachkömmling, selbst diesem großen Geiste, die Lust benahm, mit seinen „unergründlichen und unerreichbaren Vortrefflichkeiten" zu wetteifern. Dieselbe Vielseitigkeit aber, die seine Werke aussprechen, wird auch Shakespeare's Persönlichkeit eigen gewesen sein. Wir nannten sein Abbild seinen Heinrich, der gleich geschickt war für Genuß und Thätigkeit, für Scherz und Ernst, für Krieg und Friede, für Heftigkeit und Fassung, für Thorheit und erhabene Bestrebung; geeignet für jedes Geschäft und jede Gesellschaft zu rechter Zeit und am rechten Orte; ein König mit Königen und mit Bettlern ihres Gleichen, leutselig und stolz, selbstsüchtig und demüthig, in der Mannichfaltigkeit des Daseins vor Nichts ausbeugend, als vor der eintönigen Gewöhnung. So muß Shakespeare gewesen sein. Seine Lieblingscharaktere sind immer solche, die die widersprechendsten Eigenschaften vereinigen, ein Hamlet mit seiner reichen Begabung, ein Posthumus, der so stark und mild, eine Portia, die so fromm und willensstark, so weiblich entsagend und so thätig und rüstig ist. Und nichts scheint Shakespeare mehr entgegengesetzt, als die Figuren, in denen irgend eine Einseitigkeit vorsticht, ein Verstandesmensch wie Jago, ein Gefühlsmensch wie Cassio, und am weitesten von ihm ab liegt vielleicht jener rechthaberische Leontes, der in einseitiger Engherzigkeit aller Wahrheit verschlossen ist. Was wieder dieser Vielseitigkeit Shakespeare's ganz den Charakter des Zerstreuten, des Auseinanderfallens nimmt; was diesen oceanischen Geist, wie ihn Coleridge nannte, immer doch als Ein und dasselbe Element erscheinen läßt, was ihn πανυ und ὅλος zugleich macht, was seiner Allseitigkeit zugleich die größte Beschlossenheit und Ganzheit gibt, das ist jene Eigenthümlichkeit, die wir oft an ihm ausgezeichnet haben, nach der in ihm alle seine Vermögen so gleich gewogen und im schönsten Bunde vereinigt sind. Wie wir von intellectueller Seite sahen, daß Geist, Urtheil, Phantasie, Beschaulichkeit und praktischer Verstand, der seltenste Witz, der dem Entferntesten das Aehnliche absieht, und der größte Tiefsinn, der in den untersten Grund der Dinge bohrt, immer in Einklang sind, so ist es wieder mit seinen sittlichen Eigenschaften unter sich und in ihrem Verhalte zu den geistigen. Sein Herz ist von so frischem Schlage, wie sein Kopf von gesunder Kraft, seine Empfindung so ächt und tief, wie sein Urtheil reich und geprüft, seine Neigung mit seinem Willen, sein sittliches Bestreben mit seiner Einsicht so sehr in Harmonie, daß, wie von ästhetischer Seite das Ideale und Schöne in seiner Kunst mit der Wahrheit seiner sinnlichen und geistigen Anschauung zusammenfiel, so auch von ethischer Seite das Gute und Sittliche mit eben dieser Wahrheit zusammentrifft, so daß im erhöhten Maaße immer wieder derselbe Eine, ganze, normale Mensch heraustritt, dessen Besonderheit, wie Hudson sagte, in dem Mangel an Besonderheiten, in seiner generischen Eigenschaft, in der vereinigten Vollkommenheit und Gleichgewogenheit seiner Kräfte liegt. Für die traurigen Opfer, die bei uns täglich der Einseitigkeit, dem Eigensinne, der Eigenrichtigkeit fallen, ist Shakespeare ein Gegensatz von dem allerhöchsten

Die Grundzüge seiner sittlichen Anschauung. 579

Werthe; der die menschlichen Gaben und Kräfte zu scheiden und einseitig abzutrennen ganz außer Stande gewesen wäre; der in seiner Kunst das Ideale nicht kannte, das mit dem Wirklichen unversöhnlich war, das Schöne verschmähte, das vom Guten absehen wollte, und die Wahrheit von sich wies, die dem Schönen und Guten widersprach. So daß die vollständigste Charakteristik des Dichters und seiner Dichtung, ihrer Vielseitigkeit und ihrer Einheit, vielleicht in folgenden Versen gelegen ist, die in seinem 105. Sonnette in einer engeren Beziehung gesagt sind, aber in dieser weitesten verstanden werden können:

> Schön, gut und wahr ist all mein Gegenstand,
> Schön, gut und wahr in mannichfalt'gem Kleide!
> Dreiein'ger Stoff von wunderbarer Weite,
> der meiner Dichtung vollen Kreis umspannt!

In Kraft der seltenen Verbindung der Universalität, der wir Deutschen uns gern rühmen, mit der Totalität, die des Engländers Natur ist, steht Shakespeare vermittelnd zwischen beiden Nationen und ist für beide ein gleich großes Beispiel und Muster, für jedes Volk von einer andern Seite, weil er besitzt, was da und dort einen Mangel der Volksnatur ausdrückt. Uns Deutschen imponirt er von der Seite seiner Totalität, mit der er unsere gesammte Dichtung in tiefen Schatten wirft. Was Shakespeare's Werken wohl am meisten diesen Charakter der Geschlossenheit verleiht, ist die der thätigen Seite des Lebens zugekehrte Natur des Dichters. Diese Natur war es, die Bacon wie Shakespeare an ihre Zeit und Nation fesselte; und dieß war es wieder, was ihnen für ihre wissenschaftliche und künstlerische Thätigkeit bestimmte, ja praktische Ziele und Zwecke versetzte. Der Mangel solcher faßlicher Ziele, die in naheliegenden nationalen Verhältnissen begründet gewesen wären, hat unsere ganze deutsche Dichtung der letzten hundert Jahre zerfahren und haltlos gemacht; unsere Dichter fanden kein geschlossenes Staatswesen und Volksthum, keine herrschende Geschmacksrichtung und Dichtungs-

all vor; jeder strebte daher die Kunst und das Leben, da ihn eine fertige reale Existenz der Nation nicht in bestimmte Bahnen lenkte, nach eigenen Idealen erst zu schaffen und zu begründen; über diesen weiten Bestrebungen entging der nahe liegende Erfolg; und unser größter Dichter gestand, daß er nur gewußt habe was er gewollt und gesollt, aber, getheilt und zerstreut, in Nichts das eigentliche Ziel erreicht, und nur bei den Werken anderer Meister sich befriedigt gefunden habe mit dem, was sie gethan. Es ist daher erklärlich, daß die Nation, zwar mit so ungeheuren Massen dichterischer Erzeugnisse gesegnet, immer einen Mangel unbefriedigt empfand, den sie sich mit Shakespeare's Werken ersetzte, und daß sie den ehrgeizigen Glauben unterhält, es stehe in der Geschichte ihrer Dichtung der Mann noch aus, der unser deutscher Shakespeare heißen werde. Freuen wir uns indessen an dem englischen Shakespeare in unverkümmerter Freude, auch auf die Gefahr hin, daß ihm ein deutscher nicht folgen werde. Lernen wir, selbst als Nation, die Beschreibung von ihm, uns nicht darüber zu grämen, daß ein Fremder — ist er ja doch wenigstens unseres Stammes — unserer eigenen Dichtung den Preis abgewinnt; ringen wir mit den Briten dagegen um den Ruhm, ihn zu verstehen und ihn dadurch bei uns einzubürgern. Wir müssen es ohne Neid und Eifersucht bekennen: dieser Dichter ist von allen Erbfehlern deutscher Poesie ganz frei, und besitzt daneben Tugenden, welche die deutsche Poesie niemals besessen hat. Wie taumelte unsere Dichtung im vorigen Jahrhundert zwischen den Extremen einer kränkelnden Empfindsamkeit und Weiche und einer starkgeistigen — Kraftgenialität, sagte man damals, und sollte angetäuschte Kraft und Naturrohheit sagen, hin und her; von diesen sonderbaren Auswüchsen von denen unsere größten Meister nicht ganz frei blieben, ist nur von der Einen Seite her eine Spur in Einem Shakespeare'schen (übrigens zweifelhaften Jugendwerke. Wie wechselte unsere Dichtung zwischen einem wunderlichen Haschen nach Originalität auf der einen Seite und nach der allfertigen Nachahmung der Originale aller Zeiten und Völker auf der andern; unsere namhaftesten Männer haben ein Verhältniß zu irgend einer Culturperiode gehabt, Klopstock zum Nordischen und Orientalischen, Wieland zum Byzantinisch-ritterlichen, Goethe abwechselnd da und dorthin; vor diesen Absprüngen war Shakespeare und die englische Bühne durch das nationale Leben um sie her gänzlich bewahrt. Unsere Dichtung hat im Anfang ihrer Wiedergeburt im vorigen Jahrhundert und hat noch ganz zuletzt immer an einer Neigung zu allen möglichen, natürlichen und gezwungenen Ueberschwenglichkeiten gekrankt, aber Shakespeare kannte nichts von diesen trunkenen Leidenschaften, die sich unsere Poeten andichten; nichts von den geistigen Schwächen, die sie zu Sonderbarkeiten aller Art, zu Unsinn und Wahnwitz führen; nichts von den quälenden Problemen der Bildung und Wissenschaft, die unsere Dichtung so lehrhaft, so abstract, so tendenziös gemacht haben; nichts von der Pein eines unbefriedigten Wissens und ungemessener Empfindungen, die die trefflichsten Geister bei uns aufregte; nichts von dem unversöhnlichen Stoße des Ideals auf das wirkliche Leben, der die schönsten Talente bei uns umwarf. Er hatte den Kampf der skeptischen Jahre so gut durchzumachen wie Einer, dafür ist sein Hamlet wohl Bürge; aber seine gesunde Natur gefiel sich nicht, wie so viele bei uns, in der freiwilligen Niederlage in diesem Kampfe; er war schon im Jünglingsalter ein Mann, und seine Dichtung hat daher nichts von dem jugendlichen Charakter an sich, den die unsere kaum in ihren besten Erzeugnissen ablegt; er schrieb für Männer und ist nur Männern ganz verständlich. Wie sehr er sich im Geiste unserer deutschen Dichtung von den eitlen Conventionen des Lebens frei zu machen strebte, nirgends sieht man ihn auch nur versucht, das Kind mit dem Bade zu verschütten und, was bei uns herkömmlich ist, die Experimente eines ideellen Gedankenspiels auf gutes Glück in das wirkliche Leben hineinzutragen. Wie sehr er sich aus den Schranken engherziger Nationalität zu allgemeiner Menschlichkeit bildete, verächtlich wären ihm die weltbürgerlichen Grundsätze gewesen, die die

Ersten unseres Volkes bekannten. Er hatte Staatssinn und Vaterlandssinn in der Geschichte gelernt, dem würdigsten Studium der Dichter, das allein die Unseren, mit der Einen Ausnahme von Schiller, liegen ließen, auf deren Gebiete Shakespeare dagegen gleichsam Alles leistete, was Bacon von dem Historiker selbst verlangt: er zieht den Geist in die Vergangenheit zurück und macht ihn gleichsam alt, er erforscht die Bewegungen der Zeiten, die Charaktere der Personen, die Unsicherheit der Rathschläge, den Lauf der Handlungen, das Innere der Vorwände und die Geheimnisse der Regierungen, und macht sie anschaulich mit Freimuth und Treue. Hält man Shakespeare einzeln gegen die vorragendsten unserer Dichter, so mag man auch hier sagen, die höchsten Prädicate derselben treffen auf ihn zu, aber ihre Fehler und Einseitigkeiten hat er vermieden. Wie Klopstock zuerst unsere Dichtung durch seine persönliche Haltung adelte, so darf man es von Shakespeare wohl in Beziehung auf die dramatische Poesie in England sagen; Schiller nannte Klopstock den Dichter der Würde, denn er erhob die poetische Sprache, er hielt auf den engsten Verband der Dichtung mit der Sittlichkeit und gab dem Geiste allezeit zu schaffen; das Alles gilt auch von Shakespeare, aber er hat sich nicht in die religiösen Ueberspannungen Klopstock's verloren, noch auch überspannt er anstrengend den Geist wie dieser, sondern hält ihn in stetiger Frische und Kraft. Wielanden nannte Schiller im Gegensatz zu Klopstock den Dichter der Anmuth. Shakespeare ist das neben dem Dichter der Würde zugleich. Aber nie erschlafft er wie Wieland weder den Geist noch die sittliche Kraft. Er hat nirgends, wie dieser nicht selten gethan, den leeren Strunk des Lasters überblümt und der Häßlichkeit des Bösen den Grazienschleier übergeworfen, er hat das Schmutzige und Niedere, wo er es in wohlfeile Gefäße legt, nicht eben in anziehende Gefäße gelegt, und wo in anziehende, da hat er es nicht leicht käuflich gemacht; sein Muthwille ist in solchen Witz gekleidet, dem der lüsterne Näscher nicht gewachsen ist; und wer Boccaccio's oder Wieland's Werke nach solcher Beute durchsucht, der wird nie Shakespeare's Werke lesen. Wieland ist unserem Dichterkreise auch der Dichter der Mitte, wie wir von Shakespeare aussagen. Aber Shakespeare wechselte nie so wie Wieland zwischen Schwärmerei und Nüchternheit, zwischen Naturalismus und Epikureismus, sondern er hielt auf dem Punkte der Mitte zwischen diesen Einseitigkeiten fest; und nicht fand er wie Wieland Alles im Menschen zum Werkzeug des Vergnügens geschaffen, sondern zum Werkzeug der Thätigkeit. Von dieser Seite war Lessing's Charakter dem Shakespeare'schen am nächsten, auch von Seiten seiner ganz männlichen Richtung; aber Lessing war für Wissenschaft und Kritik geboren und ihm fehlte die dichterische ἀκμή, die Shakespeare's reichstes Besitzthum war. Stellt man Shakespeare neben Schiller und Goethe, so sieht man leicht, wie er in sittlichen und geistigen Beziehungen beider Naturen zusammenfaßt in sich allein. Wir greifen aus zahllosen Punkten der Vergleichung auf gutes Glück nur einige wenige heraus. Mit Goethe's vielumfassender Menschenkenntniß verband Shakespeare Schiller's unerschütterliche Menschenachtung, die Goethe verlernte. Goethe verlernte sie im einzelnen Umgange, in einem zerstreuten Leben von vielfach kleiner Thätigkeit, in seiner Abneigung und Unkenntniß der großen Welt der Politik und Geschichte; in dieser Welt bewegte sich gerade Shakespeare und fühlte sich in ihr wohl, und erhielt sich in ihr seine Menschenachtung, weil da immer, selbst in Goethe's Ansicht, ein großes Wesen wirkt, wo die Menschheit vereinigt arbeitet. Shakespeare reißt uns daher immer zu den Höhen des thätigen Lebens, in Schiller's Geiste, hinan, die Goethe immer mehr aus den Augen verlor, je näher er uns den Höhen der Bildung zuzuführen strebte. Wenn sich aus Goethe's vielseitiger Beschäftigung und seinem allgemeinen Interesse an allen Dingen ein umfassender Geist bildete, so aus Shakespeare's Interesse an der thätigen Welt, sollte man glauben, zu gleicher Zeit ein Charakter. Wenn Schiller's moralische Würde auch dem Achtung abnöthigt, der ihn als Dichter weniger liebt, und Goethe's

Anmuth auch Dem Liebe entlockt, der ihn sittlich weniger hochachtet, so ist man bei Shakespeare in dem glücklichen Falle, stets zugleich achten und lieben zu können, ja zu müssen. Goethe selbst hat die höchste Spitze des Gegensatzes zwischen sich und Schiller so bezeichnet: Schillern habe die Idee der Freiheit bewegt, er aber sei auf der Seite der Natur gestanden; dieser Gegensatz ist in Shakespeare nicht zu finden. Er macht Goethen gegenüber den Eindruck der Freiheit, gegen Schiller den der Natur, aber auch umgekehrt selbst Goethe gegenüber den Eindruck der Natur und gegen Schiller den der Freiheit; eben so sehr ein Bild gegebener Vollkommenheiten wie freier geistiger Schaffung, begünstigt von der Natur wie Goethe, und ihre Gunst mit freiem Bestreben heimzahlend wie Schiller. Schiller nannte das vollkommne Werk der Cultur: das sinnliche Vermögen in die reichste Berührung mit der Welt zu setzen und seine Empfänglichkeit aufs höchste zu steigern, und das geistige Vermögen unabhängig und selbstständig zu erhalten, und seine Activität und bestimmende Kraft möglichst zu erhöhen; dieß ist ganz eigentlich die Charakteristik des Shakespeare'schen Geistes. Er hat uns zugleich wie Goethe den Umfang der receptiven Natur und wie Schiller die Kraft des productiven Geistes gelehrt. Er hat weder, wie Schiller Goethen vorwarf, die Gaben der Natur versäumt in ächten Besitz des Geistes zu verwandeln, noch wie Goethe Schillern Schuld gab, den Instinct durch die Thätigkeit des Geistes in Gefahr gebracht. Die Natur hatte ihn köstlich ausgestattet, aber er wucherte mit dem Pfunde, das sie ihm geliehen, und diesen Erwerb durfte er sein Eigenthum nennen; Goethen war die Dichtung, wie sie Schiller betrieb, schon eine zu ernste Beschäftigung, aber Shakespeare trieb sie in noch viel größerer Anstrengung als Beide. Kein Wunder daher, wenn Goethe vor den Leistungen dieses Meisters befriedigt stand wie nicht vor den eignen Werken und wenn er an ihm verehrend hinaufblickte, „wie auf ein Wesen höherer Art"; ein größeres Zeugniß ist einem Genius nie gegeben worden, als daß der größte Dichter, der Shakespeare in drei Jahrhunderten gefolgt ist, von ihm sagte, er fürchte an ihm zu Grunde zu gehen. So ist es denn kein Wunder, daß Shakespeare mit so großer Macht nach Deutschland herüberwirkte, daß er trotz dem Abstand der Zeiten die Wirkungen der mit uns lebenden Dichter überboten, daß er bei den Unbefangenen die nationale Eifersucht überwunden hat und in der Schätzung selbst über unsere Lieblinge, deren Größe und Bedeutung die Nation wahrlich in keiner Weise verkannt hat, hinausgetreten ist. Auch in den Anfängen dieser denkwürdigen Einflüsse Shakespeare's auf Deutschland steht er mit Homer auf Einer Linie. Beide haben den besseren Tag unserer Dichtung erst heraufbeschworen und Beide unseren größten Meistern, den Lessing, Goethe und Schiller die stärksten und fortwirkendsten Impulse gegeben. Seit diesen Zeiten haben Shakespeare's Werke vom Westen Amerika's bis in den Osten Europa's immer größere Eroberungen in dem germanischen Stamme gemacht. Denn diesem Stamme gehört er eigen kraft seiner generellen Natur, die ihn nie von nationaler Seite als einen verstockten Engländer, von religiöser Seite nirgends als einen beschränkten Mann der Confession, von Seiten seines dichterischen Geschmacks keineswegs als einen einseitigen Sachsen zeigt. Nur in den romanischen Nationen, wo die engen nationalen Conventionen der Kunst, weit mehr aber das katholische Bekenntniß und was damit zusammenhängt, Shakespeare's Werken den Zugang erschwert, stockt seine Verbreitung. Diese Beschränkung auf den germanischen Stamm ist aber nicht ein Zeichen der Beschränktheit des Dichters oder einer allzugroßen Besonderheit seines Kunstideals. Die Natur der Zeiten und Völker ist wohl der Art, daß sie sich in ihren Geisteswerken einander ausschließen; auch Homer ist durch 1000 Jahre des Mittelalters unbekannt gewesen und Calderon und Dante sind nicht weiter nördlich gedrungen, als Shakespeare nach Süden. Der germanische Stamm aber ist an Geist und Körper groß genug, um seinen Geschmack dem südlichen und antiken selbständig gegenüber stellen zu dürfen, und seine Bildung hat noch eine so unermeßliche Aussicht auf Ausbreitung und Dauer, daß auf alle Fälle unserem Shakespeare kein geringeres Loos der Wirksamkeit zugemessen ist, als den größten Dichtern unter Griechen und Romanen.

Anmerkungen.

S. 13. „... daß das Gesicht nach einer Todtenmaske gearbeitet sei". Die Stratford-Büste ist allerdings schon in einem von Digges verfaßten Gedichte, das der Folio-Ausgabe von 1623 beigedruckt ist, erwähnt, muß also kurz nach dem Tode des Dichters verfertigt sein, weshalb diesem Bildniß die größte Wichtigkeit beizulegen ist. Daß der Kopf den unwillkürlichen Vorstellungen, die man sich von einem solchen Dichter macht, wenig entspricht, will nichts sagen. Das sogenannte Chandos-Portrait, welches bis heutigen Tages das am meisten vervielfältigte ist, hat gerade am allerwenigsten Anspruch auf Glaubwürdigkeit. Bei dem Kupferstich von Droeshout, welcher der Folio-Ausgabe beigegeben ist, scheint die Entstellung des Kopfes nur in der höchst unkünstlerischen Ausführung, voll offenbarer Zeichenfehler in den Verhältnissen, ihren Grund zu haben. In neuerer Zeit ist nun aber in Deutschland eine wirkliche Todtenmaske zum Vorschein gekommen, in welcher Hermann Grimm („Ueber Künstler und Kunstwerke", zweiter Jahrgang 1867) vier photographische Ansichten mittheilte. Diese Maske, früher im Besitze der Familie des Grafen von Kesselstadt, wurde i. J. 1849 von dem seitdem verstorbenen Maler Beder entdeckt, und ist jetzt in den Händen des Dr. Beder, Privatsecretair der Prinzessin Alice von Hessen. Die Rückseite des Gypses trägt die Inschrift des Jahres 1616, also des Todesjahrs des Dichters; die Züge stimmen zwar in den Hauptlinien sowohl mit der Stratford-Büste als auch mit dem Droeshout-Stiche ziemlich überein, zeigen aber eine unvergleichlich edlere Harmonie, als jene in Kupfer gestochene Caricatur; und von der Stratford-Büste unterscheidet sich diese Gypsform hauptsächlich dadurch, daß der Gypsguß ein ungemein feingeformtes hageres Gesicht zeigt, während die Büste einen Kopf von heiterer und behäbiger Fülle des Gesichts darstellt. Indem nun H. Grimm sich den Erwägungen des Engländers Friswell (»Life Portraits of William Shakespeare, London 1864«,) anschließt, nimmt er an, daß diese Gypsmaske es sei, welche der Stratford-Büste zum Vorbild gedient habe, und dabei sei „nichts natürlicher, als die Annahme, daß dem Bildhauer die Aufgabe gestellt wurde, den Verstorbenen wie in seinen gewöhnlichen gesunden Tagen, nicht aber eingefallen darzustellen, wie er vielleicht nach seinem Tode dalag und die Todtenmaske ihn darstellte". Der Künstler mochte bei dieser Aufgabe wohl auch die Grenze ein wenig überschritten haben, obwohl ja die breite Fülle des Stratford-Kopfes an sich durchaus nichts Unnatürliches hat. Der Verf. dieser Anm. hat neuerdings die Gypsmaske im Original kennen gelernt und muß zugestehn, daß dieselbe durch die außerordentlich reinen und edeln Züge einen tiefen Eindruck macht. Damit ist nun freilich nichts bewiesen, und es ist abzuwarten, ob die bisher für die Echtheit der Todtenmaske beigebrachten sehr schwachen Indicien durch weitere Entdeckungen Verstärkung erlangen.

S. 14. **Maaß für Maaß**. „Es ist 1604 aufgeführt worden". Vergl. d. Anm. zu S. 171 im I. Band.

S. 41. **Othello**. „. . . in der Notiz einer Aufführung von 1604". Diese Notiz fällt in dieselbe Kategorie wie die vorige über die Aufführung von „Maaß für Maaß", da sie ebenfalls sich nur auf die für unrecht erklärten Angaben in den »Accounts of the Revels at Court« stützt; das Stück ist dort als »The Moor of Venis« bezeichnet. Auch ein anderes Dokument, nach welchem Othello sogar schon 1602 aufgeführt worden wäre, ist entschieden als Fälschung bezeichnet worden. Malone nahm das Jahr 1611 für die Zeit der Entstehung an; doch ist die Nachricht von einer Aufführung i. J. 1010 noch unbestritten geblieben. Halliwell wollte Brabantio's Klage gegen Othello auf des Dichters Kenntniß einer i. J. 1604 erschienenen Akte gründen, in welcher auch Diejenigen mit Strafe bedroht wurden, „welche eine Person zu unrechtmäßiger Liebe (durch Zauberei) zu bewegen trachteten". Eine aparte Ausgabe des Stückes erschien erst kurz vor der Folioausgabe, i. J. 1622.

S. 96. „— auf das neulich Karl Silberschlag aufmerksam machte". Der Aufsatz ist im Morgenblatt 1860 enthalten. Nachdem wurde im Londoner „Athenäum" aus verschiedenen Beziehungen des Shakespeare'schen Hamlet zu gewissen Verhältnissen seiner Zeit nachzuweisen gesucht, daß als das eigentliche Vorbild zum Charakter des Hamlet Graf Essex angesehen werden müsse. In der That bietet das Verhältniß des Hamlet zum König Claudius in wesentlichen Momenten auffallende

Aehnlichkeit mit dem Verhältniß des Essex zu Lord Leicester. Es wird jedoch dem Leser immer freigestellt bleiben müssen, an das Vorhandensein solcher Beziehungen, an die bestimmte Bedeutung, die man solchen analogen Thatsachen beilegt, zu glauben oder nicht. Interessant sind jene Vergleichungen schon für die Beurtheilung des eigenthümlichen geistigen Prozesses, in welchem der Hamlet der alten Sage eine so wesentliche Umgestaltung erfuhr. Wenig Gewicht ist jedoch hierbei auf die weiter als Beweismaterial angeführten Stellen aus Briefen des Essex zu legen, welche uns an die melancholischen Grübeleien Hamlet's erinnern sollen. Daß die »Essais« des Montaigne, von denen 1603 eine englische Uebersetzung erschienen war, wie auch die philosophischen Dialoge Giordano Bruno's, auf welche ein neuerer deutscher Shakespeare-Forscher, B. Tschischwitz, hingewiesen, dem Dichter eine stärkere Anregung zu der dem Hamlet verliehenen Lebensanschauung gaben, ist allerdings nicht unwahrscheinlich. Zu dem vollen Charakterbilde aber mußte ein Dichter wie Shakespeare doch wohl den reichsten Stoff in sich selbst finden.

S. 97. „... es war wohl jener ältere Hamlet". Auch von diesem ältern Stücke weiß man nichts weiter, als daß es in Henslowe's Tagebuch 1594 verzeichnet ist. Außerdem erwähnt auch noch i. J. 1596 Th. Lodge einen dramatischen „Hamlet", indem er von einem Teufel sagt, er sähe so bleich aus, wie der Geist, der auf dem Theater so jämmerlich schrie: Hamlet, Rache!

S. 142. „Macbeth wird demnach wohl um 1605 entstanden sein". Es sei hier noch bemerkt, daß in einem 1606 erschienenen Werke die Abstammung des Königs Jakob von Banquo's Geschlecht hervorgehoben wird. Ob nicht schon früher dieser Umstand erwähnt worden, ist allerdings fraglich. Für Shakespeare aber war die Rücksicht auf diese Abstammung jedenfalls von starkem Einfluß auf die ganze Art der Behandlung des Charakters Banquo's; es tritt dies ganz besonders in dem Umstand hervor, daß er von der Sage, nach welcher Banquo Theil hatte an der Ermordung des Königs Dunkan, abwich.

S. 171. **König Lear.** „Drei Ausgaben in Quart in Einem Jahre 1608". — Clark und Wright (Cambridge-Edition, 1866) haben neuerdings die bisherige Annahme von drei Ausgaben dahin modificirt, daß im Grunde nur von zwei verschiedenen Ausgaben die Rede sein könne. Sie haben gefunden, daß alle vorhandenen Exemplare der zweiten Ausgabe von einander abweichen; ein Umstand, der daraus entstanden sei, daß während des Druckes dieser Ausgabe noch fortdauernd Veränderungen und Correcturen vorgenommen, und daß dann die corrigirten und uncorrigirten Bogen ohne Sonderung zu verschiedenen Exemplaren zusammengebunden worden seien.

S. 174. „...das 1594 zuerst erschienene, aber etwas früher entstandene Stück". Bei Steevens, der das ältere Stück von König Lear in seiner Sammlung »Twenty of the plays of Shakespeare« (London 1766, 4 Bände) abgedruckt hat, führt es den Titel »The true Cronicle History of King Leir and his three Daughters Gonorill, Ragan and Cordella«. London 1605. Einen Druck von 1594 kennt man bis jetzt nicht, die Angabe dieser Jahreszahl bezieht sich bei Gervinus darauf, daß ein solches Stück in jenem Jahr in die Buchhändler-Register (Bookof the Stationers-company) eingetragen wurde, und zwar unter der Bezeichnung: »A Book entituled the famous Chronicle Historye of Leire, King of England, and his three Daughters«. Man kann nach diesem Titel wohl getrost annehmen, daß dies dasselbe Stück ist, welches wir in der Ausgabe von 1605 kennen.

S. 215. **Cymbeline.** „Der dritte Bestandtheil ist aus einer Novelle von Boccaccio" ec. Steevens, welcher die englische Nachbildung der italienischen Novelle in »Westward for Smelts« für die directe Quelle Shakespeare's hielt, war damit offenbar im Irrthum. Die englische Erzählung weicht in mehreren hervorstechenden Zügen von Boccaccio ab, und zwar in solchen, wo Shakespeare durchaus der italienischen Quelle gefolgt ist. Es gilt dies namentlich von der Art der Einführung Jacchimo's in Imogen's Schlafgemach, sowie von den Wahrzeichen, die er über ihre Untreue dem Posthumus bringt. Wenn man dagegen auf ein paar übrigens nur sehr allgemeine Aehnlichkeiten zwischen Shakespeare und der englischen Erzählung hinwies, die sich im Boccaccio nicht finden, so würde daraus höchstens hervorgehn, daß Shakespeare auch die englische Nachbildung der Geschichte kannte; die ursprüngliche Version Boccaccio's hat er aber sicher gekannt. Zwar ist Boccaccio erst nach Shakespeare's Zeit in englischer Uebersetzung erschienen, doch wird, wie Malone mittheilt, in dem Vorwort der Ausgabe von 1620 bemerkt, daß schon seit lange einzelne Erzählungen daraus veröffentlicht seien. Freilich heißt es dabei »stolen from the original authors«, also müßten damit derartige Bearbeitungen gemeint sein, bei denen ein anderer Autor sich den Stoff als seine Erfindung angemaßt. Wenn nun aber schon das Abhängigkeits-Verhältniß in der Darstellung der Schicksale Imogen's von der englischen Version sehr problematisch ist, so bleibt außerdem auch noch die Möglichkeit, daß hier wiederum die Erzählung erst nach dem Drama entstanden ist. Westward for Smells findet man erst 1815 in die Buchhändler-Register eingetragen, und von jener Ausgabe von 1603, auf welche sich Steevens bezieht, ist bis jetzt nichts entdeckt worden.

S. 262. **Troilus und Cressida.** „Shakespeare's Troilus ist 1609 gedruckt, noch ehe er aufgeführt war" 2c. — Gervinus' Annahme, daß das Stück auch nicht viel früher geschrieben sei, wird schon durch den Umstand unterstützt, daß in dem genannten Jahre zwei Ausgaben desselben Druckes gemacht wurden, die sich nur dadurch von einander unterscheiden, daß die Eine ein Vorwort hat, in welchem ausdrücklich gesagt wird, daß dies Stück bisher noch nicht auf die Bühne gebracht worden sei; während in der andern Ausgabe desselben Jahres dies Vorwort fehlt, wofür auf dem Titel die Bemerkung steht: „Wie es im Globus von des Königs Dienern aufgeführt worden." Hieraus also müßte die Aufführung eben in diesem Jahre 1609 stattgefunden haben.

Ueber die frühsten Spuren der Troilus-Fabel, die auch von Gervinus angedeutet werden, sind in neuerer Zeit umfängliche Untersuchungen angestellt worden; hauptsächlich in einem 1858 erschienenen französischen Werk von L. Moland und E. d'Héricault, ferner im Jahrbuch der deutschen Shakespeare-Gesellschaft (Bd. III und VI) in zwei Abhandlungen von K. Elitner und W. Hertzberg. Als die wichtigsten Bücher, welche bereits die Liebesgeschichte des Troilus und der Cressida (Brisels, Chrisels, Griselda) behandeln, haben wir vor Allem des Benoit de St. More »Histoire de la Guerre de Troye« (etwa 1160) und des Guido de Colonna »Historia Trojana« (1267) zu betrachten. Chaucer, in seinem umfangreichen Gedicht »Troilus und Creseyde«, der eigentlichen Quelle Shakspeare's, beruft sich zwar auf einen lateinischen Schriftsteller Lollius, folgte aber nachweislich sehr genau dem um die Mitte des 14. Jahrhunderts verfaßten Gedichte Boccaccio's: Filostrate.

S. 288. **Julius Cäsar.** „... eine Stanze, die den Schlußworten Anton's sehr ähnlich" 2c. — Noch bezeichnender wird dieser Umstand dadurch, daß in einer spätern Auflage dieses Gedichtes, von 1619 also nach dem Tode Shakespeare's), diese Verse so geändert erschienen, daß sie mit den Versen Shakespeare's („So mischten sich die Element' in ihm" u. s. w.) noch auffallender übereinstimmten. Halliwell führt neuerdings noch aus Weever's Gedicht Mirror of Martyrs (erschien 1601) einen Vers an, der auf die Rede des Marc Anton, und zwar auf die Shakespeare'sche Rede, deutlich anspielt. Hiernach würde also die Entstehung der Tragödie in noch frühere Zeit fallen.

S. 374. **Timon von Athen.** „Delius nimmt das Stück für eine unfertige Arbeit" ꝛc. Neuerdings ist Delius in seiner Untersuchung (Sh.-Jahrbuch II) zu der Ansicht gekommen, daß der ursprüngliche Autor des „Timon" jener George Wilkins sei, von welchem 1608 die Erzählung »The painfull Adventures of Pericles« erschien, und welchem N. Delius auch das Drama Perikles im Wesentlichen zuschreiben will, freilich ohne ausreichende Gründe. Shakespeare habe (nach Delius) auch den „Timon" nur überarbeitet, hier Theile entfernt, dort Zusätze gemacht, woraus sich die Ungleichheit in der Ausführung erklären soll. Mehr Wahrscheinlichkeit als diese Hypothese hat die Annahme von B. Tschischwitz, daß das Stück ursprünglich von Shakespeare herrührt, und daß die auffallende Ungleichheit und die groben Mängel darin einem ungeschickten Bearbeiter zuzuschreiben seien. Neben dieser Annahme dürfte die Ansicht von Gervinus (über mehrere Stücke einer ganzen Periode in des Dichters Schaffenszeit) wohl bestehen bleiben.

S. 397. **Der Sturm.** „Die Ansicht Hunters ... ist durch diese Daten beseitigt". Auch hier muß wieder auf die behauptete Unächtheit der in den Cunningham'schen »Extract's« gegebenen Notizen über Aufführungen Shakespeare'scher Stücke hingewiesen werden. Andererseits können aber neuerlich gemachte Versuche, die Entstehung des „Sturm" weiter zurück zu datiren, keineswegs die bisherige Meinung für das Jahr 1611 oder 1612 alteriren. In einer jüngst erschienenen Monographie „Untersuchungen über Shakespeare's Sturm" von Joh. Meißner (Dessau 1872) sind sehr eingehende Forschungen über die muthmaßlichen Quellen Shakespeare's zu dieser Komödie angestellt. Meißner kommt zu dem Resultat, daß Jakob Ayrer's „Schöne Sidea" als die direkte Quelle Shakespeare's betrachtet werden müsse. So Vieles in den Vergleichungen einzelner Stellen auch für diese Ansicht sprechen mag, so können wir doch nur die Möglichkeit jener Benutzung zugeben, nicht aber die Gewißheit.

Anmerkungen. 593

Denn daß bei einer Behandlung des gleichen Süjets und in der Wiederholung einzelner Situationen auch einzelne Dialogstellen entfernte Aehnlichkeiten miteinander haben, ist an sich sehr natürlich. Größere Bedeutung erhalten solche Aehnlichkeiten (von wirklichen genauen Uebereinstimmungen kann nirgends die Rede sein; in diesem Falle nur dadurch, daß eine direktere Quelle für das Shakespeare'sche Stück bisher nicht entdeckt werden konnte. Daß Ayrer's „Sidea" einem ursprünglich englischen Stücke (das man nicht kennt) entstamme, ist bisher eben nur eine Vermuthung geblieben. J. Tittmann (Deutsche Dichter des 16. Jahrh., III. Band, Leipzig 1868) hat den Urstoff in alten deutschen Märchen gefunden, und sehr scharfsinnig auf die Combinirung dieses Märchenstoffes mit einem in der alten Sammlung „Englische Comödien und Tragödien" (1620) enthaltenen Schauspiel hingewiesen. Die Annahme endlich, daß die in Deutschland reisenden englischen Comödianten Ayrer's „Sidea" haben aufführen sehn, und daß Shakespeare durch jene nach England zurückgekehrten Schauspieler Kunde von dem Inhalt des Stückes erhalten habe, liegt gleichfalls im Bereiche der Möglichkeit, ja sogar der Wahrscheinlichkeit.

Den zweiten Theil des Quellenstudiums bei diesem Stücke bildet die Benutzung geographischer Berichte und Beschreibungen für den localen Boden des Märchens. Daß die Entdeckung der Bermudas-Inseln und die Berichte darüber dem Dichter mannigfache Anregungen und Winke gegeben, steht längst außer allem Zweifel. Während man bisher ziemlich allgemein den Bericht von Sylvester Jourdan als Shakespeare's Grundlage für die Naturschilderung betrachten mußte, ist in der oben bezeichneten Schrift von Joh. Meißner als erste Quelle eine auf Veranlassung des Virginischen Raths verfaßte Schrift (erschien ebenfalls 1610) bezeichnet worden, außerdem weist der genannte Verfasser noch auf eine jedenfalls etwas später (d. h. 1611) erschienene, die Bermudas-Ereignisse betreffende Schilderung desselben Verfassers, W. Strachey, hin. Die Benutzung des (von Gervinus erwähnten) S. Jourdan'schen Berichtes kann aber deshalb schwerlich in Abrede gestellt werden.

S. 112. **Das Wintermärchen.** „In Whitehall wurde es am 5. Nov. 1611 aufgeführt". Auch diese Nachricht stammt aus Cunningham's Auszügen aus den Accounts of the Revels at Court. Doch wird hier durch die erstatte Fälschung an der Thatsache nichts geändert, daß das Stück (wie durch Dr. Forman's Tagebuch bezeugt wird) in demselben Jahre auch im Globus aufgeführt worden ist.

S. 434. **Heinrich der Achte.** „… nach einer Notiz des Sir Henry Wotton". In diesem Briefe wird Heinrich der Achte ausdrücklich als „ein neues Stück" bezeichnet; es heißt in der Nachricht über die Feuersbrunst: „Die königlichen Schauspieler führten ein neues Stück auf, genannt „„Alles ist wahr"", das einige Hauptscenen aus der Regierung Heinrichs VIII. darstellte." Alle seither gemachten Versuche, die Abfassung des Stückes in frühere Zeit zurückzusetzen, ja bis in die Zeit der Elisabeth, können nichts ausrichten gegen die entscheidenden Gründe, die für die späteste Zeit sprechen.

www.ingramcontent.com/pod-product-compliance
Lightning Source LLC
Chambersburg PA
CBHW021229300426
44111CB00007B/476